JN312619

在日コリアン辞典

国際高麗学会日本支部
『在日コリアン辞典』
編集委員会
編

朴 一
代表

伊地知紀子
高賛侑
高龍秀
高正子
田中宏
鄭雅英
外村大
飛田雄一
裵光雄
文京洙
尹明憲

明石書店

はじめに

　この辞典が出版される2010年は、「韓国併合」から100年目の年にあたる。この年はまた、植民地収奪によって生活基盤を失い、生活の糧を求めて日本に渡ってきた在日コリアンが、日本で暮らすようになってから100年を迎えた象徴的な年でもある。この100年間に、在日コリアンを取り巻く環境も、在日コリアンに対する日本人のイメージも大きく変化してきた。

　日本に渡ってきた在日コリアン1世は、長い間、日本社会から不当な扱いを受け、厳しい暮らしを余儀なくされた。彼らの多くは、国有地にバラック小屋を建てて住んだり、河川敷に生活拠点を作り、いわゆる3Kの仕事で生計をたて、この日本で生きてきた。彼らの中からやがて養豚業や屑鉄拾いで小銭を稼ぎ、わずかな自己資金を元手に自営業を起こし、いくつかのビジネス・チャンスをものにして、りっぱな企業を経営する者も現れるようになった。

　さらに1世・2世による公民権運動の結果、在日コリアンへの処遇にも変化が見られるようになった。在日コリアンにも社会保障が適用されるようになったり、外国人登録証への指紋押捺義務がなくなったり、弁護士・公務員・国公立大学の教授など、在日コリアンが就きたくても就けなかった職業に就けるようになった。

　在日コリアン対する日本人のイメージも変化しつつある。1993年に公開された映画『月はどっちに出ている』（1993年、崔洋一監督）が大ヒットして日本の映画賞を総嘗めにし、1996年に出版された野村進『コリアン世界の旅』（講談社）がベストセラーになり、多くのノンフィクション賞に輝いてから、在日コリアンという言葉が日本で市民権を得ると同時に、在日コリアンは日本社会においてより身近な存在になった。

　その後、2000年を前後して『GO』（2001年、行定勲監督）、『夜を賭けて』（2002年、金守珍監督）、『パッチギ！』（2004年、井筒和幸監督）、『血と骨』（2004年、崔洋一監督）など、在日コリアンをテーマにした商業映画が数多く封切られ、これまで余りメディアの主役にはならなかった在日コリアンにスポットライトが当たるようになった。

　映画だけではない。本の世界でも、最近は在日コリアンの歴史、民族教育、

法的地位、生活文化、料理、芸能、人物伝まで、あらゆるジャンルで膨大な書籍が出版され、アカデミズムの世界でも、国内外で在日コリアンを研究する者が増加しつつある。

とはいえ、在日コリアンが日本で暮らし始めてから1世紀が経過し、これだけ在日コリアンへの関心が高まり、研究者が増加しているにもかかわらず、未だに在日コリアンが日本の人々に正しく理解されているとは言いがたい現実が存在する。この辞典は、こうした反省を踏まえ、在日コリアンの歴史、政治と経済、社会と文化などについて、できるだけ客観的な情報を提供し、日本人の最も身近な隣人である在日コリアンについて理解を深めてもらいたいという目的で編集されたものである。

それだけではない。在日コリアンがこの100年間、日本や祖国に向かって何を求め、何を望み、どのような運動を行ってきたのか。また在日コリアンが日本や祖国にどのような貢献をしてきたのか。在日コリアン100年の歩みを、ジャンルを超え、網羅的に記録しておきたいという思いが、この辞典には込められている。韓国併合100年を迎え、改めて日韓・日朝関係の再検証が問われているが、この辞典は日本と朝鮮半島の狭間で生きてきた在日コリアンの歩みから、日韓・日朝関係の100年を検証する試みでもある。

この辞典はこうした意図をもって2006年春から編集に取り掛かったが、編集作業は想像以上に困難を伴うものであった。コリア・スタディの世界的な学会である国際高麗学会の日本支部において、学会創立20周年記念事業として『在日コリアン辞典』の出版を行うことを決定したのが2006年の春。その後、学会の会員を中心に編集委員会を設置し、2～3カ月に1回のペースで編集委員会を続けながら、1年かけて在日コリアンに関する歴史、社会、政治、経済、文化、風俗などにまつわる重要な人物、事件、事象などを800項目ほどピックアップし、項目ごとに執筆適任者を選定する作業を行った。しかし、監修に加わって頂いた先生方から項目が現代史に偏っているという指摘を受け、途中から学会のメンバーではない研究者にも編集作業に加わって頂くことで、執筆項目はさらに膨らみ、執筆者の数も増えていくことになった。何よりも100名を超える執筆者とのやりとりが一番繁雑な仕事であった。

しかし、明石書店の編集担当者はその後5年間に50回以上開かれた編集会

議にすべて参加して頂き、連日執筆者とメールでのやりとりを続けながら、地道な連絡・編集作業をリードして下さった。ここで改めて煩雑な編集を担当して頂いたスタッフの御尽力に感謝したい。また厳しい出版事情の中でこの辞典の刊行を実現して頂いた明石書店にお礼を申し上げたい。

　最後に本辞典の刊行に対し出版助成金を提供して頂いた国際高麗学会に対し、御礼の言葉を申し上げたい。

2010年9月

国際高麗学会『在日コリアン辞典』編集委員会を代表して　朴（パク）　一（イル）

凡例

・本文中の両国の呼称は分量を考慮し、大韓民国を韓国、朝鮮民主主義人民共和国を北朝鮮と表記することを原則とした。ただし、各項目執筆者の判断により正式名称を用いた場合もある。
・日本の植民地支配時期（1910～1945年）を除き、南北全土の呼称としての朝鮮は混乱を避けるために使用せず、韓国・北朝鮮両者を指す場合は南北朝鮮などとした。1910年より前の朝鮮王朝時代は朝鮮王朝として区別した。
・人名について、在日コリアン・在日韓国人・在日朝鮮人等と説明する際、必ずしもその人の国籍で使い分けていない。本人の表現に配慮しつつ各項目執筆者の判断によった。また人名項目以外について説明する場合、解放前（戦前）は在日朝鮮人、解放後（戦後）は在日コリアンを原則とし、前後の文脈や各項目執筆者の判断によっては、在日朝鮮人・在日韓国人・在日韓人を適宜用いた。
・人名や地名項目の配列は、旧来の漢字の「日本語的音読み」（例：ぼくけいしょく「朴慶植」、さいしゅう「済州」）ではなく、原語の音とハングル表記を基準とする読み方を原則とした（パク・キョンシク、チェジュ）。ただし、人名については本人が別の読み方を使用している場合は、それに従った。
・南北朝鮮では発音や表記に異なる規則があり、例えば姓の「李」を前者は「イ」、後者は「リ」と読むが、本書はそれぞれの項目によってこれを使い分け、人名については本人の選択が明らかな場合、国籍にかかわらずその選択に従った読み方を採用した。
・人名項目の生年・没年が判明している場合は可能な限り示した。
・人名索引、事項索引を巻末に付し、漢字画数順に配列して読みを示した。
・組織名称については略称を用いたものが多いが、正式名称と略称のいずれも索引に拾った。例えば、「在日本大韓民国民団」「在日本朝鮮人総聯合会」は、項目名は正式名称で、本文では「民団」「総連」と略記した。
・各項目の見出し左の四桁の数字は、全項目の50音順の通し番号で、索引から検索するための「項目番号」である。各ページの上部の「柱」の脇には、そのページに掲載されている項目番号の範囲を示した。
・本文中の語に付した＊は、本書で立項があることを示す。

ア 行

アイデンティティ アイデンティティ（自己同一性）という用語は、米国の心理学者、E・H・エリクソンに由来する。アイデンティティとは「自己を、一貫して同じ自分であるという連続性と斉一性のある存在」ととらえ、「自分が本当に自分であるという意識、すべてが安定しているという感じ。他人が善意に満ちているときに自分をこういう人間だと考えてくれる、そのような人間に自分が近づきつつあるという意識」（エリクソン『幼児期と社会』みすず書房）である。問われるのは、自他の相互承認に基づく自意識の在り方である。差別され抑圧されようとも、自分は「大切にされている」という実感や、なにかしら自分の属性に対して他者からの承認があれば、アイデンティティは安定する。アイデンティティは、差異性の承認と存在の承認を求める。その核には互いの人間的欲望、つまり自由がある。それが意味するのは互いの欲望の相互承認、人間の相互了解である。相互承認が互いの人間的欲望（自由）に向かうとき、人は互いを認め合いアイデンティティは安定する。しかし、承認の向かう先が生きた人間ではなく、民族や宗教*、イデオロギーなどの超越的な価値であるとき、新たな差別や抑圧がもたらされ、異質な人々の共生を阻むことになりかねない。

戦後、サンフランシスコ講和条約*発効に基づく「内外人分離」の原則が確立され、その後一貫して在日朝鮮人・韓国人に対する「国籍*による差別」が公然化された。日本社会の差別性に対抗するために、民族的アイデンティティの強調が是とされた。1950年代から1970年代の在日コリアンの価値観は、祖国の統一国家意識と日本社会への対抗的民族意識として特徴づけられる。対抗的民族意識は差別に抗うという大きな存在意義をもつ反面、そこからは日本人との「共生」や日本社会への「参加」意識は生まれない。つまり、対抗的民族意識は民族の自助・自立という肯定的側面をもつが、基本的に他者（日本人）との関係へと向かうベクトルをもてないのである。

1980年代に入って、日本社会は「内外人分離」の原則から「内外人共生」の原則へと変化し、また、在日コリアン社会の多様化に伴い、在日コリアンの価値観やアイデンティティも多様化した。在日コリアンは祖国の統一国家意識と日本社会への対抗的民族意識、すなわち、「国家」「民族」意識から、日本という「社会」への切実な関心と「個人」としていかに生きるかという意識へと大きく変化した。〈民族か帰化か〉、〈朝鮮人として生きるか、日本人になるか〉という二者択一的アイデンティティ論では、もはや在日コリアンは説明しきれない。戦後60余年を経た現在、在日コリアンの中には自らを文化的あるいは血縁的にハイブリッドな存在として意識する者が多く現れ始めている。単一民族幻想に縛ら

れた日本社会にあって、ハイブリッドな在日コリアンの存在は、日本社会を開く可能性をもつ。　　　　　[金泰明]

▶002
青木定雄
あおき さだお
1928〜

実業家。慶尚南道南海市生まれの在日1世。民族名：兪奉植（ユボンシク）。立命館大学法学部中退。1956年、倒産したガソリンスタンドの経営権を譲り受ける。当時、代金後払いが一般的であったガソリン卸売業界に現金取引を始める。現金で安く仕入れ、安く販売し、同業者にも転売して利益を上げる。

1960年、タクシー業に進出。タクシー10台、運転手24人でスタートするものの、運転手の無断欠勤、遅刻、早退が多く、売り上げが伸びない。原因は十分な睡眠をとれないタクシー運転手の劣悪な生活環境にあった。青木は運転手のために社宅を建て、基本給を引き上げる一方、運転手にはそれに見合うサービスを求め、タクシー運転手のマナーや接客態度を根本から変えさせた。「お客をタクシーから降りて出迎える」「自動ドアを使わず、タクシー運転手自らの手でドアの開け閉めを行う」「お客が乗車したら、運転手は必ず自己紹介し、お客に挨拶する」など、接客マナーを厳しく指導し、タクシー業界のイメージアップに力をそそぐ。

その後、京都市内のタクシー会社を買い取り、会社の規模を拡大。社名をMKタクシーに改め、京都を代表するタクシー会社に成長した。

タクシー業界は「同一地域、同一運賃」という原則があった。青木は、タクシー業界の一斉運賃値上げ申請に同調せず、「MKタクシーは運賃値上げを致しません」と宣言し、1982年には大阪陸運局にタクシー運賃値下げ申請をした。大阪陸運局は却下したが、MKタクシーの問題提起にマスコミは大きく報道し、世間の関心を集めた。1983年、青木は値下げを支持する世論を味方につけ、却下を不当として大阪地方裁判所に提訴。1985年、大阪地裁は「同一地域、同一運賃」の原則をカルテルと見なし、値下げ申請却下処分の取消しを命じ、青木の全面勝訴となった。判決を不服とした運輸省・陸運局は控訴したが、運賃値下げ支持の世論の動向を無視できず、最終的に和解が成立し、青木の主張が認められた。2001年から在日韓国系の信用組合である近畿産業信用組合*の会長に就任。在日金融機関の再生に力をそそいでいる。　　　[永野慎一郎・朴一]

▶003
青地晨
あおち しん
1909〜1984

評論家・日韓連帯運動家。富山県に生まれ佐賀県で育つ。本名は青木滋。1938年中央公論社に入社、編集次長時の1942年に退職。1944年「横浜事件」に連座させられ獄中生活を送る。この時の経験が反権力の信条や冤罪事件の言論活動の基礎となった。1945年「世界評論社」を設立し、同誌編集長に就任。1950年から評論家として活動。日本ジャーナリスト専門学校の初代校長。1973年の金大中拉致事件*を契機に、日本の対韓政策を批判し、韓国民主化を支援する連帯運動を活発に展開。1974年、和田春樹*らとともに「日本の対韓政策を正し、韓国の民主化闘争に連帯する

日本連絡会議」(日韓連帯連絡会議*)を結成し代表に就任した。1980年「金大中内乱陰謀事件」では同氏救出運動をリードした。冤罪問題に取り組み、重要な著作を残した。著書に『冤罪の恐怖』(毎日新聞社、1966)、『日韓連帯の思想と行動』(和田春樹と共著、現代評論社、1977)など。

[金栄鎬]

▶004 **明仁天皇「ゆかり」発言**
あきひとてんのう

2001年12月18日、明仁天皇は68歳の誕生日を前にした記者会見で、翌年(2002年)にサッカーのワールドカップを共催する韓国に対して抱いている関心・思いを聞かせてほしいという記者からの問いかけに、両国が古くから深い交流を持っていたこと、朝鮮半島からの渡来人*によって、さまざまな文化や技術が伝えられたことを、宮内庁楽師の事例を挙げながら述べた。さらに天皇は、桓武天皇の生母が百済の武寧王の子孫であると『続日本紀』に記されていることに、韓国とのゆかりを感じていると語った。この「ゆかり発言」は、韓国のマスコミで大々的に報じられ、おおむね好意的に受け止められた。

天皇は「ゆかり発言」に続き、武寧王の子・聖明王が日本に仏教を伝えたことについても言及し、「両国の人々が、それぞれの国が歩んできた道を、個々の出来事において正確に知ることに努め、個人個人として、互いの立場を理解していくことが大切」だと述べている。

[綛谷智雄]

▶005 **秋山成勲 1975〜**
あきやまよしひろ

柔道出身のプロ格闘家。民族名:秋成勲(チュソンフン)。大阪市生野区生まれの在日4世。幼少より柔道を始め長じて近畿圏有数の選手となる。近畿大学卒業後、韓国に移住し、柔道の五輪韓国代表を目指した。一説には韓国の在日韓国人に対する偏見に秋山が苦悩し、五輪韓国代表を断念したと言われている。2001年日本に帰国後、帰化し、柔道の81kg五輪日本代表を目指す。2002年の釜山アジア大会やパリ国際大会等の国際大会で優勝し、五輪代表有力候補となる。2004年アテネ五輪代表最終選考大会で敗退し夢を絶たれた。同年末、K-1 Dynamiteでデビューしプロ格闘家となる。柔道着に日・韓両国の国旗をつけることで在日韓国人としてのアイデンティティ*を表徴し、韓国遠征時の勝利者インタビューでは韓民族としての誇りを公言した。2006年総合格闘技HERO'Sライト・ヘビー級王者。同年末、K-1 Dynamiteにおける反則疑惑で謹慎。復帰後の2009年、米国総合格闘技UFCへ移籍した。

[河明生]

▶006 **朝野温知 1906〜1982**
あさのよしとも

在日1世の社会運動家・部落解放運動家。別名:朝野哲、民族名:李壽龍(イスリョン)。京畿道坡州生まれ。没落両班の家に生まれ、ソウルで働いた後、1924年に友人李北満とともに渡日。京城日報社東京支局で働いたが、「内鮮融和」を説く支局長と衝突して辞職し、京都東本願寺(大谷派)で社会課長・竹内了温と出会う。滋賀県犬上郡河瀬村広野(現・彦根市)で布教活動をす

るが、アナキズム*に傾倒し月刊新聞『自由評論』を発行、松本治一郎らと出会い水平社運動に参加した。1935年無政府共産党事件関連で検挙され、治安維持法*違反で懲役2年6カ月の判決を受けた。獄中で親鸞思想に目覚め転向、出所後、京都常盤学園（少年保護施設、のち産業青少年特別錬成道場に改称）主事となる。戦後、滋賀県木之本町で保育園を経営しながら部落解放運動に関わった。1951年外国人登録令*違反で逮捕され大村収容所*に送られたが、竹内らの運動により釈放された。1962年に日本国籍を取得。部落解放同盟中央委員、大谷派同和委員会会長などを務め、被差別部落の中の在日朝鮮人問題を訴える文章を残した。遺稿集『宗教に差別のない世界を求めて』（真宗大谷派宗務局出版部、1988年）がある。　　［水野直樹］

▶007 **アジア映画社**　在日韓国人2世の朴炳陽が1987年に設立した映画会社。1988年に「鯨とり」などのロードショーを行った後、林權澤監督や、1980年代後半にニューウェーブを巻き起こした李長鎬、裵昶浩監督らの作品を日本に紹介し韓国映画の存在を知らしめた。1991年に神戸市立博物館等で韓国映画特集、1994年に「韓国映画の全貌」（全50作品上映）を開催。1996年の「韓国映画祭1946〜1996知られざる映画大国」（全80作品上映／三百人劇場）は史上最多の作品を上映した韓国映画祭という評価を受けた。1996年、「神戸100年映画祭　アジアフィルムフェア」を開催。以後、台湾、インド、イラン等アジア各国の秀作も上映。1997年以後『永遠なる帝国』（朴鐘元監督）、『ボンベイ』（マニラトナム監督）、『ギャベ』（モフセン・マフマルバフ監督）等を公開。映画*『崩壊と再生』、テレビ作品『海人の散歩』など各種コンテンツの企画・製作も行う。2003年、第8回釜山国際映画祭韓国映画功労賞受賞。　　［高贊侑］

▶008 **『亜細亜公論』**　在日の朝鮮青年知識人・柳泰慶（当時30歳）が1922年5月から翌1923年1月まで東京で刊行した月刊の総合思想誌。日朝中の3言語による編集。キリスト教の博愛精神に基づく「人類主義」を揚げ、アジア諸民族の覚醒と提携を謳う同誌では、日本の代表的な大正デモクラットや、朝鮮、中国、台湾、インドなどから来日した多くのアジア知識人が論陣を張っている。反帝国主義の論調を堅持し続けた同誌は、日本当局の厳しい検閲を受けてわずか9号で廃刊に追い込まれる。同誌は、在日朝鮮人関連の記事はもちろん、大正期のアジア知識人同士の知的交流史に関する貴重な論考と新鮮な情報を数多く収録している。その史料的価値にもかかわらず、『亜細亜公論』がこれまで学界の中で本格的に論じられたことは皆無に近い。なお、同誌の詳細と解題は、後藤乾一・紀旭峰・羅京洙編『復刻版　亜細亜公論・大東公論（全3巻）』（龍溪書舎、2008）を参照されたい。　　［羅京洙］

▶009
アジア女性基金
（女性のための
アジア平和国民基金）

「慰安婦」被害者に「お詫びと反省を表す事業」を進めるための政府外郭団体として1995年に発足した。事業の内容はフィリピン・韓国・台湾・インドネシア・オランダの「慰安婦」被害者を対象に「償い金」「医療・福祉支援金」「総理の手紙」が手渡されるというものだったが、「償い金」が国民の募金で賄われたために、国家補償の回避策だという批判を受け、被害者と支援団体に亀裂を残したまま2007年3月末に解散した。

[宋連玉]

▶010 『新しい世代』

1960年に創刊された在日朝鮮人青年向けの月刊日本語雑誌。総連の事業体である朝鮮青年社が出版しており、総連傘下の青年組織の在日本朝鮮青年同盟*（朝青）中央委員会がその編集を行うことになっている。帰国運動*が高揚するなかで生まれたこの雑誌*は、在日朝鮮人青年に対して朝鮮民主主義人民共和国への帰属意識を覚醒・高め、総連の運動に結集させる意図をもって創刊された。各号の表紙には「祖国をよりよく知るために」の語が掲げられている。内容は朝鮮文化や総連系の在日朝鮮人運動の動向の紹介、在日朝鮮人青年の活動やその直面する問題を論じた記事などであるが、初期の号では朝鮮民主主義人民共和国の発展や帰国した朝鮮人の声などが紙面の多くを占めた。執筆者は在日朝鮮人青年のほか、在日朝鮮人のジャーナリストや歴史学者・文学者などであるが、朝鮮と関わりをもった日本の著名な文化人が誌面に登場することもあった。1996年8月号からは『セセデ 새세대』というタイトルとなった。

[外村大]

▶011 『新しい朝鮮』

1954年11月創刊。「在日朝鮮人の理論学習誌」として発刊された在日朝鮮統一民主戦線*（民戦）の機関誌である。『民主朝鮮』*『朝鮮評論』の系譜を継ぐとし、読者の応募が中心となる「生活と戦いの記録」等で構成されていた。創刊号の編集後記では、在日朝鮮人運動のイデオロギー分野における理論と実践の統一、大衆との結合、学習運動の手引、思想改造の事業の役割を担うことを特色として紹介している。民戦の解消・総連の結成に伴い、1955年9月の第8号から『新朝鮮』と改題したが、続刊の形跡はみられない。

[成恩暎]

▶012 アナキズム

アナキズムは権力的支配や国家、政府のような権力機関の存在を極端に嫌い、人間の自由に最高の価値を置く思想とされ、日本語では無政府主義と訳される。日本の近代アナキズムはクロポトキンの影響を受けた幸徳秋水から始まり、幸徳が大逆事件（1911年）で弾圧された後は大杉栄に受け継がれた。しかし1923年の関東大震災時に大杉が殺害された後は、急速に社会的影響を失った。

日本における朝鮮人の初めての思想団体は1921年11月の黒濤会である。大杉栄や堺利彦らの影響により朝鮮人

苦学生同友会の会員であった朴烈*、鄭泰成、白武*、金若水*らが組織したものであるが、1922年10月には思想分裂し、朴烈らのアナキストは黒友会を、金若水らの共産主義者は北星会*をそれぞれ組織した。しかし、その後まもなく朝鮮人のアナキズム運動は、皇太子暗殺未遂をでっちあげられた朴烈事件によって大きな打撃を受けた。

朴烈の跡を継いだアナキストたちは、黒色戦線同盟、不逞社*、黒風会、黒友連盟などと組織の名称を変えながら運動を継続したが、共産主義運動に比べるとその勢力の劣勢は覆うべくもなかった。「社会運動の状況」によれば、1929年の朝鮮人アナキストの勢力は団体数15個、335人であり、最盛期の1932年でも団体数13個、1026人であった。同じ年の共産主義勢力は団体数119個、1万3844人であったから、アナキストはその10分の1以下であった。しかも、東京以外の地域では若干の組織はあったものの、運動としてはあまり活発ではなかった。これは、在日朝鮮人のアナキズム運動が民族的なものより思想運動としての性格を色濃くしていたためともいえる。東京では朝鮮東興労働同盟と朝鮮自由労働者組合といった労働者の組織を持ち、共産主義運動に対抗するとともに、親日反動団体である相愛会*とも激しく抗争した。戦後は出獄した朴烈が在日本朝鮮居留民団の団長に就任するなど、他のアナキストも多くが民団などで活動し、在日朝鮮人のアナキズム運動は消滅した。

[堀内稔]

▶013 **アパッチ** 大阪市旧城東区にあった大阪砲兵工廠跡地（現在の大阪城公園一帯）で放置スクラップの持ち出しを行っていた集団に対する俗称。この集団の主体は大阪砲兵工廠付近にあった在日集住地区の住民で、スクラップの持ち出しが行われたのは1954年のこと。背景には高度経済成長期の鉄資源需要があった。当初は小規模なものであったが、のちには地区外からの流入者を含めた数百人規模のものとなったとされる。同跡地は近畿財務局の所管となっていたことから、アパッチの侵入に対して警察当局が出動し、両者の間で激しい攻防戦が繰り広げられた。その際、アパッチの立ち居振る舞いが、戦後上映された西部劇映画（『アパッチ砦』『アパッチ』）に描かれた「アパッチ」（アメリカ先住民の一部集団をさした）のそれを連想させたため、新聞等がこの語を俗称として用いるようになった。アパッチに取材した小説に開高健『日本三文オペラ』（新潮社、1959）、小松左京『日本アパッチ族』（光文社、1964）、梁石日*『夜を賭けて*』（幻冬舎、1994）があり、同作品は2002年に映画化もされた。

[島村恭則]

▶014 **アファーマティブ・アクション** 多文化主義は、マイノリティの公的承認をもとめる。公的機関はマイノリティのアイデンティティ*を保護し促進するための政策を採用しなければならない。国家によって特定のマイノリティ集団が選定され、言語や文化、歴史教育など文化的アイデンティティの再生に向け

たプログラムに対する公的な支援がなされる。これらの方策には、マイノリティ集団の言語権や宗教*的集団の自律、土地の所有権、特別代表権や投票権などが含まれる。

　文化多元主義が「機会の均等」を保障しようとするのに対して、多文化主義は「結果の平等」を目標とする。よって、マイノリティ集団の被っている差別を緩和・禁止し、不利益を是正・解消するために積極的な法的・財政的・制度的措置が取られるべきとされる。これをアファーマティブ・アクション（積極的差別是正措置）という。具体的方策としては、まず、憲法ないしは法律上に特別な集団──つまり集団的帰属による差別を被っている諸個人の権利保障の明示を求める。さらに差別され不当な不利益を負ったマイノリティのために、行政官庁や企業、教育機関などにおいて一定の比率のポストの準備を要求する（クォーター制）。

　さて、多文化主義は、多文化主義を社会的統合に至る過渡的な政策と見なす「手段としての多文化主義」と、多文化主義を社会の規範と見なし社会的目標に定める「目的としての多文化主義」に大別される。「手段としての多文化主義」は、単一の「共通したアイデンティティ」に基づいた社会統合をめざす。そこでは、あくまでマイノリティの社会的統合に至る過渡的な政策として多文化主義が採り入れられる。したがってマイノリティ集団の公的承認・支援や積極的差別是正措置は、社会統合と関連した一時的・時限的なプログラムとして積極的に採用される。それは「諸個人の自由」を基礎にマイノリティ文化に寛容な社会統合をめざすのである。

　なおエスニックマイノリティに対するアファーマティブ・アクションとして、日本でも四国学院大学（香川県善通寺市）が在日コリアン高校生などを対象に入学優先枠を設けたり、一部の上場企業で在日コリアンの学生を優先採用しているところも見られるが、こうした事例はきわめてレアーケースである。

[金泰明]

▶015 **海女**（あま）　裸潜水漁に従事する女性を指す。裸潜水漁は日本と韓国を除けば、世界の他の地域では稀な職業である。現在、日韓双方で観光資源としても活用されているが、裸潜水漁者自身の高齢化が進んでおり、その数は減少する一方である。また、海洋汚染や資源の枯渇による漁獲の減少という問題も抱えている。

　日本では、裸潜水漁者であるアマを性別によって海士・海女と区別し表記しているが、済州島*では、現在裸潜水漁に従事しているのは女性のみであり、「ヘニョ（海女）」・「チャムス（潜嫂）」・「チャムニョ（潜女）」という呼称が用いられ、公式的な場面においては「海女」が優先される。しかし、「チャムス」あるいは「チャムニョ」は済州島古来の呼称であり、「海女」という語彙は植民地期に導入されたものであるという理由から使用をめぐる論議が絶えない。例えば、水産協同組合の下部組織である漁村契のなかに、裸潜水漁に従事する人々の団体があるが、村によってその名称が潜嫂会であったり海女会であったりする。

済州島海女は、植民地化のなかで賃労働のために島の外へ移動する経験をしてきた。そのなかで主に朝鮮半島と日本での潜りに駆り出され、その後定住するケースも見られた。解放によって済州島海女の日本への出稼ぎはいったん止むが、潜りの稼ぎは生計の大きな支えとなっているため韓国内での出稼ぎは続いた。映画*『海女のリャンさん』(2004、原村政樹監督)に見られるように、1989年の海外渡航自由化までは密航*で日本に行く人が多く、渡日後も海女として収入を得てきた人もいる。日本で海女が減少するなか、高級貝類への需要の高い日本で、現在も済州島海女たちは潜っている。1カ月に2週間しか操業できない済州島とは異なり、日本では漁場を移動しながら年中潜ることができる。その稼ぎは、現在でも済州島での彼女たちの生計の支えにもなっている。こうした歴史のなかで、済州島海女は強靭にならざるを得ない社会的歴史的環境を生きてきた。

参考文献：伊地知紀子「韓国・済州島チャムスの移動と生活文化」『国際比較研究叢書1 等身大のグローバリゼーション オルタナティブを求めて』明石書店、2008。　　［伊地知紀子］

▶016 **アマダイ**　韓国語ではオットム、オットミと呼ばれる。韓国の南海つまり釜山、済州島*近海でとれる魚で、日本の中部地域から南シナ海あたりにまで分布している。慶尚道、済州道でよく食べられる。日本で在日コリアンの多い大阪の鶴橋などでは、商品としてのアマダイの乾したものは欠かすことのできないものとなっている。肉質がやわらかく、死後硬直も軟化が早く、生臭みが出やすいので刺身にはむかない。このために焼き魚として利用されるが、乾燥したものの方が好まれる。脂肪がすくないので油を使うと風味が引き立つ。慶尚道、済州道以外の地域では、ほとんど利用されないが、オットム粥は高級料理として知られている。魚の身を醤油味のだしとし、これに米を加えて粥としている。日本ではアマダイの地方名がいくつかある。大阪でクズナ、京都でグジ、山陰でコビル、静岡でオモツダイなどがそれである。　　［鄭大聲］

▶017 **新井英一**　あらい えいいち　1950〜　ブルース歌手。民族名：朴英一（パクヨンイル）。本人は、自身を在日朝鮮人の父親と日朝混血の母親の間に生まれた「コレアン・ジャパニーズ」と呼ぶ。渋谷の道玄坂での弾き語りが、ロック・シンガー内田裕也の目にとまり、プロ歌手として本格的にデビュー。1995年、在日コリアンとしての自分史を歌いあげた「清河への道」がヒット。在日コリアンの悲しみと喜びを歌った同曲は、在日コリアンのみならず多くの日本人からも支持され、1995年度の日本レコード大賞の「アルバム大賞」を受賞。主なアルバムに『清河への道〜48番』『ブルースを唄おう』などがある。　　［朴一］

▶018 **新井将敬**　あらい しょうけい　1948〜1998　日本の政治家。大阪市出身の在日コリアン2世。民族名：朴景在（パクキョンジェ）。日本名：新井隆史（あらいたかし）。1966年10月、日本国

籍を取得。1972年東京大学経済学部卒業後、新日鐵に就職。1973年、国家公務員上級試験に合格。大蔵省に入省。1981年、渡辺美智雄大蔵大臣の秘書官に抜擢される。1983年、渡辺大蔵大臣に勧誘され、大蔵省を辞職し、東京2区から衆議院選挙に出馬するものの、あと一歩及ばず落選。1986年、衆議院選挙に2度目の挑戦で10万票を獲得し当選。1994年、東京佐川急便事件をきっかけに執行部を批判し、自民党を離党。1997年、自民党に復党するも、日興證券からの利益疑惑が発覚。1998年1月、新井氏は衆院予算委員会の参考人質疑で自らの潔白を主張。この際、誤解を招いたのは自分の生まれのせいであるとし、「私は16歳まで在日韓国人だった」と自らの出自を語る。1998年2月18日、東京地検が新井氏の逮捕状請求。新井氏は最後の記者会見で潔白を主張。翌日の2月19日、東京都内のホテルで自死。

[朴一]

▶019 **アリラン** 朝鮮半島全土および在外同胞の間で広く歌われ、世界的にもよく知られる民謡。三拍子のリズム、二行一連の単純な形式は覚えやすく、状況に応じて自在に歌詞を作ることができ、人々の間で広く長く歌い継がれている。「本調アリラン」ともいう。アリランの語源については古語説、説話説など20以上が提起されているが、今のところ定説はない。現在、題名や繰り返し部分にアリランという言葉がみられる歌は北朝鮮で20余種、韓国で70余種、海外のものも合わせると優に100種を超える。有名なものとしては「珍島アリラン」「密陽アリラン」等を挙げることができる。「本調アリラン」はそもそも抗日的なテーマの映画＊『アリラン』(1926、羅雲奎監督)の主題歌として使用されて以後全国に普及し、音楽的には1920年代に多く流入した外来音楽の影響を受けた新民謡に近い。

在日の「アリラン」としては、韓国のアリラン研究者、金錬甲が1980年代に横浜で調査・発見した「アリラン済州道」をはじめ、大戦直後に作られた「アリラン」は"故郷への想いを歌ったもの"が多いが、2007年東京で開催されたワンコリアフェスティバル＊では、"相互理解を通して朝鮮半島の平和と東アジアの共存、共に生きる社会の創造を目指す"ことをテーマに、在日コリアンと日本人の青年がともに「よさこいアリラン」を踊る、といった新たな「アリラン」も次々に生まれている。

[安聖民]

▶020 **アルン展** 在日コリアン美術家が思想・信条などの違いを超えて1998年に立ち上げたグループ「アルン・アート・ネットワーク」が主催する美術展。「アルン」(AREUM)は、朝鮮語の「美しい」と「一抱え」をかけた名称。第1回アルン展は1999年10月に京都市美術館で開催され、在日・在米コリアンと沖縄の日本人の110人が絵画、彫刻など189点を出品した。第2回は2002年3月に京都市美術館を中心とする4会場で開催され、日・米・中・韓の120余人が出品。中国朝鮮族写真展やドキュメンタリー映画上映会も行われた。第3回は

「ネオベソル・アルン04-05」のタイトルで大阪、神戸、東京、京都、ニューヨーク、ソウルの6カ所でイベントを開催。中心となる京都総合美術展には日・米・中・韓など13カ国から103（人、グループ）が参加し、平面、立体、インスタレーション、映像など数百点が展示された。またアルンは各地のグループ展や個展の企画や国内外の美術家の連携をはかる窓口の役割も果たしている。　　　　［高賛侑］

▶021 アンウシク
安宇植
1932～2010

作家・翻訳家。東京都生まれの在日2世。早稲田大学文学部中退。朝鮮近現代文学専攻。1960年頃より朝鮮／韓国の文学作品の翻訳・紹介を手がけて先鞭をつけた。その端正な日本語訳には定評があり、現在その分野の第一人者と目されている。

1960年代から1970年代にかけて『世界革命文学選』、金史良*『駑馬千里』、張俊河『石枕　韓民族への遺書』などがある。その後、尹興吉『母』『現代韓国短編小説』、李泰『南部軍　知られざる朝鮮戦争』、李文烈『皇帝のために』、韓龍雲『ニムの沈黙』などを翻訳・紹介して評価が定まる。最近は韓国の新しい文学／思想動向を手がけている。申京淑『離れ部屋』、短編アンソロジー『いま私たちの隣に誰がいるのか』、朴裕河『反日ナショナリズムを超えて』などである。

著書にも『アリラン峠の旅人たち』（平凡社）、『金史良　その抵抗の生涯』（岩波書店）、『資料　世界プロレタリア文学運動』第1、5（三一書房）巻などがある。　　　　［磯貝治良］

▶022 アングァンチョン
安光泉
1898～没年不詳

1920年代半ばに日本で活動した社会主義者。慶尚南道金海生まれ、本名は安자駒。朝鮮内で独立運動や青年運動に参与し、社会主義文献にも接する。1924年春に東京に来て社会主義系の朝鮮人団体北星会*の刷新を図り、翌年1月、一月会*を発足させる。一月会は社会主義の解説・普及の活動とともに在日朝鮮人に対する迫害・差別への抗議活動を展開したが、安はそれに積極的に参加している。また、在日本朝鮮労働総同盟*関東連合会の中央委員も務めるなど、この時期の在日朝鮮人運動の中心人物の一人となっていた。また、日本人社会主義者との提携強化も模索し、高津正道らとともに極東社会問題研究会を組織した。

日本での活動とともに、本国の社会主義運動における派閥対立の克服をめざす努力も続けていた。1925年には日本人社会主義者らとともにソウルを訪れ、朝鮮内の社会主義運動の二大派閥の幹部を招いて陣営の統一を説いた。そして、同年に出された派閥克服を呼びかける「正友会宣言」に名を連ねた。さらに、これを契機として成立した第三次朝鮮共産党（エムエル党）に参加、同年12月から1926年9月まではその責任秘書も務めた。その後、朝鮮共産党への弾圧が強まる情勢のなかで、1928年7月に中国に亡命した。

参考文献：高津正道「朝鮮解放運動の人々」『解放』1926年11月。文国柱編著『朝鮮社会運動史事典』社会評論

社、1981。　　　　　　　　　[外村大]

慰安婦問題

在日同胞が慰安婦問題に注目したのは解放後、1970年代、1990年代であり、いずれも冷戦構造の節目の時期に重なる。

海外で民族解放を迎えた朝鮮人同様、日本でも『解放新聞』*（1946年4月15日付）が北海道に置き去りにされた慰安婦の苦境に同情し、早急な救出を訴える。しかし在日本朝鮮人連盟*が解散させられ、朝鮮半島の南北にそれぞれ国家が樹立されると、慰安婦は民族組織から次第に忘却される。

1970年代に韓国・日本で慰安婦を想起させたのはキーセン観光である。1972年台湾との国交断絶により日本人男性の買春ツアーは韓国に向かうが、これに対し韓国女性は現代の慰安婦制度だと鋭く批判する。日本ではキリスト教会を中心に日本人女性と在日同胞女性が韓国女性の訴えに真摯に応答し、連帯する。同年、本土に復帰した沖縄で裵奉奇が強制退去を免れるために慰安婦だった過去を明らかにする。

冷戦の再編は近代と現代の性暴力を同時に可視化したが、裵奉奇に対し、当時の在日本朝鮮人総連合会*沖縄支部副委員長・金賢玉が世話をしていたために、逆に反共下の韓国で裵奉奇の存在は不可視となる。

また1973年の『従軍慰安婦』（千田夏光）の出版で、戦後世代にも広く慰安婦問題が知られる。

1990年代に慰安婦問題が歴史のパラダイムを変えるほどに浮上する背景に、冷戦構造の崩壊、韓国社会の民主化、女性運動の進展がある。韓国で海外旅行が自由化（1989年）されると、同世代の女性として慰安婦問題に心を痛めてきた尹貞玉は沖縄、北海道、東南アジアで慰安婦調査をし、『ハンギョレ新聞』に取材記を連載する。これが韓国社会で波紋を呼び、金学順の歴史的なカムアウトの導火線となる。

1990年11月に韓国挺身隊問題対策協議会（以下、挺対協）が結成され、尹貞玉が共同代表に選ばれると、山下英愛（梨花女子大学留学生）は尹貞玉の活動を日本につなぐ架橋役を果たす。山下とネットワークを持つ、同年代の在日女性たちは1991年末に関東で「従軍慰安婦問題ウリヨソンネットワーク」（金英姫、朴潤南、金薫子、金富子など）、関西では「朝鮮人従軍慰安婦問題を考える会」（皇甫康子、李和子など）を結成し、日本政府へ補償を求める提訴など慰安婦支援の運動に加わる。

宋神道*も1993年3月に提訴するが、それに合わせて「在日の慰安婦を支える会」（梁澄子、朱秀子、李文子など）が結成される。大韓婦人会を除く既成の民族組織、すなわち在日本朝鮮民主女性同盟*、在日韓国民主女性会、在日大韓基督教全国女性会（梁霊芝など）を基盤にした活動も慰安婦問題の公論化に大きな役割を果たす。

この時期に慰安婦問題に関わった在日女性たちの特徴として、既成の民族組織と一線を画した個人の集まりを中心に、反差別の闘いで獲得した民族・ジェンダー・階級の複合的視点を備えていたことが挙げられる。

この視点は2000年の東京での女性

国際戦犯法廷においても生かされ、日本人慰安婦から基地売春女性までを繋ぐ連帯の可能性を拓いた。法廷には韓国から多くの男性が参加したが、在日男性の参加はほとんど見られなかった。

[宋連玉]

▶024 **飯尾憲士** いいおけんし
1926〜2004

作家。大分県竹田市にて朝鮮人の父と日本人の母との間に3姉弟の長男として生まれる。17歳の時、同郷出身で日本初の「軍神」となった広瀬武夫に憧れ海軍兵学校に2度志願するが不合格。飯尾はこの時まで父親が朝鮮人であることを知らなかった。後に陸軍予科士官学校に進む。こうした経歴は生涯彼の文学に影を落とすことになる。初期は肺結核と戦いながら、九州の地方文芸誌を中心に創作活動。1965年に「炎」で初めて芥川賞候補に挙がる。しかし、文壇で注目され始めたのは、父親のことを書いた「海の向こうの血」(『すばる』1978年12月)が第2回すばる文学賞（佳作）を受賞した頃から。のち、「ソウルの位牌」(1980)、「隻眼の人」(1981)も芥川賞候補に、「自決」(1982)が直木賞候補にノミネートされた。他に、特攻隊について書いた「開聞岳」(1985)など多数。

参考文献：『〈在日〉文学全集　第16巻』勉誠出版、2006。　　　[金貞愛]

▶025 **飯沼二郎** いいぬまじろう
1918〜2005

農業経済学者。東京生まれ。1941年、京都大学を卒業。農林省技官などを経て1954年より京都大学人文科学研究所に入り、1981年まで同研究所で研究活動を続ける。農業経済学を専攻し、大塚史学をベースに『農業革命論』(1956年)を発表し、農業の発展を風土との関連でみる農業発展論を展開した。1965年8月から「ベトナムに平和を」のプラカードを掲げて少数の市民とともに京都市内でデモ行進を始めた。関西での「ベ平連」運動のはじまりである。1969年、韓国人兵役拒否者釈放運動に加わり、鶴見俊輔などとともに「朝鮮人社」を主宰して雑誌*『朝鮮人　大村収容所を廃止するために』を刊行した。その後、「君が代訴訟」を提訴して原告団長となり、また「原爆の図」展の開催、在日コリアン障害者の法的救済（無年金問題）なども提起するなど、市民の目線から市民的自由とマイノリティの人権問題に取り組んだ。著書に『飯沼二郎著作集』『わたしの歩んだ現代』、編著に『70万人の軌跡・在日朝鮮人を語る』などがある。

[仲尾宏]

▶026 **李人稙** イインジク
1862〜1916

小説家・演劇人・新聞発行人。号は菊初。京畿道巨門里に、韓山李氏胤耆と全州李氏との間に次男として生まれる。幼少時に父胤耆の長兄殷耆の養子となる。5歳の時に実父を亡くし、11歳で養母を、18歳で生母を亡くしている。李人稙は32歳まで官職についていないが、こうした環境も関係があるかもしれない。

1900年に官費留学生として渡日したことが確認できるが、小松緑の回想によれば、それ以前の1896年頃、国内の政変によって亡命のような形で日本にやってきていたようである。1901

年11月、都新聞社（現・東京新聞社）に見習生として入社、その傍ら、松本君平の政治学校に学び、演劇*改良などにも関心を寄せた。日本留学中、現在判明している限り朝鮮人として最初の日本語小説「寡婦の夢」（1902）を『都新聞』に発表する。1904年、陸軍の通訳官を務め、1905年帰国。1906年に『国民新報』主筆となり、同紙に最初の新小説「白蘆洲」を連載したと伝えられるが、作品はまだ確認されていない。同年7月、新小説の嚆矢とされる「血の涙」を『萬歳報』に連載。1907年『萬歳報』主筆を経て、財政難に陥っていた同紙を、李完用の後援により入手し、『大韓新聞』として創刊、社長に就任する。1908年8月には演劇視察のため再び日本を訪れている。韓国併合直後の1911年、経学院（成均館の異称）の司成に就任。『経学院雑誌』の編集に従事する傍ら、儒者たちを連れて内地視察にも出かけている。

　李人稙は、李完用の秘書的な役割を果たし、韓国併合前後にはその通訳として働いた。こうした履歴が、彼の文学作品に対する後世の評価にも影響していることは否めないが、その行動からは、彼なりの「近代」を追求していたことが認められる。　　　［布袋敏博］

▶027 **李仁夏**
1925〜2008

牧師。慶尚北道生まれ。1941年、渡日。1952年、東京神学大学卒業。カナダ留学を経て、在日大韓基督教会総会長（1974〜1976年）、日本キリスト教協議会議長（1982〜1985年）などの教会関係の要職を歴任。1971年、日立就職差別事件を機に結成された「朴君を囲む会」の呼びかけ人になり、日立糾弾闘争を支援する。以後、民族差別*と闘う思想を聖書から読み取り、民闘連*（民族差別と闘う連絡協議会）の代表として、地域に根ざした民族差別反対運動を展開した。また「反差別国際運動」の理事として人権運動の国際連帯を呼びかける一方、在日コリアンと日本の子どもたちが共に学ぶ施設として社会福祉法人「青丘社」を川崎市に創設した。著書に『明日に生きる寄留の民』（1987）などがある。

　　　　　　　　　　　　　［朴一］

▶028 **李鍝**
1912〜1945

朝鮮王朝（1392〜1910）最後の国王・純宗の甥。日本の皇族として1926年に東京陸軍幼年学校に入学させられて以降、大日本帝国軍人のエリートコースを歩まされ、1945年7月に広島第2総軍司令部参謀部第1課教育参謀に任命、先の任命地であった中国山西省太原から広島に送られた。同年8月6日、李鍝は馬に乗って司令部に出勤途上、原子爆弾に遭い大火傷を負って瀕死状態となり、似島陸軍検疫所の臨時救護所に収容されたが、7日未明に息を引き取った。遺体は8日に吉島飛行場から飛行機でソウルに移送され、朝鮮が解放を迎えた8月15日に葬儀が執り行われた。広島の韓国人原爆犠牲者慰霊碑*には、韓国語で「国を失った王孫なるがゆえに、人知れぬ悲しみと苦痛が一層深かった李鍝公殿下を始めとして、名分なき戦いで名分もなく死ななければならなかった同胞軍人」「この惨劇で尊い命を失われた李鍝公

殿下ほか、無辜の同胞2万余柱」という言葉が刻まれている。　　[市場淳子]

▶029
李殷直
イウンジク
1917〜

作家。全羅北道に生まれる。日本大学芸術科卒業。解放前より創作をはじめ、『藝術科』に発表した「ながれ」が第10回芥川賞(1939)候補となり、金史良*と並び称された。1967〜1968年に発表された長編『濁流』(新興書房)3部作は、解放後の激動する朝鮮半島の現代史を背景に、主人公の変転する青春が描かれて、「第一文学世代」の代表作になる。さらに1997年には全5巻の長編『朝鮮の夜明け』(明石書店)を刊行。日帝支配下に生きた少青年期を大河ふうに描いて、自伝的小説の集成とした。

小説のほかにも民族的著作に力を注ぎ、『朝鮮名将伝』(新興書房)、『朝鮮名人伝』(明石書店)、『新編　春香伝』(高文研)などがある。一方、1960年より朝鮮奨学会*理事を務めて、同胞子弟の育英事業に貢献している。『「在日」民族教育の夜明け』『「在日」民族教育・苦難の道』(いずれも高文研)がある。　　[磯貝治良]

▶030
李雲洙
イウンス
1899〜1938

解放前の共産主義系の民族運動家。労働団体、青年団体の幹部を務め、朝鮮語新聞刊行にも携わった。咸鏡南道北青郡坪山面出身。

京城府で中等教育を受けた後、1925年に渡日し働きながら日本大学などで学んだ。翌年に設立された在日本朝鮮労働総同盟*東京朝鮮労働組合に加盟し、1928年にはその委員長となる。また同じ年には高麗共産青年会日本部*の一員ともなった。しかし同じ年に治安維持法*違反で検挙され、懲役3年の判決を受け下獄。1934年(1935年とする史料もある)に出獄、在日朝鮮人運動の再興に向け合法朝鮮語新聞の刊行を企図し、1936年に金天海*らとともに『朝鮮新聞』*を創刊した。そして自身は同紙を刊行する朝鮮新聞社の社長、編集発行人に就任するとともに、京浜地方に所在する朝鮮人団体をまわり読者拡大を目指した。

しかし戦時体制の構築の中で日本の当局は、在日朝鮮人の生活問題、差別問題や祖国の状況、国際的な反ファシズムの動きなどを伝える同紙の活動を許さず、1937年7年に弾圧に乗り出し、李雲洙もこの時逮捕された。その翌年には釈放されたものの死亡。一説には獄中の拷問が影響しての死亡とも言われる。　　[外村大]

▶031
『イオ』

総連の事業体である朝鮮新報*社の刊行する月刊日本語誌。1996年3月の総連第17期第2回拡大会議において「3世、4世の同胞を対象にする写真配合大衆誌であり同胞生活情報誌である月刊雑誌*を新たに発行」することが決められ、これを受けて1996年6月16日に創刊された。「イオ」というタイトルは朝鮮語の이어=「継ぐ」からとっており、公募で決定された。創刊号ではこのタイトルについて「私たちは、1、2世同胞の祖国、民族を想う心を受け継ぐとともに、在日同胞社会をネットワークしたいという気持ちを込めこの雑誌を創刊しました」と巻頭に記されてい

る。また、表紙には「在日同胞をネットワークする」の語が掲げられている。誌面では祖国の動向や在日朝鮮人を取り巻く差別問題などにかかわる記事も含むが、目立つのは、スポーツ*や生活、文化情報などで、それについての特集が組まれた号も多い。同時に、カラーの写真*を多数用い、日本人の著名な芸能人のインタビューを載せるなど、読みやすさを意識した編集が行われている。

参考文献：『イオ』各号。呉圭祥『朝鮮総聯50年』綜合企画舎ウィル、2005。　　　　　　　　[外村大]

▶032 **猪飼野（いかいの）**　日本国内最大最古の在日コリアンの集団居住地。大阪市生野区猪飼野町の古い地名であった。古代飛鳥時代からの由緒ある古地名であったが、1973年の行政区画の変更により鶴橋・桃谷・中川・田島に分割され、その名称は消滅した。戦前（植民地時代）には、日本国猪飼野何番地だけで、朝鮮から郵便が配達された。猪飼野＝在日朝鮮人であった。住民の4人に1人は在日コリアンといわれ、地域にある大阪市立御幸森小学校の生徒の7、8割がコリアン系である。すぐ近くには、総連の大阪朝鮮第四初級学校もある。この地域からは、芥川賞受賞作家をはじめ、多くの芸術家・活動家が輩出されている。

生野・田島などの地名が示すように、この地域は古代から大湿地帯であった。水はけが悪く、住宅地・工場立地には適さなかった。第一次世界大戦中の特需景気と工業化の進展によって、大阪では安価な労働力と工業用地の需要が高まった。猪飼野のほぼ中央を南北に通る全長約17キロメートルの平野川が流れている。この川の名も古代には「百済川（くだら）」とよばれた。この地域の排水を良くして安い住宅地と工場用地とし、河内平野の農業用水と物資の運搬の運河にするために1921年から1923年にかけて大拡張工事が施工された。パワーショベルもない時代の苛酷な重労働に朝鮮から来た多くの労働者が従事し、賃金は日本の労働者の約半分であった。

1923年には、済州島*と大阪間に定期連絡船「君が代丸*」が就航した。済州島は大阪府と同じぐらいの広さで、人口は約20万人であった。この島からは日本の敗戦（1945年）までの23年間に、10数万の繊維工場の女性労働者、ゴム工場などの労働者、海女*などが渡ってきた。戦後も済州島四・三事件*の難を逃れて密航*が絶えなかった。猪飼野の半分は、済州島の人々がつくったといえる。

人間が集団居住すると、市場ができる。猪飼野を東西に通る約500メートルの御幸森通があり、中ほどの路地裏にできた市場が、「朝鮮市場*」の始まりであった。今は御幸森通全体が朝鮮市場（コリアタウン*）とよばれている。御幸森通の西に、式内社「御幸森神社」が鎮座する。祭神は、5世紀前半頃の仁徳天皇である。たびたびこの地を行幸したので、御幸森と名づけられたという。『日本書紀』仁徳14年に「猪飼津に橋を渡した。名づけて小橋（おばし）といった」とある。後に「鶴橋（しらぎ）」とよばれた。この小橋町には、新羅国の王子天日槍神（あめのひぼこ）の妻を祭神とする式内社

「比売許曾(ひめこそ)神社」が鎮座する。生野区・平野区は、飛鳥時代「百済郡」とよばれ、古代朝鮮三国（百済・新羅・高句麗）からの渡来人*たちが多く住んでいた。猪飼野は、彼らがもたらした文化*であり、今もJR百済駅、高麗橋などの名称が残っている。この地域への朝鮮半島からの集団移住は、漢字をはじめ、金属製品・焼き物（須恵器）などの製作技術をもたらし、奈良時代の世界文化遺産で国宝の東大寺の建立と大仏の鋳造へと発展していく。

[曺智鉉]

▶033 **猪飼野朝鮮 図書資料室**(いかいの)　1977年に開設された朝鮮・韓国関連の民間図書室。当時大阪外国語大学朝鮮語学科の教授であった塚本勲によって朝鮮語普及を目的として東大阪市小阪に開設され、1980年にJR鶴橋駅近くの大阪市天王寺区味原に移転された。

塚本は資金不足などさまざまな困難に遭遇しながらも、1986年に長年根強く編纂してきた『朝鮮語大辞典』全3巻を完成し、角川書店から発行した。その辞書編纂過程で収集された朝鮮語の百科事典から文学まで多岐に渡る図書、逐次刊行物を中心に、日本語、中国語、ロシア語、その他欧米諸語の資料などが「猪飼野朝鮮図書資料室」に所蔵されていた。

なお、塚本は2000年に大阪外国語大学を定年退官し、塚本が収集した1万439冊にも上る蔵書は、現在大阪府立中央図書館に収められている。そして、「猪飼野朝鮮図書資料室」は現在「ハングル塾つるのはし」と名称を変えて、同じ場所で活動している。

[尹明憲]

▶034 **李康勲**(イガンフン) 1903〜2003　社会運動家。江原道金化出身、3・1運動の後に旧満州で金佐鎮の影響下で独立運動に加わり、さらに上海に赴いて駐中国日本公使・有吉明に対する爆殺未遂事件に関与して逮捕され、解放までの12年間、獄中にあった。解放後、金天海*らとともに府中刑務所から釈放され、新朝鮮建設同盟*、在日本朝鮮居留民団（民団）の結成に加わるが、5・10単独選挙に反対し、民団を離れて金九の南北統一路線を支持する朝鮮統一同志会を結成した。朝鮮戦争勃発後は、民戦に参加し議長団の一角を占めるが、民戦の日本共産党や北朝鮮との結びつきに反発して1954年1月脱退声明を発した。民戦中央常任委員会は、李康勲をスパイだとして除名する声明を発表している。その後、金三奎*・権逸*らが北朝鮮の呼びかけをきっかけにして結成した左右合作の南北統一促進協議会（統協）の顧問などに就任するが、1960年の4月革命後、韓国に帰国し、独立運動史の編纂などに携わった。著書に『大韓民国臨時政府史』『海外独立運動史』などがある。

参考文献：李康勲（倉橋葉子訳）『わが抗日独立運動史　有吉公使爆殺未遂事件』三一書房、1987。　[文京洙]

▶035 **李起昇**(イギスン) 1952〜　小説家。山口県下関に生まれる。1975年に福岡大学商学部を卒業。1976年に韓国で言葉と歴史を学ぶ。1981〜1983年

まで民団中央本部に勤務。1996年に会計士事務所を開業し、2002年に税理士登録。

1985年に『ゼロはん』(講談社)で群像新人文学賞を受賞し、芥川賞候補にもノミネートされてデビュー。金鶴泳*、李恢成*につづく大型作家の登場として注目された。在日であることの不確かさと韓国にも居場所を見つけられない、在日世代の意識を斬新に描いて、第3世代のアイデンティティ*探しに先鞭をつけた。

『ゼロはん』のあと、在日史に素材をとった『風が走る』(講談社)、青春譜に眼差しを注ぐ「優しさは、海」「西の街にて」「夏の終わりに」(いずれも『群像』)など、鮮やかな感性と文体の作品を発表する。しかし、1996年以降、創作から遠のいている。

[磯貝治良]

▶036 イギドン
李起東
1885〜没年不詳

企業家・親日派。ソウル出身。1920年に東京で朝鮮人救護団体・相救会*を作り、翌1921年に相愛会*を結成、同会会長となる。名古屋・大阪・福岡などに支部を設け、会員数約1万7000名(1930年当時)に達する戦前期最大の在日親日団体となった相愛会は、朝鮮人労働者への職業紹介や宿泊所提供などを行う一方で、「内鮮融和」を標榜して日本人雇用主や警察と結び各地で労働争議の破壊を行い悪名をはせた。李起東は、在京朝鮮人中有数の資産家として、1930年代初頭には銀座新興株式会社を通じてカフェーやダンスホール、劇場などを手広く経営し、1938年には朝鮮人志願兵制度を祝して陸軍大臣に国防献金も行っている。相愛会の活動を跡づけた論考として、M・リングホーファー「相愛会　朝鮮人同化団体の歩み」(『在日朝鮮人史研究』*9号、1981)、金仁徳「相愛会研究　1920年代の組織と活動を中心に」(『韓国民族運動史研究』33号、2002)などがある。

[松田利彦]

▶037 イ グァンス
李光洙
1892〜1950

小説家・評論家・言論人。号は春園、長白山人、孤舟。平安北道の定州生れ。幼少期から漢学を学び、1903年に東学に入信。1905年に一進会の留学生として渡日するが、学費困難のため帰国。翌年、再度渡日し明治学院に入学。そこで洪命憙・文一平らと交流し、詩・小説・文学・論説を執筆する。1910年に帰国、定州で教員となったが、1915年金性洙の支援を受け早稲田大学高等予科に編入、1916年に哲学科入学。卒業後帰国し、1917年、『毎日申報』に長編小説『無情』を発表。1919年、再び渡日し、朝鮮青年独立団に参加、「2・8独立宣言書」を起草後、上海へ渡る。

その後帰国し、1921年に『開闢』に「民族改造論」(1922)を発表するが、朝鮮総督斎藤実、阿部充家の斡旋によって1923年『東亜日報』の編集局長に就任。『東亜日報』に「先導者」(1923)、「端宗哀史」(1928)を発表した。その後『朝鮮日報』副社長を歴任し、1937年には修養同友会事件により投獄。1939年、朝鮮文人協会の会長を務め、1940年には香山光郎という名で創氏改名*を行った。戦後、反民族行

為処罰法（1949年）により拘束されたが、病気のため保釈。翌1950年には拉北され、満浦市で病死したと伝えられる。　　　　　　　　　　　　　　［全成坤］

生野民族文化祭

1983年10月に在日コリアンの集住地域である大阪市生野区で、第1回生野民族文化祭が開催された。その前年に生野区の中央部に存在する聖和社会館（聖和教会、聖和協会福祉会）に、在日コリアン金徳煥が館長として就任することで始まった。彼は在日コリアンの青年たちに、既存の組織に偏らずに自分たちの祭りを自分たちの力で作ろうと呼びかけた。つまり、「生野民族文化祭」は同胞間にもたらされた分断状況を和解へと修復し、民族性を明らかにしたままで日本社会に生きることを提案したものだった。そこに掲げられたスローガンは政治的理念ではなく、「一つになって育てよう！ 民族のこころを！ 魂を！」という極めて情緒的なものであった。「生野民族文化祭」に集った在日コリアンの青年たちは、聖和社会館でプチェチュム（扇の舞）やマダン劇*、農楽を学び、当日に演じて見せた。秋夕の前日にはキルノリ（民族楽器*によるパレード）を行ったが、届け出た生野警察署ではキルノリをデモとして扱った。つまり、それまでの日本の警察にとって在日コリアンが治安管理の対象であったことを意味している。

第1回の生野民族文化祭は、大阪市立御幸森小学校で多くの在日コリアンや日本人の参加の中で行われた。ところが、第2回目の文化祭を御幸森小学校で行おうとすると、地域の反発が強く開催そのものが危うくなった。御幸森小学校は日本学校としては在日コリアンが最も多く在籍する学校であるが、日本人の保護者の中から「御幸森小学校がまるで朝鮮学校*のように思われる」という反発があり、小学校の使用が許可されなかった。このような状況で実行委員会ではその対応策をめぐって二つの意見が対立した。前者は、人権問題として御幸森小学校を相手に戦うべきであるとする意見、後者は、このままでは民族文化祭*が継続できなくなるので今は継続に力を注ぎ、いずれ御幸森小学校に戻ろうとするものだった。実行委員会としては後者の意見を選択して、御幸森小学校の同じ校区の中学校に場所を移して実施した。これ以降、「生野民族文化祭」は生野区にある小学校と中学校を交互に会場として開催されたが、10回目の1993年に御幸森小学校に戻ることができた。民族文化祭は日本社会の国際化をはじめ大阪の公立学校における民族教育の進展や他の地域での民族文化祭の開催などに大きな影響を与えた。大阪では民族教育を受けた子どもたちの受け皿としての機能を果たすようになったが、2002年を最後に「生野民族文化祭」はその幕を閉じた。

参考文献：金徳煥『第10回生野民族文化祭報告書』1993。　　　　［髙正子］

生駒トンネル

「韓国併合」直後の朝鮮人労働者就労を伝える代表的な鉄道工事の一つ。大阪電気軌道株式会社（現近鉄、1910年創立）は大阪—奈良間軌道敷設工事で

奈良県大阪府間の生駒山東西山麓にトンネル貫通を計画、1911年6月1日に着手し1914年1月31日に完成させた。全長3388メートルの広軌式複線トンネル。当時東洋一の規模といわれた。近鉄は1960年に新生駒トンネルを敷設したことから（奈良線専用）、区別して旧生駒トンネルともいわれる（現近鉄けいはんな線一部活用）。「韓国併合」10カ月後の工事だったが、朝鮮人労働者の就労や事故による犠牲者の記録が残り、トンネル東西両口付近に朝鮮人飯場（宿舎）があった。トンネル完成から4年後の新聞記事で「1000人の朝鮮人が居た」（「中国新聞」1918年12月1日）との報道もあり、多数の朝鮮人が就労した工事だったとみられる。

朝鮮人の日本での就労は1876年8月24日締結の「日朝修好条規附録」第5款で制限を設けず、以降、主に炭鉱、鉄道工事などでの就労が記録されている。清国人労働者規制を打ち出した1899年勅令第352号*「条約若ハ慣行ニ依リ居住ノ自由ヲ有セル外国人ノ居住営業等ニ関スル件」でも朝鮮人労働者は対象外だった。こうした植民地（準植民地）労働力としての導入が、「韓国併合」直後の生駒トンネル工事に朝鮮人労働者の就労した歴史的背景であり、関西では厳しい朝鮮人の労働現場を語る象徴的工事として語り伝えられてきた。

文献からは1913年1月26日には大規模な落盤事故で148人が生き埋め（153人説もある）になり、救出隊に21歳の朝鮮人がいたことや、1913年8月17日、トンネル西口工事現場近くで起きた労働者と村民の争闘事件では、大阪地検に検挙された125人中10人が朝鮮人であり、事件の負傷者4人のうち1人が朝鮮人であった。全工事期間中の犠牲者53人中4人が朝鮮人（生駒市・西教寺、東大阪市・称揚寺各文書等記録から）。1913年の落盤事故犠牲者21人に朝鮮人は含まれていない。

参考文献：田中寛治、川瀬俊治、大久保佳代『旧生駒トンネルと朝鮮人労働者』宇多出版企画、1993。［川瀬俊治］

▶040 **石原慎太郎**（いしはらしんたろう）
1932～

作家・政治家。1956年「太陽の季節」で芥川賞受賞。1968年から参議院議員、1972年から1995年まで衆議院議員。元環境庁長官。元運輸大臣。1999年より東京都知事3期。

2000年4月9日、陸上自衛隊記念式典において、「今日の日本をみますと、不法入国した多くの三国人、外国人が非常に凶悪な犯罪を繰り返している」と述べ、外国人による騒擾事件が発生した場合には自衛隊の治安出動を期待したい、との趣旨も含めた、いわゆる「三国人発言*」を行い、在日コリアンをはじめ日本人識者、市民団体から抗議を受けた。　　　［李宇海］

▶041 **石山豊**（いしやまゆたか）
生年不詳

起業家。1951年大阪で石山食品工業社（後、日本サンガリアベバレッジカンパニー）起業。主力商品は大阪商人が全国に普及し、大手資本参入が規制された瓶入ラムネ。ガラス小瓶製造が在阪韓人の典型的職業であり、瓶入飲料水を戦後の闇市で製造販売したこ

とが石山の進路に影響を与えたと思われる。中小零細業者の過当競争を制してラムネ大手となり、他の飲料水市場に進出。商標（後社名）サンガリアは唐の詩人杜甫の「国破れて山河あり」に由来。創業時は朝鮮戦争の渦中にあり、焦土と化していた祖国への思いから石山が命名したとする説もある。石山は大手資本が飲料水市場を席巻する最中、飲料水容器が瓶から缶に移行するとみなし缶入飲料水を研究。1986年缶容器に窒素を無菌補填する製法技術で特許取得。緑茶、ウーロン茶、杜仲茶、麦茶等の茶系缶入飲料水は、長期保存しても変色せず鮮度を保てるようになった。缶入のコーヒーと紅茶にも応用。大手資本の同業他社から特許料を得ることで非上場の相対的小資本でありながら競争上の優位を保った。加温可能及び冷凍可能なペットボトル入り飲料水も開発。スーパーやコンビニ等のプライベートブランド飲料水のOEM（他社ブランド製品供給）大手となる。業界屈指の開発力を有する飲料水メーカーに成長させた。［河明生］

▶042 **伊集院静（いじゅういんしずか）**
1950〜

作家・作詞家。山口県防府市出身の日本籍コリアン2世。民族名：趙忠来（チョチュンネ）。小さい頃から野球に熱中し、長嶋茂雄元巨人軍監督から「野球をするなら、立教大でやりなさい」と勧められたことがきっかけで、立教大学文学部へ進学。野球部に所属し、東京6大学リーグの新人戦で4番を務める。大学卒業後、広告代理店勤務を経て、CMディレクターに。また、松任谷由実、松田聖子らのコンサート演出も手がける。1981年、「皐月」で作家デビュー。その時のペンネームは民族名*だった。1992年、「受け月」で第107回直木賞受賞。代表作に「乳房」（第12回吉川英治文学新人賞）、『機関車先生』（第7回柴田錬三郎賞）など。伊達歩のペンネームで作詞家としても活躍し、1987年に近藤真彦に提供した「愚か者」が第29回日本レコード大賞を受賞。前夫人は急性骨髄性白血病で早逝した女優の故夏目雅子。現在は女優の篠ひろ子と再婚し、宮城県仙台市に居住。

なお、日韓を舞台にした伊集院家族の自伝的小説に『お父やんとオジさん』（講談社、2010年）がある。

［姜誠］

▶043 **維新民団**
1960年の四月革命と翌年の5・16軍事クーデターに対する評価をめぐって生じた民団内部の対立は、1970年代に入って「録音テープ事件」を契機に民団中央派（中央総本部）と民主勢力派（東京本部、神奈川県本部、在日本韓国青年同盟、在日韓国学生同盟*）との間で一層激化していた。

一方、本国で朴正熙政権は1971年12月6日に国家非常事態を宣言し「維新体制」への先鞭をつける。翌年10月、朴正熙政権はいわゆる「維新クーデター」を強行し、非常措置を発動して憲法を改悪、永久執権体制をつくりあげようとした。こうしてできたのが「維新体制」である。民団中央は、この動きに呼応して執行部を中央集権的組織編成に改編、「十月維新」に合わせて自らを「維新民団」と呼び、本国

の軍事政権への支持を表明し忠誠を誓った。以降、「維新民団」は、祖国のセマウル運動に歩調をあわせて1973年には「60万人のセマウムシムキ運動」を、1976年には「セ民団運動」を展開した。また、日本における韓国民主化支援運動や統一支持運動への妨害行動などに団員を頻繁に動員した。

参考文献：韓国民衆史研究会編著、高崎宗司訳『韓国民衆史（下）』木犀社、1987。『京都韓国民団史』在日大韓民国民団京都府地方本部、1999。民団新宿支部『民団新宿60年の歩み　雑草のごとく生き抜いた同胞の歴史』彩流社、2009。鄭在俊『金大中救出運動小史　ある「在日」の半生』現代人文社、2006。その他『民団新聞』『民族時報』、民団ホームページを参照。　　　　　　　　　　[金友子]

▶044 イスンギ
李升基
1905〜1996

科学者。全羅南道潭陽郡生まれ。ソウルの中央高等普通学校を卒業して日本留学。旧制松山高校を経て京都帝国大学工学部工業化学科を卒業した。東京工業試験所研究員を経て、京都帝国大学に新設された化学繊維研究所の研究講師となり、助教授まで務めた。1939年工学博士学位取得。同年、桜田一郎等とともに「ビナロン」を合成し、世界で2番目の合成繊維の作成に成功した。しかし、戦時中の日本の軍事政策に協力しなかったために、1944年に大阪憲兵隊に勾留され、終戦を迎えるまで囚われの身となった。戦後、韓国へ渡り、ソウル大学校の工科大学で学長を務めるものの大学、専門学校を統合するという「国大案」に反対し、解職され研究を中断。1950年朝鮮戦争勃発後、家族とともに北朝鮮に逃れた。北朝鮮では興南化学工場技師長に就任し、ビナロンなど繊維工業の発展に貢献した。　　　　[蔡徳七]

▶045 イソンホン
李善洪
1895〜1944

社会運動家。全羅南道務安郡生まれ。1917年10月に来阪、薬種商となった。1921年2月に結成の民族主義的傾向が濃厚な兄弟会の副会長となった。この頃、日本人女性と結婚、2人の女子をもうけた。1922年7月、朝鮮人差別解消、相互扶助を目的とした朝鮮人協会の結成の呼びかけ人となったが、大阪府甲号要視察人となった。同年12月、「ボル（ボルシェビキ）派」の東京の朝鮮人留学生と大阪の日本人労働運動家が結成しようとした大阪朝鮮労働同盟会*の結成時に、大阪在住の朝鮮人に相談がなかったと異議を唱え、検束された。その直後に全国水平社の支援を受け、関西朝鮮人連盟を結成した。官憲からは全国水平社の姉妹団体とみなされた。関西朝鮮人連盟は朝鮮の衡平社*と水平社*の交流の橋渡しも行った。この間、李善洪の周辺には木本凡人、崔善鳴*、李春植*などのアナキストが集った。1923年5月に朝鮮人協会会長に就任したが、その後、労働運動が隆盛になる中、朝鮮人協会や関西朝鮮人連盟の活動も衰微していった。1927年1月、朝鮮人借家問題、労働災害問題で日本人を脅迫したとされ、逮捕された。1931年、「満州事変」の開始後、「内鮮融和問題」の解決を訴えて1932年、1936年、1937年、1942年の4回の衆議院選挙に立候

補した。いずれも落選はしたが、1937年には東京で当選した朴春琴*を2000票上回る1万票を獲得した。選挙資金、運動員、呼びかけ対象など、最初の選挙では朝鮮人を対象にした選挙活動を行ったが、当選せんがために、次第に対象は日本人にシフトしていった。しかし、朝鮮語の選挙公報の発行にこだわり、朝鮮の祭りを行い、朝鮮仏教を信仰するなど、朝鮮文化へのこだわりは捨てなかった。崔承喜*との交遊もあった。1941年12月、アジア太平洋戦争が始まると全大阪朝鮮人36万人に「自主」的に戦争協力を求める大阪協和協力会の代行委員長となった。1942年の総選挙の後は一線を退き、1944年9月に大阪市内の長屋で生涯を閉じた。死ぬまで要視察人を外されることはなかった。　　　［塚崎昌之］

▶046 **一月会**　日本における朝鮮人共産主義者によって組織された北星会*（1922年11月設立）の発展的解消によって1925年1月に結成された思想団体で、機関誌として『思想運動』（朝鮮語）を、そして1926年から労働者向けの啓蒙新聞『大衆新聞』*（朝鮮語）を発刊した。主なメンバーは、安光泉*、金世淵、李如星、朴洛鐘などで、当時、京浜工業地帯で労働者の組織化に取り組んでいた金天海*もこれに所属した。一月会は、朝鮮での社会運動の分立に対して中立を宣言し戦線の統一のために尽力するとともに、日本では、在日本労働総同盟（1925年2月結成）や三月会*（在東京朝鮮女性の団体で1925年3月結成）、学友会（在東京朝鮮留学生学友会*、1912年結成）など、朝鮮人労働者・青年学生・女性の組織や指導に貢献した。朝鮮共産党が結成（1925年4月）されたのを受けて日本で組織された朝鮮共産党日本部（後の朝鮮共産党日本総局*）は一月会の幹部らを中心に組織されていた。1926年11月一月会は総会を開き、これまでの経済闘争から政治闘争への転換、運動の思想的啓蒙を主眼とする段階から「実際的運動段階」への発展などによって一月会の初期の目的は果たされたとして、組織を解散し新しい団体づくりを目指すことにした。

参考文献：朴慶植『在日朝鮮人運動史　8・15解放前』三一書房、1979。高峻石監修・文国柱編著『朝鮮社会運動史事典』社会評論社、1981。

［文京洙］

▶047 **一時帰鮮証明書**　植民地期、朝鮮半島〜日本内地間を行き来する朝鮮人に対して発給されていた証明書類の一つ。「一時帰鮮」とは、日本内地に居住する朝鮮人が朝鮮半島へ一時的に戻ることを意味する。内務省は1929年8月、(1)すでに一定期間日本内地に居住している者、(2)再渡航後も継続して同一事業所に就労すること、などを条件に本証明書の発給を開始した。その目的は帰郷者による再渡航を新規の渡航と区別するところにあった。証明書本体には申請者の写真や氏名・住所・職業などが記載されており、渡航時における一種の身分証明書としての役割も果たしていた。発給元は各道府県内の警察署であり、受持巡査による身元確認など

の手続きを経て発給されていた。基本的に1回の帰郷を対象としていたため、数週間から2カ月までの間で有効期間が設定され、日本内地へ戻った後は発行元の警察署に返納することが義務づけられていた。　　　　　[福井譲]

▶048
一条校　学校教育法第1条において「学校とは、幼稚園、小学校、中学校、高等学校、中等教育学校、特別支援学校、大学及び高等専門学校とする」とあり、ここで規定されている学校を便宜的に一条校と呼んでいる。民族学校のうち、大阪の学校法人白頭学院*、学校法人金剛学園*、学校法人京都国際学園*が一条校として認可されている。総連系の朝鮮学校*、韓国民団系の東京韓国学校は、第134条に規定される学校教育に類する教育施設として各種学校*に分類されている。一条校認可を受けることで最も大きなメリットは、私立学校振興助成法に基づく支援である。在籍児童生徒数にあわせ公的な助成金が受けられる。就学児童生徒の家庭の経済的負担を軽減し、経営基盤の安定化を図るうえでは重要な公的支援である。一方、デメリットとしては、学校教育法に基づいて日本の教育課程に従わなければならず、学習指導要領にはない独自教科、韓国語、韓国史などの授業時間の確保に制約を受ける。また、学習指導要領において日本の国歌や国旗を尊重するとあり、当然民族学校であっても一条校であれば取り組むことが求められる。

最近、民族学校で一条校認可されたのは京都韓国学園で、2003年に京都府から認可を受けた。それを契機に学校名を京都国際学園に変更した。日本国内にある一条校認可された3校の民族学校は、日本の公的支援とともに韓国からの公的支援も受給し、各家庭の授業料負担の軽減に努力している。他の私学に比べると2割から3割程度学費が安いと言える。

一方、一条校になることで入学者の限定は実質的に難しい。民族学校としてのアイデンティティ*を持ちながらも、日本人の入学者が増えている実態もあり、民族学校の今後の方向性とあいまって、大きな議論となっている。
　　　　　[金光敏]

▶049
李珍宇 イ チ ヌ
1940〜1962
小松川事件*の容疑者として逮捕され、死刑にされた人物。東京の亀戸に生まれた在日2世。父は日雇い労働者、母は口と耳に障害を持ち貧困のなかで育った。中学時代は成績優秀だったが卒業後、日立製作所、第二精工舎などから国籍*を理由に就職を拒まれ18歳で都立小松川高校定時制に入学。欧米文学と哲学に関心を示していた。1958年8月小松川高校女子生徒殺害（小松川事件）の被疑者として逮捕され容疑を認めた。この後、同年4月に起きた工場賄い婦殺害事件の犯行も自供している。小松川事件は犯人自らマスコミに電話して事件を知らせるなど一種の劇場型犯罪として社会の注目を集め、逮捕された李は冷酷無情な「朝鮮人」の類型として新聞雑誌*に書きたてられた。未成年犯ながら最高裁で死刑が確定し、大岡昇平、旗田巍*、小松川事件被害者両親らによる

減刑嘆願運動にもかかわらず1962年11月執行された。

　獄中の李と朝鮮総連に所属していた朴壽南との往復書簡（『罪と死と愛と』三一書房、1963）のなかで、李の犯罪原因を日本の差別に求め民族性の回復による立ち直りを迫る朴に対し、李は現実としての「民族」を受け容れながらも罪を犯したのは自分の「本性」だとし、その責任を全面的に引き受ける実存的姿勢を貫いた。死刑直前になって獄中で朝鮮語の勉強を始めていたという。差別と貧困によりあらゆる自己を剥奪された者が、犯罪と死刑宣告を通じて初めて自由なる主体を獲得したとも受け取れる李の行為と精神性は、日本社会と在日朝鮮人の実際を根底から揺り動かす問いかけとして、1968年金嬉老事件*と並び戦後の日本と在日社会に衝撃を与えた（鈴木道彦『越境の時　1960年代と在日』集英社、2007）。

　なお築山俊昭『無実李珍宇　小松川事件と賄婦殺し』1982、小笠原和彦『李珍宇の謎　なぜ犯行を認めたのか』1987、野崎六助『李珍宇ノオト　死刑にされた在日朝鮮人』1994（以上いずれも三一書房）は李珍宇無罪（えん罪）の可能性を指摘している。

[鄭雅英]

▶050 イチュンシク
李春植
1899〜没年不詳

現慶州市江東面生まれ。1923年に李善洪*を頼って、渡日。李善洪が借りた700人収容の借家を中心に結成された朝鮮人協会西野田支部長として、失業者問題、無料宿泊等の活動を行った。1926年1月、高順欽*らとアナキズム*団体の新進会を結成、李善洪と袂を分けた。機関紙『自我声』を発刊したが、同年7月に警察から解散を命じられ、11月に借家問題で脅迫事件を起こした容疑で検挙。その後、融和主義者に転じ、1929年9月結成の内鮮協親会（後の内鮮協会）北支部長に就任、1933年に日本人篤志家が鉄道建設で住家を追われた500人の朝鮮人のために設けた内鮮協会共同住宅の指導者となった。日中全面戦争開始後は矯風会の幹事、指導員として、衛生改善等の近代化政策と同時に神棚設置等の同化政策*を進めた。1939年8月には3万7千人を集め「全大阪半島人反英大会」を開催した。アジア太平洋戦争開始後、一時期、大阪協和協力会副会長も務め、協和政策推進に重要な役割を果たした。

[塚崎昌之]

▶051 イチョルジャ
李節子
1958〜

保健学者・長崎県生まれの在日コリアン3世。千葉大学看護学部在学中に看護婦免許を取得し、なお勉学を続け保健婦をめざしていたが保健婦採用試験の受験資格に国籍要件が付されていた。ところが選考案内を調べていくうちに都道府県によって国籍要件の有るところと無いところがあることに気づく。そのことの矛盾と国籍要件の設定に憤りを覚え、卒論として『全国都道府県、看護専門職（保健婦、助産婦、看護婦）採用において国籍条項*が受験資格欠格事由になっている根拠について』を克明な調査とヒアリングによって書き表した。そして社会的にもその矛盾を訴える活動をしてきた。その

後、看護三職からは国籍条項がはずされた。大阪市市民病院に助産婦として就職したが学業を継続し研究者としての道をすすみ、東京大学にて保健学博士号を取得。東京女子医科大学助教授を経て現在は、長崎県立長崎シーボルト大学院で教鞭をとっている。著書として『在日外国人の母子保健』(医学書院、1998年) その他がある。

[裵重度]

▶052 イ チョンウォン
李清源
生没年不詳

朝鮮史学者・独立運動家。咸鏡南道出身で、本名は李青垣。普通学校を卒業した後、1929年頃日本に渡る。日本労働組合全国協議会*(全協)傘下の土木建築労働組合の活動家となり、1934年と1940年と二度逮捕される。その一方、朝鮮近現代史研究を行い、1936年に日本で『朝鮮社会史読本』(白揚社)、『朝鮮読本』(学芸社) を刊行する。これは史的唯物論に立脚した著書である。1943年頃帰国する。解放後は長安派共産党の結成に義父の崔益翰と共に参加する。1946年秋に越北する。朝鮮近現代史研究を進め、1952年に開設された科学院では候補院士となり、『科学院学報』の編集委員となる。1955年から科学院歴史研究所が刊行した『歴史科学』の責任編集委員。初期の北朝鮮では朝鮮近現代史研究の第一人者となり、『朝鮮近代史概説』(1952) を刊行する。1956年に中央委員候補となる。しかし、1956年のいわゆる「八月宗派事件」に関連して、1957年9～10月に失脚する。

[広瀬貞三]

▶053 イ チョンジャ
李正子
1947～

在日コリアン2世の歌人。三重県上野市生まれ。中学校時代の国語の時間において短歌と出会い、『万葉集』や与謝野晶子、若山牧水、石川啄木などの歌を書き写し、ふれていくなかで、自身も短歌を詠むようになった。20歳のとき、「朝日歌壇」に近藤芳美を選者に指名して投稿した短歌が採録。これ以降、幼少期における民族差別*の体験、朝鮮人部落*の情景、在日1世の父母の姿、日本人との恋愛、指紋押捺問題と生活をめぐる葛藤、その他もろもろの在日女性の内面におけるせめぎあいを、日本語の三十一文字にこめ続けた。中学・高校の教科書にその短歌が掲載されるなど、在日コリアンの問題をテーマとする短歌が高く評価されている。歌集として『鳳仙花の歌』(雁書房、1984)、『ナグネタリョン 永遠の旅人』(1991)、『ふりむけば日本』(1994)、『葉桜』(1997、以上3冊は河出書房新社)、『鳳仙花の歌』(影書房、2003)、『マッパラムの丘』(作品社、2004) など。

[金耿昊]

▶054
一斉糾弾闘争

1960年代末から1970年代前半にかけて、兵庫県下の湊川高校、尼崎工業高校、神戸商業高校などで部落出身者・在日朝鮮人らが中心となって展開した差別を糾弾する闘いを言う。被差別の高校生が自らの差別体験を「さらす」ことにより、他の高校生、教師らと対峙して彼らのもつ差別性を糾弾した。当時の記録として『先公よ、しっかりさらせ! 六月問題特集』(1969、兵高教組尼崎工業高校分会)、福地幸

造・西田秀秋編『在日朝鮮青年の証言』(1970)、兵庫県立湊川高校教師集団『壁に挑む教師たち』(1972)、兵庫県立尼崎工業高校教師集団『教師を焼く炎』(1973、以上3冊は三省堂新書)、兵庫県立神戸商業高校生徒会『先公よ、おれたちを見捨てるのか!』(1970)、兵庫解放教育研究会編『はるかなる波濤　在日朝鮮人生徒の再生にかけて』(1975、明治図書)などがある。　　　　　　　　　　　[飛田雄一]

▶055 **伊藤斗福**
(いとうますとみ)
1915～1985

保全経済会を組織した金融家。民族名:丁斗福。釜山に生まれ、12歳のとき父親と渡日、東京都江戸川区の小学校を卒業後、かばん屋の職人などを経る。大手保険会社の外交員で蓄積したノウハウをもとに、1948年庶民金融の保全経済会を旗揚げする。当時、相変わらず大企業優先だった金融業界にあって、保全経済会は広く一般大衆から金を集めて企業の株式に投資し、社会に還元することを目指した。投資信託の先駆けともいえる。

発足当初、朝鮮戦争による特需景気で株価が急騰したため業績は順調で、出資会員は一時15万人を超えた。一方で伊藤は、日本テレビ開局前後の正力松太郎や自由党を旗揚げした三木武吉はじめ、政財界に多額の資金を提供し、会の安定を図った。しかし1953年、スターリン死去にともなう株価下落で資金繰りは急速に悪化し保全経済会は破綻、伊藤は詐欺容疑で警視庁に逮捕され、1965年最高裁で懲役10年が確定した。伊藤からの政治資金にからんで、当時自由党幹部だった佐藤栄作や池田隼人にも警察の追及は及んだが、結局うやむやにされた。世に言う「保全経済会事件」である。　[金容権]

▶056 **稲富進**
(いなとみすすむ)
1932～

教育者。大阪学芸大学(現大阪教育大学)卒業。京都大学教育学部研修課程修了。大阪市立難波中学、城陽中学を経て、天王寺夜間中学(1974～1989)に教員として勤務。城陽中学の在日コリアン生徒の告発を受けて取り組んだ私立高校入試差別撤廃運動や、大阪市立中学校長会の在日コリアン生徒に関する差別文書に対する追及がきっかけとなり、在日コリアンの差別の問題に関わる。1971年「日本の学校に在籍する朝鮮人児童・生徒の教育を考える会」を結成し、代表になる。1979年「全国在日朝鮮人教育研究協議会」(全朝協)の結成に参画し、代表、事務局長を歴任する。大阪教育大学(1992～1998)、関西大学、近畿大学(1993～2004)で教鞭をとる。2007年には長年の民族教育活動対して民団文化賞「功労賞」を受賞した。著書に『ムグンファの香り　全国在日朝鮮人教育研究協議会の軌跡と展望』(耀辞舎、1989)、『文字は空気だ　夜間中学のオモニたち』(耀辞舎、1990)、『ちがいを豊かさに　多文化共生教育の明日を拓く』(三一書房、2008)、『教育新書3　日本社会の国際化と人権教育』(大阪市教育センター、1992)などがある。　　　　　　　　　　　[李月順]

▶057 **伊原剛志**
(いはらつよし)
1963～

俳優。北九州市小倉出身の在日コリアン3世。民族名:尹惟久(ユンユニーク)。大阪府立

今宮高校卒業。1982年、「ジャパン・アクション・クラブ」のオーディションを受け合格。1995年、日本国籍を取得。1996年、NHK連続ドラマ「ふたりっ子」にレギュラー出演し、一躍全国区の俳優に。2001年、「徹子の部屋」で在日コリアンという出自をカミングアウトし、話題になる。2002年には、日本テレビ「日韓友好スペシャル」で、自らのルーツを辿るドキュメンタリー番組にも出演。主なテレビドラマの出演作品に、『オンリー・ユー〜愛されて』(日本テレビ)、『新鮮組』(NHK大河ドラマ)、『ラストクリスマス』(フジテレビ)、『チームバチスタの栄光』(フジテレビ)などがある。映画*にも数多く出演。なかでも2006年に公開された米国映画『硫黄島からの手紙』(クリント・イーストウッド監督)での存在感溢れる演技は国際的に高く評価された。著書に『志して候う』(アメーバブックス)がある。　　　　　　　　　　[朴一]

▶058 **李熙健** イ ヒゴン
1917〜2011

実業家。慶尚北道出身の在日1世。日本名：平田義夫。敗戦後の大阪の闇市・鶴橋国際マーケットで自転車等を販売し資本蓄積。1947年GHQ承認の鶴橋国際商店街連盟初代会長就任。1956年大阪興銀理事長就任を契機に金融業へ転身。「預金利息先払い」等の積極的経営を推進し、大阪府下信用組合第2位の預金獲得。「徹底した顧客主義」を経営方針に掲げ信用組合最大手に発展させた。韓国政府の金融自律化政策に基づき韓国金融界への進出をはかる。1982年在日韓国人100％出資の韓国初の純粋民営銀行・新韓銀行*創立時に主導的役割を担った。1993年大阪興銀の普通銀行転換を目指し、4つの在日韓国系信用組合を合併し、信用組合関西興銀*と改称。しかし、合併先の不良債権が顕在化し経営を圧迫。2000年末、経営破綻。2002年金融整理管財人が不正融資疑惑等の背任容疑で李ら旧経営陣を告発、強制捜査の後、起訴されたが、李は無罪を主張した。
　　　　　　　　　　[河明生]

▶059 **李恢成** イ フェソン
1935〜

作家。「りかいせい」と呼ばれることも多い。樺太(現サハリン)真岡町で朝鮮人2世として生まれる。1947年一家で樺太より脱出。朝鮮への帰還を図るものの、果たせず札幌に定着。早稲田大学露文科を卒業。民族問題に悩んだ時期もあったが、在学中、在日朝鮮人留学生同盟の活動を機に、卒業後は朝鮮総連中央教育部・朝鮮新報社に勤める。その傍ら、小説創作に取り組み、「その前夜」(『統一評論』*)、「夏の学校」「つつじの花」(ともに『新しい世代』*)などを発表する。1966年末をもって組織を脱退、コピーライター・経済誌記者などの仕事をしながら、1969年『またふたたびの道』が第12回群像新人文学賞を受賞して以来、本格的な創作活動に専念。1972年には『砧をうつ女』で外国人としてはじめて第66回芥川賞受賞に輝き、内外で注目されるようになる。初期作品は自伝的色彩の濃厚な私小説的な作風が多かったが、『見果てぬ夢』『百年の旅人たち』(第47回野間文芸賞)などを通して、国家や個人、民族の問題と向き

合う。自伝的な大河小説「地上生活者」は2000年1月から2009年現在まで『群像』に連載された。　[金貞愛]

▶060 イホン
李憲
生没年不詳

1920年代における在日朝鮮人労働運動団体の幹部。本籍地は朝鮮全羅北道とされる。本名は李祥奎。渡日年は不明であるが、1922年11月に東京で結成された共産主義系の団体である北星会*および東京朝鮮労働同盟会の幹部となっている。ついで翌年6月に結成された在日本朝鮮無産青年会の幹部にもなっており、警視庁の要視察人として監視の対象となった。東京朝鮮労働同盟会は同じ時期に結成された大阪朝鮮労働同盟会*と合同し全国的な在日朝鮮人労働団体を設立する計画があったが、関東大震災の影響などで進展しなかった。しかし1925年になって、在日朝鮮人労働団体の全国組織の結成の動きが具体化した。その際、李憲は東京のほかの朝鮮人団体に働きかけるとともに、関西方面の朝鮮人労働団体との連絡を行い、中心的な役割を果たしたようである。そして、在日本朝鮮労働総同盟*の創立準備を行い、同年2月22日、その結成大会の際、議長を務めるとともに、初代委員長に選出された。

参考文献：内務省警保局保安課『大正十四年中ニ於ケル在留朝鮮人ノ状況』1925。　[外村大]

▶061 イ ボンチャン
李奉昌
1900～1932

独立運動家。ソウル出身。19歳の時に龍山駅内の満鉄研修所に入社したが1924年病気で退職し、翌年11月日本に渡り放浪生活を送った。1928年11月の天皇即位の際、住友神鋼尼崎出張所労働者であった李奉昌は朝鮮語の手紙所持で11日間拘留される。1931年1月上海に渡り大韓民国臨時政府の金九の指導を受けて愛国団に加入、この年12月に日本の天皇を暗殺することを宣誓した後、手榴弾2個を持って日本に渡った。1932年1月8日満州国王溥儀とともに天皇が東京郊外で陸軍始観兵式を終えて戻る途中、桜田門前で待ちかまえていた李奉昌が天皇の馬車に向かって手榴弾2個を投げつけ、近衛兵1人を負傷させた。この時李奉昌は逃げないで、懐から太極旗を取り出し「大韓独立万歳」を叫んで捕縛されたという。裁判では拒否の姿勢を貫いたが大逆罪の判決を受け、1932年10月10日市ヶ谷刑務所にて処刑された。1962年3月、大韓民国建国功労勲章の複章を受けた。　[堀内稔]

▶062 いまざとてつ
今里哲
1951～

シャンソン歌手。大阪市生野区出身の在日コリアン2世。民族名：鄭哲（チョン チョル）。日本名：国田哲夫。大阪の小・中・高校を出て横浜のコンピューター会社に就職するが、そこで出会った男性に恋をする自分に気づき苦悩する。退職後、岐阜大学教育学部に6年半通って中退し、スナック経営するも人生に悶々とし続ける。思い悩んだ末にパリへ旅立つ。パリで愛を歌うシャンソンと出会い、人を愛することの素晴らしさとあるがままに生きる尊さを知り、シャンソン歌手を目指す。帰日後、1987年にシャンソン歌手としてデビュー。以来、毎年「今里哲ショー」を公演し、

CD「愛の蹉跌」や「月とバラを追いかけて」をリリース。2005年には出身校の大阪府立成城高校の校歌を創った。愛と平和を歌い、自分を語り、人生を語る「おしゃべりシャンソン歌手」として全国各地でライブや講演などで活躍している。
[金相文]

▶063 イミョンバク
李明博
1941〜

韓国第17代大統領。1941年日本の大阪市平野区で出生し、終戦後に両親とともに韓国に帰国した。苦学して高麗大を卒業した後、現代建設に就職して企業経営に辣腕を振るい、会長にまで上り詰めた。1992年に現代建設を退社した後は国会議員として政界入りし、2002年にはソウル特別市市長に当選した。市長在任中は、多くの再開発計画を実現した。特に、国際的にも高い評価を受けたことは、ソウルの中心部を通り抜けた高架道路を取り除くことで、市民の大切な憩いの場「清渓川」を復元したことである。

2007年には大統領選挙でハンナラ党候補として立候補し当選した。彼は、経済政策での公約として「韓国747」計画を掲げた（毎年平均7％の経済成長、一人当たり4万ドルの国民所得、そして韓国を世界7大経済大国とする）。韓国民に「経済大統領」として期待されたが、米国産牛肉輸入再開に対する反発（ローソクデモ）を受け、支持率が低迷したこともある。
[尹明憲]

▶064 イムジンウェラン
壬辰倭乱の被虜人

1592年に豊臣秀吉がはじめた壬辰倭乱（文禄・慶長役）では多くの民間被虜が日本軍の将兵によって日本へ拉致連行された。その総数は3万とも5万ともいわれる。多くが女性や子どもであった。戦争が終わっても故国へ帰ることができた人は数千人にすぎず、大部分の人が日本の土となった。朝鮮通信使＊が来日したとき、帰国を勧誘したが、戦後数十年経過すると、言葉も忘れ、風俗も日本人と変わらぬようになり、「男嫁女嫁」する人も増えた。中には陶磁器の製作、儒学者、あるいは大名の側近に仕えたり、僧侶になった人もいた。そして近世の日本文化の形成にその中の人々が大きな役割を果たしたことはよく知られている。また無名の人々の事跡の発掘も進んでいる。
[仲尾宏]

▶065 イヤンジ
李良枝
1955〜1992

小説家。山梨県生まれの在日2世。早稲田大学社会科学部中退。父母の帰化により日本籍。25歳のとき韓国に留学し、韓国語、伽倻琴、伝統舞踊＊を学ぶ。小説「ナビ・タリョン」を『群像』に発表、在日文学の女性作家として初めて日本文壇に登場した。1988年小説『由熙』で芥川賞受賞。「ナビ・タリョン」は父母の離婚訴訟をめぐる家族の不和を背景に、在日の不安感と性の閉塞感が切り結ぶ精神の巡礼を描く。最初の作品集『かずきめ』は、肉体に刃を立てるような文体によって注目された。その後、韓国体験を本格的に書きすすめて『刻』『来意』を刊行、内面描写によって自我と格闘する。1992年に急性心筋炎のため37歳で急逝。全10章からなる長編『石の聲』の構想が残され、第1章未定稿

が遺作となった。『石の聲』は作家自身がライフワークにした言語表現と身体表現を集大成的に追求する、豊かな構成と知的密度の濃い長編であり、完成すれば画期的な小説になっただろう。『李良枝全集』(講談社) がある。

[磯貝治良]

▶066 イヨングン
李栄根
1914〜1990

韓国から日本に亡命した運動家。忠清北道生まれ。曹奉岩・進歩党委員長がスパイ罪の汚名で処刑された「進歩党事件」(1958〜1959年) の難を避けて1958年4月に日本に亡命。翌年1月、祖国平和統一促進協議会の元心昌らとともに平和統一を掲げて『朝鮮新聞』を創刊した (同年11月『統一朝鮮新聞』*と改名)。1961年の『民族日報』事件*では資金提供者と見なされた。朴正熙政権や日韓条約*を批判して1965年7月に結成された韓民自統日本本部の代表委員に就任。同年9月、韓民自統*は民団中央から「敵性団体」と規定された。1967年頃から李栄根が北朝鮮・総連批判を強めると、反対勢力が離脱し韓民自統再建委員会を組織。1960年代末からは駐日韓国大使館と密接な関係にあったとされる。1971年11月、李栄根と韓民自統は民団中央本部と「民主祖国統一会議」を組織し、1972年4月に民団は韓民自統の敵性団体規定を解除した。李栄根は1973年9月に反共保守色の強い『統一日報』* (『統一朝鮮新聞』から改題) の初代社長となり、以後も会長を務めた。

[金栄鎬]

▶067
イルクン

本来、働き手や人材などの意味であるが、北朝鮮および総連系の在日コリアンの世界では組織運動の活動家という意味合いで用いられる。北朝鮮で発行された『現代朝鮮語辞典』では「総じて『革命と建設のために一定の部分で働く人』を示す言葉」と定義され、「党イルクン」「職業同盟イルクン」「教育イルクン」などの使用例が示されている。日本では、専任 (チョニム) イルクンという、総連や総連傘下の組織・団体の専従活動家を示す言葉などが使用例としてあげられる。

参考文献:사회과학원언어학연구소 (社会科学院言語学研究所)『현대조선말사전』(『現代朝鮮語辞典』) 도서출판백의、1988。

[文京洙]

▶068 ウォンサン
元山ゼネスト

1929年1〜4月咸鏡南道元山で行われたストライキで、植民地下朝鮮での最大の労働争議。元山郊外のイギリス系精油所で起こった労働争議支援のため、元山労働組合連合会は傘下労組員2200人にストを指令、元山の交通・港湾荷役は完全に停止した。団体交渉権、契約権をめぐって元山労連と日本人資本家を中心とする商工会議所との間で激烈な闘争が展開され、商工会議所が他地方からの労働者雇用で争議の切り崩しを図ったのに対し、労連は内外に支援を呼びかけた。この呼びかけに対し在日本朝鮮労働総同盟*は、各支部に指示して檄文、資金カンパなどを行うとともに「元山争議応援支援ニュース」を発行した。また、大阪朝鮮労組東北支部、東京朝鮮労組西南支

部、新幹会東京支会*などでは元山ゼネスト支援を決議した。しかし、この争議は日本の一般紙にはほとんど報道されず、日本での支援運動は限られたものに終わった。争議も指導者の逮捕や資金の枯渇などにより敗北する。

[堀内稔]

▶069 **浮島丸事件** うきしままる

日本の敗戦直後の1945年8月24日に、多数の朝鮮人送還者を乗せた日本海軍の移送船・浮島丸が、寄港のために入った舞鶴湾内で爆沈した事件。日本政府の公式発表によると、朝鮮人送還者3725名と乗組員の日本海軍軍人255名のうち、送還者524名と乗組員25名が死没した。浮島丸は、下北半島各地で軍用施設建設・鉄道架設・飛行場建設などの工事に従事していた朝鮮人労働者とその家族を乗せて、8月22日に青森大湊港を出航していた。同船が爆沈した原因について日本政府は、連合軍が敷設した機雷に触れたためだとしているが、釜山到着後の報復を恐れた海軍関係者が自爆を行ったという説もある。この他にも、日本政府が朝鮮人徴用者の徴用解除方針を決定する（8月21日）より前（8月19日）に、大湊警備府が浮島丸に釜山への出航命令を下したのはなぜなのか、事件直後に日本の新聞がなぜこの大惨事を全く取り扱わなかったのかなど、さまざまな疑問点が残されている。

浮島丸事件をめぐり、1990年代前半に、韓国在住の生存者と遺族計80人が日本国に損害賠償や公式謝罪などを求める訴訟を起こした。一審の京都地裁は生存者への慰謝料の支払いを国に命じた（謝罪は却下：2001年）が、二審の大阪高裁判決は一審判決を取り消し、原告の請求を全面的に退け（2003年）、最高裁は上告を棄却した（2004年）ため、原告敗訴が確定した。

事件に関連した書籍として、金賛汀*『浮島丸 釜山港へ向かわず』（かもがわ出版、1994）、品田茂『爆沈・浮島丸』（高文研、2008）などが、映画*として『エイジアン・ブルー 浮島丸サコン』（堀川弘道監督）がある。

[綛谷智雄]

▶070 **禹長春** ウ ジャンチュン
1989〜1959

「韓国近代農業の父」と呼ばれる植物学者・農学者。東京生まれの在日2世。1895年閔妃暗殺に加担した禹範善と日本人の母（酒井仲）の長男。1919年東京帝国大学農学部を卒業。農林省の技手として勤務。西洋菜種と日本菜種をかけあわせ新しい品種を作り出す「菜種の品種改良」研究に取り組み、1936年、東京帝国大学より朝鮮人最初の農学博士号を取得。禹の研究業績は、「ゲノム説に基づいて交雑により既存の植物を合成した最初の例」として、世界的な評価を受けたが農林省時代は技師にさえなれず、技手のままであった。戦後、自作農として暮らすが、「禹長春博士還国推進委員会」が設立され1950年帰国。やがて韓国農業科学研究所の所長に就任すると、韓国の土壌と気候に適した品種の研究・開発、研究者の育成に努めた。済州島*の柑橘類栽培も直接指導した。1958年に農業院初代園芸試験場長となるが、翌年この世を去る。韓国政府は、禹長春の死の直前、建国以来

2人目の大韓民国文化褒賞を授与した。
　角田房子『わが祖国　禹博士の運命の種』(新潮社、1990) に詳しい。

[蔡徳七]

▶071
内なる国際化

人と物が国境を越えて往き来する国際交流が頻繁になり、一国の政治、経済そして文化その他すべての社会分野に生起する現象と問題が外国もしくは国際社会の潮流と発展に影響されるようになった。その結果、国内問題の議論と決定の過程には関連する外国または国際社会の議論と決定に照らしてその合理性と正当性が評価されるようになったのが現代社会の一般的状況である。こうした状況を表現するキーワードが国際化もしくはグローバリゼーションであり、現代社会を指して国際化時代という所以でもある。そして、教育、文化および行政など社会の重要な分野において追求されるべき価値として、国際教育、国際交流、国際文化などが掲げられてきた。

ところが、「国際化」が内包する真の意味または国際化によって達成すべき目標を十分に吟味することもなく、国際すなわち国家と国家の関係だけで捉え、交流と文化の真の担い手である各国の人々、民族を見つめる努力は欠如していた。そのため、国際化を目指す人と行政の目は常に外国とその政府だけに向けられ、その国に所在する人々とのあるべき関係を考えることはなかった。そのため、あるべき国際化を政府もしくは権力の次元ではなく、人々もしくは民族の次元で考えなければ、真の国際交流も国際平和も達成できない。そういった立場から、「国際化」を「民際化」と捉えなおして、あるべき国際関係もしくは国際社会をみつめる努力がみられる。例えば、日本社会のあるべき「国際化」を議論する過程においても、一方では韓国との親善と交流を口にしながら、他方では日本国内に外国人として所在する在日韓国人の人権と民族的アイデンティティ*は否定する態度を取るという奇異な現象も起きた。こうした「国際化」が呈する矛盾に抗して提起されたのが「内なる国際化」という課題である。つまり、日本社会が達成しようとする国際化が国家もしくは政府だけでなく、その国の人と文化との交わりも重要であると考えるならば、日本国内とりわけ日本の地域社会に所在する外国人の人権と民族性を尊重する教育と行政が不可避であり、国際化は足下から達成すべきなのである。

[金東勲]

▶072
内山一雄
1930〜2007

教育者・教育学者。京都大学教育学部卒業後、大阪市の中学校教員として勤務。大阪市教育研究所を経て、天理大学教員。1971年大阪の教員を中心に結成された「公立学校に在籍する朝鮮人子弟の教育を考える会」の運営委員として活動した。1987〜1995年まで、全国在日朝鮮人教育研究協議会の会長を歴任。日本の学校における在日朝鮮人教育の取り組みの必要性を提起し、その理論化に尽力した。同時に部落解放をめざす教育運動の理論の構築に向け、研究に従事した。

また、大阪市旭区生江地域での識字活動にかかわり、識字教育の実践と運

動の理論化に取り組む。著書に『在日朝鮮人と教育　朝鮮を知る教材と実践』(三一書房、1982)、『人権教育の基礎理論　同和問題を正しく学ぶために』(明石書店、1985)、『識字運動とは』(部落解放研究所、1992)、『現代の差別と人権　ともに生きる社会をめざして』(明石書店、1993)。　[李月順]

▶073 **宇都宮徳馬**
うつのみやとくま
1906〜2000

政治家・実業家。東京府生まれ。父は元朝鮮軍司令官の宇都宮太郎。東京陸軍幼年学校に入学するが、大正デモクラシーの影響、関東大震災時の朝鮮人虐殺、大杉栄殺害を理由に軍人嫌いになり中退。旧制水戸高等学校に入学し左翼思想に感化され、運動に没頭。京都帝大経済学部在学中の1929年共産党大検挙事件の際治安維持法*違反で検挙され投獄される。1938年ミノファーゲン製薬を設立し実業家となる。戦後、1952年自由党公認で衆院議員に当選。以後石橋湛山らと行動を共にし、保守合同に反対、官僚統制を嫌うなど、党内最左派の政治家として活躍。自民党アジア・アフリカ問題研究会を結成し、平和共存外交、日ソ・日中・日朝の国交回復を主張、金日成*や周恩来とも会談した。日韓関係に関しては、日韓条約*批准に反対し、金大中拉致事件の解決に尽力するなど「日韓癒着」を批判する立場に立った。そのような異色の存在であったため、自民党内で孤立、自らも反発し、1976年離党、議員辞職した。1980年無所属で参院議員当選後、超党派の国際軍縮促進議員連盟の結成、宇都宮軍縮研究室を創設し月刊の『軍縮問題資料』を発刊するなど核兵器廃絶・軍縮・平和の実現に尽力した。また、1989年に盧泰愚韓国大統領に提出された在日韓国人政治犯*釈放要望書の署名者としても名を連ねている。
　[山本興正]

▶074 **内海愛子**
うつみあいこ
1941〜

歴史研究者。東京都生まれ。早稲田大学大学院博士課程修了。日本朝鮮研究所の研究員として1960年代から梶村秀樹*、佐藤勝巳*らとともに在日朝鮮人問題に関する論考をその機関誌『朝鮮研究』などに発表。さらに朝鮮人BC級戦犯問題について研究所時代に「朝鮮人戦犯」(『朝鮮研究』121号、1972.12)を発表した。その後、インドネシア・パジャジャラン大学講師を務めた時期に、インドネシアにおける戦前の朝鮮人について研究し、『赤道下の朝鮮人反乱』(共著、1980)、『朝鮮人BC級戦犯*の記録』(1983)などを発表する。謝罪を求める運動にも携わり、その後も、『スガモプリズン　戦犯たちの平和運動』(2004)、『日本軍の捕虜政策』(2005)、『キムはなぜ裁かれたのか　朝鮮人BC級戦犯の軌跡』(2008)等を出版している。現在、恵泉女学園大学名誉教授、早稲田大学客員教授。特定非営利活動法人アジア太平洋資料センター理事などを務めている。　[飛田雄一]

▶075 **ウトロ裁判**

ウトロとは京都府宇治市伊勢田の在日コリアン集住地域のこと。地区の成り立ちは、日本の中国侵略が泥沼化していた1940年頃に遡る。政府は全国五カ所

に軍事飛行場の建設を計画、誘致を決めた京都府は現在の宇治市と久御山町にまたがる約100万坪の用地を買収、建設を担う国策会社の名義で登記を行った。工事は大半が手作業で、1日あたり2000人の労働者が従事、うち1300人が朝鮮出身者だったという。この労働者たちが住まわされた飯場跡がウトロ地区になった。

日本が敗戦すると、日本人の現場監督や国策会社の社員たちは姿を消し、巨大な失業者の集落が残された。住めと言われて住んだ場所の所有権は、日本の敗戦後、国策会社の後身である日産車体工機(現・日産車体)へと移され、住民たちは「不法占拠」とされた。住環境改善を主張する住民との対立や、業績不振による資産整理を進めたい同社は1987年3月、全土地を自称自治会長の男性に売却した。価格は周辺地価より大幅に安い3億円ともいわれる。男性は2カ月後、ウトロを、大阪市の不動産会社に4億4500万円で転売した。この会社は、転売直前に設立されたペーパーカンパニーで、ウトロは翌年、会社ごと別の土建会社に売却され、男性は地区から姿を消した。土地転がしである。

不動産会社は住民側に明け渡しを要求、1989年2月、住民を相手取り、地区の土地購入又は退去を求める民事訴訟を京都地裁に起こした。住民側は時効取得を主張したが、裁判所は主張を退け、2000年11月、最高裁で住民側の敗訴が確定した。以降、法的には強制執行可能な状態が続き、2005年には、京都地裁が空家1軒の強制執行を公示する事態になった(直前で執行は回避)。

一方で同年、問題を「未清算の過去」と位置づける韓国の人々が募金活動をスタート。革新政権下で韓国政府が支援金を決定。現在、住民たちは土地所有者から土地の幾許かを買い取り、そこに公営住宅*を建て、全員で移り住むプランを思い描いている。

[中村一成]

▶076 『ウリ生活』 金奎一・鄭潤熙らによって1984年に結成された「在日同胞の生活を考える会(仮称)」が発行していた『在日同胞の生活を考える会(仮称)通信』から解消・発展して、1987年に創刊された雑誌*。毎号200ページを超える「立つ雑誌」としてミニコミ誌として分厚さを誇る。「結婚問題を考える」(創刊号)、「同胞間の結婚について、日本人との結婚について」(2号)、「民族差別*への提言」(3号)、「女性たちの視点から」(4号)、「帰化同胞は語る」(5号)、「ウリマル*が消える」(6号)、「一九九〇年代を展望する」(7号)、「紀行／ふるさとへの路」(8号)、「歴史探訪／朝鮮通信使*の来日」(9号)、「今私たちはこう考える」(10号)、「1995年解放後50年の夏」「解放されない在日の自画像」(12号)など、毎号特集(11号は特集なし)を組み、在日朝鮮人を取り巻く結婚・国籍*・言語などの問題について自由な意見交換の場となった。1999年に14号まで発行した。月報『温突房온돌방』も発行。　[藤井幸之助]

077 ウリマル

「我々の言葉」を意味する固有語。北朝鮮においては「朝鮮語（チョソンマル、チョソノ）」という呼称が用いられており、韓国では「韓国語（ハングゴ、ハングンマル）」という呼称が主に用いられている。日本では伝統的には「朝鮮半島」「朝鮮民族」などのように、「朝鮮」の名を冠した「朝鮮語」という呼称が学術的な場面や専門家の間で用いられてきたが、近年は韓国との交流関係に比べて北朝鮮との交流関係が疎遠であることを反映し、「韓国語」と呼ぶ場合も増えている。しかし、どちらかの呼称を用いることは公平ではないとして、「コリア語」「高麗語」「韓国・朝鮮語」の呼称を用いたり、言語名を避け文字名称である「ハングル」を用いた間接的な表現が用いられることもある（NHKハングル講座など）。在日コリアンの間でも中立性を保つ立場から、民族教育の現場を中心に「ウリマル」という呼称が多く用いられてきている。　　　　　　　　　　　[安聖民]

078 映画

日本映画の中で在日コリアンはどのように描かれてきたのであろうか。日本で映画が娯楽として市民権を得るようになった1960年代、在日コリアンが登場する作品はあまり多くはないが、『にあんちゃん』*（1959、今村昌平監督）、『あれが港の灯だ』（1961、今井正監督）、『キューポラのある街』*（1962、浦山桐郎監督）など、在日コリアンが重要人物として登場する秀作が存在する。

そこに登場する在日コリアンは、総じて貧しく、差別を受ける社会的弱者である。『キューポラのある街』には、主人公（吉永小百合）の弟が仲良くしていた在日コリアンの親友が学芸会でクラスメートたちから「朝鮮ニンジン、朝鮮帰れ」と言われるシーンが登場するが、当時の社会派の監督たちは、こうした日本人の在日コリアンに対する偏見や差別をあからさまに描くことで、人間の本質的な醜さに迫ろうとしていたのかもしれない。

また『キューポラのある街』には、1959年に北朝鮮への帰国事業が開始された時代背景を受けて、北朝鮮に帰る在日コリアンとの別れのシーンが登場する。当時の帰国事業の熱気の中で、北朝鮮に帰国することを決断した在日コリアンの女子高生の複雑な表情には、日本と祖国（北朝鮮）の狭間で生きる在日の苦悩がうかがえる。

こうした日本と祖国（韓国）の間で板挟みになる在日コリアンの葛藤は、李承晩ライン*を背景に日本漁船で操業する在日青年の苦悩を描いた『あれが港の灯だ』にも登場する。李ラインに侵入した日本の漁船が韓国側に拿捕されるという事件が相ついでいた当時、在日コリアンの主人公（江原真二郎）は韓国籍であることを隠して船に乗るが、偶然再会した小学校時代の同級生に韓国人であることをいつかばらされるのではないかという不安に悩まされ、やがて覚悟を決めて船長に自分の国籍*をカミングアウトしようとする。こうしたシーンは、差別を恐れて出自を隠して生きざるをえなかった当時の在日コリアンの苦悩を浮き彫りにしている。このような深刻な問題に光をあてた作品が1960年代に商業映画

として公開されていたことに、改めて驚きを禁じえない。

『あれが港の灯だ』や『キューポラのある街』が公開された翌1963年、新進気鋭の映画監督*の大島渚*はテレビでドキュメンタリー『忘れられた皇軍』*を発表し、戦後補償から放置された在日コリアンの傷痍軍人・軍属の苦悩を描き、日本の戦後補償問題に一石を投じた。大島監督は、その後も小松川事件*の李珍宇*をモデルにした『絞首刑』(1968)を発表し、「在日朝鮮人問題」と真正面から向き合い続けた。日本社会の問題を相対化するために在日コリアンを対峙させるという大島監督の視点は、日本社会における在日コリアンの存在意義を改めて問いかけるものであった。

その後、1970年・1980年代の空白期を経て、1990年代に入ると、歴史的視点から在日コリアンの問題を検証する話題作がたくさん生まれた。アニメ『キムの十字架』(1990、山本謙一郎監督)、『戦争と青春』(1991、今井正監督)、『エイジアン・ブルー』*(1995、堀川弘通監督)、『三たびの海峡』*(1995、神山征二郎監督)、『ホタル』(2001、降旗康男監督)などの作品がその代表的なものである。これらの作品はいずれも植民地支配や戦争という視点から在日問題を捉えなおそうとするものであった。しかしながら、そこに描かれた在日コリアン像はいずれも「植民地支配や戦争の被害者」というイメージを超えるものではなく、ある意味で在日コリアンのイメージを固定化させる危険性も内包していた。

だが、従来の暗くてじめじめした在日コリアンのイメージを破壊しようとする意欲的な映画も、2000年を前後して作られるようになった。なかでも『月はどっちに出ている』*(1993、崔洋一*監督)、『GO』*(2001、行定勲監督)、『夜を賭けて』*(2002、金守珍*監督)、『パッチギ！』*(2004、井筒和幸監督)の4作品は、ある意味で在日映画の歴史を塗りかえた記念碑的作品と言ってもよい。これらの作品は、いずれも今を生きる在日コリアンの等身大の生き方に迫った作品であるが、そこに描かれる在日コリアンたちは、差別されながらも、むしろそれを逆手にとりながらしたたかに、かつ逞しく生きている人々である。ヒットしないと言われた在日を主題とした映画が興業的に大きな成功をおさめたことも、新たな可能性を与えた作品であったと言える。1世から2世、3世から4世と、在日コリアンの世代交代が進む中で、在日コリアンの意識も生き方も多様化している。今後、スクリーンに登場する在日像もますます多様化していくことになるだろう。

参考文献：高柳俊男「日本映画のなかの在日コリアン像」『環 歴史のなかの在日』11号、藤原書店、2002。

[朴一]

映画監督

日本映画界における在日コリアンの映画監督としては金慶植の名が最初に挙げられよう。日本の東洋大学を卒業後、1943年、日本支配下朝鮮映画界で叔父に当たる朝鮮の映画監督・崔寅奎に師事し、1945年再来日して在日コリアンの演劇*活動を先導するうち朴正熙政

権に対する民主化運動の中でドキュメンタリー『統一の炎』を1972年から1974年にかけて連作する。1975年には岡本愛彦との共同監督で『告発』を作った。

劇映画では、2世の李學仁が1975年『異邦人の河』でデビューしたのが初めである。続いて『詩雨おばさん』(1978)、『赤いテンギ』(1979・未公開)を撮るが、日本映画自体が低迷している時期であり、あまり知られることはなかった。在日コリアンの監督が次々と世に出るのは、日本映画が低迷期を脱する1980年代を待たなければならない。1983年に登場した崔洋一*の活躍は、その皮切りとなった。1981年にシナリオ『潤(ユン)の街』が城戸賞を受賞した金秀吉は、1986年『君は裸足の神を見たか』でデビューし、文化庁優秀映画作品賞を受賞した。『潤の街』は、1989年、金佑宣の監督デビュー作となる。また、この両作の撮影を担当した金徳哲は1994年にドキュメンタリー『渡り川』を森康行と共同監督し、キネマ旬報文化映画ベストテン第1位を獲得した。

金秀吉は今村昌平が設立した横浜映画専門学院で頭角を現したが、その後身である日本映画学校からは多くの若い才能が生まれている。その代表格は李相日。卒業制作作品『青〜chong〜』(1999)で注目され、『69 sixty nine』(2004)でメジャー進出した後、『フラガール』(2006)で大成功を収めた。他にも、松江哲明などがいる。また、演劇界からは金守珍*が『夜を賭けて』*(2001)、CM監督からはグ・スーヨンが『偶然にも最悪の少年』(2003)で映画デビューしている。

[寺脇研]

▶080 映画『在日』　記録映画戦後在日五十年史「在日」。1997年公開のドキュメンタリー映画。製作「戦後在日五十年史」製作委員会、呉徳洙監督、上映時間240分。「在日は日本や本国の影ではない。体験であり思想であり、独自の思想を持った世界である。その世界から逆に主権国家をうちかえすこと」、そして「何よりも在日の戦後史を映像を通して記録し後世に残すこと」を目指し、3年の歳月をかけて完成した。解放後の歴史をインタビューと映像資料で追った歴史編とさまざまな世代の個性的人物のインタビューでつづった人物編の2部構成。

反外登法市民団体や在日韓国青年商工人連合会ほかが企画と製作に関与し、在日の呼称など製作に関わる者の立場によっていくつもの歴史の真実を生んだ。映像資料の発掘に難渋を極めたが、スタッフを派遣したアメリカ国立公文書館ではまさしく解放直後の帰国の様子を映したフィルムを発見したほか、奇跡としか言い表せない個人所有のフィルムも入手し、映像を通して戦後在日史を編み上げた。呉徳洙監督は、対立する歴史観を突き抜けてどのように在日の実存に迫れるのか、そして映画としての「面白さ」に苦しみ抜き、1秒24コマのフィルムのたった1コマをカットするかどうかのためだけに、1週間フィルムをにらみ続けた。DVDでも販売されている。　[朴容福]

▶081 『エイジアン・ブルー（浮島丸サコン）』 1995年、堀川弘通監督。この映画*は「平安建都1200年映画を作る会」（1991年11月京都市）という市民団体が戦後50年を見通す映画として（株）シネマワークと共同製作したものである。「浮島丸*サコン」の「サコン」とは朝鮮語で「事件」のことを指す。徴兵から逃れるため、炭鉱で働いていた伯雲は朝鮮人たちと連帯を深めていくが、戦後、帰郷のために出帆した浮島丸が日本軍の設置した魚雷にふれ沈んだため、乗船する同僚たちを止められなかったという罪意識から家族の下に戻らず、舞鶴をさまよい続けるという物語である。韓国でも3万人以上の観客動員を記録し、映画の最後に登場する新井英一*の歌「清河への道」が好評を得、新井の韓国コンサートを決めるきっかけにもなった。

そのほかの浮島丸関連ドキュメンタリーとして、『爆沈』（1977年8月13日、NHK）、『映像80'浮島丸 釜山港へ向かわず』（1984年8月13日、MBS）、『恨の海～裁かれる浮島丸事件 その真相は』（1994年7月24日、読売テレビ）がある。劇映画では『生きている霊魂』（2000、北朝鮮）、『ニワトリはハダシだ』（2004、日本）がある。

[梁仁實]

▶082 永住権 日本における「永住者」の在留資格は、「出入国管理及び難民認定法*」による「永住者」と「日本国との平和条約に基づき日本の国籍*を離脱した者等の出入国管理に関する特例法」による「特別永住*者」の2類型が存在する。2008年末現在の外国人登録者総数は、221万7426人であり、その内、一般永住者は49万2056人、特別永住者は42万305人となっている。一般永住者は、留学や就労等の活動による「在留資格」とは異なり、生活の基盤が長期に日本にあるなど将来にわたっても日本で居住を継続する場合に、法務大臣に「申請」を行い、永住許可を受けることによって取得するものである。「永住者」の在留資格を取得すると、「在留期間の更新手続」や、「在留活動の制限」がなくなるが、他の在留資格と同様に、「再入国許可*」や「退去強制*事由」は存在している。1998年に「永住者」の在留資格の審査基準が緩和され、①素行が善良 ②独立の生計を営むに足りる資力があることを前提に、法務大臣が日本国の利益に合すると認めたときに限り、これを許可するとされた。そして、一般原則として、「10年以上の継続在留」を条件とするが、日本人の配偶者は婚姻*後3年以上の継続在留、日本人の実子は引き続き1年以上の継続在留など、申請者ごとに過去の在留期間の条件を定めている。

「特別永住者」は、旧植民地出身者とその子孫の法的地位のより一層の定住化を図る目的で、「入管特例法」（1991年5月10日法律第71号）によって創設されたものである。「入管特例法」では、いわゆる「平和条約国籍離脱者及び国籍離脱者の子孫」について、法務大臣の許可を受けて「特別永住*者」としての在留資格を取得することになる。この法務大臣の許可行為

は、他の許可行為とは異なり覊束的許可行為となっている。特別永住者は、退去強制の特例（無期又は7年を超える懲役もしくは禁錮に処せられた場合など日本国の重大な国家の利益が侵害されたような場合）、再入国許可の有効期間の特例（3年を4年とし、延長1年を認める）を定めているが、一般永住者と同様に、いわゆる「永住権」として保障されるものにはなっていない。

戦後の旧植民地出身者とその子孫の在留資格は、3度の変遷を経て、1991年成立の入管特例法によって、「特別永住者」に一本化された。日本政府は、1952年4月19日、「平和条約発効に伴う朝鮮人台湾人等に関する国籍及び戸籍*事務の処理について」（法務府民事局長通達*438号）を発し、同4月28日以降、旧植民地出身者の「日本国籍を喪失する」という措置を行った。そして、平和条約発効と同日の4月28日、「法律126号」を公布・施行し、同法2条6項によって、「別に法律で定める」まで、引き続き在留を認めるとした。

また、日韓基本条約の締結に伴い、1966年1月17日、「日韓法的地位協定」を発効させ、大韓民国国籍を取得した者のみについて、いわゆる「協定永住*者」の在留資格を許可することにした（日韓特別法）。さらに、1981年入管法一部改正により、法126-2-6該当者及びその子孫に特例永住許可を覊束的に付与することにした。その後、前述の1991年の入管特例法によって、これら「法126-2-6該当者」「協定永住者」「特例永住者」の在留資格が「特別永住者」に一本化された。

この間、国連自由権規約委員会は日本政府に対して、永住者等に対して、外国人登録証の常時携帯義務や再入国許可制度を適用することは、規約に違反しているとの勧告を出している。しかし、2009年7月8日に成立した改定入管法、改定入管特例法においても、再入国許可制度は存置され、特別永住者に対しては特別永住者証明書の常時携帯義務は削除されたものの、提示義務、受領義務は罰則付で規定されており、退去強制事由も存在している。日本国においては、歴史的経緯を有する旧植民地出身者とその子孫に対して、完全なる「永住権」保障制度は、今だ存在していない。

［丹羽雅雄］

枝川事件

1949年4月、東京深川区枝川町で、窃盗容疑の成世煥が私服の斉藤巡査によって銃撃されたことをきっかけに発生した事件。銃撃の事実に憤慨した朝鮮人住民は警官1人を殴打、3人を朝連事務所に連行し、事情聴取したうえで穏便に月島署に帰した。これに対し警察は武装警官数百名を動員し成の引き渡しを要求、朝連側がそれを拒否すると、枝川町を封鎖し内部調査を強行した。警察側はさらに警官を動員して不備な逮捕状で16名を検束、うち10名を起訴し、全員に公務執行妨害で有罪判決が下された。これに対し、朝連側は解救（解放救援会）を中心に深川不当弾圧反対闘争委員会をつくり、法廷闘争を展開した。なお、本事件の裁判に関与した弁護士布施辰治*らは、日本国憲法および新刑事訴訟法に基づかない非民主的な検挙・拘留が行われたことを

指摘し、警察、検察、司法を告発している。本事件は、警官による殺人未遂、人権蹂躙、職権濫用事件であり、また同年9月の朝連解散へと向かって強まっていく在日朝鮮人弾圧の一環であったといえる。

[山本興正]

エドワード・ワグナー 1924〜2001

欧米での韓国学を開拓した第1世代の学者。1951年にハーバード大学大学院博士課程に入学後、1953年に日本へ留学。1955年まで天理大学にて高橋亨のもとで韓国史を研究。1955年から1958年までソウル大学で研究を続けた。1959年ハーバード大に戻り学位を取得し、同大助教授に就任。アメリカの大学で韓国学講座を正式開設したのはハーバード大学が初めてであり、彼と彼が指導した韓国学講座によってつくられた燕京図書館内韓国学資料室は欧米における韓国学研究の中心になった。

ワグナーは、朝鮮解放当時GHQに勤務し実際に内地在住朝鮮人の送還・在朝鮮日本人の引揚げに従事していた。その経験から、初めての研究成果として『日本における朝鮮少数民族 1904〜1950年』(1951、外務省アジア局北東アジア課/訳=1961)を公刊、後に2度復刻本が出版された。その記述については、検討を要する内容が散見されるが、アメリカの研究者による初の在日コリアンに関する文献であった。他には特に朝鮮王朝史について研究を深め、朝鮮の歴史と文化の独自性を立証することに尽力した。ハワイ大学のエドワード・シュルツ教授とともに李基白の『韓国史新論』を英語に翻訳。

参考文献：에드워드 와그너 (이훈상/손숙경 옮김)『조선왕조 사회의 성취와 귀속』일조각、2007년。

[伊地知紀子]

NHK語学講座問題

NHK外国語講座のアジア系言語は1970年代まで中国語だけだった。1976年に日本人・在日コリアンの学者や文化人らが「朝鮮語講座の開設を要望する会」を結成し、NHKに署名を提出したところ、講座の呼称問題が生じた。従来、日本では学術及び公文書では「朝鮮語」と呼ぶのが慣例となっていたが、1965年に日韓の国交が回復されて以後、「韓国語」という呼称を用いるケースが増加した。民団は「韓国語講座」開設運動を展開し、総連は「朝鮮語」の名称を使うよう主張した。NHKは1981年に「朝鮮語講座」として開設することを内定したが、韓国のマスコミも強く反発したため政治問題化し、翌年、NHKは講座の開設を見送ることにした。講座は1984年4月、国名を抜いた「アンニョンハシムニカ？ ハングル講座」というタイトルでNHK教育テレビとラジオ第2放送でスタートした。2008年以後はテレビとラジオの講座が分かれ、テレビは「テレビでハングル講座」、ラジオは「まいにちハングル講座」の名称に変更された。

[高賛侑]

FMサラン

1993年〜1998年、大阪市生野区の聖公会生

野センターに在日コリアン向けに開局されたミニFM局。サランとは韓国・朝鮮語で「愛」の意。家庭用カセットデッキとマイク、送信機、アンテナという簡素な機材で地域に住む同胞に向け生活・法律相談、文化情報などを発信。また、メディアに向けて在日コリアンとして自分たちの存在と声を直接発信した。1995年1月17日に起こった阪神大震災*時には、人口の約1割が在日コリアンという神戸市長田区に、サランスタッフは原付バイクに放送機材を積んで駆けつけ、被災者を励まし、震災関連情報を提供するミニFM局の立ち上げを提案。同年1月30日に民団西神戸支部内にある神戸韓国学園の一室でミニFM局「FMヨボセヨ（韓国・朝鮮語で「もしもし」の意）」が開局。被災した在日同胞に向けボランティアスタッフが1日3回、韓国・朝鮮語と日本語による震災関連情報や音楽*などを放送した。FMサラン*、FMヨボセヨの協力の下、4月16日に同じく長田区*に多く住むベトナム人を始めとする在日外国人に向けた放送局「FMユーメン（ベトナム語で「友愛」の意）」が開局。7月17日「ヨボセヨ」と「ユーメン」は合併し、ミニFM局「FMわぃわぃ」（1996年1月17日にコミュニティFM局）の開局へと発展した。　　　　　　［高吉美］

L.L.ヤング
1875～1950

宣教師。カナダ生まれ。大学で神学を学んだのち1906年カナダ長老教会宣教師として朝鮮に渡った。朝鮮では、咸興、城津、元山等で宣教活動を行った。朝鮮名は、榮在馨。1927年10月、21年間にわたる朝鮮での宣教活動を終えて来日し、神戸を根拠地にして、北はサハリンから南は九州まで在日朝鮮人のためにキリスト教伝道活動を展開した。1927年、ヤングを送りだしていたカナダミッションが日本で行った在日朝鮮人に対する宣教は教派的拠点をもつ活動でなく、朝鮮人キリスト者を一つの教会「在日本朝鮮基督教会*」に結集させることを合意した。これを受け、彼はその在日朝鮮人伝道活動の全てにわたって監督する責任者に任命された。引き続き日本各地で積極的な宣教活動を展開するが、1940年12月に、日本での活動が困難になり帰国した。戦後、1949年2月に再来日したが、翌年2月日本で死去した。神戸市立外国人墓地に埋葬されている。　　［飛田雄一］

演劇

植民地時代、日本に渡航した演劇人によって「朝鮮芸術座*」などが創団され上演活動が行われた。1946年には「在日本朝鮮芸術協会」（芸協）が結成された。朝連は文化工作隊（文工隊）を作り、啓蒙活動の一環として各地で寸劇や文化公演を展開した。朝連解散後の1950年には埼玉県の川口朝連学校に事務所を置く劇団「牡丹峰劇場」が創団され、「春香伝」などの作品が巡回公演された。総連結成後、在日朝鮮中央芸術団内に演劇部ができ（1962年3月初演）、1965年1月に分離して在日朝鮮演劇団*が創立された（1974年解散）。

　在日2世のつかこうへい*（本名＝金峰雄）は1973年に戯曲「熱海殺人事件」で岸田國士戯曲賞を受賞。1974

年に劇団「つかこうへい事務所」を設立し、日本演劇界に「つかブーム」を巻き起こした。韓国で激しい反独裁民主化闘争が繰り広げられた1970～1980年代、在日の青年団体によって祖国統一・韓国の民主化をテーマにしたアマチュア演劇が盛んに上演された。在日2世の金守珍*（演出名は金盾進）は1987年に「新宿梁山泊」を創立しテント公演を展開。テアトロ演劇賞などを受賞した。座付き作家の鄭義信*は退団後、演劇や映画*の脚本で活躍し、2009年「焼肉*ドラゴン」で鶴屋南北戯曲賞などを受賞した。

1980年代後半から朝鮮大学校*演劇部出身者を中心に、民族学校卒業生が朝鮮語と日本語を併用したバイリンガル公演を行う活動が活発化した。1988年、劇団「アランサムセ」（主宰者・演出家、金正浩）が東京で結成された。在日本朝鮮文学芸術家同盟*（文芸同）東京支部と大阪支部の演劇口演部は2003年に韓国で開催された全国演劇祭に参加。2005年には金民樹が大阪で「タルオルム」を創団した。大阪朝高出身の金哲義は京都芸術短期大学（現京都造形芸術大学）OBを中心に1993年に劇団「メイ」を結成した（2002年に「May」と改称）。［高賛侑］

▶089 **呉林俊** オイムジュン
1926～1973

詩人。評論家でありながら画家としても知れる。慶尚南道馬山生まれ。1930年、4歳の時両親に伴われて渡日し、神戸で少年時代を過ごす。18歳の時、日本兵として咸鏡北道の羅南で徴兵され、満洲東寧県老黒山にて陸軍二等兵として服務。戦後は在日朝鮮美術会・在日本朝鮮文学芸術家同盟*の活動に参加。民族学校の教師を経て、創作活動に専念する。48歳の時、心筋梗塞のため急逝。著作は詩集に『海と顔』（新興書房、1968）、『海峡』（風媒社、1973）、「皇軍に志願した朝鮮人」としての半生を記録した『記録なき囚人』（三一書房、1969）、評論に『朝鮮人としての日本人』（合同出版社、1971）、『朝鮮人の中の《天皇》』（辺境社、1972）、『見えない朝鮮人』（合同出版社、1972）など多数。
参考文献：『〈在日〉文学全集 第17巻』勉誠出版、2006。呉林俊33周忌実行委員会編『呉林俊』エフォート23出版部、2005。　　　　［金貞愛］

▶090 **近江渡来人倶楽部** おうみとらいじんくらぶ

2000年、元大津青年会議所理事長の在日韓国人2世・河炳俊が滋賀県大津市に創立。①在日韓人を「近代の渡来人*」とみなし、彼らに対する偏見や差別を払拭し、ルーツを公表しながら暮らせる自由で公正な開かれた社会の実現、②日系人やアジア系の外国籍住民を「現代の渡来人」とみなし、彼らの多様性を尊重し地域社会の一員として受入れる包容力を持った多文化共生*社会の実現を目的とする。2006年、目的①を実現すべくコリアの歴史や民族的偏見・差別払拭啓蒙活動の拠点として渡来人歴史館を大津市に創設。2008年、目的②を実現すべく多文化共生啓蒙活動拠点として多文化共生支援センターを草津市に創設。在日外国人問題を主題とするシンポジウム等を通じた外国人の人権及び固有文化尊重の意義と多文化共生社会

実現のための啓蒙活動を展開するNGOである。　　　　　　　［河明生］

▶091 **大木金太郎** プロレスラー。韓国名：金一(キムイル)。全羅南道生まれ。1956年、下関より日本に密入国。1957年、力道山*のプロレス*道場に入門。1959年、プロレスラーとしてデビュー。一本足の「原爆頭突き」で外国人レスラーをなぎ倒し、一躍人気レスラーになる。1963年、ロサンゼルス遠征でWWA世界タッグチャンピオンを奪取。1967年、WWA世界ヘビー級タイトルマッチでマーク・ルーインに勝利し、初めて世界ヘビー級のシングル王座を獲得。1969年、朴正熙大統領（当時）の音頭で「金一後援会」がソウルで結成される。1972年、力道山の形見であるインターナショナル・ヘビー級チャンピオンを奪取。1974年、NWF世界ヘビー級選手権でアントニオ猪木と対戦し敗れる。1976年、大木金太郎後援会「韓国の虎」が日本で結成される。1984年、韓国でのプロレス再興のため、渡韓。1992年、高血圧で倒れ、日本の病院を転々とする。1994年、ソウルの病院に移送。1995年、東京ドームで引退式を行う。2006年10月、ソウル市内の病院にて死去。死後、韓国政府から体育勲章青龍賞を授与される。著書に『自伝、大木金太郎──伝説のパッチギ王』（講談社）がある。　　　［朴一］

▶092 **大阪商銀** 1953年に大阪で在日韓国人を中心に設立された金融機関。正式名称は「信用組合大阪商銀」。解放直後、在日コリアン多住地域の大阪では多くの在日商工業者が事業を立ち上げていった。それらは零細なものが多く、日本の金融機関から融資を受けることが極めて難しく、在日による金融機関設立の必要性が高まっていった。大阪駅前の梅田闇市では戦後復興による整備により、梅田繊維卸商協会（後の新大阪センイシティ）が組織された。その初代会長の朴漢植（大林健良）が中心となり同業の在日企業家などと協力して1953年に信用組合大阪商銀を設立した。初代理事長は朴漢植。しかし、1980年代後半のバブル経済時の無謀な融資が災いし経営が悪化、1998年6月に経営破綻した。破綻直前の1998年3月期の預金量は2502億円、組合員数が約3万1000人、大阪府内に18の店舗を持つ規模であった。2001年、大阪商銀は京都シティ信用組合へ事業譲渡され、同信組は近畿産業信用組合*と名称変更した。2002年に京都商銀、関西興銀*も近畿産業信用組合に事業譲渡されている。

参考文献：『大阪商銀二十年史』1973。

［高龍秀］

▶093 **大阪市立東洋陶磁美術館** 東洋陶磁器の宝庫として知られた安宅コレクションの日・朝・中の所蔵品965点が住友グループから大阪市に寄贈され、大阪市はこれを記念して東洋陶磁専門の美術館を1982年11月7日にオープンさせた。現在では計2700点を蒐集し、うち国宝2点（「油滴天目茶碗」南宋、「飛青磁花生」元時代）、重要文化財

13点、重要美術品9点を所蔵する。朝鮮陶磁は、高麗、朝鮮時代中心に技法的、器形別、文様別にわたり系統的に集められ、韓国以外では質的、量的にも最大の規模。安宅コレクションの常設展のほか、特別展では中国陶磁の名品展のほか、朝鮮陶磁展「李朝陶磁500年の美展」「高麗青磁への誘い展」「心のやきもの 李朝展」など開催。在日韓国人李秉昌博士から朝鮮陶磁301点、中国陶磁50点の寄贈を受けたのを機に1999年新館を増設、3階に常設展示室を設けた。大阪市北区中之島1-1-26。休館は月曜（休日の場合は開館）、祝日の翌日。　　［川瀬俊治］

▶094 大阪朝鮮労働同盟会　1922年7月の信濃川朝鮮人虐殺事件*を契機に東京の朝鮮人留学生が日本在住朝鮮労働者情況調査会を結成、労働者の組織化も始めた。調査会の金鍾範、金若水*らは大阪に入り、当時は「ボル派（ボルシェビキ）」に傾いていた日本労働総同盟関西労働同盟会幹部西尾末広一派と手を結び、資金援助も受けながら、大阪の朝鮮人労働組織の結成を目指した。12月1日に大阪在住の宋章福*らを立てて設立大会が開催されたが、金鍾範や西尾らが運営を仕切ったため、李善洪*らの反発を受け、流会となった。12月3日、階級闘争による純労働組合と銘打って関係者だけを集め、極秘に大阪朝鮮労働同盟会を結成した。直後の1923年1月の過激法案反対懇談会に大阪朝鮮労働同盟会を名乗って出席したのは、東京在住の金鍾範であったし、示威的活動や政治集会への参加なとの活動にとどまった。1924年1月の新聞記事では「殆ど有名無実」と評され、本格的な朝鮮人労働運動は1928年頃を待たねばならなかった。

　　［塚崎昌之］

▶095 大阪ハナ・マトゥリ　歴史的な南北首脳会議が行われた翌年の2001年に、総連と民団の大阪府本部と大阪府民・市民によって、「ひとつ（韓国語でハナ）の和となり花を咲かそう」という趣旨で、第1回「在日コリアンと大阪府民・市民親善交流フェスティバル－大阪ハナ・マトゥリ」が大阪ドームで開催された。大阪ハナ・マトゥリ開催にあたり、民団と総連は傘下団体や民族学校などを総動員し、大阪の在日コリアンの和合を象徴する歌や統一旗（白地に朝鮮半島を描いた旗）などでムードを高めた。ここには韓国から李美子をはじめとする有名歌手も駆けつけた。第2回は2003年に太陽の広場で、第3回目は2005年にグランキューブ大阪で開催されたが、その後は催されなくなった。

　　［高正子］

▶096 大島渚 おおしまなぎさ 1932～　映画監督*。京都生まれ。1954年に京都大学を卒業し、松竹大船で助監督になる。1959年に『愛と希望の街』（原題・鳩を売る少年）で監督デビュー。翌年『青春残酷物語』（1960）で日本のヌーベルバーグと呼ばれた。その後、『日本の夜と霧』（1960）、『太陽の墓場』（1966）、『日本春歌考』（1967）、『絞死刑』（1968）、『少年』（1969）、『儀式』（1971）、『愛のコリーダ』（1976）

など、常に日本映画の最前衛を進み、国際的にも広く注目された。その後、『戦場のメリー・クリスマス』(1983)、『マックス、モン・アムール』(1986)、『御法度(ごはっと)』(1999)を発表した。

大島渚は、作品の中に韓国・朝鮮問題を描く監督としても知られている。作品に韓国が初めて登場するのは、『青春残酷物語』の中で、目標を失って非行に明け暮れる学生が映画館で、李承晩政権に反対する韓国の学生デモのニュース映画を観るシーンである。次に、街頭で物乞いをする在日韓国人の傷痍軍人を扱ったテレビ・ドキュメンタリー『忘れられた皇軍』*(1963)、路上で靴磨きをする韓国の子どもたちの健気な生活ぶりを写真*に撮り、それをスチール構成した『ユンボギの日記』(1965)、在日の女子高生に朝鮮人娼婦の猥歌を歌わせ、日本人の女教師に日本の皇室の先祖は朝鮮から渡ってきた騎馬民族だったと述べさせる『日本春歌考』、そして、1958年に起こった小松川女子高生殺人事件で死刑になった在日少年をモデルにした『絞死刑』などがある。さらに、第二次大戦中の日本軍の捕虜収容所を舞台にした『戦場のメリー・クリスマス』では、原作にない捕虜と男色関係を持った朝鮮人看守(演じたのは、民族名:朴雲煥のロック歌手ジョニー大倉*)が日本軍の名誉を汚したとして切腹を命ぜられ、惨殺されるというシーンをつけ加えた。このように大島渚は、日本の問題を考えるときには常に韓国・朝鮮人の視点を加えねばならないという立場に立っていた。また、大島作品には多くの在日が関わっている。助監督としてついた記録映画「在日」の呉徳洙監督、『絞死刑』で少年Rを演じた尹隆道、助監督としてつき、『御法度』では近藤勇役を演じた『月はどっちに出ている』『血と骨』の崔洋一*監督などである。

[呉徳洙]

▶097 **大須事件** サンフランシスコ講和条約*発効後の1952年に起きた三大騒擾事件(東京のメーデー事件*、大阪の吹田事件*)の一つ。7月7日午後、名古屋の大須観音に程近い大須球場(現名古屋スポーツセンター)で、当時国交のなかった中国との貿易協定締結の調印式から帰国した、日本社会党・帆足計参院議員と改進党・宮越喜助衆院議員の歓迎集会が開かれた。集会終了後、参加者約1500人が会場周辺をデモ、解散を呼びかける警察の放送車へ火焔瓶を投げ炎上した。警官5人がデモ隊に向け発砲し、一般市民1人が死亡した他、警察官69人、市民など84人が負傷した。名古屋市警は日本共産党員や在日朝鮮人ら269人を逮捕、名古屋地検は騒擾罪で150人を起訴した。一審、二審とも騒擾罪を認定、1978年9月4日最高裁は上告を棄却、有罪が確定した。三大騒擾事件後、1952年7月21日日本政府は破壊活動防止法*を施行、公安調査庁は日本共産党と在日朝鮮人の組織などを監視の対象とした。

[西村秀樹]

▶098 **大沼保昭** おおぬまやすあき 1946〜 国際法学者。日本の戦後責任や在日コリアンの権利に関する発言、行動

も。1946年山形県生まれ。東京大学法学部卒、東京大学法学部教授、明治大学特任教授。在日コリアンが一片の通達によって、1952年4月28日(対日平和条約発効日)に「日本国籍」を喪失したとされた問題を論じた「在日朝鮮人の法的地位に関する一考察(1)〜(6)」(『法学協会雑誌』1979〜1980年)は、大沼自身「肩に力の入った若書きの論文」とした。1983年には「アジアに対する戦後責任を考える会」を発起し、「戦後責任」という視点からサハリン残留韓国人問題、指紋押捺問題、「慰安婦」問題などの解決にも奔走。国際法の専門書のほかに、『単一民族社会の神話を超えて』、『東京裁判から戦後責任の思想へ』(ともに東信堂)、『人権、国家、文明』(筑摩書房)、『サハリン棄民』『「慰安婦」問題とは何だったのか』(ともに中公新書)、『在日韓国・朝鮮人の国籍と人権』(東信堂)など。　　[田中宏]

▶099 **大村収容所**
正式には法務省大村入国者収容所。終戦後の「不法入国者」は、日本から朝鮮への計画輸送*による引揚げ=帰還を担った佐世保援護局の針尾収容所に送られた。佐世保援護局の閉局にともなって針尾入国者収容所が設置され、それが長崎県大村市に移ったのが始まりである(1950年12月)。初期は在日コリアンの刑余者も収容され韓国に強制送還された。

大村収容所は、公式的な説明としては拘置所ではなく船待ちの場所として、安全上の問題がなければ収容者の自由をできるだけ保障するとした。しかし1950、1960年代に処遇の改善要求や内部の政治的対立、収容者の自損行為、また民族組織による抗議運動が頻繁に起こり、「刑期なき牢獄」とも呼ばれた。

1980年代まで韓国人「不法滞在者」の収容と集団送還が中心であったが、以降大村収容所からの韓国人の強制送還は減少した。一方、インドシナ難民の収容施設にも使われるなどその機能も変化した。1996年には隣接地の新庁舎に移転し、現在は大村入国管理センターとして、なお退去強制*者の収容施設としてその役割を果たしている。　　[玄武岩]

▶100 **大山倍達**
1923〜1994
空手家。全羅北道出身の在日1世。民族名：崔永宜(チェヨンウィ)。別名：崔猛虎、大山虎雄。1939年渡日。東亜連盟*の曺寧柱*、山口剛玄、富名腰義珍から空手*を学ぶ。1942年山梨航空技術学校卒業。解放後、朝鮮建国促進青年同盟*の活動に従事。離脱後、空手で身を立てることを決意。牛との格闘で「牛殺しの大山」と呼ばれ、米国プロレス*界遠征で知名度を上げた。帰化時の日本名は朝鮮民族の古名ペダル倍達民族に由来。寸止めルールの空手界を批判し、直接打撃制ルールの極真空手を創始。佐藤栄作、毛利松平、梁川次郎等の支援を受ける。1964年国際空手道連盟極真会館創設。1969年第1回全日本空手大会、1975年第1回全世界空手大会等主催。1977年実在の団体・個人とフィクションを混同させる手法を得意とした梶原一騎原作の劇画「空手バカ一代」が『少年マガジン』

で連載開始。実在モデルとして強さに憧れた青少年のカリスマとなり「極真ブーム」が起こる。漫画や映画*を活用した普及手法は武道界初の試み。公認支部世界123カ国、公称会員1200万人の空手界最大流派を築き上げた。

[河明生]

▶101 **小沢有作**
おざわゆうさく
1932〜2001

植民地教育及び在日朝鮮人教育に関する研究者。東京大学教育学部卒業。東京大学大学院人文科学研究科教育行政博士課程退学。1964年日本朝鮮研究所所員。1967年東京都立大学人文学部助手。1969年東京都立大学人文学部教員として勤務。東京都立大学名誉教授。1974年〜1993年日教組教育研究集会の共同研究者となる。1992年横浜市在日外国人教育研究協議会会長。1993年〜1994年神奈川県在日外国人教育研究協議会会長。1970年「アジア、アフリカ、ラテン・アメリカ教育研究会」の発足に関わる。1997年「日本植民地教育史研究会」の創設に加わり、2000年まで代表を務める。

日本教育史体系から抜け落ちていた植民地教育史の研究に先駆的に着手した。日本の同化教育政策から在日コリアンの民族教育の問題を提起した。

参考文献:『民族教育論』明治図書、1967。『在日朝鮮人教育論・歴史編』亜紀書房、1973。『部落解放教育論』社会評論社、1982。『民族解放の教育学』亜紀書房、1975。『近代民衆の記録（第10巻）』新人物往来社、1978。『被抑圧者の教育学』共訳、亜紀書房、1979。『物知り教育から解放教育へ』明石書店、1994。　[李月順]

▶102 **小田実**
おだまこと
1932〜2007

作家。大阪生まれ。東京大学大学院入学後の1958年、米ハーバード大大学院に留学。米国のほか、欧州、中東、インドなど各国を訪れて、1960年に帰国。その体験を綴った『何でも見てやろう』（1961年）がベストセラーになり、人気作家となる。1965年に鶴見俊輔たちと「『ベトナムに平和を！』市民連合」を結成し、積極的な平和運動を展開する。1970年代、軍事政権下で投獄された詩人・金芝河の救援運動にも携わり、運動を通して知り合った在日朝鮮人2世の玄順恵と、後に結婚する。1976年には平壌を訪れ、金日成*主席（当時）と会見。1985年夏から、西ドイツ政府の文化交流基金を受け、西ベルリンに1年余滞在する。1998年、小説『HIROSHIMA』で、アジア・アフリカ作家会議からロータス賞を受賞。阪神大震災*（1995年）での被災経験から、被災者支援法成立に尽力し、2004年には護憲を掲げた「九条の会」を、大江健三郎たちと結成する。義母について記したエッセイ『オモニ太平記』（朝日新聞社）などがある。　[綛谷智雄]

▶103 **小樽高商事件**

小樽高商野外演習想定問題に対する朝鮮人運動。1925年10月15日小樽高等商業学校において軍事教官鈴木少佐指揮の下で軍事教育野外演習が挙行されたが、鈴木少佐が書いた想定文が小樽新聞社の新聞紙上に掲載された。特に問題となったのは第二項であった。新聞紙上では「不逞鮮人*」の四字を「〇〇〇〇」に改竄して掲載していた

が、想定文の第二項には「無政府主義者団ハ不逞鮮人ヲ煽動シ此機ニ於テ札幌及小樽市ヲ全滅セシメント」云々となっていた。その記事を読んだ朝鮮人の金龍植は直ちに同志数名を集め、朝鮮人を侮辱するものとし、新聞社及び学校当局を詰問することを決議したことがこの事件の発端となった。10月16日金龍植は同志らとともに学校当局を訪ねて小樽高等商業学校想定の不当なるを詰問し、声明書を要求したが、学校側としては、想定は学校演習の仮定に過ぎず、何等不都合と認める必要はないといって声明書の要求に応じないことを決めた。該想定問題はその後各地に伝わり、東京・京都・大阪及び神戸等における日本人と朝鮮人思想労働団体は相呼応して運動を開始した。10月28日芝公園協調会館においては布施辰治*、高津正道外十余名の弁士を以て軍事教育糾弾演説会を開催した。　　　　　　　　　　［朴成河］

▶104
小畑実
おばたみのる
1923〜1979

戦中、戦後に活躍した歌謡曲歌手。本名：康永喆（カンヨンチョル）。平壌生まれ。朝鮮人歌手の永田絃次郎*にあこがれて1937年渡日、日本音楽*学校で声楽を学んだ。1941年に歌手としてデビューし、1942年「婦系図の歌（湯島の白梅）」、1943年「勘太郎月夜唄」で一躍人気歌手になった。戦後は「涙のチャング」(1950)、「高原の駅よさようなら」(1951)など多数のヒット曲を放ち、1950年代は紅白歌合戦に3回出場した。日本では民族的出自を公的に明らかにすることなく、独特の歌唱法は朝鮮語的な発音や抑揚を隠すためだったともいわれる。坂本紡績創始者である徐甲虎*の長女と結婚（媒酌人は自民党副総裁だった大野伴睦）し、1960年代には日本芸能界を引退して韓国芸能界入りした時期もある。1969年に日本でカムバックし、レコード制作や公演会を多くこなしたが、1979年ゴルフプレー中に急性心不全で亡くなった。
　　　　　　　　　　　　　　　［鄭雅英］

▶105
オモニハッキョ　在日コリアン1世・2世などの女性を対象に行なわれている識字学級（学校・教室）。神奈川県、大阪府、福岡県などの在日が多く居住する地域で開かれている。「オモニ」とは朝鮮語で「お母さん」という意味。学級名はさまざまで、学級により運営形態も異なるが、週に1〜3回程度の開講で、その多くはボランティアにより運営されている。在日コリアンのみを対象にしているところもあれば、戦中戦後の混乱期に十分に教育を受けることができなかった日本人高齢者や、さまざまな外国籍住民とともに学ぶ学級もある。

　戦前の朝鮮半島で幼少期を過ごした在日コリアン1世の女性には、文字の読み書きが十分にできない非識字者が多い。福岡県に住むある在日1世は、「女が字を知ると横着になる」と言われて子どもの頃に朝鮮語の文字さえ学ぶことができなかった。結婚を機に渡日したが、日本でも日本語の文字を学ぶ機会がなく、子どもが学校からもらってくるプリントが読めない、自分の名前さえ書けないという状況で生活せざるを得なかった。また、日本で生まれた在日コリアン2世の場合でも、

「女に学問は必要ない」という親の教育観、あるいは戦争や戦後の混乱、貧困などのために学校に通うことができなかった女性は多い。

1977年7月に開講した「生野オモニハッキョ」は、このような1世・2世や新渡日の女性達がひらがなや漢字を学ぶコリアン対象の識字学級である。大阪市生野区の聖和社会館で、毎週2回午後7時30分から9時まで行われている。開講のきっかけは、夜間中学に通う在日女性から「私の周りには夜間中学に通えないけれど、字を習いたい人がいっぱいいるんです。お願いします」という訴えがあったからであった。

福岡県にある「青春学校」も、1994年5月に在日コリアンを対象に始まったが、開校直後からコリアンだけでなく、日本人高齢者やさまざまな外国籍住民が学んでいる。北九州市立穴生市民センターで毎週1回、午後7時から行われている。青春学校の文集には「はじめはなまえもかけなかったのがかけるようになったことが　ゆめのようです。やみのせかいから　ひかりを見ることができねんがんの　べんきょうのせかいに　はいれたことが　ゆめのようです」と、在日1世女性の作文が綴られている。

それぞれの学級における活動の中心は、日本語の識字学習であるが、公立の夜間中学開校を目指した「学ぶ権利」の獲得や、国籍*や文化を尊重して共に生きる「多文化共生*社会」の実現にむけての役割も果たしている。

参考文献：『いくのオモニハッキョ開校20周年記念文集』1997。『青春学校文集第1集』1995。　　　[金美子]

▶106 **呉永石** オヨンソク
1936〜2001

起業家・実業家。東京と大阪の朝鮮部落で生まれ育った在日2世。日本名：中山秀次。苦学時から低賃金での起業を模索。芸能プロダクションと学習塾での就労体験に基づき教育のビジネス化を指向。1959年法政大学短期大学夜間部卒業後、大阪に戻りチャームスクールを起業したが副業で失敗し破産。1964年上京。紹介者無し待ち伏せ同然で著名人に面会を申込み講師就任を要請。中川姿子、野際陽子、田宮二郎等の説得に成功し、著名一流講師陣を擁するチャームスクール経営で成功。このノウハウを専門学校経営に応用。業界の大御所を校長に擁した。例えば、校長山名文夫の日本デザイナー学院、校長秋山庄太郎の日本写真専門学校、校長坂本藤良の日本ビジネススクール等。国内外13校を経営する専門学校業界大手となる。学校法人呉学園認可申請の際、文部省担当官が帰化を勧めたが拒絶。重度の腎臓病による人工透析を約30年間持続し、視聴覚喪失にも屈せず生ある限り引退しなかった。「朝鮮人だから、日本人よりもがんばる」という起業家精神を公表している。　　　[河明生]

▶107 **音楽**

植民地期以来、在日コリアンにとっての最大の娯楽は故郷の民謡を歌い、演奏し、踊ることであり、長い間さまざまな祝宴の場や日常の生活・労働の場で歌い演奏されたそのメロディとリズムは、在日社会の原風景を彩る。一方、流入する西洋音楽の影響は日本で活躍するコリアン音楽家・歌手を生み、植民地期には、永田

絃次郎*（金永吉）、久我山明（孫牧人*）、小畑実*（康永喆）などが日本の音楽界、芸能界で活躍した。解放後、引き続きスターの地位にあった小畑のほかジャズバンドを率いた吉屋潤*、タンゴ歌手牧博（趙大勲）らが人気を集めた。孫牧人、吉屋潤などは日韓双方の音楽界で活躍した。

1960年代以降、在日2世の音楽家・歌手が多数登場し始める。彼らが歌や踊りに親しむ生活環境で育ち才能を開花させたこともあるが、日本社会の厳しい民族差別*のなかにあって、芸能界はプロスポーツ*とともに社会上昇の可能性が開かれた数少ない空間だったことは見逃せない。現在までに民族的出自を明らかにしている歌手では都はるみ*、錦野旦*、和田アキ子、ジョニー大倉*（ロックバンド、キャロルのメンバー）などがいる。彼らはさまざまな音楽ジャンルで大衆的人気を獲得したが、当時は在日コリアンのスター歌手を許容する風潮にはなお程遠く、都はるみは1976年日本レコード大賞受賞をめぐり「否・国民」（『週刊サンケイ』）などの民族的誹謗中傷に苦しみ、和田アキ子は自らの境遇と秘かに重ね合わせながら盲目の黒人シンガー、レイ・チャールズに傾倒した。

1980年を前後して、初めから出自を明らかにした在日コリアン歌手が登場する。白竜、朴保*、趙博、李政美、洪栄雄*等は、フォークやロックの基盤に朝鮮半島の民謡や伝統的リズム、歌曲、韓国民衆抵抗歌などを多彩に織り込みながら、在日コリアンの生を正面から歌い上げてみせた。また新井英一*は「清河への道」で在日2世としての生い立ちと民族や母国との邂逅を歌い、声楽家・田月仙*はピョンヤンとソウルの双方で歌曲のコンサートを開いた。そのほかジャズベーシストの金成亀、ブルースを歌う「憂歌団」のボーカル・木村充揮、シンガー・ソングライター沢知恵の活動も重要である。1990年代以降は3～4世アーチストも次々と登場し、ジャズのケイコ・リー*、アン・サリー、ポップスのクリスタル・ケイ、ソニン*、クラシック指揮者金聖響*などが日本、韓国だけでなく、よりグローバルな領域で活躍し注目を浴びる状況にある。

そのほか、解放直後に朝連系運動では南朝鮮の革命歌「解放歌謡」が流行し、やがて在日の作曲による歌も登場した（「四・二四の歌」「文工隊の歌」「建設（赤いチョゴリの歌）」など）。北朝鮮で作られ朝鮮総連で歌われていた「リムジンガン（臨津江）」はザ・フォーク・クルセダーズによって日本の伝説的フォークソング「イムジン河」となった。また建青*の同盟歌「建国行進曲」は韓青*、韓学同*に歌い継がれた。さらに1980年代以降、韓国で勃興した民衆文化運動の影響を受け在日コリアンを中心にサムルノリ*のグループが多数結成されたほか、韓国の国楽を継承する閔栄治、パンソリ*唱者の安聖民などが活動している。

参考文献：朴燦鎬「すべての河は海へ流れる」『架橋』19号、1999。宋安鐘『在日音楽の100年』青土社、2009。

[鄭雅英]

カ 行

海外公民

公民とは、政治に参加する権利をもつ人々、つまりCitizenと訳されるように、本来、「市民」に近い言葉であるが、中国や北朝鮮では、ほぼ「国民」の意味で用いられている。朝鮮民主主義人民共和国社会主義憲法（1972年制定）の第四章は「公民の基本権利と義務」として一般に国民の権利・義務とされる規定が列挙されている。さらに、1963年に公布された北朝鮮の国籍法*は、第一条で、朝鮮国籍を有する者、もしくはこれを取得したものを「朝鮮民主主義人民共和国公民」としている。1954年8月に北朝鮮の南日外相が平壌放送を通じて発した声明は、在日朝鮮人が「共和国公民」であると明確に規定し、在日朝鮮人運動の路線転換*に影響を及ぼした。「海外公民」という言い方は、この南日声明に発し、主として在日朝鮮人の北朝鮮への帰属を強調する意味合いをもつ。　　　［文京洙］

外国人学校法案

1968年3月12日に国会へ提出されたが、不成立。以後、1972年まで数度にわたり成立への動きがあったが、激しい反対に会い、本法案は成立しなかった。

本法案は、外国人学校の制度を設けることにより、日本に居住する外国人に対する組織的な教育活動が国際的な友好関係の増進に寄与するとともに、その自主的な教育が日本と調和を保ちつつ発展することができるようにすることを目的としている（法案第1条）。ここで外国人学校とは、広く国際的な友好関係の増進に寄与することを旨として、その自主的な教育が行われるものとしながら（同第3条1項）、日本と外国との間における理解及び友好関係を著しく阻害し、又は日本の憲法上の機関が決定した施策をことさらに非難する教育その他日本の利益を害すると認められる教育を行ってはならないとした（同第3条2項）。

その設置については文部大臣の認可が必要とされ（同第6条）、文部大臣は、外国人学校についてこの法律又はこの法律に基づく命令の違反があったときは是正命令を発することができ（同第8条）、ひいては、文部大臣は、外国人学校の設置者が前条の規定に基づく命令に違反した場合その他外国人学校について重大な法令の違反があった場合において、第一条に定める目的の達成を著しく阻害するためやむを得ない必要があると認められるときは、外国人学校設置者に対して、当該学校の閉鎖を命ずることができるとしたのである（同第9条）。

しかも、文部大臣は、外国人学校の施設が教育を行うものと認める場合には、一定の期間内に外国人学校の設置の認可を申請すべき旨を勧告することができるとしつつ、勧告に従わず引き続き教育を行っているとき、又は外国人学校の設置の認可を申請したがその認可を得られなかった場合において引き続き教育を行っているときは、当該設置者に対して、教育の中止命令まで

も発することができると規定したのである（同第11条）。しかし同法案では、大学入学資格*の付与や私学助成の対象とするなどの保護策は皆無だった。
[金尚均]

▶110
外国人学校・民族教育を支える全国連絡会

朝鮮学校*を支え、民族教育の処遇改善を求める市民団体の全国連絡会。2003年9月に発足した。北海道、新潟、東京、埼玉、千葉、愛知、大阪、兵庫、福岡などの各地域で朝鮮学校を支える会（名称や形態は多様）が結成されている。活動としては財政支援のための寄付金募集や処遇改善を求める行政や議会への申入れ、また地元弁護士会に対する人権救済などの要請に加え、朝鮮学校の公開授業や各種イベントの開催などを行っている。朝鮮学校を支える会の特徴は、在日コリアン当事者の民族教育運動に呼応する日本人の連帯組織として位置づけている点である。全国連絡会が2004年に発刊した冊子で、多賀秀敏代表は「在日の問題は日本自身の国内問題として日本国民が解決できるし、解決の責任を負っている」と記述している。
[金光敏]

▶111
外国人教員採用問題

1980年代に入るまで、在日コリアンは教員免許は取得できるものの、一部の地域を除き、公務員の国籍*要件に抵触するという理由で、常勤職として公立の小学校・中学校・高等学校の教壇に立つことはできなかった。しかし1980年代に入ると、1970年代の後半から活発化した国公立大学における外国人教授任用運動の影響を受け、各地で公立学校の教員採用試験の国籍要件を撤廃しようという市民運動が進展。1979年に三重県で在日韓国人女性が公立学校教諭に採用されたのを皮切りに、愛知、滋賀、兵庫など関西の多くの自治体で公立学校の教員採用試験の国籍条項*撤廃運動が盛り上がりを見せた。こうした市民運動を受け、1981年に兵庫県と滋賀県が教員採用試験の国籍要件を撤廃。翌1982年には愛知県でも教員選考要項の国籍要件は撤廃されることになった。

ところが1982年5月、文部省（当時）は人事担当課長会議で大学を除く小中高の教員については外国籍者は認められないとする方針を確認し、同年6月「教諭は日本国籍を有する者のみがなりうる」という見解を各自治体の教育委員会に通達。さらに同年9月に「国公立大学における外国人教員の任用特別措置法」が公布される際、文部省は「国立、公立の小学校、中学校、高等学校の教諭等については、従来通り外国人を任用することは認められない」ことを改めて通達した。こうした文部省の通達を受けて、教員採用試験に国籍要件を明文化する自治体も増加。1984年、長野県では教員採用試験に合格した梁弘子が採用見送りになるという事件が起こった。

しかし、この事件は逆に公立学校の教員採用試験の国籍条項を撤廃しようとする市民運動に火をつけることになった。1985年、全国在日朝鮮人教育研究協議会は梁の正式採用を求める申

入書を長野県に提出。民団中央本部は同じ趣旨の申入書を文部大臣に提出した。さらに長野県では、梁の正式採用を求める連絡会議が結成され、信州大学の教官有志も抗議集会を開き、梁の正式採用を求める声明文を発表した。そして1985年2月、文部省の通達にも逆らえず、かつまた世論の圧力を無視できなくなった長野県教育委員会は、梁を「教諭」ではなく「常勤講師」として採用するという異例の妥協案を発表し、事件を収束させた。

それから6年後の1991年、海部俊樹首相が韓国を訪問、在日韓国人の法的地位・待遇改善に関する日韓外相の『覚書』が発表され、在日韓国人の公立学校の教員への採用について「日本人と同じ一般の教員採用試験の受験を認めるよう各都道府県を指導する。この場合、公務員任用に関する国籍による合理的な差異を踏まえた日本政府の法的見解を前提としつつ、身分保障の安定や待遇についても配慮する」ことが確認された。これを受けて、文部省は「在日外国人を『常勤講師』として採用してもよい」という通達を都道府県・政令指定都市の教育委員会に発した。それ以降、日本の大部分の公立学校（小・中・高校）における外国人の採用は長野方式が採用され、外国籍教員は管理職への昇進が可能な「教諭」ではなく、管理職につけない「常勤講師」として処遇されることになった。しかしながら、教職員の管理職については各自治体の基準、学校長の判断にばらつきがあり、2008年には神戸市の公立中学校で学年副主任を務めていた在日韓国人の「常勤講師」が、「主任は教諭しかなれない」という理由で突然役職を解任され、人権救済を申し立てるという事件も起こっている。

［朴一］

▶112
外国人登録原票と開示問題

外国人登録の申請を受けた市町村は、氏名、生年月日、性別、国籍＊、出生地のほか、職業、勤務先の所在地など約20項目を記載し、指紋と顔写真を貼り付けた登録原票を作成・保管。1980年代の指紋押捺拒否裁判における自治体職員の証言によって、登録原票を所轄の警察などが定期的に閲覧・複写していることが明らかに。一方外国人本人には、法務省の指示により不開示とされていた。1991年、在日2世・張征峰が個人情報のアクセス・訂正権を求めて登録原票の開示を大阪市に求めたが、却下される。しかし1995年、東京都練馬区が独自の判断で本人開示を認めたことから、法務省もそれを追認。その一方で、警視庁小平署が不特定多数の外国人の登録原票を閲覧していることが発覚し、小平市長が謝罪（1997年）、公安調査庁が札幌、京都、大阪など23市区で破防法を名目として在日コリアン311人以上の登録原票の複写を請求していたことが判明する（2001年）など、外国人登録情報がもっぱら警察・公安情報として使われている実態を浮き彫りにした。

［佐藤信行］

▶113
外国人登録証明書

外国人登録証明書（外登証）の起源は2つ考えられる。すなわち①

植民地時代末期に在日朝鮮人に携帯を義務づけた協和会*手帳(写真*が貼られ、本籍地、日本国内の住所、職業などを記載)②旧「満州国」で抗日運動弾圧のために義務づけられた国民手帳(指紋押捺制度が導入され住民・労務管理に利用)である。1946年9月、日本政府はGHQの同意を受け朝鮮人連盟に対し、全ての朝鮮人は所轄警察に届け出て居住証明書の交付を受けることを義務づける通知を出した。反対運動によって実施は阻止されたが、唯一大阪は同年11月府令として「朝鮮人登録に関する件」を制定し氏名、住所、職業、本籍ほかの記載と写真、左右人差し指の指紋を掲載した「朝鮮人登録証」を発給交付した。実際の申請者は10%に満たなかったが、外登証の事実上の原型といえる。

1947年5月2日最後の勅令(207号)たる「外国人登録令*」が制定され外登証の交付が始まり、1949年には14歳(現行16歳)以上の外登証常時携帯・提示義務と有効期限3年(現行5年)、重罰規定が追加された。以後、警察臨検により不携帯を理由にした朝鮮人の逮捕-刑事処分が常時可能になり、風呂屋帰りに不携帯で逮捕されるなどという珍妙かつ反人権的な事例が続発し、個人の日常生活や民族団体の活動は大きな制約を受けた。ここから在日朝鮮人社会では外登証を「犬の鑑札」になぞらえるようになった。1952年4月28日(サンフランシスコ講和条約*発効日)に勅令は廃止され外国人登録法*が制定され、指紋押捺制度が導入された(実施は1955年)。1980年代指紋押捺拒否運動*では外登証常時携帯義務も問題視され、1990年代以降は日本政府に外登証を返上する運動も続いた。1992年法改定で特別永住*者に限って不携帯は刑事罰から行政罰に「緩和」されたが、常時携帯義務と罰則は外登法の最後まで維持された。

外登法初期の外登証は裏表紙を含め13ページの手帳型で、表紙には桐紋と「日本政府」の表記、1ページから3ページまでは16項目の記載事項、4ページに写真と指紋欄(左手人差し指の回転押捺)があった。紙製で衣服のポケットに入れたまま洗濯したり便器に落とすなどして汚損することも多かった。1988年指紋転写制度導入に伴い運転免許証大のラミネートカードになり、1993年には指紋に代わる署名制度導入によりプラスチック材質でクレジットカード大のものになった。その後も「偽造防止」などを理由に2000年、2005年にデザインが変更されている。現行カード表面には氏名、生年月日、国籍*、居住地、世帯主等、職業、出生地、旅券番号・発行年月日、上陸許可年月日、在留の資格、在留期間、次回確認(切替)申請期限、発行者および署名の計14項目の記載が、裏面には手書き記載欄と交付年月日、発行者職印欄がある。

2009年7月入管法等の一部改定により新たな在留管理制度の導入が決まり、2012年7月から外登法、外登証が廃止され、在留外国人に対し外登証に代わる「在留カード」(特別永住者は「特別永住者証明書」)の発給と住民基本台帳への記載が行われることになった。

[鄭雅英]

▶114 **外国人登録法** 「本邦に在留する外国人の登録を実施することによって外国人の居住関係及び身分関係を明確ならしめ、もって在留外国人の公正な管理に資することを目的とする」（第1条）法律。

1952年のサンフランシスコ平和条約の発効によって、ポツダム勅令である外国人登録令*が廃止されるのに伴い、同勅令の条項を一部改めた上で法律として制定された。

全20条と附則10項から成る。外国人の在留資格、出入国手続、退去強制*手続が入管令（出入国管理令、1981年に出入国管理及び難民認定法*）に拠るのに対し、日本の戸籍*制度・住民登録制度の適用外となる在留外国人の管理規定は外国人登録法に拠るものとされた。主として、出生・上陸等に際して必要とされる登録事項、市町村長による登録原票の管理、居住地等の変更登録、登録証明書の切替交付、登録証明書の携帯及び提示、罰則、について定められた。

1992年の改正により、永住者及び特別永住*者については従前の指紋押捺義務が廃止され、家族事項の登録による同一性確認制度が定められた。1999年の改正では非永住者の指紋押捺義務も全廃された。

一方、常時携帯義務と提示義務は残存し、「市町村長が交付し、又は返還する登録証明書を受領し、（16歳未満の外国人を除いて）常にこれを携帯していなければならない」（第13条1項）とされ、かつ、「入国審査官、入国警備官、警察官、海上保安官」等から職務の遂行上提示を求められた場合は登録証明書の提示義務があるとされた（同条2項）。常時携帯義務の違反は、特別永住者のみ「10万円以下の過料」、その他の外国人は「20万円以下の罰金」刑が科された。また、提示義務違反は、特別永住者も含め「1年以下の懲役若しくは禁固又は20万円以下の罰金」に処せられるものとされた（第18条6号）。

国連規約人権委員会からは、1993年、1998年及び2008年の3回にわたって、永住外国人への常時携帯義務を廃止すべきとする意見が出されている。

2009年7月、住民基本台帳法、入管法及び入管特例法の改正法案の成立に伴い、外国人登録法は3年以内に廃止される。同改正法案では、特別永住者以外の外国人につき従来の外国人登録制度に替えて法務省による一元的な在留管理制度を設け「在留カード」を交付する一方、特別永住者には「特別永住者証明書」を発行するとし、特別永住者には常時携帯義務を免除した。また、外国人への行政サービスの基盤整備のため、外国人にも住民基本台帳法が適用されることとなった。［李宇海］

▶115 **外国人登録令** 日本国憲法施行の前日である1947年5月2日に公布・施行された最後のポツダム勅令であり、「外国人の入国に関する措置を適切に実施し、かつ、外国人に対する諸般の取扱の適正を期することを目的とする」（第1条）とされたが、「台湾人のうち内務大臣の定めるもの及び朝鮮人は、この勅令の適用については、当分の間、これを外国人とみなす」（第11条）と規定され、その

実質的目的は旧植民地出身者の管理にあった。登録証明書の常時携帯義務及び呈示義務を定め、呈示義務違反については6カ月以上の懲役もしくは禁固等の罰則があった。後に不携帯への罰則、定期的な登録切替義務が加えられた。

その前身は、1946年11月に制定された、大阪府令の「朝鮮人登録に関する件」にもとめられる。1952年のサンフランシスコ平和条約の発効により廃止されたが、その内容を一部改めた上で外国人登録法*が制定された。

[李宇海]

▶116 『解放新聞』 1946年9月1日 創刊の朝連系新聞(朝鮮語)。後の『朝鮮新報』*の原型である。『朝鮮民衆新聞』(1945年10月創刊)が『ウリ新聞』(『朝鮮民衆新聞』と、姉妹版ともいえる関西の『朝鮮大衆新聞』が合同してできた新聞)へと一時変わり、『ウリ新聞』の第3号が『解放新聞』へ改名した。代表(発行名義人および総務局長)は金桂淡、主筆は金斗鎔*、編集局長は劉末煥。月6回、5万部を発行したが、関西版は紙不足により1946年12月に停刊。

発行目的は、在日朝鮮人の啓蒙と権益擁護、日朝民衆の相互理解の促進、「日本帝国主義残滓勢力と祖国反逆者」の徹底追及などであった。日朝連帯のために1947年上半期には日本語版が発行される(後に月刊へ)。紙面では、在日朝鮮人を取り巻く社会問題や朝鮮半島の情勢を伝えることに貢献したが、親ソ(ソ連主導による朝鮮の統一支持)、朝鮮米軍政庁への批判などの論調により、発行開始以来一貫してCCD(GHQの民間検閲局)の検閲対象となり、1950年8月2日、第418号発行をもってGHQにより一時停刊に追い込まれるものの、1952年5月20日に復刊。この後『解放新聞』は1957年1月1日に『朝鮮民報』と改称する(『朝鮮民報』は1961年に『朝鮮新報』へ改称)。

参考文献：『在日朝鮮文化年鑑　1949年版』朝鮮文芸社、1949。小林聡明『在日朝鮮人のメディア空間GHQ占領期における新聞発行とそのダイナミズム』風響社、2007。朴慶植編『在日朝鮮人関係資料集成〈戦後編〉』第5巻及び第8巻、不二出版、2000及び2001。

[森類臣]

▶117 学習組 総連幹部の思想性と指導力を高めるための「学習サークル」。学習組は、総連機関が積極的に推進するが、総連の機関ではない。1957年1月総連中央議長団名で結成後初めて開かれた「全朝鮮人共産主義者懇談会」で朝鮮労働党からの指示として「学習運動」が提案され、同年5月の総連第3回全体大会でそれを推進するための組織化が決定。そして、1958年5月、総連第4回大会で「学習組」の結成とそこでの定期学習が本格的に義務づけられた。その結果、1959年6月の第5回全体大会では、全国で約360組が組織され、組員数も約3000名になった。「4・19学生革命」や「5・16軍事クーデター」などの韓国での政変を背景に1961年7月には「朝鮮労働党の指導を実践できる組織となるための中核体」として格上げされる

とともに、「学習組規定」が制定された。1973年12月には学習の重点をマルクス・レーニン主義から金日成*主義に移行させ、1976年1月には「学習組規定」が「学習組活動規定」に改定された。同規定によって、学習組は「在日朝鮮人金日成主義の革命組織」とされ、現在に至る。　　　　［朴正鎮］

▶118 **各種学校**　学校教育法134条に規定され、学校教育に類し、他の法律に特別な規定のある学校と専修学校を除く教育機関を各種学校としている。総連系の朝鮮学校*と韓国民団系の東京韓国学校は各種学校に分類される。各種学校と準学校法人の認可を受けることにより公共性があるとみなされ、自治体からの運営補助金などの支援や、生徒が通学利用する交通機関の通学定期券の学生割引適用などが認められるようになる。国内にある外国人学校のうち欧米系学校や中華学校の多くが各種学校及び準学校法人等の公的認可を受けているが、ブラジル学校などまだ公的認可されていない外国人学校もある。一方、各種学校として認可されたとしても、学校教育法第一条に基づく「学校（一条校*）」との処遇格差は残る。とりわけ、一条校と同様の教育課程を持っている「学校」ではあるものの、国費による支援からは除外されており、自治体独自による小額の財政支援しかない。そのため授業料に収入の大半を委ねていることから、家庭の経済的負担は大きい。また、学校保健に関する必要な情報が届かないなどの問題も指摘されている。

［金光敏］

▶119 **カクテギ**　大根の角切りキムチ*を「カッテギ」といい、在日コリアンのなかでは「カクテギ」と呼ぶ。カッとは「角」のこと。角切りしてあるところからついたようだ。大根の歯ざわりと辛味、塩味、酸味のきいた味が特徴で、ご飯や焼肉*料理によく合い、酒のつまみにもなる。「公州カッテギ」が有名で、カッテギキムチの本場は公州（忠清南道）だ。それには由来がある。18世紀末李朝正祖王時代の宮中の政権抗争に巻き込まれたある大臣が失脚し、都落ちした先が、古代の百済国家の首都であった公州だった。都を離れた淋しさや、忘れられない華やかな宮廷生活を思い出しては、この宮中のみでしか食べられていなかったカッテギを作ったのだった。正四角で粉トウガラシ*の赤、大根の白の調和のとれたカッテギは国王のメニューだったとされる。これを近隣の人に配って自分をPRする。やがてカッテギは公州では庶民の食べ物となって知られていく。「公州カッテギ」の名はここから生まれた。　　　［鄭大聲］

▶120 **学徒特別志願兵**　1943年9月21日、時の首相東条英機は戦局は非常態勢にあることを「国民に告ぐ」と同時に、大消耗戦に備えて人的、物的資源の根こそぎ徴発の一環として法文系大学と専門学校学生の徴兵停止廃止に言及、同月30日「在学徴発延期臨時特例」を公布し、満20歳以上の青年は11月5日までに徴兵令が適用されることになった。

日本政府は、1942年5月8日、朝鮮人に対する徴兵制施行を閣議決定し、

民事令中の戸籍*に関する関連法など を改定していたが、なお諸般の準備不 足から1944年4月実施と決定してい た。そのため日本人学生が徴集された 1943年10月段階で徴兵適齢期(満20 歳)を超えた朝鮮人学生の徴集ができ なかった。

このため生じた問題を朝鮮総督小磯 国昭は次のようにいう。「従って(朝 鮮人学生は)不具廃疾の内地人学徒と 共に年齢の如何に拘わらず学業を継続 し得る訳である。しかし是等残留少数 学生のために、特に講座を存置した学 校は寥々として殆ど数ふるに足らな い」(『葛山鴻爪』)

この朝鮮人、台湾人だけが残ってし まうという「徴兵延期特例」停止の欠 陥を補完し、朝鮮人、台湾人学生を徴 兵するため捻出した便法が「陸軍特別 志願兵臨時採用規則」等の法令であ る。海軍の立令はなく、朝鮮人学生の 兵種は陸軍のみとなった点が日本人学 生とはちがっていた。

省令は兵力確保をめざす陸軍省が主 導し、文系大学の整理、再編をもくろ む文部省が追従した法令であるが、 1944年4月から朝鮮青年に徴兵令施行 を至上課題とした朝鮮総督府は奇貨居 くべしとした。その理由は中央政府の 都合によって突然1944年4月からの徴 兵を押しつけられ、いまだ「国語(日 本語)ヲ解セサル兵員」入営の現実に 苦慮していた総督府にとって「内地語 (日本語)も相当に達者であろうし、又 内地人青年の気分等を能く承知してい る筈」(『葛山鴻爪』)の学徒の入営は来 るべき徴兵制を切り開く牽引車に仕立 てられるからであった。「志願による徴 兵」という一見矛盾した朝鮮人学徒出 陣劇、日帝末期の官制「一大愛国運 動」はこうして始まった。

1943年10月25日志願受付開始、11 月20日締切、12月12~20日徴兵検 査、1944年1月20日入営のわずか90 日未満。徴兵制は、「この制度は醜の 御楯として前線に赴き鬼畜米英排撃の 光栄を担わんとする朝鮮人学徒の熱望 を叶える」との天皇制日本の自己陶酔 と帝国内での「朝鮮の地位向上の試金 策」「志願兵制と徴兵制の谷間で今回 限りの学生選良の優遇措置」との差別 を背景にしていた。

しかし、日本当局の恩恵的楽観論は ただちに否定された。受付1週間の志 願者はほとんどゼロに近かった。締切 まで余すところ2週間、朝鮮内の適格 者976名に対し、志願者は153名、 5000名近い留学生は、なお少なく朝 鮮奨学会*の調査では2300名中90名 に過ぎなかった。

笛吹けど学生踊らずの現実に逢着し た日本当局は、「あくまで志願」から 「すすんでお召しになることが許され る」意味に変更した。つまり懲罰を伴 う選択の余地のない志願とし、締切日 も延期し、全朝鮮に翼賛体制を布き国 民総力朝鮮連盟員たちが戸別訪問し適 格者及び家族に心理的圧迫を加えた。 警察権力も具体的に介入した。マスコ ミは総力をあげて愛国運動の宣伝をし た。在日学生には本国から名士先輩た ちの「使節団」が訪れ100パーセント 志願こそ朝鮮の生きる道と教示をたれ た。その役割を果たしたのはいわゆる 「親日派」であった。こうして4400名 の朝鮮人学徒兵が生まれた。

学徒兵問題は志願兵制度から徴兵制につながる経過措置であったが、この問題が徴兵制に果たした役割と関連し長期的には皇民化の一層の促進をめざしたものであった。　　　　［姜徳相］

▶121 **郭東儀　カクトンウィ**
1930～

元在日韓国民主統一連合*（韓統連）議長。慶尚南道南海郡出身の在日韓国人1世。1960年、在日本韓国青年同盟（韓青同）中央本部初代委員長に就任。韓青同を経て、ながらく在日本韓国居留民団（民団）で民族活動に従事するものの、1971年の録音テープ事件を契機にした民団への本国権力の介入を批判し、裴東湖等とともに1972年に民団を除名処分に。同年、金大中を議長に韓国民主回復統一促進国民会議*（韓民統）を結成し、韓国の民主化運動を支援する運動を展開。その後、韓民統議長、民主民族統一韓国人連合（韓民連）中央執行委員長、祖国統一汎民族連合（汎民連）海外本部副議長などを歴任。2005年に韓国と北朝鮮、および在外コリアンの代表200名が金剛山に集まって結成された「6・15共同宣言実践民族共同委員会」の共同委員長に就任。著書に『わが祖国統一論』（柘植書房、1994年）がある。　　　　　　　［朴一］

▶122 **『学之光』　がくのひかり**

1914年4月に東京で創刊された在日本東京朝鮮留学生学友会の機関誌。論説、創作、留学生の消息などが掲載され、総合雑誌*としての性格を持っていたが、新聞紙法の制約により時事に関する記事は掲載されなかった。李光洙*、田栄澤ら文学者、金明植、金錣洙ら社会主義活動家から、親日協力者として知られる朴錫胤まで、朝鮮近代を代表する人物が日本留学時代に寄稿した。1910年代には朝鮮人による数少ない朝鮮語出版物の一つであり、言論弾圧の厳しかった朝鮮内にも送られ、近代思想などの朝鮮への伝播に重要な役割を果たした。そのため、検閲当局の警戒は厳しく、たびたび発禁処分を受けた。朝鮮内で言論弾圧が緩和された1920年頃から発行ペースが減少し、学友会が解散する前年の1930年4月に29号で終刊となった。通巻29号のうち18号分を収録した復刻版があるほか、未収録の8号と11号が米国ワシントンの議会図書館に所蔵されている。

［小野容照］

▶123 **学友書房**

朝鮮学校*の教科書と各種参考書・教材・辞典類、児童・生徒向けの雑誌*、子供向け絵本などを発行する教育図書専門の出版社。総連傘下の事業体である。朝鮮解放直後から民族教育に尽力した朝連は自力で教科書・教材を作成してきたが、同社はそうした事業を受け継いで朝連の強制解散直前の1949年5月5日に創立された。当時の社名はウリトンム（私たちの友達）社。その後、民戦と歩調を合わせつつ、1955年の総連結成にともない傘下事業体となった。朝鮮学校の教科書編纂においては、朝鮮大学校*をはじめ各地の現場教員らと同社の担当者がともに教科書編纂委員会をつくって作業を進めるのが特徴。最近では2003～2006年度にかけて実施された大幅なカリキュラム

改編（1955年以来6回目）にともない、180人の編纂委員会が17の分科会で初・中・高級部合わせて118種の教科書を新たに作成した。現在の所在地は東京都板橋区。1989年に自前の印刷製本設備を備えた地上6階、地下1階の社屋を新築し移転した。[韓東賢]

▶124 **学林図書室** 1979年7月、「同胞（在日コリアン）密集地域でこそ、同胞の手で同胞のための図書館を造ろう」という目的で、大阪市生野区に在日コリアンの有志が集まって造った民間図書室。日本で出版された韓国・朝鮮・在日コリアン関係の書物・文献・パンフレットのみならず、韓国・北朝鮮で出版された月刊誌、文芸誌、年鑑、芸術書などを蒐集し、蔵書は約8000冊に及んだ。図書の貸出のみならず、『学林通信』の発行、図書室主催の月例研究会やシンポジウムの開催など、在日コリアンの情報交換の場として多くの在日コリアンに利用されたが、1989年に財政難と運営ボランティアの不足によって閉鎖に追い込まれた。 [朴一]

▶125 **過去の清算** 日本国は、台湾、朝鮮への植民地支配と中国大陸、それに続くアジア・太平洋諸国に対する侵略戦争において、アジア諸国に居住する多数の人々に対して、生命を奪うなど非人道的人権侵害を行い甚大なる被害を与えた。「戦後責任」とは、日本国が1945年8月15日以前に、アジア・太平洋諸国に対して行った侵略戦争、植民地支配、軍事占領について、日本国が負わなければならない歴史的、法的、政治的責任をいう。また、「過去の清算」・「戦後処理」とは、日本国が犯した、国家主権の侵害、生命・身体、財産、精神上の被害などに対する戦後責任を、日本国政府、企業や国民が、いかに償うか（戦後補償）という問題である。

日本国は、1945年8月14日、ポツダム宣言を受諾し、連合国軍に対して無条件降伏した。ポツダム宣言11項は、戦後賠償について、「日本国は、其の経済を支持し、且公正なる実物賠償の取立を可能ならしむるが如き産業を維持することを許さるべし。」と規定されていた。また、1952年4月28日に発効した「日本国との平和条約」4条（a）項は、国家間及び住民間の請求権*の処理は、「日本国とこれら当局との間の特別取極の主題とする」と規定され、二国間の特別取り決めによって処理することとなった。日本政府は、1954年のビルマから1977年のモンゴルまで、二国間取り決めによって約1兆円の対外賠償を国家間において処理した。この「対外賠償」は、「社会還元」方式で行われ、被害者個人には直接支給されるものではなかった。日本国と大韓民国との間においては、日韓基本条約の締結に伴って、1965年6月、「財産及び請求権に関する問題の解決並びに経済協力に関する日本国と大韓民国との間の協定」が結ばれた。そして、日本政府は、大韓民国政府に、無償供与3億ドル、長期政府借款2億ドルを供与することにし、これをもって、両締約国及び国民の「財産、権利、利益、請求権問題」は「完全かつ最終的に解決された」とし

た。

　他方、被害者個人の「戦後補償」を求める訴えは、1990年提訴の「サハリン残留韓国人補償請求訴訟」から始まっている。当初は、旧日本軍の軍人・軍属経験者が、戦傷病者戦没者遺族等援護法*や恩給法の「国籍条項*」の違憲性や立法不作為違法を主張したり、韓国・朝鮮人元BC級戦犯の国家補償を求めるものなどの訴訟類型が主であった。その後、日本の侵略戦争の遂行過程で日本軍や日本企業が犯した違法行為について、国や企業を被告として損害賠償責任を追及する訴訟が提訴されるに至った。初期は在日や在韓の原告が多かったが、1995年以降は、中国人を原告とする訴訟が多数となった。訴訟の内容は、いわゆる「従軍慰安婦」と言われる「性的奴隷被害」、不二越、日本鋼管、鹿島組などによる強制連行・強制労働被害、韓国人徴用工被爆被害、731部隊や南京虐殺等被害、遺棄毒ガス被害など多岐に及んでいる。訴訟の結果は、下級審において原告の訴えが認容されたケースが存在するものの、ほとんどの事件は、「立法裁量論」「国家無答責の法理」「除斥期間の経過」によって「請求棄却」となっている。他方、強制連行、強制労働に関する企業への訴えについては、一部企業との間で「和解」が成立したケースもある。

　日本政府は、サハリン残留韓国・朝鮮人問題での一時帰国再会事業や、在韓被爆者問題での「福祉支援金」の拠出、台湾に関する軍事郵便貯金などの確定債務の評価替え（120倍支払）などを行っている。また、「性的奴隷問題」では、1995年にアジア女性基金*を設立したが、国家責任を曖昧にするとして、韓国、フィリピンの被害当事者から強い非難を受けている。

　またこの間、日本政府は、国連の自由権・社会権各規約委員会、女性差別撤廃委員会など国際機関から、「性的奴隷問題」に関して、適正な補償を行うよう強く勧告されている。

　国連の戦後補償に関する特別報告者テオ・ファン・ボーベンは、その報告書において、①人間の尊厳を回復するため、金銭補償に限らず、自由、市民権、在留権、職業などトータルに原状回復する　②政府は、事実を確認し、宣言的決議を行う　③被害当事者に謝罪し、責任者を処罰する　④教育課程及び教材などにより人権侵害の正確な記録を残す、などを求めている。

　日本国家と社会は、朝鮮民主主義人民共和国とその被害者個人への未清算問題を含め、今だアジアの被害者個人に対する「戦後責任」「戦後補償」を十全には履行していない。　　　［丹羽雅雄］

梶井陟
かじい のぼる
1927〜1988

朝鮮語・朝鮮文学研究者。東京生まれ。1949年東京第一師範学校を卒業し練馬区立石神井中学校の理科教師となるが、翌1950年から5年間東京都立に移管されていた朝鮮人学校（北区十条）に赴任する。給与に魅力のあったこと（日本人教員のなり手が少なく号棒が高く設定された）、朝鮮人は貧困だというが自分も貧乏し続けでぴったりだと思ったこと、などが赴任の動機だったと後に記している（『朝鮮人学校の日本人教師』亜紀書房）。大

方の日本人教員と異なり、朝鮮人生徒の視点に立つ授業を心がけて朝鮮語を独習し、1952年には謄写版刷りながら『朝鮮語入門』(日朝協会*)を著した。また日本人、朝鮮人の同僚とともに都立朝鮮人学校教職員組合*(朝教組)を立ち上げ、朝鮮人教育擁護に奔走する。1953年の日教組全国教研集会では朝教組を代表して「平和教育の一環としての在日朝鮮人教育の実態とその在り方」を報告している。1955年の都立朝鮮人学校の廃校(各種学校*化)以降も公立中学で教鞭をとり、1978年から富山大学人文学部教授。この間、朝鮮語教育と朝鮮文学研究に専心しつつ、支配者意識を引きずる日本人の対朝鮮観を鋭く批判した。富山大学図書館に梶井文庫がある。『わかる朝鮮語』(三省堂)、『朝鮮語を考える』(龍渓書舎)。

[鄭雅英]

▶127 **梶村秀樹** かじむらひでき
1935～1989

歴史学者。専攻は朝鮮近現代史。1959年東京大学文学部東洋史学科卒業。1963年東大大学院を経て東大東洋文化研究所助手就任。1973年神奈川大学経済学部助教授、1979年教授就任。中国語等の史料のみで朝鮮史研究は可能とする日本の学界を批判。朝鮮語の史料に基づく朝鮮史研究の先駆者となる。1977年の『朝鮮における資本主義の形成と展開』や『朝鮮史——その発展』等で従来の朝鮮他律性史観や朝鮮停滞性史観等を批判。「内在的発展の朝鮮史像・朝鮮経済像」を主張した著作は朝鮮語、英語、ロシア語等に翻訳され内外の学界で注目された。欧米問題研究偏重の日本の学界を憂い神奈川大学大学院に各国経済論研究室を創設、他の大学・大学院にも出講し、アジア問題、とりわけ朝鮮韓国問題の若手研究者の育成に尽力した。日立就職差別事件や指紋押捺拒否運動*等の在日朝鮮人民族差別*撤廃運動において指導的役割を担った。

[河明生]

▶128 **金子文子** かねこふみこ
1903～1926

民族運動家朴烈*の妻であり、天皇制と対峙した日本人。神奈川県横浜市生まれ。幼少時の家庭環境は複雑であり、家父長的な抑圧、経済的な困難のなかで育ち、無籍者としての差別や養女となった家(朝鮮忠清北道清州郡の叔母の家)での虐待を経験しなければならなかった。そのなかで、差別や迫害を受ける朝鮮人に対する同情や家父長制に対する反発の意識を持つようになった。朝鮮では三・一運動に接し、感激したことを自身が語っている。

1920年、進学を目指して東京にやってきて社会主義者らと交流するようになる。1922年、朴烈*と知り合い、同棲を始め、『太い鮮人』の刊行などをともに行った。1923年9月3日、関東大震災の混乱の中で警察当局に朴烈らとともに保護検束され、天皇・皇太子暗殺を企図した「大逆事件」の犯人に仕立て上げられた。現実にはその具体的な計画はなく、関東大震災の朝鮮人虐殺事件への批判に対して「不逞鮮人*」がいたとして責任を回避しようとする官憲の仕組んだ事件であった。

しかし、金子文子は法廷において自身が大逆の思想＝天皇制に反対し人間の平等を追求する思想を持っていたこ

とを明言し、国家権力の「転向」要求に応じなかった。1926年3月、朴烈とともに死刑判決を受け、翌月、無期懲役に減刑された。同年7月、宇都宮刑務所栃木支所で自殺。朝鮮の民族言論は金子文に深い関心を示し、朴烈の故郷に彼女の墓を作ることを提起、それが実現し、慶尚北道聞慶郡聞慶邑に墓がある。

参考文献：山田昭次『金子文子　自己・天皇制国家・朝鮮人』影書房、1996。　　　　　　　　　　［外村大］

▶129 **金城一紀　かねしろかずき**
1968〜

小説家。埼玉県生まれ。日本国籍を持つ韓国系日本人。「コリアン・ジャパニーズ」と自称する。保善高等学校、慶應義塾大学法学部卒業。1998年、「レヴォリューションNo. 3」で小説現代新人賞を受賞して作家デビュー。在日朝鮮人高校生と日本人女子高生の恋を描いた『GO』（講談社、2000年）で直木賞受賞。同書は映画化されてヒットしたが、これ以外にとりたてて在日朝鮮人を主題にしたり、韓国・朝鮮を素材にした作品は見あたらない。しかし、『レヴォリューションNo. 3』（講談社、2001）、『フライ・ダディ・フライ』（講談社、2003）などで主要な登場人物として朴舜臣という在日朝鮮人が登場し、平凡な日常に幸せを求める中年オヤジ的日本社会にアンチテーゼを示していると読むこともできる。作品は他に『対話篇』（講談社、2003）、『映画篇』（集英社、2007）、『SPEED』（角川書店、2005）などがある。作品は軽妙な文体でテンポ良くユーモアがあり、エンターテイメント性が高いためか、映画化されたり、漫画化されたりすることが多い。2007年、フジテレビ系列で放映され話題になったドラマ「SP（エスピー）」の脚本を担当するなど多才に活躍。韓国でもいくつかの作品が翻訳され、また映画化もされて人気を博している。　　　　［林浩治］

▶130 **金村義明　かねむらよしあき**
1963〜

元プロ野球＊選手、野球解説者。兵庫県出身の在日コリアン3世。韓国名：金義明（キムウィミョン）。1981年、春夏連続で高校野球甲子園大会に出場。報徳学園高校のエース・4番バッターとして夏の大会全国優勝に大きく貢献。同年のドラフト会議で近鉄バッファローズから1位指名されプロ野球選手に。近鉄入団後は投手から内野手に転向。1986年から三塁手のレギュラーに定着し、「いてまえ打線」中軸バッターとして活躍。1995年、FA権を行使して中日ドラゴンズに移籍。1997年にはトレードで西武ライオンズに移籍。1999年、プロ野球から引退。プロ野球通算打率.258、ホームラン127本。引退後は「プロ野球ニュース」（フジテレビ）などの番組で解説者として活躍する。著書に『在日魂』（講談社、2000年）などがある。　　　　　　［朴一］

▶131 **歌舞団**

朝鮮総連が1955年に結成された後、在日コリアンの芸術家を集めて結成されたのが朝鮮中央芸術団である。このような文化活動は、総連の活動を宣伝し、同胞の郷愁を慰めるという役割を担っていたが、1965年に総連結成から10年間の文化事業を総括する中で、より機動性のあ

る文化宣伝隊を作る必要性が論じられ、地方単位での歌舞団結成となった。歌舞団のメンバーには、総連傘下の学校などで民族文化を学び、訓練を受けた優秀な人材、朝鮮舞踊*や民族楽器*などの伝承を受けた在日コリアン2世3世たちが集められた。現在、東京朝鮮歌舞団、北関東朝鮮歌舞団、東海朝鮮歌舞団、京都朝鮮歌舞団、大阪朝鮮歌舞団、兵庫朝鮮歌舞団、広島朝鮮歌舞団、九州朝鮮歌舞団などの歌舞団がある。歌舞団は地方の同胞たちの結婚式や行事、朝鮮学校*への公演やハンセン病*施設への慰問公演などを行っている。　　　　　　　　［髙正子］

▶132 **上福岡三中事件**　1979年9月9日埼玉県上福岡市で上福岡三中1年の林賢一君（在日朝鮮人3世、13歳）がマンション屋上から投身を図り死亡した。当初、学校と市教育委員会は学校内でのいじめの事実を否認し自殺の直接的原因は不明であると発表したが、両親と在日朝鮮人団体などの調査によって賢一君は小学校時代から級友による陰湿ないじめにあっていたこと、中学入学後も暴力を振るわれたり「壁（何をされても反応がないという意味)」と呼ばれるなどよりエスカレートされたいじめが継続されていたことなどが明らかにされ、教育委員会、学校、PTAなどによる隠蔽体質が浮き彫りにされた。結局、いじめの原因は賢一君が小柄でおとなしい性格だったことや父親の職業（清掃業）への偏見に加え民族差別*意識が存在していたことを教育委員会が最終的に認定し、賢一君両親への謝罪のち民族差別への対応策として1983年「在日韓国・朝鮮人児童・生徒にかかわる教育指針」を制定した。ただし2005年に上福岡市は市町合併によりふじみ野市に改編されたのを機に同「教育指針」は消滅し引き継がれなかった。　　　　　　　　［鄭雅英］

▶133 **カムンチャンチ**　一族の、家族・親族あげて結婚を祝う宴。カムン（가문・家門）とは父系同族集団・ムンジュン（문중・門中）のこと。結婚式前日に新郎側、新婦側それぞれの家で別個に開かれる宴。親族以外にも、当人はじめ両親やきょうだいの友人、近隣の人も招かれる。カムンチャンチの前日（結婚式2日前）まで、新郎の家から新婦の家に、宴会用の豚肉1匹分、鶏肉、玉子、果物などの食材と酒類が届けられる。済州島*ではこれをイバジ（이바지）という。この届けものは、新郎側の経済力の誇示、新婦側に対する敬意と親愛の気持ちとして示された。過去、早朝から料理を準備する人や招待客の出入りで、結婚式当日以上に賑わったが、いまでは大仰なカムンチャンチはなりをひそめ、親しい人たちだけが参加する規模の小さい形となった。また家族のみで静かに結婚式の日を迎える新郎新婦が増えた。済州島では昔から、結婚式の1日前がカムンチャンチ、2日前が、豚を潰す日（돼지 잡는 날）といわれてきた。　　　［梁愛舜］

▶134 **カヤグム（伽倻琴）**　朝鮮半島固有の絃楽器の一つ。三国時代の歴史書『三国史記』に

よると、6世紀に伽倻国の嘉実王が唐の箏を真似て作らせ、楽士・于勒に曲を作らせたとある。1975年に慶州で出土した三国時代の長頸壺に伽倻琴を演奏する人物のレリーフが見られ、その当時から存在した固有の絃楽器が嘉実王の時代により発展したものといえる。伽倻国の滅亡により于勒は新羅に投降、その音楽*を伝えた。真興王の時代に宮中楽に採択されたことで重要視され広く普及した。日本にも伝えられ、新羅琴として現在も奈良県正倉院に保存されている。伽倻琴には宮中楽に使われる正楽伽倻琴（法琴）と民俗楽に使われる散調伽倻琴の2種類がある。胴体はどちらも桐製で、絹製の絃を12本張る。現在はナイロン製の18絃や25絃の伽倻琴も演奏されている。胴体の裏面に空けられた共鳴用の穴は太陽と月と地球を形取っており、宇宙を象徴している。雁足という絃の支えを調節し、音の高低を決める。日本の琴は爪で弾いて細く、繊細な音を出すが、伽倻琴は直接指で弾き、太くて素朴な味わいがある。左手で絃を押さえ独特のバイブレーション（弄絃）を入れることで、深く物悲しい響きを作り出す。1980年代より在日2世、3世がその音色を学ぶために留学をし、現在は東京や広島などで在日の演奏家が活躍している。旋律楽器は習得に時間がかかることから、チャンゴ*などの打楽器に比べると人口は少ないが、韓国文化院*の講座などを中心に学ぼうとする人々が増えつつある。

[安聖民]

▶135 **空手** 唐の武術の影響を受けた琉球武術・手を源流とする。琉球を支配した薩摩藩による禁武政策により武器の所有を禁じられた琉球士族が徒手空拳で闘う武術として秘密裏に伝承。明治維新後、琉球処分・沖縄県設置によりその存在が公知された。1922年文部省主催第1回体育展覧会で琉球人・富名腰義珍が唐手演武を公式の場で初披露。慶應義塾等に唐手同好会が創立され学生を中心に普及された。1934年国策武道統轄機関・大日本武徳会が唐手の空手改称を承認。仏教般若心経の「空」に由来するが、当時の日中対立下で敵国の旧王朝・唐の表記が問題視されたことは否定できない。空手は被差別マイノリティとして護身の格闘技を必要としていた在日韓人の青年層、とりわけ留学生に受容された。基礎体力の養成に時間のかかる柔道等の組技系よりも比較的短期間で実践に使える打撃系の即効性や空手が日本に征服された琉球の武術であったため剣道や柔道のように軍隊では採用されず、その普及も学生を中心に成されたという沿革から韓人学生には親しみやすかったと思われる。京都帝大の姜昌秀（中村日出男）、立命館大の曺寧柱*、大山倍達*等の空手の大家を輩出。テコンドー*創始者・崔泓熙も中央大学在校時に富名腰義珍から空手を学んでいる。在日韓人社会は、戦後も著名空手選手を輩出しており、最もポピュラーな武道といえる。　[河明生]

▶136 **川崎市外国人市民代表者会議** 1990年代中頃に川崎市は、外国籍住

民の意向や課題についての実態調査に取り組んだ。また、市民や有識者らによる施策調査委員会が、「国際化施策づくりのための53項目の提言」を提出し、川崎市における外国籍住民に関する政策作りを本格化した。川崎市は市議会に「川崎市外国人市民代表者会議条例案」を提出、1996年10月全会一致で可決された。それ以前に、1992年には「大阪府在日外国人問題有識者会議」が、1994年には大阪市が外国籍住民施策有識者会議を設置したが、条例による設置は唯一の例である。代表者会議は26人で構成され、外国人登録者数の上位10位から1人ずつ、1000人以上の国は10人をさらに比例配分した。残りは、世界を5地域に分け、アジア2人、その他の4地域に各1人を配分した。募集方法は専門団体からの推薦と応募によって行われ、任期は2年と定められた。

会議では、外国籍施策に関わる市政全般を議論し、その結果を市長に報告または意見の申し出ができるとし、市長はその意見を尊重しなければならないとしている。　　　　　　　　　［金光敏］

▶137 **川西杏**　かわにしきょう
1940〜

シンガーソングライター。東京都江戸川区生まれの在日2世。民族名は李泰禧(イテヒ)。19歳の時、「女房どの」で歌手デビュー。芸名の杏は1980年頃、大病にかかり入院した杏林大学病院にちなんでいる。1983年、「イムジン河」「みれん」他のシングルレコードを発表する。1989年、「愛した人は朝鮮・韓国人」を発表後、朝鮮人であることを公表。不動産業を営みながら、「日本一過激なシンガーソングライター」を自称し、「『日本の中の38度線』の壁をぶっつぶせ!!」が合言葉。パヂ・チョゴリを舞台衣装にして、音頭・歌謡曲・ロック・フォークまで幅広いジャンルをカバーし、主に差別問題・祖国統一・日朝韓友好・生活と自然環境・地元の調布市や時々の社会問題・時事問題を歌にする。ジャパンコリア杏ANレコードの個人レーベルで、アルバム『在日の叫び』10集・『貞操観念の叫び』2集・『自然環境を歌う』4集などのシリーズほか、多数ある。ミュージックビデオに『幻の大本営』『因果境界線』『ひさご』がある。

［藤井幸之助］

▶138 **官斡旋**

第二次世界大戦下の朝鮮人強制連行は1939年からはじまるが、その連行の方法は「割当募集」「官斡旋」「徴用」の3段階に分けられる。割当募集とは労働者移入手続きの諸規定を充足した企業が関連書類を朝鮮総督府に転付、総督府は各企業ごとに募集人員を朝鮮各地に割り当て企業はその割り当て地域のみで募集が許される仕組みであった。1941年10月統制募集者の契約満了と劣悪な労働現場、民族差別*などで再契約を拒否する者が続出した。この新たな事態に対応するため、より権力的な労働徴発が官斡旋方式（1942年2月）である。各地域に割り当て目標達成のため総督府地方行政機関、警察、朝鮮労務協会、国民総力連盟などが「密接連絡ヲ持シ、労務補導員ト協力ノ上割当労務者ノ選定ヲ了スルモノ」とされた。ここでの労務補導員とは各企業の労務担

当または募集員を意味し、権力と企業が一体となったことを意味する。その後、1944年国民徴用令*にもとづく国家の直接的指名による「徴用」が、全面的に行なわれるようになった。

[姜徳相]

▶139 姜魏堂（かんぎどう）
1901～1991

作家。鹿児島県に生まれ。自作年譜によれば、慶應大学経済学部卒業後、朝日新聞、時事通信の記者を経て、中国に渡る。豊臣秀吉の朝鮮侵略のとき拉致されてきた陶工を祖先に持つ「日本人」。

1934年に戯曲「壺屋盛衰記」を演劇誌『テアトロ』4号に発表。解放後に「壺屋の高麗人（つぼやのこれじん）」と改題して『文化朝鮮』に掲載。戯曲では他に敗戦直後の体験を書いた「古里に花は咲けども」を同誌に発表。この2篇に小説3篇を併せ収めて『生きている虜囚』（新興書房）を刊行した。

代表作「生きている虜囚」は司馬遼太郎の『故郷忘じがたく候』と同じく秀吉軍によって連行されてきた陶工たちの末裔を描くが、司馬の望郷の抒情とは対照的に、4世紀に及ぶ人々の辛酸と屈辱の生活史を描き、民族の情念が直截に表出されている。他に『神を畏れぬ人々』『ある帰化朝鮮人の記録』『秘匿・薩摩の壺屋』がある。

[磯貝治良]

▶140 姜琪東（カンギドン）
1937～

俳人・実業家。高知県生まれの在日2世。アートネーチャー元会長など実業界に生きる。その半生を舞台化した「アウトロー・WE」（望郷編　姜琪東句集より）が2008年、紀伊國屋サザンシアターで上演される。俳句雑誌『俳句界』を発行。現在、株式会社文学の森代表取締役、現代俳句協会会員。

在日コリアンに歌人は散見されるが、稀少な俳人である。横山白虹、加藤楸邨に師事し、25年間、句誌『寒雷』に拠って句作する。1993年に句集『パンチョッパリ（半日本人*）』を自家出版し、1997年に200句を収めた『身世打鈴』（石風社）を世に問う。さらに2004年に『嘘』（文学の森）、2006年に『ウルジマラ（泣くな）』（同）、2008年に『突進を忘れし犀』（同）を刊行した。日本的短詩形式である5・7・5のなかに、在日2世の想いと境遇、不条理を表出する。
〈しぐるるや在日われも漂泊者〉

[磯貝治良]

▶141 「韓国からの通信」

月刊誌*『世界』1972年5月号に初登場、同年10月号から1988年3月号まで17年間毎号掲載された韓国レポート。日本のマスコミが伝えきれない民主化運動やそれに対する弾圧の現実を具体的に伝えたことから、日本で熱心に読まれたのはもちろん、国際的に注目された。筆者は「TK生」と名乗り久しく明らかにされなかったが、直接の執筆者は日本に在住した東京女子大教授の池明観で、池明観に民主化運動の声明文やビラ、状況を伝える手紙などを秘密裏に運んだのは、主としてキリスト教関係の人々であったことが、『世界』2003年9月号で明らかにされた。池明観は自分を、韓国からの情報を語るニュースのアナウン

サーにたとえている。『世界』編集長の安江良介は筆者がだれかという秘密を守るために、池明観の原稿を自ら書き写して印刷所に渡していた。内容のダイジェストは岩波新書4冊に収録されている。　　　　　　　　[石坂浩一]

▶142 韓国人原爆犠牲者慰霊碑

1970年4月10日、民団広島県本部を中心とする建立委員会により、広島市平和記念公園（以下、公園）外の本川橋西詰に建立された。委員会は当初、公園内建立を広島市に申請したが、1967年に広島市平和記念施設運営協議会が出した「新たな碑の設置を許可しない」との答申を理由に拒否された。韓国・朝鮮人の慰霊碑は公園内には一基もなく、公園外に立つ碑は日本社会における韓国・朝鮮人差別の象徴とみなされ、日本のみならず韓国からも公園内への移設を求める声が続いた。広島市は1990年に南北（韓国・朝鮮人）統一碑として碑を公園内に移設する方針を立てたが実現せず、1999年7月21日に現状碑の公園内移設が行われた。碑は公園内の北西部、原爆供養塔の南側に、韓国の方を向いて立っている。碑前では毎年8月5日午前10時から韓国人原爆犠牲者慰霊祭が行われる。

長崎市平和公園には1979年に長崎在日朝鮮人の人権を守る会*が「原爆で殺された朝鮮人のために日本人が贖罪の心をこめて」建立した朝鮮人被爆者*追悼碑があり、毎年8月9日には朝7時半から碑前で追悼集会が行われる。　　　　　　　　[市場淳子]

▶143 韓国政府の在日コリアン政策

朝鮮解放から3年後に政府を樹立した李承晩政権は国内の政治的な混乱の中で、反共という盲目的な政策以外には、在日コリアンに対して十分な関心を持つこともできなかったし、持とうともしなかった。朴正熙政権も初期には在日コリアンに対しそれほど関心を持たなかった。1965年に締結された韓日法的地位協定は在日コリアンの当然な権利と権益よりも国交正常化という政治的な課題を優先した。韓日法的地位協定は結局、在日コリアンに対する日本政府の差別的な処遇（就職や財産権など）と社会保障制度の適用そして同化政策*などを肯定する結果をもたらした。北朝鮮との競争が最優先的な政治課題であった朴政権は、1968年から民団組織に直接関与し始め、「反共を基本性格とする対共闘争のための組織」として民団を発展させていこうとした。特に1972年の維新独裁以後からは維新体制を支持する団体として積極的に育成していこうとした。こうした政策と関連して、1977年から韓国政府は民団に毎年10億円を支援し始めた。

韓国政府は1980年代半ば以降、外国人登録証の指紋押捺と常時携帯などに対して在日コリアンが反対運動を展開し、在日韓国人3世の法的地位問題が外交的な課題として台頭した時、在日コリアンの人権と安定した居住権の確保のために政府として努力した。また、朴政権から継続してきた在日コリアンの母国訪問などの交流事業、青少年に対する母国語教育などの民族教育

事業など多様な政策を展開した。だが、朴政権から全斗煥、盧泰愚政権に至るまで、韓国政府の在日コリアン政策は在日コリアンの権益保護とアイデンティティ*の確立などよりは、反共という目的のために、民団という組織を強化することが最優先課題であった。

韓国政府の在外コリアン政策は、金泳三政権が1993年に新僑胞*政策を標榜してから大きく変化した。冷戦の終焉と共産国家の連鎖的な崩壊そして韓国の民主化という流れの中で、韓国政府は過去とは違った観点で在外コリアンを認識し始めた。いわゆる在外コリアンの「現地化政策」で知られている新しい政策は、在外コリアンのアイデンティティの確立よりは居住国での適応と社会的地位向上に焦点を合わせた。そして、反共のために民団組織を強化するという過去の政策基調も根本的に変わるようになった。金大中政権も、多様な在日コリアン問題に関心を示しつつ、地方参政権運動などを展開する民団を外交的に支援しながらも、民団組織に対する関与は自制した。

韓国政府の現地化政策が「同胞支援と保護に対する国家の責務が欠如している」という批判を在外コリアンから受けることになって、盧武鉉政権の在外同胞政策委員会（委員長：国務総理）は2004年11月、新しい在外コリアン政策を設定した。新しい政策の基本目標は、①在外同胞の居住国内での権益伸長と力量強化　②韓民族としてのアイデンティティと自負心の高揚　③同胞間の和合および母国と同胞社会間の互恵的発展である。

在日コリアンと関連しては、法的地位向上および民族教育の強化、南北関係の変化にともなう民団－総連との関係改善企画および平和統一の基盤造成、差別のない民主社会形成のための地方参政権獲得など法的・制度的な地位上昇の側面支援、韓国語、歴史教育強化による自負心の培養、帰化者の包摂を通じて、未来指向的で開かれた同胞社会の形成指向などである。李明博*政権もこうした政策の基調を引き継いでいる。ただし、2012年から実施が予定されている韓国籍在外コリアンの韓国国政選挙（大統領、国会議員）権は、韓国政府の在日コリアン政策に大きな変化をもたらすと予想される。

[金太基]

韓国文化院

韓国文化院は、韓国政府の海外公館のひとつで、海外における韓国文化の総合的な紹介、普及を進めている。1979年に東京・池袋サンシャイン60ビルに韓国文化院が開設された。これが韓国政府として海外に開設した初めての韓国文化普及機関。1996年には大阪総領事館内に大阪韓国文化院の前身となる韓国文化弘報院が開設された。韓国文化院では、韓国語講座の実施、韓国関連図書室、韓国文化に関わる各種映像資料の保管、また時節に合わせた各種文化講座、韓国の芸術家を招いてのイベントなどを開催している。

2009年5月の開設30周年を記念し、東京都新宿区四谷の単独のビルを「Korean Cultural Center」に改修、南麻布から庁舎を移転した。また、大阪韓国文化院も、2007年に大阪韓国領事館から大阪市北区中崎の韓国人会

館4階に移転し、民芸品の展示、セミナー室を兼ね備えた総合的な文化センターとしてリニューアルオープンした。所管は、韓国の文化体育観光部。

[金光敏]

「韓国併合」条約

1910年(明治43年)8月22日、日本が韓国(正式には「大韓帝国」)を併合して、その植民地に編入した条約。両国の全権として記名調印したのは、日本側が3代目の統監寺内正毅、韓国側が総理の李完用であった。

日本は明治維新以来、「征韓論」を掲げて1894〜1895年に日清戦争、1904〜1905年には日露戦争に勝利し、ついに朝鮮の植民地化を実現した。

日本の植民地化プランが具体化したのは、日露戦争後であった。イギリスとアメリカがそれを承認し、支持したからである。その出発点が1905年11月17日の第二次日韓協約(乙巳保護条約)によって、伊藤博文を第1代統監とする統監府の設置であった。

それから5年間、日本の侵略に反対する反日義兵運動をはじめとする抵抗運動を弾圧しながら、1907年7月にはハーグ密使事件を口実に国王高宗を純宗に交代させ、韓国政府の各部署に日本人次官を配置し、韓国軍を武装解除して解散させた。

韓日併合案が日本政府の3首脳(首相桂太郎、外相小村寿太郎、韓国統監伊藤博文)によって密議決定したのが1909年4月10日。7月6日にはそれを閣議決定して天皇の裁可を受けた。伊藤は韓国併合の方針を決定してのち、1909年6月には統監の地位を副統監曾禰荒助に譲り、10月26日にハルビン駅頭で安重根に射殺された。桂内閣の陸軍大臣寺内正毅が、1910年7月に3代目の統監を兼任してソウルに赴任し、8月22日の調印、29日の公表となった。

「併合」条約は前文と8カ条からなるが、その第1条は、「韓国皇帝陛下ハ韓国全部ニ関スル一切ノ統治権ヲ完全且永久ニ日本国皇帝陛下ニ譲与ス」。その第2条は、「日本国皇帝陛下ハ前条ニ掲ケタル譲与ヲ受諾シ且全然韓国ヲ日本帝国ニ併合スルコトヲ承諾ス」。

併合と同時に韓国皇帝は李王となり、韓国政府は廃止され、また従来の統監府を改編して朝鮮総督府が、1910年10月に発足した。

朝鮮総督府は1945年8月15日の朝鮮解放まで、植民地統治の最高機関であり、その頂点には天皇に直属する朝鮮総督が、陸海軍大将から任命された(9名の総督のうち、1名だけが海軍大将)。第3代統監寺内正毅は、第1代朝鮮総督に就任し、憲兵警察による「武断統治」を布いた。

参考文献:海野福寿『伊藤博文と韓国併合』岩波書店、2004など。[姜在彦]

韓国民主回復統一促進国民会議(韓民統)

1973年8月結成。初代議長に金大中、議長代行に金載華*、常任顧問に裵東湖*。1980年に金載華が、また1983年に裵東湖が議長に就任。1989年に在日韓国民主統一連合(韓統連)*に改編された。

韓国で1961年5・16軍事クーデターが起きると、民団ではこれを支持する

保守派と反対する改革派が対立した。改革派は同年10月に「民団正常化有志懇談会」(有志懇)を結成した。1971年の「録音テープ事件*」で韓国公館が民団への介入を強めたことを有志懇は批判し、同年6月に「民団自主守護委員会」(自主委)を組織した。1972年の7・4南北共同声明支持大会、及び同年の維新クーデターをめぐり、韓国公館や民団保守派は自主委メンバーへの除名・停権処分などを乱発した。1972年8月、有志懇、自主委などは「民族統一協議会」(民統協)を結成、同年11月に機関誌『民族時報』を創刊した。民統協、自主委、民団東京、民団神奈川、韓青同、婦人会東京の「6団体協議会」は、海外亡命中の金大中と韓民統の結成に合意した。

1973年8月8日に金大中拉致事件*が発生したが、予定通りに韓民統を結成し、金大中救出運動を展開した。1976年8月の「韓国問題緊急国際会議」や、1977年8月の「海外韓国人民主運動代表者会議」、「民主民族統一海外韓国人連合」(韓民連)結成など海外から韓国民主化を訴えた。1978年11月より映画*『オモニ』上映運動を行い、日韓労働者連帯運動を進めた。1980年5月光州事件*を受け、同年6月から映画『韓国1980年──血の抗争の記録』上映運動を展開、1981年5月に「韓国民主化支援緊急世界大会」を開催するなど、韓国の軍部統治を批判し、金大中救命の世論を起こした。1983年9月、結成10周年「第2宣言」で反外勢・民族自主を強く打ち出し、反戦反核運動を強調した。

1978年6月、「在日僑胞*留学生事件」(金整司事件)の大法院判決で、「自首スパイ」尹孝同の「自白」だけで「反国家団体」とされたが、2007年11月、国防部過去事真相究明委員会は、尹孝同証言には裏付けがなく、金整司事件は操作されたものと発表した。

[金栄鎬]

関西興銀 (大阪興銀)

関西圏の在日韓国人系の信用組合。1955年創立の大阪興銀が前身。解放後の在日韓人は各種制度融資はもとより民間金融機関からも取引を拒絶された。朴慶植*によれば、大蔵省の「第三国人*融資禁止令」が各種金融機関に極秘通達されたからである。金融差別を克服すべく在阪韓国人有志は、中小企業等協同組合法(1951年)を法的根拠にし、韓国人の相互扶助の精神に基づく信用組合設立を金融当局と折衝。粘り強い交渉の末、大阪興銀が認可された。1956年李熙健*の理事長就任を契機に積極的経営を推進。「徹底した顧客主義」を掲げ、「宝籤付定期預金」等の新金融商品を開発。1978年預金総額1000億円を達成し、全国有数の信用組合に成長。1993年普通銀行転換を目指し、和歌山商銀、神戸商銀、奈良商銀、滋賀商銀と合併し、信用組合関西興銀と改称。預金1兆2000億円、組合員6万3000人、支店42を誇る信用組合業界最大手となる。1995年岐阜商銀救済合併。しかし、合併先の不良債権や経営陣の放漫経営等により、2000年末経営破綻した。

[河明生]

▶148 カンサンジュン
姜尚中
1950〜

政治学者・東京大学教授。熊本県生まれ。在日コリアン2世。熊本県立済々黌高等学校、早稲田大学政治経済学部卒業、早稲田大学大学院政治学研究科博士課程を経てドイツ・エアランゲン大学留学（1979〜1981年）。国際基督教大学準教授などを経て、1996年東京大学社会情報研究所助教授に就任。1998年に教授、2004年組織統合に伴い東京大学大学院情報学環・学際情報学府教授。専攻は社会・政治理論。研究分野はアジア地域主義論・日本の帝国主義を対象としたポスト・コロニアル理論。過去に日本名・永野鉄男を名乗っていたが、大学在学中に韓国文化研究会に参加し、1972年の訪韓以来、本名を使用する。1984年、埼玉県で初めて指紋押捺拒否を表明したものの最終的には応じている。このとき、自分の支えになってくれた牧師を尊敬し、プロテスタントの洗礼を受けた。テレビ朝日の深夜討論番組でブレイクし、その後数多くのテレビ番組に出演している。

参考文献：姜尚中『在日』講談社、2004。　　　　　　　　　　[徐正根]

▶149 カンサンフィ
姜尚暉
1920〜1994

在野哲学者。済州島*出身。7歳の時に家族とともに大阪に移り、小学校卒業後、夜間中学に通うが、経済的事情などで中退。印刷会社などで働き、波多野精一『西洋哲学史』を読み哲学の面白さを知る。第2次世界大戦下、せんべい製造業で生計をたて大阪の私立高校に通学。結婚後、29歳で九州大学に入学しヘーゲル哲学に傾倒。卒業後はヘーゲル研究の第一人者武市健人神戸大学教授に教えを受けた。1968年から『ヘーゲル大論理学精解』の執筆に入ったが、4年で脱稿した原稿に満足できず書き直し、1984年に上巻を上梓。還暦のころから癌と闘い1990年に中巻を、1993年に下巻を完成させた（ミネルヴァ書房『ヘーゲル大論理学精解』全3巻）。「ヘーゲル哲学に一生を捧げた男」（『アエラ』）「逆境の在日同胞40年　ヘーゲル研究に結実」（『ハンギョレ』）と紹介された研究は、原著900ページに対し註解注釈1250ページに及ぶ。遺文集『精神の探索　ある在日朝鮮人哲学者の世界』（宇多出版企画、1995）がある。

[川瀬俊治]

▶150 カンジェオン
姜在彦
1926〜

歴史学者。花園大学教授等を歴任。専攻は朝鮮近代史、思想史。韓国済州島*生まれ。1970年頃まで民族運動に関わりながら、同胞の子どもたちに歴史を教える。1981年から金達寿*や李進熙*などと『季刊三千里』（50号まで）を発行した。その後、研究を継続し、『朝鮮近代史研究』（日本評論社）、『朝鮮の開化思想』（岩波書店）、『世界の都市の物語　ソウル』（文春文庫）、『朝鮮儒教の二千年』（朝日選書）など実に多くの著作を出版しているが、多くは姜在彦著作選（明石書店）に収録されている。これらの書物のうち8冊ほどが韓国において翻訳出版されただけでなく、韓国語書きおろしの『조선의 서학사』は『朝鮮の西学史』（鈴木信昭翻訳　明石書店）として日本語で出版された。また、『金

日成神話の歴史的検証 抗日パルチザンの〈虚〉と〈実〉』(明石書店)では、歴史的体験をした人々との共有という視点で描かれ、史実の整合性に心血を注いだと書かれている。漢文からの翻訳書も数例あり、『海游録』(平凡社東洋文庫)は18世紀初めの朝鮮通信使*の日本紀行文である。KBS(韓国放送公社)の海外同胞賞第1回特別賞を受賞した。　　　　　　[鄭早苗]

▶151 **カンジンファ**
康珍化
1953〜

作詞家。静岡県浜松市出身。県立浜松西高校、早稲田大学文学部を卒業。大学時代、学内サークルで短歌を詠むなど、歌人として活躍。「まばたけばひとときにざくろ破ち切れて銀器のまえ熟れてゆく少女ら」などの代表作がある。1979年、「シャンプー」(アン・ルイス歌)で作詞家デビュー。1984年、高橋真梨子に提供した「桃色吐息」で第26回日本レコード大賞作詞賞、翌1985年に中森明菜の「ミ・アモーレ」で第27回日本レコード大賞を受賞。1993年、「CANCAMAY(カンカメイ)」のユニット名でCDデビュー。シングル曲「夢で会いましょう」をリリースした。また、映画*シナリオライター(『稲村ジェーン』・桑田佳祐監督)、童話作家(『ラッキーラビットの大冒険』・集英社刊)といった顔を合わせ持つ。ワンコリアフェスティバル*を支援し、テーマ曲「ハナの想い」の作詞も手がける。　[姜誠]

▶152 **関東大震災と朝鮮人虐殺**

1923年9月1日、関東大震災発生直後に東京、横浜、川崎など数多くの地域で「鮮人放火多し(原文ママ)」「鮮人襲来、放火、井戸に投毒(原文ママ)」などの流言飛語が伝えられた。震災後の9月3日、内務省警保局長は「鮮人の行動に対しては厳密な取締りを加えられたし」という電文を各地方長官に送り、また戒厳令司令部は「不逞鮮人*(原文ママ)」の暴行などの流言に対処するため、民衆の自衛組織として自警団*を組織した。

流言を信じた自警団は、町内の要所に関所を設け、出入り口で検問を行い、通行人に「15円50銭*」などを言わせて、朝鮮人と疑わしき者を捕え、殺害するという殺戮行為が行われた(姜徳相*『関東大震災』中公新書)。震災後、軍隊や自警団によって虐殺された在日朝鮮人の数は、『独立新聞』社主・金承学の調査によると、6000名を超えたと言われている(吉野作造*の調査で2711名としている)。

朝鮮人虐殺の主犯は軍隊と考えられるが、政府が流言飛語を否定しなかったことで、「朝鮮人殺し」を国によって公認されたと受けとめ、虐殺に荷担した一般人も少なくなかった。実際、東京では震災後に、30日間に渡って朝鮮人を殺害した自警団員290人の検挙が行われている(山田昭次*「関東大震災時の朝鮮人虐殺」『日本と朝鮮』東京書籍)。こうした朝鮮人虐殺事件については、日本人が加害者として描かれることが多い。しかし、作家の朴慶南*は、大震災直後に警察署内に逃げ込んだ約300名の朝鮮人をかくまい、殺気だった自警団から彼らの命を守りぬいた大川常吉・横浜警察署長

のエピソードを紹介し（朴慶南『ポッカリ月が出ましたら』三五頁）、当時の極限状況の中で朝鮮人を救済した日本人がいたことも、歴史教育の中で伝えるべきであると述べている。[朴一]

▶153 **姜徳相** カンドクサン
1932〜

歴史家。一橋大学教授等を経て、滋賀県立大学名誉教授。慶尚南道生まれ。現在、在日韓人歴史資料館*館長。おもな業績として、関東大震災、独立運動、学徒兵の研究が挙げられる。『関東大震災』（中公新書）をはじめとする震災関連の著作などで、震災後の虐殺の歴史背景として、日本政府がとり続けてきた農民運動弾圧や義兵虐殺の流れの精神が、震災の際の日本人在郷軍人たちに受け継がれてきたことを明らかにしている。『朝鮮独立運動の群像』（青木書店）や『呂運亨評伝1 朝鮮三・一独立運動』（新幹社*）では、呂も参加した1919年4月樹立の大韓民国臨時政府要員たちの多くが李承晩をはじめとして日本政府と席を同じくしないという姿勢であったが、同胞民衆の姿に接することの多かった呂は日本を交渉相手にしようとしたことを明かにした。『朝鮮人学徒出陣』（岩波書店）では、学徒兵の出陣に際して日本政府が作り出した美談が語られ若い命が消えたが、解放後元学徒兵たちが南北それぞれの国作りの要員として指導的な役割を果たしたことも述べている。[鄭早苗]

▶154 **韓日民族問題学会**

韓国の学術団体。2000年6月3日に韓国と日本の民族問題を学際的に研究することを目的として発足した。特に在日朝鮮人問題に注目し、韓国において歴史・政治・社会・文学・法・経済など各分野で断片的に行われてきた在日朝鮮人研究を体系的かつ学際的に行う重要性を提起した。活動としては、強制連行および戦後補償問題、在日朝鮮人文学、ナショナリズム問題など主に在日朝鮮人研究に関わるテーマを中心に、定期研究発表会、国際シンポジウムなどを開催している。また学会誌として『韓日民族問題研究』を定期刊行している他、『在日朝鮮人とは誰か』（2003）、『強制連行強制労働研究の手引き』（2005）など、韓国の在日朝鮮人認識や研究の裾野を広げるための一般書籍の出版活動、さらに日本で出版された在日朝鮮人関連書籍の韓国での翻訳出版活動なども行っている。[庵逧由香]

▶155 **姜富中戦後補償裁判** カン ブ ジュン

慶尚南道出身・滋賀県在住の姜富中（1920年生まれ）は戦前に渡日、三重県で働いていたが1942年に呉市の海軍建築部に徴用され、同年末にソロモン群島の日本軍基地設営作業に従事していた。1944年2月に米軍の機銃掃射を受けて右手4指切断・右目失明の障害を持った。1993年に援護法の適用を受けるべく訴訟を起こしたが、大津地裁・大阪高裁・最高裁とも敗訴した。姜富中は支援者と相談して2001年に国連の社会権規約人権委員会に出席して日本の裁判の判決の不当性をプレゼンテーションした。その発言は多くの人々の感動をよび、審査日には姜富中の発言を引用し

て理論的な掘り下げをする委員も出た。この委員会出席に姜富中とともに参加した小山千陰弁護士によれば、最終所見に姜富中の名は出てこなかったものの、用意したカウンターレポートや意見陳述はそのまま引用され、委員会の判断に一定の役割を果たした、という。　　　　　　　　　　［仲尾宏］

関釜連絡船

山口県の下関と韓国の釜山を結ぶ航路を就航した定期船。日露戦争終結直後の1905年9月11日、山陽電鉄株式会社によって関釜連絡船の定期航路が開設された。同年の上半期には、釜山－京城－新義州間を結ぶ鉄道が完成しており、関釜連絡船の開設により、中国との国境に位置する新義州までの交通路線を日本は確保した。開設翌年の1906年に公布された鉄道国有法によって関釜定期航路も国有化され、敗戦直前まで、多くの乗客と貨物を運搬した。

関釜連絡船として新たに造船された船の名前には、当時の対外政策が色濃く反映されている。就航開始の年に投入された壱岐丸と対馬丸から、「韓国併合」の3年後（1913年）に完工・投入された高麗丸と新羅丸、景福丸と徳寿丸（1922年）、昌慶丸（1923年）という船名の変遷には、日本が朝鮮を植民地支配し、独立運動（1919年）を鎮圧し、景福宮・徳寿宮・昌慶宮などの朝鮮王朝時代の宮殿を完全に掌握していく流れがうかがえる。そして満州事変・日中戦争の勃発と、日本の大陸侵略の本格化・長期化は、関釜航路の乗客と輸送物資の増加に拍車をかけ、さらなる大型船である金剛丸（1936年）と興安丸（1937年）、天山丸（1942年）と崑崙丸（1943年）の就航へと続いていく。

1937年に朝鮮で大流行した「連絡船は出て行く」という歌謡曲には、次のような歌詞の替え歌が作られた。「何を恨むか　国が滅ぶのに　家が滅んでも　おかしくはない　乗せて行くだけ　帰してくれない　涙をのんで離れ行く　連絡船は地獄船」。

1943年10月、崑崙丸が米潜水艦の魚雷攻撃によって沈没し、1945年になると、米軍機による機雷が就航を脅かすようになる。運輸省は6月、関釜航路の全連絡船を他航路に転用することを決定し、関釜連絡船は歴史の幕を下ろした。現在関釜航路には、1970年から民間の関釜フェリーが運航している。歴史的背景や実態については、金賛汀*『関釜連絡船』（朝日新聞社、1988年）が参考になる。

［裵谷智雄］

韓民自統・韓民自青

1960年代から1970年代にかけて活動した在日運動団体の韓国民族自主統一同盟と、その青年団体である韓国民族自主統一青年同盟の略称。韓民自統は、李栄根*・元心昌等により1959年に創刊された『統一朝鮮新聞』*系人士が1965年に結成、韓民自青の結成は1966年。『統一朝鮮新聞』の主張に沿って自主的平和統一を掲げ、民団を批判する急進的姿勢をとった。韓民自青結成以前から、『統一朝鮮新聞』系の青年学生は在日青年学生組織に入って独自の主張を展開、と

りわけ在日韓国学生同盟*では在日同胞権益擁護運動を4.19革命精神の実践ととらえる主流派と、『統一朝鮮新聞』系学生との間で激しい論戦が展開され、民団中央は韓民自統系学生の存在を理由に1965年韓学同を直轄処分に処すと同時に、韓民自統を敵性団体と規定した。

しかし李栄根らは1960年代末期になって北朝鮮政権批判を強化する一方、韓国軍事政権を容認する方向に全面転換し、急進派と分裂した。1972年第20回民団中央委員会は民団民主派からの「防衛」を功として韓民自統・韓民自青の敵性団体規定解除を決議、李栄根を中心とする韓民自統・韓民自青系の人々はその後の在日韓国青年会・学生会結成を主導し、民団中央に一定の影響力を確保している。

[鄭雅英]

▶158 カン ユ ホン
康有鴻
生年不詳〜1932

左派系労働組合の幹部として1920年代後半〜1930年代初め活動し、争議指導中、虐殺された活動家。生年は不詳、平安道出身、康用連という名前も使用していた。

日本に渡った後、土建労働者となり、在日本朝鮮労働総同盟*、関東自由労働組合、日本労働組合全国協議会*日本土木建築労働組合（全協土建）の一員として活動した。全協土建東京支部江東地区江東橋分会に所属していた1932年4月、ほかの朝鮮人活動家とともに岩手県下矢作村所在国鉄大船渡線建設工事場に派遣された。同工事場に就労する朝鮮人労働者をまとめて労働時間短縮、賃上げ、民族差別*反対などを掲げたストライキに入ったが、5月4日、日本人暴力団、地元住民、警察当局などに襲撃され、死亡。この事件に関して左派系団体は糾弾のビラを配布した。解放後の1946年6月、在日本朝鮮人連盟*が同人らの追悼会を開催したほか、同年8月に刊行された写真集『解放』にもその亡骸の写真*が掲載されている。

参考文献：朴慶植『在日朝鮮人運動史』三一書房、1979。内務省警保局『特高月報』1932年5月分。 [外村大]

▶159
管理職昇進問題 外国人公務員の管理職への昇進は極めて少ない。任用例として兵庫県川西市職員の孫敏男（韓国籍）（1974年兵庫県立尼崎工業高校卒、同年4月採用）、1992年建築課主査（係長級）、2000年同副主幹（課長補佐級）がある。

労働基準法3条「使用者は労働者の国籍、信条又は社会的身分を理由として賃金、労働時間、その他の労働条件について差別的取扱をしてはならない」。国籍*差別禁止の明文規定は本法と職業安定法（3条）だけである。昇任も労働条件に含まれ、平等取り扱いの原則は保障される。

外国人公務員の昇任差別で争訟となった鄭香均事件、では、1988年4月東京都職員保健師に採用、1994年3月管理職選考受験申込受付拒否、1994年9月16日提訴、1996年5月東京地裁（敗訴）、1997年11月26日東京高裁（逆転勝訴）、2005年1月26日最高裁大法廷で敗訴となった。

最高裁判決では、判旨①「公権力行

使等地方公務員」は国民主権原理に基づき原則として日本国籍者の就任が想定され、外国人就任は法体系の想定外。②公権力行使の職と、これに昇任するために必要な職務経験を積むべき職とを包含する一体的管理職任用制度を構築して、日本国籍者に限定して昇任させる措置は合理的区別であり労基法3条に違反しない。以上の2点であり、結局、管理職受験資格を認めない東京都人事委員会の裁量を合法とし、任用判断を自治体裁量に委ねてしまった（これは、逆に、昇任を認める自治体判断も違法ではないことを示した）。

この判決は、労基法3条の例外適用の法理も精査されず、外国人の公務就任について憲法上その地位が保障されているかどうか。また、「当然の法理*」の適否も判断していないなど多くの問題点を残した。

1996～1998年川崎市など政令市や府県の国籍条項*撤廃時に「管理職昇任はスタッフ職なら部長、局長級まで認める」と公表。また、本件2審の「管理職一律拒否は違憲」など、公務就任拡充の社会情勢に逆行するものである。

参考文献：『ジュリスト』No. 1288、2005年4月15日号。　　　［仲原良二］

韓流と在日コリアン

1997年末のアジア通貨危機による経済危機を打破するため、金大中政権下では「文化輸出国」を目指す国策が打ち出された。韓国大衆文化は台湾や中国を始めとするアジア各国で絶大な人気を博し「韓流熱風」という言葉が生まれた。日本では2000年1月に公開された映画*『シュリ』の大ヒット、2002年日韓ワールドカップ共催と、韓国に対する関心が徐々に高まる中、2003年、ドラマ『冬のソナタ』*をきっかけに、中高年の女性を中心とした「韓流」の一大ブームが巻き起こった。テレビのワイドショーや女性週刊誌は連日「韓流」で賑わい、ドラマや映画、音楽*などに留まらず、韓国の食や文化に対する関心を一気に集めるようになった。また、マスコミの「韓流フィーバー」のなか、在日コリアン芸能人のカミングアウトも相次いだ。そんな中、2005年『マンガ嫌韓流*』（山野車輪、晋遊舎）が出版されベストセラーになった。「韓流」ブームに対する謂われのない嫌悪感を「在日コリアン」に転化し、あからさまな在日コリアン攻撃を展開。同様の「嫌韓」書籍も多数出版され、ネット上には同調する差別的な書き込みが氾濫。一部日本人の根底に残る差別意識をむき出しにした。

「韓流」ブームは、あくまで韓国大衆文化への賞賛に留まり、在日コリアンの存在にスポットが当てられたり、権益問題の解決につながるという事象はあまり起きていない。在日コリアンは日韓の歴史的背景とともに置き去りにされ、「嫌韓」に巻き込まれる形となった。

参考文献：太田修／朴一ほか『「マンガ嫌韓流」のここがデタラメ』コモンズ、2006。別冊宝島『嫌韓流の真実！ザ・在日特権　朝鮮人タブーのルーツから、民族団体の圧力事件、在日文化人の世渡りまで!』宝島社、2006。

　　　　　　　　　　　　［高吉美］

帰化行政

在日コリアンと日本の帰化行政との「初日」は1952年4月28日である。同年3月6日、「公務員たる朝鮮人及び台湾人の帰化手続きに関する件」との通達が出され、在日コリアンが「日本国籍」を喪失したとされる4月28日付「官報」には、朝鮮51人、中華民国17人について初の帰化許可が告示されるが、いずれも公務員と見られる。4月19日法務府(現・法務省)民事局長通達により、講和条約発効日(4月28日)に、朝鮮人、台湾人は日本国籍を失うとされた。同通達には、「朝鮮人及び台湾人が日本国籍を取得するには、一般外国人と同様に帰化の手続きによること。その場合、国籍法*にいう"日本国民であった者"及び"日本国籍を失った者"には該当しない」とあり、かつて「帝国臣民」であったことによる帰化要件の緩和は一切認めなかった。日本の国籍法には帰化要件として、①居住要件（5年）、②年齢要件（20歳）、③素行要件、④生計要件、⑤重国籍回避、⑥破壊活動防止、とある。法に定めがないが、日本的氏名の強要、申請時の指紋採取などが行われた。

日本的氏名については、在日コリアン帰化者の中に、1985年「民族名*をとりもどす会」が結成され、家庭裁判所への「氏名変更」を申立て、1987年6月、初めて民族名*を回復することに成功した。女子差別撤廃条約批准に伴って、国籍法が父母両系主義に変わり、戸籍*法が外国姓を受容したため、日本的氏名の強要は結局のところ破綻した。外国人登録における指紋押捺拒否が進む中、同会は帰化申請時に採取された指紋の返還請求を京都地裁に提訴した。外国人登録の指紋と違って法的根拠がなかったこともあり、1994年4月、法務省はそれまでの22万人分の指紋をすべて破棄すると回答したことによって裁判は終結、以降帰化申請時の指紋採取はなくなった。

なお、1999年から2008年までの在日コリアンの帰化者数を見ると、各年はほぼ1万人で推移し、全体の6割前後を占めている。「帰化」という言葉は本来「君主」のもとに帰依して服するという意味を持つため、在日コリアンにとって国籍取得は民族への裏切りという考えが長く続いた。しかし、申請者の価値観の多様化から、国籍と民族を切り離し、国籍取得を通して「コリア系日本人」として生きるという考えに変化しつつある。2003年7月より特別永住*者については帰化申請時の「帰化動機書」が不要になるなど、手続は簡易化に向かっているが、未だに繁雑である。多くの時間と労力を要し、帰化申請者の職業や経歴によって、提出する書類の量や難易度に違いがあるなどから行政書士を介して申請するケースが多く、そこでは所定の手数料が必要である。

参考文献：金英達『在日朝鮮人の帰化』明石書店、1990。佐々木てる『日本の国籍制度とコリア系日本人』明石書店、2006。　　　　［李洙任・田中宏］

『季刊Sai(サイ)』

在日韓国・朝鮮人問題学習センター（現大阪国際理解教育研究センター）が1991年に創刊した人権情報誌。「サイ」は朝鮮語で「間柄」

「仲」を意味する。2010年2月現在までの号数が62を数える同誌は、入居差別*問題・就職差別問題・教育問題・参政権問題・戦後補償問題・無年金障害者問題・高齢者問題など、さまざまな問題を取り扱うとともに、日本籍コリアンによる座談会や2世と3世の対談など、当事者の現状をリアルに伝えるための企画・記事が盛り込まれている。また、発行人である鄭早苗*が創刊2号から連載してきた「歴史の散歩道」は、朝鮮の古代から「解放」後までと、幅広い時代範囲を見すえ、古代歌謡などの文化についても取り扱っており、朝鮮の歴史と文化への理解を深める格好の教材として人気を集めていたが、鄭早苗の死（2010年）によって、第62号掲載分が絶筆となった。　　　　　　　　［綛谷智雄］

▶163 『季刊在日文芸民濤』　1987年11月に創刊された在日朝鮮人の文芸誌。発行所は民涛社、発売所は影書房。在日朝鮮人2世が中心となって発行された。編集委員は、李恢成*（代表）、裵鍾眞、李丞玉、梁民基、宗秋月*、金賛汀*、朴重鎬、姜琪東*（2号まで）、金秀吉（6号より）、金蒼生（10号より）。小説、詩、シナリオなどの文芸作品だけでなく、ルポルタージュ、ドキュメンタリー、書評、映画評、時事評論等が掲載されている。小説などは在日の作家の作品だけでなく、南北朝鮮の作家、在中国、在ソ連・ロシアの朝鮮人作家の作品も紹介されている。また第三世界の文学状況などもさまざまな視点から紹介されている。「自由鐘」などと名づけられたコーナーでは、多士済々な各界の人が文章を寄せている。毎号平均349ページ（10号は516ページ）のボリュームで、ニム・ウエルズらへのインタビュー、白楽晴、高銀らを迎えての対談・座談会も特徴的である。1990年3月に第1期終刊号として10号が発行された。　　［飛田雄一］

▶164 『季刊三千里』　「われわれは、朝鮮と日本との間の複雑によじれた糸をときほぐし、相互間の理解と連帯とをはかるための一つの橋を架けて行きたい」。1975年2月に創刊された『季刊三千里』の巻頭にはこう記されている。在日1世の編集委員、金達寿*（作家）、李哲（詩人）、金石範*（作家）、尹学準（評論家）、朴慶植*（歴史家）、李進熙*（歴史家）、姜在彦*（歴史家）によって始められたこの雑誌*は、1987年5月第50号をもって終刊するまで、毎号特集と共に、編集委員らによる連載、若手研究者による研究ノートや試論などで210〜250ページが埋められている。そこには、若手の在日執筆者ばかりではなく、多くの日本人文学者、研究者、ジャーナリストが積極的に寄稿し、のべ1720人が執筆や座談会に参加。また、雑誌の発行を創刊から終刊まで13年間支え続けたのが、在日1世の実業家・徐彩源である。

　第1〜50号の特集名を一覧するだけで、この雑誌が1970年代後半から1980年代にかけて、「日本」と「朝鮮」、韓国と北朝鮮との厳しい対立状況の中で、「在日」という位置から何

を目ざそうとしていたのかは明らかである。

一方、第8号の「特集＝在日朝鮮人」に対して、総連から『朝鮮新報』*などで「総連から脱落した変節者どもたち」「奴らは民族虚無主義*と事大主義をまきちらしている」と非難が浴びせられる。こうした批判はたびたび繰り返されたが、真摯な対論にも生産的な論争にもなりえなかった。これを第一の分岐点とすると、この雑誌の第二の分岐点は1981年3月の編集委員3人（金達寿、姜在彦、李進熙）の訪韓であった。創刊時には7人の編集委員で出発したが、終刊時には4人になる。しかしこの雑誌は、植民地時代に生を享け、戦後は「日本社会の差別」と「祖国の分断」という二重の桎梏の下で生きざるをえなかった1世の知識人たちが、「在日」として全力で駆け抜けていった足跡を印し、一つの大きな記念塔となった。

[佐藤信行]

『季刊青丘』　『季刊三千里』*の後継誌として1989年に創刊された季刊誌。「創刊のことば」には、この雑誌名（青丘）が、古くからの朝鮮を指す雅号であることと、南北対話による統一を願う切実な思いが込められていることが記されており、雨森芳洲の「誠信とは実意のこと」ということばも紹介されている。同誌の特集では、「冷戦下の分断45年」「積み残しの戦後責任」「太平洋戦争と朝鮮」など、日本と朝鮮の歴史的問題を取り扱う一方で、室町・江戸期における日朝間の密接な交流の事実を紹介するなど、大きな視野から日本と朝鮮の関係をとらえようとする姿勢が反映されている。また、韓国の新聞漫画を紹介するなど、朝鮮半島の現在の情勢を伝えるとともに、シリーズルポ「在日を生きる」において、今を生きる在日コリアンの姿を活写しており、幅広い内容が盛り込まれている。同誌の発行は、当初は20号までの予定だったが、1996年まで、計25号を世に送り出して終刊した。

[綛谷智雄]

『季刊ちゃんそり』　在日2世によって編集発行された雑誌*。1979～1981年に8号まで刊行された。発行はちゃんそり舎。『季刊まだん』*の終了後、編集部に集まっていた2世を中心に発刊された。誌名の「ちゃんそり」とは朝鮮語で無駄口、戯れ言の意で、在日の生き方に悩み苦しむ2世の言葉を「イノマ、チャンソリ　マンタァ（このガキ、たわ言抜かすな）！」と一言で片づける1世世代への、せめてもの腹いせから命名された。編集委員には呉徳洙、竹田青嗣*、山口文子などがいて、創刊資金は映画*やテレビ番組を撮っていた呉徳洙が東映労使紛争で得た解決金を当てた。創刊号から「NHKに朝鮮語講座を作らせない会を」、劇画家かわぐちかいじ「反逆のエレジー・柳川次郎」を載せるなど、毒気を振りまいている。各号とも「国籍*」「家族」など2世の抱える問題をテーマに設定し鄭大均*、金明観、金慶南、宗秋月*など多くの2世ライターが文章を寄せた。「北か南か」を問われた編集委員が「東だ」と答えたように、民族

的な規範に囚われず日本を生き抜く在日の生の輝きを照らし出すことを目指した、アナーキーな気分に満ちた雑誌だった。「時代を突き抜けている」とも評されたが、時代が「ちゃんそり」に追いつくことはなかったのである。

[林容福]

▶167 『**季刊まだん**』 1973年に創刊された季刊雑誌*。副題は「在日朝鮮・韓国人のひろば」。編集主幹は金宙泰、編集に金両基*・李丞玉（4号まで）・呉炳学。表紙は画家の呉炳学が絵を描いた。グラビア写真*は日本人・朝鮮人の写真家が担当。発行者は朴柄采・尹栄基。創紀房新社刊。刊行趣意書に「特殊な環境社会に育てられてきた在日同胞は、共通の原点に立って、共に語り、論じ、かつ興じたいという衝動おさえ難く、ひとつの『マダン広場』を求めてやまない。わたしたちはこのような在日同胞の願いを充たし、相互不信を取り除く作業をとおして、1日も早い祖国統一の日を迎えたい」とある。「在日朝鮮人の肉声」（2号）、「問われる在日青年像」（3号）、「解放の原点を求めて」（4号）、「民族教育の明日をさぐる」（5号）、「結婚」（6号）など、2号以降特集を組む。1975年、6号で休刊。

[藤井幸之助]

▶168 **菊田一雄**
きくた かずお
1905〜1970
消費組合・生協運動に従事した活動家。民族名*は金台郁。1905年朝鮮・咸鏡南道端川郡に生まれ、間島地方で幼少期をすごした後、ソウル・菊田写真館で約3年間の徒弟生活を送る。1924年9月渡日。苦学のかたわら1925年に日本大専門部政経学科夜間部に入学するが、翌年退学し、朝鮮労総傘下の労働運動に従事した。

1928年、3・15事件と並行しておきた在日労総への弾圧に関連して検挙。その後、消費組合運動で主に活動するようになり、関東消費組合連盟の活動家として山梨県での農村消費組合設立、朝鮮平安南道での小作争議支援、東京三河島*欠食者同盟での「米よこせ運動」の指導などにあたった。1932年、日本無産者消費組合連盟*創立大会で常任中央執行委員・機関紙部長に選出され、機関紙編集に務めながら理論家としても活躍。1937年1月に関消連・日消連の幹部とともに一斉検挙をうける。翌1938年2月に関消連は「解散声明書」を発表。これにともない日消連も消滅した。

戦中、藤沢市に転居。戦後いちはやく藤沢市生活協同組合を結成し、以降も日本生活協同組合同盟常任中央委員・横浜生協専務理事・神奈川県生協組合連合会常務理事・横浜生協理事長を歴任するなど、神奈川の生活協同組合運動再建に尽力した。

参考文献：『ある人生 菊田一雄と日本の協同組合運動』生活ジャーナル、1988。

[金耿昊]

▶169 **期限を付さない常勤講師** 1985年度長野県の教員採用試験に合格した在日韓国人の梁弘子は「教諭」内定通知を受けたが、当時の文部省（現文部科学省）が長野県教育委員会に圧力をかけ、委員会は採用内定を取り消した。

この不当な措置は当時のマスコミにも大きく取り上げられた。長野県教委は1986年4月に梁弘子を「教諭」ではなく、身分を格下げした「期限を付さない常勤講師」として採用した。この決定に対する文部省の見解は、国公立小・中・高等学校の教諭は管理職や主任のもとに「公の意思形成」に参画するため、当然の法理*として日本国籍が必要とし、このように校務運営に関わる教諭には外国籍の人はなれないとした。ただし、講師はあくまで補助的な役割にとどまり、校務運営に携わらないので当然の法理に触れない外国籍でもかまわないと説明した。[金相文]

▶170
帰国運動 1958年から1959年の間に集中的に展開された、北朝鮮帰国希望在日朝鮮人の集団的・組織的運動。終戦直後、在日朝鮮人の北朝鮮地域への帰国は「ソ連地区帰国に関する米ソ協定」に基づく計画送還によって1947年3月まで行われた。当時の帰国者は351名。その後、朝鮮戦争の最中に日韓会談が始まり、密入国者らの韓国への強制送還が始まった。このため、密入国者らを収容していた大村収容所*内では北朝鮮への帰国を希望する者の活動が活発となった。また、朝鮮戦争の休戦を前にした1953年5月頃には、少数の在日朝鮮人技術者が北朝鮮への帰国方法を外務省に問い合わせたという動きも見られた。しかし、いずれも帰国は実現していない。

一般在日朝鮮人が北朝鮮帰国意思を集団的に始めて表した事例としては1956年4月に日赤本社の前で48名の在日朝鮮人が座り込みをしたことがある。彼らは、日朝両国赤十字社の斡旋で赤十字国際委員会（ICRC）のビザを受け、1956年12月から翌年の3月にかけて自費帰国を果たした。1957年12月31日に日韓間相互釈放合意が行われたが、それに対抗して大村収容所内では1958年6月に94人が即時釈放と北朝鮮帰国実現を求め無期限ハンストを起こした。帰国運動がスタートしたのはそれから2カ月後のことである。

帰国運動が在日朝鮮人の間で大きな取り組みとなり、日本社会で大きな関心を呼ぶようになったのは朝鮮総連と北朝鮮政府が呼応して活動するようになった1958年8月以降である。すなわち、8月11日に、神奈川県川崎市中留に居住する在日朝鮮人が、日本での生活を清算して集団帰国することを決議し、その心情を込めた手紙を金日成*首相に送った。このいわゆる「集団的帰国決議」を受けて、9月8日、北朝鮮創建10周年記念慶祝大会の場で金日成首相は「在日朝鮮人の帰国願望を熱烈に歓迎する」と公言。続いて16日には南日外相が帰国後の「生活安着と子女の教育を全面的に保証する」と公式声明した。以後、総連組織を活用しつつ、帰国運動が全国的に展開され、帰国希望者は、翌1959年1月末には10万人を超えるほどとなった。

こうした事態を受けて、同年2月13日、岸内閣は「在日朝鮮人中北鮮帰還希望者の取扱いに関する閣議了解」を確認した。これをバックアップしていたのは超党派の日本人で構成されていた在日朝鮮人帰国協力会らの運動と汎国民的な世論の支持であった。

その後、具体的な帰国のための実務レベルの交渉等が行われ、紆余曲折を経て8月13日に、カルカッタで日朝間に帰国協定の調印が行われた。さらにその後も帰国者の意思確認の方法などをめぐる日朝赤十字間の意見相違などもあったが、最終的に、12月14日、希望者の北朝鮮帰国が実現した。新潟港から出発した第1次帰国船2隻に乗っていたのは在日朝鮮人238世帯975名であった。以後、一時、中断もあったが1984年まで187回、約9万3340人（日本人妻*を含む）が北朝鮮に帰国した。

帰国運動の背景に対してはさまざまな見解が出されている。日本に関わる要因としては、当時の日本政府が在日朝鮮人を財政及び治安上の負担としてみていたこと、在日朝鮮人のほとんどが厳しい生活苦に直面していたこと、若い世代の教育や就職での差別という現実が存在していたことがある。また1958年という時点で10万という帰国希望者を生み出した背景には国交正常化を目指して推進してきた北朝鮮の対日人民外交が過剰に効果をあげた要素もあるだろう。近年、これについての研究が日韓両国の外交史料や赤十字国際委員会の関係史料を用いてなされている。

参考文献：金英達・高柳俊男編『北朝鮮帰国事業関係資料集』新幹社、1995。高崎宗司・朴正鎮編著『帰国運動とは何だったのか　封印された日朝関係史』平凡社、2005。テッサ・モーリス－スズキ『北朝鮮へのエクソダス「帰国事業」の影をたどる』朝日新聞社、2007。　　　　　　　　　　　[朴正鎮]

岸和田紡績争議

戦前、大阪・泉州地方最大の紡績資本であった岸和田紡績株式会社（岸紡）では、女子工員を中心に朝鮮人労働者を積極的に雇用し、1920～1930年代には彼女たちが参加する労働争議が数回にわたって発生していた。同社は1892年に創立され、1923年時点での資本金は975万円、職工総数は6210名に上り、大争議の起こった1930年には本社工場のほか、堺、野村、春木、津の4分工場が操業していたが、1941年に大日本紡績に統合された。

岸紡では1918年より朝鮮人女子工員を雇用しはじめ、のちには朝鮮人男子工員も採用した。各工場に分散配属された朝鮮人労働者は次第に増加し、1924年には男子工員61名、女子工員726名が就業していた。朝鮮人による最初の争議は1922年7月に春木分工場で発生し、上半期賞与が日本人に比べて低額であったことに抗議して職工271名（男52名、女219名）全員がストライキを起こしている。また1929年8月の本社工場ストライキには朝鮮人女子工員約200名が参加した。最も有名な争議は30年に堺分工場で発生した大規模なストライキである。同分工場では1930年1月以降、相次ぐ賃下げと操業短縮で労働者の手取り賃金は4割も低下した。これに反発した日・朝労働者198名は5月3日にストを決議、朝鮮人女子工員を中心に約100名が工場を脱出し、翌4日よりストに突入した。大阪朝鮮労働組合はこの争議を積極的に支援し、15日夜には同組合の労働者約100名が堺分工場を襲撃

したが、これは警察による激しい弾圧を招く結果となった。争議団は苦境を打開しようと全工場でのゼネストを計画、27日には朝鮮人自由労働者など約30名が春木分工場を襲撃する事件が起こった。6月13日に争議団が会社側の主張を受け入れ、42日間のストは終結したが、最後まで争議団本部に立て籠もっていたのは女子工員約30名（うち朝鮮人20名）であった。この争議は労働者側の敗北に終わったものの、戦前では数少ない日朝共同闘争の経験として、また朝鮮人女子工員争議の代表例として高く評価されている。

[藤永壮]

▶172 北朝鮮人道支援

北朝鮮人道支援は1995年8月、同国を襲った大水害を機に始まった。同年、北朝鮮は初めて国連に救援を要請、国連は調査団を現地に派遣して窮状を確認、各国に緊急支援のアピールを出した。この年、日本政府は50万トンのコメ支援をしたが、金泳三韓国大統領は「軍の備蓄にまわり、北の脅威を増大させる」として反対し、牽制した。

これに対して、1995年12月、三木睦子の呼びかけで、「朝鮮の子どもにタマゴとバナナを送る会」を結成、吉田康彦と平田隆太郎が支援物資を携えて日本の民間人として初めて現地入りした。水面下で動いたのが「難民を助ける会」（会長・相馬雪香）だった。タマゴもバナナも軍の備蓄には不向きで、しかも栄養価が高く、被災地の子どもが喜ぶからだった。これをきっかけに北朝鮮人道支援の輪が広がり、翌1996年には「ピースボート」（代表・辻元清美）、「JVC（日本国際ボランティアセンター）」（代表・熊岡路矢）などが中心となって「North Korea水害支援キャンペーン」を結成、全参加者がコメ（総量61トン）を担いで新潟港から船で被災地に運んだ。

北朝鮮人道支援の担い手としては、①日本の市民団体（植民地時代を知る高齢者は「過去の清算*」として喜捨し、参加する者が多い）、②民族同胞への同情と連帯感で運動している在日コリアン組織、③キリスト教・仏教中心の宗教団体の3派が主流で、ピーク時には20団体以上存在していた。

しかし活動は長続きしなかった。1997年2月に横田めぐみ失踪が北朝鮮工作員の仕業とする疑惑が浮上して拉致問題が一躍国民の関心事となり、次いで2002年9月の小泉訪朝の際の金正日総書記の拉致告白と謝罪が逆効果となって猛烈な北朝鮮バッシングが起こり、その間度重なる核実験・ミサイル発射実験などで北朝鮮人道支援は尻すぼみとなった。

北朝鮮側の事情もある。2000年には日韓と欧米のNGOに国連機関代表も加わって「北朝鮮人道支援国際NGO会議」が東京で開催され、情報交換の場が実現したが、北朝鮮当局が次第に敬遠し、活動を規制するようになった。欧米のNGOの中には"内政干渉"するものがあり、またWFP（世界食糧計画）のモニタリングが農村部の情報収集活動と受け取られるケースがあったためである。北朝鮮が閉鎖社会である限り人道支援にも限界がある。2005年、北朝鮮当局は人道

支援を拒否し、長期的開発支援のみを受け入れると表明し、大半のNGOが撤退した。

[吉田康彦]

北朝鮮政府の在日コリアン政策

北朝鮮政府の在外コリアン政策は「海外同胞運動」という用語で表現される。その一環である総連を中心とした「在日同胞運動」は「海外同胞運動」の典型であり、また原型でもある。これに対する指導・支援が北朝鮮の在日コリアン政策の基本内容を成している。

1954年8月3日に北朝鮮は、外務省声明を通じて、すべての在日コリアンに「公民権」を与えた。これは、在日朝鮮人法的地位問題を中心に日韓会談を牽制する一方、日本共産党による在日朝鮮人運動への指導を否定することであった。同声明は1955年2月25日の南日外相の対日国交正常化への呼びかけに引き継がれ、そこに秘められていた北朝鮮の意図は同年5月の総連の結成によってより具体的に表れた。総連には、従来の朝連や民戦のような統一戦線組織としての性格と共に、北朝鮮の対日政策を遂行するための（潜在的な）駐日代表部としての性格が加えられた。また、将来の日朝国交正常化のため、日本政府に対する内政不干渉、日本国民との幅広い親善・連帯の構築が総連の重要任務となった。総連の周りに在日コリアンを集結させるため、北朝鮮は主に民族教育に力を注ぎ、1957年4月から毎年教育援助費を送付した。ほとんど南朝鮮地域出身であった在日コリアンが1959年12月集団的に北朝鮮帰国を選択した背景の中には、こうした教育問題に対する北朝鮮政府の積極的な支援政策が大きく働いた。帰国事業を推進する過程で発足した在日朝鮮公民迎接委員会を母体に、1963年北朝鮮は内閣に僑胞事業総局を設置するとともに、最高人民会議常任委員会の政令として国籍法*を制定し（10月9日）、在日コリアンの公民権を改めて法制化した。

しかし、1965年日韓基本条約の締結によって、在日朝鮮人法的地位問題をめぐる議論から北朝鮮は完全に排除された。1967年11月に総連の幹部を最高人民会議の代議員として選出するなど、北朝鮮はその後も在日コリアンの参政権に対して積極的な姿勢を貫いたが、すでに韓国籍の在日コリアンが急激に増え、総連からの離脱現象が現れていた。総連組織の内部においては、北朝鮮国内の唯一思想体系の確立と歩調を合わせ、思想統一が強調され、その主な任務も対南革命路線及び統一政策の実践が優先された。これは北朝鮮が新しく掲げた統一問題を中心とした統一戦線の全世界的な拡大という目標の下で行われた。在日コリアン政策が「海外同胞運動」の一環として位置づけられるのはこの頃からである。1969年10月、僑胞事業総局は海外同胞迎接（総）局へ改編され、1972年に制定された社会主義憲法には海外同胞という表現が新しく追加された。そして、1979年1月23日に、祖国戦線のアピールを通じて、北朝鮮が高麗民主連邦共和国案を提示した際に連邦政府の構成において海外同胞の参加を主張し、1980年の第6次朝鮮労働党大会でそれを公式化した。「海外同胞運

動」を拡散させる過程においても、北朝鮮は総連の組織運営と事業をもっとも模範的な事例として取り上げ、他の在外コリアンコミュニティに移植していた。

1995年3月23日、「海外同胞運動」の延長として「居住地及び滞留地にかかわらず」すべての在外コリアンが北朝鮮の法的保護を受けることができるように、国籍法の改定が行われた。しかし、実際の「海外同胞運動」は1990年代から沈滞期に入っていた。北朝鮮の在日コリアンに対する教育援助費も大幅に減り、総連の運動路線に対する在日コリアンからの支持も低下した。こうした状況を打開するため、総連は1999年9月21日に開催された第18期第3次中央委員会拡大会議で、「在日同胞へ奉仕する真の同胞大衆団体」として生まれ変わることを決議した。この決議は南北首脳会談を前に行われた金正日総書記の直接教示に基づいたものであったが、その実践はまだ具体化されていない。2002年の日朝両首脳によって発表された「平壌宣言」の歴史的な意義が拉致問題によって後退する中、北朝鮮の在日コリアン政策も一貫性を失っていたからである。これに関連して、2009年9月に北朝鮮は、海外同胞迎接（総）局の後身である、海外同胞局から在日同胞事業局を分離新設した。この措置が従来の海外同胞運動と異なる北朝鮮の新しい在日コリアン政策の開始に繋がるかは未知数である。現在、北朝鮮の在日コリアン政策は大きな転換期に向かっている。　　　　　　　　　　　[朴正鎮]

▶174
北朝鮮への送金問題
在日朝鮮人の送金が問題視されたのは、1994年、米政府が「日本から年間600億円が送金され、核開発の資金に流用されている疑いがある」と主張したのがきっかけ。送金の中心になっていたのは足利銀行。同行は1970年代以来、朝鮮総連との関係が深く、1990年には金丸・田辺代表団の一員として同行幹部が訪朝。大蔵省（現・財務省）資料では、ピーク時の1996年の年間送金額は5億6000万円、貿易決済額は23億円だった。その他は、当時、新潟＝元山間を往来していた「万景峰号*」に積み込まれ、現金で運ばれたものと見られる。その後2002年、日朝関係悪化にともない足利銀行は送金業務を中止、さらに核・ミサイルに加えて拉致問題が表面化して日本政府は対「北」単独制裁に乗り出し、2004年の外為法改正で送金規制を強化、2009年以降は最高1000万円以下とされ、厳重な報告義務をともなう。しかし第三国経由の送金は無制限で、在日朝鮮人の多くは中国の銀行に送金し、そこから本国に再送金するルートを利用している。規制強化で拉致問題は解決しない。

[吉田康彦]

▶175
「砧をうつ女」
在日朝鮮人作家李恢成*の小説。1971年『季刊藝術』第18号に掲載された。この作品で李恢成は同年外国籍所有者としてはじめて芥川賞を受賞。翌年3月文藝春秋より同名の作品集として刊行された。戦争末期、当時日本の領土だったサハリンを舞台に、植民地朝鮮か

ら日本の最北端まで流れてきた母の33年の生涯を、少年の「僕」の視点から描いた。情緒的でありながら「僕」の寝小便をめぐる話など滑稽味もある。気丈でモダンな母、協和会*（朝鮮人の日本人への同化政策*を進める統制機関）の役員を務める、ある意味現実的な父。母が朝鮮に帰郷して連れて帰った祖父母は、当局に睨まれる朝鮮の民族衣装を着ている。母の死後その生涯をリズムをつけて語る祖母の身世打鈴は李恢成の作家魂に影響を与えただろう。祖父母の姿は小栗康平監督『伽倻子のために』にも使われた「朝鮮」のイメージである。母を描いた『砧をうつ女』は、父を描いた「人面の大岩」と対をなす李恢成初期の代表作の一つである。

[林浩治]

君が代丸 1920年代前半から1945年に大阪港で空襲のため沈没するまで、朝鮮・済州島*と大阪とを結んだ尼崎汽船部所有の連絡船の呼称。尼崎は、大阪に隣接する都市名ではなく、尼崎（あまさき）家をさし、また資料に散見される尼ヶ崎汽船部という表記は誤りである。

尼崎家は、西日本から朝鮮航路に展開した海運業者である。尼崎汽船部による大阪・済州島間の定期航路開設は、同社資料によれば1923年2月であるが、前年に君が代丸に乗って来阪したという証言もあり、また1923年には他社船の運行もみられて、初期の航路状況についてはなお不祥な点もある。とはいえ1924年には朝鮮郵船が参入して、尼崎との主要2社による定期航路が確立すると、乗船者数は大きく伸びた。航路としては、大阪と済州島の各港を直航で結ぶ便と、釜山経由の便とがあった。

1925年9月に君が代丸は、台風のため済州島東南部で座礁し、就航が不可能となった。尼崎汽船部は、同年ソビエト連邦から砲艦マンジュール号を購入し、貨客船に改修後、翌年より第二君が代丸（919トン）として大阪・済州島航路に就航させた。この前身の軍艦は、1891年ロシア皇太子来日時の護衛艦であり、日露戦争ではロシア海軍第一太平洋艦隊に所属した経緯をもち、近代日本との縁は深い。船首を前方下方へ鋭く突出させる19世紀の軍艦特有の衝角を有し、改修後には船尾に遺体安置所も備えたこの第二君が代丸こそ、当時「クンデファン」と呼ばれ大阪・済州島航路で最多の乗船者を運んだ貨客船に他ならない。

この航路をめぐっては複数の船会社が競合した。1920年代から1930年代にかけて、半官半民の朝鮮郵船、また済州島出身の社会運動家・高順欽*が組織したが経営難に陥った企業同盟汽船部、これを引き継ぎ大阪・鹿児島／沖縄航路から転じた鹿児島郵船、さらに民族的自主的な大衆組織として登場した東亜通航組合*が、次々と船を就航させ、各社・組織間で激しい競争がみられた。その中で常に主軸となり、1935年以後は航路を独占したのは、日本の民間資本である尼崎汽船部であった。

君が代丸をはじめとして大阪・済州島航路を航行した船の乗客は、日本人が過半であった関釜連絡船*の乗客と

は異なり、ほとんどが済州島出身の朝鮮人であった。同航路を利用した済州島民は、1924年から1936年までで、往復路をあわせて年間3万人を超えた。済州島出身者は、「東洋のマンチェスター」と称された帝国都市・大大阪を、ゴム、紡績、金属などの労働力市場の底辺において支えた。済州島からみれば、航路を通じて「近代文明」が島に流入するとともに、1930年代前半には、島人口の5人に1人が日本に居住することとなり、島の社会経済構造に大きな影響を与えることになった。現在でも在日の済州島出身者が大阪に最も多く居住しているのは、こういう歴史的背景によっている。

参考文献：枡田一二『枡田一二地理学論文集』弘詢社、1976。金賛汀『異邦人は君ケ代丸に乗って』岩波新書、1985。杉原達『越境する民』新幹社、1998。　　　　　　　　　　[杉原達]

▶177 キムイルソン
金日成
1912〜1994

政治家、朝鮮民主主義人民共和国建国の指導者で戦後の在日朝鮮人の生活と運動に多大な影響を及ぼした。

平安南道平壌近郊の万景台に生まれ、幼少期は金成柱(キムソンジュ)と名乗った。1919年3・1運動直後に中国東北（満州）地域に移り、吉林の中国人学校に学ぶが、在学中に抗日運動組織にくわわり逮捕されて退学している。1932年、中国共産党に入党し、1930年代半ばまで中国東北地域の抗日遊撃闘争の指導者の一人として活躍した。1936年に結成された在満韓人祖国光復会の活動をリードし、1937年には朝鮮領内の普天堡を攻撃してその名をとどろかせたが、日本軍の厳しい討伐をうけて1940年9月にはソ連領沿海州へと逃れた。ソ連に入って後は、ハバロフスク近郊の野営地にあってソ連極東戦線傘下の第88特別旅団の第一営営長として訓練・教育に携わった。

解放後は1945年9月にソ連軍の一員として元山に上陸して朝鮮共産党北部朝鮮分局の創立にくわわり、ソ連の後押しによって同分局の指導者として台頭した。1946年2月には北朝鮮地域の実質的な政権機関となる北朝鮮臨時人民委員会の委員長となり、土地改革や重要産業の国有化など「民主改革」を推進した。1948年9月の朝鮮民主主義人民共和国建国後は、首相に就任し、1950年6月、ソ連・中国の支持を取り付けて朝鮮戦争を開始するが、戦争は米中の介入する国際戦争に発展して多大な犠牲をもたらした。朝鮮戦争後は政権内の国内派、ソ連派、中国派（延安派）などの各派閥を粛清して自派（満州派）の単独支配の体制を構築した。と同時に、53年のスターリン死後、個人崇拝の否定や平和共存路線に転じたソ連から距離を置いて自主路線を追求した。

金日成は北朝鮮政府樹立後、韓徳銖*など朝連の一部指導者との結びつきを強め、1955年の在日朝鮮人運動の路線転換*に背後で影響を及ぼすとともに教育援助費を送って在日の民族教育を支援した。さらに北朝鮮の戦後復興における在日朝鮮人の役割を重視し、1958年以降は在日朝鮮人の帰国運動*を積極的に推進した。

1960年代の後半には自派内の分派（甲山派）も排除して、主体思想を旗

印とする唯一指導体制を確立し、朝鮮総連もこの指導体制に組み入れた。1970年代には、長男の金正日を後継者として指名し党務や在日朝鮮人運動の指導にあたらせている。1980年代には、経済建設の不振によるエネルギー・食糧不足が明らかとなり、社会主義体制が崩壊した1990年代には日本との関係改善に向かうが、交渉が行き詰まると、IAEA（国際原子力機関）の核査察を拒んで核開発による瀬戸際外交を展開した。緊張が最高潮に高まった1994年6月、カーター元米大統領が電撃的に訪朝し危機は解消されるが、7月、カーターとの会談で約束された金泳三韓国大統領との首脳会談を果たせないまま、心臓発作で急死した。

北朝鮮政府の立場を踏まえた回想的伝記として『世紀とともに』があり、日本語にも翻訳されている。［文京洙］

▶178 **金雨英 キム ウ ヨン**
1886〜1958

日本植民地期官僚。雅号は青邱。羅蕙錫の夫。慶尚南道東来郡出身。1906年東京留学、正則予備学校で2年間修学。1914年岡山第六高等学校卒業。京都帝国大学法学部。1918年日本から帰国し、弁護士として活動。1920年東京女子美術学校出身の画家・小説家*で当時新女性として有名な羅蕙錫と結婚するが1930年離婚。1921年には外務省から中国東北部の在外日本公館の副領事として任命され勤務。1930年代に入ってから本格的な親日行為。1940年代に入ってからは忠清南道参与官と産業部事務官。1943年には朝鮮総督府中枢院参議に任命される。著書としては『民族共同生活과 道義』（1957）がある。　［朴成河］

▶179 **義務教育**

日本国憲法26条は、教育を受ける権利と教育を受けさせる義務を明記している。ただし、主語が国民であることから、在日外国人の子どもは義務教育の対象ではないとしている。1965年の日韓条約*締結後、文部省は事務次官名で都道府県宛の通達を出し、外国人子女は希望する場合には日本人同様、公立学校で教育を受けることができるとした。この通達は、外国人の子どもの教育が権利ではなく、恩恵であることを示し、さらに受け入れにあたって特別の教育を施すことを慎むよう明記することで、民族教育を否定した。

2005年と2006年に文部科学省が行った外国人就学実態調査で、義務教育年齢に該当する外国人の子どものうち、18.6%が不就学状態か就学先不明であることが明らかとなった。文部科学省は専門検討会を設け、2007年6月に議論結果を報告書にまとめた。そこでは従来の立場を堅持しながらも、外国人の子どもの教育権保障について初めて言及した。

［金光敏］

▶180 **金敬得 キムキョンドク**
1949〜2005

弁護士。在日コリアン2世で、初めて外国籍のまま司法修習を経て弁護士となる。和歌山県生まれ、早稲田大学法学部卒。1976年秋、司法試験に合格。しかし、司法研修所の選考要項には欠格事由として「日本の国籍*を有しない者」とあった。最高裁は従来から外国籍合格者には帰化を求めていた

が、金はそのために帰化する気はなく、外国籍のままの入所を求めた。

最高裁は1977年3月、選考要項に反して金の入所を認め、司法修習後在日コリアン弁護士第1号となり、東京第二弁護士会所属。在日コリアン年金訴訟、サハリン残留韓国人帰還請求訴訟、指紋押捺拒否者の刑事弁護、在日コリアン戦後補償裁判、都庁管理職受験資格確認訴訟などを担当。

1981〜1985年、語学及び韓国司法事情研修のためソウル留学。ソウルで、梨花女子大法科大学院の孫永蘭と結婚。2男2女に恵まれたが、56歳の若さで胃がんのため死去。『弁護士・金敬得追悼集』(新幹社*)には、最高裁の泉徳治判事が追悼文を寄せているが、泉は金敬得の司法研修所入所問題の時は、担当課長(人事局任用課)の職にあった。　　　　　[田中宏]

▶181 キム ク ミ ジャ
金久美子
1958〜2004

女優。在日韓国人3世。長野県出身、東京経済大学短期大学部卒業。学生時代から民族文化と演劇*に関心を示し、卒業と前後して劇団「68/71黒色テント」に入団、1979年「与太浜パラダイス」で主役デビュー。1987年劇団「新宿梁山泊」旗揚げに参加、「千年の孤独」(1988)、「人魚伝説」(1990)、「ジャップ・ドール」(1991・テアトロ演劇賞)ほかで主演し神秘性を秘めた力強い演技で注目を浴びる一方、映画*やテレビドラマにも進出し個性派女優として知られた。また、本名で演じる在日演劇人としての先駆的な存在感を示した。主な出演作品に映画「月はどっちに出ている」(1993)、「全身小説家」(1994)、「失楽園」(1997)、「またの日の知華」(2004)、テレビドラマ「天うらら」(1998)、「3年B組金八先生」(2001)、「火曜サスペンス劇場」ほか。また「狂った愛の歌」(1991・アジア太平洋映画祭最優秀主演女優賞)など韓国映画にも多数出演している。2004年10月胃がんのため死去、享年45歳。葬儀には韓日の芸能関係者が多数参列した。

[鄭雅英]

▶182 キムサムギュ
金三奎
1908〜1989

社会運動家・言論人・『コリア評論』編集人。全羅南道生まれ。1931年、東京大学卒業。在学中から朝鮮独立運動に加わり、1936年に検束。その後、3年間ソウルの西大門刑務所に服役。解放後の1945年、復刊された『東亜日報』に入社。編集局長を経て1949年主筆に。1951年、李承晩大統領の弾圧を逃れ日本に亡命。1964年、東京に民族問題研究所を設立し、月刊誌『コリア評論』を編集・発行する。生涯、朝鮮半島の中立化による南北の統一を主張し続けた。コリア評論社から、韓国に関する書籍も出版している。　　　　　　　[朴一]

▶183 キム サ リャン
金史良
1914〜1950

小説家*で、在日朝鮮人文学者の嚆矢とされる。本名：金時昌。平壌に生まれる。渡日以前から文学に手を染め、『東亜日報』などに詩を投稿する。早くから、米国か中国への留学を目指すが、事情により、1933年、兄金時明も学んだ旧制佐賀高校に留学。その後、東京帝国大学独文科、同大

院に学ぶ。1939年、代表作となる「光の中に」を『文藝首都』に発表。翌1940年上半期の芥川賞候補作に選ばれる。その後、日本語、朝鮮語の両言語で旺盛に創作、評論などを発表した。植民地末期の1945年5月、兵士慰問に中国へ派遣されたのを機に、延安に向け脱出。解放を中国太行山中で迎える。

解放後は故郷に帰り、北朝鮮文壇で活躍した。1945年12月、南北文学者の連席会議に参加するため、北朝鮮文学者代表団の一員としてソウル入京、座談会に出席した。1946年3月には、現時点で判明している限り北朝鮮文学史上最初の創作（コント）「うすのろ（パルサク）とんま（トゥンイ）」を『朝鮮新聞』に発表している。1950年6月、朝鮮戦争の開始と同時に従軍作家として南下するが、病を得、人民軍の撤退時、原州付近で戦線から離脱、行方不明となる。1952年になって中国の『光明日報』がその最後を報じたといわれる。

解放前に2冊の日本語作品集『光の中に』（1940）、『故郷』（1942）があり、解放後には、北朝鮮で朝鮮語作品集『風塵』（1948）、ルポ集『驢馬千里』（1947？、1948？）が刊行されたほか、死後、ルポ集『海が見える』（1951）と『金史良作品集』（1955）が出版された。日本語全集『金史良全集』4巻（1973～1974）がある。

[布袋敏博]

▶184 キムジェファ
金載華
1904～1987

政治家。慶尚南道生まれ、大邱南山神学院哲学科中退。戦後、民団の創立に関わる。第9、10代（1950年）、第13～16代（1952～1954年）、第20、21代（1958～1959年）の民団団長をつとめた。朝鮮戦争期、学徒志願兵派遣運動を展開し、また、1959年の在日朝鮮人の朝鮮民主主義人民共和国への「帰国事業」に対し反対闘争を展開した。他方で、韓国駐日公使と対立し、民団内部でも派閥対立を激化させた。さらに1961年、韓国の朴正熙による軍事クーデターを支持する民団の権逸*執行部を批判し、民団正常化有志懇談会の結成に関わった。1967年、韓国での国会議員選挙に新民党比例代表議員として立候補し当選するが、党への献納金が総連から出たとして中央情報部に検挙される謀略事件が起こる。1972年、朴正熙政権の維新体制を民団中央が支持したのに対し、反対勢力として1973年に韓国民主回復統一促進国民会議*日本本部（韓民統）の組織に加わり議長代行となった。

[松田利彦]

▶185 キムシジョン
金時鐘
1929～

詩人。江原道元山市に生まれ、16歳で解放を迎える。1948年に済州島*の民衆蜂起「4・3事件」が起きると、南朝鮮労働党の一員として闘いに加わる。1949年に難を逃れて日本に渡り、日本共産党に入党、民族運動に献身。1950年代以降、政治と拮抗しつつ詩作を続け、1996年に渡日以来、初めて故国を訪れた。

小野十三郎『詩論』との出会いが詩作に決定的な示唆を与え、日本的抒情を峻拒して「日本語への報復」と呼ぶ独自の詩法を探り、普遍にいたる詩精

神を確立した。〈在日〉詩の草創から形成の過程を担って、屹立する詩人である。

初の詩集『地平線』を朝鮮戦争の最中に刊行。1970年に長編詩集『新潟』を世に問い、反響を呼ぶ。1980年代までの詩が『原野の詩』(1991、小熊秀雄賞特別賞受賞)に集成された。他に『化石の夏』『境界の詩』。評論によって詩想を伝え、「在日を生きる」意味を説く。『「在日」のはざまで』(1986、毎日出版文化賞受賞)、『草むらの時』『わが生と詩』など。訳書に尹東柱*詩集『空と風と星と詩』『再訳 朝鮮詩集』。

[磯貝治良]

▶186 キム ジソプ
金祉燮
1885〜1928

独立運動家。慶尚北道安東出身。号は秋崗。21歳の時に尚州普通学校の教員として働く。漢文と日本語に長けており裁判所の書記兼通訳となったが、韓国併合をきっかけに独立運動を決心して辞任した。1919年の3・1独立運動が起こると国境を越え、満州、シベリアなどを転々とした後、1922年上海で義烈団に加入し上海、北京などで活動した。同年帰国し、金始顕らとともに日本の主要施設および要人襲撃の計画を立てたが失敗、上海に脱出した。関東大震災の朝鮮人虐殺の報復として、日本帝国議会に出席する日本の要人等を暗殺しようとした義烈団の計画にしたがい、これを実行するため1924年1月東京に潜入したが、議会が休会中であったため計画を変更、皇居に爆弾を投じようと二重橋付近を物色中不審尋問を受け、爆弾を投げつけて逮捕された。裁判では「死刑か無罪」を主張したが無期懲役の判決を受け、1928年2月20日に千葉刑務所で獄死した。

[堀内稔]

▶187
金芝河救援運動 1970年代から1980年代にかけて日本で行われた、韓国の詩人金芝河の釈放要求運動。金芝河は1970年に詩「五賊」で一時拘束され、日本に知られるようになった。74年4月に民青学連事件で投獄され、主導者の一人として普通軍法会議で7月13日、死刑判決を受けた。日本では死刑求刑のあった7月10日に、それまであった「金芝河救援国際委員会」を発展させた「金芝河らを助ける会」(代表:小田実*)が結成され、日本人や在日朝鮮人知識人がハンガーストライキを行って死刑撤回、釈放を訴えた。金芝河は判決1週間後に無期懲役に減刑となり、75年2月にはいったん釈放されたが、人民革命党事件のでっち上げを主張した手記「苦行 一九七四」を発表、3月1日には日本民衆に向けたアピールを発表するなど目覚しい活動を行ったことから、3月13日に再投獄された。この間、金芝河の著作が日本で紹介されて大きな感動を与えた。3・1アピールも反響が大きく「朝鮮語で3・1アピールを読む会」も生まれた。79年10月には獄中での健康悪化が伝えられたことから、「読む会」やキリスト教団体などからなる「金芝河らを殺すな! 医師団派遣緊急行動委員会」が釈放要求のハンガーストライキなどを行った。釈放は81年12月だった。

[石坂浩一]

▶188 キムジュニョン
金俊淵
1895〜1971

言論人・独立運動家・政治家。雅号は朗山。全羅南道霊岩郡出身。1914年霊岩普通学校、1917年京畿高等普通学校卒、1920年日本岡山第六高等学校、1921年東京帝国大学法学部独法科を経て同大学院で政治学助手。1920年7月から始まった東京留学生学友会の第1回巡回講演団の代表として朝鮮各地を巡回しながら朝鮮民衆の啓蒙活動、実力養成、反日意識の鼓吹などの活動を行った。

1922年から1924年にはドイツのベルリン大学で政治と法律学を研究。1925年朝鮮日報モスクワ特派員。1928年東亜日報編集局長の在職中、第3次共産党事件（ML党事件）で7年間投獄され、その後1936年東亜日報の孫基禎*日章旗抹殺事件で辞任する。また興業倶楽部事件、朝鮮語学会事件を主導するなど抗日闘争を広げた。

戦後の活躍としては、1949年民主国民党常任委員、1950年法務部長官、1956年は民主党最高委員に抜擢。1960年副大統領出馬。1963年自由民主党代表最高委員。1965年には日韓会談反対運動に参加。著書としては『独立路線』（1947）、『나의 小伝』（1957）、『나의 길』（1966）がある。

［朴成河］

▶189 キムジョンピル
金鍾泌
1926〜

韓国の軍人・政治家。忠清南道扶余生まれ。1947年ソウル大学校師範大学教育部2年を修了し、1949年陸軍士官学校（第8期）を卒業。1961年には朴正煕らとともに5・16クーデターを起こし、韓国中央情報部の初代部長となる。与党民主共和党の結党準備委員長、議長も務めた。日韓会談では請求権*問題の政治的妥結に決定的な役割を果たすが、そのため政府批判の標的となり、公職辞任に追い込まれ、外遊を強いられた。1970年代には、金大中拉致事件、文世光事件*の処理にあたり朴政権を支えた。日韓議員連盟会長となり日韓政財界をつなぐパイプ役として活躍した。

1979年朴正煕暗殺事件後、金大中、金泳三とともに大統領候補の一人として注目されたが、1980年5・17クーデターで1985年まで政治活動を禁じられた。1987年、新民主共和党を結成して大統領選に出馬したが敗北。1990年盧泰愚、金泳三らと民主自由党を結成して最高委員となったが、1995年離党して自由民主連合を結党し、総裁に就任した。1997年大統領選挙では金大中と同盟して大統領当選に貢献し、金大中政権では国務総理を務めた。その後、日韓議員連盟会長、自由民主連盟総裁、ワールドカップサッカー国会議員連盟会長などを歴任した。2004年4月、総選挙惨敗の責任をとって総裁を辞任、政界を引退した。

［太田修］

▶190 キム スジン
金守珍
1954〜

劇団「新宿梁山泊」代表。演出家・俳優。演出名は金盾進。東海大学卒。蜷川スタジオを経て唐十郎主宰「状況劇場」で俳優修業。1986年「ジェルソミーナ」で演出家デビュー。1987年新宿梁山泊を創立。「アングラ演劇」を現代日本文化として継承発展させるという理念の下、大半の作品を自ら演出し

テント公演を展開。1989年に「千年の孤独」で初の韓国公演を行い、テアトロ演劇賞と青丘賞を受賞。以後、ブラジル、ヨーロッパ、カナダ、米国など海外公演にも意欲的に取り組んできた。1993年に文化庁芸術祭賞、1998年に読売演劇大賞優秀賞（演出家賞）受賞。俳優としても映画*『少女』（奥田瑛二監督）、NHK大河ドラマ『吉宗』など出演多数。2001年に日韓合作映画『夜を賭けて』（原作・梁石日*）の監督を務め、1950年代の在日朝鮮人の逞しい姿を活写。毎日映画コンクールスポニチグランプリ新人賞、日本映画監督協会新人賞を受賞。

[髙賛侑]

▶191 **金聖響** きむせいきょう
1970〜

指揮者。大阪府出身の在日コリアン3世。1992年、ボストン大学哲学科卒業。1995年、ニューイングランド音楽院大学院指揮科修士課程修了後、タングルウッド音楽祭で小澤征爾に師事。さらにウイーン国立音楽大学でレオポルド・ハーガーに指揮法を学ぶ。1996年、リスボンで開催された第2回若手指揮者のための国際コンクールで最高位を受賞。1998年、第12回ニコライ・マルコ国際指揮者コンクールで優勝し注目される。大阪センチュリー交響楽団（2003〜2006年）や神奈川フィルハーモニー管弦楽団の常任指揮者（2009年〜）として活躍。その他、東京フィル、東京都交響楽団、新日本フィル、読売日響、オーケストラ・アンサンブル金沢など日本の主要なオーケストラに客演指揮し、絶賛される。オーケストラ・アンサンブル金沢と、ベートーベンとブラームスの全交響曲を録音したCD（ワーナーミュージック）を発売。古楽器奏法を随所に採用した新しい解釈が話題を集めた。著書に『ベートーベンの交響曲』『ロマン派の交響曲　未完成から悲愴まで』（講談社現代新書、ともに玉木正之氏との共著）がある。

[朴一]

▶192 **金素雲** キムソウン
1907〜1981

翻訳家・随筆家。本名：金教重、号は三誤堂。植民地末期に刊行した『朝鮮詩集』や童話集は「鐵甚平」の名で出している。釜山影島生まれ。玉成学校を中退後、1923年、『時代日報』に詩「信条」を発表して登壇。23歳で渡日。以後、詩、民謡、童謡等の採集や翻訳に活躍した。その訳文は北原白秋などから激賞された。また童話雑誌の刊行なども試みている。『朝鮮口傳民謡集』（1933）は、消滅しつつあった民謡を採集、保存したことで、今日に至るも貴重な業績として、高い評価を得ている。また日本語に訳された『朝鮮民謡集』（1929）、訳詩集『乳色の雲』（1940）、『朝鮮詩集』前期・中期（いずれも1943）等は名訳としてつとに名高い。『金素雲随筆集』全5巻がある。

[布袋敏博]

▶193 **金錫源** キムソグォン
1893〜1978

日本陸軍将校となった朝鮮人。朝鮮ソウル生まれ。大韓帝国末期に日本に留学して軍人となっていた盧伯麟に憧れて、自身も軍人を志し、1908年に韓国武官学校に入学。同校は廃校となり、東京陸軍幼年学校に入学。1913年、陸軍士官学校に進み、1915年卒

業（陸士27期）。満州事変、日中戦争では日本軍将校として戦闘に参加、功三級金鵄勲章を授与されている。朝鮮人として功績をあげた将校として名前が知られるようになり、朝鮮軍司令部は金錫源を朝鮮全土に巡回公演させ、朝鮮民衆の戦争協力を引き出そうとした。1944年、大佐に昇進。

解放後は教育事業に従事していたが、1949年、韓国軍に入り、第一師団長などを務め、少将で退役した。なお、次男も陸軍士官学校卒の日本軍人であったが、アジア太平洋戦争中にフィリピンで戦死している。

参考文献：金錫源『自叙伝 老兵の恨』1984。　　　　　　　［外村大］

▶194 キムソクポム
金石範
1925〜

作家。1925年、母が済州島*から渡日して3、4カ月後に大阪・猪飼野*（現生野区）で生まれる。京都大学文学部美学科卒業。13歳から歯ブラシ工場、看板店見習い、鉄工所工員、新聞配達などをして独学。14歳のとき済州島を訪れて魂を揺さぶられ、「小さな民族主義者」になる。民族組織の主に文化分野で活動。鶴橋でやきとり屋台を出したこともある。

1957年、『文芸首都』に「看守朴書房」「鴉の死」を発表して以来、済州島四・三事件の追求をライフワークにする。その集大成が『火山島』（文藝春秋）。1万1000枚の超大作は、革命と反革命がせめぎ合う極限状況における人間存在の葛藤を見事に虚構化し、文学の力によってタブーの闇から歴史を甦らせた。全体小説としての稀有な成果は、在日朝鮮人文学の枠を超えて20世紀文学の金字塔といえる。『火山島』は第1部が大仏次郎賞、全7巻が毎日芸術賞を受賞。

小説作品は、『金石範作品集』（平凡社）全2巻、『〈在日〉文学全集』（勉誠出版）第3巻などに収められ、『ことばの呪縛』（筑摩書房）など評論集も多い。　　　　　　　　［磯貝治良］

▶195 キムソンミン
金聖珉
1915〜没年不詳

解放前に日本文壇で活躍した小説家*。
1915年、平壌府生まれ、宮原惣一の筆名も使用した。平壌高等普通学校中退後、一時東京に留学するが帰国、鉄道職員となる。1936年、大阪毎日新聞社の懸賞に応募した小説「半島の芸術家たち」が一等入選を果たし、雑誌*『サンデー毎日』に連載される。横光利一に師事しつつ文学活動を続け、戦時下の日本にあって『緑旗聯盟』（1940）、『恵蓮物語』（1941）の著作を出した。これらに収められた小説は、内鮮一体*、朝鮮人の皇民化という国策に沿ったものとなっているが、大衆小説の性格を持ち、当時の朝鮮の都市文化や青年の思想動向を伝える要素もある。

解放直前には栃木県佐野に住んでいたが、東京、神奈川にいた金達寿*、李殷直*、張斗植*とともに回覧雑誌『鶏林』を刊行していた。金達寿によれば、この当時の「彼は朝鮮民族とか、独立といったそんな政治的なことはどうでもいいという、いわゆる芸術至上主義者だった」という。解放直後に帰国、その後については不明。

参考文献：南富鎭「解説」・金聖珉『緑旗聯盟』復刻版、ゆまに書房、

2001。金達寿『わが文学と生活』青丘文化社、1998。　　　　[外村大]

196 キムダルス
金達寿
1919〜1997

作家。慶尚南道昌原生まれ。10歳で渡日し、納豆売り、屑拾い、風呂屋のカマ焚きなどさまざまな仕事をしながら小学校を卒業、困窮のなかで文学を志す。1939年日本大学専門部芸術科入学、翌年処女作「位置」(『芸術家』8月号)発表。神奈川新聞社員を経て、解放後在日朝鮮人連盟結成に参加。1946年『民主朝鮮』*を創刊し、同人誌『鶏林』で書き始めていた初の長編「後裔の街」を連載。新日本文学会会員。以後、長編『玄界灘』(1954)、『太白山脈』(1968)、中編『朴達の裁判』(1959、1958年芥川賞候補)をはじめ多数の評論を含む旺盛な創作活動により、日本における在日朝鮮人文学の存在を不動のものとなさしめた。朝鮮地誌を扱った『朝鮮』(岩波新書、1958)は評判をとるも朝鮮総連は内容を批判、以後、組織運動とは次第に距離を置くようになり、1975年姜在彦*らと『季刊三千里』*を創刊。全斗煥政権下の1981年姜在彦、李進熙とともに渡韓し、波紋を呼んだ。1970年代以降、『日本の中の朝鮮文化』(1970〜)など古代日朝史関連の歴史エッセーに比重を移すが、終生、在日文学の原点を占める作家だった。

参考文献：崔孝先『海峡に立つ人』批評社、1998。　　　　[鄭雅英]

197
キムチ

日本の漬物類の消費量の第1位はキムチであり、2002年の38万トン、2007年は25万トン、これに対しタクアンは4位で8〜9万トンで、キムチの3分の1から4分の1くらいである。いまやキムチは日本の食べ物になったといえよう。これはひとえに在日コリアンの生活力がもたらした結果であることを示す好例であろう。戦後に日本で広まり出した商品キムチは「朝鮮漬」「アリラン漬」などと呼ばれたが、1981年に在日のモランボン*㈱のTVコマーシャルに「キムチ」が出る。翌年から食品需給センターの統計にキムチの項目が加えられた。

キムチは朝鮮民族の知恵によって生み出された傑作食品である。2004年、アメリカの雑誌*『Health』は世界の5大健康食品にギリシャのヨーグルト、スペインのオリーブ油、日本の豆腐、インドのレンズ豆と共に韓国のキムチを選んだ。キムチは世界の注目食品になったのである。

キムチとは漬物の総称で漢字では「沈菜」と表される。材料の種類や漬け方によって100種を超えるキムチなるものが存在する。古くは野菜類の単なる塩漬けだったが、これにトウガラシ*が利用されると、一気にそのつくり方が多様化した。トウガラシ以前の代表的なキムチは「冬沈」と呼ばれる水分たっぷりの水キムチであった。いまも広く食べ続けられている。トウガラシの伝来の記録は『芝峰類説』(1614年)で、日本から来たので「倭芥子」と呼ばれ、辛味を「毒」扱いしている。普及には相当な歳月を要し、『増補山林経済』(1766年)に初めてキムチにトウガラシを用いた記録が出てくる。このトウガラシの使用は漬

作りに画期的な変革をもたらす。塩味と発酵による酸味が主体であった水キムチの水分を減らし、塩辛類の添加を可能にした。トウガラシの辛味成分はニンニク*の成分と共に防腐効果を発揮し、野菜の発酵食品としての価値を一気に高めた。発酵作用により腸内に乳酸菌が増加し、悪玉菌を減らし、病気に抵抗性を持つ免疫を作ってくれる。トウガラシの辛味成分カプサイシンは野菜の食物繊維と協力して食べたものの消化を促進してくれる。ニンニクの成分からのアリチアミンは運動力を高め疲労回復に役立つ。キムチは単なる野菜の漬物ではなく、人の健康に役立つ健康食品そのものである。ニンニクとトウガラシを好まなかった日本の食嗜好を一変させたのは在日コリアンの食生活からだったといえる。

[鄭大聲]

▶198 キムチャンヂョン
金賛汀
1937〜

ノンフィクション作家。京都府出身。朝鮮大学校*卒業後、朝鮮総連の機関紙『朝鮮新報』の記者となる。機関紙記者時代は朝鮮民主主義人民共和国や朝鮮総連を擁護する記事、論説を書いてきたが、やがて本国の金日成*政権や朝鮮総連組織のあり方に疑問を感じ、退職。その後、フリーランスのライターとして朝鮮半島情勢や在日問題をテーマとしたルポを数多く執筆した。中でも1992年に上梓した『パルチザン挽歌　金日成神話の崩壊』は日帝支配下、朝鮮民主主義人民共和国を創建した故金日成主席が指導したとされるパルチザン闘争に捏造があると指摘し、大きな話題に。そのため、朝鮮総連からは「金日成元帥の偉大な革命歴史を誹謗中傷した民族反逆者」として批判を浴びることとなった。主な著書に『異邦人は君が代丸に乗って』(1985)、『ぼく、もう我慢できないよ』(1989)、『甲子園の異邦人たち』(1985)、『炎は闇の彼方　伝説の舞姫崔承姫』(2002)、『拉致』(2005)、『将軍様の錬金術　朝銀破綻と総連ダークマネー』(2009) など。[姜誠]

▶199 キムチョル
金鐵佑
1926〜

技術者。静岡県生まれ、在日2世。東京工業大学卒業後、東京大学大学院で製鉄技術を研究し、1956年にGHQの政策顧問の枠で東京大学の専任講師となり、在日コリアンとして初めての国立大学教員となった。東京大学では文部技官一級（兼研究担当教授）まで務め、製鉄技術では最先端分野の研究で数々の賞を得た。韓国で浦項総合製鉄所（浦鉄）の建設計画が持ち上がると、その技術顧問として招請され、東京大学教員の身分で製鉄所の建設に携わった。当初は東京大学に復帰する予定が、韓国側の強い要請があり、そのまま浦鉄に勤務し、建設と操業に従事した。しかし、大学在任中に北朝鮮に住む肉親に会うために渡北したため約6年半拘束され、大統領特赦後は浦鉄に復帰して副社長まで務めた。在任中は浦項工科大学や浦項産業科学研究院などの創設と運営に関わり、退任後は、韓国と日本との間の人材・技術協力を目的にした社団法人「韓日人材・技術協力機構」の設立・運営と共に、韓国及び中国の大学の碩座及び名誉教授に任じられている。

[尹明憲]

▶200 キムチョンヘ
金天海
生没年不詳

解放前後を通じた在日朝鮮人運動の指導者。慶尚道蔚山生まれ。本名：金鶴儀。書堂で学んだ後通度寺で修行、この時の僧名が天海。その後、中央学林（現・東国大学）に入学したといわれる。1922年渡日し日本大学入学（退学）、労働運動に入り同年11月東京朝鮮労働同盟会に加入。1925年7月神奈川県朝鮮合同労働会を結成し常任執行委員として活動する。1926年在日本朝鮮労働総同盟*中央執行委員となり、1928年5月から同執行委員長兼争議部長として在日朝鮮人労働運動を指導した。この頃朝鮮共産党に入党し、同年6月同党日本総局責任秘書となるも、10月逮捕され懲役5年の判決を受ける。出獄後、1935年12月に李雲洙*・朴台乙らとともに『朝鮮新聞』*（朝鮮語）を発行し、関東・中部・北陸地方にも支局や組織を拡げた。1936年8月再び検挙され懲役4年の判決を受ける。刑期終了後も予防拘禁により拘禁され、1945年10月10日府中刑務所から出獄した。その後、日本共産党中央委員・政治局委員・朝鮮人部長と同時に朝連顧問として在日朝鮮人運動を指導する。1949年朝連解散命令とともに公職追放を受ける。1950年5月朝鮮民主主義人民共和国に渡航、朝鮮労働党中央委員・社会部長、最高人民会議代議員、祖国統一民主主義戦線議長を務めるが1970年代以降、消息が途絶えた。

[樋口雄一・村上尚子]

▶201 キムテイル
金太一
1932～1948

阪神教育闘争*における犠牲者。大阪府布施市（現・東大阪市）にあった朝鮮人密集地域の貧困家庭で2世として育ち、家計を支えながら地元の朝鮮中学に通っていた。1948年4月26日朝鮮学校*閉鎖撤回を求め数万人の在日朝鮮人が集まった大阪府庁前の集会に参加。その日、母親は「危ないから行かんとき」と止めたが黙って家を出たようだという（妹・金玉伊証言）。当日、府庁にて朝鮮人代表と府知事の交渉が持たれたが、午後3時40分別室に控えていた大阪軍政部グレーグ大佐が交渉中止と群集の「5分以内」の解散を命令、集会参加者に向け消防隊の放水が行われ混乱するなかで武装警察隊が突入し実弾を発砲、そのうち1発が金太一の後頭部に命中した。運び込まれた大阪赤十字病院にて絶命、16歳だった。

葬儀は家族の密葬と別に朝連主催の「人民葬」が執り行われ、遺影を抱いた遺族を先頭に大阪市中心部のデモ行進も行われた。朝連、総連や朝鮮学校では金太一を「英雄」として顕彰する取り組みも行われていたが、阪神教育闘争に対する組織的評価の変化にともない次第に行われなくなった。しかし金太一の死は、民族教育運動における象徴的事件として今日も記憶される。

[呉光現]

▶202 キムデジュン
金大中救援運動

二つの時期にわかれる。1973年8月の拉致事件以後。事件の真相究明、日韓癒着の追及を求めた。次は1980年5月の光州事件*で金大中氏が

死刑宣告を受けてから。金大中氏の生命そのものに焦点が合わされた。時あたかも、70年安保闘争が不発に終わり、学園、労働界などが目標を失いかけた時期だったから、労働組合の集会はもちろん、高校、大学の学園祭まで軒並み金大中救援を取り上げた。和田春樹*、青地晨*、安江良介など学者文化人のグループ。小田実*、小中陽太郎氏などべ平連グループ。宇都宮徳馬*、河野洋平、田英夫、土井たか子ら与野党政治家の集まり、宗教*人のグループなど、日本の良心的な人士がこぞって加わった。「金大中氏を殺すな！ 市民総決起集会」が各地で開かれ、数千、数万人が参加し署名と募金が集まった。日本国内だけでなく、米国、ドイツなどでも救出運動は高まりを見せた。在日コリアン社会でも当然救出運動が行われたが、半島の分断状況、韓国内の政治情勢の日本への反射で複雑だった。この救援運動は日本政府を動かしえたか。答えはほとんどノーである。敢えて言えば、戦後一貫して口にすることがはばかられてきた韓国朝鮮問題が国民的な関心を持つきっかけとなった。　　　　　［古野喜政］

▶203
金大中事件　朴正熙大統領が「10月維新」を断行した1972年10月、病気療養のため来日中の金大中前大統領候補は亡命を決意、日米間を往復、反独裁活動を続けた。米国で韓民統本部を発足させ日本支部設立のため再度来日。1973年8月8日、野党民主統一党党首とグランドパレスホテルで昼食した直後、6人の怪漢に襲われ拉致され、13日夜、ソウル市麻浦区東橋洞の自宅近くで解放された。大阪港から釜山港まで船で運ばれる途中、殺されそうになったが、飛行機が飛来したのを合図に助かった、と証言した。日本・警視庁の捜査本部は、ホテルでの目撃者の証言と、現場から採取した指紋が一致したことから駐日韓国大使館一等書記官金東雲を犯人の一人と断定。金東雲は事件直後離日、日本政府の任意出頭要請を韓国政府は拒否した。

公権力による主権侵害であることは明白で、国際慣例に基づき「原状回復（金大中氏の再来日）」、「犯人の処罰」、「謝罪」などが外交的に求められた。日韓関係の悪化を憂慮した田中角栄政権は主権を事実上放棄、11月、金鍾泌*韓国首相が来日、陳謝したことだけで政治決着をはかり、金大中氏の原状回復を求めず、見殺しにした。

1973年12月、延期されていた日韓閣僚会議が再開されたものの、日韓間の"喉に刺さった骨"として残った。翌年、1974年4月の民青学連事件・人民革命党事件で日本人2学生がまきこまれて有罪、服役。さらに同年8月15日の光復節会場で、在日韓国人文世光が大阪府警から盗んだ拳銃で朴大統領を狙撃、陸英修夫人が亡くなるなど、日韓関係を揺るがす事件が続発、対韓経済協力がスムーズにすすまなかった。日本側は嫌がる朴政権を説き伏せて1995年7月、文世光事件*と抱き合わせで金大中事件の第2次政治決着を行った。訪韓した宮沢喜一外相は、「金大中事件はすべて終わった」と言い切った。

2次にわたる政治決着の結果、日本

が金大中の現状回復の意思がないと確認した朴政権は、1976年3月、「3・1民主救国宣言事件」で金大中氏を逮捕。朴正熙暗殺後、権力を握った全斗煥は、1980年5月、光州事件*で金大中氏を内乱陰謀容疑で逮捕、死刑を宣告した。起訴容疑は拉致事件の政治決着に反していたが、日本政府はなんら抗議しなかった。

金大中氏は米国亡命で死刑を免れ、1985年強行帰国。民主化後の大統領選で2度敗れたが1998年ついに悲願の大統領の座についた。

日本政府は事件後1983年捜査本部を解散した。だが、犯人は国外に逃亡、時効は中断しており、事件は終わっていない。大統領として訪日した金大中氏は「現状回復としての訪日ではない」と言っている。韓国政府は2005年、盧武鉉政権下で金大中事件にかかわる外交文書を公開、日本政府の主権放棄の実体が赤裸々にさらけ出された。2年後、国情院真実究明委が調査結果を発表。事件は中央情報部による計画的な犯行と断定、朴正熙大統領の指示を否定しなかった。政治決着に絡み、田中角栄首相が朴正熙大統領から3億円を受け取ったとする疑惑、日本自衛隊などが金東雲と関係があったことを政府ぐるみで隠蔽した疑惑などが今後に残されている。［古野喜政］

▶204 キム テ セン
金泰生
1924〜1986

小説家。済州島*に生まれる。5歳のとき単身、日本に渡り、大阪猪飼野*で育ち、幼時から工場などで働く。解放後、肺結核を患い、右肺葉切除手術のため肋骨8本を失う。療養生活のなかで人間の生と死を見つめて文学を志す。1955年に短編「痰コップ」(『新朝鮮』)を発表。同じ時期に『文藝首都』の同人となり、1961年から10年余、統一評論社に勤めた。

53歳のとき、父との葛藤とその死を描いた表題作など4篇を収めた初の小説集『骨片』(創樹社)を刊行、良質な文学性が注目された。その後、『私の日本地図』(未來社)、『私の人間地図』(青丘社)、『旅人伝説』(記録社)などを刊行。寡作だったが、ひたすら市井の人々にまなざしを注ぎ、清澄な人生観想と文章表現が際立つ。在日朝鮮人文学が描くことの少ない女性の生死も多く描いた。作家は「辛酸を生きた無名の人々を闇に葬ることはできない」と創作の動機を語った。

［磯貝治良］

▶205 キムドゥヨン
金斗鎔
1903〜没年不詳

労働運動家。咸鏡南道咸興に生まれる。渡日後、旧制中学・旧制三高を経て、1926年に東京帝大美学美術史学科に入学(中退)。帝大在学中に新人会に所属。日本プロレタリア芸術連盟に所属し『戦旗』『プロレタリア芸術』を中心に執筆活動をすると同時に、朝鮮プロレタリア芸術同盟東京支部*の設立に参加し、機関紙『芸術運動』(『無産者』*に続刊)を編集発行。1929年頃から労働運動に関わり、『在日本朝鮮労働運動はいかに展開すべきか』(同年11月)を執筆して、在日本朝鮮労働総同盟*の日本労働組合全国協議会*への解消を推進。1930年から解放まで何度も逮捕、投獄された。1930年代半

ば、日本プロレタリア文化連盟の機関紙『ウリトンム』編集長、「朝鮮芸術座*」委員長として活動、『文学評論』や『生きた新聞』に執筆。解放後、朝連の結成に参加し、情報部長や機関紙『解放新聞』*の主筆を務めた。日本共産党中央委員候補・朝鮮人部副部長を務め『前衛』に論文を発表し、日本における朝鮮人運動に影響を与えた。1947年に北朝鮮に帰国後、北朝鮮労働党中央委員候補。

[村上尚子]

▶206 キムドンフン
金東勲
1934〜

法学者。忠清北道生まれの在日韓国人1世。日本に留学し、近畿大学で法律を学ぶ。同大学卒業後に京都大学大学院に進学し、法学博士の学位を取得。大阪経済法科大学教授を経て、1982年に龍谷大学教授に就任(2003年まで在籍)。専攻は国際人権法、国連研究。大学で国際法*などを教える一方、民族差別と闘う連絡協議会*、在日韓国・朝鮮人大学教員懇談会*、民族教育促進協議会*、ヒューライツ大阪など多くのNGO組織・外郭団体で代表を務め、1980年代から1990年代にかけて在日コリアンや社会的弱者に対する差別撤廃・権益擁護運動を進める市民運動で指導的役割を果たす。主な著書に『人権・自決権と現代国際法−国連実践過程の分析』(新有堂、1979)、『外国人住民の参政権』(明石書店、1994)、『国際人権法とマイノリティの地位』(東信堂、2003)などがある。

[朴一]

▶207 キムハンギョン
金漢卿
1903〜没年不詳

1920年代後半に日本で活動した共産主義者。別名として、金均、南萬権、趙槿など。1903年忠清北道堤川生まれ。普成専門学校で学んでいたが、1925年頃に渡日。同年7月には在日本朝鮮労働総同盟*の幹部となる。翌年1月5日付の『朝鮮日報』に「我々の立場は特殊」という論説を発表、在日朝鮮人の労働運動について、日本の労働組合の綱領を翻訳して使用しているようなことを反省し、その欠陥を改めるべきであると説く。

1927年6月、朝鮮共産党員であった朴洛鐘からの勧誘を受けて同党に入党。朴らとともに朝鮮共産党日本部(のちに日本総局と改称)を創立し、その宣伝部責任者となる。なお、その後、日本総局の責任秘書となったとする史料もある。しかし、1928年、弾圧を受けて大阪で検挙された。1930年から始まった公判では、朝鮮語の使用を要求するなど活発な法廷闘争を試みたが1933年に懲役刑が確定。入獄、出獄の時期は不明ながら、1938年には時局対応全鮮思想報国連盟の役員となり、反共主義、内鮮一体*を説く言論活動を行った。

参考文献:内務省警保局『社会運動の状況』1931、1932年版。文国柱『朝鮮社会運動史事典』社会評論社、1981。 [外村大]

▶208 キム ヒ ミョン
金煕明
生没年不詳

在日朝鮮人運動の活動家・文学者・民団幹部。忠清南道論山生まれ。生年、渡日年不明。没年は1977

年の初めか、1976年末と見られる。

1922年にすでに『亜細亜公論』*に朝鮮の詩を紹介する活動を行っており、1923年7月には同誌を引き継いだ『大東公論』の発行人となった。1920年代半ばにはプロレタリア文化運動関連の日本語雑誌に、詩や小説、評論、戯曲を活発に発表した。そのなかには、在日朝鮮人の受ける差別を捉えた作品もある。その後、1930年代には東京府の嘱託となり、社会事業関係を担当した。この間、朝鮮人に対する社会事業に関する論稿の発表も行っている。

解放後は在日本大韓民国居留民団（民団）に関与、副団長や事務総長などを歴任した。また、日韓親和会にも関わり、その機関誌『親和』にしばしば執筆を行っている。著作として『興宣大院君と閔妃』（洋々社、1967）がある。

参考文献：雑誌『亜細亜公論』・『大東公論』・『親和』各号。　　　［外村大］

▶209 キムビョンシク
金炳植
1919〜1999

朝鮮総連の活動家。全羅南道生まれ、渡日し旧制第二高校（現在の東北大学）で経済学を学んだ。韓徳銖*の姪の夫で朝鮮総連結成以後に組織内で頭角を現し1958年に朝鮮問題研究所*所長、1959年に総連人事部長に抜擢される。1963年には総連中央の実務部門の中枢を担う事務局長に就任し、総連内の非主流派（民対派）の排除と、北朝鮮の金日成*から韓徳銖への排他的な指導体制の樹立に辣腕をふるった。韓徳銖の指導権が確立する総連第8回大会（1967年）以後は、組織内の「学習組*」や「ふくろう部隊（青年同盟熱誠者*組織）」を梃子に自身のライバルや批判者への監視や検閲、過酷な「総括」や「自己批判」を強いて組織の極端な硬直化がすすんだ。金炳植は、こうした「宗派摘発運動」や組織内での金日成の神格化を推し進めて、1966年には副議長、1971年には第1副議長にまで昇りつめる。だが、1972年には韓徳銖との対立が表面化し、この対立に金日成が韓徳銖を支持したことで金炳植は失脚して北朝鮮に召喚された（金炳植事件）。帰国後は、朝鮮社会民主党委員長を経て国家副主席にまで返り咲くが、日本で隠匿していた多額の資金を北朝鮮指導部に献納しての復権であったと言われる。

参考文献：金賛汀『朝鮮総連』新潮新書、2004。朴斗鎮『朝鮮総連　その虚像と実像』中公新書ラクレ、2008。

［文京洙］

▶210 キムホヨン
金浩永
1907〜没年不詳

解放前における左派系在日朝鮮人運動の指導者。当初、アナキスト系の団体に所属していたが、1925年以降はマルクス主義系の団体で活動を続けた。1920年代後半には、東京合同労働組合、関東新聞労働組合、労働農民党、全日本無産青年同盟、日本プロレタリア作家同盟、在日本朝鮮労働総同盟*の一員として活動していた。特に1928年に加盟した在日本朝鮮労働総同盟（在日労総）では政治部長のほか、争議部長の役職に就き、いくつかの労働争議の指導に当たった。またこの間、左派系の日本語雑誌などに在日朝鮮人の生活の実情や内

鮮融和団体批判の文章を発表している。

　1929年後半から翌年にかけてのプロフィンテルン*の方針を受けた左派系在日朝鮮人労働運動の転換、つまり在日労総の日本労働組合全国協議会*（全協）への合同解消では、在日労総中央委員、全協朝鮮人委員会幹部として主導的な役割を果たした。しかしこの間、合同解消の時期や方法をめぐって神奈川県朝鮮労働組合の李成白や大阪朝鮮労働組合の金文準*らと対立抗争を繰り広げている。そして在日労総の全協への合同解消が遂行されつつあった1930年4月に検挙された。

　1934年11月には『東京朝鮮民報』*（1936年9月に『東京朝鮮新報』に改題）の創刊に関与し、以後、同紙刊行を通じて在日朝鮮人の生活権の確立、民族運動の再興を企図した。しかし同紙も戦時体制構築が進む中で1937年8月に弾圧を受け刊行が続けられなくなった。その後の解放前の活動については1939年に朝鮮で刊行されていた雑誌*『朝光』に東京在住朝鮮人の現状についての記事を書いている。また、解放後には1945年11月ソウルで朝鮮労働組合全国評議会の常任委員として活動。1946年2月南朝鮮民主主義民族戦線結成大会に出席し、民族戦線中央委員に選出されたと伝えられる。
　　　　　　　　　　　　　　［外村大］

▶211 キム マ ニュ
金萬有
1914〜2005

医師。済州島*出身の在日1世。日本名：金本萬有。少年期に姜文錫（後南朝鮮労働党宣伝部長）から薫陶を受ける。1931年独立運動嫌疑で特高警察に逮捕・拷問、政治犯として投獄。1936年進学目的で渡日。1941年東京医学専門学校（現東京医科大学）卒業。1942年同郷人の資金援助により貧民街・荒川涙橋に金本医院開業。1945年在日本朝鮮人連盟*入会、後宣伝部長就任。1946年野坂参三の推薦で日本共産党入党。1953年貧民街・医療過疎地の地元有志の要請に基づき「朝日親善、民主的医療センター、社会福祉」の三大精神を掲げる西新井病院創立。1955年朝鮮総連入会。1957年経営危機で帰化を融資条件とする金融機関と対立。国籍*を問わない日本人銀行家が現れ経営危機を克服。1979年第二次救急医療病院・東京都災害拠点病院となり都内有数の医療機関に発展させた。1977年亡国の苦学生時代の差別体験から後身育成を決意し、朝鮮人科学者を支援する金萬有科学振興会創設。1986年北朝鮮政府との合弁事業・金萬有総合病院を平壌に創立。医療を通じた日朝交流を図ろうとした。
　　　　　　　　　　　　　　［河明生］

▶212 キム ムンジュン
金文準
1894〜1936

労働運動家。済州島*朝天里に生まれ済州農林学校などを卒業。1920年代中期に大阪に渡航し、ゴム工場で働きながら労働運動に参加、1927年在日本朝鮮労働総同盟傘下の大阪朝鮮労働組合執行委員（翌年、執行委員長）、同年新幹会大阪支会結成を主導する。1929年大阪朝鮮少年同盟、大阪ゴム工組合結成。1930年朝鮮労総の日本労働組合全国評議会（全協）合流に民族的立場から反対して批判されたが、大阪ゴム工組合を全協日本化学産業労働組合大阪支部に改編。同年8

月ゴム労働者によるストライキを準備中に治安維持法*違反で逮捕され懲役3年6カ月。出獄後の1935年6月、朝鮮人労働運動家や東亜日報など本国メディア関係者らの協力を得て大阪で朝鮮語新聞『民衆時報』*を創刊。内鮮融和政策に抵抗して在日朝鮮人労働者、商人、海女*などの労働と生活、保健衛生、教育、文化、スポーツ*など差別下での在日生活問題を多数報道して民族的な生活権確立と擁護・伸長を目指し、階級闘争主軸の労働運動の中で異彩を放った。1936年5月獄中で受けた拷問の後遺症と肺結核で死亡。『民衆時報』は同年9月当局の弾圧により27号で廃刊。2000年韓国政府は建国勲章愛族章叙勲。

参考文献：金賛汀『検証・幻の新聞民衆時報』三五館、2001。　　[鄭雅英]

▶213 **金若水** キムヤクス
1892〜1964

社会運動家・政治家。本名：金枓侄。慶尚南道東莱生れ。1914年東京の正則英語学校に入学、1916年に中国に渡る。3・1運動後、朝鮮に帰り、1920年朝鮮労働共済会に加わった。再び東京に移り、『大衆時報』の発行、黒濤会、北星会*の組織などにより社会主義理論の紹介に努めた。1923年帰国した後、朝鮮共産党結党に加わるなど活動を展開したが、検挙・投獄された。出獄後、雑誌*『批判』『大衆』を発行。解放後は韓国民主党に加入したが、単独選挙反対の立場をとり民族自主連盟を結成。1948年には国会副議長となり、平和統一、外国軍隊撤退を主張したが、翌年南労党フラクションの容疑で逮捕・投獄された。朝鮮戦争勃発直後に北に行き、在北平和統一促進協議会常任幹事を務めた。

[水野直樹]

▶214 **金両基** キムヤンギ
1933〜

比較文化学者。東京生まれの2世。早稲田大学文学部演劇学科卒業。哲学博士。1987年に静岡県立大学、その後常葉学園大学教授を歴任。専門は日韓比較民俗学で、主な著作には『朝鮮の芸能』(1967、岩崎美術社)、日韓の文化を比較した『キムチとお新香　日韓比較文化考』(1978、河出書房)、韓国での生活体験に基づいた『ハングルの世界』、在日論としての『韓国人か日本人か 今こそ在日同胞文化の創造を』(1986、サイマル出版会)など多数ある。また、ラジオたんぱ第1回アジア賞受賞（1984）、第3回KBS（韓国放送公社）海外同胞賞特別賞受賞（1995）、2002年には韓国政府から銀冠文化勲章を受賞。　　[髙正子]

▶215 **金龍済** キムヨンジェ
1909〜1994

詩人・評論家。1926年12月、17歳で日本留学の途につく。1937年、日本から強制送還されるまでの10年間、日本にあって日本のプロレタリア文学者と肩を並べて、日本語作品を残した。その主な作品は『新興詩人』『プロレタリア詩』『戦旗』『ナップ』『プロレタリア文学』等に発表された。中でも「愛する大陸よ」は『日本プロレタリア詩集1932年』に収録されるほど、当時の日本を代表する詩人とみなされた。

4度逮捕され、そのうち3度目は治安維持法*で3年9カ月を獄中で過ご

した。獄中非転向を貫き、大法院（最高裁判所）まで争った。1936年、出獄後『東亜日報』『朝鮮日報』等に評論・詩・小説を朝鮮語で精力的に発表し、元気なところをみせている。

日本プロレタリア文化運動の最後の輝きがコップ（日本プロレタリア文化聯盟）であったとするなら、（当時のコミンテルン*の一国一党主義のもとで）コップのしんがりは、民族解放運動の一環として社会主義を選択した朝鮮人であり、そのなかでも金龍済は勇猛果敢な戦士であった。

1937年帰国した金龍済はしばらく活発な活動を続けていたが、やがて半年の沈黙ののち、1939年から親日文学に走る。最初の日本語詩集『亜細亜詩集』（1942）のなかでこう歌っている。「私は日本国民の愛国者として仕事をしたい。／同時に新しい日本精神を深く学びたい。／私は朝鮮民衆の真の幸福のために働きたい。／同時に懐かしい子守唄を無邪気に歌ひたい」

圧倒的にも見える日本の圧力を目の前にして、それが当面崩壊するとは思えないと認識したとき、朝鮮と日本の「調和」を考えたのであった。

祖国の解放から彼の死までの49年という長い歳月を、「自意半ば、他意半ば」で、ついに文壇に返り咲くことはなかった。　　　　　　　［大村益夫］

▶216 キムヨンダル
金英達
1948〜2000

在日コリアンの歴史・法的地位問題の研究者。愛知県生まれ。1972年神戸大学夜間部に入学し、自身の体験もあり帰化問題から研究をスタートさせた。その後、在日に関する法制度や歴史へとテーマを広げる。在日朝鮮人の人口移動に関する数字についての再計算に代表されるように綿密な資料収集によって通説の再検討にも意欲的に取り組んだ。研究のために現場にもこまめに足を運ぶとともに、むくげの会、兵庫朝鮮関係研究会、在日朝鮮人運動史研究会*などに参加、「歴史の接点を歩く会」の世話人でもあった。後年はRENK（救え！　北朝鮮の民衆／緊急行動ネットワーク）の代表としても活動していた。26年間の著作は大小合わせて282本に上り、単著だけでも『日本の指紋制度』（1987）、『在日朝鮮人の帰化』（1990）、『日朝国交樹立と在日朝鮮人の国籍』（1992）、『創氏改名の研究』（1997）など多数。没後、単行本化されていない著作を収録した『金英達著作集』が全3巻で公刊された。　　　　　　　　　　［伊地知紀子］

▶217 91年問題

1965年に締結された日韓基本条約に基づき在日韓国人の法的地位として翌年の1月に協定永住*制度が発効したが、その対象は戦前より引き続き日本に居住した者およびその直系卑属とされた。そして、協定永住が許可されるのは親子の2世代までと限定され、しかも協定発効から5年以内に申請すれば審査して許可するという時限立法であった。孫となる3世代目以降の処遇は保留とされ、1966年に協定が発効して25年が経過するまでは韓国政府の要請があれば再協議するとされた。これが俗にいう91年問題である。

協定永住を取得できるのは「韓国籍」といわれ、「朝鮮籍」では取得で

きない、あるいは取得しないなどと在日コリアン社会に少なからぬ混乱と分断をよんだ。協定永住を申請しなかった「朝鮮籍」のひとは、一般外国人としてこれまでの出入国管理令が適用され、退去強制*等の条件が協定永住者との間で異なった。この間、出入国管理法案反対運動、外国人学校法案*反対運動などが展開されるなど在日コリアンの制度差別についての関心がたかまるとともに、就職差別反対運動に取り組むなど人権意識が高揚し、行政差別撤廃闘争が各地で取り組まれた。

1982年、日本が難民条約に加入するにともない、これまでの入管令を出入国管理及び難民認定法*と改訂し、「朝鮮籍」者を対象にした特例永住制度がつくられるとともに、社会保障については内外人平等*の政策がとられるようになった。やがて制度的差別の最たるものである外国人登録法*の指紋押捺制度撤廃への意識が高まり、押捺拒否の運動がひろまり、日本社会でも大きな問題となった。指紋制度は一回制からやがて1992年の法改訂で永住者及び特別永住者について廃止され、2000年にようやく全廃となった（しかし、テロ防止法のからみで2007年から特別永住*者を除く在日外国人から左右ひとさし指の指紋と顔写真を入国時に採取すると後戻りしてしまった）。

こうした在日コリアンをめぐる諸問題を背景に韓国政府は、1989年4月に在日コリアンの諮問委員を含めた在日韓国人後孫問題諮問委員会を立ち上げ、91年問題にむけた再協議に備え た。一方、日本の入管当局も在日コリアンの処遇について市民運動から非公式にヒアリングを行うなどの動きもあった。

1991年1月、日韓外相の間で覚書が調印され、それに基づき出入国管理特例法が同年の11月に施行されることとなった。これにより戦前から引き続き日本に居住する在日コリアンとその系列にある者は、「韓国籍」「朝鮮籍」台湾出身者に関係なく子々孫々にいたるまで一般の永住者とは違う特別永住者とされることとなった。戦後半世紀が経過してようやく植民地支配された歴史性のなかで在日するようになったコリアンの在留上の法的地位が確定することとなったのである。このとき、あわせて協議された地方自治体職員への採用、国公立小中高教諭への採用、民族教育、地方自治体の参政権等の処遇について覚書のなかでは特に進展をみせずに終わってしまった。［裵重度］

▶218 『キューポラのある街』

早船ちよの同名原作に基づき、1962年に制作された日活映画*。監督は浦山桐郎、脚本は浦山と今村昌平。鋳物のまち埼玉県川口市を舞台に、機械化の波に呑み込まれていく職人たちの姿や、貧しさの中でも健気に生きる子ども達の姿が描かれている。主人公ジュン（吉永小百合）とその弟の友達として朝鮮人の姉弟が登場し、彼ら同士の友情やとくに北朝鮮帰国事業による別れが、作品を彩る大きなテーマの一つとなっている。浦山監督も、朝鮮人きょうだいがいることが原作の映画化を引き受けた大きな要因だと述べた。その意味で、在日朝鮮

人の登場する日本映画というと真っ先に挙げられる作品であり、吉永の清純な印象ともあいまって、戦後日本映画の代表作の一つにもなっている。また蓬萊泰三ほかによって舞台化もされ、各地の劇団によって上演された。続編として『未成年　続・キューポラのある街』（野村孝監督、1965）も映画化されているが、そこでも在日朝鮮人の青年や帰国事業の話が登場している。

[高柳俊男]

▶219 **旧暦と新暦**　朝鮮半島では1896年に大韓帝国が建国されるまで、暦としては伝統的な太陰暦（陰暦）を使用していたが、在日コリアンの間ではこれを旧暦といい、日本で使用されている暦を新暦と呼んだ。朝鮮半島では、現在でも名節である正月や秋夕、祖先祭祀＊を旧暦で行っているが、在日コリアンにおいてはさまざまである。植民地期に渡日した人たちは、朝鮮半島での習俗をそのまま継承して、正月や秋夕、祖先祭祀などを旧暦で行っている人もいれば、新暦で行う人もいる。また、正月や祖先祭祀は新暦で行い、秋夕は新暦の8月15日では本来の名節の意味がなくなるため、秋夕だけは旧暦で行う人もいる。このように、在日コリアンは居住国である日本の習慣に適応させながら、自文化の習俗を柔軟に継承している。

[髙正子]

▶220 **教育基本法と民族教育**　教育基本法（1947年3月31日公布・施行）は、最高法規である日本国憲法の基本理念を具現化した教育法規である。それゆえ、教育基本法の基本的性格は、教育勅語に代わる新しい教育理念を宣言した教育宣言であり、教育法令の根本法として教育憲法的性格を持つ。しかし、2006年12月22日に全面改正された（改正教育基本法）。

戦後、在日コリアンは、朝鮮学校＊や韓国学校の建設に取り組み、民族教育を実施した。民族教育とは、ことばや歴史、文化など自己のルーツに関わる教育のことであり、民族的アイデンティティ＊を獲得・維持し、自立した個人として社会に貢献する資質を形成する教育である。その教育は、自己のルーツに関わることばや歴史、文化を学ぶことを許されなかった民族的マイノリティであった在日コリアンが、朝連と民団を中心として教育活動を展開したことから始まる。民族教育の場は、朝鮮学校や韓国学校での教育だけでなく、大阪などの公立学校に設置されている民族学級＊も含まれる。国際的な人権に関する諸条約にも、民族的マイノリティの民族教育に関する権利が明記され、人権の一つとして国際的合意がなされている。

1948年、1949年、朝鮮学校閉鎖令に基づき、ほとんどの朝鮮学校と韓国学校が閉鎖された。その閉鎖を正当化する口実として使われたのが、教育基本法であった。不十分な民族教育を受けるよりも「平和主義的、民主主義的」である教育基本法にのっとった日本学校での教育を受けることが望ましいといった文部大臣の発言もあった（1948年4月28日）。こうした発言の背景にあったのは、1952年の講和条

約発効まで、在日コリアンが表向きは日本国籍を保持するものとして扱われていたことがある。「日本人とみなされた」在日コリアンは、就学義務の対象となった。そして、GHQと日本政府は日本学校への就学だけを認め、朝鮮学校と韓国学校を強制的に閉鎖したのである。

教育基本法での教育の目的は、「国民の育成」にある。教育の機会均等の対象は、「国民」である。在日コリアンの日本学校への就学は、教育への権利の主体としてではなく、日本「国民として扱う」側の「恩恵・配慮」として認められているに過ぎない。改正教育基本法ではより強調された「我々日本国民は」という主語から前文が始まる。しかし、教育基本法の本来の理念である「人間の育成」とは、在日コリアンの民族教育の権利を含む教育への権利の保障がされることと矛盾するものではない。

[李月順]

教科書問題 1982年6月、前年度の文部省（当時）高校向け教科用図書検定においてアジア諸国への「侵略」という用語の書き換えが進められたと報じられたのを機に、南北朝鮮、中国はじめアジア諸国が教科書検定に激しい抗議を行った。検定において「日本の朝鮮侵略」を「朝鮮侵入」に、「東南アジア侵略」を「東南アジア進出」に、「戦争と侵略」を「対外膨張」に言い換えたり、記述そのものを削除する実例があり、こうした記述変更は1950年代から始まっていた（1982年出版労連調べ）。同年11月、教科用図書検定調査審議会は検定基準に、日本とアジア諸国間の近現代史には国際理解・国際協調の見地から配慮するという「近隣諸国条項」を加えた。1986年「日本を守る国民会議」編高校教科書『新編日本史』（原書房）も検定合格後に近隣関係の記述が修正された。

1990年代、慰安婦への軍関与や植民地支配、アジア侵略戦争への反省とお詫びを表明した河野談話*と村山談話*に危機感を抱き、中学歴史で慰安婦問題*に触れることを「自虐的」と見なした東京大学教授藤岡信勝、電気通信大学教授西尾幹二、漫画家小林よしのりらは自国賛美の自由主義史観を唱えて、1997年「新しい歴史教科書をつくる会」を結成した。2000年137カ所の検定修正を受け入れた末、中学教科書『新しい歴史教科書』（扶桑社）を刊行した。同書の検定合格に対し韓国、中国から歴史歪曲とする激しい非難が続くなか、同教科書採択率は0.039％、4年後の改訂版も0.5％にとどまった。採択不調を背景に2006年「つくる会」は分裂、2008年にはほぼ同じ内容の教科書が自由社から発刊されている。「つくる会」のポピュリズム的言説は、インターネット言論空間を主たる拠点に拡大する「嫌韓」風排他的ナショナリズムの主要な論拠になっている。

民団は2002年教科書検定をまえに「つくる会」申請本に関し「適切な措置」を求める要望書を文部科学大臣に提出し、2005年には民団青年会を中心に全国各地域での「つくる会」教科書採択阻止運動を展開した。

歴史教科書問題を機に国境を越えた

共同研究や共通教材作りへの動きも始まり、政府レベルでは日韓（2002〜2010年）、日中（2006〜2009年）歴史共同研究が行われた。また、民間では日中韓の学者教員共同編集の『未来を開く歴史』（高文研、2005）、同じく日韓共同編集の『日韓交流の歴史』（明石書店、2007）も刊行されている。民団は『歴史教科書 在日コリアンの歴史』（明石書店、2006）を編集発行している。

[鄭雅英]

▶222 **強制連行と在日コリアン**

強制連行とは第二次世界大戦中、朝鮮人に対して行われた暴力的な動員を指す語であり、朴慶植*『朝鮮人強制連行の記録』（未來社、1965）の上梓を契機に広まった。この著書で言うところの強制連行とは、労務動員計画・国民動員計画による労働力の動員だけではなく、軍人・軍属として朝鮮人を活用したことや従軍慰安婦としての連行なども含んでいる。もっとも一般的に強制連行といった場合、労務動員計画・国民動員計画（以下、動員計画）による労働力動員、そのなかでも朝鮮外の労働現場に連れていって働かせたことを指すことが多い。

これは、日中戦争が泥沼化し日本人男子青壮年の出征にともなう労働力不足のなかで、軍需生産を維持拡大する必要に迫られた日本政府が行った政策である。すなわち、日本政府は1939年以降、毎年、朝鮮からの労働者の「集団移入」の数を含む動員計画を決定し、それに基づいて、日本内地や樺太等の炭鉱や軍関係の工事現場、工場等に朝鮮人を配置したのである。労働者の選定は当初、企業の責任において行う「募集」の方式がとられたが、1942年には制度的にも地方行政機構の職員が関与することを定めた「官斡旋*」と呼ばれる方式になり、1944年以降は国民徴用令*に基づく徴用によっても進められた（ただし、徴用はそれ以前にも行われたケースが少数ある）。

この過程では、本人の意思に反して労働現場に連れていくということが多発した。もちろん、初期においては生活難にあえぐ朝鮮農民が募集に応じるといったこともあったが、物理的暴力や官憲による心理的圧迫をもって必要な数だけの労働者を集めることが行われた。特に、戦争末期に朝鮮農村でも労働力が不足するようになると、暴力的連行が増加した。その状況は、行政当局自身が内部文書で「拉致同然」と表現したほどであった。なお、日本内地動員された朝鮮人は約70万人程度であると推定されている。

炭鉱などに動員された朝鮮人たちは、十分な食料や休息の時間を与えられないまま、長時間労働が強いられるなど、しばしば労働現場でも虐待を受けた。また、休日などの外出も自由ではなく、地域の日本人住民のみならず、一般の労働者とも接触できないような管理がなされることも珍しくなかった。加えて賃金の強制貯金や未払いによって労働者本人に給与が渡らなかったり、事務手続きの混乱から朝鮮に残された家族に対する援護が不十分であったりなどの問題も発生した。あるいは、連行先で死亡し、そのまま遺族

のもとに遺骨が届けられない事態も起こった。

戦時下に連行されて日本に来ていた朝鮮人の大半は解放直後に帰国した。日本に生活基盤を作るような状況にはなく、朝鮮に家族を残してきた者が多かったためである。ただし、戦時下の労務動員が原因となって日本に定住するようになった在日コリアンやその子孫は皆無ではない。また、労務動員開始以前に日本で生活するようになっていた「既住朝鮮人」も徴用等の労務動員の対象となった。さらに言えば、戦時下で強制連行された朝鮮人が強いられた過酷な労働、事故による死亡、遺骨の放置等を目の当たりにした「既住朝鮮人」も存在した。

こうしたことから解放直後にも、日本に残った朝鮮人は、強制連行された人々の未払い賃金や災害に対する補償などの問題の解決を求める活動が行われた。しかし、企業や政府はこれに応じず、その後、1965年に決着する日韓会談でもこの問題が大きな争点となったが、個別的な補償は行われない形で決着した。

このような動きに対する危機感と、そもそも日本人の間では植民地支配に対する無反省、知識の欠落が戦後も続いていたことを背景として、1960年代前半、在日コリアンの歴史学者朴慶植*は朝鮮人強制連行の事実発掘に取り組んだ。その成果が『朝鮮人強制連行の記録』である。この著書の刊行以降、各地で朝鮮人強制連行の調査活動が進んだ。1990年代以降は、韓国の市民団体等と連携しながら強制連行の事実の確定と被害に対する補償を求める運動が広がり、さらに2000年代に入って韓国政府の事業としても調査活動が行われるようになった。これらの動きに対しても在日コリアンは積極的に参与している。

しかし、補償問題は完全な解決を見ておらず、事実調査も史料の残存状況などから困難が生じている。さらに、2000年代に入って暴力的な労務動員の事実がなかったかのような虚偽宣伝が日本社会で一定の影響力を持つようになっている。こうしたなかで、引き続き、強制連行と在日コリアンをめぐる問題としては、補償問題の解決、事実調査とそれに基づく歴史教育が課題となっている。

参考文献：古庄正ほか『朝鮮人戦時労働動員』岩波書店、2005。　　［外村大］

▶223
協定永住　1965年6月に締結された日韓条約*とともに締結された「日本国に居住する大韓民国国民の法的地位及び待遇に関する日本国と大韓民国との間の協定（日韓法的地位協定）」により定められたもの。「1945年8月15日以前から申請のときまで引き続き日本に居住している者」とその「直系卑属として1945年8月16日以後この協定の効力発生の日から5年以内に日本国で出生し、その後申請のときまで引き続き日本国に居住している者」が申請によって得ることができた。従来の法的地位（法律126-2-6）に比べて、入管法の退去強制*事由の一部が、「1年以上」が「無期又は7年を超える懲役又は禁錮」とされた。「大韓民国国民」が申請できることから、それまで韓国籍、朝鮮籍の在

日コリアンは法的地位において差異はなかったが、退去強制事由が一部緩和されるなど、差異が生じることとなった。当時、在日に38度線を引くものであるとの批判があがった。

[飛田雄一]

▶224 京都国際学園　この学園の前身は1946年結成の京都朝鮮人教育会（後に大韓民国京都教育会と改称）を母体として1947年に「京都朝鮮中学」（1958年に京都韓国中学と改名）を開校したことに始まる。当初同市左京区に校舎があったが、1960年に韓国から模範学校建設指定を受けて新校舎へ移転することが決まった。しかし予定した地区での住民の反対運動などがあり、現在地の同市東山区本多山の土地を購入してからも地元や行政交渉に時間を要し、1984年8月にようやく新校舎が完成した。この間、南北分断の影響を直接受けたことや校舎移転をめぐって同胞からも不信感が出るなど長い紆余曲折の苦難の道をたどり、その結果、学校経営も危機に直面した。2003年、種々の懸案を解決するために一条校*の申請を行い、京都府の認可を受けて2004年「京都国際高等学校・京都国際中学校」として新しく開校の運びとなった。　[仲尾宏]

▶225 京都コリアン生活センター「エルファ」　京都市南区にある在日コリアンのお年寄りのためのデイセンター。「エルファ」はその愛称である。ちなみにエルファとは朝鮮語で悲嘆や不本意のときに発する「アイゴー」の対語で、喜び、同感を示す慶尚南道の方言に由来する言葉という。1999年に、日本社会の中で孤立し老いを迎えている在日1世の介護に2世たちが取り組むために「ウリ介護研究会」を組織して介護にあたる人材を養成し始めたことに始まる。2000年にはNPO法人として改めて発足した。東九条*北松ノ木町にある「エルファセンター」のほか、「ハナマダン九条」「ハナマダン南京都」「ハマナダン洛北」の3事業所があり、本部では介護事業だけでなく障害者の共同作業所や子どもひろば「アンニョン」、その他多文化共生*事業などを在日コリアンと日本人が協力して行っている。また京都市の協力を得て実現した「外国人福祉相談員」制度である「モア」の活動の支援もしている。

[仲尾宏]

▶226 京都朝鮮留学生学友会　京都に学ぶ朝鮮人留学生の親睦団体。1914年12月に京都帝大の金雨英*を中心に京都朝鮮留学生親睦会*が組織され、東京の留学生とも連絡をとって民族意識の高揚に努めた。1924年に京都留学生学友会に改称、機関誌『学潮』を発行した。『学潮』には、同志社大で学んでいた鄭芝溶も詩を発表している。京都帝大、同志社大、立命館大などにはそれぞれ留学生団体が存在していた。労働運動や共産主義運動に関与する留学生も多かったが、1936年以降は警察により会合での朝鮮語使用を禁じられ、1938年には会名から「留学生」を削るよう指示された。これに対して、留学生らは演説をせず茶

話会で朝鮮民謡を歌うなどの形で抵抗した。1940年に学友会の幹部となった立命館大の曺寧柱*らは、東亜連盟*理論による活動を展開し、朝鮮人差別を批判する文章を発表したりしたが、1942年春に独立運動の嫌疑で検挙され、学友会は事実上解体した。

[水野直樹]

▶227 **京都西陣織** 1920年代後半から1930年初めにかけて京都に流入した朝鮮人は繊維工業に安価な労働力として吸収され、京都の伝統産業の西陣織や友禅染で働き始めた。土木建築業から紡績工業に転業する傾向の背景には伝統産業における労働力の補充難があった。1924年には、朝鮮半島出身の有職者3419人中1364人（39.9％）が繊維業に従事し、主たる就労経路は知人の紹介であった。西陣織は好景気を迎えると工場間で腕のよい織工の取り合いや引き抜きが起こり、条件がよい職場を求め朝鮮人織工は工場を転々とする。労働条件の改善を求めて、時に雇用主との衝突も起こった。朝鮮人は、西陣織工として徒弟制度の厳しい鍛錬にも耐え、長年の修練を通じて織工としての勘と技術を習得した。技術習得後、独立し企業を設立するものが現れ、京都の伝統産業の継承に貢献したが、西陣織が衰退の傾向を見せ始めるとパチンコ業などに事業転換を行った。着物産業が斜陽傾向にある中で、日本の伝統産業を継承しようとする新しい世代の在日コリアンも存在する。在日外国人高齢者無年金裁判の原告団長玄順任（ヒョン スニム、1926年生まれ）は、14歳の時から西陣の仕事についた織工であり、整経（せいけい）から経継（たて）ぎ、糸繰り、緯巻（ぬき）きなど織物の全工程を扱うことができる。

参考文献：河明生『韓人日本移民社会経済史 戦前篇』明石書店、1997。韓載香『「在日企業」の産業経済史 その社会的基盤とダイナミズム』名古屋大学出版会、2010。　　　[李洙任]

▶228 **姜信子** 作家。横浜市生まれ。在日
きょうのぶこ コリアン3世。東京大学法
1961～ 学部卒。『ごく普通の在日韓国人』（朝日新聞社、1987）で朝日ジャーナル賞。日本で生まれ、日本人と変わらない生活をしているにもかかわらず、就職、結婚など、さまざまな場面で「国籍*」「民族」という壁にぶちあたる。その中で「自分流」の在日韓国人像を模索する姿を書いた。2000年『棄郷ノート』（作品社、2000）で熊本日日新聞文学賞。2006年には著書『ナミイ！ 八重山のおばあちゃんの歌物語』（岩波書店、2006）をもとに、ドキュメンタリー映画監督の本橋成一と、映画*『ナミイと唄えば』を制作。『日韓音楽ノート』（岩波新書、1998）の取材中、戦前・戦中に日本から朝鮮半島、台湾に伝わった「美しき天然」という唄を追いかける旅で出会った石垣島の歌い手を描いた。上記他、著書に『私の越境レッスン 韓国編』（朝日新聞社、1993）、『ノレ・ノスタルギーヤ』（岩波書店、2003）『うたのおくりもの』（朝日新聞社、2007）など。　　　　　　　[高吉美]

▶229 **協和会** 戦時下の在日朝鮮人の統制・抑圧・皇民化を推進

した組織で特別高等警察*内鮮係が主導した。協和会前史としては朝鮮総督府によって関東大震災の朝鮮人虐殺を隠蔽、融和を前面に出した大阪府内鮮協和会（1924年設立）、神奈川県内鮮協会（1925年設立）、兵庫県内鮮協会（同前）が設立された。これらの組織は一定の役割をはたしたが、在日朝鮮人側の批判、活動の不活発化によって沈滞した。

しかし、在日朝鮮人の労働運動の活発化と在日朝鮮人人口増加によって対応に迫られた。1931年に始まった中国侵略戦争は日本国内統合が必要とされた。1934年10月30日に「朝鮮人移住対策の件*」を閣議決定し在日朝鮮人対策も盛り込まれていた。これと前後して大阪府内鮮融和事業調査会が結成されて新たな在日朝鮮人対応が打ち出されていった。大阪府内の各警察署単位に矯風会が設置され、警察中心の統制と皇民化組織が設立されるようになった。この間の具体的な方針は『特高月報』に掲載され、全国の警察による組織化の雛形となった。1936年8月31日に内務省は地方長官に「協和事業実施要旨」を通達、在日朝鮮人の多い8主要府県に予算措置を行った。以降、全国各府県に内鮮協会、協和会という名称で警察を中心にした組織が作られ、1939年には協和会に名称が統合された。

また、1939年には朝鮮から日本国内に強制動員が開始されていた。中央協和会は1939年6月28日に設立総会が行われ理事長には関屋貞三郎*が就いた。全国各警察署には支部が置かれ、支部長は署長、会を取り仕切る幹事には特高課内鮮係がなった。当初、日本人地域有力者は指導員に、日本語が判る朝鮮人有力者が補導員になった。補導員のもとで会員は班に組織され行動が義務化された。日本の統制組織の中に在日朝鮮人を取り込んだのである。全ての朝鮮人が会員とさせられた。

協和会では、第一に朝鮮人の動向の監視、渡航・帰国管理、在住者調査などを担当した。第二には朝鮮人の皇民化の実施機関となった。会員の朝鮮人戸主には写真*入りの「協和会手帳」を発給した。不所持者は取調べを受け、場合によっては朝鮮に送還された。強制動員労働者には発給したが本人には逃亡を恐れて渡さなかった。組織整備と同時に朝鮮人に国旗掲揚、神棚の設置、神社参拝*、国民服の奨励、日本語講習、女性には日本料理の講習、和服の着付け、礼儀作法講習会などを支部ごとに実施した。定住者の増加に伴い子供たちへの皇民化教育の必要から学校での「協和教育」が実施され、徴兵が発表されてからは就学奨励が実施された。この結果、朝鮮語ができない在日青年たちが多く生まれる結果になった。朝鮮人は隣り組などにも参加させられ金属供出、貯蓄、防空訓練に動員された。二重の統制組織に組み込まれた。協和会は在日朝鮮人からの朝鮮人志願兵募集、徴用者の動員、徴兵実施でも大きな役割をはたした。

1944年になると朝鮮では3年連続の凶作、インフレの進行、労働動員の拡大などが進行した。在日朝鮮人には戦時動員などで過重な負担が要求される

ようになった。この中で朝鮮人処遇改善方針が打ち出され、在日朝鮮人統制組織である協和会も改組されることになり、1944年11月20日に中央協和会から中央興生会に改組されることになった。目的は朝鮮人指導員の増員と報酬の支払い、知事による任命、一部「優良」者の一時帰国の許可、などの統制緩和も掲げられていた、強制動員労働者に対する「特殊労務者訓練所」設置など統制強化に繋がる組織となった。組織も特別高等警察が担当していたことも変わらなかった。1945年度中央興生会事業計画は立案されたが、都市部では空襲で被害が大きく活動は展開出来なかったと考えられる。1945年10月4日の特別高等警察の廃止によって興生会は解体されたが、一部朝鮮人関係事務は他課で引き継がれたところもある。協和会・興生会は戦後在日朝鮮人社会にも大きな影響を与えた。

参考文献：樋口雄一『協和会』社会評論社、1986。同「協和会から興生会体制への転換と敗戦後への移行」『海峡』23号。　　　　　　　[樋口雄一]

共和国国旗掲揚事件

在日朝鮮人が北朝鮮国旗を掲揚したことに対してGHQが弾圧した事件。発端は、1948年9月に北朝鮮政府の樹立を記念して朝連中央委員会が10月10日を期に全国的に慶祝大会を開催することを決定したことである。この決定によって、開催した正式な大会だけでも、11万8000名が参加したとされる。問題は各慶祝行事で、それまで使用してきた太極旗を下ろし北朝鮮の国旗を掲揚し始めたことであった。GHQが朝連中央委員会の決定が出される前の10月8日に、すでに緊急指示「北鮮（ママ）旗の掲揚禁止に関する国家地方警察本部長官通牒」を日本警察側に伝えていた。それを受け日本警察及び占領軍は、北朝鮮旗の使用を強制的に撤去し始めた。

朝連側がそれに対抗する過程で、仙台国旗掲揚闘争（10月11〜12日）、朝連5回全国大会国旗掲揚闘争（10月14日）、大阪民青国旗掲揚闘争（10月21〜22日）、留学生同盟国旗掲揚闘争（10月31日）などの関連事件が相次いだ。朝連中央委員会は11月1日付で陳情書を対日理事会の米英中ソの各代表宛に提出し、北朝鮮国旗の掲揚禁止令に対して全く法的根拠が欠けていると訴えたにも関わらず、GHQの取締りはさらに強まった。この事件は政権樹立当時米国に対して敵対的な姿勢を公式には見せていなかった北朝鮮にとって意外な出来事であった。ヤルタで国民党による中国統治を承認して以来、米ソ間の協力体制が維持されていたからである。すなわち、国旗掲揚事件でGHQが強硬策を貫いたという事実は、冷戦に向かっていく占領政策の一端を現している。　　　　　　　[朴正鎭]

共和病院

1960年代半ば、在日コリアン女性が轢き逃げ事故に遭ったが、外国人は国民健康保険に入ることができない時代だったため、最寄りの病院に入院を断られ死亡した。この事件に胸を痛めた外科医の兪順奉が、安心して医療を受けられる病院の設立を同胞社会に呼びかけ、1968年、大阪市生野区新今里に医療

法人同友会として開院した。当初は内科、外科、神経科、整形外科の4科で、医師、看護師、患者のすべてがコリアンだった。総連との関係が強く開設資金も総連系の人々が集めた。1978年に現在の生野区勝山南に移転。地域に根付いた中核病院としての位置を占めており、診療科目は内科・消化器科・外科・神経内科・整形外科・小児科・呼吸器科・循環器科・泌尿器科・皮膚科となっている。病床数は242床。西洋医療だけでなく、専門外来として東洋医療にも取り組んでいる。関連施設として1998年に介護老人保健施設「ハーモニー共和」を開設。訪問看護、介護等の事業や医療、福祉の相談事業なども積極的に展開している。

[呉光現]

▶232 きょえいちゅう
許永中
1947〜

大阪出生の在日2世。日本姓は湖山・藤田・野村。大阪工業大学中退後、部落解放同盟幹部の知遇を得て同和対策事業で利益を得る。フィクサーと呼ばれた大谷貴義の運転手兼ボディーガードとなり修行。企業の株買占めや乗っ取り等で資本蓄積。大阪のフィクサーと呼ばれた野村周史を後見人とし、関西の闇経済社会で頭角を現す。1985年支配下においたKBS京都内に傘下企業約70社を統括するコスモ・タイガース・コーポレーション（中庸会）設立。京都のフィクサーと呼ばれた山段芳春と和解し、京都銀行株買占めで共闘関係を構築。許は過去対立した強敵に利益を与えることで和解し、新たな人脈にするという手法を得意とした。1986年傘下の大阪国際フェリーの船舶をオリンピア88と改名し、ソウル五輪の聖火を運ぶという愛国的行動を実践しながら、韓国ロビイスト活動も展開した。1991年イトマン事件で逮捕・起訴。2005年最高裁上告棄却、有罪が確定した。

[河明生]

▶233 キョ ポ
僑胞

韓国では在日コリアンを「在日僑胞」という呼び方をする。また、在米コリアンについては「在米僑胞」と呼んでいる。「僑胞」という言葉のなかには「同胞」という意味合いよりも、華僑の僑の字を使い、国を離れた人たちというイメージが多く含まれる。半面、北朝鮮では一貫して「在日同胞」（チェイルトンポ）という呼称を使用し、国を離れて生活する在日コリアンに対して祖国であるという存在感を示してきた。このことによって、同胞という言葉は北朝鮮の占有物となり、それとの差別化を図る意味でも韓国では「僑胞」という呼称を使用した側面もある。最近では世界各地に移民した韓国人を「僑胞」ではなく、「韓人」（ハニン）と呼ぶ傾向にあるが、他方で在日コリアンのことを意識的に「在日同胞」と呼ぶ人たちもいる。

[髙正子]

▶234 きんかくえい
金鶴泳
1938〜1985

小説家。群馬県出身の在日朝鮮人2世。姓名の朝鮮語読みは「キムハギョン」。本名は金廣正（キムクァンジョン）。東京大学大学院博士課程中退。大学院在学中に創作を始める。1966年、「凍える口」で文藝賞受賞、『文藝』11月号に掲載され、以後作家活動に入る。吃音者で在日朝鮮人2世である主人公の社会との不遇性を描いて多くの共感を得た。同世代

作家である李恢成*が「民族」を肯定的に押し出しながら能動的な文学世界を創作していったのに比し、金鶴泳は文学史的には「内向の世代」に属する作家だった。「冬の光」「鑿」「夏の亀裂」「石の道」の4作が芥川賞候補となったが、最後まで受賞できなかった。1985年1月4日郷里群馬県の実家で自殺。46歳だった。作品に、『凍える口』（河出書房新社、1970）、『新鋭作家叢書　金鶴泳集』（河出書房新社、1972）、『あるこーるらんぷ』（河出書房新社、1973）、『石の道』（河出書房新社、1974）、『鑿』（文藝春秋、1978）、『郷愁は終わり、そしてわれらは』（新潮社、1983）、『金鶴泳作品集成』（作品社、1986）、『凍える口』（クレイン、2004）、『土の悲しみ』（クレイン、2006）がある。　　　　[林浩治]

▶235 **近畿産業信用組合**　近畿圏を中心に営業する在日韓国系金融機関では最大の信用組合。近畿産業信用組合の沿革をたどると形式的には、1953年に京都で設立された日本芸術家信用組合にさかのぼる。同信用組合は、映画俳優の片岡千恵蔵や画家の岡本太郎らが発起人となり、映画*、画家、茶道など芸術関係者の相互扶助を目的とした全国でもユニークな信用組合で、初代理事長は月形龍之介であった。同信用組合は1989年に京都シティ信用組合と名称変更したが、1990年代のバブル崩壊とともに経営不振に陥った。実質的な債務超過という状況を打開するため、1999年にMKタクシーの兪奉植（青木定雄*）オーナーが旗振り役となり自ら多額の出資金を拠出するとともに、在日韓国人企業家を含む多数の地元経済人による出資金増額が行われ経営再建の道を進んだ。ちょうどそのころ、在日韓国系民族金融機関*の破綻も相次ぎ、受け皿金融機関の検討が進められていた。1998年6月に破綻した大阪商銀*が2001年5月に京都シティ信用組合へ事業譲渡され、京都シティ信用組合は近畿産業信用組合へと名称を変更した。同年6月には兪奉植が代表理事会長に就任している。規模が大きく注目された関西興銀*と京都商銀の受け皿金融機関としてはドラゴン銀行*構想が浮上し、かつ有力であったが、最終的には2002年に近畿産業信用組合が京都商銀、関西興銀を事業譲受し、同信用組合は本店を大阪市天王寺区の旧関西興銀本店に移した。2006年には長崎商銀とも合併し、近畿産業信用組合は関西2府4県と岐阜県、長崎県に31店舗をもつ大型の信用組合となっている。2009年3月末現在で総預金額6257億円、自己資本比率10.37％、組合員数10万1203人。

[高龍秀]

▶236 **金嬉老事件**　1968年2月、在日朝鮮人の金嬉老（本名：権嬉老、当時39歳）が金銭問題のこじれから静岡市内のキャバレーで暴力団員2名をライフル銃で射殺。寸又峡温泉に逃走した金嬉老は、温泉旅館に宿泊していた13人の客と従業員を人質にして籠城するものの、88時間後に報道陣に紛れ込んだ警官によって逮捕された。

金嬉老が籠城したとき、取材に訪れ

たマスコミに対し、自らが受けてきた朝鮮人差別を訴えたことで、世間の注目を集めることになった。1968年6月から始まった裁判でも、金嬉老は「朝鮮人に対する民族差別*抜きに事件は語れない」と主張し、事件の背景にある日本の民族差別を訴え続けた。

金嬉老は裁判で、在日朝鮮人差別の実態を明らかにするために、19人の特別弁護人を申請。当初、裁判所は金の申請を認めなかったが、特別弁護人を認めなければ出廷を拒否すると金が主張したため、3回目の公判で特別弁護人が1人だけ認められることになった。裁判では、差別問題を法廷に持ち込みたくない検察側と、事件の前提となった朝鮮人に対する差別問題抜きに裁判はできないとする被告側の攻防が繰り広げられることになった。3年に及ぶ裁判の結果、1972年6月、金嬉老は無期懲役の判決を受け、1975年11月には刑が確定して服役した。

その後、1999年9月、金嬉老は逮捕から31年ぶりに身柄拘束を解かれ、韓国に帰国することになった。祖国に戻った金嬉老は釜山(プサン)の空港で熱烈な歓迎を受けたが、日本を離れる心境は複雑であったと自らの手記で述懐している(金嬉老『われ生きたり』新潮社、1999)。日本政府が最後まで日本国内での保護観察を認めなかったため、「このまま獄中死するか、それとも韓国に帰国するか」という苦渋の選択を強いられた金嬉老は、迷った末に韓国に帰国する道を選んだのである。法務当局は、この点について「事件から30年以上がたち、本人も高齢になったことや、韓国の僧侶が後見人になる

と申し出ていることなどを踏まえ、仮出獄の環境が整った」と釈明している。

金嬉老事件は、日本社会に潜んできた深刻な民族問題を、マスコミを通じて多くの日本人に知らしめた象徴的な出来事であったと同時に、本国でも大きく報道され、韓国人に在日僑胞*問題を考えさせるきっかけとなった。1992年には、韓国で金嬉老事件を題材にした映画*『金の戦争』(金永彬(キムヨンビン)監督)が制作・公開されている。なお事件の背景と経緯については、金嬉老公判対策委員会編『金嬉老問題資料集成(上・下)』(むくげ舎、1982)が参考になる。　　　　　　　　　　　　[朴一]

▶237
金昌国
きんしょうこく
1942〜

フルート奏者・指揮者。大阪府出身の在日コリアン2世。東京芸術大学を経て同大学院を修了。1967年、日本音楽コンクール・フルート部門第1位。1969年にはジュネーブ国際音楽*コンクールで第2位になり、プロのフルート奏者としての地位を確立。1970年からドイツのハノーバー国立歌劇場管弦楽団の首席フルート奏者に就任。1981年から日本に戻り、東京芸術大学のフルート科教授に就任。若手音楽家の育成に努めながら、第一線のソリストとして国内外で活発な演奏活動を展開。演奏活動のみならず、神戸国際フルートコンクール、ミュンヘン国際音楽コンクール、ブタペスト国際音楽コンクール、ニールセン国際コンクール、北京国際音楽コンクールなど、数多くの国際音楽コンクールで審査員を努めている。現在は、富士山麓国際音楽祭などで音楽監督をつとめる他、大阪セ

ンチュリー交響楽団や九州交響楽団などで指揮者としても活躍している。2001年には、長年の音楽活動に対し神戸市文化賞を授与された。　[朴一]

▶238 きんてつひこ
金哲彦
1964〜

マラソンランナー、マラソン・駅伝の解説者・指導者。福岡県北九州市生まれの在日コリアン3世。サッカーをしていたが、中学入学と同時に陸上部に入部、本格的なトレーニングを始める。早稲田大学1年時、箱根駅伝の5区走者に抜擢され、区間2位の記録をマーク。翌年も区間5区に出走、区間記録を叩き出し、母校に30年ぶりの優勝をもたらす。当時、木下哲彦という日本名を使っていたため、「山登りの木下」と異名を取る。1986年リクルートに入社。1987年別府大分毎日マラソン3位、1989年東京国際マラソン3位。同年、バルセロナ五輪出場を目指し、朝鮮籍から韓国籍に変更。しかし、国内予選の東亜マラソンで6位に沈み、代表を逃す。引退後の1995年、リクルートランニングクラブ監督に就任。有森裕子など、数々のオリンピック選手を育てた。2002年、NPO法人「ニッポンランナーズ」を設立、理事長になる。また、日本陸上競技連盟女子長距離マラソン強化部長、東京経済大学陸上競技部アドバイザリーコーチなども歴任し、ランニングスポーツの普及に尽力している。著書に『3時間台で完走するマラソン』（光文社新書）、『走る意味』（講談社現代新書）がある。　[姜誠]

▶239 きんゆうかい
権友会東京支会

権友会は民族統一戦線組織の新幹会の姉妹団体として1927年5月に京城（ソウル）で結成された。権友会の思想的母胎を形成したのは山川菊栄の影響を受けた黄信徳だが、朝鮮女性の団結と地位向上をめざすことを綱領に掲げ、1928年7月の第1回大会までに竜井（吉林省）、東京、京都の海外支会を含め40支会を設置するほど幅広い朝鮮人女性の力量を結集した。1927年12月に結成された東京支会は新幹会と同じ場所（市外戸塚町199）に事務所を構え、初代支会長に日本女子大学に留学していた朴花城（後に小説家*）が選ばれ、会員60名を擁した。朝鮮より思想的に自由だった東京における支会活動は、時には総督府に妥協的な本部を批判し、本部からは急進的だという理由で第1回大会前に停権処分を受けるが、その後も労働運動にも関わりを持った梁鳳順、金舜実、盧南嬌などが実質的な中核勢力となり、朝鮮人女性労働者の権利に目を向け、1929年には140名の会員を獲得していた。　[宋連玉]

▶240
クォーター

祖父母のどちらかがコリアンの場合に、クォーターと表現することが多い。ダブル*、クォーターは、父母、祖父母のうち少数の民族集団に血統がある場合、かつそこに自らのアイデンティティ*を置き語る場合に用いられる。日本国内の国際結婚*の比率は、2003年に20組に1組、2006年には16組に1組にいたり、都市部ではすでに10組に1組に近い割合でどちらかが外国籍

者との婚姻*が進んでいる。在日コリアンは民族性を語る上で血統を重視してきた。一方、日本人の血統意識はさらに強く、在日コリアンもその影響を受けている。日本の先住民族であるアイヌはダブル、クォーターが主流であり、血縁の濃さを示す意味よりも自らがどのようなルーツを持っているのかを知る手段として「クォーター」という言葉を用いることが多い。在日コリアン社会においても自分探しの用語として使われている。　　　　　　［金光敏］

▶241 クォニル
権逸
1911〜1998

弁護士・民団中央団長歴任。元韓国国会議員。慶尚北道生まれ。京城第二高等学校卒業。1937年、明治大学在学中に高等文官司法試験合格。1938年、満州国司法官として赴任。1939年、間島省延吉地方法院の判事になる。1943年、満州を引揚げ、日本に渡る。1944年、大政翼賛会調査部に入る。1945年、在日本朝鮮人連盟*準備委員会を結成し、副委員長に就任するが、除名処分になる。1946年、東京弁護士会に弁護士登録し、日本橋に国際法律事務所開設。1948年、民団（在日本大韓民国居留民団）の第5回大会で外務部長兼商工部長に就任。1949年、民団第6回大会で事務次長兼総務部長に就任。1951年、民団第11回臨時大会で副団長に就任。1955年、南北統一促進協議会を結成し代表委員になるが、民団から除名される。1958年、民団除名処分解除。1961年、民団第27回大会で団長に初当選し、軍事革命の支持を表明。同年、ソウルを訪問し、朴正熙国家再建最高会議議長と面談。1964年、民団第30回大会で団長に2度目の当選。民団団長として在日韓国人の法的地位要求運動と韓日会談促進運動に奔走。1966年、民団第31回大会で団長に3度目の当選を果たす。1967年、韓国の民主共和党に入党。同年、民団の団長を辞任。1971年、韓国の第8代国会議員選挙全国区に出馬し、初当選。1973年、第9代国会議員選挙に出馬し、再選を果たす。在外国民の戸籍*に関する臨時特例法を提言。1976年、維新政友会第2期国会議員に当選。1977年、韓日議員連盟第六回総会で在日韓国人問題について提案。1978年、韓国の国会議員を引退。1982年、『玄海灘をはさんで』（韓国語）を出版。1983年、韓国政府から国民勲章無窮花賞を受賞。著書に『権逸回顧録』などがある。　　　　　　　［朴一］

▶242
九月書房

主に北朝鮮の書籍を輸入、翻訳、出版してきた総連傘下の事業体。書籍だけでなく、北朝鮮の雑誌や新聞の日本における公式の輸入窓口であり、総連活動家向けの朝鮮語月刊誌『祖国』の出版、発行元でもあった。1954年4月1日、朝連の流れを汲み総連結成へとつながる在日朝鮮人運動の路線転換*を目指す勢力によって創立され、書籍などの出版物を通じて北朝鮮と在日同胞の橋渡しをするその活動は、1955年5月の総連結成およびその後の活動を支えるうえで役割を果たした。創立当初は運営委員会が運営する形だったが、同年11月頃、事業強化のために社長職を設け、初代社長には盧炳禹氏（前朝連

岡山県委員長）が就任した。1995年12月、当時、行われていた総連傘下事業体の整理統合事業の一環として、朝鮮新報社と統合される形で事実上、吸収された。統合は、同年9月の総連第17回全体大会で決定され、12月1日には東京・朝鮮会館で集会も開かれた。

[韓東賢]

へ送られた。高度経済成長期以降、清掃車による清掃事業の展開の中でクズヤやバタヤの仕事は激減し、クズヤ・バタヤと仕切屋からなるクズ回収業界は、事業者から出る大口ごみを対象とした廃棄物回収事業やチリ紙交換事業へとその業務内容を変化させていった。

[島村恭則]

▶243 **クズヤ** クズ（紙、布、ガラス、金属類などの廃品）のうち、金目のものを買い集めこれを問屋に売ることで収入を得る者のこと。在日コリアンの主要な生業の一つでもあった。高度経済成長期以前の都市部では、クズヤが各家庭を回り、出されたクズの目方をはかりで計って買い取ることがさかんに行われていた。クズヤがクズを買い取るのに対し、道端のクズを拾ったり街角のごみ箱の中から金目のものを拾い出したりして問屋に持ち込む者はバタヤ（拾い屋、拾集人）と呼ばれた（クズヤのほうは「拾う」のではなく、「買う」ことから「買い屋」「買い出し人」「買い子」とも呼ばれた）。

クズヤやバタヤが集めたクズを買い取る問屋は、仕切屋とか建場とよばれ、都市周縁のスラムや朝鮮人集住地区などに立地していることが多かった。その場合、仕切屋は、単にクズを買い取るのみならず、敷地内に飯場に類似した長屋や寮を設け、そこにクズヤやバタヤを住まわせ、またかれらにはかりやリヤカーなどの商売道具を貸与することが行われていた。仕切屋に集められたクズは、材質別に分類され、さらに上位の問屋経由で再生工場

▶244 **クッ** クッとは、除災招福を祈願する巫俗儀礼である。日本での暮らしが長期化し生死や病をめぐる問題が生じると、在日朝鮮人の集住地では戦前からクッが盛行した。日本で行われるクッには、正月明けの安宅（家内安全）や厄祓い、商売繁盛祈願、祈子、建築、治病、供養のクッなどがあり、主に同郷のムーダン*に依頼して故郷のクッを再現しようと努める。一方、クッで使用される道具や儀礼の場などにさまざまな変化がもたらされ、日本の民間信仰や韓国仏教を取り込むなど、在日コリアンを取り巻く環境に合わせて変容、再構築されてきた。

言葉の通じない異郷で生活の不安を抱える在日1世にとって、クッは不安を解消する手段であると同時に、ムーダンの口寄せによって死者の言葉を聞

クッ（大阪）

き、思い切り泣くことのできるカタルシスの場であり、巫歌(ふか)の物語や滑稽な演戯を楽しみ、日頃の労働の疲れを癒す娯楽でもあった。また、親の死に目に会えなかったり、墓参りに行けない人々は、故郷よりもかえって盛大な祖霊供養のクッを行うなど、クッは故郷に帰れない人々を精神的に支える役割も果たしてきた。

　日本で生まれ育った2世の中には、迷信としてクッを否定する者も多いが、母や姑の信仰を内面化して自らクッを依頼する者もおり、一部ではあるが信仰が継承されている。関連書籍に飯田剛史『在日コリアンの宗教と祭り』(世界思想社、2002)がある。

　　　　　　　　　　　　　[金良淑]

▶245 **久保田発言**　1953年10月15日、第3次日韓会談の財産請求権*分科委員会での日本側首席代表久保田貫一郎の発言。韓国側が36年間の日本支配で蒙った被害に対する補償を要求するなら、日本側も「韓国においてハゲ山を緑にしたこと、鉄道を敷いたこと、港湾を建設したこと、米田を造成したこと、大蔵省の金を多い年は二千万円〔中略〕も持出して韓国経済を培養した」など総督政治がもたらした益についての補償を要求する権利をもつ。また日本が占領しなければ、韓国は別の国に占領され、もっとミゼラブルな状態におかれただろう、カイロ宣言の「朝鮮の奴隷状態」という言葉は「戦争中の興奮状態の表現」だと述べた。

　つまり、当時の日本外務省は日本の植民地支配は二国間の有効な条約に基づいた合意の関係であり、日本側から謝罪も反省もする必要は一切ないと考えていた。この発言に韓国側は激しく反発し、会談は決裂した。日本政府は1957年12月に発言を撤回し、会談は翌年4月に再開されたが、日本政府の朝鮮植民地支配認識をもっともよく表す発言として知られている。発言内容は、韓国側外交文書、日本側国会議事録、新聞報道などで知られてきたが、2007年に公開された日本側外交文書でも確認された。

　　　　　　　　　　　　　[太田修]

▶246 **金剛山歌劇団**(クムガンサンかげきだん)　1955年5月に結成された総連は、それまで日本で活躍していた芸術家たちを集めて、一カ月後に在日朝鮮中央芸術団(以下中央芸術団)を結成した。中央芸術団は1973年7月に開かれた「第10回世界青年学生平和祭典」(ベルリン)に参加し、金メダル2つをはじめ12個のメダルを獲得した。1974年、総勢200余名に上る団員及び関係者が3カ月間北朝鮮を訪問、各地で巡業公演をするとともに平壌芸術大学の教授陣から直接指導を受け、北朝鮮の5大革命歌劇の一つである「金剛山の歌」を伝授された。平壌でこの公演を観賞した故金日成*主席が在日朝鮮中央芸術団の名を「金剛山歌劇団」と命名した。日本に戻った金剛山歌劇団は北海道から沖縄に至るまで日本全国を巡業公演し、1986年には中国公演、1999年2月には北朝鮮で開かれた「2・16芸術コンクール」の器楽部門で2位に入賞(崔栄徳、チャンセナプ独奏家)した。2000年の南北首脳会議後は、ソウルで公演する機会も与え

られた。2002年3月「民衆のうた伝」公演（ソウル）に特別出演し、2003年6月には器楽ユニット「ヒャン」と韓国の人気バンド「ユンドヒョンバンド」とのコラボレーションが実現（東京朝鮮文化会館）するなど、これまで7000回余りの公演を行っている。金剛山歌劇団ホームページに詳しく載せられている。　　　　　　　　　［髙正子］

▶247 **錦繡文庫（クムスムンゴ）**　兵庫県尼崎市にある私設図書館。1981年より理事会を設置し蔵書収集の準備を始め、理事長の尹勇吉が自社ビル5階を開放し、1987年11月に開館。蔵書約2万3000冊。在日コリアンに関する文化・文学・歴史・政治など幅広く貴重かつ稀少な書籍を有する。朝鮮半島に関する図書も本国で出版された書籍も含めて古書から近年発刊されたものまで随時収集。美術品など民族文化に関する資料を収集し展示している。他に各種研究グループの機関誌を随時展示し、ビデオなどのコーナを設け、全館開架式の自由な閲覧室（30人専用）がある。2007年に「錦繡の会」を結成し、2カ月に1回研究会を開催。

　　　　　　　　　　　　［伊地知紀子］

▶248 **KMJ**　社団法人大阪国際理解教育研究センターの略称。1984年、郵便外務職の国籍条項*撤廃運動の一環として、社会啓発向け冊子『よりよき隣人として』の編集作業をする中から在日韓国・朝鮮人問題学習センターが活動を開始し、1987年、同センターとして正式発足した。1994年に同センターはKMJ（Korean Minority Japan）研究センターに改称され、1998年に前掲の社団法人として認可された（理事長は2009年まで鄭早苗*、その後、仲尾宏）。

　紀要『青鶴』、雑誌*『Sai』*の他に、『マッパラム（向かい風）』(1987)、『ともに生きる社会～在日コリアンの人権を考える～』(2006)、『在日コリアン人権白書』(2003年度版～2009年度版)等を発行している。在日コリアン人権啓発ビデオ「サラムという名の隣人」(1992)、「在日外国人問題の原点を考える」(2002)なども制作・発表している。

　　　　　　　　　　　　［飛田雄一］

▶249 **「計画輸送」／「計画送還」**　日本敗戦直後、日本政府または連合国軍司令部の政策により日本にいる朝鮮人を統制的かつ組織的に朝鮮に送還したことをいう。

　まず日本政府が、朝鮮人の軍人・軍属および戦時労働動員者を優先して早期に計画輸送することを敗戦直後に決定し、1945年9月1日に全国の知事に通達した。治安対策や戦争責任回避の狙いがあったと指摘されている。初期は興生会が送還を担当し、同年12月末までに送還がほぼ終了したとされているが、これによる具体的な帰国ルートや帰国者数など明らかになっていない点が多く、その過程で浮島丸事件*などの悲劇が発生した。次に、同年11月13日以降に連合国軍司令部の指令によって始まった一般在住朝鮮人の送還がある。地方長官の権限による地方ごとの送還が実施された。朝連が帰国者名簿作成や乗船の世話など積極

的に支援した。1946年2月17日には、連合国軍の指令により、帰還希望者は指定期間内に登録しなければ「引揚の特権を失う」とされた。千円以上の通貨の持ち帰りの禁止など帰還者が持ち出せる財産が制限された。南朝鮮への帰還希望者の送還は同年末までに終了し、北朝鮮への送還は1947年3月9日から6月16日まで実施された。

[村上尚子]

▶250
ケイコ・リー
1965〜

ジャズ・シンガー。愛知県半田市出身の在日韓国人3世。本名：李敬子(リ キョンジャ)。愛知県立阿久比高校卒業。愛知県内で韓国料理店を営む在日韓国人2世の父親から「在日コリアンは手に職をつけないといけない」と、ピアノを習うように言われたのが、ミュージシャンになるきっかけになったと言う。

21歳から独学でジャズピアノを始め、ホテルのラウンジやクラブで弾き始める。友人から歌うのを勧められ、ボーカルに転身。ボーカルでやっていこうと決心した時、それまで名乗っていた通名・山本敬子を本名のケイコ・リーに変える。1994年、唄っていたジャズクラブでドラマーのグラディ・ケイトに見いだされ、ニューヨークでアルバムを収録。1995年、アルバム「イマジン」でCDデビュー。2002年、アルバム「Voices」がヒット、20万枚のセールスを記録。2003年、スウィングジャーナル誌の読者人気投票で「女性ボーカル部門」「ジャズ・メン・オブ・ザ・イヤー」「アルバム・オブ・ザ・イヤー（Voices）」で3冠に輝く。これまで「ケイコ・リー・ライブ」「ローマからの手紙」「ライブ・アット・ベイシー」など数多くのアルバムを発表している。

[朴一]

▶251
劇団態変

身体障害者の障害自体を表現力に転じ未踏の美を創造するという着想に基づき、身体障害者自身が演出し出演する劇団。主宰者の金満里は大阪府出身の在日コリアン2世。3歳のときにポリオにかかり全身麻痺の体になった。10年間の施設生活と障害者解放運動を体験。1981年の国際障害者年に、政府が振りまく一面的な身体障害者のイメージに反発するイベントを開催。1983年に身体障害者による劇団態変の旗揚げ公演として「色は臭くヘど」を上演した。以後、ほとんどの作品の演出を行い、自ら出演もしてきた。1989年からは台詞の使用を止め、象徴的な身体表現としての作品を次々と発表している。1991年にケニアに招かれて以後、英国のエジンバラ・フェスティバルなど海外招聘公演にも積極的に参加。またドイツ、韓国、マレーシアなど各国でワークショップの指導も行ってきた。1999年に金満里身体芸術研究所を開設し、健常者も含めて新たな身体表現の可能性を追求している。飛田演劇賞大賞（2005）など受賞。

[高賛侑]

▶252
『月刊朝鮮資料』

総連系の研究機関である朝鮮問題研究所＊が刊行していた月刊日本語雑誌。朝鮮問題研究所はもともと1957年より『朝鮮問題研究』を出していたが、『月刊朝鮮資料』はこれと

は別に1961年2月に刊行されることとなった。新たに雑誌を刊行するようになった理由は、朝鮮半島をめぐる情勢の変化や緊迫の中で、朝鮮の政治、経済、文化等の諸問題に対して系統的な紹介を行うことにあったとされる。『朝鮮問題研究』がやや長めの学術論文を掲載しているのに対して、『月刊朝鮮資料』は朝鮮半島情勢をめぐる資料の紹介や時評を掲載していた。具体的には朝鮮労働党や朝鮮民主主義人民共和国の社会団体が対外的に発した文書、韓国内での反体制運動・統一運動にかかわる集会の宣言文などの資料の日本語訳のほか、韓国情勢の分析などにかかわる論稿、時評などである。1968年以降は『朝鮮問題研究』が刊行されなくなったため、朝鮮問題研究所の定期的な日本語刊行物としては唯一のものとなった。しかし、1999年12月号をもって休刊状態となっている。

参考文献:『月刊朝鮮資料』各号。

[外村大]

▶253 **血統主義** 国家や民族集団の範囲を決める際の条件を表す言葉。血統主義は同族重視の意味を持ち、血縁のない関係を排除する論理としても用いられる。近代国民国家の根幹である国民の範囲は国籍法*によって決められるが、血統主義と生地主義、またその混合型など国によってその内容は異なる。日本の国籍法は血統主義の考えに立ち、日本国籍者から生まれた者にだけ日本国籍が与えられる。それに対し米国やカナダなどは、親の国籍*に関係なく、自国領土内で生まれれば自動的に自国籍を与える生地主義を取っている。

世界のさまざまな少数民族のうち在日コリアンのように世代がまたがっても、居住国の国籍を持たず暮らし続けてきたケースは珍しい。両親のどちらかが日本国籍でない限り、自動的に日本国籍が与えられないことに起因している。血統主義の立場を取る国の中でも、かなり厳格な国籍法であると言える。

[金光敏]

▶254 **ケミカルシューズ産業** 神戸市長田区を中心とした地域に、日本最大の履物産業（ケミカルシューズ産業）の集積地が形成されている。このケミカルシューズ関連企業の約6割から7割が在日コリアン経営者といわれている。

明治時代に神戸港に輸入された生ゴムを原料としてゴム製品（輪ゴムや自転車のタイヤチューブ）を生産する産業がこの地域に栄えてきた。この産業は大正時代にはゴム長靴や地下足袋などのゴム履物産業へと発展していった。戦後になると、生ゴムの確保が難しくなり、米国から塩化ビニール等の材料が輸入され、この地域の履物メーカーはこれらを材料として履物生産を始めた。これがケミカルシューズの始まりとされている。日本の高度経済成長とともにケミカルシューズ産業は発展し、日本ケミカルシューズ工業組合の資料では、1971年に組合企業304社で9883万足を生産し、生産額は533億円、従業員6680人という規模に成長している。長田区*のケミカルシューズ産業の特徴は、資材・材料卸、靴

底、型抜き、裁断、縫製、糊引加工、完成品メーカーなど徹底した分業関係が進み、長田区を中心とする2km²の地域にこれら関連企業が集積していることにある。在日コリアンはこれら関連企業従業員のなかでも過半数を占めているといわれている。

1990年代になると中国や韓国からの安価な履物輸入が増えケミカルシューズの生産規模も縮小してきた。さらに1995年におこった阪神大震災*は甚大な被害をもたらし、日本ケミカルシューズ工業組合に加盟している神戸市内192社のうち、158社が全半壊・全半焼となる大打撃を受けた。震災による深刻な被害をともに受けたこの地域の日本人と在日コリアンなど在日外国人は、震災復興の過程でさまざまに協力する取り組みが見られ、「多文化共生*のまちづくり」を目指す動きも見られている。

参考文献：関満博・大塚幸雄編『阪神復興と地域産業　神戸市長田ケミカルシューズ産業の行方』新評論、2001。

[高龍秀]

嫌韓流

2005年7月に出版された『マンガ嫌韓流』をきっかけに顕在化した「朝鮮(人)」「韓国人」を嫌悪する社会現象。同書は発売から半年で約45万部、2006年には『マンガ嫌韓流2』も出版され1カ月ほどの間に約20万部が売れたとされる。また、複数の出版社から類似本が売り出され、インターネット掲示板やブログなどのメディアをとおして広がった。

「嫌韓流」現象の特徴の第一は、実際にはきわめて多様な「朝鮮(人)」「韓国人」をステレオタイプ的にとらえ非難したり見下したりする点である。そうすることによって、それと対極にある虚構としての「日本(人)」を正当化する。第二は、朝鮮の植民地支配を正当化しようとする点である。それは事実誤認や誇張からなっていることが多いが、植民地支配していた「朝鮮(人)」を差別し排除しようとする植民地主義が根底にある。在日韓国・朝鮮人への攻撃も植民地主義によるものであり、国民としての「日本人」が異なる歴史・文化をもった人々を差別する人種主義と結びついている。第三は、家父長制、交通マナー、障害者差別、性売買問題など現代韓国社会が抱える問題をあげて非難するだけで、それらを歴史・社会的文脈の中でとらえ、日本社会にも共通する問題として考えようとしない点である。

「嫌韓流」現象が広がる背景には、現代日本における雇用の不安定、格差の拡大、閉塞感など社会が抱える不安があり、「朝鮮人」「韓国人」を非難したり見下したりすることによって不安を解消しようとする動きがあるとされる。それに対して、「嫌韓流」現象を批判、克服し、開かれた関係構築をめざそうとする本も出された。2005年7月に日本を公式訪問したドゥドゥ・ディエンは、2006年1月に国連人権委員会に提出した報告書で、『嫌韓流』を「文化的・歴史的性質を有する差別」の例として挙げている。

参考文献：朴一・太田修他『「マンガ嫌韓流」のここがデタラメ』コモンズ、2006。

[太田修]

▶256
玄月
1965〜

小説家・芥川賞作家。大阪市生野区出身。本名、玄峰豪(ヒョンボンホ)。大阪市立南高等学校卒業後職を転々とし、大阪文学学校で学び、同人誌『白鴉』で作家活動を始めた。「異郷の落とし児」(『白鴉』創刊号)、「舞台役者の孤独」(『白鴉』2号)、「おっぱい」(『樹林』406号、1998)などを発表。「舞台役者の孤独」は『文學界』1998年下半期同人雑誌優秀作に選ばれた。翌年『文學界』11月号に発表した「蔭の棲みか」で芥川賞受賞。この作品は日本社会の雛形ともいえる仮構された集落を舞台に、在日朝鮮人、ニューカマーとしての韓国人、「不法」中国人労働者等を配して、日本の単一民族幻想を突き破るものだった。玄月は、1世世代の打鈴や、同世代作家たる柳美里*のムーダン*的自己表出から遠く離れたところでデビューした。作品は、『蔭の棲みか』(文藝春秋、2000)、『悪い噂』(文藝春秋、2000)、『おしゃべりな犬』(文藝春秋、2003)、『寂夜』(講談社、2003)、『山田太郎と申します』(文藝春秋、2005)、『異物』(講談社、2006)、『眷属』(講談社、2007)、『めくるめく部屋』(講談社、2008)などがある。

[林浩治]

▶257
現代語学塾

1970年10月から始まった、朝鮮語を教える民間の語学塾。1968年に起きた金嬉老事件*の裁判を担う、公判対策委員会の活動のなかで生まれた。活動の必要上、朝鮮語のできる人材が求められたが、当時の日本には大学を含め、朝鮮語を教える機関がほとんどなかった。設立の経緯から営利目的ではなく、教師と塾生による自主運営を貫いている点や、朝鮮語をその歴史的・社会的背景も含めて学ぼうとしてきた点に特徴がある。梶村秀樹*・長璋吉*・大村益夫などの指導のもと、この「町の学校」から多くの人材が輩出した。語学学習以外に年数回、韓国・朝鮮に関する時事問題などをテーマとする「公開講座」(当初は「思想講座」)を開催。その講演記録や、各クラスの活動などを記した塾報『クルパン』を発行している。また授業からの発展として、沈熏『常緑樹』(龍渓書舎、1981)や、カザフスタンで出されている朝鮮語新聞の記事を集めた『在ソ朝鮮人のペレストロイカ』(凱風社、1991)などの翻訳書が出版された。

[高柳俊男]

▶258
現代コリア研究所

「日本人の立場から隣国である南北朝鮮の政治、経済、社会、文化、在日韓国・朝鮮人問題など各方面にわたる研究を進めるために設立された」研究所で、雑誌*『現代コリア』を刊行していた。前身は1961年11月11日設立の日本朝鮮研究所。初代理事長は古屋貞雄*元日本社会党衆議院議員。

日本朝鮮研究所は1984年4月からそれまで刊行していた雑誌の名称を『朝鮮研究』から『現代コリア』に変更、2年後の1986年3月15日に研究所名を「現代コリア研究所」に改めた。ちなみに現在公開されているホームページでは、佐藤勝巳*が1983年に現代コリア研究所の所長に就任したと記されて

おり、また、『現代コリア』2007年11月号の「終刊にあたってご挨拶申し上げます」では研究所の名称変更と共に雑誌名も変えたと記されているが、『現代コリア』の発行所名が現代コリア研究所に改められたのは1986年4月号からである。

1960年代は北朝鮮を肯定的に捉える論者の投稿が目に付いたが、1970年代に入り、時代の変化と関係者の意識の変化により、北朝鮮に対して批判的な論調になっていった。

また『現代コリア』1997年10月号に掲載された石高健次「私が『金正日の拉致指令』を書いた理由」をきっかけに同研究所はいわゆる「拉致問題」と深く関わっていくことになる。「北朝鮮に拉致された日本人を救出するための全国協議会」と同研究所は事実上、一心同体であったといっても過言でない。

研究所が発行した雑誌は次のとおり。『朝鮮研究月報』(1962年1月創刊号～29号)、『朝鮮研究』(30号～238号)、『現代コリア』(239号～476号終刊)。

[徐正根]

▶259 『GO』　在日コリアン3世の少年を主人公にした青春小説。金城一紀*の半自伝小説として2000年に刊行され、同年直木賞受賞作品となる。強烈な個性を持つ両親に育てられ、朝鮮学校*から日本の高校に進学した主人公が、級友や朝鮮学校時代の友人との友情、日本人少女への恋を貫く中でさまざまな経験をしながら成長していく。在日である自分のアイデンティティ*を求めて苦闘する青春像が印象深い。2001年、行定勲監督、宮藤官九郎脚本により映画化され多くの観客を動員する。在日コリアンの青春物語が全国東映系公開の娯楽映画となりヒットしたことは、ひとつの新しい局面を感じさせた。主人公を窪塚洋介、両親を山崎努、大竹しのぶ、少女を柴咲コウが演じ、キネマ旬報ベストテン第1位など、この年度の各種映画賞を多数獲得している。その後日本映画を代表する監督、脚本家となる行定と宮藤の出世作にもなった。また、画・近藤佳文により漫画化もされている。

[寺脇研]

▶260 公営住宅　公営住宅法(1951年)には、とくに国籍*要件は明示されていないが、1954年11月建設省住宅局長回答「公営住宅の利用は外国人は権利として要求できず……申込みは拒否できる」によって、実際、入居が拒否されてきた。

その後、1974年川崎市から始まった国籍要件撤廃の市民運動が各地に広がり、入居を認める自治体が続出したが、国として制度上、撤廃したのは1979年9月の国際人権規約（A規約11条に住居規定あり）発効を受け国内法整備として、1980年2月建設省住宅局長通達「公営住宅・住宅公団賃貸・住宅金融公庫貸付における外国人の取扱い」で認められ、同年4月より撤廃された。

2007年9月の「住宅確保要配慮者に対する賃貸住宅の供給促進法」（住宅セーフティネット法）による国土交通省の基本方針（告示）では、在留外国人にも公営住宅の的確な供給をあげて

いる。　　　　　　　　　[仲原良二]

▶261 高校無償化と朝鮮学校

2010年1月鳩山政権は、これまで民主党がマニフェストで公約としてきた高校無償化について、法案を国会に上程した。この法案は、高校教育に係る経済的負担を軽減し、「教育の機会均等に寄与すること」を目的とし、支給対象は公立・私立高校だけでなく、専修学校と各種学校*のうち「高等学校の課程に類する課程」を置く学校としている。正式名称は「公立高等学校に係る授業料の不徴収および高等学校等就学支援金の支給に関する法律」。

前年末に文部科学省は、各種学校の中で朝鮮学校*を含む外国人学校も含めた予算措置を概算要求していた。しかし2月、中井拉致問題担当相が「制裁をしている国の国民」という理由で、朝鮮学校を無償化の対象から除外するよう2009年末に川端文科相に要請していたことが判明し、鳩山首相も中井発言に同調する考えを示した。他方で2010年3月までに、日本弁護士連合会や韓国の市民団体などが朝鮮学校を排除すべきでないとの声明を出し、朝鮮学校の保護者団体などの抗議運動が行われた。国連の人種差別撤廃委員会も同年3月に朝鮮学校除外が人種差別に当たると勧告した。そのような中「高校無償化法案」は同年3月31日に国会で成立し、朝鮮学校をいったん排除して4月1日から実施されることとなった。

朝鮮学校について文部科学省は「外交ルートで教育内容の確認ができない」「国際的な評価機関の認定を受けていない」などを理由にいったん対象外としたのである。そして4月30日に文科省は各種学校の中で対象となる外国人学校31校（東京韓国学園*やインターナショナルスクールなど）を官報に告示し、朝鮮学校をこの段階では排除した。また、各種学校の認可を受けていないブラジル人学校などもこの制度から排除されるという問題も残している。文科省は朝鮮学校について専門家による検証機関を設置し、この排除措置を解除できるかを検討するとした。

[高龍秀]

▶262 『広辞苑』差別用語事件

戦後につくられた代表的な総合国語辞典・広辞苑初版（新村出編、1955年）に「北鮮」「鮮人」の項目があり、「北鮮人民共和国の略」「朝鮮人の略」と記されていた。1969年に刊行された第2版で、前者は「朝鮮民主主義人民共和国の俗称」と書き替えられ、後者はそのまま残された。さらに「朝鮮征伐」という項目があり、「豊臣秀吉が挙行した朝鮮国征伐」（初版）「豊臣秀吉が挙行した朝鮮出兵」（2版）とあった。

これに対して1970年7月、日本朝鮮研究所（梶村秀樹*、佐藤勝巳*、内海愛子*ら）が差別表現であるとして質問状を出し、岩波書店辞典部と話し合いを行った。その結果、第2版4刷（1971年1月）から「鮮人」の項目は削除され、他は「戦後、俗に朝鮮民主主義人民共和国をこう呼んだ」「朝鮮出兵　豊臣秀吉の領土的野心による朝鮮への侵攻。日本では朝鮮征伐…」に

書き替えられた。
参考文献：『朝鮮人差別とことば』明石書店、1986。　　　　　　[黒田貴史]

▶263 光州事件

1980年5月、朴正熙射殺事件（1979年10月26日）以後に実権を掌握した全斗煥など新軍部に対する、全羅南道光州の学生市民による抗議行動に対して、空挺部隊からなる戒厳軍が投入され、その鎮圧過程で多数の犠牲者が出た事件。

光州の学生市民と戒厳軍の攻防は5月18日に始まり、一時期は、武装した市民軍によって戒厳軍が市外に撃退され、光州市民による自治が実現した。光州市民の抵抗は、6000人余りの戒厳軍による一斉攻撃のあった27日までつづき、犠牲者（死者）の数は政府発表でも193人にも及んだ。

韓国では、光州市民の抗議行動は「暴徒による内乱」などと曲解して伝えられたが、日本では月刊誌『世界』などによってその真相が生々しく伝えられ、大江健三郎、加藤周一、松本清張など作家や知識人、さらに在日コリアンによる非難声明や抗議デモがあった。

事件は、その後の学生運動を中心とする韓国の社会運動がマルクス主義や反米自主化を掲げて急進化する重大な転機となった。そうしたいわゆる運動圏の思想や文化は、1980年代の半ばには、日本にやって来た留学生や作家などを媒介に、2世を中心とした在日コリアンの世界にも大きく影響を及ぼすことになる。　　　　　　　[文京洙]

▶264 河野談話

韓国の金学順が1991年に日本軍「慰安婦」として名乗り出てから、アジア各地で日本政府に対する戦時性暴力被害女性の重い告発が続いた。これに対し、宮沢改造内閣はアジア諸国との外交問題に発展することを憂慮し、関係機関の資料調査を命じた。その調査結果を1992年、1993年の2回にわたり公表し、軍・政府が関与したこと、強制性があったことを認め、1993年8月に「慰安婦関係調査結果発表に関する河野内閣官房長官談話（いわゆる河野談話）」を日本政府の公式見解として発表し、現在も外務省のウェブサイトに掲載している。被害国からは、河野談話について日本政府の調査が不十分、「関与」という表現は責任主体が曖昧、といった批判もあるが、その後の日本の政治状況は河野談話そのものに否定的である。河野談話を否定し「軍による狭義の強制はなかった」と主張した安倍晋三元首相は、2007年4月訪米時にブッシュ米大統領に自己の発言を謝罪した。　　　　　　　　　　　[宋連玉]

▶265 神戸朝日病院

1988年4月神戸市長田区＊に開院（150床一般病院）。病院名は朝鮮半島の「朝」と日本の「日」に由来している。病院の理念として、①まごころと良心をもって診療にあたり患者の生命と健康を守る、②最新医学の成果を取り入れ患者に最高の医療を提供する、③地域・同胞社会の人々と力を合わせ、患者の医療を受ける権利を守る、を掲げ地域医療、同胞医療を守るために日常医療を行うかたわら、1992

年、韓国釜山にある東亜大学校医科大学および海雲台聖心病院と姉妹病院提携を結び、韓日医学交流にも力を注いでいる。2004年からは、日韓両国の医学者が両国の肝臓疾患について最新の研究成果を報告する日韓肝シンポジウム（JKLS）の事務局としても活動。また、2006年からは、新たに韓国機関の認定を受け、特に、肝炎・肝癌の診断、治療に力を注いでいる。院長は金守良（1975年鹿児島大学医学部卒）。　　　　　　　　　　[宋君哲]

▶266
衡平社と水平社

1923年4月、朝鮮の被差別民・白丁の解放を目指して、衡平社が結成された。1924年3月、第3回全国水平社大会で「朝鮮ノ衡平運動ト連絡ヲ図ルノ件」が決議され、4月の衡平社第2回大会に祝辞を送り、衡平社連盟本部は謝辞を返した。1924年9月には衡平社執行委員の金慶三が訪日し、平野小剣、米田富、栗須七郎ら水平社幹部と交流を持ち、10月には群馬県水平社秋季大会で衡平社について講演した。下関水平社執行委員長下田新一、関門水平新聞金重誠治らが、衡平社視察にソウルを訪問した。1925年4月の衡平社第3回大会にも水平社が祝電を送り、翌月の第4回水平社大会に衡平社が祝電を送った。1925年8月に起こった醴泉青年会と労農会の衡平社襲撃事件に対して、大阪府水平社が中心となって抗議文を送付するなど1924～1925年には活発に交流が図られたが、1928年以降は「アナ（アナキスト）・ボル（ボルシェビキ）両派」の権力抗争、「ボル派」による水平社解消運動の中で、衡平社との交流は沈滞していった。　　　　　　　　[塚崎昌之]

▶267
神戸学生青年センター

1972年4月に設立されユースホステル・貸会議室・ホール等を運営している財団法人。館長は飛田雄一。「平和・人権・環境・アジア」をキーワードに広く市民に開かれた「出会いの場」としてセミナー等を開催している。1955年にアメリカ南長老教会が設立した「六甲キリスト教学生センター」を前身とし、日本キリスト教団兵庫教区と共同運営を行った。学園紛争の時代、大学や学問のあり方について各種セミナーを開催。その後利用者の増加に伴い新会館設立、現センターの発足に至る。当初発足した朝鮮史セミナーは、朴慶植*、井上秀雄、金達寿*、梶村秀樹*などを迎えて始まり現在まで続いている。朝鮮関係では、朝鮮語講座、朝鮮舞踊*やパンソリ*の公演、歴史や文化探訪のツアーも企画している。また、対象は朝鮮半島だけにとどまらず、多様な在日外国人関連のセミナーや食料環境セミナー、キリスト教セミナー、農塾といった多彩な学びの場も開いており、関連書籍の書店を併設し出版部も設置。阪神大震災*以後はアジアの就学生・留学生への被災支援を「六甲奨学基金」として継承し、募金のための古本市も行っている。　　　　　[伊地知紀子]

▶268
皇民化政策

総力戦遂行のために進められた日本帝国による朝鮮民族に対する教化統制政策で、民族文化の著しい抑圧を伴った。

日本帝国の朝鮮植民地統治では、朝鮮民族の独自の動きを監視、圧迫し、日本人としての意識を持たせようとする方針が一貫していた。しかし、当初より、朝鮮文化の一切が否定されていたわけではない。特に、3・1運動後のいわゆる「文化政治」のもとでは、民族主義に対する警戒・圧迫の本質は変わらないとしても、朝鮮民族独自の文化活動の展開や諸団体の活動が割合、展開されていた。

しかし、満州事変を受けて朝鮮の兵站基地化が課題となり、朝鮮でも準戦時体制の構築が進められ、そのもとで朝鮮民族の活動に対する教化統制が次第に強められた。そして、1937年の日中戦争とその長期化のなかで、朝鮮人・日本人が結束を強め、朝鮮人を労働力、兵力として動員することを視野に入れて実施された一連の政策が皇民化政策と呼ばれるものである。具体的には、朝鮮人に対する日本語の普及・強要、神社参拝*や皇国臣民の誓詞の学校や職場などでの斉唱、1940年実施の創氏改名*などであり、日常生活や個人の内面に踏み込んで、朝鮮文化を否定し日本帝国＝天皇に忠誠を誓うように朝鮮民族を改造しようとしたのであった。また、その実践を担う団体として、朝鮮においては1938年に国民精神総動員朝鮮連盟が組織され、朝鮮総督府の行政機構と一体となって地域・職域別に民衆を掌握しようとした。「日本内地」では協和会*が主に皇民化政策の推進主体となり、在日朝鮮人に対する天皇制イデオロギーの注入や日本語の使用、日常生活の日本化などが進められた。

このような政策は朝鮮民族の利益や願望とは無関係なものであったが、植民地権力の強大な治安弾圧体制のもとで民衆はそれに従わざるを得なかった。ただし、限定された状況の中での朝鮮人の地位向上を願って皇民化政策に協力した朝鮮人がいたことも事実である。また、皇民化政策の展開された時期に幼少期、青年期を過ごした朝鮮人の場合、日本帝国のイデオロギー教化を無批判に受け入れてしまった人々も存在する。そのような人々が解放後に再び民族としてのアイデンティティ*や文化を取り戻すための払わなければならなかった労苦も含めて、皇民化政策は多大な被害を朝鮮民族に及ぼしたものと言えよう。

参考文献：宮田節子『朝鮮民衆と「皇民化政策」』未來社、1985。　[外村大]

高麗共産青年会日本部

1927年、東京で韓林を責任秘書として組織された朝鮮人共産主義者の組織。高麗共産青年会（共青）そのものは、朝鮮共産党が結成された翌日（1925年4月18日）に朴憲永や金丹冶らによって結成されているが、このいわゆる第一次朝鮮共産党の時期には、1925年11月に朝鮮共産党日本部が組織されるのみで青年組織は組織されなかった。共青日本部が組織されるのは、東京で「一月会*」を組織した安光泉*が、1926年9月に再建された第3次朝鮮共産党（いわゆるML党）の責任秘書となって（12月）、日本での共産党組織の再建に取り組んでからのことである。1927年5月、朴洛鍾らによって東京で朝鮮

共産党日本部が再建されるとともに新たに共青日本部も組織された。共青日本部は、東京とともに京都にも関西局を設け、京都と大阪で細胞（共産党の支部組織）を組織し活動を展開したが、1929年5月の大量検挙によって弱体化した。その後も、逮捕を免れた幹部によって組織の命脈を維持するが、1931年10月、「一国一党原則」に立った日本共産党の圧力によって、朝鮮共産党日本総局*とともに解体声明の発表を余儀なくされた。

参考文献：朴慶植『在日朝鮮人運動史 8・15解放前』三一書房、1979。高峻石監修・文国柱編著『朝鮮社会運動史事典』社会評論社、1981。

[文京洙]

▶270 高麗博物館

朝鮮半島と日本の歴史を知り、交流する場として東京都新宿区大久保に開設された「草の根市民ミュージアム」である。「高麗博物館をつくる会」（代表・東海林勤）が11年間の準備期間を経て2001年に開設したが、現在はNPO法人の認可を受けて運営されている。高麗博物館の位置する職安通りは1990年以降発展してきた韓国人集住地域であるが、高麗博物館も韓国出身の実業家によって54坪のスペースを提供されている。初代館長には在日コリアン女性の人生を一人芝居で演じてきた宋富子が就いたが、現在は樋口雄一が2代目館長を、元一橋大学教授の姜徳相*が歴史顧問を務める。常設展として写真パネル、文化財（実物・レプリカ）を展示し、企画展示は3・1運動と民族解放にちなむ3月1日と8月15日を中心に行っている。2003年の「関東大震災*朝鮮人虐殺」展示は韓国・日本のメディアからも注目された。ほかに常時、語学・文化・歴史を学ぶ講座を開いている。

[宋連玉]

▶271 高麗美術館

高麗、朝鮮時代の陶磁、木工品を中心に蒐集された日本で唯一の朝鮮民族の美を対象とする美術館。収蔵品は1700点を数える。1988年10月25日に開館。創設者鄭詔文（1918～1989）は独立運動家であった父鄭鎮国、母柳順栄とともに渡日、京都で育つ。1955年、京都の骨董店で出合った朝鮮白磁が美術館創立のきっかけとなる。朝鮮陶磁器、絵画、彫刻、民芸品など集めた。所蔵品には青銅器時代の多鈕雷光文鏡(たちゅうらいこうもんきょう)などの考古資料、高麗青磁器、朝鮮白磁器、木造阿弥陀三尊仏龕(ぶつがん)、朝鮮時代などの仏教美術、朝鮮時代の李槙作龍虎図など絵画、刺繍屏風や民具ど多岐。「単に古美術賞玩の場ではなく、背後の民族の伝統と文化、生活の息吹を知る場に」（同館ホームページより）との鄭の願いから高麗美術館研究所を充実、1品ごとの調査表を作成。2004年11月には来館者が10万人を超えた。京都市北区竹上岸15。休館日は月曜日（休祝日と重なる場合は開館。翌火曜日休館）。

[川瀬俊治]

▶272 公立学校教員採用試験合格取り消し事件

1984年12月、長野県の公立学校教員採用試験に合格した在日コリアン2世の梁弘子の採用が、のちに取り消される事件が起きた。外国籍教員は

1974年以来、大阪府（市）、東京都、兵庫県、三重県、愛知県で誕生したが、1982年9月の「国公立大学外国人教員任用法」の公布時、文部省は「なお、国立、公立小学校、中学校、高等学校等の教諭等については、従来どおり外国人を任用することは認められないものであることを申し添えます」と通知した。すでに実績のあった自治体も、この通知を受け外国籍教員の正規採用を見合わせる動きが続いた。そうした中で梁弘子に対する採用取消事件が起きた。長野県は強い批判の声を受け、梁弘子を「常勤講師」として採用した。1991年の日韓外相覚書以降、文部省は外国籍教員の期限を付さない常勤講師*採用を一律に全国に広げた。しかし、すでに正規採用実績のあった自治体においては処遇の後退を迫られた。　　　　　　　　［金光敏］

▶273 **公立学校の教員問題**　1953年3月25日に内閣法制局は、「法に明文の規定が存在するわけではないが、公務員に関する当然の法理*として、『公権力の行使』又は『国家意思の形成への参画』に携わる公務員になるためには日本国籍を必要とするものと解すべきであり、他方において、それ以外の公務員となるためには日本国籍を必要としないものと解せられる」とした。これが「当然の法理」である。この当然の法理によって、ほとんどの地方では公立学校の教員に外国籍者を採用してこなかった。

この「当然の法理」の中でも、大阪では1975年度に外国籍教員を初めて採用し、その後、兵庫・福岡・東京などの都市でも外国籍教員を採用し始めていた。ところが、1982年9月、「国公立大学外国人教員任用法」により門戸が開放されるのと抱き合わせで、公立小・中・高等学校の教員は日本国籍を要するという文部次官通達が各都道府県教育委員会に出された。その結果、それまで教員採用していた大阪などの都市でも採用を見合わせることとなる。

1991年の在日韓国人の法的地位に関する「韓日外相の覚書」において、「外国籍の教員を採用はするが、日本人と何らかの差異を設ける」こととなり、各都道府県では、外国籍教員を採用することになった。現在では200人(2009年度)を超える外国籍教員が採用され、その内大阪での採用が約半数を占めている。しかし、この「覚書」には大きな問題がある。一つは、受験が認められたとえ採用されても「教諭」にはなれず、「期限を付さない常勤講師*」とされたこと、二つは、これまで教諭として採用されてきた大阪や兵庫などでも実質的に常勤講師待遇に格下げされてしまったことである。文部科学省は「講師は校務運営に参画できないので、主任や管理職になれない」としている。　　　　　　　　［金相文］

▶274 **公立朝鮮人学校**　「学校閉鎖令」（1948～1949年）によって学校の維持・管理・運営が日本の行政機関・日本人によってすすめられた朝鮮人学校。東京都では都内15校の朝鮮人学校（小学校12校、同分校1校、中学校1校、高校1校）、大阪では中学校1校（分校）、また、

神奈川、愛知、兵庫、岡山、山口等でも公立朝鮮人学校が開校された。しかし、朝鮮戦争下、東西冷戦の緊張が深まるなか、「学校閉鎖」による同化教育体制をおしすすめようとした日本政府の思惑は外れた。もともと文部省の管理・監督下に置いて、校長をはじめ日本人教師が朝鮮人児童・生徒を指導し、学校運営を主導するという根本的矛盾を抱えていた学校運営は難航した。建前は日本人校長・教職員主体の運営とされたが、内実はしだいに朝鮮人教師によって自主的な民族教育体制がすすめられることになった（梶井陟『朝鮮人学校の日本人教師』日本朝鮮研究所、1966）。1952年、講和条約が発効すると、日本政府は日本の教育体制下にある公立朝鮮人学校を私立学校に移管する政策を取ろうとした。都立朝鮮人学校は都教委の「廃校処分」決定によって1955年、苦難にみちた5年の歴史を閉じた。また、1950年代から1960年代にかけて公立朝鮮人学校が、自主学校（民族学校）に移管されたケースもあった。結果的に朝鮮人児童・生徒の就学形態は自主学校への就学か、日本の学校に就学かに二分された。　　　　　　　　［稲富進］

公立夜間中学

中学校の二部授業の位置づけで、正式には「中学校夜間学級」。戦後間もなく、戦争や、貧困のために義務教育*を終えられなかった人の学びの場として開設された。1947年に始まった大阪市生野区の生野第二中学校の「夕間学級」の記録に夜間中学誕生の現場教師の努力と熱意がうかがわれる。2009年現在、大阪、東京、神奈川、奈良、京都、広島、兵庫、千葉の8都府県に35校があり、約2400人が在籍している。かつては日本人や在日コリアンの非識字者が多かったが、近年、中国、ベトナム、ブラジルなどから来た人たちが日本語・日本文化の習得のため在籍するケースが増えている。文部省は「夜間中学」を学校教育法に規定する「中学校」とは認めず、中学校の二部として処遇してきた。行政管理庁は1966年、文部省に対して「夜間中学早期廃止勧告」を行い、社会教育化する施策をすすめている。地域によって生徒の実態は異なるが、国からは「存在を認められない学校」として処遇されながら、その時々の社会のニーズに応える「存在に意味のある学校」として今日に至っている。公立化を求めて自主的に運営している自主夜間中学が北九州市をはじめ、奈良、東京、北海道など全国各地で10数校、運営されている。

［稲富進］

高齢者介護

在留外国人統計によって「韓国・朝鮮」籍者の65歳以上人口の全体人口に占める割合（高齢化率）を計算すると、1984年末には9.9％であったのが、2007年末には16.3％に上っている。在日コリアン社会も確実に高齢化が進み、高齢社会に入っている。在日コリアン高齢者の多くが1世であることを考慮すると、生活支援や介護の場面において日本人とは異なる内容のサービスが求められる。特に、以下に述べる、①言葉の壁、②文化的な差異、③経済的基盤の脆弱さなどを考慮しなければならな

い。

①言葉の壁。在日コリアン高齢者の多くは母語が朝鮮語であり、長年日本に住んでいるので生活に困らない程度の日本語を話すことができても、日本語の読み書きのできない人が少なくない。また、認知症になると、のちに習得した日本語を忘れていく傾向にあるといわれる。

②文化的な差異。ほとんどの老人福祉施設や事業所等では、食事は「日本」食、行事もひな祭りなど「日本」の行事といった具合に、無意識のうちに「利用者は日本人」というのが大前提になったメニューが提供される。全く異なる文化や風習をもつ在日コリアン高齢者が望むようなメニューとは言えない。

③経済的基盤の脆弱さ。日本では高齢者の主な収入源が年金であるにもかかわらず、在日コリアンの場合、制度的無年金問題が残っており低所得者が多い。介護保険料や介護サービス利用料の自己負担分を支払うことが困難な高齢者が多いと考えられる。

介護保険法施行（2000年4月1日）を前に、これまでのような日本人のための介護や福祉サービスでは在日コリアンは保険料を支払ってもサービスを受けられない事態になりかねないと、在日コリアン2世、3世が中心になり、民族性や歴史性を大切にした自前の福祉サービスを提供しようという試みが各地で始まった。民族的な福祉サービスの提供を目指した最初の社会福祉施設として特別養護老人ホーム「故郷の家*」（1989年）をあげることができる。「故郷の家」の開設以降、1997年の介護保険法公布までの約10年近く、1世のための福祉活動として際立った動きはなかったが、この10年間を、指紋押捺拒否運動*や民族差別*と闘う市民運動や夜間中学校などの識字運動を通じて、1世のための社会福祉活動をになう基盤が作られてきた時期と位置づけることができるだろう。

川崎では、民族差別をなくす活動の中から、川崎ふれあい館*がオープンし、在日高齢者交流クラブ「トラヂの会」や居宅、訪問介護事業所「ほっとライン」が作られた。大阪の「NPO法人在日コリアン高齢者支援センターサンボラム」も長年の民族差別撤廃運動の中で始まった。また、東大阪市の街角デイハウス「さらんばん」は、夜間中学校を卒業したハルモニ（おばあさん）たちの夜の活動（夜間中学、ウリソダン）から昼の活動に繋ごうと立ち上げられた。京都の「NPO法人京都コリアン生活センター　エルファ*」も、長年にわたる在日コリアンの生活と権利を守る活動の中で、朝鮮語のできる在日朝鮮人ホームヘルパーを養成する人材育成から始まった。このような動きは、愛知県名古屋市で「デイサービスセンターいこい」が開業するなど、各地に広がりをみせ、既存の民族団体も高齢者福祉や介護に乗り出している。2004年には、各地でのこのような取り組みをネットワークする「在日コリアン高齢者生活支援ネットワーク・ハナ」（略称、ハナネットワーク）が結成された。　　[金永子]

▶277 **高齢者無年金問題** 年を取った人や、障害のある人、生計主が死亡した人たちの生活の安定を、社会全体の連帯で保障するのが年金制度である。1959年、「国民皆年金」を掲げ国民年金法が成立した。被用者年金とは縁遠い、自営業や中小零細企業で生計を立てている人が大半だった在日コリアンにこそ必要性の高い制度だったが、同法は国籍条項*を設け、日米友好通商航海条約で内国民待遇を義務づけられていた米国人を例外として、外国籍者を排除した。

その後、いわゆる「インドシナ難民」の受け入れに消極的な日本政府への批判が強まり、日本政府は1981年、社会保障における内外人平等*を定めた難民条約を批准する。入国した難民が年金に加入できるようにするため、法文上から国籍条項は消え、外国籍者に年金加入の道が開かれた。一方で日本政府は、排除していた在日コリアンに対し、無年金防止の経過措置を行わず、1982年1月時点で成人に達していた障害のある人と、1986年4月に60歳を越えていた人は完全な無年金状態のまま放置されている。反面、日本政府は、戦争後、占領されていた小笠原諸島と沖縄の「本土復帰」時には加入時期の読み替えや追納措置を実施。中国「残留」孤児や拉致被害者に対しては、支援立法を行うなど無年金防止に努めた。違いは日本人であるか否かである。

当事者たちの運動の結果、無年金者へ特別給付金を支給する自治体もあるが、金額は福祉年金の半額程度にとどまる。問題を巡っては、外国籍者であったことを理由に障害福祉年金の支給を拒まれた塩見日出さん（故人）が1973年に大阪府を訴えた塩見訴訟*を皮切りに、2000年、京都の在日「障害者」7人が不支給処分の取り消しと慰謝料を求めて提訴。以降、大阪、京都、福岡で在日高齢者を原告とする訴訟が起こされたが、執筆段階で係争中の福岡を除き、裁判所はいずれも「社会保障の適用範囲には立法府の広範な裁量権がある」などとして、原告の訴えを退けている。こうした在日無年金問題の解決に向けて、2010年2月には「在日外国人『障害者』の年金訴訟を支える会」と「在日韓国・朝鮮人高齢者の年金訴訟を支える会」が統合され、「在日無年金問題の解決をめざす会・京都」が発足した。　［中村一成］

▶278 **故郷の家** 「故郷の家」は、社会福祉法人こころの家族の尹基理事長（日本名：田内基）が経営する在日韓国老人ホーム。尹理事長の"身寄りのない在日韓国老人が入居できるキムチ*が食べられる老人ホーム"建設の呼びかけに賛同した日本の財界、芸能界、教育界、社会福祉関係者など451人が発起人となり、「在日韓国老人ホームを作る会」（初代会長 金山政英元駐韓日本大使）が1985年2月に発足した。「作る会」の運動が始まって4年後に日韓両国の高齢者が一緒に暮らす、初めての老人ホーム「故郷の家」が大阪府堺市に誕生した。その後、大阪、神戸につづき、4番目に「故郷の家　京都」が2009年4月に開設された。

「故郷の家」を作る運動の盛り上が

りには、尹基の母親田内千鶴子（韓国名：尹鶴子）の存在が大きい。高知県出身の田内千鶴子は朝鮮総督府官吏の一人娘で、木浦共生園を経営していた韓国人キリスト教伝道師尹致浩と結婚した。尹致浩は田内家の養子となった。尹致浩は朝鮮戦争時、孤児たちの食糧費を工面するために出かけたまま、戻らなかった。鶴子は行方不明になった夫の代役を勤め、戦争孤児の子供たちを一人で養育した。鶴子は日本人であるため虐められることもあったが、夫の出自を尊重し、韓国人に成りきって、尹鶴子として、チマ＝チョゴリ姿で、韓国語だけを使用する園児たちのオモニであった。

尹鶴子の献身的な共生園の運営に木浦市民だけでなく、韓国政府も心を動かされた。創立20周年の時、村人によって記念碑が建てられ、政府官庁から数多くの感謝状や表彰状を受け、また、韓国最高の賞「大韓民国文化勲章」が授与された。

数百人の園児たちの世話で心身ともに疲れ切った尹鶴子は、重病で倒れ、1968年11月3日、57歳で永眠した。木浦市民葬が駅前広場で行われた。当時の新聞は「お母さん！ 幼い私たちを置き去りにしてどこに行かれるのですか？ 孤児たちの泣き声に港町木浦が泣いた」（朝鮮日報1968年11月3日）と報道している。市民葬には3万人の市民が参列した。

尹鶴子の生涯『愛の黙示録』が日韓合同映画として制作され、1995年、日本で上映され、文部省選定、厚生省文化財特別推薦などを受ける。日本映画批評家アジア親善作品賞などを受賞。『愛の黙示録』は1999年には韓国で上映。日本の大衆文化韓国解禁第1号許可作品となった。『愛の黙示録』は韓流ブームの先駆けでもあった。

「故郷の家」は、尹致浩が設立して田内千鶴子が成長させた木浦共生園から始まった社会福祉事業の一環である。二人の遺志を継いだ長男尹基が1988年に社会福祉法人こころの家族を設立し、在日韓国老人ホーム「故郷の家」を運営している。2009年6月には、尹致浩生誕100年記念の集いが京都で行われた。田内文枝夫人は総括施設長、一人娘の田内緑は韓国・崇実共生福祉財団常務理事として支えている。「故郷の家」は日韓交流の場、共生の場である。　　　　　［永野慎一郎］

高景欽 コ ギョンフム
1909～没年不詳

社会主義運動家。1923年4月にソウルの公立中学、普成専門学校を経たのち1927年3月に東京に渡り、在東京朝鮮青年同盟、在日本労働総同盟、新興科学研究会、新幹会東京支会*に加入して活躍した。一時日本大学専門部の法科に籍を置く。1929年3月に印貞植の勧誘により高麗共産青年会に加入、同年7月故郷の済州島*で検挙されるが逃走し、1930年3月に上海で韓偉建から東京で出版活動を行うよう指示を受け、文学団体の無産者社と連絡をとり、朝鮮共産党再建に関する出版活動を同社を通して行った。理論派の高景欽は、金民友、車石東などのペンネームで『戦旗』『インターナショナル』『無産者』*などに論文を発表。1931年2月にソウルに入り朝鮮共産党再建同盟を組織したが、

すぐに朝鮮共産主義者協議会に改編、同年8月に逮捕され転向した。解放後は長安派共産党、建国準備委員会に参与。呂運亨暗殺後に越北し1956年朝鮮労働党中央候補委員となったがその後粛清された。　　　　　　　　　[堀内稔]

▶280 **高権三** ユグォンサム
生没年不詳

解放前日本で朝鮮政治史や在日朝鮮人に関わる日本語の著作をあらわした知識人。著作の一つである『大阪と半島人』の「著者の紹介」によれば、1927年に早稲田大学を卒業したのち、引き続き同大学で政治哲学を専攻、一時、済州公立農業学校、国防青年学校で教鞭を執ったという。

著作のうちで注目されるのは、1938年に出版された『大阪と半島人』である。これは、大阪に住む朝鮮人をめぐるエッセイというべきものであるが、当時の朝鮮人市場の活況ぶりの描写など興味深い記述を含む。政治的には民族独立をはっきり打ち出さず、むしろ日本帝国の施策を基本的には肯定する立場をとった。ただし、植民地下においても朝鮮民族の独自性を否定しようとはしておらず、『大阪と半島人』では日本の行政当局もそれを認めるべきであるとする主張も行っていた。解放後の活動についてはほとんど不明であるが、1947年に『朝鮮政治史』が大阪の朝鮮新報社から出版されている。

参考文献：高権三『大阪と半島人』東光商会、1938。　　　　　[外村大]

▶281 **国語講習所**

日本の敗戦によって、植民地支配から解放された在日コリアンが子どもたちに朝鮮語を教えるために開設した初期の教育活動の形態。1945年の9月に、神田の朝鮮YMCA*の国語講習会、10月に戸塚ハングル学院などがつくられたのをはじめ、全国に広がっていった。その理由の一つには、戦前、学校で朝鮮語や歴史などを教えることができなかったこと。二つには、帰国を前提に、朝鮮語を知らない子どもに教育する必要があったことがある。すなわち、国語講習会形式という朝鮮語を主体とした教育活動は、奪われたことば＝朝鮮語を取り戻す教育活動であり、朝鮮語を知らない子どもが、帰国後、必要とされる朝鮮語の獲得を図る現実的な課題から生まれたのである。半年後の1946年4月には、朝鮮語だけでなく、歴史、地理、理数科などを教える学校形態に発展した。　　　　[李月順]

▶282 **国際結婚**

在日コリアンの婚姻*統計の推移を見ると、戦後50数年の間に、大きく様変わりしている。1955〜2007年の累計の数字をまず掲げる。この50数年間の変化を見ると、1955年統計では、同胞同士が80.15％を占め、日本人との婚姻が18.27％であったが、2007年のそれ

在日コリアンの結婚件数（1955〜2007年）

	婚姻数	構成比(％)
同胞同士	251,466人	48.44
同胞男・日本女	94,974件	18.29
同胞女・日本男	169,022件	32.56
（同胞・日本）	(263,996件)	(50.86)
同胞・その他	3,596件	0.69
総数	519,058人	100.00

注）同胞同士の婚姻は夫妻ともに在日コリアンなので、件数ではなく人数でカウント。
出典：『人権と生活』28号、(2009、夏)より作成

は、前者は17.39%に減少し、後者が80.26%を占め、まったく逆転している。

在日コリアン同士の結婚の場合、その子はコリアンの国籍*を取得するが、国際結婚の場合は、その子の国籍は必ずしもコリアンの国籍を取得するとは限らない。在日コリアンの国際結婚のほとんどは日本人配偶者であり、日本の国籍法*の影響を受けることになる。

日本の国籍法は、女性差別撤廃条約を批准したことに伴い、1985年以降父系血統から父母両系血統に改正され、日本人母の子も日本国籍を取得することになり、また、改正後3年間に限り20年さかのぼって日本国籍の取得を認める措置がとられた。日本人との婚姻が80%を超えたことと、この国籍法改正が組み合わさることによって、外国人として出生する在日コリアンの減少を招いている。日本への帰化とこの国籍法改正によって特別永住*者である在日コリアンは徐々に減少している。　　　　　　　　　［田中宏］

▶283
国際高麗学会　国際高麗学会は、1990年に設立された世界各国のKOREA学の研究者を網羅した学会組織である。それ以前から「KOREA学国際学術討論会」が開催されていたが、世界規模でKOREA学研究者の研究事業を支える常設機構はなかった。そのため、第2次討論会（1988年北京開催）の際に会議参加者の合意を得て設立準備が始められ、1990年に大阪で開催された第3回討論会の際に、14カ国から1000名を超える学者が集まる中で、「国際高麗学会創立会議」が開かれ、参加者の同意を得て同学会の創立が宣言された。

その後、日本支部の他にソウル、平壌、中国、欧州、アメリカの6カ所に支部を置き、社会科学、自然科学など、多岐にわたる分野の学者約1000名が会員となっており、分野を超えて学際的な研究・交流活動を行っている。

日本支部については、学術大会（年1回）、特別講演会、人文社会研究部会、科学技術研究部会を開催し、『日本支部通信』の発行を行うなどの活動を通じて研究交流の活性化を図っている。　　　　　　　　　　　　［尹明憲］

▶284
国際人権規約　第二次大戦後に国際社会の平和と安全の維持を目的に設立された国際連合は、人権と基本的自由の伸長と保護をもう一つの目的として掲げ、この目的達成のために人類史上はじめて個人の権利と自由を保障する国際文書として「世界人権宣言」が国連総会で採択・宣布された。その後、この「宣言」が謳う権利と自由を具体的に保障するために、数多くの宣言と条約が採択され、「国際人権法」という新しい国際法*の分野を形成するまでに至った。なかでも、非差別平等とりわけ内外人平等*を基本原則とし、すべての個人に権利と自由の保障を締約国に義務づける国際人権規約が制定された。この国際人権規約は4つの異る条約から構成され、それらはまず、労働、社会保障および教育に対する権利など社会権的基本権を保障する社会権規約（通称『A規約』）、そして生命身体の安全、公正な裁判、表現と集会の自由さらに

種族的、宗教的および言語的少数者（マイノリティ）の権利など自由権的基本権を保障する自由権規約（通称『B規約』）およびこの自由権規約が保障する権利を侵害された個人が規約委員会に通報し是正措置が勧告される「第一選択議定書」並びに死刑制度の廃止を締約国に義務づける「第二選択議定書」である。なお、日本はAB両規約は締結しているがB規約の選択議定書はいずれも批准していない。

しかし、1979年9月21日に社会権規約と自由権規約が共に日本に対して効力を発生して以来、各規約が保障する権利と自由の国内的実施に関する報告が各々の規約委員会による審査を経て実施についての懸念事項が指摘され改善勧告が行われてきた。なかでも、在日コリアンの国民年金加入差別、民族教育の保障および少数者（マイノリティ）としての地位と権利など国際人権規約の規定に抵触する問題の是正がくり返し勧告され、部分的には改善もされてきた。つまり、国際人権規約により国内事項もしくは当事国間の決定事項とされた外国人の人権が国際法上の問題として国際社会の干与を受ける事項になった。　　　　　［金東勲］

国際法

国際法は、国家の行為および国家間の関係を規律する法規範であり、国家間の合意である条約と国際的慣習を基礎に成立する慣習法をその法源とする。そして、国際法により権利を享有し義務を負うことができる主体は原則的に国家だけであり、限定的に国際組織にも法主体性が認められるというのが、第二次世界大戦終了までの国際法つまり伝統的国際法の定義であった。言い換えると、伝統的国際法は、個人もしくは個人集団が国際法上の権利を享有し義務を負う能力を認めなかったのである。

ところが、第二次大戦中にナチズムとファシズムによって惹起された集団的殺害（ジェノサイド）その他個人または個人集団に対するさまざまな残虐かつ非人道的行為に対する反省とその再発を抑止しなければならないという共通認識から、個人の人権と基本的自由の保障を、国際社会の平和と安全の維持と並んで国際連合の目的に掲げて、この目的達成のために世界人権宣言と国際人権規約*そして人種差別撤廃条約など、数多くの宣言と条約が採択され、その履行確保に必要な国際的実施機関も設けてきた。その結果、第二次大戦後の国際法すなわち現代国際法は、個人の人権と基本的自由および民族とりわけ民族的、宗教的、文化的および言語的少数者（マイノリティ）など集団の権利を直接的に保障し、国家はその尊重と保護の義務を負うようになった。そしてさらに、個人と個人集団をも法主体としその権利と義務を規範の対象とする国際人権法（International Human Rights Law）という新しい国際法の分野が確立されることになった。

こうした国際人権法の発展は、一国内に在住する個人の取り扱いは、国民であるか外国人であるかを問わず、当該国が如何なる干渉も受けることなく自由に決定できる国内事項であるとした伝統的国際法の原則を変更させ、国際人権法に違反する人権と基本的自由

の侵害と差別行為は、もはや当該国が排他的に処理できる国内事項ではなく、国連の人権理事会および人権条約の監視機構などによる違反の指摘と是正の勧告を含むさまざまな干与をうける国際法上の問題である。そして特に、国際人権法の基本原則である非差別平等原則は、内外人平等*の原則と捉えられ、「煮て喰うが焼いて喰うが勝手だ」という論理に基づいて維持された外国人に対する不合理な差別の違法性とその撤廃の主張を支える役割を果たしてきた。

さらに、国際人権法の発展は、友好通商航海条約または法的地位協定など二国間協定に基づいて定められてきた一国内の外国人処遇が、これら二国間合意の上位法といえる人権条約の締結により、国家は自国内に在住する外国人の処遇を二国間合意の不在または内容に関係なく、国際人権条約に従って決定する義務を負うようになった。より具体的には、韓国と日本が締結した「在日韓国人の法的地位に関する協定」が保障しない国民年金法など社会保障関連法の適用と民族教育の保障が主張され、まだ不十分ではあるが実現したのは、国際人権規約を含め日本が締結した人権条約の効果である。

［金東勲］

国籍 在日コリアンの国籍には、複雑な歴史的背景が存在する。そもそも日本の植民地下（1910～1945年）で在日コリアンは日本国籍を持つ者として法的に扱われたが、解放後も1952年の平和条約で国籍について正式な取り決めがなされるまで、在日コリアンは「依然として日本国籍を保持する」者と規定された。しかし、1947年に外国人登録令*が公布されたとき、日本国籍をもつ在日コリアンが「外国人」と見なされ、その外国人登録証の国籍欄には、国籍でなく、便宜的に出身地を表す「朝鮮」が記載されることになった。

1948年に朝鮮半島に大韓民国が成立すると、韓国政府は在日コリアンを韓国の国民として扱う方針を示し、在日コリアンについては外国人登録証の国籍欄の表記を「朝鮮」から「韓国」に書き換えるように日本政府に要求した。GHQは韓国政府を支援するため、李承晩政権の申し入れを受け入れるように日本政府に指示。日本政府は韓国との間で協議が行われていないことを理由に、当初GHQの申し入れを拒否していたが、度重なる要請に逆らえず、1950年の登録切り替えの時期に、本人からの要請があれば国籍欄の表記を「朝鮮」から「韓国」に書き換えることを承諾した。だがこのときも、日本政府は在日コリアンの国籍欄の記載について「単なる用語の問題であって、実質的な国籍の問題や国家の承認の問題とは関係ない」（民事局長通達）という解釈を示した。

とはいえ、1952年の平和条約発効時に日本政府は韓国を正式な国家として承認し、かつ国籍欄の表記を「朝鮮」から「韓国」へ書き換える条件として在外国民登録書などの韓国政府が発行する国籍証明書を提出させている。このことから考えると、日本の外国人登録の国籍欄に「韓国」と記載されている者は韓国国籍が手続き上確認

された者と判断される。一方、国籍欄が「朝鮮」の者はその手続きが行われていない者であり、国籍欄の記載された「朝鮮」が北朝鮮国民という実体法上の国籍帰属を示す概念ではないと考えられる。したがって、日本の外国人登録欄に「朝鮮」と記載されている者を単純に「北朝鮮国民」と判断することはできない。在日コリアンの国籍の歴史的変遷について考察した論稿に、金英達*「韓国・北朝鮮と在日同胞社会」『金英達著作集Ⅲ：在日朝鮮人の歴史』（明石書店、2003）がある。

[朴一]

国籍条項 国家公務員法や地方自治法には「外国籍者は公務員になれない」という規定は存在しておらず、公務員の国籍*要件を規定した法律としては、「外国籍の者は外交官になれない」と定めた外務公務員法しか存在しない。ところが、国家公務員職のみならず地方公務員職からも外国籍者を排除する「国籍条項」を設けている自治体が少なくない。総務省（旧自治省）が「公務員に関する当然の法理*として、公権力の行使、国家の意思形成への参画に携わる公務員になるには日本国籍が必要」という1953年の内閣法制局見解を根拠にして、外国籍者の採用に慎重な対応をとるよう自治体を指導してきたためである。

とはいえ、総務省も公務員のすべての分野で外国籍者を排除しているわけではない。医師・看護師・保健師・助産師・教授など「専門的・技術的な業務については国籍要件は必要ない」として参画を認めている分野もある。1996年に政令指定都市で初めて職員採用試験から国籍条項を撤廃した川崎市は、徴税や命令・制限・禁止などの措置を「公権力の行使」、決裁権をもつ管理職を「公の意思形成」にかかわるポストとし、それらへの任用を制限する形で外国籍者に門戸を開放し、局長級までの昇進を認める方針を打ち出している。また高知県のように、外国籍者に警察を除く全職種を開放し、「職務内容にも昇進にも一切制限はない」としている自治体もある。その一方で、東京都のように、外国籍者の採用を看護師や保健師など一部専門職に限定し、彼らの管理職への昇進を一律に閉ざしている自治体もある。「公権力の行使」にどの職種が該当するか、国籍条項をどの分野で撤廃させるかは、それぞれの自治体の判断に任されているのが実情である。

[朴一]

国籍法 国籍*とは、ある国家と特定個人との法的絆つまり国民という法的地位を表し、国家がどの個人に国民の地位すなわち「国籍」を付与するかの要件を定める法律が国籍法である。こうした国籍法の内容を支配する原則には、国家が自国民の子として生まれた者にのみ自国の国籍を付与する「血統主義*」と自国内で生まれた者に付与する「出生地主義」があるが、殆んどの国の国籍法は、この原則の内のいずれかを基本としながら他の原則を補完的に採用する、いわゆる「折衷主義」に依拠している。例えば、国外からの移民によって国民が構成される米国のような国は出生地主義

に依拠した国籍法制であるが、人口密度の高い韓国そして日本のような国は血統主義を原則とし、自国内で出生した子が父母の知れないか、または国籍を有しない場合などは例外的に自国での出生に基づき国籍を付与している（日本国籍法第2条2項）。そしてまた、日本がそうであったように、血統主義を基本としながら父が自国民である場合に限って自国の国籍を付与する「父系血統主義*」を採用し、自国民である女性を母として生まれても父が外国人である場合は自国の国籍を付与してこなかった。しかし、この法制は、例えば米国の出生地主義と日本の血統主義のように異なる国籍法の抵触により無国籍の子が出生し、さらには男性だけに自国民の血統を認めるのは女性差別であるとする国際人権法に照らした批判が高まり、母が自国民である場合も国籍を付与する「父母両系主義」に改めるようになった（日本国籍法第2条1項）。

次に、血統主義を基本とする国家の国籍を外国人が取得するためには、例えば日本国籍法第5条が定める要件、つまり5年以上の居住、20歳以上で本国法上能力を有すること、素行が善良、生計維持能力、日本国籍取得によりそれまでに保持している国籍を喪失すること、などを備えた者は法務大臣に日本国籍取得の申請をし許可される、いわゆる「帰化」の手続きによる他ない。もっとも、上記の要件を備えていない場合でも、日本国民の子であった者、日本で生まれた者そして日本国民の配偶者および日本国民の子または養子であって日本に住所もしくは居所を有する者は帰化を許可することができるとも定め、出生地主義を多少加味した「簡易帰化」も認める（国籍法第6条、第7条および第8条）。

なお、国籍は国家の対人主権を行使できる法的基礎であり、どのような個人に自国の国籍を付与するかは国家の自由な決定に委ねられた国内事項であるという伝統的主張がまだ維持されている。一方、世界人権宣言第15条が、"すべての者は国籍をもつ権利を有し、何人もその国籍を恣意的に奪われ、または国籍を変更する権利を否定されない"と謳い、国際人権規約*B規約第24条が、"すべての子供は、国籍を取得する権利を有する"と規定するように、国際人権法の発展は国籍の取得と変更もしくは選択を個人の権利と自由と捉えるようにもなった。そして、国籍を理由に人権の享有を否定する外国人差別も手伝って、戦前から日本に在住し、または戦後日本に生まれ引き続き在住する在日コリアンには申請だけで覊束的に帰化を認めるべきとの主張もみられる。　　　　　［金東勲］

国民健康保険と在日コリアン

健康保険には被用者保険と国民健康保険の2種類がある。自営業や、社会保険が完備されていない中小、零細企業に就く者が多かった在日コリアンにとって、国保は、「生存権」に直結する制度だったが、大半の社会保障制度と同様、外国籍者を排除していた。

日本の健康保険は、1922年の被用者保険法成立でスタートした。1938年には、国民健康保険法（旧法）が成

立した。法制定時、朝鮮人や台湾人は日本人であり、国籍条項はなかった。被保険者の規定は、その区域内の世帯主と、その世帯に属している者で、「特別ノ事由アル者」は、条例で被保険者から除外することができる、とされていた。申告すれば市町村の住民すべてが原則として被保険者になれたのである。

日本敗戦後も旧法が存続していた。1952年にサンフランシスコ講和条約*が発効し、旧植民地出身の住民は一方的に外国籍者にされたが、国籍条項、国籍要件のない旧法は存続しており、自治体が条例を定め、条文上の除外規定「特別ノ事由アル者」に外国人を適用しない限り、排除されることはなかった。近畿地方のいくつかの自治体を例にみると、いずれも外国籍者排除をしておらず、大半の自治体では、以前から加入していた人に対しては既得権を認め、新たに条例を制定したりはしなかったようだ。そもそも制度自体が申告によるものである。加えて掛け金負担もあった。加入者自体が少なかったと思われる。

1958年に国民健康保険法（新法）が制定されたが、ここで外国籍者の排除が行われた。市町村の実施義務の明確化や、国民皆保険の実現と並び、改定趣旨には被保険者資格の明確化があげられた。「市町村又は特別区（東京23区のこと）の区域内に住所を有する者」を被保険者とする一方で、適用除外を設け、8番目に、国立ハンセン病*療養所の入所者と「その他特別の理由がある者で厚生省令で定めるもの」と明示、省令で「日本の国籍*を有しない者及びその世帯に属する者。ただし、日本人に内国民待遇をあたえる国の国民、条例で定める国の国籍を有する者は除く」と定めた。基本的人権に、国籍で線引きをしたのだった。条例で排除を定めなければ加入可能な時代から、自治体が条例で加入を認めないと入れない時代になったのである。「但し書き」を根拠に、自治体に条例制定を求める運動が展開された。

1960年代、日韓条約が締結されると、日韓法的地位協定に基づく協定永住*資格を得た在日に対しては、在留権の相対的な安定とともに、国保適用の保障が打ち出された。協定永住の申請資格は、在留歴と、「韓国籍」の取得が要件である。生存権とは、誰もが等しく有する権利のはずだが、韓国籍に切り替えない者は、健康保険から排除された。地域での条例制定運動の結果、1970年代以降、朝鮮籍者の国保加入も実現していったが、外国籍者排除の但し書きは、1986年まで残っていた。現在は1年以上滞在する外国籍者すべてに原則、適用される。

［中村一成］

国民徴用令 国家総動員法*（1938年4月1日公布）第4条で国民を徴用して総動員業務を命令できることになり勅令で国民徴用令が1938年7月に施行された。徴用の対象となる者は当初16〜45歳までの男子、16〜25歳女子であったが1943年に年齢が拡大された。朝鮮でも当初は軍要員などの充足に徴用が行われた。その後段階的に適用が拡大し1944年9月から朝鮮内道内、道外、日本への労

働動員についても徴用令が発動された。在日朝鮮人に対しても都市居住者を中心に集団的に炭鉱・鉱山・工場労働に短期徴用が実施された。大阪から九州の炭鉱まで動員された事例がある。徴用に関しては朝鮮人側の強い抵抗があり、朝鮮でも日本でも忌避、逃亡者が増大し徴用予定数が大幅に下まわることが多かった。女性には適用しないとしていたが、徴用と同じような動員が行われた。総督府は、日本国内の航空機産業に朝鮮から数千人の女子挺身隊を送ったが、官の斡旋であるとしている。

[樋口雄一]

▶291 国連・自由権規約委員会の総括所見

「委員会は、朝鮮学校*が承認されていないことを含めて、日本国民ではないコリアン・マイノリティに属する人びとに対する諸々の差別の実例に懸念を表明する」

日本は1975年のベトナム難民受け入れおよびサミット発足を契機に、国際人権諸条約の批准を余儀なくされた。国際人権規約*（社会権規約および自由権規約）を1979年、難民条約を1981年、女性差別撤廃条約を1985年、子どもの権利条約*を1994年、人種差別撤廃条約を1995年に、それぞれ批准した。これらの条約が定める「国際人権規準」を受け入れたことによって、「国籍による差別」は部分的には撤廃された。

各条約の規定により、日本政府は国内実施状況についての報告書を定期的に国連に提出するが、それは各条約の実施監視機関の審査に付され、その結果は「総括所見（Concluding Observations）」として公表される。自由権規約委員会は、3度にわたる「総括所見」（1993年11月4日、1998年11月5日、2008年10月31日）において、在日コリアンの人権状況、とりわけ外登証の常時携帯義務や、旧日本軍軍人・軍属への恩給不適用、高齢者への年金不適用、再入国権の否認、帰化する際の日本人名への誘導、朝鮮学校*など民族教育の否認について「懸念」を繰り返し表明し、「日本に存続するすべての差別的法律および慣習は、規約第2条、第3条および第26条に適合するよう撤廃されるべきである」と、日本政府に是正するよう求めている。

[佐藤信行]

▶292 高史明 コ サミョン
1932～

作家・小説家。山口県下関市に生まれる。本名：金天山。母を3歳で亡くし、継母が家出したあと、極貧のなか石炭仲仕をしていた父の手で育てられる。15歳のとき喧嘩が原因で刑務所体験をする。解放後、18歳で日本共産党員になり、生き直しの道をめざす。

1971年に長編小説『夜がときの歩みを暗くするとき』（筑摩書房）を刊行。戦後革命運動を舞台に、恋愛を絡めて党活動と人間の矛盾を描き、重厚な作品世界が第二文学世代の大型作家の登場として嘱望された。1974年には在日少年の生活史を描いた『生きることの意味　ある少年のおいたち』（同）によって多くの読者を得た。その後、野間宏著『歎異抄』と出会い、浄土真宗の教えに帰依する。その自己形成史は『歎異抄との出会い』（径書

房）3部作となる。同長編はさらに20年の歳月を経て改稿され、2004年に『闇を喰む』（角川文庫）2部作となる。

著書は数多くあり、親鸞の教えを説く法話・講演も活発に行う。　[磯貝治良]

▶293 高峻石 ユ ジュンソク
1910〜1994

作家・歴史研究者。済州島*旧左面生まれ。1924年に杏源里の少年会委員長となる。1925年に渡日、大阪で職工等を転々とし、1930年正月に初めて首切り反対闘争を行うが失敗。その後、帰郷し、部落の青年会の委員長となるも、半年後に大阪に戻り、次第に社会主義思想の影響を受ける。1931年末、東亜通航組合*の旧左面代議員となり、金文準*の影響を受ける。1932年、東京に出て苦学しながら、1937年には早大政経学部に進学、11月頃にはウリ同窓会委員代表となり、左傾化をめざした。12月頃に日本共産党再建グループを作ったことから、1938年8月、治安維持法*違反で検挙され、懲役2年執行猶予3年の判決が下り、早大も除籍となる。その後、『中外商業新報』の内閣担当記者などになり、1941年12月にソウルに渡り、1944年7月からは『京城日報』に入社した。解放後、朝鮮共産党に入党、ウリ新聞主筆等として活動。李承晩政権の圧迫で、日本へ密航*し、政治的亡命。1970年以降は朝鮮現代史、革命運動史の本を多数執筆。『朝鮮革命運動史』（全3巻、1983〜）、『在日朝鮮人革命運動史』（1985）、『アリラン峠の女』（1989）など。

　　　　　　　　　　　　[塚崎昌之]

▶294 高順欽 ユ スンフム
1893〜1977

社会運動家。済州島*新左面生まれ。1912年にソウル留学、1920年、朝鮮労働共済会結成の発起人となる。1924年に渡日、アナキズム*団体南興黎明社に加わり、崔善鳴*らと朝鮮無産者社会連盟、魚波らと朝鮮女工保護連盟を結成、1925年には大阪自由労働者連盟等の創立に参画、済州島民の思想啓発、組織に努めた。1926年には金春植らとアナキズム団体新進会を結成。1928年には企業同盟を組織、尼崎汽船・朝鮮郵船が独占していた済州島航路の船賃引き下げに成功した。その後、済州島航路を巡り、「ボル（ボルシェビキ）派」の大衆組織東亜通航組合*と激しい争いを繰り広げた。1937年以降は朝鮮書道の普及を行い、戦時中は石原莞爾の主宰する東亜連盟*に近づいた。戦後の1946年4月に福岡発刊の『世紀新聞』の発行人、同年10月、在日本朝鮮居留民団の初代中央議長、1947年の民団第3回大会から1949年の第7回大会まで副団長を務めた。1963年に帰国、独立有功大統領表彰を受けた。1977年没。1990年には建国勲章愛族章を追叙された。

　　　　　　　　　　　　[塚崎昌之]

▶295 戸籍

[朝鮮の戸籍・民籍]戸あるいは家族単位で住民・国民を登録するための公文書。朝鮮では新羅時代から編製されたが、現存するのは高麗時代以降のものである。朝鮮王朝（李朝）時代の戸籍は、3年ごとに作成されるのが原則で、家族のみならずその戸に従属している奴婢なども同一戸籍に登録された。日本では、1872

年に壬申戸籍が編製された後、1898年の戸籍法によって戸籍制度が確立したが、これは家族のみを登録するとともに、出生から死亡までの身分事項の変動を一覧形式で記載するという特徴を持っている。この日本の戸籍制度が朝鮮に持ち込まれたのは、1909年の民籍法によってである。すでに朝鮮を実質的に支配していた日本は、住民を把握・管理するため韓国政府の法律として同法を制定し、警察力で民籍を編製した。1922年に朝鮮戸籍令が制定され、戸籍事務の監督権限を裁判所に持たせ、登録や身分事項変動の記載を厳格にした。これ以降、戸籍と呼ばれるようになったが、民籍法時代に記載された内容はそのまま受け継がれた。

[植民地時代の戸籍] 朝鮮の民籍・戸籍に登録される者が法的な意味での朝鮮人とされ、ロシア・中国などに在住する者は居住国の国籍*を取得できないとされ、朝鮮籍からの離脱は認められていなかった。朝鮮の民籍・戸籍に登録されていないこれら在外朝鮮人を登録させることは、日本当局の重要な課題であった。

朝鮮人は「内地」に長く居住していても「内地」に戸籍を移すことができなかったため、出生、死亡、結婚などの届出のために朝鮮の本籍地に書類を送ったり、親戚に手続きを依頼したりという煩瑣な手続きをとらねばならなかった。そのため、戸籍に登録されなかったり、身分事項の変動が記載されなかった者も多かった。また、1920年代後半以降、日本に渡航するに当たっては渡航証明書*が必要とされたが、これには一定の書式はなく、戸籍謄本または抄本に居住地の警察署長が渡航先を記し署名・捺印したものが渡航証明書となった。

1940年の創氏改名*に際しては、氏の設定届けを「内地」の協和会*、役場を通じて提出することができたが、日本在住者は戸主でない場合が多かったため、「内地」での届け出は低調であった。1942年に朝鮮人への徴兵制度適用が閣議決定された後、戸籍の整備、寄留制度（現在の住民登録制度に似たもの）の実施によって徴兵対象者の把握が進められたが、日本に住む朝鮮人にも居住地で寄留届を出させ、それを朝鮮の本籍地に送って戸籍と対照する仕組みがつくられた。

1945年春に植民地住民の「処遇改善」がなされた際に、兵役経験があることなどを条件に朝鮮から「内地」への転籍を認めることが検討されたが、敗戦までに決定を見るには至らなかった。

[戦後の在日コリアンと戸籍] 戸籍によって日本人と朝鮮人を厳格に分けた戦前の体制は、戦後、各種の権利から在日朝鮮人を排除するシステムにつながった。その最初の表れが参政権「停止」問題である。1945年末に衆議院議員選挙法が改正された時、付則に「戸籍法の適用を受けざる者の選挙権、被選挙権は当分のうち停止する」という条項（「戸籍条項」）が新たに設けられたが、これは敗戦前には選挙権を有していた「内地」在住の朝鮮人・台湾人の参政権を否定するためのものであった。その後の各種選挙法、公職選挙法（1950年）や戦傷病者戦没者遺族等援護法*（1952年）にも「戸籍

条項」が設けられ、戦後の日本社会において旧植民地出身者の権利を否定するものとなった。

一方、在日コリアンと本国の戸籍との関係では、解放後の北朝鮮では戸籍が廃止され公民証にかわったが、公民証は住民登録のシステムであるため在日朝鮮人は公民証をもつことはない。韓国では植民地時代の戸籍制度が維持され、在日コリアンの多くも韓国の戸籍に登録されていたが、故郷との往来や連絡が途絶えた結果、身分事項の変動が記載されていない者も多く、民団や領事館を通じての戸籍整備が続けられている。韓国では2008年1月1日に戸籍制度が個人単位の家族関係登録制度に切り替わったため、在日韓国人についても戸籍自体がなくなり、従来のデータは家族関係登録システムに移されている。　　　　　　　　　　　　[水野直樹]

国家総動員法

戦時中に日本および朝鮮・台湾などの植民地に施行された戦争動員のための有事法令。1937年7月の日中戦争全面化以降、戦況が拡大するなか、日本政府は1937年11月10日企画院内に国家総動員法案準備委員会を設置して国家総動員計画を実施するための法制整備に着手し、翌1938年にはあらゆる動員法の基幹法として同法を制定した。日本では1938年4月1日に公布、5月5日に施行されたが（法律第55号）、総動員計画に朝鮮・台湾などの植民地も含まれており、これらの地域でも計画を同時に実施する必要があったため、朝鮮にも日本と同時に5月5日から施行された（勅令第316号、公布は5月3日）。

同法は50条からなり、「国家総動員」を「戦時に国防目的達成の為に国の全力を最も有効に発揮できるように人的・物的資源を統制運用すること」と定義し、「国家総動員」で扱う物資や業務、事業などの範囲やこれに関する政府の権限について定めている。「総動員業務」や「総動員物資」を「国家総動員上必要な業務・物資」、同法の適用要件を「政府は戦時に際し国家総動員上必要ある時」と曖昧に規定し、さらにほとんどの条項が「必要な事項は勅令で之を定める」と規定しているため、事実上は日本政府に対して、議会の承認なしにあらゆるものを恣意的に統制する権限を与えるものであった。制定以後は朝鮮においても同法が人的・物的戦争動員の法的基盤となった。　　　　　　　　　　　[庵逧由香]

国公立大学外国人教授任用運動

1974年、関西の大学に在籍する韓国・朝鮮人の大学教員有志によって「在日韓国・朝鮮人大学教員懇談会*（大学教員懇）」が結成され、1975年10月、永井道雄文部大臣に対し「国公立大学の専任教員にアジア人を採用するための特別措置の実施」を求める要請書が提出されたのが、日本における国公立大学外国人教授任用運動の始まり。大学教員懇はさらに同年12月、国立大学協会と公立大学協会に対して「在日韓国・朝鮮人の国公立大学教員への差別撤廃などに関する要望書」を、1977年3月には日本学術会議に対して「定住外国人*科学者の処遇の改善に関す

る要望書」を提出するなど、在日コリアンをはじめとする外国人研究者の国公立大学への正規採用を求める運動を活発に展開した。

これを受けて、公立大学協会は1979年5月「国公立大学において、外国人を講師以上の専任教員として採用することを一般的に排除すべき制度上の根拠は乏しい」とする見解を発表。教員懇は、その後も国公立大学での外国人教授の任用を促す特別措置法の制定を求め、文部省・日本学術会議・公立大学協会・国立大学協会のみならず政府関係者とも交渉を続けた。

こうした運動の結果、1982年「国立または公立の大学における外国人教員の任用等に関する特別措置法」が成立。この特別措置法は、現行の法令下でも、①国公立大学において外国人を教授、助教授、専任講師に採用できる、②外国人教授は、教授会の構成員として、その議決に参加することができることを認めた点で、「公務員に関する当然の法理*」に初めて風穴をあけた画期的措置であり、その後の外国人の公務員への任用運動の先駆けとなった。ただ、外国人には「任期を設けることができる」との内規が新たに設けられた。国公立大学への外国人教授任用運動の経緯については、徐龍達*「国公立大学外国人教授への道」『韓国・朝鮮人の現状と将来』（社会評論社、1987）が詳しい。　　　［朴一］

▶298 **子どもの権利条約**　「児童の権利に関する条約」の通称。前文と本文54条からなり、子どもの生存、発達、保護、参加などについて、子どもを保護の対象としてだけではなく、権利主体として捉えた国際人権法。1989年の第44回国連総会で採択され、1990年に発効した。日本は1994年に批准した。子どもの権利条約は、他の国際人権諸条約同様、マイノリティの権利保障に積極的であり、特に、第29条、第30条は外国人の子どもの民族教育権を保障する上で重要な条項と言える。

5年ごとに締約国は条約の履行状況を条約履行監視委員会に報告しなければならず、これまで1998年と2004年の2回、日本政府の報告書が国連子ども権利委員会で審議された。審議後、子ども権利委員会がまとめた総括所見において、外国人学校の卒業生の高等教育へのアクセスが制限されていること、自己の母国語で教育を受ける機会が限られていることなどについて懸念が表明され、改善が求められた。

［金光敏］

▶299 **小林勝**　小説家。朝鮮慶尚南道晋州に生まれる。17年間を朝鮮で育ち、陸軍士官学校に入る。日本敗戦後、早稲田大学ロシア文学科で学び、日本共産党に入党。1952年に朝鮮戦争と破防法に反対する「火炎瓶闘争」で逮捕され、入獄する。それらの体験が小説『断層地帯』『強制招待旅行』を生む。その後、新日本文学会、活動家集団思想運動などに拠って文学と政治を結ぶ活動に献身する。

トルコ人家族と朝鮮人の交わりを背景に、植民者日本人少年の複合意識を描く『フォード一九二七年』が芥川賞

候補に。その後、「架橋」「目なし頭」「蹄の割れたもの」などを精力的に発表。植民者日本人は朝鮮を「懐かしいと言ってはならない」と言い続け、20年間にわたる創作活動は自らの朝鮮体験との仮借ない格闘であった。文学を通して戦後責任と向き合った彼の死は、在日文学者から惜しまれた。

作品は『小林勝作品集』(白川書院)全5巻に集成された。　　　　[磯貝治良]

▶300 高麗書林(こま)　1962年に創業された韓国図書専門の輸出入・出版・販売会社。創業者は朴炳憲。朝鮮語の辞典や教材がほとんどなかった1960年代に『韓日辞典』『日韓辞典』や韓国語教材を出版し、韓国・朝鮮問題の学習者・研究者に役立ってきた。同社会社案内によれば、「図書は国際理解の使者」をモットーに、イデオロギーの違いを超えた韓国文化の普及をめざす、としている。戦後半世紀の節目となる1995年に、同社が発意、協賛し、朝日新聞社・東亜日報社が共催した「日韓交流　過去を踏まえて未来への提言」募集を日韓両国で行った。この中の優れた提言をもとに『心は涛を越えて　日韓交流-過去を踏まえて未来への提言』(戦後50年・日韓交流事業委員会編、高麗書林、1996)が出版されている。　　　　[高886秀]

▶301 高麗神社(こま)　埼玉県日高市に所在する神社。高麗神社のある地域は716年に駿河・相模・甲斐・上総・下総・常陸・下野に散在していた1799人の高麗(高句麗)人を集住させた場所であり、高麗郡と称されていた。その首長である高麗王若光を祭ったのが高麗神社の由来であり、現在の宮司も若光の子孫とされる。戦前には内鮮融和政策の宣伝の材料としても使われ、朝鮮関係の要人がしばしば参拝した。境内には現在も朝鮮総督南次郎が建立した石塔や李王垠・同妃方子の植樹した杉などが残る。現在も多数の参拝者があり、これは一つには出世の利益がある神社として知られているためであるが、やはり朝鮮とのゆかりを意識して訪れる人も少なくない。在日コリアンのみならず、近年は韓国からの参拝者も増えているとされる。なお、1992年には鳥居脇の駐車場に韓国民団中央本部によって天下大将軍・地下女将軍のチャンスン(村の守護神)が建てられた。　　　　[外村大]

▶302 小松川事件　1958年4月の江戸川区における20代女性殺人と、8月の都立小松川高校における女子高校生殺人の両事件の犯人として、在日朝鮮人で小松川高校定時制1年生の李珍宇*が逮捕され、死刑を宣告、執行された事件。同年9月1日未明、李珍宇は自宅で女子高校生殺人の容疑者として逮捕された。彼は1957年秋に同級生の男子を殺害する小説を書き読売新聞社の文学賞に応募していたが、その内容が4月の事件と類似しているとされ、これについても彼の犯行とされた。物的証拠はなく未成年であったにもかかわらず、李珍宇は刑事処分相当と判断され起訴、1959年2月に第1審の東京地裁で死刑判決を宣告、同年12月に東京高裁でも死刑、本人は当初上告しない考えであった

が、東京都立大の旗田巍*教授らの説得で上告した。

1962年8月、最高裁で上告棄却、死刑が確定し、11月16日、仙台刑務所において死刑を執行された。第2審判決後に旗田や作家の大岡昇平、木下順二らにより「李少年をたすける会」が作られ助命運動が展開された。1961年2月以降は在日朝鮮人の雑誌*『新しい世代』*編集部の朴壽南が文通を開始し、処刑後に往復書簡が『罪と死と愛と　獄窓に真実の瞳をみつめて』（1963、三一新書）として出版され、日本社会に小松川事件の意味を問いかけた。だが、朴壽南の属する総連が「犯罪者」について取り上げることで在日朝鮮人のイメージが損なわれ帰還運動の妨げとなるのを嫌ったことから、1971年以降、1984年に新版が出るまで、同書は絶版となっていた。書簡集完全版として朴壽南編『李珍宇書簡集』（1979、新人物往来社）も出た。朴壽南は差別の中で民族を見失っていた彼が、獄中で同胞と出会い変わっていったととらえている。

李珍宇は死後、大江健三郎『叫び声』や三好徹『海の沈黙』のような小説、大島渚*の映画*「絞首刑」などに作品化された。一方、李珍宇は犯人ではないと問題提起した築山俊昭『無実！李珍宇』（1982、三一書房）、小笠原和彦『李珍宇の謎』（1987、三一書房）、それをさらに検証した野崎六助『李珍宇ノオト』（1994、三一書房）もある。　　　　　　　　　　　　[石坂浩一]

▶303
コミンテルン　共産主義運動の国際組織。1919年にモスクワで創立され、世界各地域の革命運動、民族解放運動に大きな影響力を及ぼしたが、第二次世界大戦中の1943年に解散した。創立直後のコミンテルンと朝鮮との関わりは、ロシア在住の朝鮮人を通じて始まった。1925年にソウルで朝鮮共産党（朝共）が組織され、コミンテルン支部として承認されたが、朝鮮共産党は日本にも組織を広げた。日本留学生による思想団体北星会*、一月会*などは朝鮮共産党内で一定の役割を果たした。しかし、コミンテルン第六回大会が開かれた1928年には日本当局による弾圧のため朝共の組織は崩壊し、日本でも朝共再建運動が展開されたが、1930年頃には在住国の共産党加入の方針（「一国一党」原則）が打ち出され、日本在住の朝鮮人活動家は日本共産党や労働組合全国協議会（全協）に加わっていくことになった。

1935年前後にコミンテルンが反ファッショ人民戦線・反帝民族統一戦線運動の路線をとると、日本でも朝鮮人の民族的課題に取り組む活動（例えば、東京での『朝鮮新聞』*、大阪での『民衆時報』発行）が展開されたが、共産党レベルでは依然として日本共産党再建がめざされた。戦後も1955年まで在日朝鮮活動家が日本共産党との関係を維持したのは、コミンテルン時代の影響によるものとする見解がある。　　　　　　　　　　　　[水野直樹]

▶304
米よこせ騒動　1936年6月6日、東京・三河島*の失業者とその家族ら約400名が、方面委員のもとに集まって区役所と団体交渉を

展開し、食券配布や炊き出しの約束をえた。

この「米よこせ騒動」は、経済恐慌による失業者増大・米価暴落を背景に起きたものであるが、日本政府による余剰米海外払い下げの情報に接した関東消費組合連盟などの働きかけにより組織化された。6月20日に全国各地の消費組合・労働組合・借家人組合が大衆団体懇談会を開き、7月2日の国際消費デーにはその代表者が農林省へのデモ交渉を展開し、政府所有米の海外売却停止・一升8銭での払い下げなどを旨とする請願書を提出した。これを契機に政府米払い下げ運動を直接推進する「米よこせ会」が結成され、8月1日の国際反戦デーを期して行われた農林省への第二次デモ交渉では6000俵の払い下げが了解された。

そしてこれ以降、払い下げの資金調達・配給方法の調整などの活動が進められたが、8月16日の東京米よこせ会代表者会議が「無届集会」とされて弾圧にあい、多くの幹部が検束された。この「米よこせ運動」は全国各地域で展開され、南部一般消費組合・多摩川無産者消費組合・大同消費組合*・槿花消費組合・ウリ消費組合・阪神消費組合*などの朝鮮人消費組合も参加した。

参考文献：山本秋『昭和米よこせ運動の記録』白井書店、1976。　　[金耿昊]

▶305 **高英姫** ユヨンヒ
1953〜2004

金正日総書記夫人。大阪出身の在日2世。金体制の3代目の後継者に内定したといわれる三男金正恩（キムジョンウン）の母親で、ほかに金正哲（次男）、金英順（長女）の実母。コリアタウンのある大阪市生野区鶴橋に生まれ、柔道家だった父・高太文（コテムン　大同山又道*（だいどうざんまたみち））と母親、妹の4人家族で育ち、1960年代初め帰国事業に応じて家族とともに北朝鮮に渡った。1971年、平壌の万寿台（マンスデ）芸術団に入り、舞踊家として活動。そこで金総書記に見染められたといわれる。1973年、同芸術団来日の際には日本公演に参加した。2003年、乳がんを発症、パリで治療中、2004年6月、死去した。

[吉田康彦]

▶306 **コリアNGO**
センター

2004年3月、在日韓国民主人権協議会*（民権協）、民族教育文化センター、ワンコリアフェスティバル*実行委員会の3団体が統合し、在日コリアンのNGOを結成した。これら三つの団体は、それまで約20年間に渡って、在日コリアンの人権擁護運動や民族教育権の獲得、朝鮮半島の平和的な統一を目指す運動を行ってきたが、より効果的な運動の展開を試みるために結合した。コリアNGOセンターが掲げるミッションとしては、①在日コリアンの民族教育権の確立と多民族・多文化共生*社会の実現、②在日コリアン社会の豊かな社会基盤の創造と東アジアのコリアン・ネットワークの構築、③南北コリア・日本間の市民、NGOの交流・協力事業の展開と市民社会の相互発展への寄与、④南北コリアの統一と「東アジア共同体」形成へ寄与としている。2010年、在日コリアンに関わる法律や生活上の問題解決のために活動しているコリア人権生活協会と統合した。

[髙正子]

307 コリアこどもキャンペーン

1997年、食糧支援のために結成された「北朝鮮こども救済キャンペーン」(日本青年団協議会、ピースボート、地球の木、NGOラブアンドピース、JVCで構成)が改称して常設組織になったもので、現在は事務局長の筒井由紀子、アシスタントの寺西澄子(ともにJVCスタッフ)が中心となって、朝鮮半島と日本のこどもたち(小学生中心)の自作の絵の交換を通しての交流と相互理解に力を入れている。

2001年いらい毎年、「南北コリアと日本のともだち展」を主催、「わたしの好きなもの」「わたしの家族」などそれぞれ特定のテーマを設けて、北朝鮮・韓国・日本(朝鮮学校*を含む)の小学生に絵を描かせ、メッセージをそえてこれらを一堂に集め、各地で巡回展を開催している。日韓間の交流には問題がないが、北朝鮮での開催には毎回困難が多い。それでも2008年までは平壌のルンラ小学校での開催が実現し、ピアニストの河野康弘がミニコンサートを開いた。2009年の巡回展には韓国の著名な絵本作家・柳在守が全面的に協力した。　　　　［吉田康彦］

308 コリアタウン

朝鮮人集住地をさすが、日本におけるコリアタウンの名称は1993年12月大阪市生野区桃谷に位置する御幸通商店街のうち中央、東商店街が、カラー舗装や韓国風のゲートなどを導入して従来の「朝鮮市場*」を大幅にリニューアルした際に「コリアロード」「コリアタウン」の表示をしたことに始まる。当初、地元商店街に「コリア」の名を冠することに日本人住民の一部から反発もあった。周辺地域には民族団体支部のほか民族学校、在日の経営する病院、1世の老人向け介護施設、韓国教会・韓国寺などが集中し、かつては民族系金融機関も商店街のなかにあって独自の生活空間を形成してきた。

このような在日コリアン集住地は、このほかに東京・三河島*、足立、川崎・桜本、京都・東九条*、神戸・長田*、山口・下関など日本各地に点在するが、在日住民の転出などによって往時の賑わいや共同体感覚は薄れつつある。川崎市川崎区では通称セメント通の焼肉*店街を軸にした一帯を在日経済、生活、文化活動の拠点として整備する「川崎コリアタウン構想」が1990年代に提起されたものの、資金問題などで停滞している。東京の新大久保コリアタウンに象徴されるニューカマー主導のビジネスや地域づくりの動きも注目される。　　　　［鄭雅英］

309 コリアサロン「めあり」

京都市で民団京都府本部、総連京都府本部と京都市国際交流会館の運営団体である京都市国際交流協会の3者が共同運営している事業体。南北の民族団体が共同して行う事業が少ない中、2003年に京都市と京都の文化人が協力してこの事業の成立にこぎつけた。現在、展開している主な事業は、①ハングル塾(入門/初級/中級、講師はいずれも在日コリアン)、②京都に残る日本と朝鮮半島の交流に関わる歴史講座など、③朝鮮半

島文化（料理など）の紹介などである。2007年の朝鮮通信使*400周年にはシンポジウムの開催を行い、またその継続事業として京都市内の通信使ゆかりの大徳寺、本国寺（跡）、本能寺、相国寺慈昭院、本法寺、淀の唐人雁木の6カ所にそのゆかりを説明する「駒札」を建立した。運営に要する予算は3団体が拠出している。［仲尾宏］

310 コリアンジャパニーズ

日本国籍を取得した帰化朝鮮人、あるいは日本と韓国・朝鮮との国際結婚*カップルから生まれた子どもを指すことば。ただし、その意味するところは時代や主張者によって、若干の差違を含む。日本籍朝鮮人という用語で、最初に社会的主張を掲げたのは1985年12月に結成された「民族名*をとりもどす会」の有志たちである。これらの人々は日本国籍を取得していながら、民族的アイデンティティ*は韓国・朝鮮と自認する人々であり、当初は帰化によって得た日本名の氏変更申し立てを裁判所に行うことにより、民族名をとりもどす運動として立ち現れた。その根底にあるのは日本人＝日本民族、韓国・朝鮮人＝韓・朝鮮民族という日韓両国特有の社会統合の在り方への異議申し立て、批判である。これとは別に、韓国ジャーナリストの池東旭が自著『在日をやめなさい』（1997）で展開した「在日コリアンとしてのアイデンティティを獲得しよう」との主張を受け、日本に住む韓国・朝鮮人の総称として「コリアンジャパニーズ」という呼称が使われるようにもなった。例えば、『GO』で直木賞を受賞した金城一紀*は自分のことを「コリアンジャパニーズ」と呼んでいる。その後、この用語はグローバリゼーションが進展した2000年代に入り、越境的移動をした結果、故郷を離散したコリアンを指す「ディアスポラコリアン」という用語とともに、盛んに使用されるようになった。また、「コリアンジャパニーズ」と民族と国家の関係を限定的に示す呼称を避け、民族名と統合先の国家名の間にハイフンが記入されることから、あえて「ハイフンド・パーソン」と呼ぶケースも一部で増えている。

［姜誠］

311 コリアン・マイノリティ研究会

1994年11月に結成された在日朝鮮人研究会が前身。在日朝鮮人学を中心に、そこにつながる日本研究・朝鮮研究、または、日本内外におけるエスニシティ研究・マイノリティ研究・移民研究などの研究者の交流と議論の場として、1996年に論文集『コリアン・マイノリティ研究』が創刊された（新幹社*、2000年に第4号刊行）。当初は東京で研究会を開いていたが、後に、大阪でも経済学者の朴一の主宰する学林図書室*月例会と合同で研究会を行うようになった。その後、在日朝鮮人研究会は東日本部会・西日本部会にわかれて、活動を行い、年1回交互に全国研究大会を開催した。2002年に西日本部会だけが残り、2006年2月に第13回全国研究大会を開催したのを機に、論文集のタイトルに合わせて、コリアン・マイノリティ研究会に

改称した。現在は大阪市東淀川区の陰陽連絡線セッパラム文庫で月例研究会を開催している。　　　　[藤井幸之助]

▶312
婚姻　成人した男女の婚姻は、朝鮮半島においては仲媒(チュンメ)という方法によって行われていた。戦前は日本へ出稼ぎに渡った男性が、両親が決めた相手の顔も見ないまま故郷で結婚式を挙げ、妻を連れてくるということが多数行われていた。解放後、日本に残ることを決心した在日コリアンたちの婚姻相手はしばしば仲媒人によって紹介された。年頃の息子や娘の情報が仲媒人に入ると、年回りなどから相性の合いそうな男女を見合いさせ、その後、幾度かのデートを重ねて気に入ると婚姻が成立するというものであった。このような形態が成立し維持されてきたのは、在日コリアンのネットワークが存在していたからである。日本社会における厳しい差別や偏見のなかで在日コリアンたちは互いに婚姻相手を見つけ家族を作っていった。もちろん、なかには自由恋愛による婚姻や日本人との婚姻のために両親が反対するが、それを押し切って婚姻するカップルもいた。1955年の統計を見ると、妻か夫が日本人という婚姻は336組であるのに対し、在日コリアン同士のケースは1474組であるくらい同胞同士による婚姻が一般的であった。

ところが、このような婚姻現象が逆転するのは1985年以降である。夫が日本人という女性の国際結婚＊が増え3622組に至った。また、妻が日本人の国際結婚は2525組だった。それに対して同胞同士の婚姻は4808組と下回った。このような傾向は年々増加し、現在は圧倒的多数の在日コリアンが日本人と婚姻している。この1985年は日本における国籍法＊が改定され、日本人との婚姻により生まれた子どもは、全て日本国籍を与えられるようになった。そのため、この日本人との婚姻の増加は国籍的に見れば、韓国・朝鮮籍の減少を加速化させている。在日コリアンの世代交代とともに在日コリアンのネットワークが弱まり、在日コリアンの青年たちの集う場が確保できなくなっているなかで同胞同士の婚姻が困難になっている。

参考文献：宋連玉「『在日』女性の戦後史」『環』2002年10月。　[髙正子]

▶313
金剛学園　大阪市住之江区南港にある韓国系民族学校で幼・小・中・高校を擁する。1946年朝連西成支部が朝鮮人密集地である西成区内の公立小学校の一部を借用して設立した「西成朝鮮人小学校」を前身とする。1948年民団西成支部の主導で区内梅南に校舎を新築し移転。「中立教育」を掲げたが、1949年朝鮮人学校閉鎖令＊により一時授業中止を余儀なくされた。1950年金剛小学校として再開され、1951年には学校法人金剛学園が認可された。初代理事長は崔仁俊。1954年に中学校、1960年に高等学校を開設し、1985年大阪府より一条校＊（私立学校）としての認可を受けた。2007年大阪市による校地買収により南港咲州地区に移転し現在に至る。民族文化の教育、各種クラブ活動、進学指導に力を入れている。幼稚園を含めた在校生総数361名、教員数

35名（2009年）。なお韓国文教部の認可を受け1968年から1985年まで「大阪韓国学校」の校名を用いていた。校訓は「知己、共同、愛国」。　[鄭雅英]

サ 行

在外国民登録証

韓国の在外国民登録法に基づく在外国民登録を行った者に発給される登録証。1949年制定の同法によると、韓国国民のうち、①韓国外で一定の場所に住所又は居所を定める者、②韓国外で一定の場所に20日以上滞在する者は、本籍、住所等、姓名、性別、生年月日等について、領事館等に届出を行い、登録するものとされた。同登録証には、それら登録事項が記載されている。

1949年、韓国政府は、同登録事務を民団に委嘱した。委嘱された民団は、韓国籍を「朝連・民戦の圧迫と闘いながら、選び獲得するもの」と位置づけ、韓国籍への切り替え運動を展開する。協定永住*を申請する際や、韓国の旅券を取得する際等には、同登録証の提出が求められた。そのため、南北分断下、北朝鮮政府を支持する者や南北どちらにも与しない者は、在外国民登録を行わなかった。後に、民団を介さずに同登録を行うことが可能となった。

現行の在外国民登録法によると、韓国外に90日以上居住する意思をもって滞在する韓国国民は、同登録を行わなければならない。韓国の旅券取得や韓国不動産取引の際などには、同登録が必要である。　[宋勝哉]

在外同胞財団

1990年代に入り、韓国社会の民主化の進展に伴う在外同胞社会への関心の高まりと、韓国政府の国際化（金泳三政権は世界化）戦略によって、在外同胞支援政策の必要性が高まった。1995年12月に世界化推進委員会が在外同胞政策委員会の発足を決議し、翌年5月の第1回在外同胞政策委員会で在外同胞財団の設立を決定した。在外同胞財団法は1997年3月に制定され、同年7月に大統領令施行令が公布された。政府の部署ごとに分散していた在外同胞政策が財団設立によって一元化された。

2003年、在外同胞問題の専門家でソウル大学の李光奎名誉教授が民間人として初めて財団理事長に登用され、NGOも含めた草の根の在外同胞ネットワークづくりにも取り組んだ。一方、在外同胞財団が外交通商部の外局であることから、大統領府か国務総理室に移し、より効果的な政策立案を求める声は強い。　[金光敏]

在外同胞法

在外同胞の出入国および法的地位に関する法律（在外同胞法）は1999年8月12日に制定された。この法律は「在外同胞の大韓民国への出入国及び大韓民国内における法的地位を保障すること」を目的」（第1条）としており、在外同胞の定義として、①在外国民（大韓民国の国民であって外国の永住権*を取

得した者又は永住する目的で外国に居住している者)、②「外国国籍同胞(大韓民国の国籍*を保有していた者又はその直系卑属であって外国国籍を取得した者のうち大統領令が定める者)の二つを規定している。

この法律の成立にともなって、外国国籍同胞であっても「在外同胞滞留資格」(在外同胞ビザ)を取得して長期滞留することが可能となった。また申告して「国内居所申告証」の発給を受ければ、これまでは住民登録なしにはできなかった電話の敷設や銀行口座開設、各種の金融取引や不動産売買、外国為替取引なども行えるようになり、就業や健康保険の加入も可能となった。そして「国内居所申告証」があれば2年間は再入国許可*なしに自由に出入国ができるなど、経済活動を中心として内国人とほぼ同等な法的地位が保障された。しかしこの法律では、外国国籍同胞の在外同胞の範囲を大韓民国国籍を取得しており、それを放棄して外国国籍を取得した者及びその直系卑属に限定をしたため、1948年の大韓民国成立以前から海外で居住していた在中国同胞、旧ソ連同胞は除外されることとなった。これに対して市民団体などが、大韓民国成立前後という時期的な区分によって適用を除外することは憲法の定める「平等権」に違反するとし、憲法裁判所に申し立てた。2001年11月29日、憲法裁判所は「憲法不合致」の決定を下し、2003年12月31日までに在外同胞法を改正するよう政府に勧告した。

しかし期限までに改正がなされなかったため、憲法裁判所の決定の効力は喪失し、改正されないままの状態が続いている。

[郭辰雄]

▶317 **在東京朝鮮無産青年同盟**

朝鮮無産青年会及び東京朝鮮無産青年同盟は、等しく朝鮮無産階級の自覚と団結を促進する目的で、1925年1月合併し東京朝鮮無産青年同盟会を組織した。執行委員には李憲*ほか14名が選出された。従来の綱領「吾人ハ現代社会ノ凡テノ不合理ナル現状ヲ打破シ理想的新社会ヲ建設センコト」及び「無産青年ノ階級的意識ヲ喚起シテ反逆戦線ノ闘士ヲ養成セムコトヲ図ル」に、さらに「無産青年ハ階級的ニ大同団結ヲ以テ努力スヘシ」を加えた。1926年11月に東京朝鮮無産青年同盟会はさらに東京朝鮮青年同盟会と改称。1925年以前の東京朝鮮無産青年同盟の組織については不明。

参考文献:김인덕『식민지시대 재일조선인운동연구』국학자료원、1996。朴慶植編『在日朝鮮人関係資料集成』第1巻、三一書房、1975。

[朴成河]

▶318 **在東京朝鮮留学生学友会**

1910年代、1920年代、在東京朝鮮留学生団体の中の最大規模の団体として在日本朝鮮人留学生運動の求心的役割を担っていた。大韓興学会の後身たる朝鮮留学生親睦会*の後を継いで安在鴻などの主唱により1912年10月27日組織。1916年1月総会で分会を解散し、中央統一制に改編。機関紙『学之光』*は1914年4月創刊され、1930年4月の29号で終

わる。1920年7月から始まって、7回に渡って朝鮮内巡廻講演を行い、朝鮮民衆の啓蒙活動、実力養成、反日意識の鼓吹など朝鮮内における活動も活発に行った。1920年代中盤以降は社会主義的傾向が強くなり、1930年12月24日の定期大会では日本大学同窓会*の提案に基づいて12対9の解体決議で共産主義系が勝ち、学友会は1931年2月に解体。それ以降は留学生運動は各学校別同窓会を中心に展開されるが、1936年6月に「朝鮮留学生研学会」が組織された。

参考文献：김인덕『식민지시대 재일조선인운동 연구』국학자료원 199611. 朴慶植編『在日朝鮮人関係資料集成』第1巻、三一書房、1975。　［朴成河］

▶319
在特会　在日特権を許さない市民の会。在日外国人全般に対する排外的主張を掲げる団体。在日コリアンの特別永住権*を「特権」とみなし、入管特例法廃止を主張して2007年に結成された。会長は桜井誠、2010年春に会員は8000人を超えると称している。

　特別永住*資格のほか、在日韓国朝鮮人が通名を名乗って日本人を詐称していること、従軍慰安婦や強制連行など「在日が歴史を偽造している」こと、参政権を要求することなどを批判し反対する行動を行っている。2009年秋には外国人参政権に反対するデモを全国各地で行い、大阪・生野では約300名が「不逞在日は朝鮮に帰れ」などを叫んで気勢を上げた。同じく2009年12月京都朝鮮初級学校によって近隣公園の一部が「不法占拠」されているとし、これを「奪還」するため同校校門前で「抗議活動」を行い、授業中の生徒のいる校舎に向かい拡声器で「スパイの子ども」「朝鮮に帰れ」などと叫んだ。抗議対象は、その他の外国人にも及んでいる。2009年4月には、入管法違反を理由に退去強制*されたフィリピン人カルデロン一家のうち唯一特別在留を許可された長女の通う公立中学校前でデモを行い、長女を名指して「在留を許さない」というシュプレヒコールを繰り返した。

　新右翼の流れを組む政治団体とも行動をともにすることがある。［鄭雅英］

▶320
在日韓国学生同盟（韓学同）　解放直後に組織された在日朝鮮学生同盟は、祖国分断を前後して左右対立が激化し1949年5月の総会で分裂した後、右派は1950年在日韓国学生同盟を称し民団傘下組織になった。朝鮮戦争時には「在日韓僑自願軍」に学徒兵を志願させ前線に送り込む一方、1952年の総会では臨時首都釜山における李承晩政権の強権政治（「釜山政治波動」）を批判、戒厳令解除を要求する決議文を採択して韓国に伝達し本国各界で波紋を呼んだ。

　1961年5月、朴正熙の軍事クーデターが起きるといち早く「反軍部クーデター声明」を発表し、軍事政権への反対姿勢を明確にした。以後韓国419学生革命（1960年）の理念を基本精神にすえて韓日会談反対運動、入管法反対運動、民団民主化運動など在日同胞権益擁護を基盤に本国民主化と民族統一に迫ろうとする活動を活発に繰り

広げた。1972年7月、民団は韓学同の傘下団体認定を取り消し事実上追放したが、韓学同は以後も韓国-民団社会の側に拠って立つ立場を堅持しつつ韓国軍事政権反対、本国学生運動支援連帯を標榜する活動を自律的に継続した。中央総本部（東京）のほか京都、大阪、兵庫、東海に地方本部があり各大学韓国文化研究会（韓文研）は支部である。2009年現在、京都と兵庫で活動が継続されている。機関紙として『韓国学生新聞』が発刊されていた。

[鄭雅英]

在日韓国奨学会

1956年8月25日に大阪で設立された民族育英のための奨学事業体。初め韓国学生同盟関西地方本部が独自に奨学金を支給したが、学生による寄付集めの困難さもあり、1956年に奨学事業として独立した。設立当時に関わったのは京阪神の大学に通う4～5名の院生と学生の徐龍達*たちであった。多数の同胞の浄財から資金が集められているため、近年の経済環境の悪化で受給者の数を減少せざるを得ない状況であるが、53年間で1000名を超える学生に貸与ではなく供与で奨学金を支給している。日本育英会の国籍条項*のため奨学金を受けられなかった同胞学生に対して「就学に困難な在日韓国人学生たちの境遇に深い関心をいだき、将来の祖国を担うべき前途有望な学生を」「未来の祖国発展の推進力になるよう奨学金を支給する」という趣旨からわかるように、民族色の濃いものであった。機関誌として「韓奨ニュース」が2009年8月まで135号発行されている。大阪韓国人会館に事務所を設置。

[鄭早苗]

在日韓国商工会議所

在日韓国人企業家による経済団体。在日本大韓民国民団*の傘下団体。1953年、在日韓国系として最初の企業家団体として、在日韓国人商工会が大阪で結成された。初代会長は河甲祚。当時の在日韓国人企業では大阪の企業家が有力であり、これらが中心となり結成されたもので、同商工会は後に大阪韓国商工会議所と名称変更する。その後、各地で同様に韓国人商工会の結成が進み、1962年2月、9地方の韓国人商工会が連合する全国組織として在日韓国人商工会連合会が設立された。初代会長は李康友。1992年に同連合会は在日韓国商工会議所*と名称変更し、2008年末現在で28の都道府県に地方韓国商工会議所を組織している。会報「架け橋」を隔月で発刊。2011年に経済産業省から、「一般社団法人 在日韓国商工会議所」の名称使用が許可されている。

在日韓国商工会議所の関連団体で、在日韓国人の若手企業家団体として、在日韓国青年商工会がある。これも各都道府県に地方韓国青年商工会があり、全国組織として在日韓国青年商工人連合会が1981年に発足している。

[高龍秀]

在日韓国人信用組合協会（韓信協）

1956年に大阪商銀*、東京商銀、京都商銀、愛知商銀、大阪興銀の5つの韓国系信用組合が結成した協会。韓国系

信用組合相互の親睦と情報交換、共通する課題の検討と協同対処などを目的としている。初代会長は朴漢植大阪商銀理事長。韓信協結成以降に新たに設立された各地の商銀も韓信協に加入し、1982年には39信用組合に拡大し、1989年には加入信組の預金額合計が2兆円を突破した。しかし1990年代のバブル崩壊とともに経営悪化や破綻する信組が続出し、大規模な統廃合が進められた。2009年3月末現在では、あすか信用組合（本店は東京都）、中央商銀信用組合（本店は横浜市）、あすなろ信用組合（本店は長野県松本市）、信用組合愛知商銀（本店は名古屋市）、信用組合岡山商銀（本店は岡山市）、信用組合広島商銀（本店は広島市）、九州幸銀信用組合（本店は福岡市）の7つの信用組合からなっている。2009年現在、大阪市に本店を置く近畿産業信用組合*は韓信協に入っていない。　　　　　　［高龍秀］

▶324
在日韓国人政治犯

民主化以前の韓国で「北朝鮮のスパイ」として捕らえられた在日韓国人の総称。広義には日本に滞在・在留した当時のことが問題にされ帰国後に逮捕された韓国人も含むが、狭義には日本に生活の根拠のあった在日韓国人（日本国籍を取得した人を含む）の拘束者。

1960年の四月革命後に帰国し民族日報社を起こしたが、軍事クーデター後に逮捕され死刑を執行された在日韓国人趙鏞寿は、その先駆的事例で、1970年代以降の在日韓国人政治犯事件とは時代が異なるが、南北分断の犠牲者という点は共通している。1969年5月に発表された「ヨーロッパ・日本拠点赤化工作事件」の金圭南・朴榏洙は、在日ではなく東京大学に留学した人だったが、日本で救援運動が行なわれた。

在日韓国人政治犯の象徴的存在で、かつ最初に公表された事例は、1971年の徐勝・徐俊植兄弟の事件である。その後1980年代にかけて、韓国の政権が危機に直面し、民主化運動を弾圧した時期に、在日韓国人政治犯事件が多数発表された。1970年代の崔哲教、1980年代の孫裕炯のように、裁判で死刑が確定する者も少なくなかった。韓国当局は在日韓国人スパイ団事件を発表して「北の脅威」を韓国国民に印象づけることにより、政府批判を押さえ込もうとした。また、在日韓国・朝鮮人の運動をおさえる意図も働いた。日本政府が容認する中、日本では韓国情報機関要員らが在日韓国・朝鮮人の動向を監視していたが、在日韓国人政治犯はそのみせしめであった。在日韓国人で訪韓の際に情報機関に拘束・拷問され、投獄にはいたらなかったが、日本においてまで監視や圧力を感じて生きてきた人は少なくない。こうした人々の中には梁東洙、権末子、高順子らのように拷問体験を告発した者たちもいた。徐兄弟らは法廷で拷問を暴露したが、政治犯として5年の刑期を終えた11・22事件（1975年に起きた「在日学園浸透スパイ団事件」）関連者の金東輝は、日本に戻ってから拷問を告発した。把握されている在日韓国人政治犯は、1998年8月の徐順沢・金長浩を最後に全員釈放された。

在日韓国人政治犯たちは、拷問でいったんは当局のいう筋書きを認めさせられるが、法廷やその後の獄中生活で抵抗の意志を示し、本人・家族・救援団体の多くは事件の情報機関によるでっち上げ、当局の不当性を主張した。「スパイ」の罪状は根拠薄弱なものであった。重刑判決を受けた者の場合は、日本などから北朝鮮を往来したとされたが、それを否定する被告が大部分であった。在日韓国人政治犯は、分断時代の犠牲者であるとともに、民主化と和解の時代を開くさきがけでもあった。特に11・22事件に見るような青年層の在日韓国人政治犯の場合、韓国留学はひとつの主体的選択であった。また、日本における救援運動は、政治犯本人や家族を支えると同時に、韓国の民主化と南北和解の課題、そして日本との関わりを日本社会に知らしめる役割を果たした。

　まだ南北朝鮮の和解が十分に進んでいない中では、在日韓国人政治犯の真実の解明は簡単ではない。100名ほどの在日韓国人政治犯が確認可能だが、まだ全容は明らかになっていない。また陳斗鉉事件のように、リーダーとされた在日韓国人政治犯本人だけでなく、韓国内関連者が3名死刑を宣告され2名が執行、有期刑の関連者1名が獄死する多大な犠牲を生んだ事件もあった。さらなる事実解明が要請されている。　　　　　　　　　　［石坂浩一］

▶325 在日韓国人政治犯を救援する家族・僑胞の会

　在日韓国人による在日韓国人政治犯＊救援団体。1975年5月23日に政治犯家族らによって結成された「在日韓国人政治犯家族協議会」を発展的に解消して、1977年6月4日に結成された。会長は李佐永、事務局長金泰明。政治犯家族と支援者の在日韓国人で構成され、在日韓国学生同盟＊などで活動した青年らが多く参加した。在日韓国人政治犯の生命と人権を守る運動を、在日韓国人全体の課題であり、韓国の民主化と祖国統一を志向する運動の一翼であると位置づけた。在日韓国人をはじめとする韓国政治犯の人権問題を国際社会に訴えるための国連派遣運動などを展開した。1990年10月16日、中心的活動家たちが分離して「在日韓国民主人権協議会＊」（民権協）へと組織転換し、民権協はさらに2004年3月27日、ワンコリアフェスティバル＊実行委員会、民族教育文化センターの2団体と統合、「コリアNGOセンター＊」を結成した。「家族・僑胞＊の会」本体は1993年7月に「韓国人権基金国際センター」に発展的に解消した。

［石坂浩一］

▶326 在日韓国人「政治犯」を支援する会全国会議

　韓国で逮捕された在日韓国人政治犯＊を救援するために組織された日本人の全国的運動団体。1975年の崔哲教救援運動、記録映画「告発」上映運動を足がかりに全国に組織された支援団体と、拘束者の急増にともない各地で立ち上げられた個別政治犯の救援会を基盤として1976年6月20日に結成された。発足時の代表は明治大学教授の宮崎繁樹、事務局長は牧師の吉松

繁。在日韓国人に対する拘束と重刑判決をでっち上げによる政治弾圧ととらえ、釈放要求運動を展開した。死刑が確定した在日政治犯の死刑執行阻止、社会安全法を適用された徐俊植・姜鍾健への刑期終了後の拘束継続阻止などの課題を中心として、在日韓国人政治犯の釈放に尽力した。同時に日本政府に対し、在日韓国人政治犯釈放に向けた人権救済や、釈放後に日本に戻る際の法的地位回復を求めるなど、自国政府のあり方についても追及した。とりわけ日韓連帯運動の初期段階にあたる1970年代では、在日韓国人政治犯救援運動は中心的課題の一つであった。1999年2月6日に在日韓国人政治犯の全員釈放に伴い解散、4月27日に「韓国良心囚を支援する会全国会議」へと再編した。　　　　　　　　[石坂浩一]

▶327
在日韓国人の法的地位及び待遇に関する協定

日韓国交正常化時に締結された在日韓国人の待遇について定めた条約。「日本国に居住する大韓民国国民の法的地位及び待遇に関する日本国と大韓民国の間の協定」が正式名称で、「法的地位協定」と略称されることが多い。1965年6月22日調印、1966年1月17日発効。

第1条で、在日の「大韓民国国民」について、1945年8月15日以前から在日している者と、その子どもで協定発効後5年以内に日本で生まれた者（2世）の日本永住を認めたが、その後の世代（3世以下）については、協定発効日から「25年を経過するまでに協議する」（第2条）とされた。この「協定永住*」は、同じ歴史的背景を持つ「朝鮮籍」者には適用されず、在日朝鮮人社会に南北対立を持ち込んだ。協定永住許可者に対する教育、生活保護*及び国民健康保険、韓国に「帰国」する場合の財産や韓国への送金について「妥当な考慮」を払うこととされた（第4条）。その一方で、内乱罪及び外患罪で禁固以上の刑に処せられた者及び法令違反で無期又は7年をこえる刑に処された者は、退去強制*の対象になった。

1969年に10万人であった韓国籍取得者が1974年には34万人に増加し、朝鮮籍者を上回った。25年後の1991年1月に「日韓法的地位協定に基づく協議に関する覚書」が調印され、日本政府は同年5月「日本国との平和条約に基づき日本の国籍*を離脱した者等の出入国管理に関する特例法（入管特例法）」を制定した。これにより在日朝鮮人の法的地位が初めて一本化され、その子孫にまで「特別永住」が認められるようになった。

[太田修・吉澤文寿]

▶328
在日韓国人本国投資協会

同協会は、在日韓国人の本国投資誘致、在日企業間の親睦増進、有益な情報提供などを目的に在日企業家たちによって設立された。本国に進出する在日企業が増えることによって経営上の問題が表面化してきた。それは、複雑な投資手続き、輸入の通関手続き、金融、税務関係などである。また、韓国の経済事情も十分に把握できず、韓国政府の政策に対する誤った分析も多かった。こう

した問題を解決するためには韓国内に在日企業を代表する協議機構を設置する必要があると考えた。1973年「本国事務所設立推進委員会」が構成され、翌年2月「在日韓国人投資企業連合会」が発足した。1976年6月にソウルの貿易会館内に本国投資協会の設立準備委員会の事務所が設置され、1977年2月、「社団法人在日韓国人本国投資協会*」が設立された。設立当時の会員は74社であったが、1990年代200社以上へ増加した。しかし、1997年の通貨危機以後は年々減少し、2000年代は90社前後にとどまっている。

[梁京姫]

▶329
在日韓国人問題研究所（RAIK）

在日大韓基督教会*付属の研究所。RAIKはReseach-Action Institute for the Koreans in Japanの略。1974年、東京都新宿区西早稲田の日本キリスト教会館内に設立された。在日コリアンをはじめ、日本社会のマイノリティの人権獲得のための資料・研究センター、情報・編集センター・運動センターとして積極的に活動している。「外登法問題と取り組む全国キリスト教協議会」「外国人人権法連絡会」「外国人学校・民族学校の制度的保障を実現するネットワーク」などの事務局が置かれそれらの活動の主軸を担うほか、在日外国人問題に関するさまざまなセミナー、シンポジウムの開催、各種ブックレットの発行も行っている。

隔月に『RAIK通信』を編集・発行する。現所長は佐藤信行。1992年東京弁護士会から「人権賞」を授与されている。

[鄭雅英]

▶330
在日韓国青年同盟（韓青同）

1945年結成の朝鮮建国促進青年同盟（建青）*、1950年に改編された在日大韓青年団が前身。朝鮮戦争に学徒義勇軍を派遣した。韓国の1960年4月革命を支持し、同年10月、韓青同に改編された。初代議長は郭東儀*。1961年5・16クーデターが起きると、権逸*団長下の民団中央本部はこれを支持、クーデターに反対する韓青同への締めつけを強めた。1962年5月、民団中央本部は中央監察委員会の反対を押し切り、郭委員長を権利停止処分にした。1964～1965年の日韓法的地位要求貫徹運動や、1969年の入管法*改悪反対運動、1972～1973年の7・4南北共同声明*支持運動などを展開した。1972年7月、民団は韓青同の傘下団体認定を取り消した。1973年、韓国民主回復統一促進国民会議（韓民統）*の結成に参加し、金大中救出運動*、反維新体制運動を展開した。1974～1975年に全国で金芝河の演劇*「鎮悪鬼（チノギ）」を公演した。1980年光州事件*後、在日韓国学生同盟（韓学同）*とともに反軍政運動を展開。1990年代に汎民族大会を推進し、汎青学連日本地域本部を構成した。2000年6・15南北共同宣言支持運動を展開している。

[金栄鎬]

▶331
在日韓国・朝鮮人大学教員懇談会（教員懇）

1972年10月、徐龍達*を代表幹事として結成され

た、国公立大学における外国人教員任用の実現などを目的とした在日大学教員の組織。1982年8月「国立または公立の大学における外国人教員の任用等に関する特別措置法」の成立に大きな役割を果たした（施行は同年9月）。1975年10月、教員懇は文部大臣に対し要請書を提出し、「国公立大学の専任教員にアジア人を採用するための特別措置の実施」を訴え、同年12月には国立大学協会および公立大学協会に対して「在日韓国・朝鮮人の国公立大学教員への差別撤廃などに関する要請書」を、1977年3月には日本学術会議に対し、「定住外国人*科学者の処遇の改善に関する要望書」を提出した。これを受けて、公立大学協会は1979年5月「国公立大学において、外国人を講師以上の専任教員として採用することを一般的に排除すべき制度上の根拠は乏しい」という見解を発表している。このような10年間に及ぶ市民運動の成果として、国籍*要件を撤廃させ、上記のいわゆる外国人教員任用法を獲得するに至った。

参考文献：在日韓国・朝鮮人大学教員懇談会、日本クリスチャン・アカデミー編『定住外国人と国公立大学—教員任用差別の撤廃を訴える』僑文社、1977。日高六郎・徐龍達（編著）『大学の国際化と外国人教員』第三文明社、1980。徐龍達「国公立大学外国人教員任用の現状と課題」徐龍達先生還暦記念委員会編『アジア市民と韓朝鮮人』日本評論社、1993。徐龍達編『21世紀韓朝鮮人の共生ビジョン』日本評論社、2003。　　　　　　　［裵光雄］

▶332
在日韓国民主人権協議会（民権協）

在日韓国民主人権協議会（民権協）は1990年10月16日、在日韓国人政治犯*救援運動に携わってきた在日コリアン2世、3世が結成した人権NGOである。民権協は、民主主義と人権という価値観を基礎にして、在日コリアンとしてのアイデンティティ*を育みながら、誇りを持って生きていくことのできる共生社会の実現をめざし、また日本・朝鮮半島・世界を視野に入れ、人と情報のネットワークの形成を通じて、在日コリアン社会と市民社会の発展に貢献することを目的としてきた。具体的な事業としては在日コリアンの民族教育、外国人労働者支援、戦後補償裁判支援、北朝鮮人道支援*、日韓市民・NGO交流など多岐にわたる事業を展開してきた。2004年3月27日、民権協は、民族教育文化センター、ワンコリアフェスティバル*実行委員会とともに統合し、新たに特定非営利活動法人コリアNGOセンター*が設立されることにより発展解消した。　　　　　　　　　　［郭辰雄］

▶333
在日韓国民主統一連合（韓統連）

1989年2月、前身の韓国民主回復統一促進国民会議（韓民統）*から改編。綱領に民族自主権の確立、韓国軍部独裁の清算と民主化、祖国の自主的平和統一、朝鮮半島の非核地帯化、在日同胞の民族的権利の擁護、国際連帯運動の強化を掲げる。2003年3月の綱領改定で侵略と植民地支配の過去清算及び祖国と日本の友好親善が加わった。初代

議長は郭東儀＊、第2代議長は金政夫、第3代議長（2009年3月以後）は孫享根。東京、神奈川、東海、大阪、兵庫、京都、広島の7地方本部を置く。会員団体に在日韓国青年同盟＊、在日韓国民主女性会、在日韓国人学生協議会がある。機関誌は『民族時報』。

1989年の文益煥牧師や林秀卿・全大協代表の訪北、韓国社会団体による「汎民族大会」提案などを受けて統一運動に注力。1990年8月の第1回汎民族大会で「祖国統一汎民族連合」（汎民連）結成が合意されると、汎民連日本地域本部を創設した。1993年に成立した金泳三政権の文民改革を当初支持したが、後に統一運動団体への「利敵団体」規定や「公安統治」などを強く批判した。1998年に成立した金大中政権下でも汎民族大会をめぐって当初は対立したが、2000年6月南北首脳会談を支持した。

ほぼ毎年6月15日と8月15日を契機に民族統一大会や民族統一大祝典に参加し、6・15共同宣言実践民族共同委員会の海外委員会の一角を担う（共同議長：郭東儀）。1994年以来、日本の主な都市で「統一マダン」を開催し、文化行事や出店などの祭り方式で祖国統一支持を訴えている。

2000年12月から2001年4月にかけて、日韓の団体・個人が「韓統連の名誉回復と韓国への無条件自由往来のための対策委員会」を結成し、「反国家団体」規定取り消しと自由往来保障を要求した。2003年2月に韓国文化放送がドキュメンタリー番組「韓統連の真実」を放映した。2003年9月と2004年10月、韓統連代表団の故国訪問が実現し、事実上の名誉回復が進んだ。2004年11月、在日同胞社会の和合を民団に提議し、2006年5月の民団と総連の和解＊を歓迎した。　　　［金栄鎬］

▶334 **在日韓人歴史資料館**　2005年11月、民団が運営主体となり、韓国政府の支援を受けて、「在日コリアンが日本へ渡航した事情、在日の生活実態、在日コリアンによる権益擁護運動、民族教育、在日コリアンの文化・芸術活動などの資料を蒐集・整理し、公開・展示することを通じて在日コリアンの歴史を後世に伝えていく」ことを目的に、東京麻布にある韓国中央会館の別館に設立された。第1展示室には解放前の在日コリアンに関する資料、第2展示室には、解放後の在日コリアンの歩みに関連する資料がそれぞれ展示されている。また館内には図書資料室もあり、在日コリアンに関するさまざまな文献・雑誌＊が集められ、閲覧できるようになっている。2008年には開館3周年を記念して、館内の資料を写真＊に収め、解説した『写真で見る在日コリアンの100年』（明石書店）が出版された。在日韓人資料館の歴史的意義を考察した論文に、君塚仁彦「異文化とされる側の記憶と表象　在日朝鮮人と博物館運動」（『国立歴史民俗博物館研究報告』第140集、2008年3月）がある。　　　　　　　　　　　［朴一］

▶335 **在日起業人・起業家**　日本経営史の重要な研究テーマとして「起業家の出自の問題」がある。戦後の比較的短期間に成

長した企業、例えば総合菓子業界最大手ロッテ、製缶業界大手大和製罐、情報通信業界大手ソフトバンク等を起こした起業家が、なぜ、日本総人口の1%にも満たない在日韓人から供給されたのか、という問題である。戦災で壊滅した地場産業の復興・発展や斜陽産業の活性化が在日韓人の起業活動によって可能となった事例もある。神戸ゴムケミカル靴工業は典型事例であり、日本に韓国映画を配給することでブームを起こし斜陽化しつつあった日本映画界に刺激を与えることで活性化させたのも在日起業家であった。新たな産業・製品の創造もある。例えば焼肉*産業、緑茶やウーロン茶等の茶系缶入飲料水、カプセルホテル等を創造・発展させたのも在日起業人である。日本にしかない大衆娯楽パチンコ産業*を約30兆円の市場規模に発展させ、遊技機器製造業大手平和やホール最大手マルハンの創業者を供給したのも在日韓人である。

一説には在日韓人に対する就職差別が起業の端緒となった。戦前渡日した在日1世は韓民族的素養が高く帰郷志向が強かった。強い自尊心と上昇志向を有する留学目的の苦学生も存在した。彼らは労働集約型工業の低賃金労働者となり、その過程で差別を体験し、高学歴を得たとしても就職が絶望的なことを知った。彼らはやむを得ず就労体験を有し或いはその体験を応用できる低ステータス産業等で起業した。一部の者が敗戦後の闇市で資本蓄積を果たし、後の企業発展の礎を築くことに成功した。その典型がロッテや大和製罐である。

帰国を欲していた1世は郷里や韓国・北朝鮮との紐帯を重んじた。郷里の先祖の墓を整備し学校や橋等を寄贈した。自己が支持する本国政府の要請に基づき本国投資を行いソウル五輪等の国家的イベントへの経済的協力を惜しまなかった。本国が困難な時期に外貨や技術を持ち込むことによって国家経済を支えたのである。

在日2・3世も偏見と差別にさらされ公職からは排除された。日本語能力に長け、客観的能力を有する高学歴者に対しても大企業は門戸を閉ざしていた。医者以外の専門職への道も閉ざされ、1世が開拓した低ステータス産業か未成熟産業等で零細企業を起業しなければならなかった。後者に該当するのがソフトバンクの創業者である。この就職差別は日本人の優秀な人材が見向きもしなかった低ステータス産業や未成熟産業に在日韓人中の才能を集中させるという効用をもたらした。新規参入も相次ぎ、若い労働力も絶えず供給された。この結果、マイノリティ内部で熾烈な競争がおき淘汰が始まり業界の活力が担保されることで持続的発展が可能となった。その典型がパチンコ産業、焼肉産業、ゴム靴産業等であった。

在日韓人が成功している事業、とりわけ少ない投下資本の割には見返りの大きい業種に転業・起業する傾向が強い。被差別マイノリティの模倣性といえる。その典型が不動産業や金融業、古くは貸しレコード、最近ではカラオケ等である。近年、若い世代の高学歴者に対する就職差別の減少に伴い在日起業人は減少しており、企業規模の拡

大に成功する起業家も減少している。起業能力といえる異質性が同化の進行により減殺しており、才能が多分野に集中しているからであろう。[河明生]

在日義勇兵

朝鮮戦争に派遣された在日韓国人義勇軍。そのうち多くが学生であったため在日学徒義勇軍とも呼ばれた。当時の民団は「在日韓僑自願兵」と呼んだ。開戦とほぼ同時に民団系組織は、「祖国防衛」のための軍事的な協力について協議を開始、韓国駐日代表部とGHQは当初この動きに否定的な態度をとったが、国連軍に随伴して通訳と案内を担当する要員を必要としたGHQの要請を嚆矢として、李承晩大統領の許可を得た駐日代表部が前面に立って募集を展開、派遣に向けて運動を急展開させた。義勇軍はGHQが要求する条件を満たした高卒以上の大学生、青年を中心に総数644名で構成され、その訓練は米国と韓国両国が行い、派遣はGHQの指導の下、韓国政府、駐日代表部、日本政府の緊密な協力関係のなかで実施された。義勇兵は、国連軍、韓国軍に編入されて五度にわたり朝鮮戦争に動員され、主に仁川上陸作戦、元山上陸作戦、平壌奪還作戦などに参加した。この義勇兵派遣は、644名のうち戦死者59名、行方不明者97名、帰還者266名、未帰還者222名となったが、GHQとの確実な取り決めが存在しなかったことによって、日本への再入国問題、大学生の復学問題、戦死者遺家族の援助問題、負傷者の治療問題、給与未払いなど、さまざまな問題を生じさせることとなった。在日義勇兵の生存者とその遺族によって大韓民国在郷軍人会日本支会（在日学徒義勇軍同志会）が組織されている。

[山本興正]

在日コリアン企業の韓国投資

在日企業家の本国投資への動きは、朝鮮戦争の休戦協定とともに始まった。1953年7月、在日韓国人商工会は韓国に母国産業視察団を派遣し、産業事情を視察した。その後、韓国政府と協力方案を模索しながら産業視察は1956年まで3次に亘って進められた。1956年には「在日韓僑生産品輸出組合」、「在日韓国人貿易協会」、「在日韓国人商工会貿易部会」などが設立された。在日企業家たちは、ソウルで「在日韓国人生産品展示会」を開催するなど韓国との貿易拡大に取り組んだ。しかし、1959年、在日コリアンの北送問題で日韓関係が悪化し、在日企業と韓国との経済交流もほとんど断絶するようになった。

1961年に出帆した朴正熙政権は、工業化と輸出立国という対外指向的な経済開発5カ年計画を樹立・推進した。それが順調に進行すると在日企業家の本国投資の動きが見え始めた。本国投資に先駆けてチャレンジしたのは紡績王として知られた徐甲虎であった。彼は、1963年1月ソウル永登浦区に大規模の資本を投資し、邦林紡績（資本金115億円）を設立した。韓国政府も在日企業家たちの本国投資活動を積極的に支援したが、とりわけ、1964年8月に造成したソウル九老輸出工業団地への在日企業の入居を勧奨し

在日企業が韓国進出に本格的に乗り出したのは、1965年の日韓国交正常化の後である。韓国政府は外資導入政策の一環として、外国人投資者に門戸を開放しながら在外韓国人の本国投資を奨励した。行政的には、業種・投資金額及び投資比率などでの制限を緩和し、在外韓国人の本国投資の環境づくりに努めた。

在日企業家たちも母国の経済発展に寄与したいとの思いで積極的に進出した。1978年、韓国政府は、日韓国交樹立後の在日韓国人による本国投資の総額が、10億ドルを突破したと発表した。この時点では、日本を含む外国人の投資総額は9億3700万ドルで、在日韓国人による本国投資が外国人投資の総額を凌駕していた。事業分野は、繊維、機械、電子、電気、金属など製造分野をはじめホテル、金融のようなサービス業までに至っている。

在日企業の韓国進出は経済発展に寄与しただけでなく、先端技術、先進経営技法などを産業界に普及させることによって韓国社会及び経済の近代化にも大きな役割を果たした。

参考文献:『在日韓国人本国投資協会30年史』。

[梁京姫]

在日コリアン企業の北朝鮮投資

北朝鮮では、1970年代のオイルショックの後に貿易赤字が拡大し、西側諸国に対する貿易代金決済が遅延するなどの経済難に直面した。このような外貨不足を補うために1984年に合弁法が制定され、外国企業の直接投資を誘致しようとしたが、まず誘致対象となったのは在日朝鮮人企業家であった。1986年2月に、北朝鮮政府は在日本朝鮮人商工連合会結成40周年記念感謝団を招待し、北朝鮮政府と在日朝鮮人商工人との間で合弁事業を推進することで合意した。こうして在日コリアン企業の対北朝鮮投資が本格化した。具体的には、モランボン*合弁会社（紳士服など衣服）、国際化学合弁会社（レアメタル）、平壌包装材合弁会社（ダンボール）、平壌シルク合弁会社（生糸、絹織物）、清川江合弁会社（生糸）、平壌ピアノ合弁会社、クムピョル合弁会社（水道蛇口）、金剛原動機合弁会社（小型エンジン）などの事例がある。また1989年4月にはこれら合弁企業を金融的に支える目的で朝鮮合弁銀行が設立されている。在日企業家の全鎮植が代表となるさくらグループが1986年に設立したモランボン合弁会社は1992年に年間17万着の紳士服生産の実績を上げていた。同グループは1989年にピアノを製造するパコ合弁会社を設立し、北朝鮮産の紳士服やピアノなどを日本市場に流通させていた。しかしこれらの合弁企業は北朝鮮での経済システムやさまざまな商慣行が日本と全く異なることにより経営悪化に陥り、数年後に撤退する事例も多くみられている。

[高龍秀]

在日コリアン人権協会

「在日コリアンに対する民族差別*撤廃のための制度、政策を提案し、日本社会に積極的に参画する当事者の運動団体」。民族差別と闘う連絡協議会（民闘連*）を前身と

し、「在日コリアンの差別の苦しみ、悲しみを共有する当事者がまず自覚し、声をあげることがすべての闘いの出発点である以上、自立と主体の道は、これからも堅持します」という立場から、1995年に在日コリアンの民族組織に改編するとして結成された。在日コリアン地方参政権集団訴訟（1995年）、大阪市の小中学校入学時における外国人登録番号記入差別の撤廃（1997年）、大学の帰国子女国籍条項＊撤廃運動（2001年）、積水ハウス在日社員（民族差別発言）裁判（2005年）などに取り組む。月刊誌として『liber〜リベール〜』を発行し、在日コリアンに対する民族差別撤廃のための制度、政策を提案し、日本社会に積極的に参画することを活動目的としている。

[飛田雄一]

在日コリアンと言語

在日コリアンと言語については、使用言語や世代によっていくつかの見方がある。まず、日本の朝鮮半島支配を契機として来日した、日本語を主な使用言語とするオールドカマーと1980年代以降に来日した韓国語を使用言語とするニューカマーに分けることができる。オールドカマーは、さらに渡航世代に属し朝鮮語を母語とする1世と日本生まれの2世以降の世代に分けることができる。1世から2世へと世代交代が進むにつれコミュニティの使用言語は朝鮮語から日本語へと取替えが進み、日常の生活で朝鮮語が使用される場面は少なくなっている。2世以降の世代の場合、帰属する民族や国家の面からは朝鮮語が母国語、言語能力の面では日本語が母語になるため、用語使用には注意が必要である。母語が日本語である2世でも1世との接触の頻度や内容によって朝鮮語を聞く能力は持つが、話す能力は持たない非対称バイリンガルが多く、3世以降では日本語モノリンガルになるといった言語交代の過程が各世代の言語能力の面で観察される。

1世の出身地域を見ると、慶尚道、全羅道、済州島＊など朝鮮半島の南部出身者が多く、在日朝鮮人集住地域でもこれら同郷者を中心とした地域の住み分けもみられる。そのため、地域によっては1世の出身地方言が残存・保持されることも珍しくない。例えば日本でもっとも在日コリアンの多い大阪市生野区の場合、済州島の出身者が他の地域の出身者より圧倒的に多く、済州島の生活文化や方言が地域に現れている。

言語形成期を国で過ごした1世の場合、学校教育の経験がなく、日本語を自然習得したために、規範文法とは異なる独自でユニークな日本語を話す話者も多い。特に女性では両言語とも読み書き能力のない非識字者が男性より多く、高齢になってから夜間中学や識字教室で文字を習得する場合もある。

日本語を使用言語とする2世以降の世代が、民族語として朝鮮語を習得する経路には、家庭と民族学校がある。1世の数が減少した現在、家庭での体系的な民族語の継承は難しく、実質的に民族学校がその役割を担っている。中でも幼稚部から大学校まで独自の教育体制を持つ朝鮮学校＊での朝鮮語教育は、独自のバイリンガル教育を行い

言語能力の面で確実な成果を見せている。しかし、日本社会との葛藤、制度的制限などで生徒数が年々減っており、朝鮮語話者数の減少にも影響を及ぼしている。

　一方、1980年代から増え続けているニューカマーの影響も大きい。彼らは在日コリアンコミュニティに新しい韓国語や文化的要素をもたらし、すでにコリアンの25%を占める彼らの存在が結果的に朝鮮語話者の増加に貢献しているとの解釈もできる。とりわけ彼らの存在がもっとも可視的なのが街角の言語景観である。東京の新宿のようなニューカマーが集住する地域には彼ら自身の経済活動によるハングルの増加、彼らを意識した日本社会の韓国語やハングルの使用が目立ち、空間的広がりを見せている。かつて、差別や偏見で可視的な朝鮮語要素は隠蔽せざるをえなかったオールドカマーの時代とは対照的である。このようなニューカマーの存在と彼らの言語活動は、在日コリアンコミュニティ全体に新しい言語的要素を提供する一方で、日本社会の在日コリアンに対する意識の変化を読み取る大きな手がかりとなっている。　　　　　　　　　　[金美善]

在日コリアンの職業

1945年の祖国の解放を機に在日コリアンの多くは朝鮮半島に戻ったが、さまざまな事情で日本にとどまることを余儀なくされた者たちもいた。だが、彼らの職探しは戦時中以上に厳しいものになった。戦争特需が終わったことで、日本の製造業が不況になるとともに、戦争に駆り出されていた日本人労働者が復員したことで、在日コリアンの労働者が労働市場からはじき出されてしまったからである。戦中の1943年と解放直後の1952年の在日コリアンの職業構成の変化を示した〈表1〉を見ると、戦後は製造業従事者と土建業従事者が大きく減る一方、日雇い労働者が増加し、失業者が急増していることが判る。

　こうして戦後日本の労働市場から排除された在日コリアンたちは、わずかな資本を元手に、小規模ながら自営業を営むしか生きる術はなかった。在日コリアンの密集地域では、古鉄売買、土木、ゴム、プラスチックなどの分野で、数多くの零細企業が生まれた。またホルモン屋（焼肉*屋）などの飲食業、ヘップ（サンダル製造）、パチンコなど、在日独自のエスニック・ビジネスに活路を見いだす在日コリアンも少なくなかった。

　しかし、外国籍のままでは日本の金融機関から融資を受けることができないという資金調達の壁が、在日コリアンの企業拡張にとって大きな障害になった。外国籍者に対する偏見や差別が当たり前のように存在していた当時、在日コリアンは銀行窓口で住民票の提出を求められたり、外国籍というだけで法外な担保を要求されることが多かった。1950年代に全国の在日コリアンの密集地域に、商銀や朝銀*などの民族系金融機関が誕生したのは、こうした融資上の民族差別*を背景としたものであった。こうして誕生した民族系金融機関は、仕事を求めていた在日コリアン労働者の受け皿になるとともに、パチンコ、ゴム、プラスチック、

土木、焼肉屋などを営む在日コリアンに運転資金を提供することで、在日企業の育成に大きな役割を果たしてきた。

1960年代から1970年代に入ると、日本の高度成長の影響を受けて、在日コリアンの中には、日本の消費者の支持を受けて企業を大きく成長させるカリスマ経営者も現れた。坂本紡績の徐甲虎、ロッテの辛格浩*、パチンコ・マルハンの韓昌裕、MKタクシーの兪奉植などがその代表的な経営者である。

しかし、こうした成功例は在日社会の中でもごく一部に限定されたものであり、日本が先進国の仲間入りをした1970年代においても、依然として大部分の在日企業やその経営者は零細な状況に置かれていた。統一日報社が1975年に在日コリアン企業6753社を対象にアンケート調査を行ったデータから、当時の在日企業・経営者の実態が伺える。この調査データによると、経営形態では個人企業が圧倒的に多く、全体の5割以上が株式会社など会社組織としての体裁を整えていない。また業種では、サービス業、製造業、卸売・小売業、建築業、娯楽・遊技場の5分野で全体の9割が占められ、資本金は500万円未満が大半であり、従業員数も20名未満が7割以上を占めている（民団中央本部『差別白書』第5集、381ページ）。1970年代、在日コリアンの多くは、こうした中小企業主か、彼らが営む在日企業で働く人々であった。

だが1980年代になると、在日コリアンの自営業者や中小企業主の中から、日本経済の安定成長の波に乗り、中小企業の経営者として成功を収める旧中産層や、大学を出て日本の企業に採用される新中産層が膨らみを見せ始めることになった。こうした傾向は、表2に示した1960年代から1980年代にかけての在日コリアンの職業構成の変化からも読み取ることができる。同表を見ると、1960年代〜1980年代にかけて、在日コリアンの職業構成のうち単純労働者や農林業などブルーカラーの比重が大きく低下し、その一方で管理職、事務職、販売業、サービス業などのホワイトカラーの比重が増加していることが判る。また医療従事者や教員などの専門職も確実に就業者比率を増加させている。

1990年代以降の在日コリアンの職

表1　戦中と戦後の在日コリアンの職業構成の変化

職業別	1943年	1952年
農業	9,484人 (0.6%)	10,156人 (1.8%)
鉱業	94,320人 (6.4%)	53人 (0.0%)
製造業	208,338人 (14.1%)	14,573人 (4.6%)
土建業	220,696人 (15.0%)	19,991人 (3.7%)
日雇労務	32,830人 (2.2%)	35,585人 (6.6%)
商業	60,430人 (4.1%)	31,023人 (5.8%)
その他の職業	150,586人 (10.0%)	72,527人 (13.0%)
失業者	339人 (0.0%)	13,269人 (2.4%)
無業者	692,207人 (47.1%)	328,624人 (62.0%)
計	1,469,230人 (100.0%)	525,801人 (100.0%)

出所：1943年のデータは『1943年国民動員計画』、1952年のデータは李瑜煥『在日韓国人の50年史』新樹物産株式会社出版部、1960年、152ページ）。

業構成の変化については、日本の公式統計では入手できないので、正確な動向をつかむことはできない。しかし、1990年代以降の大きな流れとして、単純労働者などのブルーカラーが減少する一方、管理職、事務職、販売業、サービス業などのホワイトカラーを中心とする中産層が拡大してきたと言えるだろう。1990年代以降、多くの自治体の公務員採用試験において国籍条項*が撤廃される傾向にあり、民間企業においても在日コリアンを採用する企業が増加しているからである。

また医師・弁護士・司法書士・公認会計士・税理士・行政書士、社会保険労務士、弁理士、一級建築士、大学教員などの専門職に就く在日コリアンも増加傾向にある。在日コリアンの間でこうした資格職が増加する背景として、従来は彼らに対する就職差別の存在が指摘された。しかし、在日に対する就職差別はかなり改善されていることを示す調査結果もある。1984年に神奈川県在住の在日外国人を対象に実施された調査で在日コリアンのうち就職差別を受けたと回答した者は38.6%に上ったが（『神奈川県内在住外国人実態調査報告書』1985年）、大阪府教育委員会が1995年から1998年にかけて府立高校に在籍した外国人生徒（うち98%が在日コリアン）を対象に行った調査では就職差別を経験したと回答した者は9.9%にとどまった（大阪府教育委員会『在日外国人生徒進路追跡調査報告書』2000年3月）。2つの調査で回答者の年齢層に若干の違いはあるが、在日コリアンに対する就職差別がかなり緩和されてきたと言えるだろう。今後、こうした傾向が続くと、専門職就業者とともに日本の大手企業に採用される在日コリアンの新中産層が増加していく一方で、優秀な在日の人材が日本企業に吸収されることで、在日の起業家をはじめとする旧中産層は減少していく可能性もある。　〔朴一〕

表2　在日コリアンの職業構成の変化
（1960年〜1980年）　（単位：人）

	1964年	1974年	1984年
医療従事者	423 (0.3%)	867 (0.5%)	2,149 (1.2%)
技術者	204 (0.1%)	631 (0.4%)	574 (0.3%)
教員	614 (0.4%)	1,039 (0.6%)	1,521 (0.8%)
管理職	5,866 (4.1%)	4,797 (3.2%)	13,306 (7.8%)
事務職	9,575 (6.8%)	20,769 (13.9%)	36,784 (21.7%)
販売業	19,782 (14.1%)	23,099 (15.5%)	34,700 (20.5%)
農林業	7,603 (5.4%)	3,699 (2.5%)	1,871 (1.1%)
生産工程従事者	32,515 (23.1%)	34,909 (23.5%)	42,531 (25.0%)
単純労働者	29,563 (21.0%)	16,921 (11.4%)	7,049 (4.1%)
サービス業	2,833 (2.0%)	3,025 (2.0%)	11,794 (6.9%)
その他	31,398 (22.0%)	38,761 (26.0%)	17,527 (10.0%)
有業者合計	140,552 (100%)	148,517 (100%)	169,876 (100%)

出所：法務省入国管理局『国際人流』第46号、24ページ

在日コリアンの文学　「在日朝鮮人文学」「在日文学」とも呼ばれる。ここでは1945年8月15日以降の流れを概観する。その草創期の活動を担ったのは、尹紫遠、朴元俊、張斗植*、李殷

直*、金達寿*（小説）、姜舜、許南麒*、南時雨（詩）等である。朝鮮独立の喜びの中、文学では精神の脱植民地化が図られたが、すぐに訪れた朝鮮の南北分断にも、その志向性は規定されることなった。1950年代前半には、文芸誌『民主朝鮮』*の中心的人物で「玄海灘」等の小説を発表した金達寿と、朝鮮民衆の抵抗史を歌った長編詩「火縄銃のうた」で注目を集めた許南麒が、代表的在日朝鮮人作家と目された。

1955年結成の在日本朝鮮人総連合会*（総連）は、朝鮮民主主義人民共和国の文芸政策を導入し、朝鮮語による創作活動の環境を整えていった。1960年代には、在日朝鮮人の生活、大韓民国の民衆との連帯、共和国公民となった矜持、祖国統一等を主題とし、社会主義リアリズムの手法を採用した朝鮮語作品が多数生み出された。

1960年代後半は、在日朝鮮人の文学の転換期となった。総連内の文学活動は、以後、金日成*の唯一思想体制の下で行われることになった。他方、金鶴泳*『凍える口』（文藝賞、1966）と李恢成*『砧を打つ女』*（芥川賞、1972）の文学賞受賞をはじめ、小説では金石範*、金泰生*、高史明*、詩と評論では呉林俊*、金時鐘*が、堰を切ったように日本の文壇の表舞台に登場した。その多くは、総連やその前身の民族団体に所属していた経歴を持つ。この時期の彼らの活躍により、在日朝鮮人による日本語文学を指す「在日朝鮮人文学」が、広く認知されるようになった。

その後も日本の文学界で活躍する作家は増え、以下のように文学賞受賞作も多く出た。小説：鄭承博*『裸の捕虜』（農民文学賞、1972）、麗羅*『桜子は帰ってきたか』（サントリーミステリー大賞読者賞、1983）、金石範『火山島』（大佛次郎賞、1984、毎日芸術賞、1998）、李起昇*『ゼロハン』（群像新人文学賞、1985）、李良枝*『由熙』（芥川賞、1988）、朴重鎬『回帰』（北海道新聞文学賞、1988）、柳美里*『家族シネマ』（芥川賞、1996）、梁石日*『血と骨』（山本周五郎賞、1998）、玄月*『蔭の棲みか』（芥川賞、1999）、金城一紀*『GO』（直木賞、2000）、金重明『抗蒙の丘　三別抄耽羅戦記』（歴史文学賞、2006）。詩：崔華国『猫談義』（H氏賞、1985）、金時鐘『「在日」のはざまで（評論）』（毎日出版文化賞、1986）、『原野の詩（詩集成）』（小熊秀雄賞特別賞、1992）、宋敏鎬『ブルックリン』（中原中也賞、1997）。

その他にも、女性作家では先駆者的存在の李錦玉（詩、児童文学*）をはじめ、小説の成律子、金蒼生、金真須美、深沢夏衣、鷺沢萠*、詩の庾妙達、宗秋月*等がおり、男性作家では小説の姜魏堂*、鄭貴文、立原正秋*、飯尾憲士*、伊集院静*、つかこうへい*、元秀一、詩の申有人、尹敏哲、崔龍源、李ригノ海、趙南哲、丁章等がいる。その中には、日本名作家の他、帰化者やダブル*の出自を持つ作家も少なくない。

また、小説や詩ばかりでなく、評論やエッセイ（崔鮮、金一勉、崔碩義、金学鉉、安宇植*、朴春日、尹學準、卞宰洙、任展慧、竹田青嗣*、徐京

植、姜信子*)、児童文学*（韓丘庸）、ライトノベル（金蓮花）、短歌（金夏日、李正子*）、翻訳、戯曲など、在日朝鮮人の文学活動は多様なジャンルに亘る。

1990年代頃から日本では、ポストコロニアル理論等の流入を受けて、在日朝鮮人の日本語作品が「再発見」されはじめた。また、1997年に20年以上の歳月を経て完結した金石範の大長編小説『火山島』は、従来の「日本文学」の概念を覆すに余りある存在感を日本語文学の領域で放ち続けている。2000年代に入ってからは『在日コリアン詩選集』（土曜美術社、2005）、『〈在日〉文学全集』（勉誠出版、2006）が相次いで刊行され、埋もれていた多くの日本語作品に光が当てられた。

その一方で、朝鮮語での創作活動も現在に至るまで脈々と続けられている。小説の金民、成允植、金在南、趙南斗、金吉浩、詩の崔華国、姜舜、鄭和欽、鄭華水、金里博、金潤、韓龍茂、盧進容、李芳世などの朝鮮語作家やバイリンガル作家たちが、在日朝鮮人の文学の重要な一翼を担っていることは、もっと強調されるべきであろう。

文学作品における主題は、朝鮮半島情勢や日本社会の変化、そして在日朝鮮人の世代交代の影響を受けてきた。しかし、作家のルーツである朝鮮の歴史や政治、あるいは憧憬や疎外の感情、または在日朝鮮人の歴史や生活、家族、アイデンティティ*に関する作品が、世代を超えてその大半を占めている。いずれの作家においても、分断状態が続く「祖国」や日本との絶えざる緊張関係という、在日朝鮮人特有の政治性と無縁ではありえないのである。このような条件下で、作家たちはさまざまな葛藤を抱えながら、独特の作品世界を作り上げてきた。［宋恵媛］

▶343 **在日コリアン弁護士協会**

在日コリアン弁護士を会員として2002年に結成された弁護士団体。略称は、LAZAK（Lawyers' association of ZAINICHI Korean）。国籍*を問わず、在日コリアンとしてのエスニシティを選択した日本の弁護士及び司法修習生が会員資格を持つ。在日コリアンにおける「法の支配」、すなわち個人の尊厳保持と政治過程への参加の実現を基本理念とし、在日コリアンへの差別撤廃、民族教育等民族的権利の保障、参政権、公務就任権の獲得等を設立目的とする。

前身は、2001年に届出による日本国籍取得法案が浮上したことを契機として、在日コリアン弁護士28名により結成された「在日コリアン法律家協会」である。　　　　　　　［李宇海］

▶344 **在日大韓基督教会**

在日コリアンのキリスト教（プロテスタント）の団体。1883年に留学生を中心にして東京に朝鮮人教会が設立されたのが宣教の始まりとされるが、1908年に東京教会の設立をもって教団の始まりとしている。その後、各地に教会が創立され布教活動が広まり朝鮮やカナダからの宣教師が来日して教勢が拡大されていった。1930年代後半より軍国化する日本当

局から日本語使用が強制されたり治安維持法*などによって教会は弾圧された。そして、朝鮮教会は日本基督教団に強制的に合同させられたが、1945年12月に在日本朝鮮基督教連合会を創立して脱退した。1948年、在日大韓基督教会総会と改称し、1999年からは在日大韓基督教会となっている。出入国管理法案反対、外国人登録法*の改正要求、民族差別*反対運動など在日コリアンの抱える不条理に取り組むとともに韓国の民主化にも寄与してきた。本国の5教団と協約を結び、日本全国に97の教会（伝道所を含む）、7600名の信者（2009年度第50回定期総会報告書）がいる。［裵重度］

▶345 **在日朝鮮演劇団** 1965年1月15日結成、1974年12月に中断するまでの9年11カ月間、総連傘下の演劇集団として活動を行っていたのが在日朝鮮演劇団である。日本における演劇活動は戦前において「朝鮮芸術座」*などがあるが、解放後は在日コリアンへのウリマル*などの啓発活動として演劇活動が行われていた。男性7名、女性5名に運営委員1名を含めた合計13人で、事務所を東京世田谷区上北沢に置いた。初舞台はこの年の5月27日、総連結成10年、植民地からの解放から20年という記念すべき年として、日比谷公会堂にて在日朝鮮中央芸術団との共演で総連結成10周年の記念公演となった。作品は「春香伝」の一場面と、在日コリアンの現実生活を描いた「大きな仕事をする人たち」という小作品劇を公演した。地方公演を始め、「大音楽舞踊叙事詩」と呼ばれる音楽*と舞踊*と演劇*で構成された大規模な舞台と演劇作品などが並行して公演されたが、1974年の革命歌劇「金剛山の歌」の巡回公演を機会に演劇団の活動は中止されるほかなく、現在に至っている。
参考文献：呂雲山『在日朝鮮演劇運動日誌』2003。

［髙正子］

▶346 **在日朝鮮人運動史研究会** 1976年初から朴慶植*の呼びかけで研究会が始められた。会場は朴慶植が経営する古書店（小田急線向ヶ丘駅近く）の一室で始まった。当初は在日朝鮮人の闘いの歴史、運動史の聞き取りを中心にという構想ではじめられたが『在日朝鮮人史研究』*の発刊とともに研究発表の場としての役割を果たすようになった。第1回研究会は1976年6月に行われ以降2009年現在まで継続している。同時に朴慶植の呼びかけもあり関西の研究者が1979年2月に第1回の関西部会研究会を行い以降毎月研究会が行われている。関東・関西部会合同で『在日朝鮮人史研究』を刊行している。その後、韓国からの在日朝鮮人史を研究する留学生が研究会に参加し、その人々が中心になって韓国で韓日民族問題学会*を設立し『韓日民族問題研究』を刊行している。関東部会・関西部会・韓日民族問題学会の三者で隔年に研究大会を実施している。

［樋口雄一］

▶347 **在日朝鮮人帰還協定** 1959年8月13日、インドのカルカッタにて、日本赤十字

社と朝鮮赤十字会*との間で結ばれた協定。正式名は「日本赤十字社と朝鮮民主主義人民共和国赤十字会との間における在日朝鮮人の帰還に関する協定」。カルカッタ協定ともいわれる。1958年8月以来全国的に展開した在日朝鮮人の集団的帰国運動*を受け、1959年2月13日に岸内閣が関連した「閣議了解」を断行した。それを受け、3日後の16日に北朝鮮も「内閣決定第16号」を下し、「在日同胞帰還迎接委員会」を組織した。また、「閣議了解」と「内閣決定第16号」に基づき、日朝両代表団がジュネーブに派遣され、1959年4月から6月まで帰国協定に関する交渉を行い、カルカッタ協定にまで至った。カルカッタ協定による帰国は1959年12月14日から実施され、1年ごとの更新を経て、1967年10月20日まで続いた。同年12月22日に「緊急措置」による一時帰国があったが、日朝間の協定による帰国はこの年に終了した。その後、1971年5月15日から同年10月22日まで「暫定措置」による帰国が再開され、その「事後措置」として同年12月から1984年7月25日まで続いた。それまで第187次帰国船で運ばれた帰国者の総数は9万3340名である。　　　　　　　[朴正鎭]

▶348
『在日朝鮮人史研究』　在日朝鮮人運動史研究会*の研究誌。創刊は1977年。年刊（一時 年2回）。2009年に39号を刊行。現在は200ページ前後。編集は朴慶植*生存中は朴が行い、以降は関東・関西部会が合同で編集。発行は現在は緑蔭書房。会の維持は会員の会費と会誌の販売によって維持されている。掲載論文は会員が研究会で発表した内容を論文とすることを原則としている。会員は在日朝鮮人、韓国人留学生、日本人が中心で関東・関西部会を併せて80名前後となっている。一時的にはアメリカ人研究者も参加している。本会は職業的な研究者でない会員を含めて成り立っているのが特徴である。論文内容は、当初運動史が中心であったが、現在は在日朝鮮人生活史、文学史も対象にする。論文と同時に各号に在日朝鮮人史関係資料を原則として掲載している。共通の連絡先は緑蔭書房内。　　　　　　　　　　　[樋口雄一]

▶349
『在日朝鮮人に関する綜合調査研究』　1957年発刊（1979年再版）の在日朝鮮人生活に関する研究書。著者：朝鮮文化研究所　朴在一、発行所：新紀元社。在日朝鮮人の「今日的あり方」が、内外の「緊要問題を提起している」にもかかわらず、その実態は「殆ど明らかにされていない」という問題意識から、当時としてはかなり広範な資料調査をもとに「戦前と戦後」を通じた在日朝鮮人の現状を整理している。構成は、第一章「在日朝鮮人の歴史」、第二章「在日朝鮮人の生活」、第三章「在日朝鮮人の将来」、第四章「結語」で、とりわけ第二章は、多くの統計数値を用いながら解放後における在日社会の極端な窮乏化状況を比較的詳細に解き明かしている。第三、四章では、在日朝鮮人の「南朝鮮への引揚」は現地状況からして困難であり、「北朝鮮への移民的引揚」は、北朝鮮

で保障される生活が「確かめられた後でなければ実現され難」く、南北いずれへも「引揚減少が一般的に起き得る望みは先ず無い」ため、「日本政府と在日朝鮮人団体代表（左、右、中間を問わず）とで以って在日朝鮮人生活対策委員会の如き組織を作り」、その就業、生活、教育等について対策を協議、実践するべきであるとしている。

筆者と朝鮮文化研究所については不明な点が多く、研究所名の「序文」には本著のほか、朝鮮戦争や南北朝鮮の政治経済に関する4項目の調査研究と資料収集を予定しているとあるが、公開された形跡は無い。　　　　［鄭雅英］

▶350 **在日朝鮮人の人権を守る会**　「1962年に神奈川でひとりの朝鮮高校生が殺されました。1963年に入ると、朝高生に対する暴行事件がひん発しました。それで朝高生に対する集団暴行事件調査団が結成されました。これが『守る会』に発展するわけです」（『在日朝鮮人の人権を守る会20年の歩み』1983）。同会は、日韓会談が妥結に向かうなか精力的な調査研究を進め、『在日朝鮮人の法的地位』、『在日朝鮮人の民主主義的民族教育』、『在日朝鮮人の人権と「日韓条約*」』（1964〜1965）の三部作を世に問う。いずれも、法律家、研究者などによるもの。その後も『在日朝鮮人の在留権をめぐる裁判例集』（同会、1968）、『在日朝鮮人の基本的人権』（二月社、1977）などを出版。また、北海道、大阪、長崎にもそれぞれ同会があり、独自の出版物を発刊。すなわち、『ホッカイドーッ！　生きて再び帰れぬ地』（北海道、1972）、『在日朝鮮人の在留権』（大阪、1978）、『原爆と朝鮮人』第1集〜第4集（長崎、1982〜1986）など。　　［田中宏］

▶351 **在日朝鮮統一民主戦線（民戦）**　1949年9月の朝連の強制解散後、その後継団体として1951年1月9日に結成された大衆団体。「民戦」と略称され、総連の前身として位置づけられるが、朝連と同じく日本共産党（共産党）の影響下にあって祖国の統一や防衛とともに日本の民主革命を標榜した。

朝連解散後、在日本朝鮮民主女性同盟*、解放救援会など解散を免れた朝連傘下団体を基盤に組織再建が模索されるが、これを主導したのは、1949年11月に共産党中央内に設置された民族対策部*（民対）であった。だが、翌年に入るとコミンフォルムによる野坂参三の平和革命論に対する批判があり、共産党自身が激しく揺れ動いた。コミンフォルム批判をめぐる党内の混乱は、徳田球一らの主流派が日本で積極攻勢に転じることを求めた中ソ両共産党の路線を受け入れていったん収束する。しかし、占領軍への対決姿勢をつよめる共産党に対して、1950年6月6日、党幹部24人の公職追放が断行される。25日には朝鮮戦争が勃発し、民対は各地に祖国防衛委員会*（祖防委）とその下で活動する祖国防衛隊を組織し、日本からの武器輸送阻止など実力闘争に突き進んだ。徳田・野坂ら共産党幹部は北京にわたり、「北京機関」をつくって中国革命型の軍事方針に基づいて日本の革命運動を指導し始

めた。

　民戦は、こうした共産党の指導下で朝連解散から1年4カ月経ってようやく非公然の形で結成された（1952年末から公然組織となった）。民戦は、北朝鮮の祖国統一民主主義戦線（1949年6月結成）の呼びかけに応えて「祖国の完全独立」と「一切の外国軍隊の即時撤退」をかかげ、日韓会談反対、在日朝鮮人の権益擁護や民族教育、さらに反吉田、反再軍備など日本の変革にかかわる闘争課題も推進した。一方で、民戦は、旧朝連傘下の大衆団体以外に民団・建青の一部も合流する統一戦線として組織され、議長団（5名）には民団副議長を務めた李康勲*も加わっていた（1954年1月にスパイであったとして除名）。さらに在日朝鮮人を日本の「少数民族」とする民対の路線に対して祖国との連携や民族的課題を重視する立場からの不満もたびたび吹き出した。

　共産党の軍事路線は党自体の大衆的基盤を著しく弱め、1953年4月の衆議院選挙では当選者わずか1名という惨憺たる敗北におわる。7月、朝鮮戦争の停戦がなり、10月には徳田が北京で客死して、1954年に入ると「北京機関」自らが軍事路線の見直しをはじめる。11月には在日朝鮮人を「共和国の海外公民*」とする北朝鮮・南日外相の声明があり、民戦の方針や共産党の朝鮮人政策がゆらぎはじめる。1955年3月、民戦第19回中央委員会で韓徳銖*は、それまでの民戦の路線を誤りであったと批判し、「在日全体の朝鮮同胞を朝鮮民主主義人民共和国政府の周囲に総結集させ」ることを訴えた。5月にはこうした路線転換*の主張が大勢となって、民戦の解散・総連の結成に至る。共産党もそれまでの軍事路線からの決別と朝鮮人党員の党籍離脱を決定する。

[文京洙]

▶352 **在日朝鮮文化団体連合会（文連）**
1947年2月に35の文化団体を結集して結成された在日の文化人・芸術家の連合体で文連と略称され、初代委員長は金秉稷。封建残滓の一掃、ファッショ文化排撃、民族文化の建設などが掲げられ、出版、新聞、映画*、体育、音楽*、宗教*、児童文化など多彩な分野の文化・芸術人が網羅されたが、1947年6月の大会で分裂し、在日本朝鮮文化団体総連盟（文総）が発足している。朝連は、両団体に批判的で、1948年1月には在日朝鮮人文学会を結成し、他分野でも在日本朝鮮民主音楽同盟（1948年3月形成）など部門ごとの単一組織化をめざした。

参考文献：呉圭祥『ドキュメント在日本朝鮮人連盟1945-1941』岩波書店、2009。

[文京洙]

▶353 **在日同胞21世紀委員会**
金宰淑団長（当時）の公約に基づき、在日コリアン社会と民団の21世紀ビジョンを打ち出すことを目的に、民団中央執行委員会の専門委員会として2000年9月に設置された委員会。学界、法曹界、文化人、教育者、ジャーナリスト、市民団体、経済界など幅広い分野で活躍する委員から構成され、金敬得*弁護士がその代表を務めた。委員会には、

基盤づくり、組織づくり、くらしづくり、人・文化づくりの4つの部会とポスト地方参政権、ITの2つの特別部会が設置された。委員会は、2年間で延べ56回の部会と9回の部会長会議を開催した他、公聴会として「未来フォーラム」を2回開催し、2002年9月に提言を行った。

提言では、在日コリアン社会の構造的変化への対応、民団の規約改正、在日コリアンの歴史教科書の作成、歴史記念館や福祉・医療に関する研究諮問機関の設置、民団会館の活用による多文化共生*センターと福祉の拠点づくり、民族学校の育成等が謳われた。提言のうち、日本籍コリアンを正団員とする民団規約改正、在日コリアンの歴史教科書の作成、在日韓人歴史資料館*の設立等、いくつかの提案は実現化された。　　　　　　　　［宋勝哉］

▶354
在日保護者の会　在日保護者会は、公立学校に開設された民族学級*を支援することを目的に結成された「保護者の会」が歴史的には古い。1950年から大阪市立北鶴橋小学校の民族学級を指導した金容海は、保護者会の支援があってこそ民族講師*を続けられたと述懐している。また、民族学級はPTAによる支援対象から外されていたところも多かったことから、在日の保護者たちによる自主組織発足の必要性は高かった。大阪市内を中心に各小中学校単位の民族学級保護者会のネットワーク「同胞保護者連絡会」が1990年に発足した。これを契機として兵庫、奈良、東京、京都、神戸、名古屋などでも保護者会組織が立ち上がった。民団と総連による反目がまだ強かった1990年代に、純粋に子育てと教育の充実をめざす保護者会組織の台頭は、在日社会に新鮮さを与えた。　　　　［金光敏］

▶355
「在日」を描いたドキュメンタリー　長い間、ドキュメンタリーは劇映画に比べると低予算で制作でき、メッセージを観客に伝えるにも優れた映像ジャンルであった。それがゆえに、ドキュメンタリーは「在日」を登場させるのに適したものでもあった。日本で戦後「在日」が登場するドキュメンタリーが登場するのは1955年であった。『朝鮮の子』*（荒井英郎監督、在日朝鮮人学校PTA全国連合＋在日朝鮮人教育者聯盟、京極高英＋吉見泰＋荒井英郎脚本）は「在日」側と日本人側の映画人たちが「合作」したものであった。この映像は東京枝川学校の子供たちの作文に基づき再構成したもので、ドキュメンタリーの形式を借りた再現映像に近い形になっていた。

その一方でテレビドキュメンタリーにも「在日」が登場するようになった。日本でテレビ放送が始まったのは1953年であるが、そのなかでも『日本の素顔』シリーズ（NHK、1957年10月〜1964年4月）はテレビドキュメンタリーの方法論を開発したとされている。そのなかでも「日本のなかの朝鮮」は、1958年現在の大阪猪飼野*を取り上げ、日本のテレビドキュメンタリーのなかでは「在日」問題をテーマとした最初の番組となった。1963年には日本テレビ系列が『ノンフィクシ

ョン劇場』において映画監督*大島渚*が制作した『忘れられた皇軍』*(1963年8月16日放映)というドキュメンタリーを放映した。この作品では戦前は「皇軍」として戦争に行っていたが、戦後は日韓から捨てられた旧植民地出身の傷痍軍人が描かれた。大島はこのあと、『青春の碑』(1964)、『ユンボギの日記』*(1965)の2本のドキュメンタリーを撮るため、韓国ロケーションを行い、朝鮮戦争後の疲弊からまだ抜け出せていない韓国人たちの暮らしを実験的な手法でとりあげた。『ノンフィクション劇場』は日本の民放初の本格的ドキュメンタリー番組であるが、ここにかかわった人物が牛山純一である。彼は1989年日本の植民地支配を批判する番組『あの涙を忘れない 日本が朝鮮を支配した36年』(日本テレビ系列)を撮り、再び衝撃を与えた。

さて、1960年代はテレビドキュメンタリー以外にも、『日本海の歌』(1960年企画完成、1964年上映、片岡薫脚本、山田典吾監督)というドキュメンタリー映画が話題を呼んだ。全184シーンで構成されたこの映画*は、関東大震災から「帰国事業」までの歴史を辿っているが、映画の最後には北朝鮮に着いた直後の「在日」の笑顔を映す。

1970年以降、「在日」2世の社会進出はドキュメンタリーに登場する「在日」の姿が多様になることを予感させるものであった。1976年2月6日NHKで放映した『張本勲〜巨人軍への道のり』では「在日」プロ野球*選手張本勲*とその家族の話が登場するが、以降テレビドキュメンタリーのなかで「在日」を取り上げるとき、スポーツ*選手たちの話は欠かせないテーマの一つとなっていった。1980年代のTBS系列の『映像80』(1990年代には『映像90』)、日本テレビ系列の『11PM』は、指紋押捺、帰化、スポーツ選手たちの国籍*問題、本名宣言*などをとりあげた番組を数多く制作することになった。このなかで注目すべきはRKB毎日放送の木村栄文による『墓の上の舞踏』(1978年11月、福岡に住んでいる「在日」1世の話を描いたもので、同年芸術祭優秀賞受賞)、『鳳仙花 近く遥かな歌声』(1981年2月25日放映、韓国の歌謡に広まっている古賀メロディと日本のそれを比較しながら、類似点と差異を考えていく番組で、同年毎日藝術賞、芸術祭大賞受賞)、『ふりむけばアリラン峠』(1987年12月29日放映、親日派といわれていた李容九の息子・大東国男が登場する作品で、同年放送文化基金賞受賞)のいわゆる韓国3部作である。同時期の映画としては、『沖縄のハルモニ〜証言従軍慰安婦』(1979、山谷哲夫監督)、『世界の人へ 朝鮮人被爆者の記録』(1981、盛善吉監督)『イルム…なまえ 朴秋子の本名宣言』(1983、滝沢林三監督)、『指紋押捺拒否Ⅰ』(1984、呉徳洙監督)、『はじけ鳳仙花 わが築豊 わが朝鮮』(1984、土本典昭監督)、『世界の友へ 朝鮮人被爆者*金在甲氏の記録』(1985、盛善吉監督)、『もう一つのヒロシマ・アリランの歌』(1987、朴寿南監督)、『指紋押捺拒否Ⅱ』(1987、呉徳洙監督)などがある。

1990年代以降のテレビドキュメン

タリーはその数が多すぎるため、ここでは省略する。ただ、映画に関していえば「在日」2世や3世たちが「在日」1世の声や生き方に注目しながら、映像を作り出したものが多くなった。例えば、『アリランのうた：オキナワからの証言』(1991、朴寿南監督)、『在日』(1998、呉德洙監督)、『HARUKO』(2004、野澤和之監督)、『海女*のリャンさん』(2004、原村政樹監督)、『花はんめ』(2004、金聖雄監督)、『ディア・ピョンヤン』(2006、梁英姫監督)、日本軍慰安婦とされた宋神道*ハルモニの話を描いた『オレの心は負けてない』(2007、安海龍監督)、済州島四・三事件*60周年で作られたNHKのBSハイビジョン特集『海鳴りのなかを〜詩人・金時鐘の60年〜』(2007年10月3日)、NHKの『ETV特集 悲劇の島 チェジュ（済州）〜「4・3事件」在日コリアンの記憶』(2008年4月27日)などがそれである。また、これらの映像には、長い年月をかけながら制作し、古い映像を挿入したものが多く、「在日」史においても当時の情勢が映像で分かる資料的価値も高いといえよう。また、日韓の若者たちの連帯を訴える『渡り川』(1990、金德哲監督)、イギリス映画学校の卒業制作作品として制作され、「在日」というナショナル・アイデンティティ*とゲイというセクシュアル・アイデンティティの問題を扱った『大阪ストーリー』(1994、中田統一監督)、日本映画専門学校卒業作品でナショナル・アイデンティティの多様な可能性を描いた『あんにょんキムチ』(1999、松江哲明監督)、障害を持つ「在日」の移動の権利を描く『自転車でいこう』(2003、杉本信昭監督)、AV映画界で活躍している「在日」俳優の話を描いた『IDENTITY』(2004、松江哲明監督)、チベット亡命政府やチベット問題を考えながら「在日」のアイデンティティ問題を考える『Tibet Tibet』(2005、金森太郎こと金昇龍監督)などは多岐にわたるテーマをもって映像化されたものである。これらの映像には複数の権利、複数のアイデンティティ問題が絡み合いながらも拮抗している。このように、「在日」が登場するドキュメンタリーはこれからもますます複雑化していくであろう。

[梁仁實]

▶356 **在日本韓国人教育者大会** 韓国系民族学校教員をはじめ民族教育関係者による研究発表、交流の場として1964年から毎年1回開催されている。主催は駐日韓国文化院*、韓国民団、韓国系民族学校などで構成される在日本韓国人教育者協会。韓国系民族学校、民団、教育院などが毎年持ち回りで主管する。近年は公立学校民族講師*や日本人教諭も参加している。2008年度第45回大会は「在日民族教育の今日と明日」をテーマに8月愛知県内で3日間にわたり開催、180人が参加しゲストによる2つの講演と9本の研究発表が行われた。2009年度第46回大会のテーマは、「在日同胞教育機関間の連携強化を通じた民族教育の活性化」で東京を会場に150名が参加した。

[鄭雅英]

▶357
在日本韓国人連合会

1980年後半以降、急速に増えた韓国人ニューカマーが中心となって結成された相互扶助、親睦団体。略称、「韓人会」。結成は2001年5月20日。2000年9月、新宿、大久保に居住するニューカマー6人が集まって「在日韓国人を考える会」を組織、韓人会の結成準備を始める。初代役員は金煕錫会長、趙玉済副会長、安昌徳事務局長。結成当初の会員は400名ほどだったが、半年ほどで4倍の1800人に達した。「本会は在日韓国人の親睦と協力の増進につとめ、権益を擁護することによって、在日韓国人社会の統合と繁栄を図り、日韓交流と地域発展に貢献することを目的とする」と会則にあるように、日韓交流と地域貢献を強く打ち出し、会員が経営する韓国料理店などを中心に、防災活動、地域ボランティア、商店街振興などに力を注いでいる。ただ、全国組織と銘打っているが、地方支部はなく、現状では東京のみの活動に留まっている。　[姜誠]

▶358
在日本韓国YMCA

解放前一時期は最大の留学生団体であった東京朝鮮基督教青年会（朝鮮YMCA*）は、戦時体制下において実質的な活動停止を余儀なくされたが、解放後1946年には在日本朝鮮基督青年会、さらに1948年には在日本韓国基督教青年会と名称を改めて活動を再開した。1968年に在日2、3世代の育成に重点を置く方針が確認されると、以後、同胞青年を主な対象とした韓国語、韓国史等の教育教養プログラムを積極的に展開するようになり、大阪での活動も開始した（1974年関西韓国YMCA設立）。その後は東京、大阪の2カ所を拠点として、在日同胞さらには日本市民をも対象とした韓国語講座、韓国伝統文化教室（1970年代後半以降、韓国舞踊*、カヤグム*、チャング等の教室を先駆的に開講）、キャンプ等の青少年育成事業、キリスト教会や市民運動団体との協働プログラム等を展開している。また、東京留学生による2・8独立宣言（1919年）がYMCAで宣布されたことを記念し、毎年の式典の主催、資料室の運営を行っている。　[田附和久]

▶359
在日本大韓体育会

解放後の混乱期に、祖国のスポーツ*選手を五輪へと派遣するため、1948年ロンドン、1952年ヘルシンキの両大会に参加した韓国選手団の渡航費用や競技用具を寄贈した在日体育人を中心に、1953年5月5日、柳泰夏を初代会長として創立。

1956年7月14日、大韓体育会の日本支部として正式承認され、また、民団の特殊傘下団体として各種国際大会に出場する韓国選手団のサポートや、在日スポーツ振興のための事業を展開している。

特に、国籍*要件により日本の国内大会に参加できなかった在日選手に活躍の機会を与えるため、1953年より今日まで毎年、韓国の国民体育大会に在日同胞選手団を派遣。過去にはプロレス*の長州力*や柔道の秋山成勲*なども参加した。野球でも日本の甲子園大会に当たる鳳凰大旗全国野球大会に派遣し、張本勲*をはじめ、のちに日

韓のプロ野球*界で活躍する多くの選手を輩出するなど、在日スポーツ選手の健全育成に力を注いでいる。

[趙靖芳]

▶360 **在日本大韓婦人会** 1946年10月、東京で在日本朝鮮人居留民団が創団された翌年の1947年9月27日、大阪で民団傘下に婦人会が結成（初代会長金又文）された。1948年3月28日には東京の荒川で支部が結成され、同年8月に東京本部が結成された。婦人会は、結婚した在日コリアン女性たちの集まりであり、民団支部ごとに婦人会が結成されている。主な活動は会員の親睦を深めることとともに民団の対外活動を積極的に支援すること、在日コリアンの高齢者の福祉や地域のボランティア活動などである。

[髙正子]

▶361 **在日本大韓民国学生会** 在日本大韓民国学生会（以下、学生会）は、在日コリアンの学生を対象に組織された在日本大韓民国民団*（以下、民団）傘下の団体である。

民団は、1972年7月7日に韓国学生同盟（韓学同）に対して傘下団体を取り消す処分を行ったが、これにより民団系学生組織が不在となる問題が発生した。そのため、1970年代後半から全国で結成された在日本大韓民国青年会が学生部を結成して活動を行った。そして、1979年に学生会結成準備委員会が設けられ、1981年11月3日に学生会中央本部が結成された。

学生会では、親睦行事や講演会、定例学習会を日常活動にしている。また、外国人登録法*問題や地方参政権問題をめぐる法改正運動や在日コリアン学生の進路・就職問題をめぐる各種調査など多岐にわたる活動を展開してきている。

[朴昌明]

▶362 **在日本大韓民国青年会** 在日本大韓民国青年会（以下、青年会）は、日本で生まれた18〜30歳の在日コリアンを対象に組織された在日本大韓民国民団*（以下、民団）傘下の団体である。1972年7月7日に在日韓国青年同盟*が民団から参加団体取り消し処分を受けたことから、民団系青年組織の不在という問題が発生した。民団ではこの問題を解決するために1976年に青年会の設立準備委員会が設けられ、1977年2月27日に青年会中央本部が結成された。青年会は国民年金問題、上福岡三中事件*、社会科教科書における歴史歪曲問題、指紋押捺など外国人登録法*に関する問題や地方参政権問題など多岐にわたる分野において青年運動を展開してきた。日常活動としては、伝統文化芸能のサークル、在日差別や同胞史などの学習会、韓国語講座などが行われている。また、民団が主催する青少年故郷訪問団への参加者も多い。

[朴昌明]

▶363 **在日本大韓民国民団（民団）** 大韓民国を支持する在日コリアンで構成された民族団体。通常、民団と呼ばれている。祖国解放後、日本にとどまった在日コリアンは、戦後の混乱の中で在日

コリアンの生活、帰国問題に対応するため、1945年10月に在日朝鮮人連盟(朝連)を結成した。だが、日本共産党の指導下で左傾化を深める朝連に反発した在日コリアンは、同年11月に「朝鮮建国促進青年同盟*(建青)」、さらに翌1946年1月には「新朝鮮建設同盟*(建同)」を結成。そして1946年10月、両組織(建青と建同)を母体に、①在留同胞の民生安定、②在留同胞の文化向上、③国際親善を綱領とする「在日本朝鮮居留民団」が結成され、初代団長には朴烈*が選出された。1948年8月に大韓民国が樹立されると、李承晩政権は同組織を在日コリアンの公認団体と認定。それに従って名称も「在日本朝鮮居留民団」から「在日本大韓民国居留民団(民団)」に変更され、綱領に「大韓民国の国是遵守」と「在留同胞の権益擁護」が加えられるようになった。

民団と本国とのつながりは深く、1950年の朝鮮戦争では644名の在日コリアン志願兵を派遣、1950年代後半から始まった朝鮮総連の共和国帰国運動*に対しては反対・阻止運動を展開した。また1964年の東京オリンピックでは在日韓国後援会を組織し、韓国選手団を物心両面から支え、1975年から始まった「母国訪問事業」では、4万5000人にのぼる総連系同胞の祖国(韓国)訪問を実現し、南北分断後離散状態にあった肉親との再会を実現させた。しかし1970年代に入ると、民団中央の執行部が権威主義体制下の朴政権(維新体制)を支持する姿勢を強く打ち出したことで、民団内部に亀裂が生まれ、民団の本国追従姿勢を批判した人々や韓国青年同盟、韓国学生同盟など一部の傘下団体が民団から除名処分を受けることになった。

民団が本国との関係強化とならんで力を入れてきたのが、在日コリアンの権益擁護である。1965年の日韓条約*の締結にあたっては、法的地位要求貫徹運動並びに永住権*申請運動を展開し、問題点を孕みながらも「在日韓国人1世・2世の協定永住権」の獲得・申請者の拡大に大きな役割を果たした。こうした運動の結果、在留資格の安定を求めて、1960年代後半になると朝鮮籍から韓国籍に国籍*を変更する在日コリアンが急増し、朝鮮総連と民団の勢力関係は逆転したと言われている。

その後、在日コリアン2世・3世の定住化が進むにつれ、民団の権益擁護運動はますます公民権運動の色彩を強めた。1970年代には、公営住宅*の入居や国民年金への加入など各種の社会保障制度に付けられていた国籍条項*撤廃運動を全国的に展開。こうした運動は、日本政府に難民条約の締結(1982年)を促す世論形成に少なくない影響を与えた。また1983年に民団を中心に展開された「外国人登録法*指紋押捺撤廃100万人署名運動」や指紋押捺留保運動は、永住外国人への指紋押捺制度廃止(1991年)を導く原動力になった。

さらに1990年代に入ると、民団は日韓法的地位協定で未解決になっていた協定3世以降の在留問題(「91年問題*」)の解決を日韓両政府に迫り、日本政府が協定3世以降の日本永住を認める「日韓覚書」(1991年)に結び

民団の体系

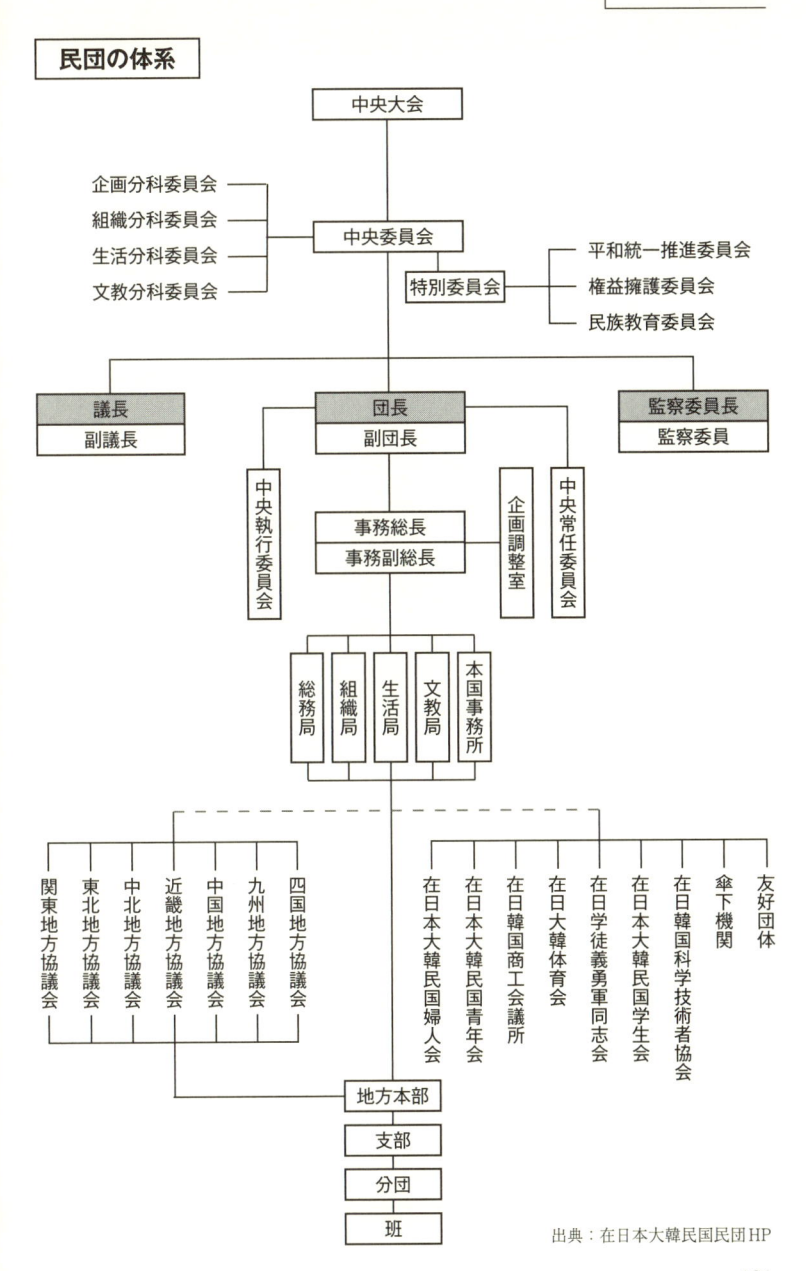

- 中央大会
  - 中央委員会
    - 企画分科委員会
    - 組織分科委員会
    - 生活分科委員会
    - 文教分科委員会
    - 特別委員会
      - 平和統一推進委員会
      - 権益擁護委員会
      - 民族教育委員会

- 議長 / 副議長
- 団長 / 副団長
- 監察委員長 / 監察委員

- 中央執行委員会
- 事務総長 / 事務副総長
- 企画調整室
- 中央常任委員会

- 総務局
- 組織局
- 生活局
- 文教局
- 本国事務所

地方協議会:
- 関東地方協議会
- 東北地方協議会
- 中北地方協議会
- 近畿地方協議会
- 中国地方協議会
- 九州地方協議会
- 四国地方協議会

傘下機関・友好団体:
- 在日本大韓民国婦人会
- 在日本大韓民国青年会
- 在日韓国商工会議所
- 在日大韓体育会
- 在日学徒義勇軍同志会
- 在日本大韓民国学生会
- 在日本大韓民国科学技術者協会
- 傘下機関
- 友好団体

- 地方本部
  - 支部
    - 分団
      - 班

出典：在日本大韓民国民団HP

ついた。民団による公民権運動は、現在、永住外国人の地方参政権を求める運動に引き継がれているが、このような定住化を前提とした運動を通じて民団内の意識改革も進み、1994年には名称から「居留」の2文字を削除し、「在日本大韓民国民団」に変更。2005年からは韓国籍に限定してきた団員を、朝鮮半島にルーツを持つすべての人に拡大している。　　　　　［朴一］

在日本朝鮮基督教会

1934年2月に設立された日本に住むプロテスタントの朝鮮人キリスト者を結集した組織で、現在の在日大韓基督教会の前身にあたる。初代会長は、カナダ出身で1927年から在日朝鮮人に対する伝道活動を行なってきたL・L・ヤング*（Lither Lisger Young）、「栄在馨」という朝鮮名も名乗った。

設立当時の教会数は51、教役者は27名（牧師9、宣教師6、伝道師12）で洗礼会員は1935年の数値で1098人という規模であった。1936年11月、日本国内のプロテスタント教会の連合体である日本基督教会に加盟したが、その際、名称を「朝鮮キリスト教会」に改めた。

日本が中国への侵略戦争に突入する1930年代の後半には「挙国一致」の掛け声のもとにプロテスタント教会の統合への圧力が強まり、1940年には日本語による布教など、日本基督教会から示された条件による同教会への合同を余儀なくされた。これによって在日朝鮮人の基督教会は一教派としての解体を余儀なくされ、ヤングも1940年12月には日本を去った。

参考文献：飛田雄一「L・L・ヤングと在日朝鮮人キリスト者」むくげの会*編『新コリア百科：歴史・社会・経済・文化』明石書店、2001。

　　　　　　　　　　　　　［文京洙］

在日本朝鮮社会科学者協会（社協）

総連傘下の在日朝鮮人社会科学者と専門家の学術研究及び学術運動団体。社協は、主体（チュチェ）思想とそれに基礎した哲学、政治学、歴史学、経済学など社会科学一般に関する研究をはじめ、朝鮮の近現代史と在日朝鮮人運動史、朝鮮半島情勢をめぐる国際関係などの研究を進めており、日本問題の研究も並行させている。社協は1959年6月28日に、在日本朝鮮人文化団体協議会から独立して、創立したものである。1967年には世界科学者連盟に加盟。また、共和国の社会科学院と提携を持ち、社協会員の多数は共和国の院士、博士、準博士などの学位を持っている。また、朝鮮大学校*と各地方に支部を置いている。分野別研究部会と、「朝鮮問題研究会」「社会問題研究会」「同胞社会研究会」「朝日関係懇談会」などの学際的研究部会で日常的な学術研究活動も展開。また、会員の研究成果に基づいて毎年、「在日朝鮮社会科学者たちの学術報告会」を開催するほか、大衆向けの「社協公開セミナー」を開催。近年では2009年7月に「社協結成50周年記念学術報告会」を行い、それまでの活動を総括した。機関誌は「社会科学論文集」（朝鮮語版）、「社協ブックレット」（日本語版）。　［朴正鎮］

在日本朝鮮蹴球団

1961年に結成された総連傘下のサッカークラブ。選手全員が外国籍で日本社会人リーグへの加盟が許されなかったものの、親善試合で日本の強豪チームを次々と破り、同胞らに夢と希望を与えた。その技量は高く、釜本邦茂、森孝慈など、日本代表を擁して大学サッカー、天皇杯、全日本選手権の3冠に輝いた早稲田大学やアマチュア最強とされた読売クラブなどを破り、「幻の日本最強チーム」と呼ばれるようになる。また、1980年のモスクワ五輪予選出場など、朝鮮民主主義人民共和国のサッカー代表チームに多くの選手を供給したことでも知られる。1986年、球団700勝を達成。しかし、いくら勝利を積み重ねても公式試合に出場できないこと、さらには資金難などから選手のモチベーションが低下し、1999年に実質休部となる。以後、朝鮮大学サッカー部の選手を主体にした非常設チームとして活動していたが、2002年、東京朝鮮蹴球団と統合し、FCコリアとして再スタートを切った。尚、FCコリアは2009年現在、関東社会人リーグ1部リーグにて活動中。　　　　　　　　　[姜誠]

在日本朝鮮人医学協会（医協）

在日朝鮮人を対象とした総連の医療関係団体。共和国の医療制度に習って、広く在日朝鮮人を対象とした保険医療上の奉仕活動を行うと共に、日本で医学技術関係の文献や機材を収集して共和国に送るなど、共和国の医学発展に貢献することを目的にしている。日本人や在日韓国人医療関係者との共同研究などを通じて交流を深め、連帯の強化も図っている。母体は1959年1月に結成された「在日本朝鮮医薬協会」。同協会は、会員数が少なく独自の活動を行う体制になかったため、同年6月にいったん「在日本朝鮮人科学者協会」に吸収されたが、その後、総連系の医療関係者が増加したうえ、組織内に医療保険活動の強化を要望する声が高まったため、1977年8月21日に科学者協会から分離し、独立した。その際、名称を在日朝鮮人医学協会と改め、総連の一傘下団体として発足した。その後は、日本人医師らに働きかけて「日朝医学研究交流会」を発足（1981年8月）させるなど、相互の親善、技術交流を深める活動にも取り組んでいる。また、1979年以降、数回にわたり協会員を訪朝させ、共和国の保険医療機関との交流に努めている。　　[朴正鎮]

在日本朝鮮人科学技術協会（科協）

総連傘下の在日朝鮮人科学者・技術者団体。共和国の科学院との連携の下、在日朝鮮人科学者、技術者の科学理論と技術水準を高め、研究活動を通じて共和国における社会主義建設の発展に寄与することを目的としている。その一環として、各専門分野に応じて研究、理論活動に取り組むほか、日本の科学技術関係文献を収集し共和国に送付している。そのため共和国の核開発などとの関係が指摘されている。科協は1959年6月29日に在日本朝鮮人文化団体協会から、文化、芸術系の団体が分かれて文芸同を発足させたのを機

に、科学技術系の在日本朝鮮社会科学者協会*、在日本朝鮮自然科学者協会、在日本朝鮮建築技術者集団、在日本朝鮮医学協会の4団体が結集して結成されたものである。1967年世界科学者連盟に加盟。以来、同連盟の大会に代表団を派遣して先進科学技術の吸収と諸外国の科学者との交流に努めている。その後、1971年1月に法律部門を民法協として、また1977年8月に医学部門を医協として分離独立させた。一方、1977年11月「大阪産業科学研究所」を付設し、日本で博士号を取得した在日朝鮮人科学者、技術者らに研究の場を提供している。日本人科学者とは「日朝科学シンポジウム」を累次開催し、韓国とも、2000年の南北首脳会談をきっかけに、共同研究を積極的に推進している。機関誌*は『科学技術』。共和国の自然科学論文集『学術通報』などを定期的に普及している。　　　　　　　　　　　[朴正鎮]

在日本朝鮮人教育会

1955年7月2日、民族教育の合法的地位をまもり、教育施設を整えるなど、全国に展開する学校運営を保障するために設立された総連の傘下団体。その前身は、朝連の影響下で1946年4月に組織された在日本朝鮮人学校管理組合。学校封鎖や公立学校への移管など試練を経た民族学校の再建の要となった。朝鮮大学校*から幼稚園にいたる全国76（2009年現在）の朝鮮学校*の運営は、総連の指導の下にこの在日本朝鮮人教育会が責任を負い、都道府県、学校単位で専従の活動家と同胞父母を中心に組織されている。都道府県単位の教育会を束ねる在日朝鮮人中央教育会があり、総連の各級組織と在日本朝鮮民主女性同盟*、在日本朝鮮青年同盟*などさまざまな総連傘下の団体・事業体と連携して募金や教育資金の配分など学校支援事業とともに、日本の大学に通う在日朝鮮人学生への奨学金給付なども行っている。

参考文献：朝鮮総連編集委員会編『朝鮮総連——在日本朝鮮人総聯合会』在日本朝鮮人総聯合会中央委員会発行、1991。　　　　　　　　　　　[文京洙]

在日本朝鮮商工連合会

在日朝鮮商工人の企業権、生活権をまもるための権益擁護団体。戦後、各地で生まれた商工団体が結集して、1946年2月に在日本朝鮮人商工会連合本部が結成される。1952年に在日本朝鮮商工連合会に改編され、連合会は1959年6月に総連に加盟した。連合会の傘下組織として各都道府県に在日本朝鮮商工会があり、会員商工人への税務や経理相談、起業などの経営サポートを行っている。機関紙として『朝鮮商工新聞』を発行。

また1995年には、若手の在日朝鮮人商工団体として在日本朝鮮青年商工会（青商会）が結成された。青商会結成の後、各都道府県でそれまで活動してきた在日朝鮮人若手商工人の集まりが基礎になり地方青商会が結成されている。遊技業部会などの業種別セミナーや異業種交流会などの経営サポート、民族教育への支援事業などを行い、毎年、ウリ民族フォーラムを開催

している。また、2008年7月に設立されたNPO法人ウリハッキョとも連携し、同NPO法人が進める在日朝鮮人児童・学生・青年への奨学支援事業、特にロースクールに通う在日朝鮮人学生への奨学金給付事業である「同胞弁護士育成事業」などに協力している。

[高龍秀]

▶371 **在日本朝鮮人人権協会** 1994年2月5日結成。在日コリアンの権利拡大と生活向上に貢献することを目的とした朝鮮総連傘下の権利擁護専門団体。在日コリアンの弁護士、司法書士、社会保険労務士、行政書士、税理士、公認会計士などの有資格者や研究者、活動家などの会員によって構成されている。年2回、会報『人権と生活』を発行。活動の柱は、人権擁護活動、相談活動、研究活動、書籍出版である。人権擁護活動として民族教育の権利保障、在日コリアン高齢者、障害者の年金制度における差別、国籍*・民族を理由とする就職差別や入居差別*など日本の法律家や研究者とも協力しながら人権侵害の問題に取り組む。国連の人権機関の会議に代表やレポートを送るなどといった国際的な活動も行っている。相談活動では、多くの専門家会員が各地での無料法律相談等に関わっている。

[李月順]

▶372 **在日本朝鮮人総連合会（総連）** 在日朝鮮人運動の路線転換*を通じて1955年5月に結成された民族団体。総連、もしくは朝鮮総連（朝総連）と略称される。日本共産党民族対策部*（民対）の指導の下で活動した民戦の路線を「内政干渉」として退け、在日同胞の「朝鮮民主主義人民共和国政府の周囲」への結集を綱領として掲げた。

朝鮮戦争停戦（1953年7月）以後の東アジア情勢の変化は民対の指導下で実力闘争に突き進んだ祖防委や民戦の路線の見直しを避けられなくした。1954年6月には中国・インド間に平和5原則の共同声明があり、主権尊重や内政不干渉などを原則とする平和共存が時代の潮流となった。在日朝鮮人を「共和国の海外公民*」とする北朝鮮・南日外相の声明がそういうなかで発せられ（8月）、翌年3月の民戦第19回中央委員会では韓徳銖*が「在日朝鮮人運動の転換について」と題して演説し、「共和国公民の立場」に立った「在日朝鮮人運動の方向と闘争方法」を明確にした。5月にはそうした路線転換の主張が大勢となり、24日の臨時大会での民戦の発展的解消の決議をへて、25日、総連の結成となる。日本共産党も民対の解散・朝鮮人党員の党籍離脱を決定し、在日朝鮮人運動は、四半世紀にわたってその旗の下で闘った日本共産党と決別し、「共和国の海外公民」として金日成*と朝鮮労働党の指導の下で新しい歩みを始めた。

結成大会では、在日同胞の共和国の周囲への結集、祖国の平和統一、在日同胞の民主的民族的権利の擁護、民族教育の実施、日朝親善と世界平和への貢献などが綱領として採択された。結成時には、韓徳銖など6人の議長団による集団指導体制がとられ、指導部の一角には依然として民対派が布陣し

朝鮮総連の組織体系

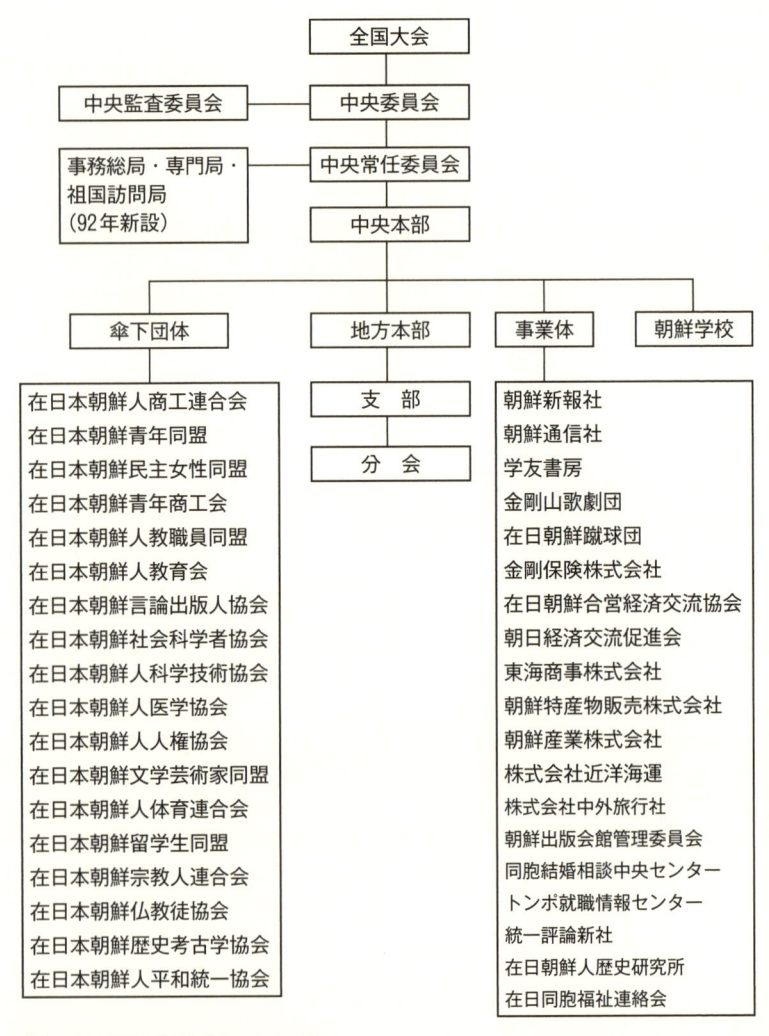

```
                        全国大会
                          │
  中央監査委員会 ──── 中央委員会
                          │
  事務総局・専門局・ ── 中央常任委員会
  祖国訪問局               │
  （92年新設）           中央本部
                          │
    ┌─────────┬─────────┬─────────┐
  傘下団体    地方本部    事業体    朝鮮学校
               │
              支部
               │
              分会
```

傘下団体
- 在日本朝鮮人商工連合会
- 在日本朝鮮青年同盟
- 在日本朝鮮民主女性同盟
- 在日本朝鮮青年商工会
- 在日本朝鮮人教職員同盟
- 在日本朝鮮人教育会
- 在日本朝鮮言論出版人協会
- 在日本朝鮮社会科学者協会
- 在日本朝鮮人科学技術協会
- 在日本朝鮮人医学協会
- 在日本朝鮮人人権協会
- 在日本朝鮮文学芸術家同盟
- 在日本朝鮮人体育連合会
- 在日本朝鮮留学生同盟
- 在日本朝鮮宗教人連合会
- 在日本朝鮮仏教徒協会
- 在日本朝鮮歴史考古学協会
- 在日本朝鮮人平和統一協会

事業体
- 朝鮮新報社
- 朝鮮通信社
- 学友書房
- 金剛山歌劇団
- 在日朝鮮蹴球団
- 金剛保険株式会社
- 在日朝鮮合営経済交流協会
- 朝日経済交流促進会
- 東海商事株式会社
- 朝鮮特産物販売株式会社
- 朝鮮産業株式会社
- 株式会社近洋海運
- 株式会社中外旅行社
- 朝鮮出版会館管理委員会
- 同胞結婚相談中央センター
- トンポ就職情報センター
- 統一評論新社
- 在日朝鮮人歴史研究所
- 在日同胞福祉連絡会

出典：在日朝鮮人総連合会ホームページ
(http://www.chongryon.com/index.html：検索日：2010/09/01)

た。だが、1958年5月の第4回全体会議では、韓徳銖の一人議長体制に移行するとともに、活動家が3人以上いる各級機関、職場、地域ごとに、非公然の中核的指導組織としての「学習組*」が組織された。この学習組は、金日成の革命思想の総連内への浸透と民対派の追い落としによる韓徳銖の指導体制の強化のテコとして利用された。

第4回全体会議を前後する時期は、北朝鮮政府による教育援助費の送金や北朝鮮への帰国事業など運動の高揚期を迎え、1960年代の初頭には、ほぼ都道府県のすべてにおかれた地方本部、朝青など14の参加団体、朝鮮新報社など24の事業体、さらに幼稚園から朝鮮大学に至る150近くの民族学校など、今日に至る総連の組織体系がほぼ確立する。公安調査庁の資料によるとこの1960年代初頭の総連傘下の同胞数は20万人ほどで6、7万人の民団の勢力を圧倒していた。

総連の全盛期ともいえる1970年を前後する時期には在日朝鮮人のほぼ半数を傘下に置き、金日成の主体思想(チュチェ)を唯一の指導思想とする一枚岩の組織体制づくりが強力に推進された。この過程で、韓徳銖と姻戚(姪の婿)にあった金炳植*が学習組を拠点に台頭し、組織の極端な硬直化がすすむが、1972年には韓徳銖と対立し失脚した。金炳植事件の衝撃は一部の幹部や一般同胞の組織離れをもたらし、総連の勢力の下降が始まる。韓徳銖の指導体制は再建されたものの、1980年代には金日成の後継者の地位を確立した金正日の指導が総連にも及ぶようになる。この金正日の後押しによって1986年に財政担当副議長に就任した許宗萬*が、1993年には責任副議長に昇格し、総連の事実上の第一人者となった。1995年には、綱領の大幅改定があり、第一条には、「愛国愛族の旗のもとにチュチェ(主体)の偉業の継承、完成のために貢献すること」が明記された(その後、2004年に改定されて現在に至る)。

2001年には韓徳銖議長が死去し、徐萬述*議長・許宗萬責任副議長体制に移行したが、1990年代以降、北朝鮮の食糧危機や脱北者の急増、さらに朝銀*の破綻や拉致問題などによって組織の衰退が加速し、2000年代後半の勢力は4万人前後まで激減したといわれる。地方レベルの中堅や若手幹部、傘下の商工人や一般同胞による総連中央批判の意見書や上申書もたびたび提起されているが、北朝鮮の現体制に直結する指導体制は依然として堅持されている。

[文京洙]

▶373 在日本朝鮮人体育連合会(体連)

在日本朝鮮人総連合会*傘下の体育組織(略称、体連)。1954年7月28日結成。在日コリアンの健康増進、同胞社会の親睦と活性化、スポーツ*水準向上のために活動し、東京の中央組織以下、日本全国25都道府県に各地域体育協会(体協)を網羅する。現在、サッカー、柔道、バスケット、バレーボール、野球、ゴルフ、卓球、ボクシング*、陸上、テニス、ラグビー、囲碁、登山、空手*、ウエイトリフティングの16協会があり、その傘下に100以上のスポーツクラブを運営してい

る。在日コリアンのスポーツ選手を養成する一方で各種学校*扱いの朝鮮学校*の生徒たちが日本の各種公式大会に出場できるよう、民族学校の中体連、高体連加盟実現に大きな力を注いだ。　　　　　　　　　　　[姜誠]

▶374 **在日本朝鮮人被爆者連絡協議会（朝被協）** 日本唯一の在日朝鮮人被爆者*団体で日本全国の連絡体として1980年8月に結成された。1975年8月結成の「広島県朝鮮人被爆者協議会」、1979年8月結成の「長崎県朝鮮人被爆者協議会」を母体とする。朝被協は、日本内外に、多数の朝鮮人が被爆した事実を知らせ、核廃絶を訴えるとともに、在日朝鮮人被爆者の実態調査や、被爆者行政における在日朝鮮人差別の撤廃に取り組んできた。日本の被爆者援護法には国籍条項*がないにもかかわらず、行政窓口では、在日朝鮮人被爆者に対して、外国籍者であることを理由に援護を拒否する、被爆者健康手帳を取得する際に朝鮮人だけの証人では「信用できない」として日本人証人を要求するなど、差別と偏見に基づく誤った行政が行われていたが、それらは朝被協の活動により改善されていった。在日朝鮮人被爆者の実態については李実根*『白いチョゴリの被爆者』（労働旬報社、1979年）に詳しい。

[市場淳子]

▶375 **在日本朝鮮人連盟（朝連）** 戦後結成された在日朝鮮人の全国組織。解放直後から、在日朝鮮人の間では帰国や生活問題、子ども の教育問題の解決のために各地で自然発生的な活動が行われていた。これを受けて、1945年10月16日に朝連が発足した。その綱領は「新朝鮮建設に献身的努力を期す」「世界平和の恒常的維持を期す」「在日同胞の生活安定を期す」「帰国同胞の便宜と秩序を期す」「日本国民との互譲友誼を期す」「目的達成のために大同団結を期す」であった。その傘下団体は朝鮮学生連盟、在日本朝鮮人全国教育者同盟、在日本朝鮮民主女性同盟*、在日本朝鮮民主青年同盟*。機関紙は当初、『大衆新聞』*であったが、1946年9月からは『解放新聞』*がその役割を果たした。

　朝連はその結成において、在日朝鮮人共産主義者と民族主義者、「親日派」がかかわっていた。しかし、1945年10月に開かれた第1回中央委員会で決定された役員をみると、委員長はYMCA運動などで活動していた尹權となっていたが、副委員長以下は金正洪、常任委員に金民化、韓徳銖*（総務部）、韓宇済（財務部）、金斗鎔*（情報部）、李秉晢（外務部）、金万有（文化部）など共産主義者ないし共産主義運動に近い立場の者が多数を占めていた。また、日本共産党は中央委員会に設置した朝鮮人部（のちの民対）を通じて朝連の指導を図った。さらに、1946年2月の第2回臨時大会では右派・「親日派」と見なされた人々が朝連から排除されることとなった。朝連から脱退した人々は、別個に活動を続け、10月3日に在日本朝鮮居留民団（民団）を発足させた。しかし、その後も引き続き、朝連は民団に対して

組織的な優位を保った。

　朝連は発足当初から、帰国者の世話や、ほとんど失業・半失業状態に陥った朝鮮人の生活問題の解決、皇民化教育の犠牲となった児童や青少年に対する民族教育、成人をも対象とした反封建・民主主義の浸透を図るための社会教育等に尽力した。また、日本における生活権の確立を目指して、日本共産党や左派系の諸団体とともに活発な活動を繰り広げた。その一方で朝鮮半島の新たな独立国家の建設にも積極的に参与しようとし、南朝鮮に代表団を送り、1946年2月にはソウルで結成された朝鮮民主主義民族戦線の傘下団体となった。

　その後、1948年9月に北朝鮮政府が樹立すると、朝連は慶祝大会を開催し、10月の第5回全国大会では、「朝鮮民主主義人民共和国中央政府の支持」を行動綱領として採択した。12月には慶祝団を北朝鮮に送り、金日成*とも対面したほか、翌1949年6月の祖国統一民主主義戦線（祖国戦線）結成大会では韓徳銖がその中央委員になり、朝連は公式的にその傘下団体となった。また、これと前後して朝連内の韓徳銖らは朝鮮労働党とのパイプを確立したようである。

　東アジアでの共産主義勢力の伸長のなかでのこのような動きは、占領当局にとっては大きな懸念となっていた。そして、「北朝鮮国旗掲揚事件」や朝連系の民族学校閉鎖などに見られるように、1948年以降、朝連に対するGHQ、日本政府の弾圧は強まった。これに対して、朝連は朝鮮人大衆の日本共産党への集団入党と日本の民主的変革を企図した運動の強化を目指したが、その結果、GHQ、日本政府との対立はさらに深まった。

　1949年9月8日、GHQは朝連を「暴力主義的団体」として団体等規正令*に基づき解散を命じ、その資産を没収した。これは東アジア情勢の緊迫の中で日本での反共体制を確立する意図をもって行われた措置であった。なお、翌月には全国の朝連系民族学校も閉鎖させられている。朝連の構成員は解散時に約36万6000名、同時に解散させられた傘下団体の一つである民青の構成員は約3万名と言われた。朝連解散後も彼らは北朝鮮支持を続け、朝鮮人大衆の生活を守ろうと努力した。そして、翌年、結成された在日朝鮮統一民主戦線*（民戦）に結集することとなった。

参考文献：朴慶植『解放後在日朝鮮人運動史』三一書房、1989。呉圭祥『ドキュメント在日本朝鮮人連盟　1945-1949』岩波書店、2009。　　［朴正鎮］

▶376 **在日本朝鮮青年同盟（朝青）**　　総連傘下の青年組織。1947年3月に朝連の傘下団体として結成された「在日本朝鮮民主青年同盟*」がその母体。同同盟は、1949年9月に解散させられたが、朝鮮戦争時に非公然組織「祖国防衛在日朝鮮青年戦線」として再発足し、1953年10月には民戦傘下の「在日朝鮮民主愛国青年同盟」（民愛青）としてその存在を公然化した。民愛青は、1955年の民戦解散・総連の結成に伴い解散したが、その継承団体として同年8月1日在日本朝鮮青年同盟（朝

青）が結成された。1959年ころから在日朝鮮人帰国運動*や日韓会談反対闘争を通じて組織の拡張が進み、活動も活発化した。その後、朝青活動家代表団、各種祝賀団などの形で活動家を多数訪朝させ、直接指導を受け共和国との一体感醸成に努めている。対外活動においては、韓国の青年、学生の民主化運動の支援、民団系青年との団結強化、日本をはじめとする世界の青年との連携などを掲げている。その一環として世界民主青年連盟にも加盟した。そのほか、朝鮮語を学ぶための「青年学校」を設置、運営し、青年学生から好評を博している多様な文化体育活動と各種行事を組織している。機関誌は『朝鮮青年』（朝鮮語・日本語版週刊紙）、『朝鮮少年』（朝鮮語版半月刊紙）、『新しい世代』（日本語版月刊誌）。　　　　　　　　　　[朴正鎮]

在日本朝鮮文学芸術家同盟（文芸同）

総連傘下の在日朝鮮人文芸団体。共和国の文芸思想、作品の宣伝、普及に努めると共に、在日朝鮮人の文芸活動の発展を目的としている。母体は在日朝鮮文学芸術家により1946年に結成された「在日朝鮮芸術協会」。同協会は、1948年1月に改組して「在日朝鮮文学会」となったが、総連結成後の1955年6月、同文学会会員が中心となって「在日朝鮮人文化団体協議会」（文団協）を結成した。その後の1959年6月7日にこの文団協が発展的に解消して、現在の「在日朝鮮文学芸術家同盟」となった。結成以来、文芸同は共和国、総連の文芸宣伝機関として文学、芸術面での創作活動、大衆宣伝活動や、文芸活動家の養成などを行ってきた。最近では、「朝鮮文化の復興」を重点課題とする文芸活動を展開し、それを通じて祖国統一気運の高揚を図っている。また、傘下に株式会社「朝鮮レコード社」（1978年2月設立）、株式会社「朝鮮文芸社」（1979年12月設立、共和国の美術工芸品などを輸入販売）の2つの事業体を持っている。なお、関連機関・団体には、「総連映画製作所」（1974年2月設立）、「朝鮮美術研究所」（1976年11月設立）、総連地方歌舞団*（東京、北関東、京都、九州など9歌舞団）などがある。機関誌は『文学芸術』（朝鮮語版不定期刊）。　　　　　　　　[朴正鎮]

在日本朝鮮民主愛国青年同盟（民愛青）

1952年から55年まで活動した在日青年組織。

1949年、在日本朝鮮民主青年同盟*が朝連とともに解散させられたため、左派系青年運動の全国組織は消滅したが、朝鮮戦争勃発後の1950年、非公然組織として「祖国防衛在日朝鮮青年戦線」が結成されていた。1951年の民戦発足以後に、祖国防衛在日朝鮮青年戦線の合法組織への転換が模索され、1952年10月、神戸市の朝鮮学校*を会場に在日本朝鮮民主愛国青年同盟が結成された。1955年の路線転換*－朝鮮総連結成にともない、在日本朝鮮青年同盟*に改組された。

参考文献：高峻石監修『朝鮮社会運動史事典』社会評論社、1981。[鄭雅英]

379 在日本朝鮮民主女性同盟（女盟）

1947年10月12日、朝連の指導の下で結成された、在日朝鮮女性の大衆団体。1946年2月の朝連第2回中央委員会で設置された婦女部を経て、女性への教育啓蒙事業の本格化と女性主体の運動を展開するために独自組織の必要性が提起され、結成が決定された。当時の運動方針は、在日朝鮮女性の間で文盲退治事業と文化啓蒙事業を積極的に展開し、封建的な悪習を一掃するというもの。1949年9月の朝連の強制解散時も解散を免れ、1955年5月の総連結成後、同年9月の第7回全体大会で総連加盟を決定。その後、総連と歩みをともにしつつ、総連主導の在日朝鮮人運動のさまざまな場面で存在感を示してきた。総連同様、中央組織の下に都道府県単位の地方組織、その下の支部、さらに末端の分会という組織体系となっており、母親層が中心であることから、とくに子どもの教育問題に一貫して力を注いできた。朝鮮学校*の発展、維持において果たした役割は大きい。また最近では地域でのサークル活動やイベントに熱心で、冠婚葬祭などでの相互扶助も盛んだ。

［韓東賢］

380 在日本朝鮮民主青年同盟（民青）

朝連の指導のもとにその同盟団体として1947年3月に結成された在日朝鮮人の青年組織で「民青」と略称され、組織としての独自性を維持しながらも朝連の路線・方針を実践する行動隊としての役割を果たした。解放直後に結成された「朝鮮青年自衛隊」が1946年4月に占領軍によって解散された後に、朝連によって独自の青年組織づくりが模索され、9月、まず静岡県で民青本部が組織された。これに神奈川、東京など13の都県で下部組織が結成されたことを基礎に、12月に民青中央結成中央準備委員会の結成、さらに1947年3月には、「民族の完全な解放と自由」などを謳った七つの綱領、「朝鮮における民主臨時政府樹立促進」など七つの一般活動方針を掲げて正式の結成大会がもたれた。初代委員長に尹鳳求が就任。民青は、朝連の指導下で、総選挙での共産党候補の支援や参政権獲得運動*、本国の臨時政府樹立促進、芸能祭や民族文化交歓会、外国人登録令*反対闘争、生活協同組合運動、民団・建青などとの闘争を推進し、1949年6月現在で地方本部48、盟員10万人を擁する組織に成長するが、1949年9月、「団体等規正令*」の適用を受け朝連とともに解散させられた。

参考文献：呉圭祥『ドキュメント在日本朝鮮人連盟1945-1949』岩波書店、2009。金太基『戦後日本政治と在日朝鮮人問題』勁草書房、1997。朴慶植『解放後在日朝鮮人運動史』三一書房、1989。

［文京洙］

381 在日本朝鮮留学生同盟（留学同）

総連傘下の在日朝鮮人大学生の団体。在日朝鮮人大学生を共和国並びに総連の周囲に結集させ、その政策の実践に当たることを目的としている。祖国の北・南・海外の学生との友好・親善を深める活動も共に展開。その始まりは、終戦と

ともに結成された「在日朝鮮学生同盟」である。1955年5月、総連の結成に際しての在日朝鮮人運動の路線転換*に従って、1955年6月の第4回臨時大会で「在日本朝鮮留学生同盟」と改め、総連の一傘下団体として発足した。1956年から毎年「在日本朝鮮学生同盟学術分化交流会」を開いて金日成*思想や朝鮮統一問題、在日朝鮮人の法的地位、人権擁護問題などをテーマに討議を行っている。1957年4月以降、共和国から送られてきた教育援助費と奨学金は留学同の活動をより活発化させた。その後、南北朝鮮統一運動や、日韓会談反対運動、韓国の民主化運動への各種支持運動などを行ってきた。日本の各大学に「朝鮮文化研究会」を組織する活動を進める一方、各大学自治会を対象に日本政府の対朝鮮政策転換を要求する署名運動などを実施している。機関紙は『留学生新聞』（朝鮮語版および日本語版半月刊紙）。

[朴正鎮]

在日本朝鮮労働総同盟

第一次世界大戦期に急速に進んだ日本の工業化を背景に急増した在日朝鮮人労働者が独自に階級的結集をはかるなかで、1925年12月に結成された在日朝鮮人労働者の全国的な統一組織。機関誌『朝鮮労働』（月刊、朝鮮語）と『朝鮮読本』（朝鮮語）を発行し、1929年12月に全協（日本労働組合全国協議会*）への解消が決まるまで、この時期の日本での民族解放運動の一翼を担う有力な労働運動団体として存続した。

第一次大戦を経た1920年代の初めには日本の各地で朝鮮人の労働団体が組織されるが、東京では、1922年7月に明らかとなった信濃川朝鮮人虐殺事件*への抗議運動を契機に、この運動の参加者を中心に11月に東京朝鮮労働同盟会（委員長・孫永極）が結成された。これに呼応して12月には大阪朝鮮労働同盟会*（委員長・宋章福*）が結成され、この東京・大阪を初めとして全国各地で朝鮮労働団体がつくられた。この頃、朝鮮では、労働戦線の統一運動が高揚、1924年4月に朝鮮労農総同盟が結成された。これに触発されて日本でも朝鮮人労働団体の統一の機運が高まり、1925年2月22日、東京、大阪、京都、兵庫県下の12の朝鮮人労働組合によって「在日本朝鮮労働総同盟（在日労総）結成大会」が開かれた。

結成大会では、「経済的絶対平等」や「労働者階級の完全なる解放」など、階級的課題にウエイトをおいた綱領を採択し、中央執行委員長に李憲*が選出された。結成当時、在日労総は、12組合800人余りの組合員で出発したが、1926年10月には25組合9900人余りの盟員を擁するまでに成長した。さらに、1927年4月に開かれた第3回大会では、新たに綱領（第2次綱領）と宣言文が採択され、「朝鮮無産階級の指導的精神のもとに政治的闘争を展開し民族的解放を期する」と民族的課題を明確にした。だが、1928年3〜4月のプロフィンテルン*（赤色労働組合インターナショナル）第4回大会で資本主義諸国における植民地労働者は居住国の労働組合に加入すべきことが決議され、大会終了後の日本問

題小委員会では在日労総の全協への合同（実質的な解消）が決定された。これを受けて全協や朝鮮労総幹部や金斗鎔*など有力な朝鮮人指導者が朝鮮労総の"解消"へと動き、神奈川県労働組合などの激しい反発もあったが、1929年12月、解体宣言文が発表されるに至った。

参考文献：朴慶植『在日朝鮮人運動史　8・15解放前』三一書房、1979。高峻石監修・文国柱編著『朝鮮社会運動史事典』社会評論社、1981。

[文京洙]

▶383
再入国許可　入管法第26条に基づいて、日本国に在留する外国人で在留期間の満了の日以前に再び入国する意図をもって出国しようとする外国人を対象にして入国許可を法務大臣が出国に先立って与える制度である。再入国許可を受けた外国人は、再入国時の上陸申請に当たり、通常必要とされる査証が免除される。これに対して、外国人が再入国許可を受けずに出国した場合には、その外国人が有していた在留資格及び在留期間は消滅してしまう。2009年の入管法改正により、一般外国人は1年、特別永住*者は2年以内の出国に関して、再入国の許可を受けたものとみなすことになった（「みなし再入国許可」）。ただし、その対象は、「有効な旅券」を所持する者とされており、朝鮮籍、国民登録をしていない韓国籍の者は対象外とされることになっており、そのため、国籍*などに基づいて法的取り扱いに違いがあり問題のある法改正と言わざるをえない。

[金尚均]

▶384　さいよういち
崔洋一
1949〜
映画監督。長野県生まれの在日コリアン2世。1968年東京の朝鮮中・高級学校卒業後、東京総合写真専門学校を経て照明助手として映画界入り。1972年、助監督となる。大島渚*、村川透などの助監督を務めた後、1981年テレビ映画で監督デビュー。1983年、ロックシンガーでもある内田裕也企画・脚本・主演の『十階のモスキート』で映画監督となり、毎日映画コンクールで新人賞を受賞して一躍注目される。ロマンポルノ、角川映画などで商業映画の経験を積んだ後、1993年、『月はどっちに出ている』*でキネマ旬報ベストワンなど映画賞を総なめにする。梁石日*の小説「タクシー狂躁曲」を原作に在日コリアンの運転手とその周囲の日本人、アジア人をダイナミックに描いてみせた。それまでの日本映画になかった、崔ならではの力業である。また、2004年にはやはり梁石日原作の『血と骨』で、在日コリアンの戦後史を力強く展開し、再び多数の映画賞を受けた。その間1996年には1年間の韓国留学をしており、韓国映画界とのつながりも強い。2007年には韓国映画『壽』を監督している。テレビ、ラジオなどにもコメンテーターとして出演。社会全体に対しての発言力も大きい。2004年から、日本映画監督協会理事長。

[寺脇研]

▶385
在留特別許可　外国人管理の基本法である出入国管理及び難民認定法*（入管法）には、退去強制*事由として20数項目が掲げられ（第24条）それに該当すると、

通常は退去強制*手続きがとられる。しかし、入管法50条（法務大臣の裁決の特例）第1項第4号（「その他法務大臣が特別に在留を許可すべき事情があると認めるとき」）により、在留特別許可が認められることがある。

オーバーステイや不法入国した場合、通常、入国管理局により収容され、退去強制処分となり、強制的に日本から出国させられる。しかし、日本に在留することに特別の理由がある場合、例外的に在留を許可するのがこの制度である。入国管理局の認定・判定に異議を申し立て、法務大臣に申し出て、法務大臣が本人の申し立て理由を認めた場合、特別に在留の許可を受けることができる。自ら、入管局に出頭した場合も同じである。例えば、オーバーステイで日本に滞在し続け、日本人と結婚し、一般市民と同じ生活を送っているような場合に本制度が適用されることがある。その際、婚姻*実態があり、生計が安定し、素行が善良などが判断基準とされるようである。

在留特別許可については、駒井洋ほか編『超過滞在外国人と在留特別許可』（明石書店、2000年）を参照。

［金尚均・玄武岩］

坂中論文

法務省入国管理局は、1975年2月、同年10月に出入国管理行政発足25周年を迎えるのを記念して、全国の入管職員から「今後の出入国管理行政のあり方について」の課題で論文を募集した。その背景には入管法改正案が、1969年、1971年、1972年、1973年と4回国会に提出されたが、すべて廃案に終わったことがある。1973年法案では、批判を少しでもやわらげようと「出入国法案」と「管理」をはずしたが、やはり成立しなかった。

審査の結果、当時、入国管理局参事官室勤務のキャリア坂中英徳の論文が優秀作に選ばれ、実務誌『外人登録』208～223号（1976～1977）に連載され、世間の目にもとまった。論文は400字80枚ほどだが、一、出入国管理行政の意義、二、今後の出入国管理行政のあり方、に分かれ、二の中の「在日朝鮮人の処遇」がとりわけ注目された。在日コリアンを「外国人として処遇する政策は、……その民族意識を高揚させることとなり、在日朝鮮人が実質的に日本国内で少数民族を形成し、少数民族問題として将来の日本に禍根を残す可能性が強い」とした。二つの批判を紹介しておく。「坂中論文は致命的な欠陥を含んでいる。それは、日本社会が"同質社会"として、朝鮮人に対する差別、偏見をもつという現実を十分認識しながら、その社会の側の意識を変えるべきであるとの発想がなく、問題の解決が、基本的に在日朝鮮人が日本社会に定着化し、同化しつつある傾向に委ねられていることである」（大沼保昭*東大教授）。「たしかに坂中論文は新味があり傾聴に価するが、その開けた感覚に支えられているはずの考えが、すべて帰化に収斂するところに、……入管当局者としての方法論、高度のポリシーがある」（作家金石範*氏）。なお、坂中英徳『今後の出入国管理行政のあり方について──坂中論文の複製と主要論評』（日本加除出版、1989）がある。［田中宏］

▶387 阪本栄一 さかもとえいいち
1915〜1976

企業家・阪本紡績の創業者。慶尚南道生まれ。韓国名：徐甲虎（ソガッポ）。1928年渡日。大阪の商家に丁稚入りし、機織り技術を学ぶ。その後、アメ売り、廃品回収、タオル工場の油差しなど、数多くの職業を経験。戦後、軍需物資の売買で儲けた資金で紡績機を買い集め、1948年に阪本紡績を設立。ついで1950年には川崎重工業の工場を買い取り、大阪紡績を設立。朝鮮戦争の特需景気の波にのって、両紡績会社は急成長を遂げる。さらに1955年には経営不振に陥っていた常陸紡績を買収。1500名の従業員と18万錘の設備を有する阪本グループは、戦後日本の経済復興を支えた10大紡績に数えられた。オーナーの阪本栄一は、当時「日本の高額所得者ランキング」の上位にランクされた資産家としても有名になった。また阪本は東京麻布の広大な土地を数億円で買い取り、駐日大使館用の土地として韓国政府に寄付するほどの愛国主義者でもあった。

1963年、朴大統領の誘いで韓国への進出を決意し、115億円を投じてソウルに邦林紡績を設立。さらに翌1964年には171億円を投じ、亀尾工業団地内に潤成紡績を設立。しかし1974年、操業直前の潤成紡績の工場が火災事故に見舞われ、ほとんどの紡績機が焼失。資金繰りに失敗した阪本は操業再開の目途がたたないまま、韓国から撤退。この火災事故をきっかけに、日本での業績にも陰りが見られるようになり、同年阪本グループは関連会社を含め、640億円という負債を出して倒産。1975年には会社更生法が適用されたのを機に、阪本は韓国に帰国。2つの紡績会社の経営に専念したが、1976年11月、再起を果たせぬまま他界した。

［朴一］

▶388 鷺沢萠 さぎさわめぐむ
1968〜2004

小説家。東京都に生まれる。本名：松尾めぐみ。上智大学外国語学部入学のちに除籍。18歳のとき「川べりの道」によって第64回文学界新人賞を受賞、各種文学賞を未成年が受賞する時代の先鞭となる。21歳で「葉桜の日」が芥川賞候補、23歳で「駆ける少年」が第20回泉鏡花文学賞受賞。早熟な才質に加えて、水面にきらめく光の粒子のような感性と、人とその生への柔らかいまなざしが多くの読者を魅了した。父方の祖母が在日朝鮮人。

韓国延世大学校付属語学研究院に短期留学したあと、体験記『ケナリも花、サクラも花』（新潮社）を発表。「クォーター*」を自称してルーツに関わる小説を書く。「ほんとうの夏」を併録する『君はこの国を好きか』（新潮社）、『私の話』（河出書房新社）など、コリア・ランドに文学の居場所を得て、着々と進化を遂げていた矢先の2004年4月11日、自宅で自死した。35歳。遺作「春の居場所」は映画化された。

［磯貝治良］

▶389 サッカー・ワールドカップ日韓共催

日本と韓国が共同開催した第17回FIFAサッカー・ワールドカップ。2002年5月31日から6月30日までの期間、日韓それぞれ10都市、計20都市で64試合が行われた。サッカー・

ワールドカップはFIFAの規約で一国開催と定められていたが、1996年5月31日、FIFA理事会が満場一致で決定した。規約にない2カ国共催が実現した背景には次期会長選挙をめぐるアベランジェ会長とヨハンソン欧州サッカー協会の政治的確執があったとされる。当時、ヨハンソン氏は多選による権力集中が著しいアベランジェ氏を批判し、次期会長選に立候補する動きに出ていた。その戦略として打ち出されたのが日韓共催だった。アベランジェ氏はかねてから日本開催を支持しており、それを覆すことによって自己の政治的権力を強化し、会長選に勝利しようとの目論見である。この戦略は当たり、ヨハンソン氏はFIFA理事21票のうち、ヨーロッパ勢の7票、アフリカ勢の3票、さらに韓国の1票を加え、過半数をまとめることに成功した。これを察知したアベランジェ氏は巻き返しを図ろうと、それまで強硬に反対していた日韓共催を自ら提案したのである。当時のAP通信はこの一連の過程をこう伝えている。「日本対韓国は0-0の引き分け。しかし、アベランジェ対ヨハンソンは0-1でアベランジェの負け」。こうして第17回FIFAW杯は日韓共催となった。

この共催は理念先行でなく、政治的駆け引き主導で実現したため、その後も大会名を日本と韓国のどちらの国名を先にするかなどの問題を引き起こした。また、大会期間中の警備や輸送、チケットの販売なども日韓がそれぞれに行うため、共催ではなく、事実上の分催を目指す動きも生じた。しかし、結果的には日韓共催は円滑に機能し、韓国チームがベスト4、日本チームがベスト16位に躍進したことも合わせ、大会は大きな成功を収めた。これは歴史問題や領土問題を抱え、とかく摩擦を生じがちだった日韓が東アジアを舞台に初の協働を実現した好例となった。以降、日韓間の文化交流や民間交流が活発となったが、日韓共催の成功がそれらの交流を促進した側面は否めない。

[姜誠]

雑誌 在日コリアンとかかわる雑誌としては必ずしも在日コリアン自身が中心となって刊行を担ったというわけではないものもある。例えば、戦前の協和事業の研究誌、戦後には日本人が中心となった雑誌で在日コリアンにかかわる問題を論じているものもある（例えば『朝鮮人』）。在日コリアンの問題だけを扱ったわけではないにせよ、外国人登録の実務や治安当局の情報誌が在日コリアンと関係する情報を掲載することが多い。しかし在日コリアンの歴史や文化とのかかわりを考える上でより重要性を持つのは在日コリアン自身が中心となって編集、刊行した雑誌であろう。この項ではそれについて記述する。

日本（内地）に居住するコリアンによる雑誌刊行は戦前にもすでに行われていた。多くの人への配布を目的とし活字を組んだ本格的な形態を持つものに限っても、まず1913年に在日本東京朝鮮留学生学友会によって『学之光』*が刊行されている。このほか、1920年代初期には論説誌『亜細亜公論』*が柳泰慶によって送り出された。さらに1920年代から1930年代初

頭にかけては、『新興科学』『現階段』といった社会主義系の理論雑誌、『無産者』*『芸術運動』などプロレタリア文化運動関係の雑誌もいくつか創刊されている。

なお以上の雑誌は『亜細亜公論』が日本語を中心とし朝鮮語・中国語のページもあったのを除けばいずれも朝鮮語雑誌である。これ以外にも親睦会*や宗教団体などの内部的メンバーのみに配布されたと思われる在日コリアンの雑誌（そのなかには謄写版刷で簡単な製本のものも多かったと思われる）も決して少なくない。特に在日コリアンの人口増加に伴って1930年代には多数の雑誌が出ていたことが警察当局の報告からわかる。だが残念ながら、そのほとんどは現存していない。またそもそもこれらの雑誌の継続期間は短かった。『学之光』が1930年まで続いたのを除いては、ほかの雑誌は1、2年の間で終刊を余儀なくされた。そして戦時体制構築後敗戦までは在日コリアンの雑誌刊行は（金達寿*らによる回覧雑誌の試みといった例はあったようだが）絶無となる。

このように戦前には在日コリアンの刊行した雑誌は長期的に続かず、残されているものが少ない。これは財政的な問題が影響しているだけでなく在日コリアンの文化活動それ自体が警戒、弾圧の対象であった時代状況の規定が大きい。そのなかで刊行を続け現存している雑誌は当時の在日コリアンの文化活動や意識を知る上でたいへん貴重である。同時にこれらの雑誌のなかには本国に持ち込まれて朝鮮の思想界や文化運動の発展に寄与したものも少なくない。

日本敗戦後とその後の「民主化」によって在日コリアンによる雑誌の刊行は活発化し広がりを見せた。そこでは日本語によるものが増え、日本人一般を読者の対象とするものも生まれた。金達寿ら左派系の朝鮮人による1946年創刊の『民主朝鮮』*はその嚆矢といえる。同誌は、文芸、文化の紹介、情勢の解説、論説などを含む朝鮮問題・在日コリアンに関する総合雑誌的なものであり、当時の代表的な日本人文化人も執筆していた。同様の傾向を持つものとしては、これ以外にも1950年代前半まで関西に基盤を持つ左派系の『朝鮮評論』や右派系を中心とした『自由朝鮮』『花郎』が刊行されている。ただしこれらも数年で刊行が途絶している。このほかに、在日コリアンが戦後直後に刊行した雑誌はさまざまある。これらの一部は検閲の関係で集められた資料館である米国メリーランド大学所蔵プランゲ文庫に保存されている。

朝鮮総連の組織的基盤が確立した1950年代後半から1960年代にかけては、その傘下団体の機関誌が整備された。これらのうちには、朝鮮語のもの、今日まで続くものが少なくない。また1961年には朝鮮総連系の朝鮮問題の総合雑誌的色彩を持つ日本語誌『統一評論』*が創刊され、今日まで継続して刊行されている。

1970年代以降には、民族団体と関わりを持たない雑誌が登場し、そのなかで同時代の韓国民主化・統一問題や在日コリアンの生き方をめぐる論戦などが誌面を飾った。なかでも1975年

に朝鮮総連を離れた当時の代表的な在日コリアン文化人が中心となって創刊され1987年まで続いた『季刊三千里』*は重要な役割を果たした。同誌には幅広い在日コリアン、日本人が質の高い論考を寄せ、一般の書店でも販売されて日本人に対する朝鮮文化の紹介の上でも大きな役割を果たした。またこの時期には戦後生まれの若い2世世代が中心となった雑誌も出されるようになった。在日韓国青年同盟*の『統一路』(のちに『先駆』と改題)、や同人誌的な色彩を持つ『季刊ちゃんそり』*などがそれにあたる。

1980年代から1990年代にかけては、在日コリアンの雑誌刊行の活動は活発であり、多様化した。『季刊三千里』の後継誌的性格を持つ『季刊青丘』*、『季刊在日文芸民涛』*、在日コリアンの生活や差別問題を論じた『ウリ生活』*、『季刊Sai』*、若い世代が中心となったムック的な性格を持つ『ほるもん文化』*、幅広い韓国・朝鮮関係の情報を網羅した月刊誌『ミレ (未来)』*、済州島*出身者のコミュニティ・ネットワークを基礎にした『済州島』などの雑誌がこの時期に創刊されている。またこの時期、朝鮮総連系の雑誌の一部がリニューアルされるとともに、在日コリアンのネットワークを目的とする『イオ』*が新たに出されるようになった。

21世紀に入ると、「活字離れ」や日本経済の停滞のなかで、雑誌刊行をめぐる条件は厳しい。すでに1990年代に出ていた雑誌のなかで休刊を余儀なくされているものもある。またインターネットの普及という状況も雑誌のあり方に影響を与えていくことが予想される。しかし在日コリアンの間でのコミュニケーションを図り、日本社会に自分たちの文化や意見を伝えていく上で、雑誌の役割はなお変わらないと見られる。　　　　　　　　　　[外村大]

▶391 **佐藤勝巳**
さとうかつみ
1929～

朝鮮問題に関わった評論家。新潟県生まれ。船員として働いた後1956年日本共産党入党、新潟で北朝鮮帰国事業に関与する。日朝協会*新潟支部事務局長 (1960年) を経て1965年日本朝鮮研究所所長。日朝友好運動、在日朝鮮人問題に先駆的に関わり、雑誌*『朝鮮研究』のほか『在日朝鮮人の諸問題』(同成社、1971)『朝鮮統一への胎動 (叢書現代のアジアアフリカ)』(三省堂、1971) などの編著がある。1970年日立就職差別裁判*では原告補佐人、1974年発足の「民族差別と闘う連絡協議会 (民闘連*)」では初期の代表を務めたが、1970年代後半から北朝鮮批判を強め、1980年代には韓国民主化運動や指紋押捺拒否運動*など在日人権運動を国家主義的な見地から公然と否定するようになった。1984年日本朝鮮研究所を現代コリア研究所*に改組 (雑誌『現代コリア』刊行)。1990年代以降は日本の朝鮮植民地支配を肯定的に語り、「北朝鮮に拉致された日本人を救出するための全国協議会 (救う会)」会長 (1998～2008年) に就任し、拉致被害者の救出運動に取り組んだ。　[鄭雅英]

▶392 **サハリン在留朝鮮人**

日露戦争の勝利によっ

て日本が獲得した南樺太（サハリンの南半分）には数カ所の炭鉱があり、第二次世界大戦時に日本は、朝鮮から数多くの労働者を動員した。終戦後サハリンで最も早い時期に行われた人口調査（1946年7月）によると、サハリン全土（千島を含む）の朝鮮人人口は2万3496人とされている。その後、米ソ引揚げ協定締結（1946年12月）、日ソ国交回復（1956年）にともない、サハリン在留日本人のほとんどは帰国を果たしたが、現在の韓国に故郷を持つ多くの朝鮮人の本格的な帰郷は、1980年代末まで実現しなかった。その背景として、サハリンに動員した朝鮮人を帰還させるという戦後処理問題に対して日本政府が本腰を入れて取り組んでこなかったこと、長期化する冷戦構造の下、韓国とソ連の国交が1990年まで断絶していたことなどがあげられる。1987年以降、日本政府はサハリン在留朝鮮人の支援を開始し、渡航費負担などの一時帰国支援、住居提供・療養院設置などの永住帰国支援、ユジノサハリンスクでの「サハリン韓国文化センター」建設などの支援事業が行われている。

サハリン在留朝鮮人の証言が、北海道新聞社編『祖国へ！ サハリンに残された人たち』（北海道新聞社）、朴亨柱『サハリンからのレポート』（御茶の水書房）に収録されており、帰還運動を知るには、新井佐和子『サハリンの韓国人はなぜ帰れなかったか』（草思社）、大沼保昭『サハリン棄民』中公新書が参考になる。　　　［紀谷智雄］

▶393
サムルノリ　伝統楽器であるケンガリ・チン・チャング（チャンゴ）＊・プクを用いた打楽器の演奏形態をいう。もともとは1968年2月に男寺党（ナムサダン）（農楽や仮面劇、人形劇、曲芸などを披露し、村の発展と人々の健康を祈願し、喜捨を集めて生活をした流浪芸人集団）のメンバーであった金徳洙を中心に結成されたグループの名前であった。プンムルと呼ばれる農村地帯の伝統的なリズムをもとに舞台芸術化されたサムリノリは、高度な演奏技術により韓国を代表する音楽＊として世界的に有名になった。

サムルノリは「四物の遊び」という意味で、チンは風を、プクは雲を、チャングは雨を、ケンガリは雷を表現し、金属製の楽器は天を、木と皮の楽器は地を表すと言われており、奏でる楽曲は天地・宇宙を表現するものであるという。グループ「サムルノリ」の1971年の来日公演以来、日本でも一大旋風が巻き起こり、在日コリアンの間でも民族教育の現場を中心に広く演奏されている。また、本格的にその技術や精神を学ぼうと韓国に留学し、現在、公演やワークショップを展開し、活躍する在日2世、3世の演奏家も少なくない。

　　　　　　　　　　　　　　［安聖民］

▶394
三月会　共産主義系の在東京朝鮮女性思想団体。在東京朝鮮女子留学生の李賢郷及び黄信徳の外数名の発起によって朝鮮無産階級女性解放の目的を以て1925年3月組織された。事務所は東京府下高田町雑司ヶ谷龜原10番地凡舎。1925年12月総会を開き、在日本朝鮮無産階級女性団体であ

ると宣言。設立当時は会員は少なく一定の主張主義なるものは見られなかったが、時々思想研究会を開く他に特段の行動はないものの、一月会*及び在日本朝鮮労働総同盟*などの運動に参加していた。1926年に入って一月会から寄付金を受け、1926年3月に共産主義宣伝の目的を以て『ルクセンブルグ、リープクネヒト』という題目のパンフレット1000部を発行し、朝鮮内で配付。解体時期は不明であるが、一月会と緊密な関係を持っていて、その姉妹団体として活動をしていた。

参考文献:『在日朝鮮人関係資料集成』第一巻、三一書房、1975。『独立運動史資料集』別集3.독립운동사편찬위원회 1978.10.　　　　［朴成河］

三国人発言

2000年4月、陸上自衛隊の記念式典に出席した石原慎太郎*・東京都知事は、東京の治安状況に関連して、「不法入国した多くの三国人、外国人が、非常に凶悪な犯罪を繰り返している」と発言した。1946年夏頃の帝国議会内において、朝鮮人・台湾人を指すことばとして、「敗戦国民でも戦勝国民でもない」という認識に基づいて「第三国人*」という呼称が使われるようになり、新聞報道でもそのまま用いられた。当時、「第三国人」ということばは、「不法行為」「闇市」「取締」などのことばと併用されることが多く、差別的意味合いをこめて使用されていた。

各方面からの抗議・批判を受け、石原知事は「在日韓国・朝鮮人をはじめとする一般の外国人の皆さんの心を不用意に傷つけることになったのは、不本意であり、極めて遺憾」という弁明を行ったが、発言は撤回しなかった。日本が批准している「あらゆる形態の人種差別の撤廃に関する国際条約」には、「国または地方の公の当局または機関が、人種差別を助長し、または扇動することを認めない」と定められている。

　　　　［綴谷智雄］

三信鉄道争議

1930年、愛知県下で発生した大規模な朝鮮人労働者の争議。争議の現場は愛知県北設楽郡三輪村川合・長岡間の鉄道工事現場で、これは三信鉄道株式会社が五月女組という会社に請け負わせていたものであった。しかし、五月女組は相場よりかなり安くこれを落札し、さらにそれを下請けさせて工事を進めており、末端の労働者は極端に安い賃金で酷使されていた。しかも、工事現場は難工事であり、加えて賃金未払いや食糧が十分行きわたらないという事態が発生し、労働者を不安に陥れた。

こうした中で日本労働組合全国協議会*や新潟朝鮮労働組合、豊橋合同労働組合の朝鮮人活動家が現地に入り、その指導のもとで未払い賃金支給などを要求して7月29日からストライキを行った。数百名の争議団員は地元の実力者と交渉して食料を確保した上で結束し、労使の話し合いを進めようとした。しかし、8月18日朝、名古屋など各地から集まった警官隊が争議団本部を襲い、労働者314名を検束、その後25日には県警察部特高課長の強制的な調停がなされ、部分的に未払い賃金を得たものの、争議は事実上敗北した。しかし、争議を指導した活動家の

一人である朴広海は、この地域の日本人労働者や農民に影響を与えたことなどを指摘し、その意義は小さくなかったと評価している。

参考文献：朴慶植『在日朝鮮人運動史』三一書房、1979。平林久枝「三信鉄道争議について」『在日朝鮮人史研究』創刊号、1977。　　　　［外村大］

参政権獲得運動　在日外国人に地方選挙権を求める運動は在日コリアンの間で始まった。1990年11月、金正圭など11名の在日韓国人が、公職選挙法に基づく選挙人名簿に登録されていないことを不服として、大阪市など3市の選挙管理委員会に異議申立ての裁判を起こす。この訴訟は、日本に永住する外国人が地方参政権を求めた最初の裁判として注目される。1993年6月の大阪地裁では棄却されたものの、1995年2月の最高裁判決で、「自治体と密接な関係をもつ定住外国人*の意思を地方行政に反映させるために、法律によって地方参政権を与える措置を講じることを、憲法は禁じているとはいえない。ただしそのための措置を講じるかどうかは、国の立法措置にかかわることがらである」という判断が下され、議論の場は司法から国会に移ることになった。

1995年の最高裁判決を受けて、自民・社会・さきがけの連立与党は政治改革協議会を結成し、永住外国人に地方参政権を与えるかどうかの検討を開始。三党協議は1995年3月から10月まで続けられたが、定住外国人への参政権付与に前向きな社会・さきがけと、付与に慎重な姿勢を示す自民党との隔たりが大きく、与党内での協議は進展しないまま一時立ち消え状態になった。しかし、その後も在日本大韓民国民団*を中心に地方参政権を求める運動は広がりを見せ、1998年10月、日本を訪問した金大中・韓国大統領（当時）は、国会演説で60万にのぼる在日コリアンの存在にふれ、日本政府に「在日韓国人2世・3世は日本で税金を納め、大きな貢献をしている。彼らに地方参政権を与えてほしい」と要望した。金大統領の訪日にあわせ、民主党と公明党の2会派から、永住外国人に地方参政権を与えるための法案が衆議院に共同提出された。法案の中身は①永住外国人のうち選挙人名簿に登録を申請した者だけに選挙権を与える、②当面は被選挙権を除外し、永住外国人に被選挙権を与えるかどうかは、将来の議論に委ねるというものであった。

1999年10月、自民党執行部は公明党の法案に理解を示し、与党3党（自民、自由、公明）は永住外国人に地方選挙への投票権を認める法律を成立させることにいったん合意した。しかし、自民党内の反対派議員が法案の成立に異議を唱え、党議拘束を外して自主投票で採決するという党執行部の意向に反発したため、2000年の臨時国会でも立法化は見送られた。その後も国会での成立に向け、公明党や民主党、共産党が何度も法案を提出してきたが、「国家の安全を損なう恐れがある」という自民党の反対でことごとく廃案に追い込まれてきた。

2008年1月、民主党内にも議員連盟が発足し、マニフェストの原案となる

「2009年政策集」に永住外国人への地方参政権付与が盛り込まれた。また鳩山首相も、2010年1月に政府・民主党首脳会議の場で、外国人に地方参政権を付与する法案を政府が通常国会に提出する意向であることを表明した。

しかし連立を組む国民新党が反対したため、政府提案による通常国会への法案提出は見送ることになった。連立与党の国民新党のみならず民主党内にも「外国人は日本国籍の取得によって選挙権を得るべき」という反対意見もあり、法案提出までには曲折も予想される。　　　　　　　　　　[朴一]

▶398 **サンフランシスコ講和条約**　1951年9月8日アメリカ・サンフランシスコで調印された日本国との平和条約（1952年4月28日発効）。日本を含む米英など49カ国が調印したが、ソ連は拒否した。中華人民共和国・中華民国、大韓民国・朝鮮民主主義人民共和国は会議にも招聘されなかった。単独講和か全面講和か、批准をめぐり国内世論が割れた。

朝鮮戦争が勃発した1950年、アメリカは11月24日に「対日講和7原則」（講和当事国、領土、安全保障、賠償請求権*の放棄など）を発表し連合国との協議に入った。アメリカは中華人民共和国の参加を拒絶し、日本は朝鮮民主主義人民共和国だけでなく大韓民国の参加を拒否した。「共産主義」に対する強い拒絶から、旧占領地・植民地を排除した変則的な条約となった。調印後、日本は中華民国と大韓民国とは同じような条件で2国間の平和条約を結ぶための交渉を開始した。日韓会談は1951年10月20日、第1回予備会談が開かれ、1965年6月22日、「日本国と大韓民国との間の基本関係に関する条約」が調印され、同年12月18日に発効した。

サ条約は領土変更にともなう国籍*の変動について明文規定がなかった。第2条a項で日本は朝鮮の独立を承認し、すべての権利・権原および請求権*を放棄した。これをもって朝鮮人の日本国籍が喪失すると解釈されている。1952年4月19日法務府民事局長通達*によって、条約発効の日から朝鮮人は「内地に居住している者を含めてすべて日本の国籍を喪失する」とされた。日本政府は在日朝鮮人の国籍選択を認めず、国籍取得は帰化によるとした。第11条では、戦犯となった「日本国民」の残刑の執行を引き継いだがこの中に朝鮮人戦犯も含まれた。刑の執行は仮釈放・釈放まで続いた。なお、アジアへの金銭賠償は認められず、役務と生産物による支払方式がとられた（第14条）。日韓条約*も同様の経済協力方式がとられている。

[内海愛子]

▶399 **サンボク（喪服）**　サンボクとは、人が亡くなったときに行う儀礼における装束をいう。朝鮮半島では葬儀において喪主が着るサンボクは麻でつくったパジ・チョゴリに裾を縫い合わせていない上着を着る。腰には藁の紐を締め、頭には麻で作った背の高い帽子頭巾（トゥゴン）を被り、藁紐で結び、竹で作った杖をつく。女性は麻のチマ・チョゴリ*に白い綿のタオ

ルを頭に被るというのが一般的である。在日コリアンも解放直後からは、朝鮮半島で行っていた様式をほとんどそのまま受け継いでいた。日本へ渡ってきた1世のハルモニたちは、朝鮮半島で自家製のチョゴリを仕立ててきていたため、「朝鮮市場*」に店を構えている俗称「チョゴリ屋」ではサンボクを商品として販売していた。サンボクは喪が明けるときに故人の衣服などと一緒に燃やされるので、徐々に麻ではなく綿で仕立てられるようになる。このようなサンボクも1世から2世へと世代交代とともに、葬儀の手続きも仏教式葬儀に儒教式葬儀が混淆する状況が見られるようになる。最近は、頭巾を被り、麻の腕章をつけることでサンボクに代える人々も多くなってきている。

参考文献：韓国中央研究院『韓国民族文化大百科事典』トンバンメディア株式会社（電子辞書）。　　　　[髙正子]

▶400 **産米増殖計画**　朝鮮での米穀増産を図るために朝鮮総督府が計画・実施した土地・農地改良事業。1920年に始まり、1937年まで続けられる予定だったが、世界恐慌の影響もあり1934年に事実上中止された。食糧不足に悩む日本「内地」に上質の米を送るために、品種改良、耕作法改善（化学肥料の使用など）、土地改良（水利施設の整備）などによって増産と品質向上を図るものであった。計画の実施によって朝鮮産米の増収はある程度実現したが、対日移出量はそれ以上に増えた。農家の売り払い価格が低く抑えられただけでなく、肥料の購入、水利組合費の支払いなどのため農民は現金収入を必要とし、農家経営はかえって悪化した。また、地主による土地兼併が進み、耕作地を失う農民も増えた。このような朝鮮農村の貧窮化が日本や中国東北地方（満洲）への移住を促す大きな原因となった。1920年代から1930年代にかけての日本在住朝鮮人の激増の背景には、産米増殖計画があったのである。　　[水野直樹]

▶401 **『シアレヒム』の会**　国際問題評論家、鄭敬謨*が東京で主催していた私塾。名称は「一粒の力」を意味する。1991年には会報「粒（RYU）」を創刊した。使用言語は日本語で、朝鮮の政治情勢や日本の歴史認識、右傾化の問題まで、国際情勢の分析や時事問題などを幅広く扱い、年4回のペースで約1200部程度を発行していた。金子玲ら編集委員に加え、初期の目次には、安江良介や寺尾五郎*の名前もある。財政難と、「状況への対応に、全員の足並みがそろわなくなった」として、25号で休刊を宣言。以降は記事のほぼすべてを鄭敬謨が執筆する個人誌として刊行を続けるが、42号で休刊。会も活動を停止している。　　　[中村一成]

▶402 **GHQ／SCAP**　GHQ/SCAPとはGeneral Headquarters of the Supreme Commander for the Allied Powers（連合国軍最高司令官総司令部）の略称である。GHQはポツダム宣言を執行するために日本に設置された連合国の対日占領機関である。1945年8月14日にはダグラ

ス・マッカーサー元帥が最高司令官に就任し、同年10月2日、GHQが東京に設置された。1951年4月にはマシュー・リッジウェイ大将が最高司令官に就いた。対日平和条約が1952年4月28日に発効すると同時に、GHQの活動は停止した。

GHQによる日本占領方式は間接統治の方式が取られ、GHQは日本政府に指示・命令を発し、日本政府はそれを実施する形となった。1946年2月には対日占領政策決定の最高機関として各国代表による極東委員会（FEC）が、同年4月には最高司令官の諮問機関として対日理事会（ACJ）が設置された。しかし、アメリカは極東委員会の決定に対して拒否権とそして中間指令権を持っていたので、アメリカはGHQに対して最も強い影響力を持ち続けた。

GHQは参謀第1部（G1人事）、第2部（G2情報）、第3部（G3作戦）、第4部（G4後方）の参謀部と民政局（GS政治行政）、経済科学局（ESS経済）、民間情報教育局（CIE教育・言論）、天然資源局（NRS農業・水産）、外交局（DS対外関係）などの幕僚部によって構成されていた。

GHQはアメリカ政府からの命令をもとに、覚書（SCAPIN）の形などで日本政府に指示・命令を出した。ただし、アメリカ政府からの命令は包括的なものが多く、具体的な事案に対してはGHQの各部局が独自の権限を持って指令を作っていったので、これらの部局の権限は実際に大きな意味を持っていた。

日本占領期の在日コリアン問題と関連して、在日コリアンの帰還と持ち帰り金の問題はG3とESS、法的地位問題はDS、教育問題はCIE、民族団体問題はG2とGSがそれぞれ権限を持って政策を立案し、日本政府に対して指令を出した。

[金太基]

▶403
椎名メモ 1974年8月の文世光事件*の処理に際して、日本政府の椎名悦三郎特使が韓国政府に手交したメモ。8月15日、大阪出身の在日朝鮮人2世・文世光が「光復節」式典で朴正熙大統領を狙撃し、大統領夫人・陸英修が死亡する事件が起こった。これに対して韓国政府は、事件に対して「法的にも倫理的にも責任」を負い、北朝鮮系組織から法的保護を剥奪するよう要求し、それがかなわなければ外交関係を断絶すると警告した。しかし日本政府は、大統領夫人の悲劇的な死に弔意を表明したが、法的にも倫理的にも日本には責任がないと主張し、日本での反韓運動に対して超法規的な措置をとることを拒否した。両国の関係が極度に悪化したため、米国政府は国交断絶の危機に瀕している状況を憂慮すると日韓両政府に伝え、日韓両国の面子が立つような妥協策を講じた。米国の仲介により椎名悦三郎特使の訪韓が実現し、椎名特使は韓国政府に対して、暗殺事件に対する「遺憾の意」を表明し、今後日本は朝鮮総連を始めとする日本の反韓団体を厳しく監視するとの口上書を手交したとされる。

[太田修]

JR定期券割引率差別問題

旧国鉄や私鉄は朝鮮学校児童生徒に対して日本学校と同様の通学定期運賃制度を適用していた。しかし旧国鉄は1968年、「朝鮮学校は一条校*でない」という理由で12歳以上は大人と同様、12歳未満は大人の50%に割引率を引き下げた。その制度は1987年に旧国鉄がJRに分割・民営化された後も引き継がれた。朝鮮学校児童生徒はJR利用者が多く家計の負担が大きかった。1987年に千葉朝鮮初中級学校の保護者がJR東日本に格差是正の要請を行ったのをきっかけに、全国に要請運動が拡大した。JR6社は1994年4月から通学定期運賃の割引適用範囲を拡大した。その結果、朝鮮学校だけでなく、外国人学校を含むすべての各種学校*や専修学校にも一条校と同様の割引運賃制度が適用されるようになった。

[高賛侑]

Jリーガー

Jリーグでは現在、多くのコリアン選手が活躍している。これらの選手らは契約形態により、大別して3つのカテゴリーに分けられる。

第1のカテゴリーはいわゆる外国人枠に該当する選手らである。Jリーグの加盟チームは自らの判断により、1チーム3人までの外国出身選手を保有できる。その多くは各国の代表チームなどでプレーをしてきた実力者である。代表的な選手として、かつて柏レイソルで主将まで務めたホン・ミョンボ、ユ・サンチョル（横浜Fマリノス・柏レイソル）、ファン・ソンホン（セレッソ大阪・柏レイソル）などが挙げられる。第2のカテゴリーが2009年度より新設されたアジア枠のコリアン選手である。これは東アジアサッカーの発展とJリーグの競技力向上を目的に、AFC（アジアサッカー連盟）加盟国選手向けに登録枠1を設けたもの。京都サンガFCのイ・ジョンス、大宮アルディージャのパク・ウォンジェ、横浜Fマリノスのチョン・ドンホらがいる。2009年現在、こうした外国人枠、アジア枠の適用を受け、Jリーグに所属する韓国人選手はJ1、14名、J2、15名にもなり、一大勢力となっている。第3のカテゴリーは日本生まれで学校教育法第1条に定める高校・大学を卒業した在日外国人に適用される、いわゆる在日枠（日本サッカー協会基本規定第69条）でプレーするコリアン選手である。中でも朝鮮学校*を卒業した選手らはチョン・テセ（川崎フロンターレ）、リ・ハンジェ（サンフレッチェ広島）、アン・ヨンハク（アルビレックス新潟、名古屋グランパスエイト）、リャン・ヨンギ（ベガルタ仙台）、シン・ジェボム（ジェフユナイテッド市原・民族名*でプレーしたJリーガー第1号）など、10人を超える勢力となっている。チョン・テセとアン・ヨンハクはFIFAワールドカップの北朝鮮の代表に選出された。ただし、各種学校*である朝鮮学校は一条校*ではないため、日本の高校、大学を卒業した在日コリアン選手とは違い、別途、日本の通信制や夜間高校に通い、一条校卒の資格を得なくてはいけないハンディがある。これについて、在日朝鮮人蹴球協会は

2006年、「在日枠の対象を一条校のみに限定せず、民族学校・外国人学校の卒業生をも対象とすること」をJリーグに要請した。

[姜誠]

▶406 **塩見訴訟** 障害1級の廃疾を有する在日朝鮮人である塩見日出が、国民年金法81条1項の障害福祉年金の支給につき、国籍条項*及び「帰化」後も不支給とされたのは、憲法25条、14条1項に違反するとして、大阪府知事を被告として1973年に提訴した事件。原告塩見は、1934年6月大阪市で出生し、幼少の時罹患した麻疹によって失明し、1970年に日本国籍を取得した。

国民年金法は、障害福祉年金の支給要件に関し、1959年11月1日において日本国民でない者には同年金を支給しないと規定し（国籍条項）、1982年1月1日に、難民条約の加入に伴う整備法によって、国籍*要件が撤廃されたものの、改正の効果は過去の法律関係を改めるものではないとされた。

最高裁1989年3月2日第1小法廷判決は、憲法25条と国民年金法の国籍条項及びその後の日本国籍取得に関し、「限られた財源の下で福祉的給付を行うに当たり、自国民を在留外国人より優先的に扱うことも許されるべき」と判示した。また、憲法14条1項に関し、「廃疾の認定日である制度発足時の昭和34（1959）年11月1日において日本国民であることを受給資格要件とすることは立法府の裁量の範囲に属する事項というべきである」と判示し、原告塩見のいずれの訴えも上告棄却した（判例時報1363号参照）。

国籍要件撤廃後の1987年、第2次訴訟を提起したがやはり2001年3月最高裁で敗訴確定。塩見が帰化者であったこともあり、必ずしも在日コリアンの無年金問題としては認識されなかった。しかし、その司法判断はその後の無年金裁判を拘束することとなった。

[丹羽雅雄]

▶407 **四方朝鮮文庫** 1978年名古屋で開設された私設図書館。京城帝国大学教授として経済学講座を担当するかたわら朝鮮社会経済史に関する数多くの研究を残した四方博が、敗戦後蒐集した約4000点の朝鮮関係の図書が中心。1973年氏の没後、三女・栗本伸子が買い足した約2000冊の書籍とともに、名古屋朝鮮史研究会のメンバーが朝鮮文庫運営委員会を発足させた。当委員会はこれらの図書を整理分類し、『四方朝鮮文庫目録』（1978）を刊行するとともに図書館を開館。植民地期の資料は、年報・要覧・歴史・社会科学・自然科学・工鉱業・産業・芸術・語学・文学等の各分野に及び、1970年代までの稀少な文献も蒐集されている。これらの所蔵図書は、2009年3月に東京経済大学に移管され、『四方博朝鮮文庫目録』（2010）が刊行された。

[伊地知紀子]

▶408 **識字教室「麦豆教室」** 岩井好子元大阪市立天王寺夜間中学教諭が退職後主宰した。岩井は天王寺夜間中学では設立の1969年から1985年の定年まで教鞭をとり、在日韓国・朝鮮人の在日1世の

ハルモニ（お婆さん）の卒業生が卒業後も学びたいと希望したことから、1985年5月、辛基秀*主宰の青丘文化ホールを借りて「麦豆教室」を開校した。朝鮮王朝時代、書堂（ソダン）で教えを受けた生徒が麦か豆一握りを感謝の意で先生に届けた故事をとり教室名にした。開校時には20人近い夜間中学卒業生が学んだ。多くの生徒は近隣の大阪市生野区に住んでいた。週2回、午後5時から授業を始め8時まで3時間、主に日本語の読み書き中心の授業を実施。書家生田大巖による習字の授業も行われた。教師はボランティアでかけつけた。現在、夜間中学卒業生を対象にした成人基礎学習講座が大阪府守口市、東大阪市、豊中市、大阪市で運営されているが、その先駆けが20年も前から始まっていた。2006年まで21年間続いた。　　　　　[川瀬俊治]

▶409 **自虐史観**　それぞれの国の歴史には光と影の時代が存在するが、負の歴史をことさら強調し、正の歴史を過少評価する傾向が強い歴史観を、「自由主義史観」に立つ「新しい歴史教科書をつくる会」のメンバーは「自虐史観」ととらえる。「新しい歴史教科書をつくる会」の中心メンバーである藤岡信勝は、「自国民を人類史に例のない残虐非道な人間集団に仕立て上げ、自国史を悪魔の所業の連続のように描き出す。自国民にムチ打ち、呪い、ののしり、糾弾する。こういう歴史の見方、精神的態度を『自虐史観』と呼ぶ」（藤岡信勝『「自虐史観」の病理』（文藝春秋、1997年、2ページ）と述べている。従軍慰安婦問題*への

日本政府の関与を認め謝罪を表明した1993年の河野談話*や、日本のアジア侵略への反省と謝罪を表明した1995年の村山談話*に反発して生まれた「歴史修正主義」運動の産物であると考えられる。　　　　　　　[朴一]

▶410 **自警団**　関東大震災時に戒厳司令部は敵を朝鮮人として戒厳出兵する一方、積極的に一般市民を組織して一定の自衛力を創設しようとした。自警団創設の勧奨であるが、利用しうる手っ取り早い組織として「在郷軍人会、青年団、消防団」などが対象となった。戒厳司令部は「警備部隊ハ憲兵及警察官ト密ニ連絡ヲ保チ、殊ニ未ダ警察権ノ復活セザル地方ニ於テハ之ニ援助ヲ怠ラザルヲ要ス。尚在郷軍人会青年団ヲ指揮シテ之ヲ利用スルコトヲ努ベシ」と訓示している。訓示に呼応して在郷軍人会は「此の一大凶事に直面し、一同猛然奮起し、平素涵養し来りし軍人精神を発揮して戦時国家に奉ずると同様なる献身的覚悟を以て」非常時に対応する以心伝心の関係であった。別言すれば「民兵」化したのである。

一般市民の人殺しはこうしてはじまった。日本官憲は自警団を「不逞鮮人*」の暴行、または流言の脅威に対処した自然発生的な民衆の自営組織であると主張してきたが、それは事実に合わない虚言である。　　　　　[姜徳相]

▶411 **思想犯保護観察法**　治安維持法*違反で服役し刑期終了もしくは仮出獄した者、さらに同法違反に問われたが執行猶予もしくは

不起訴処分となった者を、「再犯防止」の名目で公権力による保護観察の下に置くとした法律。1936年に制定され、朝鮮思想犯保護観察令によって朝鮮にも適用された。全国の主要都市に保護観察所が設けられ（1941年当時日本に24カ所、朝鮮に9カ所）、各観察所に保護観察事務の指導統制にあたる所長（補導官）と補導官の命を受けて調査や観察の事務をになう保護司が置かれた。保護観察の期間は2年であったが、観察を受ける者の思想推移の状況などによって短縮したり、更新したりすることも可能であった。法制定から1944年までの期間で保護観察を受けた者の数は、日本国内で5337人、朝鮮でのそれは4100人であった。1942年の時点で、日本国内の保護観察対象者2888人のうち8.6%が朝鮮人で、人口比率に比してきわめて高かった。

思想犯保護観察法とは別に、1941年には治安維持法の改定によって予防拘禁制度が導入され、思想犯保護観察法の対象者などが予防拘禁所収容の措置を受けた（朝鮮では治安維持法改定前に朝鮮思想犯予防拘禁令が公布・施行されていた）。予防拘禁の期間も2年間であったが、恣意的な期間更新が可能で、非転向の思想犯は事実上、終身刑となった。2度目の懲役刑で服役した金天海*は、1942年に刑期を終えた後も予防拘禁の適用を受けた。1945年10月、治安維持法の廃止により、府中刑務所内にあった予防拘禁所から日本共産党幹部ら政治犯が釈放されたが、その中には金天海、独立運動家の李康勲*が含まれていた。

参考文献：荻野富士夫『治安維持法関係資料集　第三巻』新日本出版社、1996。
[文京洙]

▶412
四天王寺ワッソ

在日コリアンによる公共の場での祭りは、1983年開始の「生野民族文化祭*」を最初とし、1985年の「ワンコリア・フェスティバル*」、1990年の「四天王寺ワッソ」と続き、現在関西を中心に約30の多様な民族祭りが展開し、日本人や他国からのニューカマーも参加している。「四天王寺ワッソ」は、古代の大阪が、朝鮮半島から高い文明をもった多くの人々が渡来した国際交流の場であったことを、渡来人*の大規模なパレードと聖徳太子による四天王寺での出迎えの儀式で表現するもの。「ワッソ」とは朝鮮語の「来る」の意味。在日金融機関理事長の主唱によって始まり、当金融機関の経営破綻（2000年）により中断したが、その後、多くの日本企業や学校の協力により史跡なにわの宮公園で、大阪の新しい祭りとして復活している。

参考文献：飯田剛史『在日コリアンの宗教と祭り』世界思想社、2002。飯田剛史「民族祭りの展開と多文化共生」、東アジア共生研究会『東アジアの中の日本』富山大学出版会、2008。
[飯田剛史]

▶413
児童文学

在日朝鮮人文学としての児童文学の分野が僅少ではあるが、国内外の情勢に伴ってようやく新しい展開を見せ始めた。元来児童文学そのものが、近代社会の発展過程で成人文学に押し出されたまま「差

別」を受けてきたことは紛れもない事実である。殊に在日朝鮮人の児童文学は、解放後朝鮮半島の南北分断の影を引きずりながら、長年日本の児童文学の中のマイナーなものとして埋没させられ、児童文学運動そのものも微々たるものであった。

在日児童文学の本格的な胎動は1959年、総連系の文化団体「文芸同」(在日本朝鮮文学芸術家同盟*の略)の結成が一つの契機になるが、少なからず児童文学を目指す人々もそれなりの影響を受け、『朝鮮新報』*をはじめ、『文学芸術』『新しい世代』*『サリコッ(萩の花)』『とんふぁ(童話)』『火種』『群星』『イオ』*等々、各機関誌やミニコミ誌に作品発表を続けた。その後の児童文学活動がほとんど総連系の影響下にある書き手で占められていることも特徴的である。

日本語による書き手を見ると、1973年に出た韓丘庸の長編『海べの童話』『ソウルの春にさよならを』が最も早く、その後の活動は1980年代に入って顕著になる。ファンタジーでは、『銀葉亭茶話・舞姫打鈴』で第23回コバルトノベル大賞の金蓮花、『バイバイ』で日本児童文学者協会新人賞の李慶子、その他、動物童話作家の金見などの活躍がある。短編では在日朝鮮児童文学誌『サリコッ』で活躍し、童話「どぶ」「なんぞどうえ」で京都児童文学会新人賞を受賞した金節子、東京で長年「とんふぁ」の会を主宰してきた尹正淑、「春姫という名前の赤ちゃん」で第6回ニッサン童話と絵本のグランプリ優秀賞を受けた下記子がいる。また民話と絵本の分野では、鄭琡香、高貞子がいる。

朝鮮語による書き手としては、児童詩の分野で、詩集『子どもになったハンメ』で三越左千夫賞受賞した李芳世、詩「いちど消えたものは」で第35回赤い鳥文学賞の李錦玉、その他崔泳進を挙げることができる。また成人文学との併用で創作を続ける金松伊、金児筆、柳昌夏がいる。尚、創作とは別に童画や挿絵、イラストなどを担当してきた洪永佑、朴民宣、金正愛、韓玲美などの協力があったことを補足しておく。

現在、世代の交代が進む過程で、母国語が風化し、日本語思考が顕著になりつつある中で、民族教育を守ることが最優先課題になっている。その意味においても在日朝鮮人の児童文学の位置づけは一層緊要になってきた。児童文学者は在日の置かれている特殊な土壌を、より貴重な「在日の遺産」として、今を生きる同胞の生活の糧になり、明日に向けてプラスになる作品の創造が期待されている。　　　　[韓丘庸]

信濃川朝鮮人虐殺事件

1922年に発覚した朝鮮人迫害事件。事件は現在の新潟県津南町、中津川第一水力発電所工事現場で発生しており、正しくは中津川朝鮮人虐殺事件と呼ぶべきであるとの見解もあるが、一般にはこの名称で知られている。

同工事に就労していた朝鮮人労働者は暴力的な支配のもとで酷使されており、逃亡を図った者への私刑が横行し、虐待致死事件が起こっていた。1922年7月に『読売新聞』が朝鮮人労

働者虐待の事実を報道、これを受けて朝鮮の東亜日報社は特派員を派遣して取材した情報をもとに報道を行った。しかし、日本の警察当局とほかの報道機関は事実の隠蔽を行ったり、民族問題の要素を否定したりした。

こうしたなかで、東京在住の朝鮮人留学生や社会主義者、東亜日報記者は、日本人社会主義者らと協力して真相調査を行い、内務省に抗議するとともに、演説会を開催した。さらに、この事件を契機に在日朝鮮人労働者状況調査会が作られ、社会主義者の朝鮮人労働者に対する働きかけが進んだ。また、一部の日本の社会主義系の雑誌*などでもこの問題は報じられ、日本人と朝鮮人の連帯が訴えられた。

参考文献：朴慶植『朝鮮人強制連行の記録』未來社、1965。佐藤泰治「新潟県中津川朝鮮人虐殺事件」『在日朝鮮人史研究』第15号、1985年10月。

[外村大]

シネカノン

映画*制作・配給、劇場運営を主とする株式会社。本社は東京都渋谷区。代表の李鳳宇(ボンウ)は京都出身の在日コリアン2世。朝鮮大学校*卒業後、フランス留学。1989年に同社を設立し世界各国の優秀作品の配給を開始。1993年、初の制作作品『月はどっちに出ている』*で多数の映画賞を受賞。1994年、初めて韓国映画『風の丘を越えて――西便制』を配給。2000年に配給した『シュリ』は130万人以上を動員する空前の記録を達成。続いて『JSA』『スキャンダル』などの韓国映画をヒットさせたのが、後に日本で韓流ブームが起きる導火線になったといえる。制作面では『KT』(日韓合作映画)や『パッチギ！*』などの話題作を送り出し、2007年の『フラガール』が日本アカデミー賞最優秀作品賞を獲得するなど数々の賞を受賞。2005年には韓国ソウル市内に日本映画上映館「CQNミョンドン」を設立した(2008年閉館)。李鳳宇は第29回日本アカデミー賞協会特別賞、第16回淀川長治賞などを受賞した。しかし2010年1月、業績悪化のため民事再生法の適用を東京地裁に申請した。

[高贊侑]

司法修習生任用問題

弁護士、裁判官、検察官の法曹三者になるには司法試験に合格した後、司法研修所で2年間(当初、現在は1年)の司法修習を終えなければならない。しかし、法令上の定めはないが、司法修習生の欠格事由の冒頭に「日本の国籍*を有しない者」との国籍要件があった。

1976年秋、司法試験に合格した金敬得*は、司法研修所を所管する最高裁に韓国籍のままの入所を求めたことから司法修習生任用問題が浮上した。最高裁は、従来の合格者はいずれも日本に帰化しており、金にもそれを求めた。しかし、金は、「帰化する時は自発的に行いたい、踏み絵のように示される帰化はしたくない」と、外国籍のままの採用を求めた。金が最高裁に提出した請願書には、次のようにある。「朝鮮人であることを恨み、いたいけな心を痛めている同胞の子どもに対して、朝鮮人であることを恥じずに強く

生きるんだよ、と諭してみても、それが帰化した人間の言葉であってみれば、一体いかなる効果があるでしょうか」と。

結局、最高裁は、選考要項に反して金を司法修習生として任用し、門戸開放が実現した。しかし、翌年以降の同選考要項の欠格事由には「日本の国籍を有しない者（最高裁が相当と認めた者を除く）」と（　）内が追加されただけで、国籍要件そのものは存続された。しかし、金の問題提起によって、今では100名近い在日コリアン弁護士が誕生している。

金敬得は残念なことに、2005年末、56歳の若さで病に冒され他界した。そして、2009年11月に司法研修所に入所する司法修習生の選考要項から「国籍要件」が完全に撤廃された。金が挑戦してから33年後ということになる。　　　　　　　　　［田中宏］

▶417 **下関事件**　1949年8月19日未明に朝連下関支部の数百名が民団事務所や民団幹部宅を襲って132名が検挙された事件。朝連解散措置の直接的なきっかけとなった。

前年4月の民族教育に対する弾圧（阪神教育闘争*事件）、8月の大韓民国につづく9月の朝鮮民主主義人民共和国の建国、さらには1949年に入って中国革命の勝利が動かし難いものとなる、という緊迫した情勢の中で、GHQや日本政府（吉田内閣）は大規模な人員整理を含む超緊縮政策（ドッジ・ライン）を強行し、日本共産党など左派との対立が激化した。こうしたなかで朝連は、日本政府に反対する共産党との共同闘争を展開するとともに、民団・建青との暴力抗争を繰り返し、7月には民団宮城県本部長が民青構成員を殺害するという事件（塩竃事件）が起こっていた。下関事件は、この宮城の事件に続いて起こった抗争事件で、朝連側は民団事務所だけでなく民団幹部宅の19軒（21世帯）の家屋を打ち壊した。朝連が、民青とともに団体等規正令*の適用を受け、解散団体に指定されたのはこの下関事件の翌月6日のことであった。　［文京洙］

▶418 **指紋押捺拒否運動**　1952年4月28日（対日講和条約発効日）に施行された外国人登録法*は、その第14条に指紋押捺義務を課した。しかし在日民族団体は外登法反対運動を活発化させたため、押捺制度の導入は3年延長され1955年3月にようやく施行された。当初は14歳以上の者が新規登録、再交付、確認申請（切り替え）時に登録原票、登録証明書、指紋原紙に通常は左手人差し指の一指、登録書紛失破損などによる再交付時は十指指紋を義務づけた（十指は1971年まで）。不押捺は懲役1年以下か罰金3万円以下の刑事罰の対象とされ、窓口となる自治体は押捺拒否者を警察に告発するよう求められた。切り替えごとの押捺は「同一人性確認」のためとされたが、専門技術を要する指紋照合は自治体窓口では不可能であり、在日朝鮮人治安管理の性格が濃厚だった。1958年までに朝鮮人押捺拒否者は263人出たが、以後組織的拒否運動は終息する。

1980年9月東京都新宿区役所窓口で

韓宗碩*さんが指紋押捺拒否を宣言、即日新宿警察に告発され裁判になったが、以後在日2世、3世を中心に押捺拒否者が続出するようになった。1982年に政府は切り替え期間を3年から5年に、指紋押捺などの本人初回登録年齢を14歳から16歳に変更する一方、罰金を3万円以下から20万円以下へと重罰化する法改定を行うと同時に、押捺拒否者への再入国許可*申請を認めない報復的措置を開始、1983年には初の逮捕者まで出したが拒否の流れは止まらなかった。1984年9月、韓国籍、朝鮮籍を問わぬ2世3世による指紋押捺拒否予定者会議*が結成され、市民的抵抗運動としての側面が鮮明となった。

こうして1985年の大量切り替え年を迎え、中国人、欧米人を含め全国で急増する押捺拒否者に対して、政府と警察は自治体告発抜きの逮捕や拷問器具まがいの装置を使った逮捕者への強制押捺、拒否者の在留資格更新不許可など厳しい制圧を試みた。朝鮮総連は組織防衛的観点から拒否運動を行わぬ一方、当初消極的だった韓国民団は青年会、婦人会の要求に押されて1985年5月「押捺留保」方針を発表したが、同年9月の韓日外相会談後本国政府の意を受けて10月には早くも留保運動を終結させた。それでも指紋押捺拒否者、留保者の総数は1985年のピーク時に1万人を上回った。

押捺拒否運動の高潮と地域住民による粘り強い交渉の結果、押捺拒否者の側に立って告発を行わず「切り替え手続き中」と見なして新外登証を発給する地方自治体が全国に現れたことで制度の崩壊が進み、継続される抗議運動のなかで指紋押捺一回制（1988年）、特別永住*者及び一般永住者の押捺義務廃止（1992年）などの改定を経て2000年外国人登録法による指紋押捺制度は全廃された。ただし2007年、「テロ対策」を名目に、入国審査時に特別永住者以外の全ての外国人から再び指紋を採取するようになった。

1980年代指紋押捺拒否運動は、在日朝鮮人民族運動が「個人」を主軸に市民運動、地域住民運動の形態を伴って展開された点に画期性を見て取ることができる。

[鄭雅英]

指紋押捺拒否予定者会議

反外登法運動に取り組んだ団体。1983年頃、東京周辺在住の在日2世が指紋押捺制度に関する学習会をもち、そのなかで押捺制度廃止をめざす在日2世3世の自主的運動が議論されるようになった。各地で押捺拒否者が個別に登場するなか、外登証切り替えの集中する1985年をめざして集団で指紋拒否、外登証常時携帯拒否を予告する運動が考案され、1984年9月33名が「拒否予定宣言」を行って指紋押捺拒否予定者会議を発足させた。拒否予定者は韓国籍、朝鮮籍双方にまたがり、同時に自らを外登法問題の真の当事者と認識した日本人市民多数も事務局をともに形成した。1985年拒否予定者の大半が一斉押捺拒否に踏み切り、以後、各地の自治体窓口で押捺拒否者の告発を阻止する交渉を精力的に続ける一方、外登証不携帯デモ、外登法抜本改正を求める国会包囲デモ、拒否者の在留資格取り消し

を阻止する法務省交渉と霞ヶ関デモなどを次々と繰り出し、既成民族組織の運動とは異なる市民感覚の活動で反外登法運動の一角をリードした。『拒否予定者新聞』を3号まで発行したほか、千葉予定者会議も発足している。1990年代以降の活動は『指紋カードをなくせ！90年協議会』に引き継がれた。

[鄭雅英]

写真

かつて在日同胞の家を訪ねると、必ずといってよいほど額縁に入れられた写真が壁に飾られていた。詰め込まれた大小さまざまな写真に、離散した家族のたどった渡日の歴史が横たわっていた。他国の生活に追われ、撮った写真をアルバムに整理する余裕すらない時代にも、それは大切にしてきた唯一の財産だった。

1枚の写真が、人間の薄れ行く記憶を呼び覚ますことがある。在日同胞の「証明写真」といえば、外国人登録証に貼られたそれだった。敗戦国であり植民地宗主国だった日本が、解放されたはずの在日同胞を写真付きで管理、監視の対象にした。再び囚われの身にされた在日コリアンの面影が、そこに写されている。小さな写真の中に時の歩みを止めた姿が、民族の悲劇を物語るのであれば、新しい自由な写真映像を加えることで次世代に語り継げる写真は、見る側にもう一度過去を発見させる。無数の人々が国境を越える時代、他国に生きなければならなかった民族が、あらゆる出来事を写真に記録し始めたのも、自分たちの生きてきた証として写真を重視し身近なものとしたからだ。こうした在日コリアン写真家たちの、多いとはいえない業績を紹介する。

趙根在（写真）・谺雄二（詩）『ライは長い旅だから』皓星社、1981年。趙根在写真集『ハンセン病＊を撮り続けて』草風館、2002年。愛知生まれの在日2世趙根在（1933〜1997）は借金返済のため炭鉱夫になり、地の底で働いた体験から最底辺におかれた人間の姿に共鳴する。やがて、記録する側として日本全国にあるハンセン氏病施設を訪ね歩く。なかでも、病と民族という二重の差別を受けている同胞患者らとの交流をライフワークにして、写真に記録し続けた。その動機を「北朝鮮への帰国船に真っ先に乗船して、これで日本の差別に苦しむことなく北朝鮮で治療を受けられると信じていたライ（ママ）患者が、（帰国を許されず）実は真っ先にタンカごと帰国船から降ろされたこと」と語っている。

曺智鉉写真集『猪飼野』、新幹社＊、2003年。「追憶の1960年代」と謳うように、50年前の猪飼野＊へ一気に引き戻す曺智鉉の映像が並ぶ。平野川界隈では、オモニたちの堂々たるチマ・チョゴリ＊が周りの風景に溶け込んでいる。働きづめのオモニ、朝鮮市場＊や元気な子どもたちも健在だった。いつしか「猪飼野」の地名は消え、市場はコリアタウン＊になったが、そこは紛れもなく在日コリアン最大の密集地であり続ける。

李朋彦『在日1世』リトルモア、2006年。次々と亡くなっていく1世たち。今は亡き祖父母と重ね合わせるように、さまざまな1世の生を記録する日本横断の貴重な写真集。あまりにも

つらい話に一緒に涙もするが、一方で、己の人生を達観したかのような1世たちの姿勢に救われる。一枚一枚のポートレート写真の背景にのぞく日本の風景が、いやがうえにも過酷な歴史を見る側に伝える。

裵昭『関東大震災朝鮮人虐殺』影書房、1988年。植民地下、日本に糧を求めてやってきた多くの朝鮮人に待ち受けていたのは、史上稀に見る自然災害＝大地震の発生と、その数6000とも1万とも言われる虐殺だった。1982年9月1日に荒川河川敷で行われた朝鮮人虐殺遺体の発掘作業に始まり、当時の体験者を訪ね証言を集めた貴重なフォト・ドキュメント。未だにその真相は解明されず、日本政府は正式な謝罪も行っていない。　　　　　[裵昭]

▶421
11・22救援会　在日韓国人政治犯*の救援組織。正式名称は「11・22在日韓国人留学生・青年不当逮捕者を救援する会」。1975年11月22日に韓国中央情報部（KCIA）によって発表された「学園浸透スパイ団事件」（いわゆる11・22事件）で拘束された在日韓国人13名の救援のために、関西を中心としていち早く11月25日に結成。事務局長は牧師の桑原重夫。全国各地に結成された個別救援会とともに活動し、その後個別的に拘束された在日韓国人青年5名についても、在日韓国人青年で母国留学*生の拘束者という共通点から、第2次逮捕者としてとらえ、11・22救援会に結集して運動を展開した。白玉光・康宗憲・李哲・金哲顕の4名は当初死刑を宣告されたため、死刑執行阻止が最大の課題だった。また5年の刑期を終えた姜鍾健に対する、社会安全法適用に抗議する運動が行われた。1990年5月に白玉光と康宗憲が釈放されたことで事件関連者全員が釈放され、同年11月25日に解散した。

[石坂浩一]

▶422
宗教　在日コリアンの宗教文化は、日常的生活文化が日本人のそれと等質化していくなかで、民族色、伝統色が強く保持されている領域といえる。しかしこれは伝統文化の単なる残存・墨守ではなく、日本社会の中で在日コリアンが模索と選択を通して再創造してきたものである。伝統的な領域では儒教式先祖祭祀（チェサ*）と巫俗儀礼（クッ*）があり、独自の展開を示す韓国仏教とキリスト教、そのほか日本の諸宗教への参加がみられる。大阪市の状況を中心に述べよう。

祭祀は、先祖を祀る伝統的な儒教式行事である。忌日（命日）の祭祀および正月、秋夕（旧暦8月15日）の茶礼などの形で行われ、大半の家族で守られている。主に渡日後の死者が祀られる。これは同一父系につながる親戚家族が全員集まって祭祀と飲福（酒食）をともにする場であり、親族ネットワークを維持し、若い世代が伝統的宗教文化に親しむ機会となっている。またいくつかの家門では宗親会（親族会）が組織されている。

[**巫俗、民俗宗教**] 大阪市近郊の生駒山などに60余の「朝鮮寺*（韓寺）」がある。これは韓国仏教と巫俗、日本の修験道が混交したものである。ここでは「クッ」と呼ばれるシャーマニ

ックな儀礼が行われている。シンバン*(神房)、ポサル*(菩薩)、スニム(僧任)と呼ばれる男女の祈禱師たちがおり、女性が願主となることが多い。迷える先祖霊をドラマチックな儀礼で救済し、あの世へ送ることによって不幸や悩みが解消すると信じられている。

[韓国仏教] 最初の曹渓宗の布教寺院である普賢寺は1965年に大阪市生野区に作られた。同区にある民衆仏教観音寺は、多数の家単位の仏壇のスペースを設けた九階建てビルの寺院である。その他大阪市内に30余の「寺」がある。在日社会で韓国仏教寺院の活動は、巫俗に接近してクッの場を提供するものと、仏事としての先祖祭祀を重視するものに分かれてきている。総連系では統国寺など数カ寺がある。

[葬儀と墓] 葬儀は一般に葬儀社が仕切る「仏教式」儀式が寺や会館で行われ、その後に会場または家に親戚が集まりチェサを行う。済州島*出身の家族では、さらに深夜に女性たちが巫祭(クッ)を行うことがある。遺骨は寺に預けられていたが、1960年代頃から在日の墓が集中する霊園が都市近郊に設けられるようになった。墓石の形態はほとんど日本式であるが、墓碑銘において、家門の来歴と本人の事跡を刻すものから日本人の墓碑と区別できないものまで、さまざまな表現がある。

[キリスト教] キリスト教信者は在日社会では約1パーセントと推定される。在日大韓基督教会*総会は、プロテスタント諸派の合同からなり、97の教会(伝道所を含む)と約7600名の信者を有している。この教会組織は、在日コリアンの人権回復を重要な宣教課題にし、1980年代の指紋押捺撤廃運動などさまざまな活動を展開してきた。純福音系キリスト教会のグループは、異言の礼拝を特色とし現世的幸福を重視する。1970年代以降、韓国から日本に布教され、多くの教会がつくられた。信者は、韓国からのニューカマーの女性が中心で日本の女性たちも参加している。

[日本宗教への参加] 居住地近くの神社や現生利益・観光で有名な神社・寺院に参詣する在日コリアンも少なくない。在日コリアンは日本のさまざまな新宗教に入信しているが、特に創価学会の信者が多く、在日コリアンが参加する最大の宗教*組織と推定される。

参考文献:飯田剛史『在日コリアンの宗教と祭り』世界思想社、2002。

[飯田剛史]

15円50銭

「15円50銭言わしてみろ/指を指された男は/…やがて立派な日本語で答えた/ジュウゴエン ゴジュッセン」(壺井重治)。道角に非常線が張られ兵士や自警団*が通行人を検問する状況をうたう関東大震災時の有名な詩の一節である。詩は検問の手段として15円50銭なる日本語の強要からはじまる。詩人は、印半纏(しるしばんてん)を着た労働者が見過ごしたとき、その15円50銭を自分で繰り返し発声してみてこのことばが朝鮮人識別の奇妙な手段であることに気づいたことを格調高く表現し、そのうえで兵士と警官、自警団員が識別した朝鮮人を即決であの世送りをする無道を

告発している。

なぜこんなことをしたのか。理由は簡単である。「敵は朝鮮人」の認識で出動した戒厳軍指揮下、日本官民は朝鮮人を敵と認識していたからである。15円50銭をチュウコエンコチユセンと発音する者は朝鮮人であることを意味し、殺し方、殺され方に戦場の論理が持ち込まれたからである。朝鮮語は罪であり敵とされたのである。ではなぜ日本政府や軍部は朝鮮人を敵と考えたのか。これまた簡単である。日本と朝鮮は旧韓末以来宣戦布告なき戦争のさなかにあったからである。どのような戦争だったのか。日本官憲の記録をもって素描してみよう。

まず1894年、甲午農民戦争に介入し日中戦争を惹起した日本軍の戦線は敗走する中国軍を追って北方に展開する一方、全州和約（政府と農民の和解条約）を反故にされ、再起する農民軍の殲滅のため南下した。戦線はまさに韓日戦争そのものであった。「東学党ニ対スル処置ハ厳烈ナルヲ要ス向後悉ク殺戮スヘシ」（川上兵站総監）の命令下、3万とも5万ともいう農民軍が殺された。日本では日清戦争を「義の戦争」とすり替えたため史料が隠されたが、いま韓国ではこの数年の実証が実りつつある。

露日戦争後の日本軍と抗日義兵との戦争は5年にわたり朝鮮全土を鮮血で染めた大戦争であった。日本軍の戦史によれば義兵の戦死者1万7779名、負傷3706名（『暴徒討伐誌』）に達している。実数は数倍といわれる。義兵を「討伐」し全土を掌握した植民地権力（朝鮮総督府）は天皇に直属し、帝国憲法の適用外だった。総督は武官専任（現役の陸海軍大将）があたり、憲兵警察の警官は右手に検事、左手に判事の権限をもち、「其ノ職務ヲ執行シ得サルトキ」は「兵器ヲ用フル」ことも可とする占領地軍政そのものであった。

1919年3・1運動では独立万歳を叫ぶ素手の民衆に無差別虐殺を敢行した。一例をあげれば、平安南道の孟山で100名のデモ隊に64名の死者を出したが、このような異常な命中率は全朝鮮共通であり、デモ隊の死者は7500名に達した。1920年中に間島で再昂揚した独立運動に対し、進攻した日本軍が殺戮した朝鮮農民は3101人に達した。

このように日本軍には独立軍と一般市民の区別はなく朝鮮人そのものが、日本の秩序に従わない不逞な敵として即決処刑の対象にされている。それは戦争の論理から来る。日本の憲兵隊が自ら対ști宣戦布告以降の事態を「大正三年及至九年戦役（西伯利出兵、第一、第二次朝鮮騒擾事件）間島事件」（朝鮮憲兵隊史）と把握している。

この認識が関東大震災時の日本政府戒厳令発布、戒厳軍、憲兵、警察の朝鮮人敵視（恐怖）の認識に継承されている。震災時に虐殺された「6500人」の朝鮮人のうち、処刑に値するかどうか取り調べを受けたとか、氏名の判明している人は埼玉県などの一部を除けば、ただの一人もない。戦地で敵兵を射殺したと同じである。その意味でこの事件は民族ジェノサイドを伴う植民地戦争の一角を占める事件であり、15円50銭の示す内実は重い。

［姜徳相］

▶424
十条事件 1963年4月13日、バットやこん棒をもった暴力団風の男たち17〜18人が東京朝鮮中高級学校の正門に押し寄せ、ビール瓶や角材、石などを投げつけ逃走した事件。1963年頃には、名古屋市内の暴力団が愛知朝鮮中高級学校に乱入した愛知事件（1962年6月）、法政大学付属第二高等学校の文化祭での暴行で神奈川朝鮮高校の学生が死亡した神奈川事件（1962年11月）、国士舘大学付属高校の学生に東京朝鮮高校の学生が登山ナイフで刺され重傷を負った（渋谷事件、1963年5月）、やはり東京朝鮮高校の学生が国士舘の学生に襲われた大塚事件（1963年6月）など、暴力団や国士舘大学付属高校の学生が朝鮮高校の男子学生を襲う暴行事件が頻発している。当時の日本社会の激しい朝鮮人差別に根ざす事件であったが、警察や報道は、一般の少年非行や不良高校生同士の喧嘩、乱闘として扱う傾向にあった。

参考文献：朝鮮時報取材班編『狙われるチマ・チョゴリ　逆国際化に病む日本』柘植書房、1990。　　　[文京洙]

▶425
就職差別撤廃運動 在日コリアンに対する就職差別問題は、生活の基本をなす就労の機会を妨げるものであり、就職差別撤廃運動が展開されてきた。

そのきっかけとなったのは、いわゆる「日立裁判」である。1970年に日立製作所の採用試験に日本名で応募して合格したパク・ジョンソク（朴鍾碩）さんが在日コリアンであることを知った日立製作所は一方的に採用を取り消した。これに対してパクさんが訴訟を起こし、1974年に横浜地裁は採用取り消しの無効を訴えた原告側の請求を認め、パクさんは日立製作所への入社が可能になった。

日立裁判におけるパクさんの勝訴は、その後、公務員・教員の国籍条項*撤廃運動を発展させる契機になった。公務員の場合、国籍条項撤廃運動が1970年代中盤から本格的に展開され始めた。1975年と1976年に当時準国家公務員職に相当する企業であった電電公社が在日コリアン学生の受験を認めなかったのに対し、受験生の母校の教師が電電公社の労働組合に共闘を呼びかけて国籍条項撤廃運動が拡大し、電電公社は1976年9月に国籍条項を撤廃した。また、同年に大阪府八尾市で一般行政職公務員の受験資格に関する国籍条項撤廃運動が展開され、支援組織が市と交渉を続けた結果、1979年8月に市職員の国籍条項が撤廃された。

また、1979年に三重県の公立学校で在日コリアンが教諭として採用され、1981年に滋賀、兵庫、1982年には愛知で公立学校教員の国籍条項撤廃が決定された。しかし、同年に文部省が国公立の小・中・高の教諭等については、外国人教員の任用を認めないという方針を表明したことを受け、地方自治体でも教員採用試験に国籍条項を明文化するケースが増加し、1984年には長野県で教員採用試験に合格した在日コリアンが採用保留になる事件が発生した。この事件で公立学校教員の国籍条項撤廃を求める世論がさらに高まったことから、長野県教育委員会は

「教諭」ではなく「常勤講師」として採用することで解決が図られた。

就職差別撤廃運動が1970年代から1980年代にかけて積極的に展開された結果、1990年代以降、在日コリアンの就職状況は大幅に改善されている。民間企業の場合、在日コリアンを採用する大企業が増加した。公務員についても、多くの地方自治体で国籍条項が撤廃されている。しかし、国籍条項を撤廃した地方自治体でも任用制限規定を設けている場合が多く、国籍条項を撤廃しても管理職への昇進を制限している地方自治体が存在する。また公立学校の教員も常勤講師の採用に限定されるため、教務主任や学年主任以上の管理職への昇進ができない状況にある。

就職差別問題と撤廃運動の詳細は、中井清美『定住外国人と公務就任権』(拓殖書房新社、1989)、仲原良二『在日韓国・朝鮮人の就職差別と国籍条項』(明石書店、1993)、朴昌明「在日コリアンへの就職差別と自治体の対応」『戦争と平和』13号（大阪国際平和センター、2004)などを参照されたい。　　　　　　　　　　　　[朴昌明]

▶426
首相官邸デモ事件

1946年12月20日、皇居前広場において、登録証撤廃・警察の朝鮮人不当弾圧反対・財産税反対・日朝両民族離間扇動反対の四要求を中心におく在日本朝鮮人生活権擁護全国大会が、約4万人の在日朝鮮人の参加のもとに開かれた。

大会後、大会で選出された交渉委員10名が首相官邸で書記官との会議にのぞむ一方、大会参加者のうち約1万名余りは皇居前広場から首相官邸に至るコースのデモ行進を行った。しかしデモ隊が首相官邸前にさしかかったとき、警察との言葉の応酬を発端に小衝突が発生し、デモ隊の一部が官邸中庭まで突入する一方、警官のピストル発射により14名の負傷者がでる事態となった。

このため首相官邸内にいた交渉委員の10名はそのまま逮捕され、軍事裁判に付された結果、懲役5年・罰金7万5000円の有罪判決が下された。しかしこれはデモの責任者でも直接指導した者でもない者の判決としては非常に重く、再審要求の結果、懲役1年に減刑され、罰金は撤回された。この後も彼ら「十同志」の無罪・釈放が追求されたが、翌1947年2月17日、連合国軍最高司令部は本国送還を条件に10名の釈放を発表し、3月8日には彼らは家族12名と共に南朝鮮へと強制送還された。1946年12月15日に日本政府の帰還計画輸送が停止される時期にあって、当面、日本に在留する朝鮮人の生活権要求が、強制送還を含む弾圧に直面した点で重要な歴史的意味を持つ。またこの事件は1949年9月、在日本朝鮮人連盟*を暴力主義的・反民主主義的団体として「団体等規正令*」を適用し、強制解散させる理由としても利用された。　　　　　　[金耿昊]

▶427
出入国管理及び難民認定法（入管法）

占領下の1951年10月、ポツダム政令として「出入国管理令」が制定されたが、その時在日コリアンは

「外国人」ではないので適用されなかった（「外国人とみなす」との規定をもつ外国人登録令*を適用）。しかし、日本が主権を回復した1952年4月、同令は「法律」として存続されるとともに、その時在日コリアンが「日本国籍」を失うため、全面適用されることになった（外国人登録令は失効）。

入管令はアメリカの帰化移民法を母法とし、「在留資格」と「在留期間」を組み合わせて外国人を管理することを基本とする。しかし、約60万人の在日コリアンを一夜にしてどれかの在留資格に振り分け、3年以内の在留期間を定めることは不可能なので、日本政府は暫定措置を定めた法律「ポツダム宣言の受諾に伴い発する命令に関する件に基づく外務省関係諸命令の措置に関する法律」（1952年法126）を制定、「別に法律に定めるところにより、その者の在留資格及び在留期間が決定されるまでの間、引き続き在留資格を有することなく、本邦に在留することができる」とした。同法はあまりに長いので、「法126」と略称され、在日コリアンは法126該当者と、その子は「法126の子」とされた。皮肉なことに、当時の在日外国人の95%近くがこの法126該当者であった。その後、1981年に日本が難民条約を批准したことに伴って難民認定制度を導入したため、法律名が、現行の出入国管理及び難民認定法に改められ現在に至っている。

在日コリアンには入管令及び「法126」が適用されていたが、1965年の日韓国交正常化の際の「日韓法的地位協定」を受けて「出入国管理特例法」が制定され、「韓国国民」は1966年から5年間に日本政府に申請すれば「協定永住*」が許可され、協定永住者の子も出生によって協定永住を取得することとされた。なお、協定永住者には入管令の退去強制*事由について一定の優遇措置が定められた。例えば、一般外国人は「1年を超える懲役もしくは禁錮に処せられた者［執行猶予を除く］」が退去強制の対象となるが、協定永住者は「7年を超える懲役もしくは禁錮に処せられた者」がその対象とされた。

さらに、1991年の日韓外相の「覚書」を受けて、「入管特例法」が制定され、協定永住を申請しなかったものも含めて、対日平和条約によって日本国籍を失った在日コリアン及びその子孫は「特別永住者」とされた（同じ経歴の台湾出身者も）。入管特例法は、前述の法126にあった「別の法律」に該当したのである。

入管法は、その後は外来外国人を対象とする改定が繰り返され、2007年に「対テロ対策」として入国時（再入国を含む）の指紋押捺を導入（特別永住者は除外）、さらに2009年改定では、外国人登録法*を廃止して管理を入管局に一元化し、「点から線へ」の管理強化がはかられたが、特別永住者はその対象とはされなかった。

［田中宏］

障害者無年金問題 在日外国人障害者の無年金問題は、国民年金制度における福祉年金からの外国人排除によって生じている。公的年金制度に加入し、保険料の

納付に一定期間以上の滞納がなければ、障害者になったときには障害年金が支給される。しかし、年金制度に加入する以前に障害を負った者は、年金制度加入中の障害ではないため障害年金は支給されない。そこで、20歳前に障害を負った者に対しては、保険料を納めなくても20歳から国民年金制度に基づいて障害基礎年金が支給される。

在日コリアンを中心とする在日外国人は1982年までは「国籍条項」のため国民年金制度に加入することが認められなかった。日本が難民条約を批准したことによって、国民年金法の国籍*要件が撤廃された結果、同年1月1日から外国人も国民年金制度に加入することができるようになった。しかし、その時点ですでに障害を負っている者に対しては障害基礎年金を支給するという経過措置がとられなかった。すなわち、1962年1月1日以前に生まれた在日外国人障害者はいまだに無年金のまま放置され続けているのである。

この無年金問題を解決するために主として3つの行動がとられている。1つは、抜本的な解決のために厚生労働省への働きかけの取り組みである。2つには、年金制度の抜本的解決がなされるまでの間、暫定的措置として、地元の自治体に対して救済制度を樹立させるための取り組みであり、多くの自治体が制度化している。3つには、裁判を通じて解決するための取り組みであり、これは2007年12月25日に最高裁判決が出され全面敗訴している。

在日外国人障害者の無年金問題を根本的に解決するには、残された道は、国会議員と厚生労働省を動かして、法改正か特別立法の制定かのいずれかを実現するしかない。　　　　　［慎英弘］

▶429 **焼酎絞り**　終戦直後、日本では物資不足により生活物資が配給されていた。帰国することを諦めた在日コリアンたちは、困窮した生活のなかで酒造法によって統制されているマッコリや焼酎、清酒を密造して生計を支えていた。朝鮮半島では酒類は各家で醸造されていたので、焼酎などの作り方はほとんどの在日コリアンの女性たちは心得ていた。清酒づくりで不必要になったくず米などを安く得て、コソリと呼ばれる焼酎をつくる容器で蒸し、その蒸気を冷やして水滴にして作る焼酎を販売する仕事を「焼酎絞り」と呼んでいた。当時、働き場所を得ることができなかった在日コリアンができるいくつかの仕事のうちの一つであった。焼酎を生産することが不法であったため焼酎を運ぶときには、それと気づかれない水枕が利用されたという。水枕に水の変わりに焼酎を入れて、遠くまで運んでいったのである。　　　　　　　　　［髙正子］

▶430 **小説家**　在日朝鮮人文学は解放後／戦後、日本に在住するコリアンが自らのルーツと在日生活などを題材にして日本語で書いた小説／詩歌を指す。解放前にも日本語で書かれた作品は多いが、それらは強制された側面が強いので「植民地文学」と言うのがふさわしい。解放前の小説家では「光のなかに」（芥川賞候補）の金史良*、「餓鬼道」（『改造』懸賞小説入

選)の張赫宙*がよく知られる。在日朝鮮人の文学に大きな影響を与えたので、彼らを在日朝鮮人文学の先駆として位置づけることもある。

在日朝鮮人小説家の草分けは、1946年3月に創刊の『民主朝鮮』に拠った作家たちで『玄海灘』の金達寿*、『濁流』の李殷直、『ある在日朝鮮人の記録』の張斗植*などである。彼らは解放前から創作していたが本格的に活動するのは解放後である。

在日朝鮮人小説家群像の流れは、便宜的に3つの段階に分けることができる。1つは1945年8月15日の解放から帰国事業がピークに達する1960年代前半まで。この時期は民族運動が高揚する「政治の季節」だった。この時期に登場して創作活動をした人々を「第一文学世代」と呼ぶ。植民地体験と損なわれた民族への復帰意思を描くことが主要テーマだった。前記の3名を除いて生年順に記すと次の作家たちである。

『生きている虜囚』の姜魏堂*、『ありらん峠』の金文輯、『三十八度線』の尹紫遠、『故国祖国』の鄭貴文、『裸の捕虜』の鄭承博*、『骨片』の金泰生*、『山河哀号』の麗羅*、『火山島』の金石範*、『オモニの壺』の成允植など。金泰生と金石範が本格的に活躍するのは1970年代以降であり、金石範は現在も日本語文学圏で屹立する小説家である。

1960年代半ば頃から「第二文学世代」が登場する。『凍える口』の金鶴泳*、『またふたたびの道』の李恢成*、『闇を喰む』の高史明*である。皇民化教育を体験した「第二文学世代」は、民族主体と自我意識のあいだの葛藤を主要テーマに描いた。李恢成は自らの人生譜を人間の歴史に普遍化させて『百年の旅人たち』を書いた。

梁石日*が詩作から小説に転じたのは1980年代からだが、『血と骨』をはじめとする創作活動には目覚しいものがある。ほかに『遥かなり玄海灘』の金在南、『にっぽん村のヨプチョン』の朴重鎬などがいる。児童文学*の分野で創作・研究を続ける、先鞭的作家に韓丘庸がいる。

1980年代に入って登場した小説家が「第二文学世代」と「第三文学世代」の橋渡し役になる。『猪飼野物語』の元秀一、『ゼロはん』の李起昇*らであるが、この時期から女性作家が台頭して在日コリアン文学の前線を形成する。

1960年代まで小説の分野に女性はほとんどいなかった。1970年代に入って『異国の青春』の成律子が登場し、1980年代に入ると何人かが現れる。『石の聲』の李良枝*を皮切りに『赤い実』の金蒼生、『夜の子供』の深沢夏衣、『ウリハッキョのつむじ風』の元静美が挙げられる。詩人の宗秋月*も小説を書いた。この時期の女性作家たちは、男性文学とは異なるスタンスで家族・私・性の物語を紡ぎだして、それが民族意思と併走する。

1990年代以降の「第三文学世代」の女性には『君はこの国を好きか』の鷺沢萌*、『メソッド』の金真須美、『8月の果て』の柳美里*、ファンタジー・ノベルの金蓮花などがいる。男性作家では『皐の民』の金重明、『眷族』の玄月*、『GO』の金城一紀*ら

がいる。「第三文学世代」はさまざまにアイデンティティ*を探求して、多様な様相を示している。日本名の作家も立原正秋*、飯尾憲士*、宮本徳蔵、北影一、松本富生、つかこうへい*、伊集院静*など多数いる。

[磯貝治良]

食文化

食文化とは、人が自分の置かれた自然環境、社会環境の中で、生きるために作り上げた食生活内容を指す。朝鮮半島と日本列島は自然条件にあまり大きな差はないが、食文化の違いには、社会環境の違いによる影響が大きい。この異なった食生活文化を身につけた1世の生活が日本の食文化にここ数十年、少なからず影響を与えた。焼肉*料理、キムチ*、冷麵*、ピビンパプ*などいまや「日本料理」化したとみてよいだろう。

例えば焼肉でみると三国時代の6世紀半ばごろまでは肉食は自由であったが、仏教の伝来で殺生禁止が戒律となる。高麗時代の14世紀に遊牧肉食民族のモンゴルの支配により戒律はあったが骨抜きとなる。次の朝鮮王朝(15世紀)では儒教が国教となることで、肉食は公に自由となる。ここから儒教の礼俗による生活文化が発展していく。焼肉料理は高級なものとなり、動物の体の部位を効果的に利用する知恵が発揮され、料理方法も多様化していく。日本に来た在日朝鮮人は、これらの生活文化を身につけた人達であった。仏教戒律による肉食禁止が明治まで続いた日本との違いである。これが焼肉料理の導入につながる。

食事道具は箸とスッカラッ(匙)で、主役は匙、箸は脇役。朝鮮の匙文化は日本の箸文化とのちがいが大きい。まず食礼が異なる。酒と飲料以外は食器に口をつけない。食器の大きさや、メニューが異なる。スープのクッの料理が多いし種類も多様である。匙で汁と具をいただくチゲ、スープとご飯のクッパ、そして匙文化の典型はピビンパプであろう。混ぜる、食べる、匙無しでは成立しないメニューである。

辛い味が特徴のコリアン料理、トウガラシ*が生活に根付いて300年くらいとされる。熱帯アメリカ原産のトウガラシは15世紀に地中海沿岸、16世紀半ばに日本の九州へ。17世紀初めの朝鮮の文献には、初めて日本から来たので「倭芥子(ウェゲジャ)」と記録され、辛い味を「毒」だとしている。この辛いトウガラシがキムチに利用されたという記録は『増補山林経済』(1766)が初めてである。トウガラシを用いたコチュジャンの作り方は19世紀初の文献に出てくる。このあたりから朝鮮料理が辛くなりはじめたとみてよいだろう。野菜の保存食品である漬物のキムチも19世紀に種類が多様化し、「キムチ文化」の花が咲いたとされている。

冷麵は冬の食べ物であった。材料のそば粉は弾力がないため、緑豆粉を混ぜて押し出すとスムーズに出る。これを熱湯で受けて茹で上げ、「コシ」を出すために冷水でさらす。こうしてできた麵を冬沈という水キムチのさわやかな汁に入れてスープとする。これを温突(オンドル)部屋でいただくのが、冷麵そのものの価値であったが、いまや季節に関係ない食として焼肉料理店などで好評なのである。このような食文化が在日

コリアンの生活のなかから日本の新しい食の文化としてしっかりと根を下ろした。　　　　　　　　　　[鄭大聲]

▶432
ジョニー大倉
1952～

ロック歌手・俳優。民族名：朴雲煥（パクウンナン）。日本名：大倉洋一。横浜市で生まれ、父の病死後、母と共に川崎市に移り住む。1969年、川崎高校を2年で中退。1972年、矢沢永吉ら4人でバンド「キャロル」を結成。芸名のジョニーは幼少時の愛称で「日本人じゃない」という意味合いを込めた。「ファンキー・モンキー・ベイビー」などヒット曲を生み出し、黒の革ジャンパー、リーゼントのスタイルで「暴走族のアイドル」的存在に。1975年4月、キャロルは解散。同年8月、自主制作映画*「異邦人の河」で、民族意識に目覚めていく在日韓国人2世の青年を主演。同時期に出版された、キャロルのメンバーによる共著「暴力青春」で、「ボクは故郷の土を踏んだことのない在日朝鮮人だ」と出自を明らかにした。大島渚*監督の作品「戦場のメリークリスマス」などにも出演し、俳優としても活躍。2009年7月、肝臓にできた悪性リンパ腫を治療していることを公表した。　　[崔埈寿]

▶433
信愛塾

在日外国人の教育生活相談をになう市民団体。1978年10月、横浜市中区山下町で在日韓国・朝鮮人の子ども会活動として、在日大韓基督教会横浜教会と「横浜民族差別と闘う会」の支援の下に活動を開始。補習教室や朝鮮語講座、識字教室を実施するとともに、市内小中学校の差別事件に対して、子どもたちを支え差別をなくすための実践を重ねた。1980年代には外国人登録法*の指紋押捺義務撤廃を求める指紋押捺拒否運動*を支援した。1991年には横浜市が「在日外国人にかかわる教育の基本方針」を制定する成果を勝ち取った。2001年8月に南区中村町1丁目に事務所を移転して以降、在日コリアン以外の子どもたちや保護者の切実な相談が急増、今日食べるコメもないような現実に直面しつつ地域に生きている子どもたちの支援に努める。2004年1月に「在日外国人教育生活相談センター・信愛塾」と改称、11月にNPO法人化、2006年11月に横浜弁護士会の第11回人権賞受賞。　　[石坂浩一]

▶434
新幹会東京支会

民族主義者と共産主義者が大同団結した新幹会（1927年2月～1931年5月）の朝鮮での結成を受けて、5月に東京で民族主義者の趙憲泳、銭鎮漢らを中心に姜小泉、韓林らの共産主義者が提携して組織された民族統一戦線団体。この東京支会につづいて京都支会（6月）、大阪支会（12月）、名古屋支会（1928年1月）が結成されている。新幹会は、政治的・経済的覚醒、団結の強化、機会主義を否認などを綱領として掲げたが、日本の各支会も共通の綱領をかかげ、在日本朝鮮労働総同盟*、東京朝鮮青年同盟などの大衆組織を基盤に朝鮮総督府暴圧政治反対運動、朝鮮共産党事件暗黒公判反対運動などを推進した。新幹会運動は、全盛期には日本の支会を含めて140支会、4万人の会員を擁する一大民族運

動として発展した。東京支会の運動は、結成当初の民族主義者中心の傾向から徐々に共産主義者が主導するようになったが、1928年末には、朝鮮共産党日本総局*や高麗共産青年会日本部*への弾圧によって多くの幹部が検挙されるととともに、民族主義者と共産主義者の対立も再燃した。この対立は、国際共産主義運動の大元締めといえたコミンテルン*第6回大会での方針転換（小ブルジョア民族主義に対する批判の強化）とも重なって共産主義者の間から新幹会解消論が起こり、1931年5月解消した。
参考文献：水野直樹「日本における新幹会運動」『季刊三千里』15号1978、三千里社。朴慶植『在日朝鮮人運動史 8・15解放前』三一書房、1979。

[文京洙]

▶435 **新韓銀行** 1982年7月、韓国初の純粋な民間資本として在日韓国人によって設立された市中銀行である。設立趣旨は在日韓国人と本国との関係強化と本国に対する投資意欲の向上及び先進金融技法の導入による韓国金融産業の発展と日韓経済協力の増進への寄与などである。1981年4月、韓国政府は「銀行民営化及び自律化促進の方針」を発表した。それによって在日投資家たちは同年9月に新韓金融株式会社を設立し、銀行の設立を推進した。10月には認可を得て、翌年7月に資本金250億ウォンで新韓銀行を設立した。1989年に上場したが、2001年9月に親会社の企業形態を持株会社へと変更し、新韓金融持株会社の100％子会社になった。一般銀行業務以外に証券業務・信託業務も行っている。2008年末現在、総資産249兆ウォン、国内支店1026カ所、海外営業網43カ所（13カ国）をもつ。在日韓国人の株式所有率は上場とともに年々減少し20％を下回っている。　[梁京姫]

▶436 **新幹社** 1987年に設立された韓国・朝鮮関係専門の出版社。社長は在日朝鮮人2世の高二三。社名は植民地期の民族主義者・社会主義者統一戦線の「新幹会」に因んでおり、幹を断たれても横から伸びる蘖(ひこばえ)に由来する。出版ジャンルは、在日コリアン、韓国・朝鮮、アジア・第三世界が中心で、1980年代には指紋押捺拒否運動*に関する本、1990年代には済州島四・三事件*に関する本を相次いで刊行し、市民運動・社会運動とともに歩む出版活動を目指してきた。在日朝鮮人2世・3世のアイデンティティ*をめぐる本も多い。在日2世・3世の編集による『ほるもん文化』*（第1〜9号）のほか在日朝鮮人研究の若手研究者が集まった『コリアン・マイノリティ研究』（第1〜4号）、済州島学の研究誌『済州島』（第1〜10号）などの雑誌*を刊行し、新進のライターに発表の場を提供している。主な出版物に『指紋制度撤廃への論理』、『済州島四・三事件（全7巻予定）』、『越境する民』、『写真集：猪飼野』、『ディアスポラとしてのコリアン』ほか。　[鄭雅英]

▶437 **辛基秀** シンギス 1931〜2002
歴史研究者、映像作家。慶尚南道昌原郡で生まれ、京都で育つ。神戸大学経営学部卒業、同大学院中退。日朝

関係の歴史で明暗を示す映画*、書籍を著したが、ベースに民衆連帯の掘り起こしを忘れなかった。特に1979年春に自主製作した歴史ドキュメンタリー『江戸時代の朝鮮通信使』(上映時間50分)は全国各地で上映され反響を呼んだ。映画が引き金となりその後、対馬厳原(いづはら)での朝鮮通信使*行列の再現(1980年)や、朝鮮通信使縁地連絡協議会結成(1995年)、各地の朝鮮通信使展(1985年、2001年)、教科書での朝鮮通信使の歴史掲載など、大きな影響を与えた。朝鮮通信使歴史発掘の集大成が仲尾宏との共同編集『善隣と友好の記録 体系 朝鮮通信使』(明石書店、1993〜1996年)全8巻だ。辛の没後3年後に出た上野敏彦(共同通信記者)『辛基秀と朝鮮通信使の時代』(明石書店)は「雨森芳洲の善隣友好の精神と生き方を現代に受け継ごうとした男」と評した。一方、暗の部分の歴史掘り起こしでは、日本の植民地支配の実態を告発した1986年完成のドキュメンタリー『解放の日まで』(上映時間3時間20分)がある。しかし歴史の暗部告発だけではなく、日朝民衆の連帯面にも光を当てた。1984年には朝鮮の歴史研究、文化の普及などに努めるため青丘文化ホールを大坂JR環状線寺田町駅近くに開いた。1997年朝鮮通信使の歴史普及の功で大阪市民文化賞受賞。没後2年の2003年には紺綬褒章を受章した。　　　　　[川瀬俊治]

▶438 シンギョク ホ
辛格浩
1922〜

企業家・実業家。日本名：重光武雄。慶尚南道生まれの在日韓国人1世。1940年、渡日し、早稲田高等工学校(現、理工学部)で学ぶ。1946年、大学卒業後、東京に石鹸やポマードなどを製造する「ひかり特殊化学研究所」を設立。闇市で化粧品を販売して得た資金を元手に、26歳のとき資本金100万円でガムなどを製造する株式会社ロッテを設立。ロッテは、「天然チクル」をキャッチフレーズに売り上げを伸ばし、1960年代に入ると、日本のガム市場の70%を占める。その後、重光は、不動産、電子、プロ野球などの分野にも進出し、成功を収める。

1965年の日韓国交正常化を好機ととらえ、1967年には本国に進出。韓国にロッテ製菓(資本金3000万ウオン)を設立。会長には元国務総理の劉彰順を迎え、政府との強いパイプを武器に、企業経営の多角化を進め、食品のみならず、百貨店、ホテル、機械、建築、石油化学、プロ野球*などの分野まで系列企業を拡大し、ロッテグループを韓国を代表する財閥に育てあげた。
　　　　　[永野慎一郎・朴一]

▶439 シンギョンファン
申京煥事件

協定永住*者の退去強制*処分は有効か否かを争った事件。1948年生まれの在日コリアン2世の申京煥は、1966年に刑事事件をおこし8年の実刑を受け服役したが模範囚であるとして5年で仮出所となった。服役中に協定永住を取得したが、入管特別法違反であるとして退去強制令がだされ、出所すると同時に刑期なき牢獄といわれた大村収容所*に収容された。送還直前の1973年11月送還停止の仮処分申し立てと退去強制処分取り消し訴訟を東京地裁に提訴した。その後しばらくして申は仮

放免となったが、以来6年間にわたり在日コリアンの歴史性を訴える多くの証言や協定永住許可の有効性を立証する学者の鑑定書が提出されるなどの法廷闘争が展開された。裁判支援の運動が各地で組織され在日コリアンの在留処遇に大きな関心がもたれた。1978年2月結審を迎え、判決を待つばかりであったが、本人の厳しい状況を考え訴訟を取り下げることによって同年の12月に法務大臣より特別在留許可がだされた。　　　　　　　　　　[裵重度]

▶440 シンジェボム
申在範
1971～

元プロサッカー選手・サッカー指導者。東京生まれ。幼少時より朝鮮総連系の民族学校でサッカーに親しむ。朝鮮大学を中退後、ブラジルへサッカー留学。帰国後の1993年、ジェフ市原へ入団し、在日コリアン初のJリーガー*となる。ポジションはFW。ただ、朝鮮学校*は各種学校*のため、在日枠の適用を受けることができず、入団前に都内台東区の上野高校夜間部に1年間通い、一条校*卒の資格を取らなければならなかった。

1996年に富士通川崎、1997年にルミネッソ狭山、1999年に横河FCへ移籍。現役引退後の2005年、在日朝鮮蹴球団の後身であるFCコリアの監督に就任、7勝2敗4分の成績で東京都一部リーグ2位に導く。2006年、JFLのアルテ高崎コーチに就任。現在は在日朝鮮蹴球協会の育成部に籍を置き、後身の指導に当たっている。　[姜誠]

▶441 **神社参拝**
戦前の日本で帝国臣民に神社参拝を強要する根拠となったのは、神社神道を国家の祭祀とする国家神道のイデオロギーである。神社参拝を集団的に実施するうえで最も重要な場は学校教育であり、内地の学校では1910年代に神社参拝を行うようになっていた。1920年代に国民精神作興が提唱され、国体観念を明確にするための教化運動が展開されると、多くの学校では敬神崇祖の観念涵養という目標のもとに神社参拝が実施されるようになった。とくに1930年代に入ると戦時体制のもとで神社参拝は臣民の儀礼として一般に定着し、1932年の上智大生による靖国神社参拝拒否事件を契機に、日本政府は国家に対する教育上の義務として神社参拝を強制するようになった。

日本の学校に通う在日朝鮮人の学生・生徒・児童数は1935年に約5万人、1942年には約20万人と見積もられ、彼らは日本人とともに神社参拝を強要されることになった。また成人に対しては、在日朝鮮人の統制を目的として1934年より大阪府下の警察署単位で組織された矯風会が神社参拝を行い、1936年より全国各地で組織された協和会*でも最重要の活動として毎月1回の神社参拝を実施した。

一方、朝鮮では開港後、日本人居留民によって各地に神社がつくられていたが、「併合」後、1920年代になると学校行事として朝鮮人児童・生徒を神社参拝に赴かせるようになり、1925年に創建された朝鮮神宮の鎮座祭にはソウルの諸学校が組織的に動員された。1935年農村振興運動の中で提唱された心田開発運動では国体明徴・敬神崇祖のイデオロギーに基づく国民統

合が目指され、その一環として実施された1936年8月の神社制度改編では一面一神祠設置の方針が立てられた。こうして1931年に237であった神社・神祠数は1945年6月には1141にまで増加したが、このような急増を背景に朝鮮総督府は神社参拝の広範な強要をはじめた。1937年9月からは毎月6日を愛国日と定めて参拝が強制され、拒否したミッション系学校などは廃校、閉鎖に追い込まれていった。また1938年には強硬に参拝に反対してきた長老派教会が、総督府の圧力に屈して神社参拝を決議した。これに反発する信徒は粘り強い抵抗運動を続けたが、多数が検挙、投獄されるなどの弾圧を被った。

[藤永壮]

▶442 **辛淑玉 シンスゴ 1959~** 人材育成コンサルタント。東京生まれの在日コリアン3世。DJやモデルをした後、株式会社博報堂の特別宣伝班に入る。退職後本名を名乗ることを決意し、1985年人材育成会社(株)香科舎設立。1989年アジア太平洋博覧会で男女雇用機会均等法にのっとった女性人材育成法で注目を集め、資生堂、三菱総研などの人材育成教材ビデオの制作を手がけ、1996年「人材育成技術研究所」を設立。教育機関・自治体・企業などで人材育成・人権に関する研修・講座を受け持っている。テレビ番組での辛口コメントで知名度をあげる。さまざまなメディアで反差別・反ファシズムに言及し、2003年に多田謡子反権力人権賞を受賞。『韓国・北朝鮮・在日コリアン社会がわかる本』(ベストセラーズ、1995)、『在日コリアンの胸のうち』(光文社、2000)、野中広務との共著『差別と日本人』(角川グループパブリッシング、2009)など多数の著書がある。

[伊地知紀子]

▶443 **信託統治** 1945年12月モスクワ米英ソ三国外相会議で出された朝鮮独立問題に関する決議で、朝鮮民主臨時政府の樹立と同政府に対する米・英・中・ソの4大国による5年間の信託統治という内容が規定されている。これが伝えられると、日本にあった朝鮮人諸団体はこれに対する立場を表明し、それぞれの活動を展開した。朝連は内部での議論を経て1946年1月16日に「朝鮮信託統治案に対する朝連総本部見解」を発表し、南朝鮮で出された「4大政党コミュニケ」を評価しながら、モスクワ三相決議は朝鮮独立を援助し促進するものであるという認識に基づき、支持を表明した。朝連中央委員会はこの見解を承認、確定した。民主主義民族戦線に加盟した朝連は、モスクワ三相決議に基づき、朝鮮民主臨時政府の樹立を実現するために米ソ共同委員会を支持した。一方、新朝鮮建設同盟*と建青は、三相決議の信託統治条項に対し明確に反対する立場を示し、1月21日に神田共立講堂で信託統治反対民衆大会を開催した。

[村上尚子]

▶444 **新朝鮮建設同盟(建同)** 1946年2月、朴烈*を中心に結成された在日コリアンによる民族団体。解放後、すべての在日コリアンを網羅する大衆組織と

して結成された在日朝鮮人連盟*（朝連）であったが、社会主義者が主導権を握り、日本共産党の指導の下で左翼色を強めるにつれ、それに反発する反共グループ、さまざまな民族活動家（無政府主義者、親日派、朝連の不平分子、宗教活動家など）が朝連から離脱。彼らは、1946年1月に秋田刑務所から釈放された著名な独立運動家・朴烈*をリーダーに、朝連とは異なる反共・右派的な民族団体として、同年2月に新朝鮮建設同盟（建同）を結成。構成員は最盛期約7000名いたと言われるが、1946年10月に組織を解散し、朝鮮建国促進青年同盟*（建青）などの諸団体とともに「在日朝鮮居留民団」を結成した。　　　　[朴一]

▶445
シンバン（神房）

済州島*のクッ*を司祭する宗教的職能者。巫歌で「神の刑房」と名乗ることから、漢字では神房と表記。男巫、世襲巫が多い。最高位のシンバンをクンシンバン（大神房）、主に産育神への祈禱を行う女巫をサムスンハルマンと呼ぶ。

大阪など済州島出身者の集住地には戦前から多くのクンシンバンがいて、1週間規模のクンクッ（大賽神）も頻繁に行われてきた。日本で行われるクッには、道具の代用や仏教的要素の取り入れなどの変化が見られるが、クッの祭順やポンプリ（神々の来歴を歌う巫歌）、歌舞や占いに使用されるメンド（神刀、揺鈴、算盤の3種）など、済州クッの核心的な部分には変化が見られない。一方、出身村の異なるクライアント（依頼人）が混在する日本では、シンバンは複数の村の堂神のポンプリを習得せねばならず、時には日本語で神託や口寄せを行うなど、新たな技能が必要とされる。

近年は在日シンバンの高齢化と後継者不足のため、済州島から出稼ぎシンバンを呼び寄せたり、クライアントが故郷に帰ってクッを行うなど、頻繁な往来により形成された故郷とのネットワークを利用して済州島のクッが行われている。関連論考に金良淑「日本で営まれる済州島のクッ」『アジア遊学』92号（勉誠出版、2006）などがある。　　　　　　　　　[金良淑]

シンバンのメンド（神刀、揺鈴、算盤）

▶446
親睦会

在日朝鮮・韓国人における親睦会は、大きく出身の道レベルのものと出身地域単位または出身村単位のものに分けられる。道レベルでは、慶尚南道、慶尚北道、全羅南道、済州道*が東京と大阪に親睦会があり、忠清道も東京と大阪に親睦会がある。各道レベル親睦会と、韓国の出身道との結びつきは、韓国の地方自治が復活した1990年代後半からより強くなったと考えられる。現在、道知事の日本訪問の受け皿になったり、地域文化を日本に紹介する中継の役割も担

っている。このほかに、より小さい出身地域単位または出身村単位の親睦会がある。

済州島以外の出身地域レベルの親睦会について詳細が確認できないので、ここでは、済州島出身者の出身村別親睦会を中心に述べる。村親睦会の結成は、戦前と戦後に分けられる。戦前は、済州島から来日が多くなる時期に大阪を中心に結成された。まず、1922年「西好里青年会大阪支會」をはじめ、1924年「金寧里青年會」、「三五共済会（吾羅親栄会の前身）」「武陵里前進会」などが結成された。戦後は、1945〜1950年にかけて東京の「在日本高内里親睦会」大阪の「吾羅親栄会」「在日本済法建親会」などが結成された。戦前の村親睦会は、済州島の村共同体（構成員）の一部が大阪や東京へ移住し、新しい生活へ適応するためにつくられたのであり、その名称も「〇〇里（村）青年会」であった。

一方、戦後は、日本の敗戦と朝鮮半島の独立、済州島の四・三事件、朝鮮戦争などで、済州島との往来が不自由になり、かつ日本社会での社会的制度的差別ゆえに村共同体を結成する必要に迫られた。そして、名称も「在日本〇〇親睦会」となり、「在日」の村親睦会へと認識の変化がみられる。1960年代には、出身村への支援を目的に結成したケースもあった。村親睦会は、在日の歴史が投影される集まりであり、日本および朝鮮半島の政治情勢に影響された在日済州島人社会の縮図であった。村親睦会の目的は、在日が生きた時代や関係する国の情勢に影響されながらも、村共同体の維持、相互扶助に集約される。在日済州島人が世代を重ねるなかで、「相互扶助」の意味や村親睦会の機能も変化してきたが、今日も地縁結合体として維持されている。

[髙鮮徽]

▶447 **新屋英子** しんやえいこ
1928〜

俳優。芸能好きな母親の影響を受け、幼い頃から、芝居、映画*、宝塚歌劇に親しむ。自宅が1945年6月7日の大阪大空襲で焼け出されたり、陸軍航空隊の兄が飛行機事故の後遺症から35歳で他界したなどの経験が、戦後、反戦・平和をめざす演劇活動の原点になる。1952年に劇団「制作座」入団、チエホフ『3人姉妹』などに出演。1957年「関西芸術座」創立。むくげの会*編『在日朝鮮人女性の半生』に感動して在日1世ハルモニの半生を演じる一人芝居「身世打鈴（シンセタリョン）」を1973年4月に初演、2005年には2000回を超えた。一人芝居は他に「チョゴリを着た被爆者」「燕よ、あの人に伝えてよ」「ヒミコ伝説」などがある。居住地富田林市で「劇団野火の会」を設立、市民参加の芝居を毎夏発表。劇作、演出の鵜野昭彦は夫で、新屋の一人芝居も含め上演の大半の作品を書いている。大阪府民劇場賞、富田林文化功労賞など受賞している。

[川瀬俊治]

▶448 **吹田事件**

大阪府吹田市で、労働者、学生、在日朝鮮人が朝鮮戦争への協力に反対して起こした事件、三大騒擾事件の一つ。朝鮮戦争勃発2年目の1952年6月24日夜、豊中市の大阪大学北校校庭で大阪府学連が

主催して「朝鮮動乱2周年記念前夜祭・伊丹基地粉砕、反戦・独立の夕」が開かれ、約1000人（参加者数には諸説ある）が参加した。深夜0時すぎ集会参加者の一部は京阪神急行電鉄（現在の阪急電鉄）石橋駅に向かい最終電車に替わる臨時電車の編成を要求し、臨時電車に乗った参加者（いわゆる人民電車部隊）が途中下車。一方、別働隊（いわゆる山越え隊）は東に向かい、右翼の笹川良一宅を火炎瓶で襲撃、山田村で人民電車部隊と合流し国鉄吹田操車場に向かった。約900人のデモ隊は須佐之男神社前で吹田市警察のピケット線を突破し、吹田操車場構内を25分間デモ行進した。吹田駅で警官がピストルを発射しデモ隊は火炎瓶で応戦し、53人が重軽傷を負った。騒擾罪（のちの騒乱罪）と威力業務妨害罪などの容疑で警察は300人余りを逮捕、111人を起訴した。

1963年6月22日大阪地裁は騒擾罪、威力業務妨害罪を無罪、15人に暴力行為などで有罪と判決。1968年7月25日大阪高裁は騒擾罪無罪、46人に威力業務妨害罪で有罪判決を下した。被告5人が上告し、1972年3月17日最高裁は上告を棄却し、騒擾罪無罪が確定した。

朝鮮戦争当時、アメリカ空軍は伊丹基地から戦闘機などを朝鮮に向け飛行させ、日本国内で製造された武器弾薬が国鉄吹田操車場に集約され、神戸港から現地に送られていた。

日本共産党大阪府委員会が事件を計画したが、この時期、日本共産党は国際派と所感派に分裂し、在日朝鮮人は日本共産党民族対策部*の指導を受けていた。またサンフランシスコ講和条約*で日本が主権を回復し（1952年4月28日）、破壊活動防止法*が施行（同年7月21日）されるまでの期間に当たる。1955年、日本共産党は六全協で暴力路線を自己批判し、朝鮮人連盟は朝鮮総連に組織替えをする。

参考文献：西村秀樹『大阪で闘った朝鮮戦争』岩波書店、2004。［西村秀樹］

▶449 すずき はじめ
鈴木一
1901～1993

戦後に入管行政が確立された際のトップの地位にいた官僚。日韓親善や在日コリアンの権利問題について発言した人物。父は海軍軍人で日本敗戦時の首相を務めた鈴木貫太郎。

1925年に高等文官試験（行政科）合格、戦前は主として農林行政畑で官僚としてのキャリアを積んだ。1950年に外務省出入国管理庁が発足するとその長官に任ぜられ（のち、法務省出入国管理局と役職は局長となる）、1954年まで入管行政を担当した。この間、当時大きな問題となっていた韓国からの「密航*」問題や在日コリアンと日本人との間の摩擦、その背景として存在する民族差別*などについて目を向け、在日コリアンの生活安定策を含む「総合対策」をうち立てることを提案した。

また1952年の日韓親和会の設立にかかわり、1977年の同会の解散までその専務理事、会長を務めた。この間も在日コリアンの問題には関心を寄せ、日韓親和会機関誌『親和』などを通じて、参政権の付与、帰化条件の緩和、社会保障の差別撤廃などを説いた。著書に『韓国のこころ』（洋々

社、1968)がある。　　　　　[外村大]

スポーツ

プロアマ問わず、差別が今よりも明確にあった時代、在日コリアンは己の力だけでのし上がれる世界にしか進むことができなかった。その最たるものがスポーツである。敗戦で打ちひしがれた日本に希望と光を与え、国民的英雄になったプロレスラー・力道山*。日本国民は、巨漢の欧米人をなぎ倒す彼の姿に熱狂した。格闘技界では、空手*の大山倍達*、プロレスラーの長州力*や前田日明*などの活躍が知られているが、自らの出自を明かして活躍したボクシング*の徳山昌守*は、WBC世界スーパーフライ級で在日コリアン初の世界王者となる快挙を成し遂げた。

柔道では、多くの在日が韓国代表として活躍。東京五輪の中量級で銅メダルを獲得し、韓国柔道界に初のメダルをもたらした金義泰。1972年のミュンヘン五輪中量級で銀メダルを獲得した呉勝立は、同大会、韓国選手団唯一のメダルとなる銀メダルを獲得し、在日初のスポーツ国民勲章となる石榴章を朴正熙大統領から贈られた。また、近年では韓国代表としてオリンピック出場を目指すものの、在日への差別は激しいため断念し、日本国籍を取得して2002年、釜山アジア大会で金メダルを獲得し、その後、総合格闘技へ転向した秋山成勲*などがいる。

野球では通算3085安打の記録を残した張本勲*や、400勝投手の金田正一。また、静岡商高で1968年の夏の甲子園で準優勝を果たし、読売ジャイアンツのエースとして活躍した新浦壽夫、広島で投手として活躍した福士敬章は、日本球界をへて、1982年に創設された韓国プロ野球でも活躍。他にも金村義明*、桧山進次郎、金本知憲、新井貴浩、金城龍彦などが出自を明かしているが、「ひちょり」という本名読みで選手登録している森本稀哲など稀なケースもある。

サッカーでは、1961年に総連の支援を受けて結成され「日本最強のサッカークラブ」と呼び声の高かった在日朝鮮蹴球団から多くの選手が輩出された。1993年に日本でJリーグが誕生すると金鍾成(キムジョンソン)が1995年にジュビロ磐田へ入団。その後、多くの選手たちが在日朝鮮蹴球団や民族学校からJリーグの門を叩いた。また、韓国のKリーグでプレーする選手も誕生し、2000年に在日韓国人として初めて城南一和でプレーした朴康造(パクカンジョ)*は、シドニー五輪の韓国代表にも選出された。ヴェルディ川崎をへて2001年に韓国の蔚山現代に移籍した梁圭史(リャンギュサ)は、Kリーグでプレーした最初の朝鮮籍選手となった。その後、安英学(アンヨンハク)、李漢宰(リハンジェ)といったJリーグで活躍する民族学校出身者が相次いで北朝鮮代表として活躍すると、川崎フロンターレの鄭大世(チョンテセ)が2010年ワールドカップ南アフリカ大会に、44年ぶりに出場権を獲得した北朝鮮の中心選手として活躍した。また、本名で日本国籍を取得し、北京五輪に日本代表選手として出場した在日韓国人4世の李忠成(りただなり)など、新しいタイプの在日コリアンスポーツ選手も生まれている。

日本のスポーツ界の門戸開放に伴い、在日コリアンのスポーツ環境も大

きく様変わりした。アマチュアスポーツにおいては1981年、日本体育協会が国民体育大会への参加に際し、一条校*に在籍する在日外国人の少年の部に参加を認めると、2006年からは永住者の参加を全面的に許可。1994年には全国高等学校体育連盟が専修学校・各種学校*へのインターハイ参加を付記として認めたため、民族学校にもインターハイ出場の道が開けた。1999年には京都韓国学園の硬式野球部が日本高校野球連盟の「外国人学校野球部に関する特別措置」により全国で初めて加盟が承認され、甲子園大会も目指せるようになった。また、早くから野球協約第82条で一条校出身選手を外国人扱いしてこなかったプロ野球*に続き、Jリーグでも条件付き外国人特別枠で各チーム1人まで保有できるなど、ながらく在日コリアン選手を排除してきた運営姿勢が改められている。

[趙靖芳]

生活保護

生活保護とは、日本国憲法第25条で規定されている生存権を実現するための制度のひとつであり、失業や病気等の何らかの事情で貧困に陥った時に、無差別平等に、国が必要な金品を支給することによって、健康で文化的な生活を保障する制度である。生活保護法（1950年制定）に根拠を置き、社会保障制度における最後のセーフティネットといわれる。

日本全国の被保護率が1.18%（2006年）であるのに対して、「韓国・朝鮮」籍者のそれは約5.25%（2007年、「被保護者全国一斉調査」「在留外国人統計」より推計）と推計でき、全国平均の4倍以上に上る。また、被保護世帯に占める高齢者世帯の割合は52%を超えており（全国46%、2007年）、高齢者の被保護率が非常に高い特徴がある。背景には、在日コリアン1世が制度的無年金であるという社会保障からの排除の問題がある。

生活保護法の条文には、対象者を日本国籍に限るといういわゆる国籍条項*はない。にもかかわらず、日本政府は、外国人は生活保護法の対象外であるとしている。保護の対象外としながら、社会的、人道的、治安上、外交上の問題から、外国人については日本人に準じて適用するが、権利ではないので、外国人には不服申し立ての権利はないという立場である。対象を自国民だけに限るとする解釈の是非が問われるべきであろう。一歩譲っても、このような立場は、遅くとも難民条約や国際人権規約*を批准した時点で変更されるべきだったと考える。

制度の問題点として、①外国人に不服申し立ての権利を認めようとしない、②朝鮮学校*が学校教育法の一条校*ではないという理由で通学生徒に教育扶助を認めようとしない、③1990年以降いわゆる定住外国人*以外の外国人を保護の対象から排除する方針を取っている、などを挙げることができる。

1956年には、多数の朝鮮人が不正受給をしているかのような大々的なキャンペーンを張り、朝鮮人保護に関する特別監査の名の下に警察を動員しての大々的な引き締め政策を強行した。当時、関係者によって「朝鮮征伐」と

呼ばれたほどに、民族的偏見と敵意に満ちた政策であったが、これによって多数の被保護朝鮮人が保護の停廃止の処分を受けた。　　　　　　［金永子］

▶452 **請求権**　被害や損失に対する行為を請求する権利。日韓国交正常化交渉では、主として1945年以前の被害・損失に対する行為を韓国側が日本側に請求する権利をさす。韓国は、日本との交戦国ではなく連合国ではなかったという理由からサンフランシスコ講和条約*の署名国から除外され、同第14条の賠償条項は適用されなかった。そのため別に第4条が設けられ、日韓間の「請求権（債権を含む）の処理」は両国間の「特別取極の主題となる」とされた。日韓会談での請求権交渉は、この第4条に基づいてなされ、「請求権」の内容は交渉の過程で提案、討議された。1952年の第1次日韓会談で韓国側は、朝鮮から日本が搬出した地金・地銀の返還、有価証券の償還、戦争による被徴用者の未払い賃金などを請求した。これに対して日本側は対韓日本人私有財産請求権を主張した。韓国側はこれに激しく反発し、1953年第3次会談での日本の主張は「久保田発言*」とともに会談の決裂の原因となった。

　日本の対韓日本人私有財産請求権は第4次会談の直前に撤回され、それ以降は韓国側の請求権のみが討議された。しかし、「請求権」の内容が明確にされないまま、1962年の大平・金会談で経済協力として処理されることになり、1965年の財産請求権・経済協力協定では、日本が無償3億ドル、有償2億ドルの供与を行うことで「完全かつ最終的に解決されたこととなることを確認する」とされた。ただし、この条約で放棄されたのは国家の外交保護権であって、個人の請求権は消滅したわけではないとの解釈もなされたが、近年日本の司法当局は個人の請求権も放棄されたとの判断を示している。　　　　　　　　　　　［太田修］

▶453 **青丘文庫**　1969年、神戸在住の韓晳曦*が朝鮮近代史・キリスト教史の資料を収集する私設図書館を開設したのが始まりである。その名の命名者は姜在彦*。1972年に神戸市須磨区の自社ビルに、1986年には同区の改装後の自宅に移転した。1997年、文献・資料約3万点が神戸市立中央図書館に寄贈され特別コレクションとして一般に利用されている。『漢城旬報』『毎日新報』『東亜日報』などの新聞、『開闢』『朝鮮之光』などの雑誌*、『朝鮮総督府官報』のような基本資料の復刻版、韓国で編纂された『独立運動史資料集』『日帝下社会運動史資料叢書』などの基本的な資料が所蔵されている。文庫では、1979年より在日朝鮮人運動史研究会*関西部会、1981年より朝鮮民族運動史研究会（2001年1月朝鮮近現代史研究会）が開催されている。また月刊の『青丘文庫月報』（2005年5月より『青丘文庫研究会月報』と改称）が発行されている。　　　　　　　　　　　［飛田雄一］

▶454 **成和クラブ**　日本国籍を取得した在日朝鮮人の親睦団体。1967年に大阪成和クラブが発足し、

1973年には全国成和クラブ連合会を設立。現在、ホームページを開いてその活動を公開しているのは、大阪成和クラブである。会則において、「日本に存在するコーリア系日本人有志を正会員とし、その家族を家族会員として構成する」としている。会の理念は、「日韓の相互理解と親善」「地域社会への奉仕」「会員相互の親睦と相互扶助」「次代を担う人材の育成」「人類の平和と繁栄への寄与」。婦人部と青年部がある。活動は、婚姻*相談、会員間懇親事業、国際交流の推進などをあげている。ソウル・オリンピック開会式に連合会有志で参加した後、大阪府議会日韓友好親善議員連盟に団体加盟し、金大中大統領訪日歓迎レセプションに参加するなど、韓国との交流を強めている。　　　　　　　　　[伊地知紀子]

▶455 **関貴星 せきたかし**
1914〜1986

朝鮮総連系の活動家で、北朝鮮帰国事業を初めて正面から批判した人物。全羅南道順天に生まれ、戦後は岡山県で朝連・日本共産党・総連の活動を行う。サンフランシスコ講和条約*発効前の1951年、養子縁組で関姓に(朝鮮名は呉貴星)。帰国事業開始前後の1957年と1960年に北朝鮮を2度訪問。その見聞に基づき『楽園の夢破れて』(全貌社、1962年：1997年に「北朝鮮帰国者の生命と人権を守る会」関西支部の手で亜紀書房から再刊)と続編の『真っ二つの祖国』(同、1963年)を著し、北朝鮮や帰国事業のあり方に疑問を投げかけた。本人としては、実態を見た人間としての責任感に基づく真情の吐露であったが、当時その主張は受け入れられず、総連系で活動する娘夫婦との断絶も生んだ。当時の判断を悔いる娘の立場から、のちに呉文子が「アボジ、ごめんなさい」(『鳳仙花』3号、1992)を書き、女婿の李進熙も自伝『海峡』(青丘文化社、2000)のなかで、いま思うと「義父の判断は正しかった」と自己批判的に回顧している。　[高柳俊男]

▶456 **関屋貞三郎 せきやていざぶろう**
1875〜1950

内務官僚。栃木県出身。1899年東大法学部卒。以後台湾総督府、関東州民政部、日本国内各県内政部長などで官僚としてのキャリアをつみ、1910年韓国併合時の朝鮮総督府学務局長をつとめる。以降枢密院書記官長、宮内次官などをつとめ1933年から1946年まで貴族院議員。戦時下在日朝鮮人統制組織「協和会*」の設立・運営の中心人物。1938年11月9日の創立発起人会で理事長に就任し、以降協和会の指導を行った。協和会の理事、評議員の多くは内務官僚として朝鮮支配の経験のある丸山鶴吉、赤池濃などが就任していた。協和会は厚生省が担当していたが実質的には内務省警保局下の特別高等警察*が遂行していたため朝鮮支配を経験した内務官僚の重鎮として関屋が選ばれたと考えられる。関屋は1944年末に「協和会」が興生会に改組されるまで指導的な立場にいた。国立国会図書館に『関屋貞三郎関係文書』がある。　[樋口雄一]

▶457 **『斥候隊』せっこうたい**

1923年3月、北星会*(『黒涛会」が思想分化してできた共産主義者グループ。金若水*・李如

星らが中心)の機関紙として、毎月1回、およそ10号あたりまで朝鮮語で発行された。編集・発行人は李如星。朝鮮民族の独立、共産主義思想を普及するための役割を担った。第7号は官憲によって押収され(後に「臨時号」として再版)、現物資料として確認できるのはこの7号のみである。7号の内容は、「年齢制限論 25歳を主張」「時評 危機におちいった衡平運動」「縦断より横断へ 民族的一致と階級的一致」「朝鮮無産者階級解放運動とその主成分子」「ソヴェト国家の正体」「大衆に真の芸術を」など20近い論評記事からなる。「縦断より横断へ 民族的一致と階級的一致」では朝鮮民族全体が無産階級化していくとし、朝鮮については「民族的一致」から「階級的一致」の方向に展開している、といった議論がなされている。

参考文献 朴慶植編、朝鮮問題資料叢書『第5巻 在日朝鮮人運動関係機関誌(解放前)』アジア問題研究所刊、1982。　　　　　　　　　　[森類臣]

摂津紡績

韓国併合後、関西の木津川・明石工場等にて朝鮮人労働者(とりわけ、いわゆる朝鮮女工)を最初に大規模に雇用した、当時日本の主力産業である一大紡績会社。1889年4月25日、大阪船場の有力者11名が発起人となり、高田久右衛門を社長とし、当初資本金120万円(1890年末の払込金は40万円)、紡機6万錘の計画をもって創立された。同年5月に大阪府西成郡難波村材木置場四九番屋敷に本社工場の敷地を買収し、同年7月には木津川尻の旧摂津紡績本社工場の竣工式を行っている。本社第2・3工場の新設に続き、大和紡績、平野紡績、郡山紡績を傘下に収め、さらなる事業拡大方針の下、明石工場が建設され、1909年6月から運転を開始した。早くも1911年、木津川工場では朝鮮人労働者を雇用している。第一次世界大戦の勃発は、日本紡績産業の生産拡大を促したため、明石工場でも労働力確保の問題が深刻化し、朝鮮人女性労働者150名雇用している。その内、約100名は現在の慶尚南道晋州市の出身者である。朝鮮人女性労働者の労働条件は低賃金で苛酷を極めた。1914年、野田工場の朝鮮人女工らが、虐使を大阪北署に訴えている。1918年尼崎紡績と合併し、大日本紡績となる。戦後、ニチボーとなり、1964年に日本レイヨンと合併してユニチカと改称し、今日に至っている。

[裴光雄]

戦傷病者戦没者遺族等援護法

1952年4月30日公布(法127号)。軍人・軍属、その遺族に対して、国家補償の精神に基づき、公務上の負傷や疾病、死亡の援護を目的とした法律。援護の内容は、障害年金、遺族年金の支給、戦傷病者への更正医療の給付、弔慰金の支給などである。同年4月1日にさかのぼって適用された。同法は戸籍*法(1947年法律224号)の適用を受けない者、すなわち朝鮮人・台湾人軍人・軍属、遺族には、当分、適用されない(付則第2項)。この「付則」により、朝鮮人・台湾人は適用から除外された。

GHQは軍人恩給停止を指令(1945.

11.24)したが、戦傷病者に対する補償金は除外されており、朝鮮人傷痍軍人・軍属たちにも傷病恩給が支給されていた。だが、「援護法」が発効すると、朝鮮人、台湾人の傷病恩給は打ち切られた。朝鮮人たちは「在日朝鮮人傷病軍人会」(のちに在日大韓民国人太平洋戦争傷痍者会)を組織し、政府に陳情、抗議した。1962年9月、厚生省は自分の意志によらずに日本国籍を失った者については帰化をすれば援護の対象とするとの方針を打ち出した(「日本に帰化した朝鮮出身者等に対し遺族援護法を適用することについて(通知)」(同年9月22日 援護第229号)。「帰化」が、援護の条件であった。しかし1966年の「通知」は、日韓条約*の署名の日(1965年6月22日)以降に日本国籍を取得した者は対象から除外するとした。帰化を望まなかった者は無年金の状態に置かれていた。

「国籍*による差別」を訴える裁判は東京・大阪などで起こされた。東京高裁・大阪高裁は判決で差別的な処遇をできるだけすみやかに改善するよう国に厳しい注文をつけた。政府は、2000年6月7日「平和条約国籍離脱者等である戦没者遺族に対する弔慰金等の支給に関する法律」を公布、在日の傷痍軍人・軍属とその遺族に「人道的精神」に基づき弔慰金等を支給することを定めた。戦没者の遺族に260万円、戦傷病者の遺族に260万円、当事者には見舞金200万円の一時金と特別給付金200万円を支給した。支給を受けた者の合計は414名。なお、同法は2001年4月1日から3年の時限立法であり、現在は失効している。

[内海愛子]

▶460 **千田是也 せんだこれや**
1904〜1994
本名:伊藤圀夫(くにお)。

日本人俳優・演劇家。建築技師・発明家で「日本のレオナルド・ダヴィンチ」と称された伊藤為吉の六男として出生。世界的舞踏家の長男道郎、舞台美術家の四男祐司、舞台装置家の五男熹朔などを輩出する家庭環境の中で幼少から演劇*・芸術に馴れ親しんで育つ。

1923年9月1日、当時、早稲田大学文学部独文科聴講生として在籍しながら演劇活動を展開していた圀夫は、関東大震災に罹災。翌日には千駄ヶ谷の自宅近くで自警団*に朝鮮人と間違えられ、危うく殺されかけたという経験をもつ。芸名の千田是也はこの事件に由来し、「千駄ヶ谷のコレアン」をもじったものである。

1924年には文芸部員・演技研究生として築地小劇場の創立に関わるが、翌年に脱退しマルクス主義芸術研究会に参加。1927年に渡独し、5年間の留学生活のなかでプロレタリア演劇を学ぶ。1932年の帰国以降もプロレタリア芸術運動に関わり続けるが、当局の弾圧により逮捕と投獄をかさねた。1944年2月、青山杉作・東野英治郎・岸輝子らと共に劇団俳優座を結成。戦後も新劇界のリーダーの1人として活躍し続ける一方で、自己の震災時の体験を踏まえて日朝友好運動に関わりを持った。

[金耿昊]

461 全朝教（全国在日朝鮮人教育研究協議会）

1979年、第1回在日朝鮮人教育研究集会が大阪で開催され、1983年、全国在日朝鮮人教育研究協議会として正式に発足した。主な活動としては、教育内容を通じて、日本の子どもたちがもっている歪められた朝鮮観をただすこと、自主活動や教育課程全般を通して「本名（民族名*）を呼び、名のる」ことにとりくむこと、さらに子どもたちの進路保障を実現するために「国籍条項*」をはじめとする差別の撤廃を訴えることなどがある。1992年に開催された第13回研究集会から、「新渡日」の子どもたちの教育課題を明らかにするための分科会が設けられ、1997年、第18回研究集会から研究集会の名称を、全国在日朝鮮人（外国人）教育研究集会と改名し、1999年、組織名称も全国在日朝鮮人（外国人）教育研究協議会・略称全朝教（全外教）と変更し、2002年、全国在日外国人教育研究協議会（略称全外教）と改名した。［佐野通夫］

462 1899年勅令第352号

日清戦争後に増加していた中国人労働者の受け入れをめぐる議論の末、有用な職種の労働力だけは規制しつつ入れ、単純労働力の入国を厳格に禁止するという内容で1899年7月27日制定され、同年8月4日から施行された勅令。そもそも歴史研究のなかでは、この勅令は朝鮮人労働者の移入を禁止したものとする解釈が一般的であった。しかし、山脇啓造・金英達*・小松裕の研究によって、この勅令は朝鮮人労働者には適用されていないことが指摘された。この指摘は、在日朝鮮人の歴史を1910年の「韓国併合」を起点とする研究史において、「併合」以前に日本各地で見られる朝鮮人労働者をどう位置づけるのかという問いをもって一石を投ずることとなった。

参考文献：山脇啓造『近代日本と外国人労働者　1980年代後半と1920年代前半における中国人・朝鮮人労働者問題』明石書店、1994。小松裕・金英達・山脇啓造『「韓国併合」前の在日朝鮮人』明石書店、1994。

［伊地知紀子］

463 相愛会

在日朝鮮人融和・同化団体で、そのなかでは会員数最大の組織であり長く組織を維持した。丸山鶴吉など朝鮮総督府官僚の支援を受けた。3.1運動後の1921年12月23日に設立された。1923年の関東大震災後に総督府の支援を受けて東京総本部として相愛会館を設立した。中心人物としては李起東*、朴春琴*（後衆議院議員）がいた。全国に支部、出張所を設立した。活動としては就職斡旋、宿泊所の設立なども行った。労働運動にも干渉し、警察と協力して朝鮮人労働運動を抑圧した。夜学校も開設したが朝鮮語教育などに対する警戒から中止された。1930年代は会員は3000名を超えていたが朝鮮人側に批判が多かったことなどから会員は減少した。協和会*の活動の活発化とともに会勢は衰えて、1941年3月には当局の指導によって解散させられた。中心人物たちは在日朝鮮人の戦後社会にも

影響を与えた。

参考文献：M・リングホーファー「相愛会　朝鮮人同化団体の歩み」『在日朝鮮人史研究9』1981年所収。

[樋口雄一]

創氏改名

植民地支配時代、日本が朝鮮人に家の称号である氏をつけさせるとともに、氏名を日本的なものに改めさせた政策。1940年に実施された。

朝鮮人の名前は、父系血縁を表す姓（および本貫*）、個人の称号である名で構成されており、姓は不変とされ、女性が結婚しても夫の姓を名乗らないのが慣習とされていた。また、同じ姓・本貫の男女は結婚できないとされていたため、夫婦で姓が違うのが一般的であった。このような姓のあり方は父系血族集団（門中・宗中などと呼ばれる）の結束力の強さを示している。しかし、朝鮮総督府当局は植民地支配を維持・安定させるためには、日本的な家族制度を導入して朝鮮人に天皇への忠誠心を持たせる必要があると考えた。そのために、家を表す氏をつけさせる案を1920年代から検討していたが、日中戦争期に「内鮮一体*」が政策目標になると、家族制度の「内地化」を図るという名目で氏制度の導入などを盛り込んだ朝鮮民事令の改正を具体化した。その一方で、朝鮮人を戦争に動員するためには日本的な氏・名をつけさせるべきだとする当局者もいた。こうして、家族制度改編を目的とする氏制度の導入と、名前の日本化という2つのもくろみが一本化され、創氏改名が実施された。

1939年11月に発表された朝鮮民事令の改正により、戸主は氏を設定して届出ることが義務づけられた。翌1940年2月11日（「紀元節」）から6カ月以内に届出るものとされたが、届出ない場合には、戸主の姓がそのまま氏となり、妻にも同じ氏がつけられることになった。氏の設定においては、2文字からなる日本的な氏をつけることが推奨される一方、もとの姓・本貫などに基づく氏がよいとされた。朝鮮人の側では門中で同じ氏を設定するなど、血族集団のまとまりを維持する方策をとる者も多く、朝鮮的な色彩が残されることとなった。そのため、創氏は同化政策の一環でありながら、他方で差異を残すものともなった。

総督府は創氏を「内鮮一体」の表れと位置づけ、氏の届出率を高めるため、さまざまな形で届出を強要した。その結果、80％の家が届出を行った。一方、裁判所の許可を必要とする改名をしたのは、人口の10％に過ぎない。

創氏改名は日本在住の朝鮮人をも対象にしていたが、氏設定の届出は戸主が行うとされていたため、戸主の少ない在日朝鮮人は、手続きがしにくいこともあって、届出をする者はそれほど多くなかった。しかし、朝鮮の本籍地で氏の届出がなされた場合には、法律上の名前はそれに従わねばならなかった。そのため、それ以前に通称名*を持っていた場合でも、それとは異なる新たな氏を名乗ることになった者も多かった。

解放後の1946年には、南朝鮮で朝鮮姓名復旧令が施行され、戸籍*の上では創氏改名以前の名前が復活した

が、戸籍記載の変更にほとんど関わりを持たなかった在日コリアンは、創氏改名時期の名前をそのまま使用する者も多く、一方で朝鮮的な色彩のある創氏名を変えて新たな通称名を用いる者もいた。

[水野直樹]

▶465
葬送儀礼 朝鮮半島では死者に対する弔いの儀礼は儒教式で行われていた。植民地期においても在日コリアンは故郷での慣習を踏襲し、弔いの儀礼を行っている様子が『写真で見る在日コリアンの100年』(2008、明石書店)に掲載されている。1935年当時、兵庫に在住する在日コリアンの葬式の写真＊には、喪主が麻のパジ・チョゴリに頭巾(トゥゴン)を被り、女性の遺族は白いチマ・チョゴリ＊を着て、頭には白い手ぬぐいを巻いている。1960年代、1970年代までは葬送の儀礼を取り仕切る在日コリアン1世たちが健在だったので、日本式の葬儀屋が用意した祭壇を祭りながらもスイ(壽衣)と呼ばれる死装束を着せるなどによって故郷での慣習に日本の慣習を織り交ぜながら、民族文化の継承を行っている。

しかし、在日コリアンも葬儀の簡略化や多様化という日本社会の葬送儀礼の変化に影響を受け、喪主のサンボク＊も民族的なものから黒い喪服に、そして象徴的に頭巾を被る、女性の遺族も白いリボンだけを髪に付けるなど徐々に変化を遂げている。

葬り方については戦前や戦後においても遺体を船や飛行機に乗せ、故郷に運び埋葬する在日コリアンもおり、日本で日本式の墓をつくり故郷で行っていたように土葬する人たちもいた。在日コリアンが多く暮らす大阪の高槻や生駒などにはそのような墓も見られる。毎年行われる忌祭祀(キジェサ)や名節＊には親族が集まり供物を備え、先祖に儀礼を行う。このような儀礼は、故郷を離れて困難な状況にいる在日コリアンが親族を中心に相互扶助としての役割を果たしていた。儀礼を通した在日コリアンネットワークは、中心にいた1世たちから2世、3世へと世代が交代するなかで希薄になりつつあるが、簡略化や現代的に応用させながら、今なお継承されている。

[髙正子]

▶466
宋斗会
1915〜2002
日本国籍確認訴訟原告。1915年、慶尚北道漆谷郡にて出生。1918年母死去、父は兄姉3人を連れて渡日、京都府網野町に住み、1930年、宋は網野小高等科卒。1933年満州に渡り、大連の日本山妙法寺に寄依。営口に開店した豊楽書店はのちに反満抗日の拠点として取り潰され関係者が一斉に逮捕、宋斗会も1942年7月逮捕、遼陽の憲兵隊に拘束。日本敗戦は北京で迎える。1947年4月、長崎県佐世保に引揚げ、網野に戻るも、外国人登録の未登録及び不法入国に問われる。1969年、日本国籍確認訴訟提起。1973年、法務省の前で外国人登録証を焼却し、日本国籍を主張。樺太残留韓国人問題、丸正事件＊の李得賢の釈放要求、「朝鮮征伐」などの記述是正要求、在韓国の戦争被害者遺族に公式謝罪と賠償を求める裁判の呼びかけ、浮島丸事件＊の補償請求訴訟、朝鮮人BC級戦犯＊訴訟など多くの問題を提

起。2002年京大病院で死去。没後、『満州遺民 ある在日朝鮮人の呟き』(風媒社、2003) が編まれた。

[田中宏]

▶467 総連映画製作所

総連傘下の映画*製作関連組織。各種記録映画や合作映画の製作を通じて宣伝事業と共和国との文化交流を行う。母体は1946年4月に設立された民衆映画株式会社。その後、記録映画製作活動は1949年、日本政府による朝連の強制解散とともに一時中断されるが、1953年7月20日在日朝鮮映画人集団の結成で復活。これが総連映画製作所の前身となる。総連結成以後、在日朝鮮映画人集団は1959年6月に在日本朝鮮文学芸術家同盟*（文芸同）の文芸同映画部となり、「総連時報」や記録映画の製作に務めた。そして、1974年2月に文芸同映画部から現在の総連映画製作所と名称を改変した。1985年2月には朝鮮映画代表団が来日し、初の合作映画『銀のかんざし』の日本ロケが実現した。同10月には『総連ビデオシリーズ』第1号製作。以後、『総連ビデオシリーズ』は1995年までに34本を製作した。1999年からはビデオマガジン「エルファ」製作がスタートし、現在は2002年2月に開設したホームページ「エルファネット」を中心に製作活動を行っている。

[朴正鎮]

▶468 徐兄弟事件

在日韓国人政治犯*としてもっともよく知られた在日韓国人の徐勝・俊植兄弟。京都生まれの兄弟は日本の学校で教育を受け、韓国に留学した。

兄弟は1971年4月に韓国国軍保安司令部（KCIC）に逮捕され、大統領選挙の投票日を1週間後に控えた20日に、「学園浸透スパイ団事件」のリーダーとして大々的に発表された。北朝鮮の指令を受けて韓国に潜入し学生運動を煽動した、という容疑であった。兄弟は過酷な拷問を通じて北朝鮮の「スパイ」であるとされ、第1審では兄の勝が死刑、弟の俊植が懲役15年の判決を下された。第2審では兄弟の裁判が分離され、俊植は懲役7年、勝は無期懲役を宣告され、そのまま最終審で確定した。

勝は過酷な拷問などから自殺を図り、一命はとりとめたものの全身の45％におよぶ大火傷を負った。勝が火傷を負って法廷に現れた姿は、世界に衝撃を与えた。勝は第2審の最終陳述で、在日韓国人としての差別への反発にとどまらず、「豊かな統一された、世界に誇るに足る祖国」をめざす「積極的民族主義」を表明した。また、俊植も第2審公判において、北朝鮮に行ったことを認めたが、調書は拷問によるでっち上げだと主張し、北も南も祖国であると述べた。さらに俊植は、1974年5月3日に国会議員であった西村関一との光州矯導所における面会で、思想転向のためのあらゆる拷問・虐待が行われていることを暴露した。

兄弟は当局の継続的な思想転向を拒否したため、俊植は1978年5月27日に7年の刑期を満了したにもかかわらず、社会安全法の保安監護処分を適用され、拘束を継続された。俊植は1988年5月25日、ようやく釈放され

た。勝は1988年12月に無期懲役が懲役20年に減刑され、1990年2月28日に釈放された。

　徐兄弟の闘いと思想は在日韓国人の若者に大きな衝撃を与え、帰国建国の思想を抱いて留学する青年たちを生み出した。また兄弟とその救援組織は、韓国の人権状況を国際的に知らせる役割を果たした。徐君兄弟を救う会編の会報合本『徐君兄弟を救うために』(1992、影書房)が徐兄弟と救援運動の記録としてよくまとまっており、徐京植編『徐兄弟　獄中からの手紙』(1981、岩波新書)も広く読まれた。

[石坂浩一]

▶469 **石成基 (ソクソンギ)**
1921～2001

元日本軍属。慶尚北道星州郡生まれ。日本軍の軍属として徴用され、マーシャル群島の飛行場建設などに従事。1944年に戦傷、右腕上腕部を切断した。傷痍軍属として障害年金を受給していたが、「戦傷病者戦没者遺族等援護法*」(1952年4月30日公布)の戸籍*条項により年金が打ちきられた。1952年「元日本軍在日韓国人傷痍軍人会」を組織し、政府に働きかけた。1962年9月　厚生省は帰化を条件に援護の通知をしたが、これに応じず無年金状態が続いていた。1991年1月厚生大臣に障害年金の請求したが却下され、1992年東京地裁に提訴、棄却された。1998年9月東京高裁でも棄却されたが、判決では日本国籍者に準じて処遇するよう「援護法」の国籍条項*や付則を改めて、適用の道を開くなどの立法をすること、戦傷病者に行政上の特別措置をとることが「強く望まれる」と指摘(2001年4月最高裁では棄却)、国会は、特別立法「平和条約国籍離脱者等弔慰金等の支給に関する法律」を制定(2000年6月)した。

[内海愛子]

▶470 **『祖国統一新報』**

総連系日本語大衆紙。4ページ立て旬刊。金大中拉致事件を契機に、1973年から統一評論社により発行された『金大中救出運動』が前身(1号～40号)。『祖国統一新報』と改題後(41号、75.2.5～)は祖国統一新報社から発行された。韓国の政治状況や民主化運動、在日韓国人政治犯*の現状、日韓関係など、主として韓国についての情報を伝えた。第467号(1987年4月5・15日付)をもって休刊。

[石坂浩一]

▶471 **祖国防衛委員会(祖防委)**

朝鮮戦争の勃発(1950年6月25日)をうけて、日本共産党民族対策部*(民対)によって組織された、祖国の防衛と組織の防衛強化のための軍事活動の機関。全国組織として祖国防衛中央委員会(全国委員会とも称した)がおかれ、各地方に祖国防衛委員会(祖防委)と、この祖防委の指導のもとで活動する祖国防衛隊(祖防隊)がつくられる。6月28日に招集された民対中央会議の決定によるものであるが、祖防委東京本部を皮切りに全国的に祖防委・祖防隊の組織が整備されるのは、10月29日に京都で開催された「祖国防衛在日朝鮮青年戦線結成大会」においてである。非公然組織であったが、11月15

日に祖防中央委員会の機関紙『新朝鮮』が創刊されている。

　祖防委・祖防隊の軍事方針は1951年2月に開催された日本共産党第4回全国協議会（四全協）でも確認され、集団的示威行動や火炎瓶の投擲などによって武器弾薬の製造・輸送を阻止することや強制送還反対のための実力闘争が繰り広げられた。こうした実力闘争は、1952年の吹田事件*（6月）、大須事件*（7月）などでピークに達するが、「一揆主義的な街頭戦術」を誤りとする日本共産党の戦術転換（徳田球一「日本共産党三十周年に際して」『アカハタ』7月15日）を経て下火となり、1955年の路線転換*と民対の解消によって祖防委・祖防隊も解体する。
参考文献：朴慶植『解放後在日朝鮮人運動史』三一書房、1989。　　［文京洙］

▶472 ソ ジンムン
徐鎮文
1903〜1928

社会運動家。慶尚南道蔚山郡東面日山里出身。3・1運動に参加し、私立普成学校教員を経て渡日。渡日後は神奈川県を中心に労働運動・独立運動に携わる。1926年、神奈川朝鮮労働組合執行委員として活動、翌1927年には高麗共産青年会日本部*員になる。

　1928年10月25日、昭和天皇の即位式「御大典」の予備検束によって、神奈川朝鮮労働組合本部事務所が警察の襲撃をうけた際、金天海*・李成百ら神奈川朝労の幹部とともに検挙され、横浜寿警察署に留置された。釈放を要求してハンストを行ったが、以前から心臓脚気を病んでいたことに加え、獄中で拷問をうけたことにより瀕死の状態になる。そのため11月16日に釈放されたが、翌17日死亡。神奈川朝労は21日に彼の組合葬を行ったが、これには500余名が参加し、火葬場までの道のりではデモ行進が敢行された。
参考文献：朴慶植『在日朝鮮人運動史8・15解放前』三一書房、1979。石坂浩一『近代日本の社会主義と朝鮮』社会評論社、1993。　　［金耿昊］

▶473
祖先祭祀

在日朝鮮人社会の代表的な祖先祭祀は、朝鮮半島の伝統的な儒教的祭祀儀礼が継承されている。儒教の定着とともに形式が整えられ、朝鮮王朝後期に今日の形となった。在日朝鮮人が祭祀（제사）という場合は儒教的祭祀を意味する。1世たちは故郷を離れ日本に暮らしても、故郷にいるときと同じように、亡き両親はじめ祖先を敬い、孝をつくす信念で開始した。

　祭祀の形式は、はじめに祭床を設置して、故人の遺影または位碑をおくか、チバン（지방：紙榜）を屏風に貼る。祭床には伝統的な食べ物（제수：祭需、供物）が規則正しくならべられる。儀礼は家族と親族が一堂に揃って開始され、プロの宗教者の介在なしに家族の手によって進められる。一部省略もあるが基本的に、①迎神（영신）②降神（강신）③参神（참신）④初献（초헌）⑤読祝（독축）⑥亜献（아헌）⑦終献（종헌）⑧添酌（첨작）⑨挿匙正箸（삽시정저）⑩闔門（합문）⑪啓門（계문）⑫献茶（헌다）⑬撤匙覆飯（철시복반）⑭辞神（사신）⑮撤床（철상）までの一連の儀礼を、故人が生きているように奉り、集合した家族・親族が⑯飲福（음복）を済ませて

終了、といった流れからなる。

1世が主流の時代の祖先祭祀に、故人の葬礼のあと、1年から2年間毎日、朝夕に供物をあげる上食(상식)と、陰暦の毎月1日の朔祭(삭제)と15日の望祭(망제)があった。そして、忌日(기일、命日のこと)から1年目に小祥(소상)、2年目に大祥(대상)が行われ、3年目からは毎年忌日の零時に祭祀が行われていた。今日も忌日の祭祀(기제사：忌祭祀)は守られている。忌祭祀のほかに陰暦の元旦と中秋(추석：秋夕)の名節*(명절)の日の午前中におこなう、略式の祭祀(차례：茶礼)がある。祭祀は原則的に長男の家で営まれ親族が集まる。祀る祖先は伝統的に高祖まで遡っていたため、毎年10数回祭祀があった家庭も少なくなかった。

以上の形は2世までほぼ引き継がれてきたが、3世が主流の時代になると、上食、朔望祭は省略され、小祥・大祥をまとめて1年目に済ませるなど変化が顕著になった。とくに、1世の時代はすべて陰暦の日に行われていたが、いまでは共通暦(新暦)の日に行われるケースが多くなった。開始時間も忌日零時だったのが、忌日前夜の23時から徐々に早い時間へと繰り上がって、18時開始といった事例もある。また、2代祖以上は廃止したり、祖父、祖母、父、母の祭祀がそれぞれ個別に行われていたが、祖父と祖母、父と母の、夫婦を単位に各1回というふうに回数が整理され、供える祭需(제수)も簡素化されるなど変容がおこっている。

祭祀は在日朝鮮人社会において特別な意味と機能をもつ。1世の望郷の思いを顕現し、植民地主義に対する抵抗として、また抑圧された民族性の発露として守られた。とくに日本に暮らす家族・親族の結束を固め、新しい世代に出自意識を植えつけ、民族的アイデンティティ*確立に大きな役割を果たすことによって、はからずして祭祀は在日朝鮮人社会を統合する紐帯となった。在日朝鮮人ならだれでも祭祀を行っている、知っているだろう、という個々の意識は在日朝鮮人社会の共属感情となっている。祭祀は、言語をはじめ他の文化的指標を圧倒して、主流社会との文化的境界を示すものである。今後祭祀を守り継続していくうえで、女性たちの負担をいかに取り除くかが大きな課題となっている。祭祀のことを日本社会の慣例に倣って、「法事」という場合もある。済州島*では祭祀をシッケ(식계)という。

参考文献：梁愛舜『在日朝鮮人社会における祭祀儀礼　チェーサの社会学的分析』晃洋書房、2004。　　[梁愛舜]

祭祀
生野区在住順興安氏の正月茶礼。済州島出身者は玄関に近い場所にムンジョンサン(門前床)を設置する。

▶474 **ソニン** (ソニン)
1983〜

歌手・タレント・女優。高知県出身の在日コリアン3世。本名：成膳任(ソン ソニム)。四国朝鮮初中級学校・神戸朝鮮高級学校を経て東京都立新宿山吹高校に編入。2000年、EE.JUMPのメンバーとして歌手デビュー。3枚目のシングル「あっととっと夏だぜ」がオリコンチャート4位を記録し、注目される。2002年、「カレーライスの女」でソロ活動を開始。2003年、第40回ゴールデンアロー賞音楽新人賞を受賞。同年、TBSドラマ『高校教師』に出演、女優活動も開始。同年に全国6カ所でファーストコンサートツアーを行う。2004年には『8人の女たち』で舞台デビュー。同年秋にフジテレビで放送された『東京湾景』では、在日韓国人の木本紀香役を演じ、話題になる。2006年には、松竹映画『バックダンサーズ』に出演。2007年に『スウィーニー・トッド』、2008年に『ペテン師と詐欺師』『ミス・サイゴン』など、話題のミュージカルにたて続けに出演し、存在感ある演技を見せている。シングルCDは『津軽海峡の女』など8枚、アルバムに『華』(2003年)がある。　　　　　　　　　　[朴一]

▶475 **徐萬述**(ソ マンスル)
1927〜

在日朝鮮人の組織運動家、朝鮮総連の議長。慶尚北道出身で1941年に渡日、山口県で中学校を卒業、戦後、広島で朝鮮総連の活動に参加し、1968年に広島県本部委員長に就任、1973年に中央常任委員会組織局長に就任して中央への進出を果たした。その後、事務総局長を経て1983年に副議長に就任、1998年、総連第18回全体大会で、1995年の李珍珪副議長の死によって空席となっていた第1副議長となって、1993年に責任副議長となっていた許宗萬*とともにポスト韓徳銖*の総連指導者として注目された。北朝鮮の最高人民会議代議員や祖国統一汎民族連合海外本部副議長などを兼務し、1999年には総連の弱体化を憂慮した金正日朝鮮労働党総書記は、組織の強化策をこの徐萬述に指示したと言われる。2001年、総連第19回全体大会で同年2月に死去した韓徳銖を継いで総連議長に就任し、2004年第20回、2007年第21回、さらに2010年第22回全体大会でも再任されている。

[文京洙]

▶476 **徐龍達**(ソ ヨンダル)
1933〜

経営学者・人権活動家。釜山市生まれ。大阪市立大学商学部卒業。神戸大学大学院博士課程を経て1963年に桃山学院大学の専任講師、1971年同大学の教授に就任。現在同大学名誉教授に至る。会計学を専門として教育研究に携わるだけでなく、在日コリアンの処遇を改善するための幅広い社会活動を展開してきた。1956年に韓国奨学会の創設運動に参加。また1972年に在日韓国・朝鮮人大学教員懇談会*を設立して、国公立大学の教員任用で残っていた国籍*要件を撤廃させる活動を続けて、その成果として1982年に国公立大学外国人教員任用法が成立した。さらに、1987年に「国際在日韓国・朝鮮人研究会」を発足させ、「定住外国人*」の用語を定着させ、外国人の「地方参政権」や「公務就任権」など

について日本の「内なる国際化*」を求める評論活動を続けて日本社会に大きな影響を与えた。編著には『アジア市民と韓国朝鮮人』日本評論社、1992年；『多文化共生社会への展望』日本評論社、2000年などがある。［尹明憲］

▶477 ソン ギ ジョン
孫基禎
1912～2002

韓国の長距離ランナー。ベルリン五輪金メダリスト。平安北道新義州生まれ。12歳で渡日、長野県の呉服屋で奉公する。19歳の時、ランナーの資質を認められ、ソウル市養正高等普通学校に入学、陸上部に所属して本格的にマラソンに取り組んだ。1936年、ベルリン五輪のマラソン種目に日本代表として出場、2時間29分19秒2の世界記録で金メダルに輝く。この快挙に日本の植民地統治にあえいでいた朝鮮人は湧きたち、基禎は一躍民族のヒーローとなった。しかし、東亜日報がこの快挙を伝えるにあたって、基禎の胸にある日の丸を青酸カリで消した写真*を掲載した――世に「日章旗抹消事件」と呼ばれる――ため、基禎は独立運動の高揚を恐れる朝鮮総督府の厳しい管理下に置かれることになった。1940年、明治大学に進学したが、総督府より「2度とマラソンはしない」という誓約書を書かされていたため、陸上部に所属することはできなかった。1988年にはソウルオリンピックの聖火ランナーを務めた。　［姜誠］

▶478 ソンジャンボク
宋章福
生没年不詳

大阪の「ボル派（ボルシェビキ派、マルクス主義派）」の活動家。大阪で目立った活動はしていなかったが金鐘範に見出され、1922年12月結成の大阪朝鮮労働同盟会*初代委員長に就任した。1923年前半には総同盟主催の諸運動に常に応援弁士として参加したが、総同盟に対して常に追随的であったと評された。1925年2月、朝鮮人労働団体を糾合して、朝鮮労働総同盟が組織されたが、大阪の団体が統一して大阪連合会ができたのは7月であった。連合会の中では「アナ派（アナルコ・サンディカリズム派、無政府主義派）」の魚波と宋章福の間で勢力争いが繰り広げられた。1928年5月、「病気」を理由に在日本朝鮮労働総同盟*大阪朝鮮労働組合執行委員長を辞任するも、同年11月、昭和天皇即位式に際して、検束された。1929年4月の大阪朝鮮労働組合第3回大会時には、西部支部委員として政治部を担当、大同消費組合*の運営にも関わった。1931年8月に大阪朝鮮無産診療所の主導権を合法無産政党系から「ボル派」の朝鮮人が奪った大会で検査委員となったのが最後の記録である。

［塚崎昌之］

▶479 ソンシンド
宋神道
1922～

日本で最初に名乗り出た元日本軍「慰安婦」。忠清南道生まれ。働き口があるとだまされ、新義州、天津、漢口を経て1938年11月頃に武昌の「慰安所」に連行される。1941年に「慰安所」で妊娠・出産するが、直後に第一次長沙作戦の軍事拠点である岳州（湖南省岳陽）の「慰安所」へ移される。以後、「部隊付き慰安婦」として長安、応山、蒲圻（赤壁）を転々とし、最後は咸寧で日本の敗戦を知る。部隊の軍曹から結婚

する約束で日本へ連れてこられるが、1946年春に引揚船で博多に到着後、置き去りにされる。その後、在日同胞の助けで宮城県に暮らす。1992年1月開設の「慰安婦110番」がきっかけで宋の存在が知られるようになり、「在日の慰安婦裁判を支える会」の支援で1993年4月から日本政府を相手に提訴するが、2003年3月に最高裁で上告棄却、敗訴確定。闘いの記録として映像作品『オレの心は負けてない』（2007年）がある。多田瑤子反権力人権賞（1997年）受賞。　　　　［宋連玉］

▶480 ソンジンドゥ
孫振斗
1914～没年不詳

すべての被爆者に対する日本政府の戦争責任を裁判で初めて認めさせた韓国人被爆者。1927年に大阪市で生まれ、1944年に家族で広島市に移り、一家全員が被爆。被爆後も日本に留まった孫振斗は1951年に外国人登録をしていなかったかどで韓国に強制送還され、健康が悪化した1970年12月、「日本政府の治療を受ける権利がある」と、佐賀の漁港に「密入国」し逮捕された。このとき日本で救援運動が起こり、孫振斗は囚われの身のまま、日本での永住と治療を求めて、1972年に「被爆者健康手帳（以下、手帳）却下処分取消訴訟」を、1973年に「退去強制*令書無効確認訴訟」を提訴した。手帳裁判は1978年の最高裁で完全勝訴し、手帳を手にした孫振斗は日本での特別在留許可も得て、治療に専念できる身となった。「原爆医療法には国家補償的配慮が制度の根底にある」とした最高裁判決は、1990年代に入って続々と提訴されることとなる在韓（在外）被爆者の「被爆者援護法の平等適用を求める裁判」で司法判断の基盤となり、在韓（在外）被爆者援護の拡大に寄与し続けている。

［市場淳子］

▶481 ソンソンチョル
宋性徹
1914～没年不詳

社会運動家。済州島*出身で1931年5月に結成された社会主義者の抗日運動組織である「済州島ヤチェイカ」に参加、1932年には渡日して大阪を中心に日本共産党や全協で幹部として活動した。1935年には『朝鮮新聞』*の創刊に参加したが1936年9月、編集局長の李雲洙*などとともに同新聞の論調が民族的であるとの理由で検挙され、治安維持法*違反で懲役刑（2年6ヵ月）を宣告されている。解放後は、金天海*、金斗鎔*などとともに日本共産党員として活動し、朝連（在日朝鮮人連盟）の結成をリードした。1945年12月に日本共産党内に朝鮮人部（部長・金天海）が設置されると関東地方担当の部員となり、1946年2月の日本共産党第5回大会では中央委員候補に選出された。1946年11月に結成された朝鮮人生活権擁護委員会の5人の代表委員の1人となり、12月の朝鮮人生活権擁護全国大会で首相官邸への要請行動で検挙され、翌年3月に強制送還されている。その後、北朝鮮にわたって外務省の日本課長となっているが、朝鮮戦争以降の消息は不明である。

参考文献：済州道発行『済州抗日独立運動史』1996。和田春樹『朝鮮戦争』岩波書店、1995。金太基『戦後日本政治と在日朝鮮人問題』勁草書房、

1997。　　　　　　　　　　［文京洙］

▶482 そんまさよし
孫正義
1957〜

企業家・ソフトバンクグループの創業者・ソウトバンクモバイル株式会社代表・福岡ソフトバンクホークスのオーナー。佐賀県鳥栖生まれの在日コリアン3世。高校1年のとき久留米大学付属高校を中退し、米国行きを決意。1974年、サンフランシスコのサラモンテ高校入学。この頃、名前を通称名*の安田正義から本名の孫正義に変える。高校卒業後、ホーリーネームズ・カレッジで2年間学んだ後、1977年カリフォルニア大学バークレー校の経済学部に編入。大学在籍中の1979年、「音声装置付多言語翻訳器」の試作品を製造し、シャープに売り込んで特許料として100万ドルを獲得。1980年、日本帰国。1981年、1年間の準備期間を経て、福岡県大野城市に「日本ソフトバンク」設立。1990年、ソフトバンクは社員460名、年商426億円を記録、パソコン流通業界の最大手に成長。この年、孫は店頭公開を視野に入れ、外国籍のままでは日本市場から莫大な資金調達はできないと判断し、日本国籍の取得を決意。1991年、孫は民族名*の孫のまま日本国籍を取得。1994年、ソフトバンク、店頭公開市場に株式を上場。約7割の株を所有する孫の資産は2000億円を超え、「日本のビル・ゲイツ」と騒がれる。この時期から、ソフトバンクの株上場で調達した資金を元手に、国内外のトップ企業を次々に買収。1996年、126億円でインターネットの検索サービス・ヤフー株の32%を買収。2004年には日本テレコムを買収、2006年には2兆円を注ぎ込んで英ボーダフォンを買収するなど、国境を超えて資金を調達し、企業買収を進める孫の経営手法は、規制に守られてきた日本的経営を大きく変化させる原動力となっている。また2005年には、プロ野球*球団・福岡ダイエーホークスの経営権を譲り受け、福岡ソフトバンクホークスを設立し、オーナーとなった。［朴一］

▶483 ソン モ ギン
孫牧人
1913〜1999

作曲家。植民地期から朝鮮・日本で活躍し、現在も朝鮮民族の間で親しまれる大衆歌謡を作ったほか、解放後も日本のヒット曲を手掛けた作曲家。慶尚南道晋州府生まれ、本名は孫得烈、密陽孫氏。日本での活動では久我山明という名前を用いた。

　幼少時より音楽*に親しみ、朝鮮での初等中等教育ののち、東京に出て、専門的に音楽を学ぶ。1932年作曲し、高福寿が吹き込んだ「他郷暮らし」がヒットし、作曲家としての道を歩み始める。その後、作曲した「木浦の涙」もヒットした。これらの曲の流行については、哀愁に満ちたメロディが、抑圧された朝鮮民衆の心をとらえたという見方がある。1930年代後半から1940年代はじめには朝鮮楽劇団*の指揮者兼編曲者としても活動した。

　解放後も日本語の流行歌の作曲を行っており、ヒット曲としては「カスバの女」などがある。また、「木浦の涙」は日本語の詞が付けられて菅原都々子によって吹き込まれ日本人にも親しまれた。韓国においては、韓国著

作権協会や作曲家協会の初代会長も務めていた。1999年1月、東京都で死去。
参考文献：孫牧人『他郷暮らし 孫牧人80年の人生賛歌』竹書房、1992。『民団新聞』1999年1月27日付記事。

[外村大]

タ 行

対外民事関係法

北朝鮮が対外開放政策の推進に向けた法整備の一環として1995年9月6日に制定した同国初の国際私法典である。「財産関係」「家族関係」「紛争解決」など5つの章から構成されており、制定後、数次の改正を経て現在に至る。なお、国際私法とは、一定の私的法律関係（例えば結婚・離婚や相続、契約関係など）が外国（人）にも関係する場合に、本国法、常居所地法、行為地法などの中から、どの国の法を適用すべきかを指定する法律であり、日本では「法の適用に関する通則法」（通則法）が、韓国では「国際私法」が主な国際私法典である。対外民事関係法の制定により、北朝鮮を本国法とする在外公民の財産や家族関係、あるいは、朝鮮民主主義人民共和国の国籍*をもつ者と外国人との間の私的法律関係に適用されるべき準拠法が明確化したといえる。また、同法は、日本をはじめ他の多くの国の国際私法典と異なり、準拠法に関する規定のみならず、国際裁判管轄権や外国判決の承認執行など、国際民事訴訟法に関する規定も含んでいる点が特徴といえる。

[韓検治]

大学同窓会

日本の大学への朝鮮人留学は1881年慶應義塾入学の2名を嚆矢とし、留学生増加にともない1895年大朝鮮人日本留学生親睦会、1912年朝鮮留学生学友会など種々の同窓会、親睦会*が結成された。大学別同窓会は1907年早稲田大学朝鮮留学生同窓会（31年ウリ同窓会に改称）に始まり各大学も続いたが、1919年には各同窓会中「近頃最も活動して居るのは早稲田・明治・中央・日本・慶応にして就中早稲田、明治は勢力がある」（警保局保安課資料）という状況だった。さらに法政、専修、農大、東大のほか京大、同志社、立命館など関西の大学にも朝鮮人学生の団体が生まれ、植民地期の日本で民族主義的活動を行った。

解放後、朝鮮人学生数の減少（帰国、留学生の途絶）に加え在日学生間の左右対立で同窓会活動は停滞したが、2世学生の増加する1950年代以降、大学韓文研・朝文研結成の母体になった。韓国4・19革命の影響もあり1960年代以降、政治的信条を超えて卒業生による統一的な運営を行う同窓会も現れている。現存する主な同窓会は早稲田大学ウリ稲門会、中央大学コリア同窓会、法政大学ウリ同窓会、慶應大学コリア三田会、同志社校友会コリアクラブ、立命館大学ウリ同窓会、大阪市立大学高麗同窓会などがあり、中大コリア同窓会のように毎年会報を発行し活発に活動を継続している同窓会も少なくない。

なお韓日国交以降に増加した韓国人留学生の同窓会は大半が韓国内に基盤を置き、多くは在日同窓会と区別される。

参考文献：早稲田大学우리同窓会編『韓国留学生運動史――早稲田大学우리同窓会七〇年史』1976年。［鄭雅英］

▶486 **大学入学資格** 民族学校は「各種学校*」であるため、一般的には 大学入学資格検定（大検）に合格しなければ大学受験ができないとされた。しかし公立・私立の大学は、学校教育法施行規則にある「大学において、高校卒と同等以上の学力があると認めた者」は入学資格を有するとの規定を活用して徐々に門戸を開放し、残るは国立大学のみとなっていた。1999年に、京都大学と九州大学の大学院が朝鮮大学校*の卒業生の受験を認めたことから、文科省も省令改正を行いそれを追認した。学部については、2003年3月、文科省は、インターナショナル・スクールについては認めるとの方針を打ち出した。同じ外国人学校に"差別"を持ち込むものとして猛反発を受け、同年9月、本国の高校と同様の課程を有する学校、及び各大学の個別審査による方式、によって基本的な問題はようやく解決された。ただ、朝鮮高校卒については、大学の個別審査が必要であり、まだ問題が残っている。 ［田中宏］

▶487 **退去強制** 入管法によって在日外国人を日本から追放することをいう。「強制送還」とも言われている。入管法24条には「密入国」、超過滞在、覚せい剤取締法の有罪判決を受けたものなどを退去強制するという条項がある。さらに無期又は一年を超える懲役若しくは禁錮に処せられた者。ただし、執行猶予の言い渡を受けた者を除く」という条項がある。これは一般的な在日外国人に関する規定であるが、日本の朝鮮植民地支配に淵源をもつ在日朝鮮人についても基本的にこの条項が適用されることになっている。1年以上の刑事罰を受けた在日朝鮮人を機械的に退去強制することは人道的に問題があるので、日本政府もその運用を緩和していたが、韓国に退去された例もある。また、1965年の日韓法的地位協定によって生まれた協定永住者については、それが「無期又は7年を超える懲役又は禁固に処された者」とされた。さらに、1991年の入管特別法の制定によって、その範囲が南北朝鮮、台湾出身者及びその子孫に拡大された。 ［飛田雄一］

▶488 **第三国人** 1945年9月2日、日本は降伏文書に調印、連合国軍最高司令官（SCAP Supreme Commander for the Allied Powers）の統治下におかれた。その指令・覚書は必要に応じて、連合国民、枢軸国民、中立国民、被解放国民または第三国人などと区別していた。「第三国人」というのは、連合国民及び中立国民、つまり外国人ではないが、同時に日本人とも必しも地位を同一にしない、朝鮮人その他の『従来日本の支配下にあった諸国の国民』である。強いていへば解放国民ともいえよう。普通に朝鮮人のほか、琉球人、台湾人が挙げられ

るが、台湾人の地位は未決定なところがある」（高野雄一『日本管理法令研究』第14号）。

朝鮮は1945年10月31日「連合国中立国及び敵国の定義に関する覚書」では、「戦争により従来の地位に変化を来せる国」に属さないが、1947年8月4日、1948年6月2日の「覚書」で「特殊地位国」に分類されている。日本に在住する朝鮮人、台湾人については、1945年11月3日「日本本土の降伏後の軍政に対する基本指令」で「できるだけ解放国民（Liberated People）として扱うこと」、だが、かつては日本国民であったことから必要に応じて「敵国民」すなわち日本人として扱うとの但し書きがあった。

台湾人は、1945年7月中華民国が台湾省民に中華民国国籍を付与するとさだめ、10月25日から実施。そのため、対日平和条約の発効（1952.4.28）まで、日本国籍を離脱したとは認められないが、中国代表部の「登録証明書」をもつ台湾人は、連合国人として取り扱われることになった。このような法的地位をもつ朝鮮人、台湾人を、警察は治安取締にあたって「第三国人」と規定。(「第三国人とは、すなわち朝鮮人、台湾人、琉球人と観念して良い」(警視庁渉外課編『警察に関する渉外実務提要』1949年)。1946年夏頃から警察・政府が治安取締と関連して「第三国人」の言葉を使用し、マスコミなどでも使われるようになった。

[内海愛子]

▶489 『大衆新聞』

一月会*の機関紙。一月会は1925年1月元北星会*員の安光泉*、李如星らの主唱により組織。「大衆本位の新社会の実現を図るため総ての圧迫と搾取に対して階級的性的民族的なるとを問わず民衆と等しく組織的に戦う」という綱領の下に組織。1925年3月に機関紙『思想運動』を発刊し共産主義の宣伝に努めるが、安光泉、李如星などは機関雑誌『思想運動』が科学的社会主義の紹介に過ぎないとし、無産階級の普遍的新聞すなわち思想、労農、青年、女性、水平運動などの各部に共通するものを発行しようとした。安光泉、河弼源、朴洛鐘、韓林、金正奎などの一月会内にある革命社東京支部員たちが中心に発起。1926年1月以来計画中だったが、6月5日に『大衆新聞』と名づけて創刊号1000部を発行し、分裂した朝鮮社会運動の統一を主唱。1928年2月27日開催された朝鮮共産党大会で機関紙として承認された。

参考文献：金正明編『朝鮮独立運動』5、原書房、1967。朴慶植編『在日朝鮮人関係資料集成』第1巻、三一書房、1975。김인덕『식민지시대 재일조선인운동연구』국학자료원、1996。

[朴成河]

▶490 **大同山又道** だいどうざんまたみち
1920〜

柔道家・プロレスラー、金正日夫人・高英姫*の父。済州島*高山里出身の在日朝鮮人1世。民族名*：高太文（コテムン）。1932年、済州島から大阪に渡り、大阪のガラス工場に就職。仕事の合間をぬって柔道をはじめボクシング*、レスリング、剣道の修行を積み、あらゆる格闘技を身につける。新日本柔道協会（後の講道館大

阪）に所属し、講道館で柔道6段の段位を取得。1956年2月、白頭山(はくとうざん)等と「東亜プロレスリング協会」を設立し、プロレスラーに転身。得意技は「肘手チョップ」。同年7月、大阪府立体育館で柔道王の木村政彦と対戦。善戦するが、反則負けに終わる。1961年、帰国事業に応じ、朝鮮民主主義人民共和国（北朝鮮）に帰国。帰国後、朝鮮柔道協会の初代委員長に就任し、柔道選手の育成に尽力。指導者としての功績で北朝鮮スポーツマンの最高の栄誉である「功勲体育人称号」を与えられた。　　　　　　　　　　［朴一］

▶491
大同消費組合

1931年1月に大阪西淀川区海老江に設立された左翼系朝鮮人消費組合（生活協同組合）。前身は1929年4月に創立された朝鮮労働消費組合で、この名称のもとに店舗を開設し経営してきたが、労働組合運動と協同組合運動を区別し後者を発展させるために名称を変更した。資本主義的利潤追求を排除し、労働消費者の直接生産分配を図ることを綱領に掲げ、米穀、魚物、醬油など約50品目にわたる食料品を組合員に安く販売した。組合員は150世帯でスタート、1932、1933年の最盛期には300世帯を数えた。夜学院と「婦人部」を持ち、夜学院では組合の建物を利用し昼間日本の小学校に通っている生徒に朝鮮語を教え、「婦人部」では講座式の啓蒙運動などを行った。災害時には救援運動も積極的に展開した。1934年には同じ地区にあった權愛消費組合との合同が図られたが実現しないまま權愛消費組合は解散。1936年の南朝鮮水害時には救援活動を行ったが、その後まもなく消滅したもよう。

［堀内稔］

▶492
平事件

1949年6月30日、炭鉱労働者や共産党員、在日朝鮮人などが警察の弾圧に抗議して福島県平警察署を一時占拠し、弾圧を受けた事件。常磐の中小炭鉱における争議を武装警察が鎮圧し、また朝鮮人集住地に対する生活弾圧が行われていたことから、常磐地域の炭鉱労働者や在日朝鮮人において警察に対する不満が事件の前から高まっていた。

こうしたなかで平駅前に設置された共産党の壁新聞掲示板の撤去命令をめぐるやりとりが発端となり、日本共産党石城地区委員会が主導した労働者約400名や、在日本朝鮮人連盟*石城支部の金逢琴・金明福らを中心とする100名以上の朝鮮人が抗議行動を展開し、30日午後から夜にかけて平警察署を一時占拠した。この後、7月から8月にかけて警察当局によって230名が逮捕され、そのうち157名が起訴され騒擾罪が適用された。この事件は1949年9月、在日本朝鮮人連盟を暴力主義的・反民主主義的団体として「団体等規正令*」を適用し、強制解散させる理由としても利用された。

［金耿昊］

▶493
高槻むくげの会

大阪府高槻市内のコリアン集住地域で活動する地域団体。高槻市立第六中学校「在日韓国・朝鮮人子ども会」出身の青年らが1972年地域サークル「高槻むくげの会」を結成し（会

長：李敬宰)、1978年同胞子弟を支える目的で「成合子ども会」を設置。以後、在日同胞対象の高校生の会、婦人部、日本語識字教室*などを開設し各種啓蒙活動に取り組むとともに、民闘連*運動や1980年代指紋押捺拒否運動*にも積極的に関わった。また高槻市と在日コリアン住民の人権保障問題に関する交渉を重ねた末、1985年高槻市教育委員会は在日韓国・朝鮮人教育事業を実施し、それまでむくげの会*が行ってきた各種教育活動や学校子ども会を市教委の直営とした。

その後、諸地域からの渡日児童・生徒の増加にともない2001年からは多文化共生*・国際理解教育事業に発展したが、間もなく市教委側は事業内容・予算の大幅削減と担当正職員減員やアルバイト職員の解雇を行った。むくげの会は高槻市を相手に行政訴訟を起こしたが大坂地裁で敗訴した（2008年）。また2004年には、むくげの会として「在日に権利としての日本国籍を」という訴えを提起し議論を呼んだ。

[鄭雅英]

▶494 たかやまとくたろう
高山登久太郎
1928〜2003

大阪市生まれの在日コリアン2世。民族名：姜外秀(カンウェス)。指定暴力団の会長。日本の敗戦後、家族は帰国の途についたが、九州から一人で大阪に戻り闇市などで食い扶ちを稼ぐようになる。中尾健太郎の配下でヤクザ*稼業に身を投じた高山は、喧嘩を繰り返して逮捕され、懲役6年の実刑判決を受け帯広刑務所に収監された。出所後、1950年に大津のヤクザ中川芳太郎と出会い、翌年盃を受ける。中川が旧制三校（現京都大学）出身であったため、中川組は大津市から競輪場などの警備を依頼された。1953年、朝鮮戦争が泥沼化する中、民団が組織した在日韓僑自願軍に志願して東京へ向かうが、停戦により派遣が見送られ大津へ戻る。1969年に2代目中川組組長、1986年には3代目会津小鉄会を継承して4代目会津小鉄会会長に就任。1992年に施行された暴対法に異を唱え国家賠償請求訴訟を行うなど、自己肯定の裏返しではあるが、常に国家権力・官憲への敵意、抵抗姿勢を鮮明に示した。1997年に跡目を5代目に移譲し、ヤクザを引退。高山を扱った図書に、宮崎学『突破者異聞 鉄(kurogane) 極道・高山登久太郎の軌跡』徳間書店、2002などがある。

[徐正根]

▶495 たけだせいじ
竹田青嗣
1947〜

哲学者・文芸評論家。大阪生まれの在日コリアン2世。常用している民族名*は姜修次(カンスチャ)、戸籍*名は姜正秀(カンジョンス)。早稲田大学政治経済学部卒。明治学院大学教授を経て早稲田大学国際教養学部教授。1983年に『〈在日〉という根拠』(国文社、現在ちくま学芸文庫)を刊行して、金石範*、李恢成*、金鶴泳*を論じる。「祖国」「民族」の理念化に異議を唱え、不遇性の在りかを見すえて在日固有のアイデンティティ*の根拠を問うた。『人間の未来』『自分を知るための哲学入門』『現代思想の冒険』(ちくま学芸文庫)、『ニーチェ入門』『プラトン入門』(ちくま新書)、『陽水の快楽』(河出文庫)、『現象学入門』(NHKブックス)、『言語的

思考へ』(径書房)、『恋愛論』(作品社)、『現代批評の遠近法』(講談社学術文庫)ほか多くの著作がある。

[磯貝治良]

▶496
タチソ
(陸軍高槻地下倉庫)

長野・松代大本営*と並ぶ陸軍五大地下倉庫の一つ。「タチソ」とはタカツキ・チカ・ソウコの暗号。倉庫は名目で中部軍司令部として1944年11月から掘削開始、1945年2月には川崎航空機地下工場に転用される。敗戦時迄に総延長約4.5kmの第一工場トンネル群がほぼ完成、入り口2カ所とわずかな地下壕が現存する。6月頃向かいの山に総延長約6キロの第二工場が掘削開始、未完成の地下壕約750mが現存する。他に第三・第四トンネル群もある。掘削には600名の強制連行者を含む3500名といわれる朝鮮人労働者が11時間労働を強いられた。逃亡防止などの監視に4名の警察官が配置された。5月末時点迄に2名が事故死。治療・慰安施設は皆無であり、悪質な疥癬が流行したときも放置された。戦後、飯場跡に残らざるを得なかった朝鮮人と地元農民との間で土地を巡る争いも発生、本来の責任を果たすべき国が関わらなかったため、1981年にやっと解決、それまでは劣悪な住環境に置かれた。

[塚崎昌之]

▶497
立原正秋
たちはらまさあき
1926〜1980

小説家。慶尚北道安東郡に生まれる。民族名:金胤奎(キムユンギュ)。5歳で父を失い、1935年に母と共に渡日。1940年、創氏改名*により金井正秋となる。日本敗戦前の学徒動員中に「日本と朝鮮の滅亡」を願い、のちに朝・日混血兄弟の軋轢を描く名作「剣ヶ崎」を生む。敗戦後、早稲田大学法律学科、国文学科の聴講生になるが、いずれも除籍。「八月の午後と四つの短編」で第2回近代文学賞を受賞してのち本格的に文壇作家となり、1960年代に「薪能」「剣ヶ崎」で芥川賞候補、「漆の花」で直木賞候補。「白い罌粟(けし)」が第55回直木賞を受賞(1966)。40歳頃から旺盛で絢爛な作家生活を送り、多くのファンを得た。自伝的小説『冬のかたみ』のほかに中世日本の美学を題材にした。創作の傍ら『早稲田文学』編集長も務めた。李氏朝鮮王族の末裔を名乗る経歴のフィクションは知られるが、その生きようは朝・日のあいだに引き裂かれた在日者の「屈折の典型」と捉える読者もいる。1980年に54歳で死去。

[磯貝治良]

▶498
タットナリ

タッとは鶏を意味し、トナリは隣近所のとなりで、朝鮮語と日本語の合成語である。大阪市生野区には猪飼野*だけではなく、在日コリアンが集住する地区がある。タットナリと呼ばれる地区はそのような地区の一つであり、生野区の東に1930年代まで養鶏を行っていた地区を指していう。ところが、産業化が進む中でこの地区にも住宅が増えると、養鶏の臭いが問題になり、養鶏場は東大阪の方へ引っ越すことになった。そこで、残った養鶏場に仕切りをして当時、住居がなかった在日コリアンに住宅として貸し出された。そこから、この地区をタットナリと在日コリ

アンは呼んでいた。養鶏場の臭いが染み込んだ劣悪な住居環境は、在日コリアンに向けられた「臭い朝鮮人」という揶揄の一つの要因でもあろう。このような地区は大阪だけではなく、在日コリアンが暮らしていた他の地域にもタットナリと呼ばれる地区があった。

参考文献：金賛汀『異邦人は君ヶ代丸に乗って』岩波新書、1985。[髙正子]

▶499
田中章
生没年不詳

日本炭鉱労働組合（炭労）中央執行委員長を務めた労働運動活動家。生没年・朝鮮名などについては不明であるほか、詳しい生い立ちも知られていないが、植民地時代に樺太で生活しており、解放後、日本人として引き揚げてきたとされる。北海道砂川で炭鉱労働者として働き、労働運動に参画、炭労北海道地方本部の委員長となったのち、1952年5月に炭労中央執行委員長に就任。この時期、炭労内部では労働法改悪反対や破防法反対の運動の取り組み方などをめぐって対立が生じており、田中の委員長就任は右派系の委員長の不信任を成功させた左派が彼を擁立したという経緯があった。このことを背景に、右派系は彼が朝鮮人であり、それを隠していることを材料に田中批判の攻撃を行った。田中は父が朝鮮人である事実を公表したが、組織は動揺したとされる。翌年、委員長は別の人物に代わり、田中はその後、労働運動から退いた模様である。

参考文献：日本炭鉱労働組合『炭労激闘あの日あの時』創広、1992。

[外村大]

▶500
田中宏
1937〜

岡山県出身。1960年東京外国語大学中国学科卒業、1963年一橋大学大学院経済学研究科修士課程修了。1962年から1972年まで（財）アジア学生文化協会に勤務。1972年から1993年まで愛知県立大学外国語学部講師、助教授、教授。1993年から2000年まで一橋大学社会学部教授。2000年から2009年まで龍谷大学経済学部特任教授。専門は日本アジア関係史、ポスト植民地問題、在日外国人問題。（財）アジア学生文化協会で、アジア人留学生たちとの出会いをきっかけに、在日外国人を取り巻く数々の差別撤廃運動にかかわる。30年以上にわたり、国家の営為によって個人の人権が軽視され、翻弄されてきた事象を告発し続け、民族差別*撤廃運動、指紋押捺廃止運動、戦後補償運動、定住外国人*参政権運動、外国人学校支援運動などに参加し、さまざまな市民団体の代表をつとめる。在日韓国・朝鮮人高齢者の年金訴訟を支える会（共同代表）、自由人権協会（JCLU）（代表理事）、ノーモア南京の会・東京（代表）、中国人強制連行を考える会（代表）、定住外国人の地方参政権を実現させる日・韓・在日ネットワーク（共同代表）、外国人学校の制度的保障を実現するネットワーク（共同代表）、枝川朝鮮学校*支援都民基金（共同代表）。主な単著に『虚妄の国際国家・日本 アジアの視点から』風媒社、1990。『在日外国人（新版）』岩波新書、1995。『戦後60年を考える』創史社、2005。

[李洙任]

▶501 **多奈川事件**　1952年3月大阪府泉南郡多奈川町（現岬町）で起こった密造酒摘発事件。朝鮮人住民が摘発を妨害したことにより騒動が発生、25名が酒造法違反、公務執行妨害などで逮捕され、20名が起訴された。多奈川町には戦時中、川崎造船会社の艦船工場があったため人口は6000人を超え、その中には強制徴用された朝鮮人労働者も約800人いた。1948年7月に同工場が閉鎖されたため失業者が続出、朝鮮人の多くは生活のためヤミ米販売や密造酒などで生計を立てざるを得なかった。密造酒摘発に名を借り朝鮮人を弾圧しようとした多奈川町警察は、1952年3月26日国税局員や警官合わせて約100名が10カ所を襲撃した。これに対し朝鮮人、日本人の青年を中心とする600人がトラックのタイヤをパンクさせたり証拠品を投げ捨てるなど抵抗し、いったん退去させた。しかし警察は同月30日、約450名の制私服警官を動員して部落を襲い、ピストルの発射で死亡者1名、重軽傷10数名を出した。　　［堀内稔］

▶502 **頼母子**（たのもし）　頼母子には金融を目的とするものと、親睦を目的とするものとがあるが、ここではもっぱら金融を目的としたものについて述べる。朝鮮語で「契」（ケ）とよばれる頼母子講は、朝鮮時代から相互扶助の方法として定着しており、今日の韓国にも残っている。日本では金融を目的とした都市部の頼母子の多くは20世紀に入って相互銀行や信用組合などに移行していったが、在日コリアンの間では制度的な金融機関からの融資を受けることが難しかったこともあり、とくに女性が中心になって戦後も頼母子がさかんに行われていた。まとまった資金を必要とするために多額を集めるものから、こづかいを膨らませる程度のものなど規模も多様であり、1回の掛け金の額によって「1万円口」「3万円口」「5万円口」などと呼ばれた。代表者は「親」とよばれ、他の参加者よりも多い金額を手にできるかわりに、記録を管理したり、掛け金が払えなくなった「子」の代わりに負担するなどの責任を負っていた。運営方式もさまざまであったが、その一例をあげれば大略以下のようになる。初回に集まった掛け金は親がうけとる。各回には決まった掛け金を支払う。集まった掛け金を受け取ることを「おろす」とよぶ。おろした「子」は、その後は決まった掛け金に「利子」1万円を加えて醸出する。親は「利子」を出す必要はなく、逆に毎回1万円を「利子」として受け取る。

「子」が掛け金を払わず行方をくらましたり、あるいは集金した掛け金を分配しないまま「親」が逃亡するなどのトラブルのもとにもなったが、結婚資金や住宅購入資金・子供の進学費用が必要なときなど、朝銀*などの民族金融機関*が設立された後も1980年代まで生活上重要な金融システムとして機能していた。　　［高村竜平］

▶503 **ダブル**　国籍*や民族の異なる両親の間に生まれた子どもを示す名称の一つ。植民地時代から朝鮮人と日本人の婚姻*（内鮮結婚*）によって生まれた子どもを指す「合いの

子」という蔑称があり、より中立的な名称としては「混血児」が使われたが、これも往々にして差別的なニュアンスを帯びることがあった。1960年代、テレビタレントや俳優として活躍する日本人と白人の混血者に対する肯定的ニュアンスをこめて「ハーフ」と称するようになり、朝－日混血者にも転用され現在では最も多用されている。来日外国人の急増によって国際結婚*が増加した1980年代後半、「ハーフ」という呼称は人間的にも半分という否定的なニュアンスが指摘され、むしろ複合的な文化要素を受け継いでいるという積極的な意味合いをこめた「ダブル」という呼び方が登場した。ただし21世紀初頭の日本社会で定着した用語とは言いがたく、単なる呼び換えに過ぎないという批判もある。なお、英語では"half-japanese"という使い方はあるが、half、doubleともに、それ自体に「混血者」の意味はない。

参考文献：山中修司『ダブルの新風』新幹社、1998。　　　　　[鄭雅英]

多文化共生

多文化共生とは、多様な文化や価値観をもつ人々の共生の問題である。それは、マイノリティの権利と社会統合はいかにして可能かという問題でもある。

「共生」の問題は、国民国家にとって古くて新しい問題である。近代国家は多民族国家として誕生して以来、自らの社会に「価値対立」を抱えこんできた。冷戦構造の崩壊後、グローバリゼーションの進展によって国家や「地域」の文化的多様性は一層深まる一方、世界各地では民族対立、宗教*・文化・エスニシティをめぐる対立が一挙に噴出した。その多くが、価値対立の問題である。価値対立とは、相異なる価値観の「妥当要求」とともに、文化的マイノリティの「差異の承認」と「存在承認」をめぐる闘争である。もし、価値の妥当要求が自己の排他的な存在の承認や主義・主張の正当性の主張にとどまるならば、それは社会の公共的な正当性の基盤を提供しえない。よって、文化的マイノリティの政治的承認と社会統合と両立可能性が、大きな問題となる。

日本社会には、先住民族・アイヌや在日コリアンをはじめとするエスニック・マイノリティ、膨大な数の外国人労働者、そして被差別部落、女性、障害者、HIV患者などの文化的マイノリティが存在する。こうした「外からの」マイノリティと「内なる」マイノリティは、日本社会の単一民族神話の幻想のなかで、長年、差別・抑圧されてきた。在日コリアンは戦後60余年を経てやっと「個人」の自由と権利という価値観から、日本人との共生や日本社会への「参加」を切実に求める地平に立った。それは、在日コリアンが異なるアイデンティティ*を保ちながら市民として日本社会に定住・参加し活動できる日本社会のあり方を求めている。求められるべきは、文化や価値観の異なるすべての人間の価値を肯定した多文化共生社会である。それは、個人の自由と権利の尊重と市民主義に基づく、文化的な多様性に「開かれた」共生社会である。　　　　　[金泰明]

▶505
玉の海
1944〜1971

大相撲第51代横綱。日本名：谷口正夫。民族名：鄭正夫(チョンジョンブ)。韓国人の父と日本人の母（谷口姓）をもつ大阪生まれ愛知育ちの在日2世。父と兄によって苦労を強いられた母親に孝行すべく中学卒業後、二所ノ関部屋へ入門。1959年四股名・玉乃嶋で初土俵。玉ノ海（二代目）独立に伴い片男波部屋へ移籍。二所ノ関部屋での大鵬育成課程を模範とするスパルタ指導の下、稽古の鬼となる。入幕後、金星4回、殊勲賞4回、敢闘賞2回受賞。1966年秋、大関昇進。1968年5月場所で初優勝。1970年1月場所後、北の富士と共に横綱昇進。玉の海（三代目）と改名。「北玉時代」の幕開けと評された。1970年度年間最多勝75勝。1971年7月場所で全勝し6度目の優勝。横綱昇進後の強さから「双葉山の再来」と絶賛され、大鵬引退後の角界を支える大横綱の道を期待された。虫垂炎を患っていながら横綱としての責任感から手術を延期。鎮痛剤を用いて9月場所に皆勤出場。これが祟り容態が悪化。緊急手術後、急逝した。［河明生］

▶506
単一民族国家

単一民族国家とは読んで字の通り、一つの民族から成り立っている国家であるという言葉である。日本を含め近代そして現代の国家で一つの民族だけによって構成される国家はありえないという事実は誰一人否定できない。そして日本も、南方系と北方系の民族、アイヌ民族、朝鮮半島からの渡来人*および琉球民族から成り立っている複合民族国家もしくは多民族国家である。日本の政治的統一とくに近代化の過程においては、西ヨーロッパ植民地主義諸国に対抗し肩を並べるために、「脱亜入欧」と「富国強兵」というスローガンを掲げて国の政治的目的達成に必要な国民総動員のイデオロギーとして単一民族国家論が政府によって主張され諸政策にも反映された。いいかえると、「日本は単一民族国家である」というのは国の政治目的達成のために作られた政治的造語でありフィクションでしかなく、「神話」とか「幻」と評されるのも至極当然である。しかし、政治的造語でしかなく「幻」といわれる単一民族国家論の本質は、日本には日本民族もしくは大和民族しかいないと主張することによって、日本に所在するアイヌ、琉球そして朝鮮その他の諸民族の存在を否定し日本民族への同化を強制することでしかなかった。このことは、日本帝国の対朝鮮植民地統治の過程に強行した、民族名*の否定と「創氏改名*」、朝鮮語使用の禁止などの「皇民化政策*」、そして平和と人権を標榜する憲法を戴き、非差別と平等を基本原則とする国際人権条約とくに国際人権規約*を受容した1979年以降も、アイヌその他の民族の存在を否定し日本には少数民族が存在しないと国連人権機構において公言して憚らなかった。もっとも、21世紀に入ってからは当事者の抗議と国際人権機構からの指摘もかさなり、アイヌの民族性を尊重しその言語と文化の保存と維持のために必要な施策が遅々とはしているが取られてきている。そして、多数の在日コリアンが地域社会の住民として大阪など近畿地方の自治体で

は、多文化社会を目指す教育と外国人行政が施されるなど単一民族国家論から脱皮する努力が見えてきた。

[金東勲]

誕生儀礼

朝鮮半島において子どもに関わる民間神は、三神(サンシン)もしくは産神ハルモニ(お婆さん)、産神ハルマン(お婆さん:済州島*の方言)などいくつもの名前がある。地方によって子どもの誕生に関わる儀礼はさまざまであるが、産育に関する儀礼の主催者は子どもを産んだ母であり、その祖母である。基本的には子どもが誕生すると、子どもと産婦の健康を願って三神床(サムシンサン)を準備し、三神に祈る。三神床にはご飯とワカメを供え、母と祖母が身を清めて三神に祈りを捧げるのである。また、この儀礼は子どもが生まれて100日目や、1歳の誕生日にも三神に供物を供えて祈るのである。このような子どもに関する儀礼は日本に渡ってきた在日コリアンたちにも継承された。子どもが誕生すると三神に祖母が祈り、100日目にペギルチャンチ*(百日祝い)や1歳の誕生日にはトルチャンチ*(一年祝い)を行っていた。ペギルチャンチは、子どもが無事に育ってくれたことに感謝するとともに、生まれた子どもを初めて社会へお披露目する日である。トルチャンチは、一家親戚が集まって子どもの誕生を祝い、誕生膳に米やお金、筆、糸などを置いて子どもが何を選ぶのかをもって、子どもの性格や将来を占う。

このような儀礼を主管していた1世のハルモニたちがいなくなり、2世、3世へと世代交代が進むにつれ、儀礼そのものは形式化されつつあるが、ペギルチャンチやトルチャンチを行う家庭は受け継がれている。鶴橋の国際マーケットや生野区のコリアタウン*の民族衣装を扱う店では、トルチャンチに着せる子どもたちのパジ・チョゴリやチマ・チョゴリ*が彩り鮮やかに売られている。

[髙正子]

団体等規正令

日本占領下に施行された治安弾圧立法で、在日本朝鮮人連盟*解散命令の根拠となった法令。略称・団規令。GHQの命令により発せられたいわゆるポツダム政令であり1949年4月4日に公布、施行された。

それ以前においても軍国主義的傾向を持つ団体等を取り締まった法令は存在したが、この法令は、対象を広げ、「暴力主義的な企図によって政策を変更し、又は暴力主義的方法を是認するような傾向を助長し、若しくは正当化すること」を取締るとしていた。またそうした団体の解散、その役員の公職追放を可能とする内容をもっていた。このような内容の法令が出された背景には、GHQのなかで東アジアにおける共産主義の伸長に危機感が高まり、日本の反共主義的秩序構築が目指されるようになっていたことがあり、GHQはこの頃より左翼勢力に対する警戒、取締りを強化した。そして1949年9月8日、右派系団体との衝突を口実として、団規令を適用して在日本朝鮮人連盟*に対して解散命令が下された。

講和条約発効後の1952年7月21日、同様の内容を持つ破壊活動防止

法*が公布、施行され、同日、団体等規正令は廃止された。　　　　　［外村大］

▶509
丹波マンガン記念館　マンガン記念館は、日本の近代化に不可欠な物資として明治から昭和にかけて採掘されたマンガンの全体像を後世に伝えるべく、1989年に京都府京北下中町に開館された。「加害者としての日本」を象徴する記念館として初代館長の李貞鎬が開館し、マンガンの生成、開発の歴史とともに、採掘に携わった労働者の人権に関する資料が収集・展示された。李貞鎬は長年のマンガン鉱での過酷な労働からじん肺で病に倒れ、「丹波マンガン記念館はわしの墓だ」という遺言を残した。その後次男の李龍植が李の死後14年間運営を継続した。丹波には約300の鉱山があり、3000人以上の朝鮮人や被差別部落の人々の労働でマンガン鉱石採掘が行われ、日吉町には陸軍のマンガン集鉱所である「帝国マンガン集鉱所」があった。マンガン記念館は、朝鮮人の強制連行や被差別部落の人たちの労働の歴史、マンガン採掘の歴史、じん肺の歴史、戦後処理の問題、朝鮮人差別などを後世に伝えようと個人の手で20年間運営されたが、慢性的な財政赤字を理由に、2009年5月閉館を余儀なくされた。しかし、2009年9月、韓国政府から韓国国民褒章が李龍植に叙勲された。李は叙勲を機に記念館の再開を決意し、2010年6月に再建委員会が発足した。

参考文献：李龍植『丹波マンガン記念館の7300日』（解放出版社、2009年）。
　　　　　　　　　　　　　　［李洙任］

▶510
治安維持法　反体制運動を取り締まる目的で制定された治安法。1925年に帝国議会で成立し、1928年、1941年の2回にわたって「改悪」された。植民地である朝鮮・台湾にも勅令を通じて施行され、共産主義運動のみならず独立運動にも適用された。治安維持法が適用された最初の事件は、日本「内地」での京都学連事件とされることが多いが、それ以前に朝鮮での適用例が見られる。日本在住朝鮮人に対しては、1928年に検挙された朝鮮共産党日本総局*に適用されたのが最初と思われる。その後、日本共産党、労働組合全国協議会などに加入した朝鮮人が治安維持法違反により弾圧されたが、1930年代後半になると、共産主義的な色彩のない民族運動にも適用されるようになり、学生やキリスト教徒らが検挙・投獄される事件が増えた。戦前に日本「内地」で治安維持法違反とされ検挙された者のうち1割前後は朝鮮人であったと見られる。日本敗戦後の1945年10月、治安維持法が廃止され、刑務所に入れられていた政治犯が釈放された時、東京の府中の予防拘禁所から金天海*、李康勲*を含む16名が釈放されたが、彼らを迎えに行った人々の半数以上が朝鮮人だったといわれる。　［水野直樹］

▶511 チェジュ
済州共済会　前身は1927年4月頃に組織された済州島*日本渡航者組合（あるいは内地渡航者組合）である。同組合は島司（済州島行政長兼警察署長）が会長に、島内13面の面長が支部長に就き、渡日希望者に1枚1円の渡航証を販売していた。

後に、済州共済組合、済州共済会と改称したと考えられるが詳細は明らかでない。共済会は、大阪府下に出稼ぎする島民に「渡航案内・職業紹介・人事相談・救済事業・教化事業」を行うとし、年額1円の組合費を取って島民の渡航を管理した。本部を済州邑、支部を大阪に置いた（前済州島司(とうし)が大阪支部長を務めたことを示す記録もある）。その活動は済州島民からの批判を受け、1928年4月25日に大阪の天王寺公会堂で開催された済州島民大会では、決議事項の第1項「済州共済組合撤廃に関する件」として、渡航の際の組合費強制徴収の拒絶、渡航阻止反対、日本と済州島での共済組合撤廃運動の断行などを決定した。東亜通航組合*でも、「共済会撲滅」を掲げ、関係当局に署名入りの抗議文を送ったり、会費不納同盟を組織した。「不正渡航者」の送還費用を一部補うなど、大阪府行政や雇用企業らと連携しながら島民の渡航管理に深く関与していたと考えられる。　　　　　　　[村上尚子]

▶512 チェジュ
済州島　済州島は朝鮮半島の南方に位置する朝鮮最大の島であり、楸子島・牛島など63の周辺島嶼が存在する。住民は済州島以外の地方を「陸地」とよぶ。中央に漢拏山（標高1950m）が位置する火山島で、島全体に360ほどといわれる寄生火山「オルム」が散在する。2007年に「済州火山島と溶岩洞窟群」がユネスコの世界自然遺産に登録された。水田は少なく、畑作・牧畜・漁業がおもな生業であった。植民地期には全羅南道に属し、郡と同レベルの行政単位としての「済州島」が設置されていた。解放後の1947年に「済州道」（朝鮮語では同音）として分離し、さらに2006年からは自治権の範囲がより広い「済州特別自治道」となっている。1970年代以降、韓国ではこの地域でのみ栽培が可能であったミカンの商品作物化と、政府と島外資本による観光開発が進み、主産業となった。その地理的条件から軍事的に重要な役割を負わされることもある。戦時中には中国爆撃の中継基地として利用され、終戦直前には「外地」では唯一「本土決戦」の候補地となり大規模な日本軍が駐屯し陣地構築を行った。朝鮮戦争時には陸軍第一訓練所が設置され、海兵隊も済州島で組織された。2009年現在では西帰浦市への海軍基地建設計画が大きな議論をよんでいる。

　済州島は1105年に高麗に統合されるまでは耽羅国とよばれる独立国であり、また朝鮮時代には島からの出入りが禁じられたこともあった。独自の方言が存在することがよく知られているように、言語・文化の側面で「陸地」部と異なる点が今日まで維持され、また住民自身によって意識されてもいる。例えば、「陸地」部と同様の父系出自原理に基づく親族のみならず、父系母系を区別しない「クェンダン」という親族カテゴリーも社会生活の上で重要な機能をはたす。潜水漁業に代表される、労働現場での女性の重要性もまた、「陸地」部との相違点として強調される。「シンバン*」とよばれる宗教職能者によって語られる神話でも、女性の役割は大きい。ただし島内でも、生業・慣習・儒教教化の影響の

強さなどは、海岸部と内陸部・島の南北や東西など地域によって多様である。

日本列島への渡航は、漁船での労働や海女*の出漁など韓国併合以前から行われていたが、第一次大戦中からは阪神間を中心とした工業地域への就労も増加し、君が代丸*など大阪との定期航路の開始もあり猪飼野*・三河島*など済州島出身者の集住地域が形成されるきっかけとなる。解放直後に帰郷したものも多かったが、済州島四・三事件*前後の政治的混乱を逃れたり、経済的な動機などから再び渡日現象がおこった。渡日と定着の過程では親族や同郷出身者同士の紐帯が機能し、日本において同郷団体や親族団体が組織されるようになる。このようにして形成された故郷とのネットワークにより、1960～1970年代を中心として、故郷での産業開発・学校運営・電線架設や道路の整備などに、所属する民族団体の枠をこえてさかんな援助がなされた。植民地期の労働運動家金文準*、朝連結成に参加した金民化・宋性徹*、西新井病院院長金萬有*、歴史家姜在彦*・梁永厚*・金慶海、文学の金石範*・金時鐘*・梁石日*・李良枝*・金蒼生など、その出自を済州島にもつ活動家や知識人も多い。

[高村竜平]

済州島四・三事件 チェジュ

1948年4月3日の済州島*での武装蜂起に端を発し、その武力鎮圧の過程で3万人近くの島民が犠牲となった悲劇で、在日社会にもさまざまな影を落とした。

第二次大戦後、米ソによって合意された信託統治*構想（米英中ソによる5年間の信託統治を経て朝鮮を独立させる構想）が南朝鮮での左右両勢力の衝突などによって頓挫し、米国は国連監視下の選挙による新国家樹立をはかるが、ソ連側がこれを拒み南だけの単独選挙（5月10日）となった。武装蜂起は、この単独選挙に反対して決行されたが、前年から島の左翼封じ込めのために米軍政が本土から引き入れた警察や右翼による島民への横暴がその引き金となっていた。蜂起の主体は、南朝鮮労働党（南労党）の若手党員で、一代目の司令官（金達三）が中央大学、二代目（李徳九）が立命館大学にそれぞれ学んだことにみられるように、大阪など日本での抗日闘争や労働運動の流れをくむ人々であった。蜂起の規模は300人余りと小規模だったが、大韓民国の樹立（8月）を経て討伐は「焦土化作戦」といわれる凄惨な殺戮劇に発展し、朝鮮戦争（1950～1953年）までに130余りの村が焼かれ2万5000人～3万人（当時の島の人口は22万人余り）が犠牲となった。犠牲者の8割余りは討伐隊によるものであったが、武装隊による犠牲も1割余りあった。事件は歴代の韓国政府によって「共産暴動」との烙印が押され、これについて語ることはタブー視されてきた。

一方の北朝鮮でも、朝鮮戦争以後、朴憲永など南労党関係者が粛清され、南労党の主導した四・三蜂起についてもほとんど言及されなくなった。四・三事件を前後して右翼の横暴や警察・軍の弾圧をのがれて日本に密航*したものが数千名にのぼるとみられるが、在

日朝鮮人の世界でも四・三事件について語ることを憚る雰囲気が支配した。こうして、四・三の悲劇が歴史の闇に封じられ、これを創作や論評などを通して問い続けたのは金石範*や金民柱など済州島を故郷にもつ在日の心ある知識人以外にはほとんどいなかった。

　1980年代末以降の民主化の過程で四・三事件の真相究明を求める動きがようやくたかまり、2000年1月、「済州四・三事件真相究明および犠牲者の名誉回復に関する特別法」が制定される。さらに、3年余りにわたる真相調査を経て2003年10月、国家による人権蹂躙が甚大であったことを認める『済州四・三事件真相調査報告書』が確定し、これを受けて当時の盧武鉉大統領が済州島を訪れ、遺族と島民に謝罪した。　　　　　　　　　［文京洙］

▶514 チェスンヒ
崔承喜
1911～1968

舞踊家。16歳の年の1926年に日本の現代舞踊*家石井漠が朝鮮で行った公演を見て感動し、日本へ行き石井漠の門下生に入る。19歳（1929年）で石井漠から独立し、ソウルに舞踊研究所を作り、舞踊家を養成する。崔承喜を一躍有名にしたのは1937年から2年間に渡るヨーロッパ、南米での巡回公演である。西洋人の目には崔承喜の舞は、エキゾチックなものとして受け止められ「東洋の舞姫」と評価された。作家・川端康成が彼女の熱烈なファンであったことはあまりにも有名な話である。彼女の舞はモダンバレーに朝鮮の伝統舞踊の要素を取り入れた独創的な舞であった。

　1945年の解放とともにソウルに戻ったが、南朝鮮の政治的混乱を逃れて北朝鮮へ渡る。北朝鮮では「崔承喜舞踊研究所」を作り、多くの舞踊*家を養成し、同時に「朝鮮舞踊の基本の舞」を作り、北朝鮮の舞踊を体系化した。現在北朝鮮で活躍する舞踊家は崔承喜の弟子もしくは孫弟子であるという。総連傘下の芸術団体である金剛山歌劇団*（前身朝鮮中央芸術団）で行われている舞は崔承喜が考案した舞を基礎にしている。崔承姫は一旦失脚するが、1994年には金日成によって名誉回復され、彼女の遺骨は2003年に愛国烈士陵に安置されている。なお、崔承喜に関する文献には高嶋雄三郎の『崔承喜』（むくげ舎）、金賛汀『炎は闇の彼方に―伝説の舞姫・崔承喜』(2002、日本出版協会)、高嶋雄三郎・鄭炳浩『世紀の美人舞踊家崔承喜』(1994、エムティ出版) などがある。

　　　　　　　　　　　［髙正子］

▶515 チェスンマン
崔承万
1897～1984

社会運動家・元済州島*知事。京畿道始興出身。普成中学、朝鮮中央YMCA英語科を経て、1917年東京外国語学校ロシア語科に留学。在東京朝鮮留学生学友会*に連なり、機関誌『学之光』の編集に参与した。1919年2・8独立宣言にはじまる東京留学生の独立運動に参加。日比谷公園での第二次運動を計画したが、未然に発覚し検挙された。1923年東京朝鮮YMCA*の幹事となり、翌1924年総務に就任。1923年の関東大震災時には一命をとりとめた後、天道教青年会等と協力して「罹災同胞慰問班」を組織し、同胞虐殺の実態調査を行った。解放後に発

表された震災当時の回想録や調査報告は当時の状況を伝えるものとして資料的価値が高い。1929年には震災で焼失したYMCA会館の再建を果たした。米国留学等を経て朝鮮に帰国した後、東亜日報社で『新東亜』主幹等を務めた。解放後は済州島知事、仁荷工大総長等を歴任。1967年から1968年にかけて再び在日本韓国YMCAの総務に就任し、YMCAの再興に尽力した。著書には『極熊筆耕』(1970)、『私の回顧録』(1985)等がある。

[田附和久]

▶516 チェソンミョン
崔善鳴
1899〜1945

アナキスト。江原道襄陽郡生まれ。渡日の時期は不明。1924年3月の第3回全国水平社大会に、関西朝鮮人連盟の理事として出席した。この大会で朝鮮に関する3つの議決がなされたが、「朝鮮人ノ取扱ニ関シテ政府ニ勧告ヲ警告スルノ件」については、直後に上京し、関東水平社の平野小剣と政府交渉を行った。また、「朝鮮ノ衡平運動ト連絡ヲ図ルノ件」でも、水平社が1924年4月の衡平社第2回大会に祝辞を送り、衡平社が謝辞を返す間を取り持った。その後も水平社の応援を受けながら、さまざまな集会を開催した。1925年頃から大衆的な運動からアナキズム*に純化した運動に重心が移り、高順欽*らと朝鮮無産者社会連盟を結成したり、日本人アナキストの同人誌『祖国と自由』の同人になった。被差別部落での講習会の講師なども行った。1930年前後には「ボル派(ボルシェビキ派、マルクス主義派)」に対抗して、企業同盟の運営に参加したり、非政治的な協同組合運動を起こし、『協同組合研究』を発刊した。1945年4月に死亡。

[塚崎昌之]

▶517 チェナムソン
崔南善
1890〜1957

作家・史学者。号は六堂、ソウル生まれ。1902年京城学堂で日本語を習得し、1904年には皇室留学生として東京府立第一中学校で3カ月修学し帰国。1906年、早稲田大学歴史地理学科に入学するも、模擬国会事件のため帰国。1908年に「新文館」を設立し総合雑誌『少年』を創刊。1910年には朝鮮光文会を創設し、『東国通鑑』(1911)、『三国史記』(1914)を刊行。1919年の3・1独立宣言書起草のかどで2年6カ月の懲役に服す。1921年に仮出獄、東明社を発起し、雑誌*『東明』を創刊。1924年、日刊新聞『時代日報』を創刊し、言論活動を継続した。1925年から1928年までは檀君主義思想の伝播のための言論活動を繰り広げた。1928年に朝鮮史編修委員、1938年に『満蒙日報』顧問、1939年には「満州国」建国大学の教授となる。解放後、反民族行為者処罰法により逮捕され、西大門刑務所に収監されるが「自列書」を書き、仮釈放。抗日民族主義派によって親日派だったと批判されている。1956年4月カトリックへ改宗、「ペテロ」の洗名をうけたが、糖尿病・脳疾患による3年半の闘病の末、1957年、ソウル市内鐘路区の自宅で永眠(享年68歳)。[全成坤]

▶518 チェファグク
崔華國
1915〜1997

詩人。1915年、慶尚北道慶州に生まれる。幼時に父が私財を投じた

書堂で漢字を習う。16歳のとき中学校編入のため渡日するが、独立運動の嫌疑で未決拘留を体験。24歳のとき再渡日。解放を横浜で迎えて帰国。朝鮮通信社*在職中に朝鮮戦争に遭遇し、翌年に東京に赴任。1956年から高崎市で名曲茶房あすなろを経営して、音楽家や詩人との交友が始まる。63歳にして第一詩集『輪廻の江』をソウルで出版。本格的に詩作する傍らアメリカ、中国、ソ連、東欧、韓国などを訪歴。1997年に没。

『驢馬の鼻歌』『猫談義』『ピーターとG』などの詩集があり、『猫談義』は在日詩人として初めて1985年にH氏賞を受賞した。諧謔や風刺に富んだ詩的エスプリは、近現代史の洗練と東洋的な飄逸を親和させて、優れた知性を息づかせている。在日詩において特異なだけでなく、詩の国境性を超える。その詩群は『崔華國詩全集』(土曜美術社出版販売)に集成されている。

[磯貝治良]

▶519 チォェチャンフォア
崔昌華
1930〜1995

牧師。平安北道生まれ。1950年、ソウル新興大学卒業後、渡日。1958年に神戸改革派神学校卒業。伝道を通じて多くの在日コリアンと出会い、在日朝鮮人問題に関心を持つようになる。1968年から金嬉老事件*にかかわるようになり、その後数々の在日コリアンの人権運動に参加。1975年、NHKを相手取って在日コリアンの名前の呼び方に関する人権訴訟を展開。最高裁で敗訴するが、在日コリアンの名前を日本語読み(サイ・ショウカ)ではなく、原音(母国語)読み(チォェ・チャンフォア)にすることを訴え続けた。その結果、以降、日本のマスコミの大部分がコリアンの名前を韓国読みで報道するようになった。指紋押捺拒否闘争でも最後まで運動の先頭にたち、娘・崔善愛とともに刑事裁判を争った。1995年、65歳で死去。著書に『国籍と人権』(1975)、『名前と人権』(1979)などがある。

[朴一]

▶520 **チジミ**
名称は「チジダ」、炒める、煮詰めるという料理法の名詞形。日本では類似のパジョンとピンデトッとされるものを区別しないで混同しているのが現状。小麦粉とネギを用いてお好み焼き風にしたのがパ(ネギ)ジョン(煎)で、これをチジミともプチンゲとも呼ぶ。これに対し緑豆粉に豚肉、桔梗(トラジ)の根、ワラビなどを混ぜて練り、油で焼き上げたものが「緑豆チジミ」で、通称「ピンデトッ」と呼んでいる。「ピンデトッ」とは「貧子の餅」と呼ばれていたもの。これらの材料の組み合わせが違うだけで、作り方は粉と野菜類、肉類を混ぜて油で炒めるように焼き上げる点は同じである。野菜にネギでもニラでも身近なものを用いて自分好みに合わせて作ることから、チジミ料理は多様化している。日本にお好み焼きがあり、似てはいるが同じではない。本場の韓国ではパジョン、緑豆チジミははっきり区別されている。韓国観光公社の調査では外国人女性観光客の選好度のトップは緑豆チジミのピンデトッであった(1992年)。

[鄭大聲]

チマ・チョゴリ

伝統的な女性の民族衣装をさす言葉であり、足首まである長いフレアの巻きスカートをチマといい、丈の短い結び紐のついた上着をチョゴリと呼ぶ。韓国では袖の曲線、全体を引き締める白地の半襟、合わせ着のように着る形が「民族衣装の3大美」とされている。チョゴリは時代によって丈が短くなったり、長くなったり、形に流行がある。「白衣民族」と自称したことからもわかるように、庶民は白い衣服を身につけ、常にその白さを保つことに気を使ったが、女性についてはその限りではなく、娘と未婚女性、花嫁は赤いチマ、既婚女性や中年女性は藍色のチマ、老女はあさぎや灰色のチマを着用した。生成りの漂白されていないチマとチョゴリは主に未亡人や喪中の女性が着用した。現在は日常着ではなくなったが、在日コリアンの間でも「結婚式には民族衣装を」というこだわりを持つカップルも増えており、また、記念日や式典などでも色とりどりのチマ・チョゴリが会場を飾る。日本国内にある朝鮮中・高級学校では、白いチョゴリに黒のチマが女子生徒の夏の制服として長年採用されてきたが、拉致問題や核問題など、北朝鮮と日本の関係が緊張すると、通学中の女学生のチマがカッターなどで切り裂かれるといった悪質な事件も起きたため、通学時にはブレザーを着用する場合が多くなっている。　　　　　　　　　［安聖民］

チマ・チョゴリ切り裂き事件

1994年4月から6月にかけて、朝鮮学校*生徒に対する暴行や嫌がらせが全国で相次いだ。とくに制服の民族衣装チマ・チョゴリ*を着て通学する女子生徒が標的にされ、チマ（スカート）やチョゴリ（上衣）を刃物で切り裂かれるという事件が頻繁した。それまでも大韓航空機爆破事件（1987年）など、日朝関係が緊張する度に朝鮮学校生徒に対する同様の暴行事件が起きていたが、この時期はとくに連続して多発した。

1993年3月北朝鮮は「ノドン1号」（準中距離弾道ミサイル）の試射を日本海方向へ決行。さらに1994年には北朝鮮の核開発疑惑により朝鮮半島のみならず、米朝、日朝の緊張が激化、国連安保理事会による経済制裁討議の開始など、北朝鮮に対する報道が連日マスコミを賑わせた。生徒たちへの嫌がらせが頻発したのは、そのようなマスコミ報道に煽られる形で露呈した差別意識からではないかとみられている。つばをはきかけられたり、「学校を爆破する」「朝鮮へ帰れ」などの暴言や脅迫電話など、嫌がらせも続発。1994年6月24日には、横浜の東急東横線綱島駅ホームで、神奈川朝鮮中高級学校に通う女子生徒が、後ろから来た若い男にチマ・チョゴリを引っ張られた上、背中や腹などを殴られ市内の病院に入院するという事件も起きている（朝日新聞、1994年6月25日）。これら暴力事件を新聞各社は精力的に報道。だが一方で「事件は自作自演ではないか」と匂わすような記事が雑誌*に掲載されたり、ネット上に書き込まれ、波紋を呼んだ（金武義「チマ・チョゴリ切り裂き事件の疑惑」宝島30、1994年12月号）。

朝鮮学校*側は自衛手段として教師が付き添い集団登下校、チマ・チョゴリの着用を一時中止した。1999年からは生徒の安全を考慮し、通学時にブレザーとスカートの第2制服が任意で着用されるようになった。

2002年9月17日、日朝首脳会談で北朝鮮による拉致事件が明るみになると、再びチマ・チョゴリを切られる事件が発生。朝鮮学校などには嫌がらせの電話や、学校ホームページの掲示板等へ脅迫まがいの悪質な書き込みが相次いだ。「在日コリアンの子どもたちに対する嫌がらせを許さない若手弁護士の会」が、2002年11月から関東地域朝鮮学校に行ったアンケート調査によると、回答した2710人の生徒の内、9月17日以降、暴言や暴行など、実際に被害に遭った子どもは522人にのぼった。

[高吉美]

▶523 **チャリ** チャリとは、すずめだいのことで日本の本州中部以南から中国の広東省までの海に分布する魚である。大きくても全長18センチ前後の小型の魚で、幼魚の時は茶褐色、成熟すると紫がかった黒色。済州島*近海で多く産する魚なので、済州の郷土料理にこのチャリがよく利用される。大阪の鶴橋、猪飼野*のコリアタウン*では初夏の頃から市場では欠かせないのが、このチャリのすずめだいである。食べ方は膾のほかに焼く方法もあるが、「チャリフェ」の方が好まれている。小形なので三枚卸が難しく、骨ごとぶつ切りにして酢コチュジャンで食べられることが多い。骨ごと食べることでカルシウムの有効な摂取法となる。膾料理法は二つあり、キュウリ、ニラ、ネギ類をきざみ、味噌で味を調え酢をきかす。これに水分を加えないのが「カンフェ」、水を加えるのが「ムルフェ」である。酒の肴にはカンフェ、ご飯にはムルフェが合う。チャリフェは済州道のグルメ料理である。

[鄭大聲]

▶524 **張応善** チャンウンソン
1899～1959

教育者。済州島*涯月邑生まれ。1922年、関西大学予科法文学部に入学。1923年12月結成の民族主義的色彩が濃い大阪朝鮮留学生学友会の委員長になった。その傍ら、1923年に設置された大阪で最初の朝鮮人公的教育機関・済美第四小学校夜間特別第二学級の代用教員となった。朝鮮語を教える他、朝鮮人勤労青少年の相談に乗り、学区外からも多くの朝鮮人が押し掛け、大阪で最も人気のある朝鮮人学校となった。関大卒業後も大阪朝鮮留学生学友会の活動に関わっていたが、1935年頃郷里の済州島に帰り、大静面長に就いた。1937年8月、大静面に作られていた海軍済州島航空基地の建設の功労により、海軍省から銀杯を授与された。その後、全羅南道主事などを務めたが、1943年に依願退職した。解放後は郷里の涯月中学校の開設に力を尽くし校長となり、四・三事件のときは武装官憲から子どもたちを守ったともいわれる。1952年からは涯月商業高等学校の開設に力を尽くし、最後まで教育に情熱を傾けた。

[塚崎昌之]

チャンギ（将棋）

2人で行うボードゲームで、朝鮮将棋ともいう。縦9本、横10本の線の引かれた専用の盤を用いる。駒は双方が9種16枚持ち、マスの中ではなく、囲碁のように線の交点に置く。駒は、それぞれ動きが決まっている。自分の駒を動かす時、動く先に相手の駒があると、その駒を取ることができる。日本の将棋と異なり、取った駒は再利用できないし、いわゆる成駒もない。駒は上下が平らな正八角形に切った木片の片面に先手は緑、後手は赤文字を書いたものを用いる。漢・楚が最も大きく、士・兵・卒が最も小さい。象・馬・車・包はその中間の大きさになっている。相手の漢または楚を詰めることで勝ちになる。王手をかける時には「チャングン（将軍）」といい、逃げる時には「モングン」という。大阪では、在日1世のハラボジ（おじいさん）たちが公園に集まり、チャンギを楽しむ姿が1990年代までよく見られた。また、民族教育の現場でも民族学級*を中心に人気のある遊びとして紹介され、広く楽しまれている。

[安聖民]

チャンゴ（チャング）

最も代表的なリズム楽器。韓国では文廟祭礼楽以外のほぼ全ての伝統音楽に用いられる。細腰鼓とも呼ばれる。『高麗史』に「高麗文宗30年(1076)、大楽管絃房に杖鼓業師がいた」とあるのが最古の文献記録であるが、高句麗の古墳壁画や統一新羅の感恩寺址出土の青銅製舎利器基壇に描かれている絵が最も古い資料といえる。インドで原型が生まれ、シルクロードを東に伝わるうちに各地で同系種が多数発生した。日本の鼓もその一種といえる。砂時計のような形の胴体は木製や磁器製で、桐の木が最も良いとされる。右側には馬や犬の皮を円形に加工したものを張り、竹を細長く削ったバチで打つ。左側は牛の皮を張り、竹の根で作った柄に玉をつけたバチや手のひらで打つ。在日コリアンにとってチャンゴは特別な楽器だ。結婚式で、お花見で、同胞が集まるところでは必ず民謡が飛び出し、人々はチャンゴのリズムに合わせ肩を揺らして踊った。1960年代までは胴体をブリキで作ったチャンゴもよく見られた。また、民族教育の現場でもチャンゴは民族特有の打楽器としてなくてはならない存在といえる。民族学級*はもちろんのこと、音楽室や国際理解学習の教室で多くの子どもたちに親しまれている。

[安聖民]

チャンジャ

塩辛の一種で正確には「腸卵ジョッ（チャンナン）」と呼ばれ、真鱈の大口（マダラ）、スケトウダラの明太*の内臓からつくられる。チャンジャと呼んでいるのは真鱈の内臓を使うので「大口アガミジョッ（テグ）」が正しい。アガミとは鰓（えら）つまり魚の呼吸器のこと。この真鱈のテグアガミジョッのことを慶尚南道地方では一般に腸子（チャンジャ）と呼んでいる。この俗称が日本に定着したのである。韓国の塩辛分類書にも出ていないし、辞典類の腸子の項目には、塩辛はない。慶尚南道地方の生活にチャンジャの名称が根をはったのには理由がある。材料の真鱈は寒帯性の深海

魚で冬期に慶尚南道鎭海湾が有名な産卵場となる。この鎭海近海でとれる大口という貴重な魚を有効に利用するため、内臓類を保存食品の塩辛にしたのが流通する。そしてチャンジャという名称は、この地方のみに通用するもので、ソウルの南大門市場でもこの名は通用しない。チャンジャは慶尚道の方言として日本に定着した。　　［鄭大聲］

▶528 チャンジョン ス
張錠寿
1909〜没年不詳

社会運動家。慶尚南道咸安郡生まれ、1926年に大阪に渡る。1929年には樺太に渡るも病気で半年で大阪に戻る。この頃、共産主義者と出会い、労働運動に参加、全協の非合法活動も行った。1933年1月に朝鮮に一時帰国するも、12月末に日本に戻り、『民衆時報』*を配布した。解放直後の1945年8月28日の大阪朝鮮人協議会結成準備委員会、10月15日の朝連の結成大会に参加した。朝鮮人連盟大阪府本部の組織・青年部長を兼任し、各支部設立に力を尽くした。日本共産党再建運動も行う。11〜12月、朝連から本国に送られた調査団代表10人の一人となった。1947年には日本共産党の「宣伝工作隊」に参加した。1948年の阪神教育闘争*ではデモの警備責任者として、逮捕・拘留された。1949年9月、朝連が強制解散させられ、公職追放となる。12月、日本共産党民族対策部*に参加したが、朝鮮戦争の方針で徳田球一らと意見対立、共産党と絶縁する。1951年、和歌山に移り、1958年には朝鮮総連紀北支部副委員長に就任した。

［塚崎昌之］

▶529 チャンドゥシク
張斗植
1916〜1977

作家。慶尚南道昌原郡に生まれ、1923年に渡日。解放前から金達寿*らと密かに回覧同人雑誌『鷄林』を作って文学活動を始める。戦後1946年3月に解放後在日朝鮮人文学の草分けとなる『民主朝鮮』*が発刊されるや、いちはやく参加。『朝鮮文藝』のほか、1948年にいくつかの文学／文化グループの会員が結集して在日朝鮮文学会が発足すると、それにも参加。解放後草創期の在日民族文学運動の中心にあって重要な位置を占める。一方、日本共産党が主導するリアリズム文学研究会、日本民主主義文学同盟の結成にも参加した。著書に『日本のなかの朝鮮人』『運命の人びと』『ある在日朝鮮人の記録』（いずれも同成社）などがある。

［磯貝治良］

▶530 チャンヒョクチュ
張赫宙
1905〜1998

作家。慶尚北道大邱に生まれる。本名：張恩重。14歳で結婚。20歳前後頃、アナキズム*、共産主義に接する。教員をしながら小説家*を目指し、25歳のとき「白楊木（ポプラ）」を『大地に立つ』誌に発表してデビュー。翌々年、植民地下の農民の苦難と怒りを描いた「餓鬼道」が『改造』の懸賞小説に入選して注目される。のちに初期のプロレタリア文学的傾向から心理主義的純文学に移り、『加藤清正』など歴史小説にも手を染める。1936年以降、日本に定住して著作活動に専念。戦中には朝鮮人特別志願兵を称える『岩本志願兵』を出版して、「親日派」作家の代表と評されることも多い。戦後は朝鮮戦争の悲劇を描く『嗚呼

朝鮮』、『無窮花』を刊行。1952年に帰化して野口稔となり、野口赫宙の筆名で自伝小説、推理小説、時代小説と分野を問わず旺盛な執筆活動を行なった。晩年には文明論的エッセイも多く書いた。その人生と文学遍歴に「光復」に出会えなかった植民地作家の苦節を見る研究者もいる。　［磯貝治良］

チャンポンマル

「チャンポン」とはもともとは中国料理の「混ぜる」という意味に由来するといわれるが、朝鮮語の言葉を意味する「マル」が続き、「混ぜる言葉」という意味で在日コリアンの朝鮮語と日本語を混ぜる言語行為を表す名称として使われる。主にバイリンガルである1世が多用するが、2世以降の世代の日本語にも朝鮮語が混用されるチャンポンマルがみられる。チャンポンマルには、いくつかの機能がある。まず朝鮮民族としてのアイデンティティ*を表すために用いられる場合、朝鮮語が話せない第三者に意味を悟られないように隠語的に使われる場合、さらに親族名称や文化的内容の語彙など、日本語に適切な対応形式がないため用いられる場合もある。なかには、2世以降の世代が日本語の中で、朝鮮語であることを気づかずに用いる場合もある。両言語を混ぜて話す現象は、ある言語の話者集団が新たな言語環境においてコミュニティを形成する場合に見られる普遍的な現象であり、特定の名称でよばれることは他の移民言語にも見られるが、やや否定的なイメージを与えられる場合が多い。
「チャンポンマル」の例文。

①ほんで여관 とまり허명 방 하나 빌어서 해방 되도록 거기서 살다가, で、대판 내려왔주게。（それで、旅館に泊まりながら部屋一つを借りて終戦になるまでそこに暮らして、その後大阪におりて来たのよ）
②だれが만들어 했다？（だれが作ったの？）
③우리 한국사람은 しようもない 헌 仕事ばかりや。（私たち韓国人はしようもない仕事ばかりだよ）
④うちは5人兄弟で、うちが막둥이야。（うちは5人兄弟で、私が末っ子なのよ）　　　　　　　　　［金美善］

中外旅行社

総連傘下の旅行会社（株式会社、英文名はChugai Travel Co.Ltd.）。主に在日朝鮮籍の人向けに国外や共和国への渡航・査証手続きを行う代理店として、一般旅行代理店と同様に大手旅行会社のパッケージツアー商品を取り扱っている。他方、日本人向けの日本最初の共和国旅行会社として、観光ツアーのブランドも企画・推進している。1968年2月に総連中央文化・教育局によって中央直結の企業体「海陽商事㈱」として設立され、1976年1月1日に総連傘下事業体となった。

当時は総連の中央諸会議、集会の地方参加者の宿泊斡旋や在日朝鮮人学校学生らの旅行斡旋のほか、在日朝鮮人の保険代理業務などを行っていたが、1977年3月に保険部門を「金剛保険㈱」として分離独立させ。その後は旅行斡旋業務に専念し、1980年3月に社名を「中外旅行社㈱」と改称。現在、さまざまな旅行会社が共和国旅行を取り

扱っているが、中外旅行社のみが高麗航空（JS）と朝鮮国際旅行社（KITC）の日本総代理店として、朝鮮新報社発行の共和国観光ガイドブック「朝鮮魅力の旅」に掲載されている。[朴正鎮]

▶533 **駐日韓国大使館・総領事館**

駐日韓国大使館は東京都港区南麻布1丁目にある旧松平公爵別邸の3000坪を超える土地に建っている。この土地と建物は、在日韓国人企業家である徐甲虎（阪本栄一*）が韓国政府に寄贈したものであった。韓国政府は1949年1月、対日外交交渉窓口として駐日韓国代表部を東京都中央区銀座のビル4階に設置した。しかし本国からの財政支援も少なく、駐日韓国代表部の財政は厳しい状況が続いていた。さらに1952年4月、サンフランシスコ講和条約*の発効で国家主権を回復した日本は、韓国が無償で使ってきた駐日公館を日本に返還するように求めた。新しい公館用地を確保しなければならない韓国代表部にとって、本国からの支援が困難なため、在日韓国人企業家に支援を求めざるをえない状況であった。大阪で阪本紡績などを経営し、1959年の所得番付において日本全国で8位となるまでの資産家となった徐甲虎は、1952年に東京都港区南麻布において、後に韓国大使館となる土地を購入した。徐甲虎はその後10年にわたり駐日韓国代表部にこの土地と建物を無償で貸与した。そして朴正熙政権の登場後の1962年に、この土地と建物を韓国政府に寄贈している。

駐大阪総領事館の場合は、多数の在日韓国人による募金運動により建設された。韓国政府は1949年1月に駐日韓国代表部を東京に設置した後、同年5月に大阪代表部を設置したが、とても小規模のものだった。1971年9月に在日韓国人有志が大阪総領事館建設期成会（韓禄春会長）を発足させ、3年間で8億円の募金が集められた。大阪のメインストリート御堂筋沿いに、地上9階、地下2階の大阪総領事館が1974年9月に完工した。神戸総領事館や横浜、名古屋、福岡、仙台、下関、札幌など主要都市の駐日韓国公館も、在日韓国人企業家の寄贈や民団をはじめとした在日韓国人の募金活動により建設されたものが多い。
[高龍秀]

▶534 **仲媒婚** チュンメホン

第三者（중매인：仲媒人、仲人）の仲立ちを介して成立する結婚。仲媒人の導きにより、ソンボギ（선보기・맞선：お見合い）の出会いから結婚へと成就すること。ソンボギには必ず当事者の両親（主に母親）か親族、後見人が立ち会う。仲媒人は、両家の事情をよく知ったうえで、新郎新婦の人となりを伝え、両家の意見を調整する役割をはたす。職業的仲媒人のほかに親族や職場の上司がその役割をはたすこともある。往時、仲媒婚の場合、結婚当事者よりも家長である父親の意見が大きく影響を与えていた。また仲媒人に対し、チュンメジェンイ（중매쟁이）、チュンシネビ（중신애비）などと呼び、大切な役割をはたす人でありながら尊称を使わないのは、かつて、村から村へと移動する行商人が、新郎新婦の情報を伝え、結婚を取りもってきたという名残とも

いわれる。仲媒人は恋愛結婚の場合も立てられ、両家の意思疎通を円滑にする役割を果たしている。今日、同胞同士の結婚を取りもつ目的で、各種の同胞結婚相談所が各地に設けられ、チュンメの役割を担っている。　　　[梁愛舜]

朝銀　在日朝鮮人を中心に設立された民族金融機関*。正式名称は朝銀信用組合。解放後の在日商工業者は日本の金融機関の融資を受けることが極めて難しかった。1950年代から在日朝鮮人商工業者の事業と生活を支援する民族金融機関として各地で朝銀が設立された。まず1952年6月に東京で同和信用組合（後の朝銀東京信用組合）が設立され、理事長に文東建が就任した。1953年には、朝銀福岡信用組合、大栄信用組合（後の朝銀愛知信用組合）や大阪、京都、神戸、茨城で朝銀信用組合が設立され、同年にこれら各都道府県の朝銀を網羅した中央機関として在日本朝鮮信用組合協会（朝信協）が結成された。1955年に結成された総連は朝信協を傘下団体にする説得を行い、1959年に実質的に傘下団体となっている。その後全国各県で朝銀信用組合の設立が続き、1990年6月には38組合、176店舗、預金額合計が2兆375億円と中堅の地方銀行に匹敵する規模となった。

しかしバブル経済期の過剰融資が災いし1990年代後半から多くの朝銀が破綻した。まず、1997年5月に朝銀大阪信用組合が破綻。同年11月には朝銀兵庫信用組合を存続組合とし、京都、滋賀、奈良、和歌山の朝銀が対等合併し、朝銀近畿信用組合が発足し、1998年5月に朝銀大阪信用組合を朝銀近畿信用組合に事業譲渡することで、近畿の朝銀の再編が進んだかに見えた。しかし2000年12月、朝銀近畿信用組合が二次破綻した。1999年5月には長野、千葉、東京、新潟、青森、宮城、広島、山口、福岡、長崎、福井、愛知の朝銀が破綻する中で全国的な朝鮮系信用組合の再編が課題となった。北海道・東北地域では2001年、朝銀北海信用組合と岩手、秋田、福島の朝銀が合併し朝銀北東信用組合が発足し、青森と宮城朝銀の事業譲渡を受け、2004年に同信組はウリ信用組合に名称変更した。関東地域では、1999年に神奈川、埼玉、栃木、茨城、群馬の朝銀が合併し朝銀関東が発足したが2001年に破綻し、同じく経営破綻した東京、千葉、新潟、長野、関東の各朝銀の事業譲渡を目的に2002年3月ハナ信用組合が設立された。中部地域では2001年、朝銀岐阜信用組合を存続組合とし、富山、石川、静岡、三重の朝銀が合併し、朝銀中部信用組合が発足し、同年中に朝銀福井、朝銀愛知の事業譲渡を受け、同信組は2004年にイオ信用組合に名称変更した。近畿地域では二次破綻した朝銀近畿が、2002年に大阪に本店を置くミレ信用組合、京滋信用組合、兵庫ひまわり信用組合に事業譲渡された。中国・四国・九州地域では1999年、朝銀岡山を存続組合とし、香川、愛媛、佐賀、大分の朝銀と合併し、朝銀西信用組合が発足し、同信組は2001年に島根、広島、山口、福岡、長崎の朝銀の事業譲渡を受けている。2002年3月には全国組織の朝信協が解散し、各地の朝鮮系信用

組合と総連中央との組織関係が切れることになった。こうして最盛期に38あった朝銀信用組合は、2002年に7つの組合に合併・再編されたが、多くの在日商工人は破綻により出資金が返還されず大きな損害をこうむり、日本当局から多額の公的資金が投入された。

[高龍秀]

▶536 朝高生インターハイ出場

全国高等学校体育連盟（高体連）が主催するスポーツ*総合競技大会である全国高等学校総合体育大会は「インターハイ」または「高校総体」と呼ばれる。かつて朝鮮人学校は学校教育法上の「一条校*」でないため、高体連主催の公式戦に出場することができなかった。

1990年、大阪朝高女子バレーボール部が大阪高体連に加盟手続きをしたところ、受理されたため春季大会に出場した。しかし一次予選を突破した時点で大阪高体連から「加盟の受け付けは勘違いだった」という連絡が来たため、部員たちは悔し涙を流し、マスコミにも大きく報道された。それをきっかけに「子どものスポーツの世界まで差別するのは許せない」という世論が高まり、全国大会の予選を兼ねない地域レベルの公式試合の出場を認める所が増加した。また高等学校野球連盟（高野連）は1991年、神奈川朝高軟式野球部の大会参加を認める特別措置を決定した。1992年には日本弁護士連合会が高体連問題に対し「重大な人権問題」と指摘する勧告を文部省に、同主旨の要望書を高体連に提出した。

世論の強い批判を浴びた高体連は1993年、各種学校*や専修学校については正式加盟の道を閉ざしたままでインターハイ出場を認める方針を決定した。1994年に開催された富山大会には、予選を勝ち抜いてきた東京・大阪・神戸の各朝高生12名がボクシング*競技に出場し、東京朝高が銅メダル3個と団体6位を獲得するなどの好成績をあげた。その後、日本サッカー協会が1995年に朝高の全国高校サッカー選手権大会出場を認めるなど、高体連主催のすべての競技大会への参加が可能になった。朝高生はボクシングで毎年のように多数のメダルを獲得しているのをはじめ、ラグビー、サッカーなどの種目でも健闘している。

一方、全国中学校体育連盟（中体連）は1996年に朝鮮中級学校の全国大会参加を、日本体育協会は2005年に永住資格を持つ外国籍の選手・監督の国体参加を認めた。

[高贊侑]

▶537 長州力 1951〜

プロレスラー。山口県徳山市出身の在日韓国人2世。韓国名：郭光雄（カクカンウン）、日本名：吉田光雄。桜ヶ丘高校にレスリング特待生として入学。高校3年生のとき国体で優勝。当時の規約で外国籍の在日韓国人に国体出場資格はなかったが、日本名の吉田光雄で出場し優勝を飾る。国体優勝の栄光を引っ提げ、専修大学商学部にレスリング特待生として入学。大学3年生のとき全日本選手権で優勝。オリンピック代表候補と騒がれるも、日本国籍がないため、監督の勧めで韓国の予選に出場。オリンピックのレスリングライトヘビー級韓

国代表選手になり、ミュンヘンオリンピックに韓国名の郭光雄で出場。大学4年生とき、アントニオ猪木にスカウトされ、新日本プロレス*入門。1974年8月、吉田光雄のリングネームでデビュー。後に故郷の長州（藩）と力道山*から長州力と改名。1980年代に入ってから「リキ・ラリアット」と「サソリ固め」を必殺技とし、短時間で勝負をつける「ハイスパート・レスリング」を確立。藤波辰巳との名勝負でブレイクし、「革命戦士」の愛称で「新日ブーム」の立役者となる。1983年4月には藤波を破り、WWFインターナショナルヘビー級王座を奪取。その後、ジャパンプロレス旗揚げ、維新軍団を率いて全日本プロレスに参戦。全日本のエース・ジャンボ鶴田（故人）との死闘は多くのプロレスファンを魅了した。1998年1月4日の東京ドーム大会で引退。長州力の伝記本に辻義就『反骨イズム　長州力の光と影』（アミューズブックス）がある。　　　［朴一］

▶538 ちょうしょうきち
長璋吉
1941〜1988

日本人の朝鮮近現代文学研究者。東京生まれ、東京外国語大学中国科卒業。1968年から1970年まで延世大学に留学、帰国後ソウル生活の体験を朝鮮語の単語に重ねて軽妙につづった『私の朝鮮語小辞典　ソウル遊学記』（1974北洋社、2001年河出文庫から復刊）が評判を呼んだ。文章の面白さだけでなく、1960年代のソウルの市井の暮らしを生き生きと伝える出版物は、当時まだ極めてまれだったのである。1978年から東京外国語大学朝鮮語科教員。また梶村秀樹*らとともに、現代語学塾*（東京・代々木）で市民に朝鮮語を講じた。著書に『朝鮮・言葉・人間』（河出書房新社、1989）『普段着の朝鮮語　私の朝鮮語小辞典2』（河出文庫、2002）ほか。『朝鮮短編小説選』（岩波文庫）など翻訳も多い。　　　［鄭雅英］

▶539 **朝鮮飴売り**
朝鮮では砂糖が入る以前は甘味料として家庭で飴を作る習慣があり、またこうした飴を売り歩く飴売りがいた。首からぶら下げた平たい箱に飴を入れ、大きな鋏を鳴らして売り歩く飴売りの姿は、当時の民俗画にも描かれている。こうした飴売りの習慣が日本にも持ち込まれ、在日朝鮮人のおそらく最初の商売となったようだ。その発祥の時期は古く「併合」前から神戸や大阪、東京、岡山などでその存在が確認できる。ただ、神戸や大阪、岡山の飴売りは本国の飴売りの姿とは異なり、布の屋根をした屋台店のような箱を担いだ。日本で生まれた販売方式と推測される。屋台のような箱を担いだかどうかはわからないが、在日朝鮮人の数が増えるにしたがい朝鮮飴売りは全国的に広がり、その職業の一つとして後々まで続いた。景気がいいときは労働者になり、仕事がなくなると飴売りをするといった傾向もあった。宮沢賢治の作品に、鉄道工事が終わって飴売りをする朝鮮人労働者に思いをはせた「鼓者」という詩がある。　　　［堀内稔］

▶540 **朝鮮市場**
1910年に朝鮮が日本の植民地とされて以後、多数の朝鮮人が日本に渡航した。彼ら

と、その子孫が集住する地域には小規模の民族食材店、民族衣装店、焼肉*店などが軒を連ねている所があり、俗に「朝鮮市場」と呼ばれることもある。

最大の朝鮮市場が存在するのは大阪市生野区である。1920年から始まった平野川改修工事に多数の朝鮮人が動員され、日本で最も在日コリアンが密集する地域となった。1923年に大阪・済州島*間の航路が開設されたため済州島出身者が多い。現在、区の人口13万7000人の内、4分の1をコリアンが占める。区の中心部にはかつて「猪飼野*」という地名があった（1973年の町名変更時に消滅）。その一角の御幸通商店街には東西約500mの道路をはさんだ両側に120余の店舗が並び、半数がコリアン系であるため古くから「朝鮮市場」と呼ばれてきた。1993年、商店街の活性化のため、行政の協力を得て大規模な改修工事が行われた。民族色豊かなゲートや街路灯が設置され、商店街は「コリアタウン*」と呼称されるようになった。その後、2002年FIFAワールドカップ日韓共催、韓流ブームなどの影響もあって多数の日本人が訪れるようになり、多文化共生*時代のシンボル的存在として人気を集めている。

一方、東京都新宿区の大久保地域にある「職安通り」一帯は韓国から来たニューカマーが経営する店舗が増加し、「コリアタウン」と呼ばれることが多い。この地域は交通の便が良く、また日本最大級の繁華街である歌舞伎町を背後に擁しているため、1980年代からアジアからの留学生や就学生、スナックや風俗店などで働く女性が増え始め、日本語学校や専門学校、ホテル、住宅などが混在する特異な市街地を形成した。1988年ソウル・オリンピックを前後して韓国で海外渡航の自由化が進むと、韓国人が急増。特に1990年代半ば以後は韓国系の店舗が増加し、200軒以上にのぼる。大久保・柏木地区の住民の2割以上が外国人であり、国籍*数は100を超える。

[高贊侑]

朝鮮楽劇団

解放前、日本でも人気を博した朝鮮人の楽劇団。1937年、朝鮮のレコード会社であるOKレコードが企画して結成したもので、同社と契約を結んでいた孫牧人*が音楽*の指揮者となった。楽士隊には当時すでに著名な歌手であった高福寿、李蘭影、南仁樹らが入り、その他、コメディアンや舞踊団で構成されていたという。最初の公演は朝鮮で行われているが、その後、東京や大阪の劇場でも公演するようになった。これは在日朝鮮人の観客を見込んでいたことのほか、当時、日本人の間ではエキゾチズムを求めるといったレベルではあれ、ある程度朝鮮文化に対する関心を持つ者も増えていたためである。したがって、日本での公演においても、民族衣装を着て朝鮮民謡を歌うといったことが行われていた。

しかし、そのことを通じて在日朝鮮人の間で民族意識が一層強まることを恐れた日本の警察当局は朝鮮楽劇団の活動を警戒していた。日本での公演にあたって、太極旗に似た舞台装置が不穏であるとして撤去されたり、朝鮮語

の使用を禁止されたりしていた事実が当時の資料から確認できる。

参考文献：内務省警保局『社会運動の状況』1939年版。孫牧人『他郷暮らし―孫牧人80年の人生賛歌』竹書房、1992。　　　　　　［外村大］

▶542
朝鮮学会　植民地朝鮮から引き揚げて来た日本人の朝鮮研究者や日本国内で朝鮮研究を行ってきた研究者・大学院生を中心に、1950年10月に天理大学を拠点にして設立された学会。言語・文学・歴史・民族学・考古学など幅広い分野の朝鮮学を対象にしている。設立趣旨は「韓国・朝鮮文化を研究闡明し、文化の交流発展に寄与するとともに世界の学界に新分野を開拓して貢献することを目的にしている」。朝鮮半島を研究対象とした学会として日本で最も古い。1960年代から大韓民国の研究者を招聘して、日本の研究者との交流を図ってきた。会長は橋本武人（天理大学学長）。現在の会員数は約600名（うち海外100名）。毎年10月に天理大学の支援を受けて、大会を奈良県天理市で開催。2009年には第60回大会を開催した。論文集『朝鮮学報』（1951年創刊、年4回刊行、2009年10月現在、212輯）を発行。これは世界各国の主要な大学・研究機関に寄贈・交換されて、活発な学術交流が行われている。
［藤井幸之助］

▶543
朝鮮学校　戦後、日本の旧植民地出身者である在日コリアンが設立した学校。運営母体は、各地の学校法人朝鮮学園。各種学校*の認可を取得。朝鮮語や歴史、文化をカリキュラムの特徴とする民族教育を行っていることから民族学校とも呼ばれる。北海道から福岡まで73校（2010年）あり、大学校、高級学校、中級学校、初級学校、幼稚園までを網羅した6・3・3・4制の教育システムを持つ。

戦後まもなく在日コリアンの子どもたちのために取り組まれた朝鮮語学習の国語講習所*がその原型である。「金のある者は金を、力のある者は力を、知識のある者は知識を」というスローガンのもと、朝連を中心に朝鮮学校が設立された。1946年初等学院525校、青年学校10校が設置され、教員約1100人、児童・生徒数約4万2000人が在籍した。

当初各種学校としての設立を認めていた日本政府は、1948年GHQ（占領軍）の政策に呼応する形で、閉鎖命令に基づく第一次朝鮮学校閉鎖を開始した。この閉鎖に対し、兵庫と大阪で繰り広げられた抗議行動を「阪神教育闘争*」という。文部省と朝鮮人中央教育対策委員会との間で覚書が交わされたが（5月3日）、日本政府は翌年「団体等規正令*」を適用して朝連を解散させ、第二次朝鮮学校閉鎖を実施した。1955年の総連の結成とともに、学校建設や教科書・教員など朝鮮学校運営の整備が図られ、各種学校認可の取得運動が取り組まれた。各種学校を理由に日本の大学受験が認められないため、1956年には朝鮮大学校*が設立された。

教育の目的を「民主主義的民族教育」とする朝鮮学校のカリキュラムは、母国語である「朝鮮語」による教

育を核として構成されている。母語を日本語とする日本生まれの在日コリアンの児童・生徒に対する徹底した朝鮮語教育によって、朝鮮語と日本語のバイリンガル教育が実施された。1970年代の後半、朝鮮学校のカリキュラムは、「帰国」を前提とした教育内容から「定住」を前提にした教育内容へと変わった。1983年、カリキュラムと教科書の全面的な改編が着手され、1993年、定住化に沿った内容へと教科書が改編された。また、2003年から2006年にかけて、教科書が全面改編された。生活の基盤を日本社会におく在日コリアンの実情を踏まえつつ、自己のルーツに関わる教育とともに、日本社会や国際社会で活躍できる人材の育成を目指した教育を踏まえた改編となっている。

各種学校扱いによる差別の是正が求められるなか、1994年JR定期券の学割制度が適用され、インターハイへの参加が可能になった。大学受験資格は、外国人学校には学校単位での資格審査によって認められるようになった（2003年）が、朝鮮高級学校の生徒は個別審査によってのみ可能となった。公的な補助金の適用や寄付金に関する税制上の優遇措置の適用からの排除など、朝鮮学校に対する差別の問題はまだ残されている。　　　　　　［李月順］

▶544
朝鮮学校生暴行事件　日韓会談の進行を背景に、1960年代に、朝鮮学校*の男子生徒が右翼的な日本の高校生やヤクザ*から集団で暴行を受ける事件が相次いだ。1962年には法政第2高校の文化祭を見学していた神奈川朝高生が暴行を受け、死亡するという事件まで起きた。その後も1987年の大韓航空機爆破事件や1988年の『週刊文春』による「パチンコ疑惑*」キャンペーン、1994年の北朝鮮による核開発疑惑などにより、そのたびに日本各地でチマ・チョゴリ*の制服を着た朝鮮中高級学校の女子生徒らが暴言・暴行を受けたり、バスの乗車拒否にあったりした。民族・女性・子どもに対する3重の暴力としてとらえることができ、加害者の抱える不満のはけ口としての直接関係のない弱者に対する暴言・暴行事件である。これをきっかけに1999年からブレザー・スカートの第2制服を設定し、登下校はこれで行う学校が増えた。なお、男子生徒の制服はもともと詰襟で、現在はブレザー・ズボンで、パヂ・チョゴリが制服になったことはない。その後の傾向として、同世代の日本人の若者が加害者となる特徴がある。　　　　　［藤井幸之助］

▶545
朝鮮学校に対する公的補助問題　朝鮮学校*は学校教育法のいわゆる「一条校*」でなく「各種学校*」として認可されたこともあり、日本政府からの公的補助は全くない。そのような中で地方自治体は1970年代から朝鮮学校に対して補助を開始した。大阪府では1974年から施設補助金として大阪朝鮮学園に数百万円を供与してきたが、1991年にそれが私立外国人学校振興補助金に代わり学生数1人当たり年額1万7800円、大阪朝鮮学園に5000万円近くを供与することになっ

た。その後、1人当たりの単価が毎年引き上げられ、2000年に7万7000円となったが、その後数年間は据え置かれた。しかしこの補助金は学生数を基準にしており、1990年代末から朝鮮学校の学生数が減少したため補助総額は1999年をピークに減少している。また、2008年後半から大阪府は財政難を理由に単価を10%引き下げた。東京都23区では、1980年からいくつかの区で朝鮮学校をはじめとする外国人学校を対象に保護者負担軽減補助金が支給され始めた。この制度は1988年には都内の全区で実施され、2009年現在、1人当たり平均月額約8000円が支給されている。現在ではかなり多くの都道府県と市区町が補助を実施しているが、学校の運営費全体に占める公的補助の比率は10%から23%程度にすぎず、保護者の負担が大きい状況が続いている。

2010年6月、公明党議員は外国人学校支援法案を議員立法で参議院に提出した。同法案は外国人の子どもの教育を支援するため、地方自治体が外国人学校に助成した時、国が地方自治体にその一部を補助できるようにする内容である。対象となる外国人学校は、朝鮮学校などの各種学校だけでなく無認可のブラジル人学校も含めているのが特徴である。日本政府が初めて朝鮮学校などに対して補助を行う内容の法案であったが、法案提出の翌日に通常国会が閉会し、廃案となった。[高龍秀]

▶546
『朝鮮画報』 総連の事業体である朝鮮画報社が刊行していた日本語雑誌*。1962年に創刊された。

朝鮮画報社は、朝鮮民主主義人民共和国（北朝鮮）の指導者であった金日成*首相の誕生50年を記念して1962年4月に設立された。同じ年に出されたこの雑誌の創刊号も「金日成元帥誕生50周年記念特集号」となっている。この創刊号では刊行の間隔等の記載、編集方針を明確に記した文章はないが、その後、月刊であることが打ち出され、日朝友好の促進、北朝鮮の動向や朝鮮文化の紹介を軸にして刊行が続けられた。なお、初代の編集長は許南麒*である。

大判の写真*を多く用いた雑誌であり、記事内容は北朝鮮の産業、文化、芸術、教育等の様子の紹介のほか、在日朝鮮人の動向について伝えるものもある。「読者の声」欄では、労働組合、日朝友好を掲げる団体に関わる日本人やいわゆる進歩的知識人の手紙が掲載されており、総連の友好団体を通じて日本人の読者を獲得していたことがうかがわれる。1996年からは刊行主体が朝鮮新報社に変わり季刊となった。翌1997年冬号を最後に休刊となっている。

参考文献：『朝鮮画報』各号、在日本朝鮮人総聯合会『朝鮮総聯』2005。

[外村大]

▶547
朝鮮共産党日本総局 朝鮮共産党日本部（責任秘書：朴洛鐘、1927年5月設置）が1928年2月の共産党弾圧で事実上解体した後に、その名称を朝鮮共産党日本総局に改めて1928年4月に再建された、朝鮮共産党の日本での支部組織。

日本部の設置は、1925年の朝鮮共

産党および高麗青年共産党の創設当初から模索されていたが、相次ぐ弾圧などによって実質的には実現しなかった。1926年12月、いわゆる第3次共産党（いわゆるML党）がかつて在東京の一月会*のメンバーであった安光泉*を責任秘書として再建されると、安は一月会のメンバーを主体に朝鮮共産党日本部の設置を指示し、朴洛鐘、崔益翰、金漢卿*、韓林などによって日本部がようやく設置され、同時に高麗共産青年会日本部*も韓林を責任秘書として組織された。この日本部も弾圧によって責任秘書となった朴洛鐘など主要幹部が検挙されると、検挙を免れた韓林らによって朝鮮共産党日本総局（以下、日本総局）として再建される。2カ月後には、やはり弾圧によって韓林らが検挙され、責任秘書は金天海*によって引き継がれた。

　日本総局は、東京地区を中心に細胞組織の拡大と大衆団体でのフラクション活動を展開した。1928年8月には在日本朝鮮労働総同盟*など大衆組織を動員して国恥記念日闘争を繰り広げるが、金天海以下主要幹部が治安維持法*違反で逮捕・起訴される。その後も、逮捕を免れた幹部によって組織の命脈を維持するが、親組織たる朝鮮共産党が官憲の弾圧と内部の派閥争いによってコミンテルン*による支部承認が取り消された（1928年12月）うえに、「一国一党原則」に立った日本共産党の圧力によって、1931年10月、高麗共産青年会日本支部とともに解体声明の発表を余儀なくされた。

参考文献：朴慶植『在日朝鮮人運動史　8・15解放前』三一書房、1979。

高峻石監修・文国柱編著『朝鮮社会運動史事典』社会評論社、1981。

[文京洙]

▶548
朝鮮芸術座　1930年代なかば、東京に本拠を置いて活動した在日朝鮮人の朝鮮語劇団。1930年代初頭のプロレタリア演劇運動の高揚期に結成され活動した三一劇団の後身組織にあたるが、合法性を重視し従来のプロレタリア演劇*運動の枠を脱した活動の展開を宣言した上で発足した。もっとも、その規約において、「日本にある朝鮮人の文化的（演劇）要求を充足し、同時に朝鮮の進歩的演劇の樹立を期す」ことを目的に掲げており、演目も階級矛盾を描いた作品が取り上げられている。同時に、民族の古典的芸術の継承を掲げ、「春香伝」などを取り上げていた。

　そのメンバーには金三奎*、金斗鎔*ら、左翼運動・民族主義運動と深いかかわりを持つ朝鮮人が含まれており、まだ作家としてデビューする前の金史良*も関係していた。1936年、戦時体制の確立に伴う弾圧の強化の中で中心メンバーが検挙され、解散に追い込まれた。

参考文献：内務省警保局『社会運動の状況』1937年版。同『特高月報』1937年1月分。[外村大]

▶549
朝鮮建国促進青年同盟（建青）　1945年11月16日に東京神田で結成された朝鮮人青年の民族系団体。日本敗戦により朝鮮の自由独立が約束されたのにもかかわらず、朝鮮は分断され米ソ軍政下

にあることを遺憾とし、完全なる自主独立国家建設を訴えて発足した。設立準備は朝連結成が左派主導で行われていると反感をもった人々によって行われ、委員長は洪賢基。当初の副委員長は徐鐘実・許雲龍（後に離脱）。機関紙『朝鮮新聞』*、機関誌『青年』などを刊行した。

建青は1946年以後は「信託統治*反対」を掲げて活動した。GHQからは物資の特配を受け、それが組織の財源になった。建同とは異なり民団結成後も組織は存続され、民団とともに朝連・民青に対抗した。建青は、朴烈*講演会を催したり、朝鮮語や朝鮮歴史の講習会をひらき、数校の学校を建設するなど、民族文化・教育面での活動も行ったが、その規模や組織的ひろがりは朝連・民青には及ばなかった。しかし建青は、首都圏や京阪神ほか、地方都市を中心に徐々に拠点を増やした。その際の抗争では、しばしば乱闘事件も起きた。なかでも兵庫県尼崎支部は「アリラン部隊」と呼ばれ、他地域支部結成などの支援にもまわった。

建青は、分断政権が樹立されるという動きのなかで、単独選挙・李承晩支持派と南北協商支持・統一派とに分裂した。1948年7月の臨時大会では単独選挙反対・協商路線支持が決議されたが、同年10月、1949年6月の臨時大会では紛糾のなかで李承晩政権支持に覆された。統一派はそれに異議を唱え、李康勲*らの朝鮮統一民主同志会を支持した。また、同年9月の朝連・民青および民団宮城県本部・建青塩釜本部に対する強制解散措置に抗議声明を出したり、民団の進める韓国国民登録実施を拒否したりもした。他方、主導権を握った李承晩政権支持派は、本国の要請に応え、1950年8月28日に、韓国の大韓青年団団長安浩相らの列席の下、建青を在日本大韓青年団（韓青）として解消させた。これに反対した統一派は、建青の名で1951年に在日朝鮮統一民主戦線*に加わるとともに、総連結成時にもその傘下団体のひとつとなった。　　　〔小林知子〕

朝鮮史研究会

日本で最大規模の朝鮮史全般の研究を目的とする学会。1959年創立。初代会長は青山公亮。綱領に「従来の朝鮮史研究の成果を批判的に継承し、新しい朝鮮史学の発展をはかる」とあるように、停滞論・日鮮同祖論・満鮮一体論など、植民地支配をイデオロギー的に正当化した戦前日本の朝鮮史研究の枠組みの克服を目指して発足した。とくに1970～1980年代には通史・啓蒙書や研究入門書の出版を通じて、南北朝鮮歴史学界の研究成果に刺激を受けつつ、朝鮮民族の主体的発展の道筋を示そうとする内在的発展論を提唱し、また朝鮮侵略の責任を隠蔽しようとする政治動向に対しては学問的に反論するなど、日本の朝鮮史研究をリードする役割を担った。会員は2008年9月現在で404名。関東・関西の2部会があり、大会・例会の開催、論文集・会報の発行、データベース「戦後日本における朝鮮史文献目録」のホームページ掲載などの活動を行っている。

〔藤永壮〕

▶551 **朝鮮奨学会** 淵源は1900年、東京の韓国公使館の留学生督学事務で、1941年「朝鮮の事業王」野口遵（チッソ創業者）の寄付を受け、1943年に財団法人朝鮮奨学会となった。終戦と分断の混乱を経て1957年の再建の際、文部省通達により中立の理事会による自主運営体制が整えられた。規定で、「日本の諸学校に在学する韓国人・朝鮮人学生に対し奨学援護を行ない、もって有為な人材を育成する」ため、「①進学の指導斡旋、②学資金の給貸与、③職業の補導斡旋、④会館の経営」などを行うとしている。2008年度、高校生982人、大学生677名、大学院生119名に計約4億円を無償支給し、母国語講習・高校生文化祭の開催、『セフルム』『学術論文集』の刊行や、2007年から懸賞論文事業も行っている。多くの在日2・3世が同会で物心両面の支援と同胞友人を得て巣立ち、近年は韓国からの留学生支援でも同様に重要な役割を果たしている。本部は東京都新宿区（別館は渋谷区）で大阪市に関西支部がある。　　　　　　　　　　　　　　　　［金早雪］

▶552 **朝鮮人移住対策の件** 1930年代中盤、朝鮮半島北部および満州地方への移住を目的とした閣議決定のこと。1930年代に入り、特に朝鮮半島南部の人口増加が朝鮮内での社会・経済問題の原因の一つと見なされるようになった。朝鮮総督府・日本政府はその対策として、それらを朝鮮北部での水力発電所建設などの開発事業に振り向けるとともに、満州国建国に伴う国土開拓の必要性に鑑み、同地方に朝鮮人を送り込むことを策定する。その結果1934年10月、国策として朝鮮人を送り込むことを目的とした「朝鮮人移住対策ノ件」（1934年10月）が策定された。

この背景には同時に、これら朝鮮南部での過剰人口が日本内地への渡航増加の原因と見なされていたことがある。昭和恐慌に伴い日本内地で失業問題が深刻化していく中、朝鮮人渡航者の増加が日本人労働者の失業を生み出す要因として見なされ、また朝鮮人自らも日本内地で失業者へと転化する可能性が危惧されていたことから、それらを低減させるため、まずもって朝鮮側において朝鮮北部・満州へ人の流れを「転換」させる目的も、ここに付与されていたのである。

この結果、1934年以降は一時的に内地渡航者数は減少するものの、1939年9月の労務動員（いわゆる「強制連行」）により朝鮮人労働者の日本内地移入が実施されると、この政策は有名無実化することとなる。　　［福井譲］

▶553 **朝鮮人学校閉鎖令** 日本の敗戦後、在日朝鮮人が創建した民族学校に対し、GHQ及び日本政府は「学校閉鎖」を命令。その背景は東アジアの国際情勢の変化──当時の中国、朝鮮での民族解放闘争の高まりであり、在日朝鮮人の民主的民族的自覚の高まりであった。GHQ及び日本政府は在日朝鮮人の民族教育のねがいを教育問題としてではなく、治安、政治の問題として捉えていた。民族教育は植民地支配国であった日本に対する反日教育、それは必然

的に反米につながると考えた。

やがて抑圧政策が強化されることになった。1948〜1949年の二次にわたって「学校閉鎖」が強行された。この弾圧の意図は、朝鮮人学校在籍の生徒の日本人学校への転校を強い、同化教育を貫徹することにあった。当時、朝鮮人学校の組織的・経営的な基礎を担っていた、朝鮮人連盟を解体することも意図していたと考えられる。これに反対・抗議する在日朝鮮人の抵抗運動は全国的規模で闘われた。とりわけ、大阪、兵庫での抵抗闘争は熾烈で、16歳の金太一*少年が官憲に射殺されるなどの惨事になった。この闘争は阪神教育闘争*として今に伝えられている。その結果、朝鮮人の就学の形態は異なることになった。

各地の抵抗運動のちがいによって都立朝鮮人学校、大阪市立本庄中学校西今里分校(西今里中学校)などの公立朝鮮人学校*として、また、日本の学校に分散入学を余儀なくされた朝鮮人児童・生徒が増大し、戦後再び同化教育体制がすすんだ。　　　　　[稲富進]

▶554
朝鮮人強制連行真相調査団

朝鮮人強制連行問題が改めて注目されたのは1990年の盧泰愚韓国大統領来日の際、韓国側からその名簿調査が日本側に要請された時である。こうしたことを受けて、朝鮮総連側と日本側で、協力して真相調査団を作り、各地での調査研究を進める。その第1回全国交流集会は1991年5月31日〜6月1日大阪で開催された。その後も、毎年のように開かれ、『資料集』が1〜20号まで刊行され、各地の調査結果や官憲の資史料の発掘・公表がなされた。一方、『朝鮮人強制連行真相調査の記録、四国編』(1992年、柏書房)から始まって、『同、大阪編』、『同、兵庫編』、『同、中部・東海編』、『同、中国編』、『同、関東編1、2』及び『朝鮮総督府企画部編纂、朝鮮時局関係法規　全』(1996、柏書房)なども出版。2007年から始まった「在日朝鮮人歴史・人権週間」実行委員会は、真相調査団の流れをくむものである。　　　　　[田中宏]

▶555
朝鮮人集団移入労務者等の緊急措置の件

1945年9月1日付けで厚生省および内務省から各地方長官宛に出された、日本国内の朝鮮人労働者の朝鮮への計画輸送に関する通牒。日本に動員された朝鮮人労働者の朝鮮帰還に関して、日本政府が敗戦後に初めて全国的・具体的に出した指示。主な内容は、①朝鮮人「集団移入労務者」を優先的に送還し、中でも土建労働者をまず最初に、石炭労働者を最後にする、②所持品は携帯できる程度に限定し家族も一緒に送還する、③彼らが帰還するまでは現在の事業主が労働者を雇用し続け、賃金もそのまま与える、などの他、事業主の朝鮮人労働者に対する対応について、賃金や労働条件なども含め指示している。「朝鮮人集団移入労務者」とは、「募集」「官斡旋*」「徴用」など労働力動員計画により日本に動員された朝鮮人労働者を指し、治安や生産維持などの理由から、政策的動員以前から日本に移住していた「一般在住朝鮮人」と区別して

帰還させた。　　　　　　[庵逧由香]

朝鮮人特攻隊員

特攻隊とは第二次世界大戦末期、日本軍によって行われた自爆攻撃を行った航空機の部隊を指す語。日本軍においてはしばしば死を覚悟した攻撃が賞賛され、実行されていたが、航空機による組織的な自爆攻撃として最初に行われたのは1944年10月末、レイテ沖海戦において海軍が編成した神風特別攻撃隊によるものであった。その後、陸軍も同様の特攻隊を編成、翌年の沖縄戦では台湾、九州南部からの出撃を繰り返した。

これら日本陸海軍の特攻隊員の死者4160名の経歴等を記した特攻隊慰霊顕彰会編『特別攻撃隊』(同会、1990年)には、13名の朝鮮人が含まれている(なお、このほかに台湾籍の陸軍少年飛行兵出身者1名が確認できる)。朝鮮人特攻隊員はすべて陸軍軍人で、その年齢は10代後半から20代であり、戦死の時期は1945年4～6月が多い。特攻隊への参加は建前上、志願とされており、その出身としては少年飛行兵や専門学校学生より採用された特別操縦見習士官等、強制的な召集によって兵士とされた者とは異なる。しかし、「志願」の背景には、人格形成の過程での皇民化教育や日本帝国に忠誠を誓う皇国臣民として生きることしか許されない絶望的な状況が強く影響している。

だが、そのようななかでも朝鮮人特攻隊員が自らの民族性を忘れていなかったことも伝えられている。特攻隊の出撃基地近くで食堂を経営していた日本人女性が証言する出撃前日に朝鮮人特攻隊員がアリラン*をうたってくれたという話は著名なエピソードである。2001年に作製された映画*『ホタル』の朝鮮人特攻隊員はこの人物をモデルとしているとも言われている。また、飯尾憲士*『開聞岳』(集英社、1985年)も朝鮮民族のために特攻隊となったと述べたとされる朝鮮人の問題を扱っている。

なお、韓国では、2007年に日本人の女優らが行おうとした朝鮮人特攻隊員の慰霊碑設立をめぐって地元住民らが反対、碑を撤去するという事件が起こり、論議を呼んだ。このような動きは、日本帝国への協力を強いられた人々の存在をどのように捉え記憶していくかという問題の複雑さを示している。同時に、朝鮮人特攻隊員を単純に日本帝国のために生命を捧げた「英霊」として称賛する者が存在することに見られる、日本社会における植民地支配、侵略戦争への反省の不十分性がこの問題に幾分か影響を与えていることも否定できないであろう。[外村大]

朝鮮人BC級戦犯

「ポツダム宣言」(第10項)に基づき、米・英・豪・蘭・中など連合国は、日本の戦争犯罪を裁く軍事裁判を行った。極東国際軍事裁判(東京裁判)と「通例の戦争犯罪」を裁く軍事裁判(BC級戦犯裁判)である。

BC級裁判はかつての「大東亜共栄圏」全域で開かれ、5702人が起訴された。死刑984人、有期・無期4404人(1999年、法務省の公表)である。この中に、朝鮮人148人がいる(うち死

刑23人)。戦犯は元軍人2人、警察官1人、中国での通訳16人、捕虜監視員軍属129人である。朝鮮人戦犯の大半が捕虜監視員である。

30万人におよぶ捕虜を抱えた日本軍は監視要員として朝鮮と台湾から軍属を募集した。3000人の朝鮮人軍属が泰、マレー、ジャワに開設された捕虜収容所に配属され、泰緬(タイメン)鉄道、アンボン島などの飛行場建設に動員された捕虜の監視をした。飢餓と重労働、医薬品不足、劣悪な輸送状況などで多くの死者が出た。極東国際軍事裁判は判決で、米・英連邦捕虜13万2134人 うち3万5756人(27%)が死亡したと述べている。責任は軍、政府だけでなく、現場の責任者や下士官・朝鮮人軍属にも問われた。連合国は朝鮮人も日本人として裁いている。死刑は現地で執行され、有期刑者は1950、1951年、日本に送還され、東京のスガモプリズンに収容された。

対日平和条約(1952年4月28日発効)第11条で、日本は戦争裁判の判決を受諾し、「日本国民」の刑の執行を引き継いだ。朝鮮人戦犯はもはや日本国民ではないと釈放を求めたが拒否され、1952年6月、東京地裁に提訴した。同年7月30日、最高裁大法廷は訴えを棄却。刑を受けた時に日本国民であり、その国籍変更は影響を及ぼさないとの判決を下し、刑の執行が続いた。

出所後は外国人として改めて外国人登録をし、在留資格を取得した。異国での困窮した生活を支え合うため互助組織「韓国出身戦犯者同進会」を結成(1955年4月)、日本政府に刑死者の遺骨返還をもとめ、生存者への補償を要求して運動を続けてきた。1991年11月12日、謝罪と補償を求めて東京地裁に提訴、1999年12月20日最高裁は上告を棄却したが、立法府に立法措置を委ねる付言をした。同会は2009年現在、立法解決に向けて運動を続けている。2006年6月、韓国の日帝強占下強制動員被害真相糾明委員会は、朝鮮人戦犯をふくめ、捕虜監視員軍属も強制動員被害者であると認定した。

[内海愛子]

朝鮮人被爆者

アメリカが1945年8月6日に広島へ、同年8月9日に長崎へ投下した原子爆弾により多数の朝鮮人が被害を被った。その数は、韓国原爆被害者協会の推定によれば、広島5万人、長崎2万人で、被爆者総数69万人の1割以上を占め、このうち被爆死した人は広島3万人、長崎1万人、九死に一生を得て祖国に帰国し得た人は2万3000人、日本に残留した人は7000人である。

これほど多くの朝鮮人が原子爆弾の犠牲になった原因は、日本の朝鮮植民地支配と侵略戦争にある。日清戦争時に大本営が置かれて以降、日本のアジア侵略の拠点都市として栄えた広島と、三菱造船所や炭鉱によって日本有数の軍需都市に発展した長崎は、侵略戦争遂行のために大量の労働力を必要としていた。それゆえに、両市には、多数の朝鮮人が生活の糧を求めて、あるいは強制連行によって移住を余儀なくされたのである。

日本政府は敗戦後、原爆投下の違法性を主張することは一切せず、その代わりに「唯一の被爆国」という言葉で

自らを第二次世界大戦の被害国と位置づけ、原爆被害の非人道性を世界に訴えてきた。それは、朝鮮人の原爆被害に対する自らの責任を覆い隠すことと表裏一体のものであり、日本政府は朝鮮人の原爆被害について、今日まで、補償はおろか、実態調査さえ、一度も行ったことはない。

その一方で、日本政府は1957年に「原爆医療法」を制定して被爆者への医療費支給を、1968年には「原爆特別措置法」を制定して被爆者への手当支給を開始し、1994年にはそれら2法を一本化した「被爆者援護法」を制定して、被爆者援護の充実を図ってきた。この背景には、1950年のストックホルム・アピール署名運動に始まった日本の原水爆禁止運動の力があったが、その運動には多数の在日朝鮮人も参加した。

上記の被爆者法には、その適用を日本国籍者に限定する「国籍条項*」はなく、在日韓国・朝鮮人被爆者にも適用された。しかし、日本政府は1974年に出した一片の通達（402号通達）によって、被爆後韓国に帰国した在韓被爆者への法適用を拒んできた。2002年12月の在韓被爆者・郭貴勲の大阪高裁判決で402号通達の違法性が確定して以降、あいつぐ裁判の勝訴により、在韓被爆者にも被爆者援護法適用の門戸が徐々に開かれていき、韓国から被爆者健康手帳や諸手当を申請できるようになり、2010年現在、約2500人の在韓被爆者が手当を受給している。しかしながら、医療費および介護手当の支給についてはいまだに法の適用はなく、差別は続いている。

さらに深刻な問題は、朝鮮民主主義人民共和国に帰国した在朝被爆者の問題である。日本政府は在朝被爆者に対して、日朝の国交がないことを理由に、被爆者援護法の適用はおろか、何の援護も行っていない。2010年現在、約380人の在朝被爆者が無援護状態におかれたままである。［市場淳子］

▶559
朝鮮人部落 在日コリアン集住地区についての呼称の一つ。規模は数戸から数十戸まで多様である。下町の住宅街、中小工場地帯、元「不良住宅街」（スラム）、駅前などの繁華街（敗戦直後の闇市であった場所など）、大工場の周辺、鉱山や土木工事の飯場があった場所、農村や漁村の周縁部などに形成されていることが多く、地形的には低地、湿地、崖下、谷間、河川敷、港湾、埋立地であることが少なくない。また、被差別部落の一角に形成されていたり、被差別部落との混成状況にあったりする場所も存在する。住居の形態は、バラック、一般民家の他、行政によって準備された立退き代替団地、改良住宅団地などになっている場合もある。集住地区では、住民の相互扶助がさかんで濃厚な親密性、共同性を見出すことができるが、同時に、階層差、生存のための激しい競争、所属民族団体の違いによる対立意識なども存在してきた。さらに地区内に飯場が立地している場合、コリアンに雇用される日本人労働者の居住が多数見られることもある。こうしたことから、地区を単純な一枚岩的共同体として捉えることは誤りといえる。

高度経済成長期以降、地区外へ転出

する者が増加し、人口の減少、住民の高齢化が見られるようになり、それらが原因で消滅してしまった地区も多いが、一方で大阪市生野区や川崎市川崎区、下関市などのように、焼肉*店舗群や商店街を中核とした「コリアタウン*」として表象する動き（観光地化）が見られる場所もある。なお、1990年代後半以降、民族団体系の雑誌*・新聞・資料館などを通じて、集住地区に見られた住民の結束の記憶を掘り起こし、ノスタルジックにこれを語って肯定的に評価してゆこうとする動きが生じている。

集住地区の生活を文化人類学や民俗学の方法で描いたエスノグラフィに、原尻英樹『在日朝鮮人の生活世界』（弘文堂、1989）、島村恭則『〈生きる方法〉の民俗誌』（関西学院大学出版会、2010）などがある。　　[島村恭則]

▶560 『朝鮮新聞』　朴台乙・李雲洙*・金鶴儀（天海*）などによって「在留朝鮮人、特に労働者の文化向上と、これらに社会的、階級的、民族的自覚を喚起させること」などを目標に発行された朝鮮語新聞。1935年12月31日に創刊準備号が、翌1936年2月には創刊号が発行された。紙面では主に、①児童の教育問題、②渡航問題、③住宅問題、④差別待遇問題、⑤就職・失業問題などを報道しており、東京を中心に、神奈川・長野・愛知・石川・富山・新潟・奈良などに11支局が設置され、月1回約4000部を発行していた。そのため治安当局の強い警戒の下におかれ、1936年7月31日には新聞の配布網を利用して「分散する左翼分子の糾合と統一」を試み、さらに「融和親睦団体内に潜入して民族意識の誘発昂進を」はかることで、共産主義の「再台頭の素地を構築」しているとされ、朴台乙・李雲洙・金鶴儀（天海）・金斗鎔*ら関係者17名が一斉検挙され、1936年9月4日付で廃刊となった。

参考文献：内務省警保局『社会運動の状況』1936。　　[金耿昊]

▶561 『朝鮮新報』　総連中央常任委員会の機関紙。総連の事業体である朝鮮新報社が発行している。1945年10月10日、朝連の結成を進める過程で『民衆新聞』として創刊。創刊号からしばらくは朝鮮語の活字がなかったために日本語で、その後は朝鮮語の謄写印刷によってタブロイド版で発行された。1946年9月からは大阪で発行されていた『大衆新聞』*と統合して『ウリ新聞』となった時期を経て紙名を『解放新聞』*と変え大判になり、1948年8月30日から週3日刊、1949年5月25日から隔日刊となった。同年9月の朝連解散に続いて1950年8月2日、GHQの指示のもと日本当局によって強制廃刊となり新聞発行に必要な機材資材をすべて押収されてしまうが、1952年5月20日に復刊。その後の民戦から総連結成への路線転換*に大きく貢献した。

総連結成後、1957年1月1日から紙名を『朝鮮民報』に変更し、1961年1月1日からは現在の『朝鮮新報』となり、同年9月9日から日刊となった。1996年4月2日から月・水・木の週3回4面（朝鮮語版）と火・金の週2回

8面（朝鮮語版5面、日本語版3面）、1999年10月からは月・水・金の週3回8面（同4面、同4面）となり、現在にいたる。平壌に支局があり、ネット版（朝・日・英）もある。なお、朝鮮新報社は1961年1月1日に対外向け日本語紙『朝鮮時報』と英字紙『People's Korea』も創刊、発行していた。朝鮮新報に日本語版ができるまで大きな役割を果たしていた『朝鮮時報』だが、2005年9月16日付をもって休刊となっている。「People's Korea」はネット版の形で存続している。また1996年7月には同胞向け総合月刊誌『イオ（継ぐ、という意味）』*を創刊、発行している。　　　　　　　[韓東賢]

▶562
朝鮮赤十字会（朝赤）

朝鮮民主主義人民共和国の赤十字組織。赤十字国際委員会（ILRC）と赤新月社連盟（ARCS）に加盟している。1946年10月18日に北朝鮮赤十字社が設立されたが、共和国建国直後の1948年12月、内閣決定により現在の朝鮮赤十字会に改称。朝鮮戦争で戦時救護活動実施をはじめ、赤十字本来の人道主義事業を国内外で展開するほか、1971年8月に大韓赤十字社と離散家族問題を議題とした会談を行うなど、南北朝鮮の間における対話と協力の窓口としても活動してきた。日本赤十字社（日赤）との協力は、戦後処理の一環として、1956年共和国残留日本人引き上げ事業を行ったことが最初。ILRCの承認もその時に行われた。両社は1959年にカルカッタ協定に合意し、1984年まで在日朝鮮人の帰還事業を共同で行った。1970年のよど号ハイジャック事件*の際には乗客及び乗員の健康と安全を確認するチャンネルとしての役割も果たし、1995年の兵庫県南部地震の時は、日本赤十字に慰問金を送付した。しかし、2002年、日本人拉致被害者5人の一時帰国に朝赤副書記長の李虎林らが同行して以来、日赤との協力関係は途絶えている。　　　　　　　　[朴正鎮]

▶563
朝鮮戦争と在日コリアン

1950年6月25日の朝鮮人民軍の南への侵攻に始まった朝鮮戦争は、米中など東西の両陣営が激突する国際紛争に発展し、3年余りにわたって300万人以上の犠牲者と1000万人の家族を離散させて1953年7月、ようやく停戦した。

この戦争は、在日コリアンの世界にも深刻な影響を及ぼした。南北の分断国家の建国（1948年）以後、在日コリアンの多数派を占めた朝連（在日朝鮮人連盟）は北朝鮮を支持し、その結びつきを強めていた。これに対してGHQ・日本政府は朝連への弾圧をつよめ、1949年9月、朝連を団体等規正令*の最初の適用団体として解散させ、金天海*、韓徳銖*ら朝連幹部28人を公職追放した。一方、中国革命の勝利（1949年10月）は、東アジア各地で反帝民族革命の機運を高揚させ、朝連に強い影響力をもつ日本共産党も1950年に入ると、「民主民族戦線政府の樹立」をうったえるアピール（3月）を発表して、GHQ・日本政府との対決姿勢を明確に打ち出した。

朝鮮戦争の勃発は、そういう時代の流れを一気に加速した。マッカーサー

司令官は、警察予備隊の創設や海上保安庁の強化など日本の再軍備に着手するとともに、日本国内は朝鮮戦争の重要な兵站基地となった。在日米軍の立川、横田、厚木、関西の伊丹、九州の板付などの各飛行場から朝鮮半島に直接爆撃機や戦闘機が出撃した。さらに日本の海上保安庁の特別掃海隊1200人が北朝鮮の元山などへ派遣され触雷で2人が死亡、朝鮮海域のタグボート触雷で日本人22人死亡、LST輸送中に56人が死亡した。東京・立川飛行場周辺でB29が離陸直後に墜落、搭載した爆弾が爆発し4戸全焼117戸が破壊される事故も起きている（1951年11月18日）。軍需工場も再開され、武器弾薬が朝鮮半島の最前線に輸送された。

こうした日本の兵站基地化に対して、朝連解散後の組織再建を目指して組織された日本共産党民族対策部＊（民対）は、祖国防衛中央委員会を組織するとともに、各地に祖国防衛委員会＊（祖防委）とその下で活動する祖国防衛隊（祖防隊）をおいてこれに対抗した。1951年1月には民戦（在日朝鮮統一民主戦線＊）が朝連の後継組織として結成された。翌月には日本共産党第4回全国協議会（4全協）が開かれて「軍事方針」が正式に決定され、在日朝鮮人もこの「軍事方針」の先頭にたって実力闘争につきすすんでいく。祖防委を中心とした軍事路線は、共産党の第5回全国協議会（5全協、1951年10月）以後、さらにエスカレートし、1952年5月の皇居前の「血のメーデー」事件、6月の大阪での吹田・枚方事件＊、7月の名古屋での大須事件＊などで頂点に達した。このうち大阪・生野の町工場などで製造されたナパーム爆弾などの部品搬送を阻止する反戦運動として組織された吹田事件＊では朝鮮人92人を含む250人が逮捕された。

一方、韓国を支持する民団側は、義勇軍（在日韓僑自願軍）を募り、644人が国連軍・韓国軍に編入されて仁川上陸作戦や平壌奪還作戦など実戦に投入された。このうち59人が戦死し、行方不明者が97人に及んだ。日韓両政府の間で再入国に関する協定がなかったため未帰還者が222人に達し、日本に帰還できた者は266人に過ぎなかった。

朝鮮戦争の勃発によって米国は早期講和に動き、日本は、日米安保条約によって米軍基地の恒久的利用を許し、沖縄を米国の施政権下に置いたまま、サンフランシスコ講和条約＊の発効（1952年4月）によって晴れて独立を回復した。日本の独立の回復は在日コリアンの国籍＊問題を改めて顕在化させた。占領期を通じて在日コリアンは日本国籍をもつものとされていたが、1945年12月の選挙法の改正によって投票権は「停止」され、外国人登録令＊（1947年公布）ではいわゆる「見なし規定」によって管理や取締りの対象として登録を義務づけられていた。韓国政府は、講和条約調印（1951年9月）後の日韓交渉の場で在日コリアンを一律に韓国国民として認定することを日本政府に迫った。日本政府はこれにいわば便乗して在日コリアンの国籍選択権を認めないまま、講和条約発効時の一片の通達（法務府民事局通

達*）によって日本国籍を剥奪し、在日コリアンを新憲法の人権保障規定の埒外に置いた。在日コリアンが改めて日本国籍を得るには、法務大臣の選別的な裁量による「帰化」という道のみが残された。

こうして「外国人」となった在日コリアンは、法126号*によって当面の在留は許されたものの、国外への退去強制*を規定した出入国管理令(1951年10月公布)の対象となった。講和条約の発効に合わせて施行された戦傷病者戦没者遺族等援護法*の適用からも除外される一方、外国人登録証の常時携帯や指紋押捺（1952年の外国人登録法*の制定によって導入）を義務づけられることになる。　　　［西村秀樹］

▶564 **朝鮮対外文化連絡協会（対文協）**　北朝鮮の非政府間の国際交流、中でも未修交国との民間交流を担う外交組織。1956年4月14日に結成された。対文協は、内閣とは離れた準民間組織であったが、その役割は内閣の文化宣伝省傘下の対外文化連絡局が行う諸事業の延長線上にあったと思われる。対文協がその具体的な姿を現したのは1957年5月6日に開かれた初の総会。そこで、対文協の規定の審議・採択が行われ、11名の常任委員会が選出された。そして同常任委員会の承認の下、専門分科委員会の設置やその事業規定が行われた。総会当時の委員長は文化宣伝相の許貞淑が兼任していた。しかし、1958年7月4日に北朝鮮内閣決定によって対外文化連絡委員会が改めて組織され、対文協もその指導を受けることとなった。新しく対文協の委員長として任命されたのは宋影（朝鮮作家同盟所属）である。当時の対文協の主な対象国家は日本であった。この措置はそれまで非政府間交流を標榜してきた対日人民外交がより政治的な色を帯びながら推進されることも示唆するものであった。在日朝鮮人の「集団的帰国決議」がそれであった。1965年以後は非同盟外交に力を注いだ。そして、祖国統一民主主義戦線（祖国戦線）の傘下組織となったとされているが、その時期は不明である。現在も対日外交の窓口としての役割を果たしている。　　　　　　　　　　［朴正鎮］

▶565 **朝鮮大学校**　在日朝鮮人民族教育の高等教育機関。朝鮮師範学校が前身。1956年4月に、民族教育の最高学府として、在日朝鮮人の権益擁護・祖国建設に貢献する人材育成を目的に創立された。外国人が居住国に独自に大学まで持つことは稀有。1958年に4年制となる。日本の内外同胞の募金、北朝鮮からの教育援助費を受けて、1959年に東京都小平市に校舎新築・移転。日本政府の民族教育全般に対する規制強化のなかで、1968年には都が各種学校*として認可。それには学者・文化人ほか日本の各界各層の認可要請運動の展開があった。設置学部・学科は在日社会の実情にそって改編されてきており、近年、カリキュラムでは日本の諸専門資格取得も考慮されている。非常勤講師には日本人も。2009年現在は政治経済学部、文学歴史学部、経営学部、外国語学部、理工学部、教育学部、体育学部、短期

学部で構成。研究院（大学院に相当する研究科など）や、民族教育研究所などの研究所も設置。全寮制。北朝鮮での短期研修が組まれているほか、日本の地域社会との地道な交流も重ねられている。　　　　　　　　　　[小林知子]

朝鮮通信使　主として江戸時代に徳川政権の招聘によって来日した朝鮮王朝の外交使節団のことをいう。「通信」とは「誠信」を通わすという意味で、豊臣秀吉の発動した文禄・慶長役（壬辰倭乱）の戦後処理を含めて、1607年から1811年まで12回、朝鮮から派遣されてきた。しかし室町時代（朝鮮王朝前期）にも回礼使・報聘使また通信使などの名称で派遣されていた。朝鮮からは国王の国書を日本の国王である足利将軍や徳川将軍に手交し、日本からの返書を持ち帰ることが主たる任務であった。そして主たる名目は将軍家の世代交代などの慶弔儀礼に合わせることとし、これによって徳川政権の威信を内外に広めよう、という政治的意図があった。朝鮮国としては南方の安定策でもあり、対等な関係に立つことによって「東方小中華」の国の自負を明確にし、また日本情勢の探索にも役立てようとした。このため、一行の人数は江戸時代の場合、毎回約500名を数え、その正使・副使などは礼曹参議クラスの大官であるだけでなく、学官、書記、通訳官、医員、写字官、画員などに一流の文化人を選りすぐって派遣した。この結果、日本で一行から儒学、医学、薬学などを学び、また彼らが即興で作った詩文、書、絵画を争って求めた。その遺墨や作品は一行が通過、宿泊・休息をした各地に残っている。また、各地の町人や農民など民衆は異国情緒あふれた通信使の行列を見物し、そのイメージを祭礼の踊り、土人形、民具などに残した。また葛飾北斎などの著名な画家も通信使を画材に取り上げている。他方、幕府も狩野派などの御用画家を動員して通信使の行列を写生させ、巻物などにして記録させた。これらの日朝文化交流を目の当たりにする遺品はおびただしい。

朝鮮との外交交渉は当初、対馬藩が直接行っていたが、1636年以降、幕府は対馬に京都五山の「碩学僧」を「対州修文役」として派遣し、対馬藩の権限は事務的摂政と通信使一行の対馬から江戸までの往復の先導・護衛役に限定された。対馬藩の藩儒として仕官した雨森芳洲は一行と二度まで同行したほか、朝鮮語を取得し、後には対馬に朝鮮語通詞養成所を藩に作らせ、自ら教科書を作成した。それらの交流から学んだ成果は『交隣提醒』にまとめられている。日本からは室町時代には「日本国王使」が首都・漢城まで派遣されていたが、江戸時代には釜山止まりとされ、朝鮮王朝の慶弔などは対馬藩が代行した。近年、日本では「朝鮮通信使縁地連絡協議会」とその研究部会が組織され、韓国でも「朝鮮通信使文化事業会」ができ、ともに自治体などの協力を得て、毎年各地で市民向けの啓発事業や記念行事、研究活動が展開されている。またこれらの会が主体となって各地で「通信使行列」が再現され、在日コリアンもそれらの行事に多数参加している。　　　[仲尾宏]

567 朝鮮通信社 前身は1948年10月1日に創立された建設通信社。『建設通信』を発行していたが1950年9月30日、GHQと日本当局によって強制廃刊に追い込まれる。その後1952年12月に、自社活動の合法的権利を取り戻した朝鮮通信社は、総連結成にともない総連の事業体となった。2003年10月から北朝鮮国営の朝鮮中央通信社との間に衛星回線を利用した送受信システムを設置し、朝鮮中央通信社が発信する朝鮮語、英語、スペイン語の報道と電送写真を受信して、これを朝鮮新報など総連の出版物をはじめ日本や世界各国のメディアに提供している。また日本語版の日刊『朝鮮通信』を発行し、朝鮮中央通信社の朝鮮語と英語の通信を報道するサイトも開設、管理している一方、朝鮮中央通信社に対し、さまざまな報道資料を提供している。　　　　　[韓東賢]

568 朝鮮寺 在日コリアンによって、都市近郊の山地の谷筋や麓に作られた寺を「朝鮮寺」(または「韓寺」)という。大阪市近郊の生駒山系に約60カ寺、神戸・六甲山系に数カ寺、関東では八王子市の高尾山中腹や埼玉県越生にも数カ寺がある。韓国の巫俗と仏教および日本の修験道が混交したシャーマニックな祈禱(クッ*)が行われる。いずれも小規模で、韓国の仏像が祭られる本堂とクッ房、その周囲に七星堂、山神堂など韓国寺院に特有の諸堂がある。またほとんどの寺が滝行場を有している。これは戦後、在日の祈禱師たち、すなわちシンバン*(巫者)やポサル*(菩薩)、スニム(僧任)が既存の修験道系の滝行場で修業し、後継者になりあるいは所有権を得て自らの寺を設けたことによる。形成時期は、1950年代から1970年代が多い。現在は、初代の祈禱師がほとんど世を去り、廃滅した寺も少なくないが、なお大半の寺はその子弟や韓国から来た仏教僧が住職となって維持されている。

参考文献：宗教社会学の会編『生駒の神々』創元社、1985。飯田剛史『在日コリアンの宗教と祭り』世界思想社、2002。
　　　　　　　　　　　　　　[飯田剛史]

569『朝鮮の子』 1955年に完成した、在日朝鮮人の民族教育を守る闘いを描いた約30分の記録映画。子どもたちの作文に基づき、子どもたちがナレーションを務めている(朝鮮語の部分もあり)。東京都内の朝鮮学校*は1949年の学校閉鎖後、都立とされていたが、1952年のサンフランシスコ講和条約*発効後は、「都民の血税でなぜ赤い教育をするのか」という批判が『読売新聞』などで声高に唱えられた。結局1954年10月、東京都はその年度限りで都立朝鮮人学校を廃校にすると通告、その反対運動のなかで急遽作られたのがこの映画*だった。在日朝鮮人運動が日本共産党の指導下にあった民戦時代を反映して、荒井英郎・京極高英をはじめとする日本共産党系の記録映画作家がメインスタッフを担い、その下で呂運珏・安承玟などの朝鮮人スタッフがサブを務めている。枝川町を主要舞台に、初期の民族教育の熱気が描かれた貴重な作品であり、在日朝鮮人の映画制作史上でも

重要な位置を占めているが、完成直後に民族運動は朝鮮総連へと路線転換*、民族教育のあり方も変わったため、熱心には上映されなかった。近年、朝鮮総連傘下の映画制作所からビデオが出されている（ただし、カット部分あり）。

[高柳俊男]

朝鮮プロレタリア芸術同盟東京支部

朝鮮プロレタリア芸術同盟（Korea Artista Proleta Federatio。略称「カップ（KAPF）」）の東京支部として1927年10月2日、新幹会東京支会*会館で創立大会を開催、発足した。その前身は、東京の朝鮮人留学生、李北満、趙重滾、金斗鎔*、韓植、洪曉民らが同年3月に結成した第三戦線社と、張準錫らの「開拓」派である。

カップは、1927年4月に、朴英熙の「文藝運動の方向転換」（『朝鮮之光』）により方向転換を図る（自然生長的文学から目的意識的文学へ）。これに対し、李北満を中心とする第三戦線は、福本和夫の「方向転換」、いわゆる「福本イズム」の影響下に、政治闘争を前面に押し出していた。彼らは5月に機関誌『第三戦線』を拡大発刊し、夏休みを利用して、7月4日から朝鮮国内巡回公演を行なった。この時に第三戦線のメンバーは朴英熙の率いるカップと出会う。その後、両グループは統合の道に進み、カップは9月1日に開催された総会で、組織と綱領の改変を行った。いわゆる第一次方向転換であるが、ここには第三戦線のメンバーも中央委員に加わり、綱領には彼らの主張が反映された。またこの時、5人以上の同盟員のいる地方では支部の設置が認められ、第三戦線派に開拓派が加わって、同年10月2日、カップ東京支部が結成された。

この大会では、①9月17日に結成された「朝鮮総督暴圧政治反対同盟」への加入、②カップの機関誌『芸術運動』の東京での発刊、という二つの重要事案が決定された。『芸術運動』創刊号は1927年11月15日に刊行されたが、翌年2号発行の頃から京城本部との理論上の相違が表れ始めた。この意見対立はさらに深まり、金斗鎔、李北満、成者伯らは、1929年5月に「無産者社」を結成し、カップ東京支部は1929年11月17日に解体、「無産者社」に合流した。なお、機関誌『芸術運動』は、1928年夏と1929年3月に続刊号発刊の記事が見られるが、実際に刊行されたかどうかは未確認である。

[布袋敏博]

朝鮮民衆党

1937年に京都在住朝鮮人を中心に結成準備が進められていた団体。その中心となっていたのはそれ以前から住宅や就職における差別、渡航証明制度の撤廃などに取り組んでいた地域レベルのリーダー層であり、民族主義者たちであった。その綱領では、在日朝鮮人の生活権擁護伸長、不合理な制度の撤廃、政治的経済的覚醒の促進と大同団結がうたわれており、在日朝鮮人の生活権確立と差別撤廃に取り組みつつ、民族的自覚を維持しようとしていたことがうかがわれる。また、その発起趣意書では「日鮮融和は我々も又希望する処である」としつつも「全世界融和を主唱」、

生活権が脅かされているなかで「真正なる日鮮融和が発生することが出来ませうか」と記すなど、弾圧を意識しつつ合法的な活動を模索していた。なお、その党首には呂運亨を当てようとしていたとされ、本国の民族運動との提携も考えていたものと思われる。

1937年8月に結成大会を開くとの計画が立てられたが、その直前に盧溝橋事件が発生し、官憲は戦時下の民族的対立等を恐れて朝鮮民衆党の結成中止の圧力をかけた。関係者はこれを受けて、朝鮮民衆党の結成を中止した。

参考文献：内務省警保局『社会運動の状況』1937年版。同『特高月報』1937年7月分。　　　　　　[外村大]

朝鮮問題研究所　▶572

朝鮮総連の事業体である在日朝鮮人の研究機関。その発足は朝鮮総連結成以前の1952年10月15日であり、初代の所長は申鴻湜が務めた。日本の治安当局による分析では、その創立は左派系在日朝鮮人運動の内部の対立とかかわっていたとされる。すなわち、韓徳銖*らいわゆる民族派が民対派に対抗する拠点として創立したというのである。もっともこの見方を裏付けるような証言や同時代の史料は確認できず、当初の活動はあまり知られていない。その活動が活発化するのは1957年初頭、韓徳銖が第二代の所長に就任したのちで、この年に機関誌『朝鮮問題研究』が創刊されている。そしてこの年にはその前年に設立されていた朝鮮研究所を統合している。統合と言っても、朝鮮研究所の所員であったもののうち、朝鮮問題研究所に移籍した者は少数であった。これは、朝鮮総連内の派閥対立と関係している。すなわち、朝鮮研究所の所員はいわゆる後覚派と見なされており、朝鮮総連内での主導権を握っていた韓徳銖ら先覚派から批判を受けていたのである。

以後、朝鮮総連の理論研究機関として、朝鮮半島情勢や在日朝鮮人問題などにかかわる主として社会科学分野での研究とその成果の発表を続けてきた。機関誌としては『朝鮮問題研究』のほか、1961年には『月刊朝鮮資料』*も刊行するようになった。しかし、2000年以降は機関誌も刊行されておらず、目立った活動は見られない。

[外村大]

朝鮮YMCA　▶573

1903年にソウルで朝鮮最初のYMCA（皇城基督教青年会）が設立された後、東京留学生の間でもYMCAを設立する機運が高まり、1906年4月25日にはYMCA幹事ジレットの来日歓迎会に当時の留学生の半数を超える244名が集まった。同年8月皇城YMCA副総務の金貞植がソウルより派遣され、同年11月に金を総務として朝鮮人留学生のYMCA（東京朝鮮基督教青年会）が設立された。聖書研究会（ここから1908年最初の朝鮮人教会が生まれる）、日本語教育、住居の斡旋、運動会の開催といった活動が行われたが、YMCA会館は併合後留学生が自由に集える数少ない場所として、密かに朝鮮独立を討議する根拠地にもなった。1919年1月6日には同会館で開催された集会で留学生による独立運動の実施が決議され、2月8日の

YMCA講堂における独立宣言（2・8独立宣言）宣布に結実した。関東大震災時には同胞虐殺被害の実態調査に尽力し、その後も毎年9月1日には犠牲者追悼礼拝を続けた。解放前後の時期に総務を務めた尹權*はその後朝連で中央委員長を務めた。　　　［田附和久］

▶574 『朝聯中央時報』

在日本朝鮮人連盟*（朝連）の機関紙。1947年8月15日に創刊、当初週刊で1949年5月1日（第94号）より三日に一度の発行となる。創刊時は朝鮮語版で、一時、日本語版、朝鮮語日本語併用版で出された。発行責任者はのちに西新井病院の院長となる金萬有*であった。

朝連の機関紙はそれ以前にもあり、『朝聯会報』（1946年6月10日の第12号より『朝聯時報』と改題）があったほか、朝連の運動の一環のなかで発行された『朝鮮人生活権擁護委員会ニュース』も機関紙的な役割を果たしたとされる。『朝聯中央時報』はそれを継承する新聞として創刊された。発刊の辞によれば、読者対象は分会以上の役員1万7000人で、編集方針は、朝連中央総本部の発する指令や政治方針の解説、組織活動についての報道、組織活動の助けになる宣伝、啓蒙資料の解説などを掲載するとしていた。用紙の不足などの困難から一時、休刊となった時期もあるが、朝連の解散直前の1949年9月6日まで、通算135号を刊行した。

参考文献：呉圭祥『ドキュメント　在日朝鮮人連盟』岩波書店、2009。

［外村大］

▶575 チョ　ギ　ヒョン
曺基亨
1921〜1995

財団法人朝鮮奨学会*・関西支部長。済州島*生まれ。民族愛に根ざす気骨と信念で「在日2・3世の父」さながらに奔走し続けた。小学校卒業直前に奉安殿そばで小用した「不敬罪」が体罰で終わらず一族に累が及ぶ事態となり、第二君丸*で単身、大阪に渡った。1940年、特高の殴打（右腕に後遺症）と引き替えに名前を死守し、1944年、伊勢神宮参拝に抗して一時、宇部炭鉱や旧満州に逃れた。故名和統一教授に師事した大阪商科大学（現・大阪市立大学）時代、阪神教育事件デモに参加し、南北中立に徹する在日韓国人学生学友会（現・高麗同窓会）を結成した。朝鮮奨学会の再建・発展に貢献しつつ、行政に民族差別*撤廃・民族学級*設置を働きかけ、アムネスティ関西グループや在日韓国人民主懇談会を結成して韓国民主化運動を支援し、夫人が運営する社会福祉法人の理事職もこなした。偏りない人徳を偲び、1996年に『架橋の人』（新幹社*）が刊行された。

［金早雪］

▶576 チョッポ
族譜

本貫*と姓氏を同じくする父系血縁集団（宗族）の家系を記載した書物。世代ごとに記載され個人の出生-没年、官職や業績、墓所なども記される。中国の制度を模範とし、朝鮮における刊行は15世紀にさかのぼる。朝鮮王朝中期以降に両班層で普及した。通常、宗族の会合である宗親会で編纂されるが、現代韓国では電算化も進み膨大な族譜が刊行され多くの世帯が所有する。ただし北朝鮮や

中国朝鮮族社会では制作されなくなっている。日本では梶山季之の小説『族譜』(1968)で知られている。在日コリアンの場合、本国の親戚を通じて名前の記載された族譜を所有している家庭もあるが、本国の親戚との交流が希薄化したり断絶した2世以降の家庭では族譜の存在自体を知らないケースもある。解放後、朝鮮戦争など社会的混乱の続いたことから、先代から伝えられた古い族譜を韓国から日本在住の親族のもとに避難させることもあった。近年では婚姻*相手である日本人の名前を記載することも、まれに行われている。

[鄭雅英]

▶577 チョモング
趙夢九
1907〜1973

労働運動指導者・民族運動家。済州島*出身、朝鮮で高等普通学校まで進んだが中退。渡日の時期は不明であるが、1920年代末には在日朝鮮労働総同盟*や新幹会大阪支会の活動家となっていた。1929年12月の在日朝鮮労働総同盟*の日本労働組合全国協議会*(全協)への合同解消に当たっては、これを議題とした全国代表者会議に出席、在日本朝鮮労働総同盟の中央委員に選出される。しかし、合同解消の進め方をめぐって、大阪で活動していた金文準*や趙らは金斗鎔*らのグループと対立、全協朝鮮人委員会から名指しで批判を受けた。その後、全協日本化学労働組合大阪支部で活動を続けていたが、1932年7月に治安維持法*違反で検挙され、獄中生活を余儀なくされた。1935年12月、徳島警察署から仮出獄した。解放後は、済州島で人民委員会や南労党(南朝鮮労働党)の一員として活動し、1948年4月の武装蜂起(四・三事件)にも加わっているが、1951年釜山で逮捕され、服役して朝鮮戦争停戦後釈放された。

参考文献：内務省警保局『社会運動の状況』1930、1931年版。『民衆時報』1936年1月11日付記事。　　[外村大]

▶578 チョヤンギュ
曺良奎
1928〜

画家。慶尚南道晋州生まれ。1946年、国立晋州教育大学の前身、晋州師範学校を卒業後、晋州市内の初等学校の教師となる。プロレタリア美術への関心から南労党に身を投じ政治活動に参加。蛇虎島、釜山、馬山と逃亡生活を送り、1948年密航*船で渡日。深川枝川町の朝鮮人部落*に住む。1952年武蔵野美術大学中退後、日本アンデパンダン展、自由美術展などに初出品し、

曺良奎作「31番倉庫」

光州市立美術館所蔵
河正雄COLLECTION

1953年文芸同での活動を開始する。社会性を主題とした「朝鮮に平和を」「仮面をとれ」「密閉せる倉庫」などの倉庫連作や「マンホール」の連作を発表、曺良奎は「マンホール画家」と呼ばれる。

1960年、新潟から北朝鮮に渡り、チェコスロバキアに美術留学、帰国して短期間の活動の記録を残して、消息不明となった。分断国家の政治と韓日の不幸な歴史背景が生んだ社会性の強いリアリズム画家である。

「70年代以後、日本の美術*は社会的主題を喪失してしまった。曺良奎は戦後美術の中で韓日の交流、そして韓日美術に大きな影響を与えた。彼の作品を除くと日本の戦後美術史は重要な一角を欠くと言えるほど、重要な位置を占める」と美術評論家・針生一郎は批評する。

参考文献：『曺良奎画集』美術出版社、1950。『今日の朝鮮』朝鮮平壌外国文出版社、1966。『Neo Vessel・Vol.1』芸術出版社、2004。　　［河正雄］

▶579 チョヨンジュ
曺寧柱
1913〜1996

社会運動家・政治家。慶尚北道醴泉生まれ。1932年以後、京都帝国大学法学部、立命館大学法経学部などで学ぶかたわら、日本赤色救援会の活動に携わるが、日本共産党指導者の転向声明に苦悩する。1939年石原莞爾と面会し東亜聯盟論にひかれる。1940年、京都朝鮮人学友会長となり、立命館大学・同志社大学の朝鮮人学生を東亜聯盟運動に引き入れていく。1942年、治安維持法*違反で検挙され、1944年出獄。戦後も石原を敬慕し東亜聯盟運動を継続させようとする一方で、新朝鮮建設同盟*や民団に参加した。民団企画室長、韓国駐日代表部諮問委員会政治部常任委員、大韓青年団長などを経て、民団団長（1960〜1961年、1976〜1979年）を務める。剛柔流空手*に秀で、1979年大日本武徳会「範士」空手道9段を授与される。曺寧柱の足跡については、松田利彦「曺寧柱と京都における東亜連盟運動」（『世界人権問題研究センター研究紀要』3号、1998年）が参考になる。　［松田利彦］

▶580 チョンウィシン
鄭義信
1957〜

劇作家・脚本家・演出家。兵庫県姫路市出身の在日コリアン3世。同志社大学文学部（中退）を経て横浜放送映画専門学校卒業。松竹で美術助手を務めた後、1987年、劇団「新宿梁山泊」を旗揚げ。その後、新宿梁山泊を舞台に「千年の孤独」(1988)、「人魚伝説」(1990)、「それからの夏」(1993)など、劇作家として次々と話題作を手掛ける。1994年、『ザ・寺山』で岸田國士戯曲賞を受賞。1995年「新宿梁山泊」退団後、『岸和田少年愚連隊』(1996)、『犬、走る：DOGRACE』(1998)、『刑務所の中』(2000)、『血と骨』(2004)など、日本映画の脚本にも力を入れる。『愛を乞うひと』(1998)では日本アカデミー最優秀脚本賞を受賞し、脚本家としても注目される。2007年からは新国立劇場を舞台に「たとえば野に咲く花のように」(2007)、「焼肉ドラゴン」などの話題作を発表。なかでも在日コリアンの家族の葛藤を描いた「焼肉ドラゴン」(2008)は、朝日舞台芸術賞グランプリ、読売演劇大賞な

ど、日本の各種演劇賞を次々と受賞したばかりでなく、韓国でも「韓国演劇評論家協会の選ぶ08年の演劇*ベスト3」に選定されるなど、国際的に高く評価された。　　　　　　　　　[朴一]

▶581 チョンウォルソン
田月仙
1957〜

声楽家。東京都立川市出身の在日コリアン2世。東京朝鮮中高級学校を経て桐朋学園大学短期大学部芸術科卒業。同研究科修了。卒業後は二期会に所属し、オペラスタジオで3年間オペラを学ぶ。その後、「フィガロの結婚」のケルビーノ役、「サロメ」のサロメ役、ベートーベン第9交響曲のソロなど、数々の舞台で活躍。1983年、ドイツ文化センターでデビュー・リサイタルを開催。1985年、平壌で開催された世界音楽祭に招請され、金日成*首席が参席した特別公演で革命歌劇「血の海」を唄う。1994年、ソウルに完成したオペラハウスで開催された定都600年記念公演に招かれ、オペラ「カルメン」の主役を務める。このとき、国籍*を朝鮮籍から韓国籍に替える。2002年、首相官邸で開かれた総理大臣主催の金大中大統領歓迎公演にて、「海を越えて」を、1番は日本語で、2番は韓国語で唄う。2006年、自らの半生を綴った『海峡のアリア』で小学館ノンフィクション大賞優秀賞を受賞。　[朴一]

▶582 チョンギョンモ
鄭敬謨
1924〜

評論家。ソウル生まれ。1945年、慶應大学医学部予科修了。帰国後、1947年から米国エモリ大学化学科に留学。朝鮮戦争勃発後の1950年、韓国政府の指示に従い米国務省職員として日本のGHQに勤務、板門店での休戦会談に通訳として派遣されたが、休戦後の1956年、「思想不穏」を理由に米国務省を解職される。1960年代、韓国政府の石油化学関連技術顧問となるが、1970年日本に亡命し、主に文筆活動で韓国の民主化と統一のための運動に参加。『民族時報』主筆を務め、1973年韓国民主回復統一促進国民会議（韓民統）*の結成に参加したが1978年除名される。1979年、東京・渋谷に語学塾「シアレヒム」*を開き朝鮮半島問題や語学を講ずる一方、韓国問題専門雑誌『シアレヒム（一粒の力）』を発行し多彩な言論活動を展開。1989年、文益煥牧師とともに北朝鮮を訪問し金日成*主席と統一問題について協議し、「4・2共同声明」を発表した。夢陽・呂運亨に関心を寄せ続けたことが訪北の伏線になったという。1991年「シアレヒムの会」を発足させ、2004年までミニコミ誌『粒』を不定期に発行。南北の自主的平和統一、日米の対朝鮮半島政策批判に健筆を振るう。2009年『ハンギョレ新聞』に回想録が連載された。主な著作に『ある韓国人の心』（朝日新聞社、1972年）、『南北統一の夜明け』（技術と人間、2001年）ほか。　　　[金栄鎬]

▶583 チョンサングン
鄭商根
1921〜1996

元日本軍属。朝鮮半島で生まれたが、日本軍の軍属として第2次世界大戦に徴用され、従軍地であったマーシャル群島ウォッゼ島で米軍機の機銃掃射を受けて右腕を切断、片耳の聴覚を失う。戦後、朝鮮戸籍を持つ鄭は日本国籍を喪失。サンフランシスコ講和条

約*発効後整備されていく軍属などへの援護法から国籍条項*によって排除される。

　外国人として、また障害者として差別されるなかで、補償も受けられないため廃品回収、代書、古書店といった仕事に従事しながら国籍条項の理不尽を訴え続けていた。1991年1月31日、援護法からの国籍*による排除は不当と裁判所に提訴。訴訟を知った在日コリアン青年らが「鄭商根さんの戦後補償裁判を支える会」を結成。神奈川、東京で同様の訴訟を起こしていた石成基*、陳石一さんらの支援組織とともに裁判支援と日本政府への援護法からの国籍条項撤廃運動を推し進めた。本人の死亡後、訴訟は遺族に引き継がれるが、2001年4月13日最高裁で敗訴が確定した。　　　　［金宣吉］

▶584 チョンスンパク
鄭承博
1923〜2001

作家・詩人。慶尚北道安東郡にて自給自足のできる農家の長男として生まれる。1933年8月（9歳）和歌山県田辺で土木工事の飯場頭をしていた叔父を頼って渡日。12歳頃までは紀州の工事現場で炊事係をしながら各地を転々とする。そして、農家の作男をしていたとき、水平社運動の指導者・栗須七郎と出会う。13歳から18歳まで栗須家で書生時代を送った。その後、30代半ばまであらゆる底辺の仕事と出稼ぎを繰り返す。淡路島での生活が安定してきた1961年に淡路雑俳や川柳をはじめたのが文学的出発となる。1972年3月、「裸の捕虜」（『農民文学』1971年11月号）で第15回農民文学賞を受賞し、同じく7月には第67回芥川賞候補となって注目される。『鄭承博著作集』全6巻（新幹社*、1993年3月〜1997年12月）は、小説、詩、エッセイなど、長年の多岐にわたるその足跡が一望できる。また、『〈在日〉文学全集　第9巻』（勉誠出版、2006年）も参考となる。
　　　　　　　　　　　　　［金貞愛］

▶585 チョンソンドン
鄭聖東
生没年不詳

社会運動家。1936年7月27日に京都朝鮮人協議会を結成し、その委員長となった人物。京都朝鮮人協議会は民族主義者を中心として結成され、以降、朝鮮半島南部における水害問題への救援活動や朝鮮人への保険契約拒否問題への糾弾闘争などを展開していた。同年11月30日には、①内地渡航の制限、②強制送還、③集会での朝鮮語禁止は、いずれも憲法に違反しているとして内務大臣および京都府知事に撤廃の陳情を行った。

　さらに1937年1月、孫基禎*日の丸抹消事件を契機とした朝鮮総督府の『東亜日報』等への停刊措置に抗議闘争を展開したことも確認される。

参考文献：内務省警保局『社会運動の状況』1937年、岩村登志夫『在日朝鮮人と日本労働者階級』校倉書房、1972。
　　　　　　　　　　　　　［金耿昊］

▶586 チョンチャヌ
丁讃宇
1950〜

バイオリニスト。東京生まれの在日韓国人2世。桐朋学園大学在学中にフランスのパリ国立高等音楽院に留学。同音楽院卒業後、同音楽院大学院にフランス政府の奨学生として入学。同大学院修了後、韓国国立交響楽団の首席

コンサートマスターに就任。その後も東京都交響楽団や韓国のKBS交響楽団で首席コンサートマスターをつとめる。1988年からは韓国の延世大学の音楽科の教授に就任。母国の大学で若手音楽の育成に力を入れる。2000年から活動の拠点を日本に移し、国内外で精力的な演奏活動を続けている。南北首脳会談を記念して、2000年6月に丁氏が演出した「南北統一コンサート」は、在日コリアンに大きな感動を与えた。彼の半生を描いたノンフィクションに、篠藤ゆり『音よ、自由の使者よ　イムジン河への前奏曲』(アートン刊) がある。

[朴一]

▶587 チョンチュウォル
宗秋月
1944〜2011

詩人。1944年8月27日佐賀県小城町生まれ。両親はそれぞれ済州島*から植民地期に渡日し、九州の炭鉱にいたあと佐賀県小城で小作農となる。佐賀での就職差別を機に、両親が出会い土木作業員の朝鮮人たちが懐かしむ地名「猪飼野*」を目指して、16歳のとき大阪市生野区へ出た。洋服縫製、セールス、屋台のお好み焼き、ヘップ産業の貼子*、スナック経営など職を転々としながら、両親への思いや猪飼野での暮らしを詩作する。大阪文学学校に通った当時、金時鐘*がその才能に着目。宋秋月の詩には生野の生活のなかで語られる日本語と済州島の言葉、そして朝鮮語が入り混じり、日本と朝鮮半島の狭間で生きる在日の姿を日常の実感、特に女性の視点から描き出している。これらの詩は、『宋秋月詩集』(1971)、『猪飼野・女・愛・うた　宋秋月詩集』(ブレーンセンター、1984)、『猪飼野タリョン』(思想の科学社、1986) となる。また、描かれる民衆の姿が、ただ在日する苦悩を描くだけでなく、南北民衆を見つめるものであり、それゆえ朝鮮民衆が共に生きるための恋歌であるとした李恢成*は、『サランへ：愛しています』(影書房、1987) に寄せた文章のなかで、宋秋月を「民衆の恨解 (サルプリ) をする巫女」と表した。

[伊地知紀子]

▶588 チョンチョミョ
鄭早苗
1944〜2010

歴史学者。大阪市生まれの在日2世。大阪市立大学大学院で朝鮮古代史・古代日朝関係史を研究し、関西地域の大学などで非常勤講師を務めた後、大谷大学専任教員に就任。大学で教鞭をとる一方で、1985年に設立された在日韓国・朝鮮人問題学習センター (現大阪国際理解教育研究センター) の代表として、在日コリアンをとりまく諸問題を調査・研究するとともに、人権情報誌『季刊Sai』*を発行するなど、相互理解のための交流・啓発活動に携わる。在日女性研究者の草分け的存在であった鄭早苗は、歴史学者として過去を検証し、人権活動家として現在に鋭い視線を向け続けた。著書に『韓国の歴史と安東権氏』(新幹社)、共編書に『図説韓国の歴史』(河出書房新社) などがある。

[綛谷智雄]

▶589 チョンデソン
鄭大聲
1933〜

発酵学、朝鮮民族の食文化*を研究する学者。京都府宇治市生まれの在日2世。大阪市立大学大学院理学研究科修士課程修了。理学博士。食物中のア

ミノ酸生成に欠かせない酵素アミラーゼを研究した学術論文がある。朝鮮大学校*理学部教授、モランボン*株式会社・味の研究所所長、国立民族博物館「東アジアの食文化の比較研究」共同研究員、大阪経法大学客員教授、滋賀県立大学人間文化学部教授などを経て、現在・滋賀県立大学名誉教授、第一物産韓国食文化研究所所長。1979年モランボンが売り出したヒット商品・焼肉*のたれ「ジャン」やキムチ*などの開発を担当したことで知られる。モランボンの創業者・全鎭植との共同編著『朝鮮料理全集』(全6巻、柴田書店、1985)では日本で初めて朝鮮料理を体系的に紹介し、評判となる。その後、焼肉やキムチにとどまらない多種多様な朝鮮料理や酒類、その素材や製法から食作法に至るまで朝鮮民族の食文化を幅広く紹介し、日本における韓国・朝鮮料理の普及に貢献している。その他の著書に『食文化の中の日本と朝鮮』(講談社新書、1992)、『朝鮮半島の食と酒』(中公新書、1998)、『焼肉は好きですか?』(新潮選書、2001) など多数。[鄭雅英]

▶590 チョンナムグク
鄭南局
1898〜1955

解放前の在日朝鮮人運動指導者・解放後の韓国の政治家。全羅南道莞島郡所安面生まれ。別名:鄭台星。普通学校、光州農業学校で学んだ後、故郷の青年運動や朝鮮労農総同盟の運動に関わる。1920年代半ばに渡日、日本大学で学ぶ。在日朝鮮人労働運動に参加し、1927年には在日本朝鮮労働総同盟*(在日労総)中央執行委員長となり、自分の故郷で起こった民族主義系の私立学校の閉鎖事件をはじめとする朝鮮総督府の圧政を批判する運動の先頭に立つ。また、この年に確立された朝鮮共産党日本部の構成員となる。この党に対する弾圧は逃れたが、その後さらに別系統の朝鮮共産党組織に関連した事件に連座して1928年5月に検挙、1930年に平壌覆審法院で懲役1年8カ月の刑を言い渡される。その後、再び渡日し古物商に従事、朝鮮人に対する差別撤廃と生活権確立をめざす運動に関係した。この間もしばしば弾圧を受けたようである。解放後、帰国し、大韓民国第2代国会議員を務めた。1990年、抗日運動の功績により大韓民国建国勲章愛国章を授与された。
参考文献:外村大『在日朝鮮人社会の歴史学的研究』緑蔭書房、2004。大韓民国国家報勲処『独立有功者功勲録(9)』大韓民国国家報勲処、1991。

[外村大]

▶591 チョンヨンギュ
鄭然圭
1899〜1979

初期の在日朝鮮人の作家・社会運動家。1922年、日本内地に渡る。翌1923年、在日朝鮮人文学の嚆矢とも言われる『さすらひの空』や『生の悶え』(ともに宣伝社)を日本語で著し、1920年代前半の日本のプロレタリア文学界から、朴烈*と並ぶ朝鮮出身の左翼的な同志として歓迎された。その様子は、下獄する堺利彦を慰労するアンソロジー『芸術戦線 新興文芸二十九人集』(自然社、1923)に彼の作品「血戦の前夜」が収録されたことや、前田河廣一郎「鮮人作家鄭氏の近業」(『東京朝日新聞』1923年7月に4回連載)など、同陣営の作家が触れた

文章によく示されている。関東大震災時の朝鮮人虐殺に対しても、抗議や追悼の活動を行った。しかしその後、次第に論調を変え、1930年代に入ると日本内地にいる朝鮮人は朝鮮に帰るべきだとする「朝鮮人還鮮論」を唱え、さらには日本の大陸政策を熱烈に擁護する『満蒙時代』『魂』などの個人雑誌を刊行するに至った。終戦前に妻の故郷の岩手県に疎開、戦後は言論活動を再開したが、1960年に韓国へ帰国した。息子からみた鄭然圭像が、鄭大均*『存在の耐えられない軽さ』(中公新書、2006)に綴られている。

[高柳俊男]

▶592 『ヂンダレ』 1950年代に大阪の在日朝鮮人詩人サークルによって刊行された詩集機関紙。同機関紙は、朝鮮戦争最中の1953年2月に創刊され、米国と闘う北朝鮮(朝鮮民主主義人民共和国)の正当性を主張する文学の場であったと、創刊者の一人であった詩人・金時鐘*は語っている。しかし、『ヂンダレ』を通じた創作活動は、在日コリアンによる民族運動が路線対立と抗争を繰り広げていた1950年代という錯綜の時代にあって、在日朝鮮人文学者・詩人たちが新たな表現を模索しようとしていた文化運動の一つであったと捉えることもできる。同機関紙は、1958年10月に刊行された第20号まで発行され、金時鐘をはじめ、鄭仁、梁石日*など多くの在日文学者を輩出する文化運動の拠点となった。不二出版から『ヂンダレ・カリオン』(全3巻+別冊1)の復刻版が刊行されている。 [朴一]

▶593 チンチャンヒョン
陳昌鉉
1929〜
バイオリン製作者。慶尚南道生まれ。1943年渡日、輪タクの運転手をして学費を貯金し、明治大学へ入学。講義中に教授から「ストラディバリウスの音色の解明は永遠に謎であり、人間の力の及ぶところではない」という言葉を聞き、バイオリン製作者になろうと決意する。しかし、在日コリアンであることを理由に就職差別に遭い、バイオリン工房への弟子入りを次々と断られる。そのため、やむなく独学でバイオリン作りに挑むが売れず、河砂利を売って生活の糧を得るなど、赤貧の日々を送る。

それまで無名だった陳昌鉉に転機が訪れたのは1976年だった。「国際バイオリン・ビオラ・チェロ製作者コンクール」で6部門中5部門で金メダル獲得という快挙を成し遂げ、一躍注目を浴びる。1984年、世界に5人しかいない「無監査マスター・メーカー」の称号を授与、「東洋のストラディバリ」と称されるようになる。2004年には自伝「海峡を渡るバイオリン」がテレビドラマ化(主演・草彅剛)され、話題となる。 [姜誠]

▶594 通称名 在日朝鮮人の通称名とは、まず日本人風の氏名を指す。解放後日本にとどまった人々は、朝鮮名を名乗ることによって受ける差別を避けるべく、創氏改名*によって強制された日本人風の氏名をそのまま使用したり、新たに採用した日本名を名乗った。日本政府は、こうした状況を改善するのではなく、在日朝鮮人の「社会生活の便宜を図るため」として

外国人登録における通称名の記載を認めた。つまり、外国人登録証に記載された通称名は公証を受けたものとして、入学・就職・商業登記、不動産登記、自動車登録、銀行などで使用可能とされたのである。しかも、通称名の変更は、変更したい氏名についての勤務先や学校等の発給する身分証明書や郵便等があればよい。このようにいかにも当事者の利便性を図るかのようなシステムによって、在日朝鮮人は通称名を名乗らされる状況が維持されてきた。それゆえ、在日朝鮮人の家の表札には、通称名と朝鮮名が併記されているケースがまれではない。しかし近年、日韓ダブル*で日本国籍を有し日本名を本名とする人が、通称名として朝鮮名を名乗るなど、日本政府の「便宜」にそぐわないありようが生まれている。

参考文献：伊地知紀子『在日朝鮮人の名前』明石書店、1994。［伊地知紀子］

▶595 **つかこうへい**
1948〜2010

劇作家・演出家・小説家。福岡県に生まれる。本名：金峰雄。慶應義塾大学文学部フランス哲学科中退。在学中から演劇活動を始め、のちに劇団を主宰する。

1974年に『熱海殺人事件』によって第18回岸田國士戯曲賞を受賞、人気劇作家になる。『戦争で死ねなかったお父さんのために』などによって日本人の精神構造を痛烈に風刺、特異な社会批評を展開した。小説『蒲田行進曲』が第86回直木賞を受賞。その戯曲版で第28回キネマ旬報賞脚本賞、日本アカデミー賞最優秀脚本賞を受賞。『飛竜伝90』が第42回読売文学賞戯曲賞。

〈在日〉ならではの批判精神と劇作法を発揮したとはいえ、ルーツに関わる主題を書かなかったが、1990年に『娘に語る祖国』（光文社）を発表。論議を呼ぶ。長編小説『広島に原爆を落とす日』（角川書店）では、朝鮮出身の日本軍将校がやがてエノラゲイのパイロットになるという奇想天外なパロデイを描いた。なおペンネームの「つかこうへい」には「いつか公平（こうへい）な社会を」という意味が込められていると言われている。

2010年、肺癌で死去。「娘に日本と韓国の間、対馬海峡あたりで散骨してもらおうと思っています」という遺書が死後公開された。　　　　［磯貝治良］

▶596 **『月はどっちに出ている』**

1981年に刊行された梁石日*の自伝的小説『タクシー狂操曲』を原作にして、1993年に作られた映画*。李鳳宇が1989年に設立した映画配給会社シネカノン*の初製作作品で、中小資本による作品としては破格のヒット作となった。それまで日本映画の中では差別や抑圧の対象となることの多かった在日コリアンを、初めて、日本社会にあって逞しく生きる等身大の現代人に描いたことで、画期的役割を果たした。監督は崔洋一*、脚本は崔洋一、鄭義信*。タクシー運転手をしている在日コリアンの主人公が遭遇するさまざまな人間模様がちりばめられる中、彼と日本に出稼ぎに来たフィリピン女性との恋愛が描かれる。主人公を岸谷五朗、恋人をル

ビー・モレノが演じ、キネマ旬報ベストテン第1位、毎日映画コンクール大賞など、おびただしい数の映画賞を獲得した。なお、映画に先がけ同じ崔洋一監督、崔洋一、鄭義信の脚本によりTVドラマにもなった。こちらでは主人公を石橋凌が演じた。　　　〔寺脇研〕

▶597 **定住外国人**　現在の入管法制のもとでは生活の本拠を日本に置く外国人を指すが、永住者、日本人の配偶者等、定住者及び特別永住者がそれに該当する。また日本国籍保持者であっても、近い過去に日本へ渡って定住してきた祖先をもつ人もまた文化的には外国人としての意識を持っている場合もある。特別永住*者とは1952年4月28日のサンフランシスコ講和条約*発効以前から日本に居住していた旧植民地出身の人々とその子孫に対して与えられた在留資格である。永住者とは、10年以上、日本に安定的に在留していた人々が申請によって許可される在留資格である。また定住者の在留資格には日系人、難民などが該当する。2008年末現在、特別永住者は42万人で年々減少している。永住者は、49万人で、うち中国人が14万人、ブラジル人11万人、フィリピン人8万人、ついで韓国人の5万人、ペルー人3万人と続いている。これらの定住外国人は就労にあたって特段の制限はなく、それ以外の外国人とは大きく異なる。　　　〔仲尾宏〕

▶598 ていたいきん
鄭大均
1948～
社会学者。岩手県生まれ。父は植民期に日本で活躍した作家の鄭然圭*、岩手県は母の出身地。立教大学卒業後、カリフォルニア大学ロサンゼルス校修士課程修了。日本で英語学校教員などを経て1980年代から韓国の東亜大学校や啓明大学校で教鞭をとり、1995年に東京都立大学（現首都大学東京）人文学部教員に就任。韓国ナショナリズムに対する批判や、本国への志向や民族としての生き方を強調する在日論への違和感の表明を主な論調としてきた。生活様式やアイデンティティ*の日本化した在日コリアンは日本国籍を取得するのが自然であるとして、自身も2004年に日本国籍を取得している。主な著書に『日韓のパラレリズム　新しい眺め合いは可能か』（三交社、1992）、『韓国のイメージ　戦後日本人の隣国観』（中公新書、1995）、『在日韓国人の終焉』（文春新書、2001）、『韓国ナショナリズムの不幸　なぜ抑制が働かないのか』（小学館文庫、2003）、『在日・強制連行の神話』（文春新書、2004）、『在日の耐えられない軽さ』（中公新書、2006）などがある。　　　〔文京洙〕

▶599 **テコンドー**　1955年、戦前の日本で空手*二段を取得した崔泓熙が、韓国陸軍少将就任後、新しい韓民族武道として創始。大統領李承晩の許可を得て「跆拳道」と命名し、韓国陸軍に普及された。名称は朝鮮古武術テッキョンに由来するが技術的な影響はない。特徴は天地から始まり統一で終わる24の型であり、その名称は韓国人の愛国愛族心を奮い立たせる偉人・英雄、反日独立運動から命名。例えば、李舜臣の忠武、広開大王

の広開、乙支文徳の乙支、三一独立運動の三一等。1957年南ベトナム政府の招待を受け海外初の演武披露。1962年南ベトナム軍教練武道として師範派遣の要請を受ける。以来、韓国政府は親善外交の際、韓国武術として演武を行い指導者派遣要請があれば快諾し師範を派遣し西側諸国への普及が開始された。

やがて民間の韓国人テコンドー有段者が欧米に移民し、続々と道場を設立することで世界への普及が加速した。その過程で先発していた手技を主とする空手との技術的差別化をはかるべく足技を重視し、独自の蹴り技に進化発展させた。1966年国際テコンドー連盟（ITF）創立。崔泓熙が初代総裁に就任したが、朴正熙政権と対立し、1973年カナダに政治亡命し、1974年にはITF主催の第1回世界大会をカナダで開催した。1982年崔は北朝鮮を電撃訪問。金日成*主席の支援を受け師範養成英才教育を開始し、1年後に国際師範を育成。北朝鮮政府の支援に基づき選抜された朝鮮人師範によってテコンドー未開地・東側諸国への普及が開始された。

他方、朴政権は1973年に世界テコンドー連盟（WTF）を創立し、金雲龍を総裁に任命し、テコンドーを国技と定めた。ソウル五輪開催を目指す韓国政府は、WTFのIOC公認団体承認と金雲龍のIOC副総裁昇格に成功し、テコンドー五輪正式種目化を推進。組手試合で頭や胴の防具着用を義務づけ安全性を高めながらスポーツ*化を徹底した。1988年ソウル五輪等で公開競技、2000年シドニー五輪で正式種目となる。その沿革から国策武道といえる。

日本には1981年頃伝来。日本は空手母国であり、韓国朝鮮蔑視観の渦中でその普及は困難を極めたが、コリア武道普及に情熱を燃やした在日韓人有志が献身的に尽力し、その姿勢に共感した若い日本人有志が協力を惜しまなかった。彼らの存在無くして日本におけるテコンドー普及はありえなかった。とりわけモランボン*創業者・全鎮植の財政的支援は大きかった。現在、日本にはITF系が3団体、WTF系が2団体、日本発祥新武道フルコンタクト・テコンドーを標榜する日本テコンドー協会（JTA）がある。

［河明生］

▶600 寺尾五郎
1921～1999

歴史研究家・社会運動家。北海道室蘭市生まれ。1938年早稲田大学文学部哲学科社会学専攻に入学。在学中の40年「社研的サークル活動」で治安維持法*違反容疑にかけられ特高に検挙されるが、同年12月不起訴、釈放される。1943年学徒動員で応召され、1945年春満州チチハル航空部隊内での反戦啓蒙活動により憲兵隊に拘留される。敗戦直前、東京九段の憲兵隊総司令部の留置場に身柄を移され、1945年10月豊玉刑務所にて釈放されるが、その時の状況を寺尾は「われわれを迎えてくれた人々というのが、みんな朝鮮人」であったと回顧している。

その後日本共産党に入党、1950年分裂で党が混乱していた際に、朝鮮情勢について研究、仮名で『アメリカ敗

れたり?』を執筆。1955年11月、日朝協会*常任理事、組織部長に就任。1958年共和国建国10周年記念式典に招待され、その時の記録を『38度線の北』にまとめた。共和国の状況を賛美する本書は在日朝鮮人の帰国事業に大きな影響を与えたといわれ、後に批判の対象となった。

　1961年藤島宇内らと日本朝鮮研究所を創立、専務理事に就任。日韓会談反対運動では、関連出版物の刊行、各地を講演して回るなど、運動の最先鋒に立って活動した。1967年5月中共派として共産党を除名されると、日本共産党東京都委員会左派グループを形成した。1970年以降はそこから離れて安藤昌益などの研究に没頭した。

参考文献：寺尾五郎「1949年10月に出獄して」『季刊三千里』15号、三千里社、1978。

[山本興正]

電々公社就職差別事件

1975年、大阪府の在日コリアンの高校生が、当時「準国家公務員」職と言われた日本電信電話公社に受験願書を提出したところ、電電公社側は「外国籍」という理由で彼らの受験を拒否。報告を受けた在日大韓基督教会や部落解放同盟など14の市民団体は、在日学生の受験拒否に抗議する共闘会議を結成し、電々公社の国籍条項*を撤廃する運動を展開。翌1976年、兵庫県内の在日コリアンの高校生が電々公社を受験した際、電々公社側は「外国籍の人を受け入れないのは公社の方針であるが、関西には在日朝鮮人が多いこともあり、人権面を考慮して外国人の受験については今後検討する」と回答するものの、再度受験を拒否。その後、受験を拒否された高校生の母校の教員たちが全電通労組に共闘を呼びかけたことで、電々公社の国籍条項撤廃運動は大きな広がりを見せる。1977年8月、全電通労組近畿地方本部は「電々公社は公権力行使という性格を有していないので、在日朝鮮人については機会均等の扱いをすべきである」という見解を発表。同年9月、電々公社はついに「今後、すべての外国人に対して応募制限はしない」という見解を発表し、募集要項の国籍*要件を撤廃した。

[朴一]

『東亜新聞』

名古屋に本社を置いて刊行された在日朝鮮人向けの日本語紙。創刊は1935年1月で解放前には1943年10月まで刊行された。刊行主体は東亜新聞社で、その社長は任龍吉。任龍吉は1920年代には民族運動への関与が確認できるものの、解放前の『東亜新聞』の論調は明確に日本帝国の国策遂行と朝鮮人の皇国臣民政策に沿ったものとなっている。その意味では植民地期の在日朝鮮人の意識や生活を十分伝えた報道がなされたとは言い難い。しかし、準戦時体制・戦時体制において在日朝鮮人自身のメディアがほとんどなく、一般の商業紙でも在日朝鮮人が登場することが少なかったなかで、在日朝鮮人の動向に関連した記事が掲載されている同紙の史料的価値は小さくない。

　解放後、『東亜新聞』はその関係者によって再刊された（のちに『韓陽新聞』と改題）。そして韓国に帰国して

いた任龍吉も再渡日しこれに関わった。解放前については現存分が復刻されている。また、解放後のものについても国立国会図書館に一部所蔵されている。

参考文献：外村大「『東亜新聞』解説」『戦時下在日朝鮮人新聞資料　東亜新聞』緑蔭書房、1997。　［外村大］

東亜通航組合　1920年代前半に大阪・済州島*定期航路が確立した後、日本資本の船会社に対抗して結成された民族的自主的な船舶協同組合。1928年4月、大阪で済州島民大会が開催され、同航路を主導する尼崎汽船部と朝鮮郵船に対して、高い船賃の引き下げ要求や渡航の自由を求めたが拒否された。「我らは我らの船で」を合言葉に、済州通航組合準備会を経て、1930年4月に東亜通航組合が組織された。1930年11月から1931年3月まで蛟龍丸を傭船し、さらに1931年11月には伏木丸を購入して同航路に参入。一時は1万人を超える組合員を有し、支部や分会を組織して活発に活動したが、大阪および済州島における官憲の弾圧や既存の船会社の運賃ダンピングによる財政困難等のため、1933年2月には経済活動を中心とした団体へと性格を転換し、伏木丸も同年11月までで就航を停止した。組合の活動は1935年頃まで続いた。

参考文献：朴慶植『在日朝鮮人　私の青春』三一書房、1981。　［杉原達］

東亜連盟　石原莞爾（1889〜1949）の唱えた日本・中国・「満州国」の一体化を目指す東亜連盟運動の推進を掲げて1939年に結成された団体（正式名称は東亜連盟協会）で極真空手の大山倍達*（韓国名：崔永宜）を初め戦前の在日朝鮮人にも影響を及ぼした。

石原は、東洋文明を代表する日本と西洋文明を代表するアメリカとの間の「世界最終戦」を見通して「満蒙領有論」や「日満支」の東亜連盟の結成を訴え、熱烈な支持者を得た。石原は、名目上は東亜各国の独立（朝鮮については民族自治）を主張したことから、後に民団団長となる曺寧柱*、大山倍達、暴力団「東声会」をつくった町井久之（韓国名：鄭建永）など反共民族主義の多くの在日青年がその思想に心酔した。だが、石原の構想した東亜連盟は、天皇制の下での東アジア各国の一体化でしかなく、朝鮮の独立は否定されていた。東亜連盟協会は1946年に解散、石原は、蘆溝橋事件（1937年）以降、東条英機ら陸軍中枢と対立して1941年予備役に編入。敗戦後は極東国際軍事裁判の証人として尋問されたが起訴されなかった。

参考文献：城内康伸『猛牛と呼ばれた男「東声会」町井久之の戦後史』新潮社、2009。　［文京洙］

統一教会　文鮮明が1954年にソウルで設立した韓国の新興宗教。正式名称は、「世界基督教統一心霊協会」であり、略称は「統一協会」であるが、同協会側は、「統一教会」と称している。発祥地である韓国、教祖・文鮮明がかつて留学生活を送った日本、そして米国を中心に活動を展開している。1980年代から1990

年代にかけて、日本各地で顧客に「たたり」や「霊」などの因縁話をして、高価な壺などを売りつけるという、統一協会の信者たちによる「霊感商法」が社会問題となり、同協会への批判が高まった。1990年代初めに、日本の有名芸能人が統一協会の信者であることを表明し、合同結婚式に参加したことも、同教会への関心を高めることとなった。

福岡地裁は1994年5月、統一協会の信者たちによる献金勧誘行為を違法として、同協会の使用者責任を認める判決を下した。この判決以降、統一協会の法的責任を問う判決が相次いで下されている。全国統一協会被害者家族の会編『自立への苦悩』(教文館)に、同教会脱退者の手記などが収められている。　　　　　　　　　　　[綛谷智雄]

▶606 『統一朝鮮新聞』　1959年1月、李栄根*が創刊した『朝鮮新聞』が同年11月の第20号から改題されたもの。創刊当初は、韓国の李承晩・朴正熙政権に批判的で、北朝鮮批判には慎重であった。1965年に結成された韓国民族自主統一同盟(韓民自統)*の機関紙となる。1967年頃、同紙が刊行した『統一朝鮮年鑑』の配布をめぐって総連と対立したことから、徐々に総連や北朝鮮に批判的な論調に変わった。また、組織の機関紙であると同時に発行・編集人が個人としての李栄根であるという矛盾も一因となって、1968年頃に韓民自統は分裂し、離脱した勢力は『民族統一新聞』*を創刊した。1969年の韓国の統一革命党事件や北朝鮮ゲリラ事件など

を契機に北朝鮮批判を強めた。1971年の在日韓国人政治犯*事件も北朝鮮の対南工作の産物と主張した。1972年、総連の金炳植*事件を精力的に扱い、また1972年10月の韓国の維新体制を必要悪として支持した。1973年9月、『統一日報』*に改題し、事実上の民団の機関紙となる。　　　[金栄鎬]

▶607 『統一日報』　在日韓国人である金時鐘を会長に、姜昌萬を発行人として、発行されている日本の新聞。発行社は、株式会社統一日報社。統一日報社の本社は東京都港区元赤坂にあり、大阪と韓国ソウルに支社がある。代表取締役は姜昌萬。1959年1月に東京で旬刊として『朝鮮新聞』*という名前で創刊されたが、同年8月には休刊となる。その後、『統一朝鮮新聞』*と名を変えて同年11月に復刊し、1961年から週刊、1973年には『統一日報』に改題して日刊(平日5日間の発行)となる。1998年には、再び週刊となり、現在に至る。2009年には創刊50周年を迎えた。記事の内容は、韓国の政治・経済・国際関係・スポーツ*などに、民団系の青年会や在日の商工・金融機関・教育等および韓国と日本の本の書評や映画*紹介などからなる。金大中・盧武鉉政権、現在野党の民主党や民主労働党、革新系市民団体を親北政権、親北党、新北系団体と称しており、基本的に反北保守系の立場に立っている。

[裵光雄]

▶608 『統一評論』　4・19革命1周年を迎え、祖国の統一を念願

する総連系の在日同胞有志らによって1961年4月19日に創刊された月刊誌。発行は東京都文京区白山にある統一評論新社。同誌創刊号の「編集後記」には、「われわれはこの雑誌*を発刊して専門家となることを拒否する。統一を達成して早く廃刊することが目的だからだ」と記されている。同誌は2002年5月5日に朝鮮・韓国問題専門在米Webサイト『民族通信』(韓国語・英語) が制定する、第1回民族言論賞・団体賞を受賞している。韓国の革新系シンクタンク・団体・言論サイト記事の翻訳紹介、寄稿論文、在米同胞や同社所属記者の論評などが掲載内容の主なもの。2007年6月号で創刊500号を迎えた。

[裵光雄]

▶609 **東海商事** とうかいしょうじ

日・朝貿易を目的として設立された朝鮮総連傘下の商社。実質的には北朝鮮と在日朝鮮人商工人との朝・「朝」貿易が主たる業務であった。東西冷戦の前哨戦・朝鮮戦争の政治的経済的恩恵を受け独立を果たした日本政府は、北朝鮮を敵対国とみなし、日朝貿易禁止政策を推進。1960年北朝鮮政府は内閣命令第19号「日本から帰国した技術者及び企業家の事業条件と生活活動を積極的に保障することに関して」を閣議決定。朝鮮総連は前年末に始まった北朝鮮帰国事業に合わせて日朝貿易の妥当性を訴える世論形成プロパガンダを組織的に展開しながら、日本政府・関連省庁、自民党と社会党の国会議員等に陳情。これが効を奏し日本政府は日朝貿易を許容せざるを得なくなった。1961年8月前身会社の東海貿易株式会社設立。役員には朝鮮総連及び在日本朝鮮人商工連合会幹部が就任。12月日朝貿易船舶第1号便が出港。1986年北朝鮮政府と在日朝鮮人商工人との合弁事業合意以降、工場建設資材や機械等を北朝鮮に輸出し、合弁工場で生産された製品を日本に輸入した。だが公安当局からは北朝鮮政府が求める軍事転用可能な日本製工業部品の不正輸出の嫌疑をかけられていた。1997年倒産。

[河明生]

▶610 **同化政策**

植民地時代には「皇民化政策*」とも呼ばれ、日本社会への同化、日本人への同化を推進する政策を言う。日本政府は植民地支配政策の一環として強要した朝鮮半島出身者等の日本名について、戦後も引き続き日本国内で通用できるようにするため、外国人登録原票等に残した。これによって朝鮮人に関する公文書が日本名で作成されることが許容された。旧植民地出身者及びその家族以外の他の外国籍者が、日本国内で任意に日本名を名乗り、かつそれを使って公的文書を作成することは認められていない。同時に、日本社会における民族名*(本名)での生活の難しさ、とりわけ就職、入居などの差別実態が、自己の民族的表現の一つである民族名(本名)の使用を在日コリアンに難しくし、日本名が世代間に引き継がれた。旧植民地支配時期の政策が温存された格好だ。

1948年の朝鮮人学校強制閉鎖は、教育による朝鮮人の民族意識の維持継承を否定し、国内に少数民族問題を生み出さないとする日本政府の姿勢が貫

かれた事件であった。民族意識の涵養を目的とする朝鮮人学校を閉鎖し、朝鮮人も日本人同様に日本の公教育を受けなければならないようにしたのである。日本の公教育では、戦前同様、朝鮮人の子どもらを日本人として育てる教育だけが実施された。1965年の日韓条約*締結を受け、同年12月に文部省は通達を出した。朝鮮人の子どもの就学を義務教育*の対象とはせず、本人が希望する場合にのみ日本人同様日本の公立学校への入学を認める「恩恵」であると位置づけた。その上で、「朝鮮人子弟にわが国の公立学校において特別な教育を行うことを認める趣旨でないことはいうまでもない」と付け加え、民族教育の機会を否定した。日本の公教育が担った同化政策*への役割は決して小さくない。

日本における朝鮮半島出身者に対する民族差別*は、差別側と被差別側の間に人種的差異がないという特徴がある。日本政府は1952年のサンフランシスコ講和条約*発効後に旧植民地出身者から日本国籍を一方的に剥奪した。また国籍法*に基づく日本国籍取得を「帰化」とし、国籍*変更に法務大臣の恣意的判断を介在させる余地を残した。「帰化」時に日本名使用を勧奨するなど、同化の程度が取得要件になっているかのような認識を在日コリアン社会に広く流布した。　　[金光敏]

▶611 **トウガラシ**　韓国料理の特徴である「辛い味」の原点。熱帯アメリカ原産で1492年コロンブスがヨーロッパに持ち帰る。アジアにはキリスト教の布教のための人たちがもってくる。1542年大分県にポルトガル人によって伝わった（佐藤信淵『草木六部耕種法』）。朝鮮の『芝峰類説』（李睟光、1614年）には「南蛮椒（ナンマンチョ）」には大毒がある。倭国からはじめてきたので「倭芥子（ウェゲジャ）（日本からし）と呼ぶが……」と記されている。このトウガラシの栽培記録は農業書である『山林経済』（1715年）で、キムチ*への使用記録は50年後にこの書を増補したときにみられる。

トウガラシの普及にはかなりの歳月を要している。調味料のコチュジャンが文献にみられるのは19世紀になってからで、民族料理が辛くなり始めるのは、この頃からと見てよい。コチュは「苦椒」から。辛味成分のカプサイシンは、血のめぐりを良くし、体温上昇、発汗作用でストレス解消に役立つ。脂質代謝、エネルギー代謝が活発になるため、いわゆるダイエット効果も期待される。抗酸化作用は腐敗防止をするので野菜の貯蔵手段であるキムチに使用されたとされる。消化液の分泌を促すので食事の消化に役立つ。青トウガラシを利用することもあるが、ビタミンA、Cの供給源となる。

[鄭大聲]

▶612 **東京韓国学園**　学校法人東京韓国学園は東京・新宿区若松町にある東京韓国学校を経営。1954年4月、初等部17名、中等部9名の生徒と教師10名で若松町にて開校。当時は民団中央本部の敷地であった。翌年、各種学校*として認可され、1956年に高等部を設置した。1962年3月には学校法人として韓国文教部の認可を

受けた（大韓民国教育法第81条）。現在は韓国のカリキュラムに準じており、日本で唯一「一条校*」の認可を受けていない韓国学校である。

開校当初は在日韓国人子弟の教育機関を目指していたが、近年は韓国からの駐在員やニューカマー定住者の増加、在日韓国人社会の高学歴化・民族教育への関心低下などが重なり、在日韓国人子弟の数が年々減少してきた。その一方で初等部に導入されたイマージョン教育が徐々に成果をあらわし、韓日英トリリンガルを目指す入学希望者が増大、現在は待機者が出ている状況にある。また、中高等部では在日同胞クラスが運営され、在日コリアン子弟の在籍数も増加の傾向を見せている。

2009年4月現在、初等部生徒数589名、その内日本生まれの割合は35％、永住者・定住者の割合は49.7％。中等部の生徒数は252名、高等部は254名である。初等部の教員数は校長を除いて36名、その内英語のネイティブスピーカーは16名。中高の教員数は44名である。　　　　　　　　[徐正根]

▶613
『東京朝鮮民報』　共産主義系の活動家であった金浩永*が創刊した新聞。創刊日は1934年11月1日。当初から朝鮮語で書かれており、毎月2回発行していたが、しばらくすると資金難に陥り、断続的に発行する状況におかれた。そのため、1936年9月、東亜日報東京支局長申浩均、朝鮮日報東京支局長金東進などの後援・出資をえて組合組織となり、『東京朝鮮新報』と改題され、以降、全国各地域に配布され、2000部内外を発行した。

紙面では主に、①総督姿勢の批判、②内地渡航問題、③朝鮮語廃止問題、④朝鮮人借地借家問題、⑤朝鮮人思想運動者の消息、⑥「在外不逞鮮人*」の消息などを報道。とりわけ1936年11月1日の『民衆時報』*の廃刊後は、日本内地唯一の合法的朝鮮語新聞として特異な存在となった。そのため治安当局の厳しい監視下におかれ、1937年7月に日中戦争に関連して金九の動向を扱った記事によって発行人の金浩永が検挙され、9月1日には廃刊を余儀なくされた。

参考文献：内務省警保局『社会運動の状況』1937。　　　　　　　　[金耿昊]

▶614 とうごうしげのり
東郷茂徳
1882～1950
外交官・政治家・外務大臣。鹿児島県東市来町美山生まれ。豊臣秀吉の朝鮮出兵の際に島津義弘が連れ帰った朝鮮人陶工の末裔で、幼少期の名前は朴茂徳。茂徳が5歳のとき、陶芸で財をなした父・朴寿勝が士族株を購入し、「東郷」姓を名乗るようになる。

1908年、東京大学独文科卒業。翌1909年、明治大学のドイツ語講師に就任。1912年、5度目の受験で外交官試験に合格し、外務省に入省。奉天、スイス、ドイツ、米国などに在勤後、1933年に欧米局長、翌1934年には欧亜局長などの要職を経て、1937年ドイツ大使となる。しかし、日独伊三国同盟に反対したためドイツ大使を罷免され、翌1938年に駐ソ大使に転勤させられる。ノモンハン停戦協定を成立させた1941年、その手腕を買われ東条内閣の外相に就任し、開戦を回避す

319

るため日米和平交渉に尽力する。

1942年、大東亜省設置問題で東条首相と対立し、外相を辞任、貴族院議員に転身。1945年、鈴木貫太郎内閣で外相に返り咲き、本土決戦を主張する軍部に対し、ポツダム宣言を受諾することを最後まで主張するなど、終戦工作に奔走した。戦後、A級戦犯として起訴され、1948年極東国際軍事裁判で禁固20年の判決を受ける。1950年、拘禁中の米国陸軍病院で心臓病のため死去。著書に『時代の一面：東郷茂徳外交手記』（原書房）がある。

[朴一]

▶615 **当然の法理** 外国籍住民の公務員への就任権を制限するために用いられる論理。内閣法制局は1953年、外国籍者の公務就任権について「法の明文の規定が存在するわけではないが、公務員に関する当然の法理として、公権力の行使または国家意思の形成への参画に携わる公務員となるためには、日本国籍を必要とするものと解すべきである」との見解を示した。外国籍者の公務就任権を制限する「当然の法理」論は、法の下の平等や職業選択の自由など日本国憲法の基本理念と、国家が想定していなかった外国人による公の意思形成への参画や公権力行使の抑制の隙間を埋める論理として編み出された。法律上の規定がなくても外国籍者の職業選択権に対する制限は差別に当たらず、公務員任用に関する制限は当然の論理として認められると解釈した。この見解は、現在まで有効な法律解釈として踏襲されている。

一方、1991年に交わされた韓日外相間の「在日韓国人の法的地位に関する覚書」に基づき、地方公務員への外国籍者の受験資格について門戸が開かれるようになってきた。ただ、国家公務員、消防吏職、警察官への任用、または地方公務員であっても管理職登用は制限されており、上記見解が大きな障壁となっている。2005年の鄭香均裁判で最高裁判所は、「当然の法理」を持ち出さず、それに代わる用語として「公務員に関する基本原則」という用語を使った。

現在、管理職にも外国籍者を登用する自治体が現れ、地域の消防団活動に外国籍者が参加する事例も生まれている。また、定住外国人*の地方参政権が認められれば、公の意思形成への参画範囲が飛躍的に広がる。そうした場合、この論理はどのように修正されるべきか関心が集まる。

[金光敏]

▶616 **同胞生活法律センター** NPO法人同胞生活法律センター（所在地：東京都台東区台東3-41-10）は、1997年に創立し、朝鮮・韓国の国籍*や滞日歴を問わず、日本にいるすべてのコリアンを対象として、法律相談などの法的サービスや、家探しなどの生活相談サービスを提供している。主な活動の内容は、相談活動（週1回の無料法律相談など、弁護士などの専門家と協力しながら、在日コリアンの生活において提起される国籍、在留資格、福祉等の諸問題の解決をサポートする相談活動）、研究活動（在日コリアンに特有の法律問題や人権問題についての研究活動）、そ

して啓発・教育活動（あらゆる差別のない社会づくり、多文化共生＊を目指す啓発・教育活動）である。現在では、サービス提供の対象を外国籍一般の人々にも広げており、その活動は広範囲にわたっている。　　　［金尚均］

▶617
『東洋経済日報』　在日コリアンによって発行されている経済専門紙。1946年4月、韓日両国間の友好親善をめざし、経済・文化・スポーツ＊の交流拡大と、在日韓国人社会の生活・文化の向上などを目的に、神戸で会員制日刊紙として創刊された。その後、大阪支社、名古屋、東京に支社を設立し、また1965年の日韓国交正常化以前には韓国支社も開設していた。現在は東京に本社を設けている。

現在の発行形態は週刊（毎週金曜日）で、韓・日混成スタッフがブランケット版8〜32ページ立てで発刊しており、韓国企業情報（年2回）や韓国企業年鑑などの書籍や産業別特集号なども随時、韓国文・日本文で発刊している。　　　　　　　　［尹明憲］

▶618
登録原票記載事項証明書　外国人登録法＊の目的は、外国人の居住関係及び身分関係を明確にして、在留外国人の公正な管理を行うことである。日本に在留する外国人は、上陸の日から90日以内に、外国人登録の申請を居住地の市区町村役場に出頭して行う義務がある。外国人登録が行われると、「外国人登録証明書＊」が交付され、16歳以上の外国人には常時携帯義務が課せられる。外国人は、この常時携帯義務により、各種手続などに際して、外国人登録証明書を提示することはできても、提出することはできない。そこで、市区町村役場において、外国人の便宜を図る目的として、「登録原票記載事項証明書」が発行されている。

市区町村の長は、外国人登録原票に、登録番号、氏名、生年月日、性別、国籍＊、出生地、職業、在留資格・期間、世帯主など20項目を登録し、市区町村に備えている。尚、2009年7月に成立した改定入管法等によって、外国人登録法は廃止され、新たに国家が一元管理するIC在留カード、IC特別永住＊者証明書制度に3年以内に移行する。　　　　　　［丹羽雅雄］

▶619
特別永住　1965年6月に、日本と韓国の間に締結された在日韓国人の法的地位に関する協定（以下『協定』という）は、平和条約の発効（1952年4月28日）に伴う日本国籍喪失により外国人になり、入国管理令上の在留資格を有することなく在住していた韓国・朝鮮人の内、1945年8月15日以前から申請の日まで引き続き日本に居住しているか、1945年8月16日以降に上記の者の直系卑属として生まれ「協定」発効の日（1966年1月17日）まで引き続き居住している韓国国民が申請したときは日本での永住を認め（同協定第1条1項）、さらに、以上の規定によって永住を許可された者の子で協定発効の日から5年以内に生まれた者にも永住を認めるとした（同協定第1条2項）。

その結果、戦前から日本に在住する

韓国人1世および2世と3世の一部の人々は入国管理令に基づいて許可される永住(一般永住)とは異り、「協定」実施のために制定された「出入国管理特別法」が定める永住(協定永住*)が認められた。

他方、朝鮮籍の者などこの協定永住を取得しなかった多数の者には、1981年難民条約批准を機に「入管令」が「入管法」に改定された際、特例により申請をすれば無条件に永住を許可することにした(特例永住)。また、前記の「協定永住者」の直系卑属として生まれる子孫の居住については「協定」発効から25年までに協議することにした「協定」第3条に基づいて、1991年1月には「協議の結果に関する覚え書き」が交わされ、在日韓国人3世以下の子孫にたいし、「簡素化された手続きでき束的に永住を認める」ことにした。そして、1991年5月には「出入国管理に関する特例法」を公布し、イ)法律126号第2条6項の規定により在留する者(126-2-6該当者)およびその子、ロ)日韓法的地位協定に基づく永住許可者(協定永住者)、ハ)1982年の「改正入管法」に基づく永住許可者(特例永住)を「特別永住*者」という地位に一本化し(同法第3条)、この特別永住者の子孫には、「特例法」が定める手続きによって申請をすれば永住が許可される「特別永住*許可者」として(同法第4条)永住できるようになった。

[金東勲]

特別高等警察(特高)

1911年、警視庁に特別高等警察課が設置された。以降1928年の3・15事件を契機に各県警察に特別高等警察課が置かれ日本の治安体制の要となった。治安維持法*を武器に共産主義運動・水平運動・在日朝鮮人運動などを弾圧した。自由主義的運動を含めた労働・政治・社会・文化運動などに監視網を張り巡らせた。韓国併合以降、渡航朝鮮人は生活の全てを警察によって管理・統制された。居住台帳・移動(寄留)登録・居住人口把握など基本的な台帳の作成は警察が行っていた。特別高等警察体制が確立すると労働・政治運動の監視と共に朝鮮人監視が重要な柱になっていた。朝鮮人要視察人の決定、動向などを監視していた。特別高等警察の中に内鮮係が置かれ、朝鮮人専門の特別高等警察係官・内鮮係が各警察署に置かれるようになった。全国の内鮮係が把握した朝鮮人の状況が『特高月報』各号に掲載されている。各県特高課がまとめた報告を基に通年で在住人口、職業、在日朝鮮人の団体一覧などを作成した資料が内務省警保局作成の『社会運動の状況』の各年版である。1939年以降朝鮮人管理・統制は協和会*が行ったが全ての在日朝鮮人は協和会支会長(警察署長)と幹事(特別高等課内鮮係)の統制下に全生活を管理・監視されるようになった。特別高等警察官の引率で地域から伊勢神宮までの参拝、各戸の国旗掲揚などが朝鮮人に強要された。創氏改名*の受付は協和会の事務所=特別高等課で行われた。1944年末に協和会は興生会と名称が改められたが統制的な側面は強化され特別高等警察が指導するという関係は変わらな

かった。

1945年10月に連合国軍の指令によって特別高等警察は解体され、一部課員は追放されたが警察の治安機能の強化と共に公安警察として存続し外国人登録制度などの実施に一定の影響を与えた。特別高等警察一般については、萩野富士夫『特別高等警察体制史』（せきた書房1988刊）、朝鮮人との関係は樋口雄一『協和会』（社会評論社1986）を参照。　　　　　　［樋口雄一］

▶621 **徳山昌守（洪昌守）**
とくやままさもり　ホンチャンス
1974〜

元プロボクシング*選手。在日3世。東京都大田区出身。東京朝鮮高級学校卒。1994年、大阪のグリーンツダジムからプロデビュー。1996年、全日本フライ級新人王獲得後、金沢ジムに移籍。1999年、OPBF東洋太平洋スーパー・フライ級チャンピオン。2000年6月の初の南北首脳会談により南北交流ムードが高まる中で、9月にWBC世界スーパー・フライ級王者の曺仁柱（韓国）に挑戦し判定で圧勝。「在日」であることを公表した初の世界王者となった。またリング上で「統一旗」を掲げ、「朝鮮は一つだ!」と絶叫するなどして話題を呼んだ。8度の防衛後、2004年に川嶋勝重に敗れ王座から転落したが、2005年に川嶋に勝ち王座を奪還した。2006年に初防衛後、王座返上を表明。その後、現役続行の意志を示したが、2007年に引退した。プロ戦績36戦32勝（8KO）3敗1分。

参考文献：高賛侑『統一コリアのチャンピオン』集英社新書、2001。［高賛侑］

▶622 **渡航証明書**
植民地期の朝鮮半島〜日本内地間の渡航において、朝鮮側で発給されていた証明書類の一つ。1920年代の渡航者急増に伴い、朝鮮総督府は1925年10月より渡航に関する一切の取締を釜山に一元化した（渡航阻止制度）。しかし釜山のみでの取締には自ずと限界が生じ、そのため1928年7月からは、(1)渡航希望者は居住地を所轄する警察署において手続きを行い調査を受ける、(2)渡航許可の判定を受けた場合、所轄警察署より釜山水上警察書宛「紹介状」の発給を受ける、(3)渡航希望者は渡航の際、釜山水上警察書にこの「紹介状」および自らの戸籍*謄本を提出して再度検査を受ける、という手順へと変更された。

当時の新聞などでは「渡航証明書」という名称で言及されているが、同名を冠した書類（書式）の存在は今のところ確認されていない。むしろ実際には、各地の警察署によって戸籍謄本の余白部分に記載事項の裏書がなされ、渡航時において証明書としての機能を果たしていたことから、このことを指すものと思われる。　　　　［福井譲］

▶623 **土地調査事業**
1910年代、日本が朝鮮植民地支配の経済的基盤を確立するために実施した調査。1910年3月、統監府が担当官庁として土地調査局を設置（「併合」後は朝鮮総督府臨時土地調査局に改編）、事業は同年8月の土地調査法と1912年8月の土地調査令に基づき実施され、1918年11月に終了した。事業の目的は「土地所有権の確立と地税賦課の整

備」であり、全国の土地を測量して一筆ごとに面積・地形・地目を調査し、土地所有者を確定、等級と地価を査定して地税徴収の仕組みを整えた。民有地の所有権調査では申告主義がとられ、有力地主が申告書の調製、回収などにあたったため、所有権の帰属が地主層に有利になされた可能性が指摘されている。また朝鮮開港後の経済変動により新興地主が成長する中で、外国人として不法に土地を兼併した日本人地主の所有権が最終的に認定された点にも注意しなければならない。

一方、1908年に実施された駅屯土整理事業で、王族や官庁の所有、あるいは所有者不明と判定された土地は強権的に国有地に編入されていたが、土地調査事業でもこれを確認したため、こうした土地への権利を主張する農民たちの異議申し立てにより多数の所有権紛争が起こった。事業を通じて伝統的な収租権（国家が官庁などに与えた租税を徴収する権利）による土地支配など、土地私有を制限する制度が最終的に廃棄され、また排他的土地所有権を保護する土地登記制度が整備されたが、これらは土地の商品化・資本転換を促し、植民地期には土地売買の拡大による農民層の両極分解が進行した。

事業の終了した1918年には農家総戸数の3.1％に過ぎない地主が、耕地総面積の50％以上となる219万町歩を所有しており、植民地支配を支える地主制は確固たるものとなっていた。また地税収入も1910年の600万円から1918年には1157万円に増加し、総督府財政の支柱となった。しかし地主の土地集積過程で土地を失い没落した農民たちは、職を求めて日本や中国東北地方に多数移住することとなり、土地調査事業は在日朝鮮人が形成される一因ともなった。　　　　　　［藤永壮］

▶624 **都庁管理職昇進裁判**　東京都に保健婦として勤務する在日韓国人2世の女性・鄭香均（チャンギュン）が、1994年に課長級以上の昇進資格を得るための管理職選考試験に申し込んだところ、東京都は「日本国籍が必要」として拒否。鄭香均は「国籍＊を理由に管理職選考の受験を拒否したのは法の下の平等などを定めた憲法に違反する」とし、慰謝料の支払いなどを求め東京都を提訴した。1996年の東京地裁判決では「制限は適法」として請求は退けられたが、1997年の2審・東京高裁判決では、外国人の任用が許される管理職と許されない管理職とを区別して考える必要があり、都の対応は「外国籍の職員が管理職に昇任する道を一律に閉ざすもので、法の下の平等と職業選択の自由を定めた憲法に違反する」とし、1審判決を変更し都に賠償を命じた。しかし、2005年の最高裁大法廷判決では、「重要な決定権を持つ管理職への外国人の就任は日本の法体系で想定されておらず、憲法に反していない」として、原告の請求は退けられた。ただし、15人の裁判官のうち2人の裁判官は「外国人の職員から管理職への受験機会を一律に奪うのは違憲だ」と反対意見を表明した。　　　　　　　　　　　　［朴一］

▶625 **トックッ**　正月料理。トッは餅、クッはスープのことでさし

ずめ日本の「お雑煮」のような位置づけになろう。日本の餅との違いは材料の米が糯米ではないこと。うるち米を粉にして蒸したものを細長く成型する。粘り気が出るが、糯米ほどの粘弾力はない。これを「カレトッ」と呼ぶ。2～3日後硬くなったのを斜めにスライスする。正月にはなくてはならない「おせち」だっただけに、昔はどこの家庭でも手作りで準備されたものだったが、今は加工所の機械作りの商品トックである。スープの出し方は地域によって異なる。鶏肉、牛肉、豚肉、魚貝類などが使われる。細長い「カレトッ」を小麦粉でつくることもあり、「ミルトックッ」と呼ぶ。正月の挨拶のとき、年輩の方が若い人に向かって「トックッ何回食べたか」と声をかけるが、「何歳になったか」の意味である。在日コリアンが民族性を表現するのに正月のトックッは欠かせない。　　　　　　　　　　　　[鄭大聲]

▶626 **渡日制限／渡日管理**　1910年代、朝鮮総督府は労働者募集取締など朝鮮人の集団的渡航の管理をめざす政策を段階的にとったが、個々人の朝鮮人の渡日を統制するようになったのは、3・1独立運動発生後の1919年4月に設けた旅行証明書*制度からである。戦後不況下の日本財界による要請もあり同制度は維持されたが、朝鮮人側の批判で1922年12月に廃止された。関東大震災直後に朝鮮人の渡日禁止措置がとられ、再び渡航証明書制度が実施されると、朝鮮各地で制限廃止を求める声が高まり、翌年5月末に撤廃された。その後渡日者が増加するなか、総督府は1925年10月から所持金額や就職先の有無などの条件を設定し渡日者を選別・規制しようとした。日本内の失業者急増が背景にあった。さらに1928年7月以降、居住地警察の戸籍謄本裏書証明を所持しない渡日を阻止するようになった。内務省警保局では1929年8月から工場や鉱山に就労する朝鮮人が（のちに対象を拡大）一時帰郷し再渡日する場合、あらかじめ警察から「一時帰鮮証明書*」を取得することが必要となった。警保局は1932年以降、治安目的で日本における朝鮮人取締を強化するとともに、例規をつくって渡日規制を徹底した。日中戦争勃発後は戦時動員・労働力不足を背景に、渡日規制の部分的な緩和が行われた。強制連行が始まって以降、それ以外の渡日者の増大に対して阻止する政策がとられたが、1944年12月に制限の撤廃が閣議で決定された。　　[村上尚子]

▶627 **渡来人**　主として古代の日本列島に朝鮮半島や中国大陸などから渡来してきた人々を総称する言葉。紀元前3世紀ころの弥生時代から渡来が始まり、5世紀ころから6世紀を経て日本の奈良時代ころまでに何度かの渡来の波があり、西日本一帯に居住して水田耕作、須恵器などの製作、金属器、養蚕と機織など当時の先進技術をもって新しい文化を形成し、倭国の創建にもかかわったであろう、と考えられる。また漢字・暦・儒教・仏教などの人文知識もこの人々によって伝えられ、古代日本国の文化形成にも大きな役割を果たした。主要な氏族としては

秦氏、漢氏、文氏、などがあるが、7世紀ころまでにそれぞれの氏姓を朝廷が与え古代日本国の氏姓制度と戸籍*に組み入れられた。天智朝下では百済からの亡命知識人が官僚として登用されたり、東大寺大仏の鋳造にも彼らの後裔が活躍したことは有名。また桓武天皇の母が百済の武寧王の流れをひいた和氏出身であることも知られている。

[仲尾宏]

▶628 ドラゴン銀行

関西興銀*、東京商銀など、相次いで破綻した在日韓国系の信用組合の受け皿金融機関として、2001年以降民団中央本部と駐日韓国大使館の主導で設立準備が進められたが、最終的に設立できなかった幻の新銀行構想。新銀行の設立発起人会(総代・韓昌祐*マルハン会長)では、新銀行は関西興銀、東京商銀、京都商銀、福岡商銀の4信組の預金などを引き継ぐこと、新行名は仮称を「平和銀行」としてきたが、同日の発起人会で正式行名を「ドラゴン銀行」とすること、を決めた。発起人15人を含む在日実業家や在日韓国人団体、日本企業などが200億円余りの資本金を拠出し、韓国政府も当面100億円を劣後債または普通株引き受けの形で出資することも固まっており、ドラゴン銀行は資本金300億円で発足する見通しであった。

だが、2002年1月17日、関西興銀と京都商銀の両信組はMKタクシーのオーナーである青木定雄*(兪奉植)が会長を務める、近畿産業信組(京都市)に事業譲渡されることが決まった。譲渡契約後の記者会見で、両信組の金融整理管財人は「近畿産業信組の方が破綻信組の資産買取り価格を高く提示した」ことを受け皿決定の理由に挙げた。投入する公的資金はより小額で済むからであった。事業譲渡先として選定されなかったのは、在日社会が一枚岩にまとまることができず、民団中央本部がまとめきれないまま、譲渡先の決定を待たざるを得なかったからだ、という指摘もあった。結局、在日同胞社会のために、「全同胞が参加する全国統一の銀行」という新銀行(ドラゴン銀行)設立を目的に活動を続けてきた、株式会社ドラゴンは株主総会を直後の1月20日に開き、解散を決議するに至った。なお、東京商銀は北東商銀に事業譲渡され、「あすか信用組合」となった。福岡商銀は熊本商銀に譲渡された。

参考文献:朴一『「在日コリアン」ってなんでんねん?』講談社+α新書、2005。

[裴光雄]

▶629 都立朝鮮人学校教職員組合

1949年12月 東京都教育委員会は都内の朝鮮人学校15校(小学校12、同分校1、中学校1、高校1)を都立学校に移管し民族教育の抑圧・否定を試みた。教諭は全員日本人で朝鮮人は専任講師か時間講師だった。こうした学校運営は朝鮮人生徒・保護者と学校側の間にさまざまな摩擦を引き起こしたが、民族教育の価値を理解し尊重する必要性を認識した日本人教師が朝鮮人講師に呼びかけ1950年12月都立朝鮮人学校教職員組合(朝教組)を結成した。当初の組合員数は日本人と朝鮮人を合わせおよ

そ200名で都教職員連盟（都教連）にも加盟した。朝教組の活動は都教委や公安当局からの圧力や妨害を受けたが、朝鮮人保護者とも連携しつつ民族教育の保障と充実を目指す運動を展開した。また1953年日教組教研大会では、朝教組から日本人教員梶井陟*が民族教育の実態を報告し朝鮮人教員への差別待遇解消を訴えている。1955年、都立朝鮮人学校の廃校に伴って活動を終えたが、組合の中心的メンバーだった2名の日本人教師は他の都立校への再任を拒否された。

参考文献：梶井陟『朝鮮人学校の日本人教師』亜紀書房、1974。　　［鄭雅英］

トルチャンチ

子どもが生まれて1年のお祝いをトルチャンチという。トルは一回りという意味であり、チャンチは祝宴を意味する。朝鮮半島では、誕生から1年を迎えた日に近所の人に餅を配り、トルサン（祝い膳）を用意する。地方によって多少異なるが、膳には長寿を表す糸、知識を表す筆（現在は鉛筆）、富を表すお金、米、果物などが並べられる。子どもが何を最初に手にするかによってその子の将来を占うのが、この日のメインイベントである。生活が苦しい中でも在日コリアンは、子どもの出産を祝うトルチャンチは行っていたが、1世が数少なくなった現在でも、簡略化されてはいるが民族衣裳を着せてトルチャンチを行う人たちも多くいる。トルチャンチには、大坂・鶴橋の国際市場や生野のコリアタウン*などで販売されている民族衣装を買って着せている。

参考文献：韓国中央研究院『韓国民族文化大百科事典』トンバンメディア（電子辞書）。　　［髙正子］

トンサンレ

結婚式を終えたあと、新郎が新婦の実家で友人や近隣の若い人を招き宴を開くこと。新郎の実家でも開かれる。お酒が回ったところで友人たちが新郎に、いじわるな質問や歌や踊りの披露を要求するなど難題を浴びせる（紙に書いて渡すこともある）。それに新郎が応えると、答えが不十分だとか歌が下手などと聞き入れず、「懲らしめ」に新郎を縛って足の裏を叩き、さらに新郎に苦痛をあたえ困らせる。見かねたチャンモ（장모：新婦の母）がご馳走を運び、手加減を懇願し、また「許し」を乞う。このようなことを繰り返して、笑って遊び興ずること。これは新郎新婦を取り巻く若人たちが、結婚の祝賀ムードをたのしく盛り上げる儀式。新郎にたいする、新婦を大切にせよというメッセージが込められている。トンサンレに多くの人が集まってくることは、新郎と新婦が信望を得ていることの表れでもあると、両家ではたいへん喜ばれた。トンサンレをシルランタルギ（신랑다루기）ともいう。慶尚道地域ではトンサンジと称されている。在日朝鮮人社会においても1960年代まで広く行われ、親族はじめ近隣の若い人、友人たちが集っていた。1970年代以降からは、民族団体と繋がりがある青年たちが主に行っており、トンサンレの場も、新婦または新郎の実家から新郎新婦の新居へと移った。

［梁愛舜］

ナ行

内外人平等

内国民と外国人の法の下の平等を意味し、国際人権諸条約が重視する人権理念のひとつでもある。日本政府は、日本国憲法の条文の多くが「国民」となっていることから、国内法の多く、とりわけ権利保障において外国人住民をその対象から外してきた。まだ、在日外国人の圧倒的多数が在日コリアンであった1970年代末まで、年金、健康保険、公営住宅*の入居、各種福祉手当てなどの社会保障制度の多くに国籍条項*が存在した。これらの社会保障制度からようやく国籍条項が撤廃されていくのは、在日コリアン当事者の人権運動の高まりと同時に、日本政府が各種の人権条約を批准したことによる。1979年に日本政府は国際人権規約*を批准し、1981年に難民条約を批准した。これら条約の内外人平等の原則を受けて進められた国内法整備によって、在日コリアンに対する制度的差別が改善に向かった。しかし、すべての社会保障制度の完全な国籍条項撤廃が実現したわけではない。　　[金光敏]

内鮮一体

日中戦争・アジア太平洋戦争の時期に実施された植民地政策とそのスローガンをいう。1936年に朝鮮総督となった南次郎(陸軍大将)は、日本での「国体明徴」(天皇制を絶対視する観念の強化)のスローガンを朝鮮にも持ち込み、朝鮮人の「皇国臣民化」を図った。1937年に日中戦争が始まると、総督府は戦時体制の構築を急ぎ、「皇国臣民の誓詞」制定、朝鮮教育令改正、志願兵制度実施を行い、1938年には国民精神総動員連盟を結成して、皇民化政策*を強化した。その際に掲げられたのが「内鮮一体」のスローガンである。

制度・経済・精神などの面で「内地」と朝鮮とを一体化するというものであったが、実態は朝鮮人に対して一方的に日本人化を求めるものであった。日本語の使用、神社参拝*、「日本精神」の体得が強要され、戦争遂行への奉仕が求められる一方、さまざまな面での差別は解消されなかった。

同時期には日本在住の朝鮮人に対しても、協和会*などを通じて「内鮮一体」「日本精神」が強調された。従来は日本人と朝鮮人との対立を緩和する「内鮮融和」が唱えられていたが、1939年頃からそれに代わって「内鮮一体」「内地同化」が主張されるようになると、朝鮮人の日常生活全般にわたる日本化が押しつけられた。

一方、「内鮮一体」を歴史的・文化的に理論づけるものとして、古代の渡来人*が日本社会に溶け込んでいった歴史が思い出され、埼玉県の高麗神社*が注目を浴びたり、日本に漢字と儒教を伝えたとされる百済の王仁の墓(大阪府枚方市など)が「内鮮一体」の象徴としてもてはやされたりした。

[水野直樹]

内鮮結婚

日本の敗戦前、日本人(内地人)と朝鮮人との結婚は「内鮮結婚」と呼ばれていた。日本における外国人との婚姻*に関する最初の法制は、1873年の太政官布告第103号「外国人民ト婚姻差許条規」である。これにより婚姻後の日本人としての身分(分限)が定められることとなった。1898年明治民法制定により「家制度」が確立され、1899年国籍法*が制定された。これらは1910年「韓国併合ニ関スル条約」以後の「内鮮結婚」における夫婦および出生子の法的地位の変動および決定の基準となった。帝国日本は国民編成原理である戸籍*制度を構築していく過程で植民地朝鮮を異法地域と規定し、内外地間の戸籍連絡の手続法規を整備していくことによって、帝国内における家制度の確立を目指した。

日本人と朝鮮人の結婚数は1912年の116組から記録が見られ、朝鮮総督府の調査によるものであった。1910年から1920年までは「内鮮結婚」は届出をすれば婚姻事項の記載はされるが、両地域間に共通法がなかったため入除籍に連動しなかった。1920年には、李垠と梨本宮方子の婚姻が挙行されたが、この後の「内鮮結婚」総数の変化に影響はみられない。

1921年に内外地間の入除籍にかかる「内鮮人通婚民籍手続」などが整備された。1922年には朝鮮民事令を改正し、婚姻などの身分行為の成立要件を届出主義にするとともに、朝鮮戸籍令が制定され内地戸籍に準じた朝鮮戸籍が確立した。これにより朝鮮においても法律婚と事実婚の区別が明確になり、婚姻届の件数を集計することによって法律婚の統計が可能となった。一方、事実婚の統計については、警察調査あるいは社会調査による方法しかなかった。

1939年に創氏改名*を実施し、朝鮮人にも「家」の名称である「氏」を創設させ、法律上での夫婦に共通の氏を名乗らせた。1940年には朝鮮民事令の第三次改正を実施し、朝鮮の慣習では認められなかった異姓間の養子縁組を可能とすることによって婿養子縁組の制度を新設した。また、朝鮮人男性が日本人女性の「家」に婿養子は入夫として入籍することが可能となり、この場合朝鮮人夫は内地戸籍の戸主となることを要請された。1941年、朝鮮総督であった南次郎は「内鮮結婚」の奨励策を打ち出すが実質的な促進策を採ったわけではなく、内外地間の往来と皇民化政策*による自然増加に任せていた。その結果、朝鮮における「内鮮配偶者」数は低水準の漸次的増加にすぎず、むしろ青壮年の朝鮮人男性が労働者として渡航した内地における「内鮮結婚」の増加が顕著であった。特に戦時期には、青壮年の日本人男性が外地へ兵力動員され未婚の日本人女性が増えたことによる「内鮮結婚」が急増した。

解放間際には、日本人女性が朝鮮人夫について朝鮮に渡り始め、後に「在韓日本人妻*」として生活するなかで「芙蓉会」という親睦会も生まれた。解放からサンフランシスコ講和条約*発効までは、朝鮮人と日本人の間の身分行為に伴う戸籍の移動は、植民地期と同様に規定された。

参考文献：金英達「日本の統治下における"通婚"と"混血" いわゆる『内鮮結婚』の法制・統計・政策について」『人権問題研究室紀要』第39号、関西大学、1999。森木和美「移住者たちの『内鮮結婚』 植民地主義と家父長制」山路勝彦／田中雅一編著『植民地主義と人類学』関西学院大学出版会、2002。　　　　　[伊地知紀子]

▶635 **中島健吉**（なかじまけんきち）
1921〜

実業家。民族名：鄭東弼（チョンドンピル）。忠清北道清州市生まれの在日1世。早稲田専門学校商科卒。1949年遊技具製作所「平和商会」創立（桐生市）。1960年、日本遊技機工業協同組合（日本遊技機工業組合の前身）初代理事長。1964年、「平和工業株式会社」と社名変更。日本国籍取得。1988年に株式会社平和は東京証券市場に店頭登録。1991年パチンコ産業*初の株式公開（2部上場）。売り出し価格5300円が寄り付きから8500円をつけるほどの人気株。1989年には1株3万4800円。評価額1兆3920億円。1997年東証1部上場。1997年日本の長者番付第6位。

「世界の恒久的平和維持のために教育をもって貢献する」という理念で『平和中島財団』（基本財産500億円）を設立し、留学生および若手研究者を支援している。米国の経済雑誌『フォーチュン』1989年8月号は、世界のビリオネアの27位（日本人1位）にランク、総資産34億ドル（4800億円）、「アメリカンドリームを日本で成し遂げた」と紹介した。　　　[永野慎一郎]

▶636 **長田区**（ながたく）

神戸は開国に伴う港の整備、拡大、日本の大陸貿易の伸長に伴う貿易量が増大していくなかで、都市規模を拡大してきた街である。さらに神戸を拠点とした造船、鉄鋼といった近代産業の勃興と発展拡大は神戸の人口規模を急激に増加させる。このような都市機能の拡大は、三宮、元町といった中心市街を挟んだ東西地域にも波及し、西部地域では兵庫運河の開削や湊川付け替え工事、耕地整理事業などで住宅や工場用地が整備される。また条例改正で木賃宿の建設を西部では長田村糸木地区（現長田区）に限定したことで、低廉な住宅を求める労働者が神戸市外（奄美地域や朝鮮半島を含めた）から流入し、長田区は神戸の一大労働者居住区域となった。

このような背景に加え戦後、戦前のマッチ産業、ゴム工業の流れをくむ、ケミカルシューズ産業*が興隆した。メーカーから家庭内職まで裾野のひろい産業構造と社会的差別により就職できなかった在日コリアンの実態が重なり、在日コリアンの多くがケミカルシューズ産業とそれをとりまく飲食業（女性労働者が多いことから喫茶店が多い）などに従事していくなかで、大阪・生野と同様在日コリアンの最多住地域の一つになっていった。1980年代以降は、ベトナム人（インドシナ難民）の日本における最多住地域としての一面も持つようになった。[金宣吉]

▶637 **永田絃次郎**（ながたげんじろう）
1909〜1973

戦前に日本で活躍したテノール歌手。本名は金永吉（キムヨンギル）。平壌近

郊で出生。崇実専門学校を経て1928年陸軍戸山学校軍楽隊に入り、1934年除隊。下八川圭裕に師事し1933年第二回音楽コンクールに入選。1934年第二位、1935年「名誉第二位」となる。1936年オペラ『蝶々夫人』で三浦環の相手役を演じて有名になる。軍国歌謡も歌う。1939年婿養子縁組により内地戸籍「北川永吉」となる。1941年朝鮮軍製作の宣伝映画『君と僕』で主役の朝鮮人陸軍特別志願兵を演じた。1945年解放後、1948年オペラ『春香伝』(村山知義*作・高木東六曲)で李夢龍を演じた。朝鮮中央芸術団と藤原歌劇団で活躍後、1960年1月に第6次帰還船で日本人妻*(北川民子)一男二女を連れて北朝鮮に帰国。3月帰国独唱会。3月27日功勲俳優の称号授与。1961年ソ連東欧を平壌歌舞団として親善訪問。1962年国立交響楽団独唱歌手として中国各地を巡回公演。1967年頃粛清された。

[山根俊郎]

7・4南北共同声明と在日

7・4南北共同声明(以下、7・4声明)は、1972年7月4日に南北両政府が同時に発表した南北交流に関する共同宣言文で、自主・平和・民族的団結という統一への3原則が明記されている。

この7・4声明が発表された日、「マンセイ(万歳)!」「よかった! よかった!」の声が日本の夕刊紙に活字となって踊った。在日にとって7・4声明はあたかも電撃的カンフル剤となった。まさにこの興奮剤は、在日社会に今までになかった雰囲気を作り出した。そしてまた、それは在日一人ひとりに少なからず衝撃をあたえ、それがまた、在日の既成団体以外の下からの動き、例えば「7・4の会」「ワンコリア」などが新たに生まれる契機を創生し、まるで在日の地殻変動が始まったかのようであった。

1972年当時は、日立就職差別裁判*など在日の権利獲得に向けた下からのエネルギーが噴き出してくる時期にも重なっており、他方、民団・総連などの既成団体に見られる「録音問題」・「金炳植*問題」など、それまでの在日組織の矛盾噴火の情況も同時代的に存在していた。

そもそも7・4声明そのものが、南北分断にその起源があるものの、米中接近など世界的規模での変容の始まりの中での産物である。また他方、この時期を在日に引きつけて言えば、「下からの」動きの胎動の時期でもあった。

戦後も一貫して、日本社会の在日に対する理不尽さによる挫折・煩悶・反発がないまぜの、不透明な未来に閉ざされた状態に在日はあった。少なくとも1970年代初めまで在日は、とりわけ1960年代から始まる在日2世の登場のなかで、在日青年は具体的国民国家を描いてはいなかったし、イメージすら持ち得なかった。むしろ抽象的に、ユートピア的な統一国家を観念的・理念的なものとしてとらえていた。つまり現実での複雑さが伴う当為性を捉えるところまでには至っていなかった。したがって、このような在日の情況からして7・4声明に対して即座に反応し、高揚感のうず巻く雰囲気を共に受け入れた。

例えば、共同声明発表の3日後の7月7日東京日消ホールで「南北共同声明支持、民団ファッショ化阻止全国民衆大会」が、民団東京本部・在日韓国青年同盟*・在日韓国学生同盟*などの共催でなされる。そして在日における「南北」の共同集会が、7月23日の民団・総連大田（東京）支部共同大会を皮切りに、8月7日は在日韓国青年同盟と在日朝鮮青年同盟との共催による「南北共同声明を熱烈に支持する在日同胞青年学生達の中央大会」などが開催され、日本の全国津々浦々にまで、在日社会に大きな熱狂と波紋を押し広げる。しかし一方、8月8日民団中央大会では韓青同と韓学同の民団傘下団体認定取り消し処分が決定され、在日社会に大きな禍根を残すことになる。　　　　　　　　　　　　　[林茂澤]

▶639 ナミル
南日外相声明　1954年8月30日、在日朝鮮人を「共和国公民」であるとして日本政府の在日朝鮮人に対する抑圧政策に抗議した、北朝鮮南日外相の声明（「祖国統一のための闘争、生活、民族教育などで在日朝鮮人の権利を保障せよ」）で、在日朝鮮人運動の路線転換*の契機ともなった。

朝鮮戦争停戦（1953年7月）以後の東アジア情勢の変化は民対（日本共産党民族対策部*）の指導下で実力闘争に突き進んだ祖防委や民戦の路線の見直しを避けられなくした。1954年6月には中国・インド間に平和5原則の共同声明があり、主権尊重や内政不干渉などを原則とする平和共存が時代の潮流となった。こうした内外情勢の変化を背景に示された南日声明は、日本政府を非難しつつも、同政府が日本国民を代表していることを認め、その主権を尊重する北朝鮮政府の立場を明らかにするとともに、北朝鮮政府のみが在日朝鮮人の利益を代表することを示していた。つまり、それは、日本共産党という外国政党のもとで日本の民主革命を目指した民戦の路線を、主権尊重や内政不干渉の立場から否定する意味を含んでいたといえる。

この南日声明に加えて、同年11月、訪日した中国紅十字会代表の、「外国の政治紛争には絶対にかかわらない」とした発言があり、日本共産党も1955年1月1日『アカハタ』を通じて「在日朝鮮人に日本革命の片棒をかつがせようと意識的に引き廻すのは、明らかに誤りである」と方針転換を明らかにせざるを得なかった。だが、こうした方針転換を「情勢の発展に呼応する戦術的転換」であるとする民対と、「民対派幹部の根本的な指導の誤謬」とする韓徳銖*ら民族派の対立が明らかになり、1955年5月の民戦の解体・朝鮮総連の結成に至る路線転換は、後者の主導によって実現した。

参考文献：朴慶植『解放後在日朝鮮人運動史』三一書房、1989。　[文京洙]

▶640 ナムスンニョン
南昇龍　マラソン選手。全羅南道順天生まれ。地元の
1912〜2001　公立普通学校に通っていた頃から足が速く、卒業後は孫基禎*が同時期に在籍していたソウルの養正高等普通学校に通った時期もある。渡日し、1935年明治大学政経学部入学。マラソンのオリンピック日本

国内選抜を勝ち抜いたが、1936年第11回オリンピック開催地のベルリンで再度予選を課せられ、南昇龍は孫基禎*とともに出場権を獲得。結局、孫基禎が優勝し、レース後半にビスマルクの丘で超人的な力を発揮した南昇龍は3位に入り、表彰台に立った。なお、日章旗抹消で問題になった東亜日報の写真*には、孫基禎のみが写っていた。大学卒業後帰国し、1947年のボストンマラソンに朝鮮代表で出場して10位に入ったほか、後進の指導に当たった。亡くなった時、明治大学から弔電が寄せられている。　　[金容権]

▶641 **ナムル**　ナムルには2つの意味がある。ひとつは野菜類の和え物料理を指す。茹でたものを熟菜(スッチェ)、熱が加わっていないものを生菜(センチェ)と呼ぶ。和え物にする前の可食性の野菜類の総称にもナムルという表現がなされる。ナムルの語源は「羅物(ナムル)」である。羅とは国家という意味で「ナラ」は「羅羅(ラ)」のこと。新羅とは新しくできた国の意味。国の中にある植物の野菜類はつまり「国の物」であるから羅物とする。木のことを「ナム」と呼ぶのは「羅木(ナモッ)」からきている。野菜類の食品的価値は食物繊維、無機質(ミネラル)、ビタミンの供給源であることでエネルギー源とならない。韓国料理の和え物つまりナムルの特徴はごま油を用いることで美味しい味になる。大豆もやしのコンナムルがよく用いられるが、豆に水を与えて野菜に変えた冬野菜を得る知恵であった。ビタミンA、B_1、B_2、Cなど乾燥大豆にはなかった成分が新しく生まれる。韓国の風土に合った価値あるナムルである。

[鄭大聲]

▶642 **難民条約批准と在日コリアン**　1975年4月、ベトナム戦争が終結し、南北ベトナムが統一され、一方で大量の難民が流出し、日本にもボート・ピープルがやってきた。同じ年、主要国首脳会議(サミット)が発足し、日本はその一角を占めた。そうしたなか、日本の難民受入れ消極策が国際的批判をうけ、政府は国際人権規約*、難民条約をあいついで批准せざるをえなかった。

　国際人権規約批准時(1979年)は、通達により公共住宅の門戸を開放したが、難民条約批准時(1981年)には、国民年金法及び児童手当3法にあった「国籍条項*」を削除する法改正が行われた。すなわち、一握りの難民が60万在日コリアンの制度的差別撤廃に"貢献"したのである。こうした内外人平等*の実現は、日韓基本条約や日韓法的地位協定によってではなく、国際人権条約によってもたらされたのである。日韓条約*がいかに不十分なものであったかを示して余りあろう。

[田中宏]

▶643 **『にあんちゃん』**　1953年から1954年頃の旧杵島(きしま)炭鉱大鶴鉱業所(佐賀県肥前町)を舞台に、両親を失った4人の兄妹が貧しさにめげず助け合って生きる姿を綴った在日韓国人少女・安本末子の日記。1958年に光文社から『にあんちゃん——10歳の少女の日記』というタイトルで出版されると、『アンネの日

記』の日本版として評判を呼び、たちまち学校から家庭へと広がりベストセラーとなった。1959年には長門裕之、松尾嘉代、小沢昭一らが主演し、今村昌平監督の手で映画化された。韓国でも『クルムン・フルゴ（雲は流れて）』という訳本が出版され、映画化もされた。2001年、安本末子の同窓生たちが中心となり、「にあんちゃんの里づくり実行委員会」を結成し、募金活動の後、肥前町の入野小学校大鶴分校跡地に「末子と高一（にあんちゃん）」のブロンズ像の立つ記念碑を建立した。その後の2003年、安本末子は42年ぶりに生まれ故郷・大鶴を訪ねた。

[呉徳洙]

▶644 にしき の あきら
錦野旦
1948〜

歌手・タレント。大分県出身の在日コリアン2世。民族名：金明植（キムミンシク）。日本名：錦野明（にしきの・あきら）。大分県立緑丘高校卒業後、鹿児島市内のキャバレー・エンパイヤの専属歌手になる。1970年、芸能プロからスカウトされ、「にしきのあきら」の芸名でプロ歌手としてデビュー。デビュー曲「もう恋なのか」で第12回日本レコード大賞最優秀新人賞を受賞し、同年末のNHK紅白歌合戦に初出場を果たす。翌1971年、「空に太陽があるかぎり」が大ヒットし、一躍芸能界のスターになる。1977年に大麻取締法違反で検挙されてからしばらく低迷期は続くが、1990年代に入ると「スターにしきの」のキャラクターで数多くのバラエティー番組に出演し、人気者に。1995年、月刊誌『ヴューズ』（講談社）で、自ら「帰化」した在日コリアンであることをカミングアウトし、話題になった。

[朴一]

▶645
西宮・甲陽園地下壕

アジア・太平洋戦争の末期、米軍機による空襲が激しくなるなかで、兵庫県西宮市甲陽園一帯に建設された地下壕。壕建設の目的は、戦闘機「紫電改」を作っていた川西航空機（現新明和工業）の地下工場および「本土決戦体制」の中で大阪海軍警備府が疎開のために作った軍用地下施設であったと考えられている。建設工事には強制連行されたものも含めた数百人の朝鮮人が動員された。地下壕は、甲陽園西山町から、山王町、日之出町、新甲陽町、東山町の7カ所の独立したトンネル群よりなるが、そのうち1987年11月、鄭鴻永によって発見された4号-1トンネルには「朝鮮國獨立」「緑の春」の落書きが残されていた。すでに『米国戦略爆撃報告書』に記載があった6.7号トンネルについては、1988年、同報告書の原資料がアメリカで発見され、そのことがNHKニュース（1988.4.22）で放映された。地下壕の上にある公園には「第二次大戦時 甲陽園地下壕跡地」の石碑が西宮市により建てられている。

[飛田雄一]

▶646
二重国籍

国民国家誕生以来、国家主権への忠誠を求めたり外交的紛糾を憂慮する観点から単一国籍を原則とする考えが永く主流だったが、20世紀後半以降「内外人平等*原則」の追求やEUのような地域内統合の実現にともない、欧米を中心に二重

国籍状態を容認ないし黙認する国家が現れている。

　日本では1985年の国籍法*改定で未成年期の二重国籍が容認されたが（22歳までに国籍*選択）、韓国でも1998年にほぼ同様の国籍法改定が行われた（男性は兵役義務のため18歳までに国籍選択）。日本の現行制度によれば、重国籍者が日本国籍を選択する場合、国籍を有するもう一方の国に国籍離脱制度がないなどの事情がありえるため、市区町村役場または日本の在外大使館・領事館に「日本の国籍を選択し、外国の国籍を放棄する」旨を宣言することだけでも日本国籍選択とみなされる。一方で、韓国の既存制度では、日本国籍を離脱した場合に日本で取得が義務づけられる外国人登録の登録原票記載事項証明書*の提出を韓国パスポート発給の要件にしているため、日本生まれの在日が22歳以降に韓日二重国籍であり続けることは実質的に不可能だった。しかし2010年4月、韓国政府は出生率低下による人口減少阻止の観点から、満20歳前に二重国籍を持った者は満22歳以前に、満20歳以降に二重の国籍を取得した者は、国籍取得後2年以内に「韓国では外国国籍を行使しない」と誓約だけすれば、韓国籍と外国の共有を可能とする国籍法改定案を公布し、2011年1月から施行することになった。なお、日本の現行制度では20〜22歳の二重国籍者も参政権を持っている。

[鄭雅英]

▶647
日韓議連　日本の国会議員の日韓親善団体。正式名称は日韓議員連盟。1968年6月、韓国と関係の深い自民党の国会議員を中心に「日韓議員懇談会」が発足。1972年に「日韓議員懇親会」と改称、1975年5月23日に幹事会で議員連盟への発展的解消を決定した。自民党に加え民社党の全議員を巻き込んで、同年7月10日に「日韓議員連盟」設立総会を行った。当初は会長が空席で、会長代行が民社党委員長の春日一幸。韓国側の働きかけで組織化が進んだこともあり、朴正熙政権をてこ入れするものとして批判を受けた。地方議会では日韓友好議員連盟が結成された。金泳三政権成立後は日本社会党などが加わり超党派の連盟の体裁を備えるようになった。韓国側のカウンターパートとして韓日議員連盟がある。

[石坂浩一]

▶648
日韓条約　日本国と大韓民国との間の基本関係に関する条約（日韓基本条約）及び諸協定は1965年6月22日に調印され、同年12月18日に発効した（在日韓国人法的地位協定のみ翌年1月17日に発効）。日韓基本条約及び諸協定が締結されたことで日韓国交正常化が実現した。

　基本条約第2条には1910年8月22日以前に日韓間で締結されたすべての条約及び協定が「もはや無効」であるとされた。これは1910年の韓国併合に至るまでの日本の朝鮮植民地化過程で締結された諸条約が国際法*的に有効とする日本側と、これらを国際法的に無効とする韓国側が双方の解釈を主張するための妥協の産物である。日本政府は植民地支配が国際法的に不法であったと認めたことはなく、そのことが

植民地支配による朝鮮人被害者に対する法的責任を一切負わないとする姿勢と一貫している。

基本条約第3条には大韓民国政府を「国際連合総会決議第195号（Ⅲ）に明らかに示されているとおりの朝鮮にある唯一の合法的な政府」であるとしている。この国連決議は1948年12月12日に行われたもので、大韓民国政府を国連臨時朝鮮委員会が観察した選挙で樹立された、朝鮮にある唯一の合法的な政府であることを決議したものである。この国連決議が引用された背景には、北半部を管轄権として認めない日本側と、北半部を管轄権に含めるとする韓国側の主張の対立があった。両者の主張が折り合わなかったため、第2条と同様に双方の主張が可能な条文となった。ただし、日本政府としても、大韓民国政府を朝鮮にある唯一の合法的な政府としたことには変わりなく、朝鮮における冷戦状況を追認し、分断固定化を促進した条文であるといえるだろう。

基本条約及び在日韓国人法的地位協定以外にも、財産及び請求権*に関する問題の解決並びに経済協力に関する日本国と大韓民国との間の協定（日韓請求権及び経済協力協定）に在日朝鮮人についての重要な規定がある。同協定第2条2（a）に「一方の締約国の国民で1947年8月15日からこの協定の署名の日までの間に他方の締約国に居住したことがあるものの財産、権利及び利益」はこの協定で「完全かつ最終的に解決されたこととなる」財産請求権に含まれなかった。つまり、在日朝鮮人の財産、権利及び利益については この協定の対象外とされたのである。このほか、日韓両国の沿岸から12海里を専管水域とするとともに、共同規制水域などを定めた漁業協定、文化財及び文化協力協定が基本条約とともに締結されるとともに、紛争の解決に関する交換公文が取り交わされた。

日韓基本条約及び諸協定は日韓両国における激しい反対運動を押し切って締結された。朝鮮民主主義人民共和国政府は調印当日、日韓条約が日米韓三国の軍事同盟であり、朝鮮の分断を固定化するものであるという声明を発表した。

［吉澤文寿］

▶649
日韓親善協会 日韓親善を目的に掲げる日韓共同の全国組織。1961年5月に秋田で結成されたのをはじめとして、1960年代には15県で結成されただけだったが、1970年代に入って日本での韓国政府批判の世論に対抗するために、各地の民団を主たる担い手として日本人側の組織化が進められ、1977年1月の徳島で全国の親善協会結成が完了した。こうした全国の組織を束ねるため1976年5月10日に「日韓親善協会全国連合会」が結成され、1979年6月18日に「日韓親善協会中央会」と改称した。発足時の中央会の顧問が岸信介、会長が椎名悦三郎、副会長が春日一幸・町村金五・福田恒存で、地方の幹部も自民党の政治家や官僚、経済人であった。その後、市町村レベルでも一定の組織ができた。保守的な色彩の濃い組織であったが、韓国の民主化と民団の変化にともない政治色を脱却してきている。

［石坂浩一］

日韓連帯連絡会議

日本で韓国の民主化運動との連帯を掲げた先駆的市民運動団体。正式名称は「日本政府の対韓政策をただし韓国民主化闘争に連帯する日本連絡会議」。1973年の金大中拉致事件を契機に、金大中原状回復、政治決着反対の運動が発展して、1974年4月18日に正式結成された。代表は青地晨*、事務局長は和田春樹*。金大中の原状回復、経済侵略・公害輸出の中止、買春観光の中止、政治犯釈放などを掲げ活動。日本の経済協力から生まれた不実企業の実態を暴露するなど、日韓権力層のゆ着を明らかにし、日本政府のあり方を問うことで連帯をめざす運動であった。その流れの中から「市民の手で日韓ゆ着をただす調査運動」(日韓調査)などが生まれた。1978年7月に解散し「日韓連帯委員会」に改組された。日朝友好が主であった日本の社会運動の中に、韓国民主化運動との連帯を提起した役割は大きい。「ベトナムに平和を！ 市民連合」を担った人々の活動を受け継ぐ面もあった。　　　　　　　　　　［石坂浩一］

日朝協会

日朝友好をめざして1955年11月に結成された社会運動団体。在日朝鮮人が日本共産党に所属して活動した時代に決別し、総連を結成したことに対応し、日本人側の連帯運動団体であることを明確にして生まれた。初代理事長は畑中政春。貿易促進などの日朝交流友好と在日朝鮮人の人権擁護を主たる課題として出発し、北朝鮮への帰還運動が始まるとそれを支援した。1958年から日朝関係を阻害するものとして日韓会談反対運動に取り組み、その理論的支柱の役割を果たした。日本共産党と朝鮮労働党の関係悪化にともない1972年8月、朝鮮対外文化連絡協会*から交流断絶を通告され、以降は北朝鮮とは距離を置いて活動した。近年は植民地支配の歴史を記憶し日本政府の責任を問う活動を行うとともに、2002年の日朝平壌宣言*を支持し国交正常化を求める運動を展開している。　　　［石坂浩一］

日朝国民会議

総評（日本労働組合総評議会）系の日朝連帯運動組織。米中和解と1972年7月4日の南北共同声明を背景に、1973年9月8日、「日朝国交正常化国民会議」として発足。代表委員には社会党委員長成田知己、公明党委員長竹入義勝、総評議長市川誠らが名前を連ねた。署名運動などを通じて日朝国交正常化を推進するとともに、結成と前後して起こった金大中拉致事件の政治決着に反対する運動などを展開した。1976年に「朝鮮の自主的平和統一支持日本委員会」が結成され総連サイドがそちらを重視するようになって、日朝国民会議は1977年以降、金大中原状回復や在日韓国人政治犯*釈放を中心とした日韓連帯運動に力点を移し、労組・政党と市民団体とをつなぐ役割を果たした。1983年には名称を「日朝友好連帯国民会議」と改称し、外国人登録法*改正要求など在日の課題に取り組むとともに県民会議組織化で運動の強化をめざした。労働戦線統一、総評センターの解散により1992年11月30日、解散した。　　　［石坂浩一］

日朝平壌宣言

2002年9月、日本の小泉首相は朝鮮民主主義人民共和国（北朝鮮）を電撃訪問し、金正日総書記と会談。両首脳は、①日朝国交正常化交渉の再開、②過去の植民地支配に対する謝罪の表明、③日本国民の生命と安全にかかわる懸案問題（「拉致問題」）への北朝鮮の適切な対応、④北朝鮮の核・ミサイル問題を含む安全保障上の諸問題の解決を図ることを約束する「日朝ピョンヤン宣言」に合意した。こうした合意を受けて、金正日総書記は、日本人拉致の事実を認め、日本側に謝罪するとともに、拉致被害者のうち生存者5名の一時帰国を認めた。しかし、拉致被害者「8人死亡」の報告に日本側の世論が反発。その後の日朝交渉は暗礁に乗り上げることになった。

また「平壌宣言」の②では、在日朝鮮人の地位に関する問題を国交正常化交渉で具体的に協議することも明記されたが、その後協議は進展していない。1991年、「日本国との平和条約に基づき日本の国籍*を離脱した者等の出入国管理に関する特例法」の成立によって、朝鮮籍をもつ在日コリアンにも「特別永住権*」が付与されることになったが、彼らの法的地位が安定したわけではない。これまで韓国のみと国交を有してきた日本は、在日コリアンに関する行政実務については、承認国の法律を準拠法として採用してきたため、韓国の法律だけを適用し、北朝鮮の法律を無視しきてきたからである。

近い将来、北朝鮮とも国交を結ぶことになれば、北朝鮮の法律を無視することはできなくなる。国交正常化の時点で改めて北朝鮮の国籍を選択する在日コリアンについては、婚姻*や相続などについて日本と北朝鮮どちらの法律が適用されるのかなどについて、国交が正常化される前から日朝間で論議・調整される必要があるだろう。

[朴一]

2・8独立宣言と3・1独立運動

1919年1月18日、パリ郊外のヴェルサイユ宮殿で対独講和会議が開かれた。この会議を実質的にリードしたアメリカ大統領ウィルソンは、その前年の年頭教書14カ条のなかで、弱小民族の民族自決権を提起した。

朝鮮国内外の独立運動家たちは、パリ講和会議に向けて民族自決への意思をアピールする行動を模索したが、その中心となるべき国内が武断政治下にあり、政治活動はもちろん海外からの情報も、ほとんど途絶していた。そのなかで、東京留学生が発表した2・8(イパル)独立宣言は、国内の3・1(サミル)独立運動に点火する直接的なきっかけとなった。

1919年2月8日、東京留学生600名が神田の朝鮮キリスト教会館で学友会総会を開き、日本警察の包囲のなかで、崔八鏞(チェパリョン)（早大生）をはじめとする11名の代表の署名による独立宣言を発表した。代表11名は逮捕される前に、1名（宋継白）は国内に、また1名（李光洙*）は上海に密派して、国内をはじめ上海を中心とする海外の独立運動との連携を図った。

1919年3月1日、ソウルのパゴダ公園では、天道教、キリスト教、仏教の三教代表33名が署名した独立宣言書

を朗読し、数万名の学生や市民が「独立万歳」を高唱しながらデモを敢行した。運動はソウル、平壌、大邱、開城などの主要都市からしだいに地方都市に波及し、さらに農村に拡大して、全国的、全人民的運動に発展した。植民地当局は憲兵警察ばかりでなく、日本本土から増強した正規軍をも投入して、各地で流血の弾圧を行った。

運動は国内ばかりでなく、朝鮮移住民の多い中国東北地方でも集会やデモが行われ、シベリアではロシア10月革命に呼応するパルチザン運動を展開した。また上海では国内外の運動家が集まって、完全独立までの過渡の措置として、1919年4月10日に上海臨時政府の樹立を宣言した。

3・1運動の規模は朴殷植の『朝鮮独立運動の血史』(姜徳相*訳注、平凡社東洋文庫)によれば、3月1日から5月末までの集会回数1542回、参加人員202万3098名、そのうち死亡者7509人、負傷者が1万5961人、被囚者4万6948名となっている。

3・1運動の衝撃によって、日本は植民地支配を「武断政治」から「文化政治」に塗りかえて、圧力オンリーから、圧力と懐柔とを結合した狡猾な支配方法に切り換えた。参考文献としては、前掲の『朝鮮独立運動の血史』のほか、姜在彦*『朝鮮近代史』(平凡社ライブラリー、1998年)などがある。　　　　　　　　　　[姜在彦]

日本育英会奨学金

高校、大学生の奨学金制度は、戦前、国家のための英才を育てる目的で「大日本育英法」(1944年)により創設。当初は「帝国臣民に限る」とあるが、内地の朝鮮人は「臣民」とされ育英資金は貸与された。

敗戦後は「朝鮮、台湾、沖縄、樺太」出身者の採用を打ち切り、その後、1953年日本育英会の内規「業務方法書」に「日本国民」と国籍条項*を明文化した。

1972年頃から奨学金申請者の不採用が続出、同和教育関係の兵庫、大阪などの高校教員らが制度改善委を組織して、国籍条項の撤廃、奨学制度を「育英」から機会均等の教育権保障へなど8項目を要求、育英会本部と直接交渉を重ね、1974年9月国籍条項の撤廃、翌1975年度から申請を認めると回答。

1975年4月日本育英会「国籍条項の撤廃について」の文書配布、そのなかに願書に「本名を記入するよう指導すること」を追加した。2004年以降、日本育英会の奨学事業は独立行政法人日本学生支援機構に引き継がれている。
参考文献:「日本育英会奨学金を取得するために」同実行委、1975。

[仲原良二]

日本共産党の在日朝鮮人政策

コミンテルンの一国一党路線はまず満州の朝鮮人共産主義者に影響を及ぼし、1930年から彼らは中国共産党組織に加入するようになったが、この動きは1931年には日本にも及んだ。日本共産党は1931年、「朝鮮、台湾など植民地の日本帝国主義のくびきからの解放」をかかげ、日本の中の朝鮮人、台湾人の組織化にのりだした。党中央には民族部が設置された。同年10月朝

鮮共産党日本総局と高麗共産青年会は解消を決め、以後、日本にいる朝鮮人共産主義者は日本共産党員となった。以後の活動の中で主立った活動家はみな逮捕され、日本共産党幹部として8月15日を迎えた。

敗戦後、独立を歓喜して迎えた在日朝鮮人は積極的に活動をはじめ、自分たちの指導者を獄から救い出すことに努力した。1945年10月10日日本共産党幹部は出獄した。金天海*、朴恩哲*らが助け出されたが、彼らは日本共産党の再建のために動きはじめた。金天海は11月に開かれた第4回大会で党中央委員7人の1人にえらばれた。彼は朝鮮人部部長となった。30年代に朝鮮人労働運動の指導者で、転向を強いられて獄外で解放を迎えた金斗鎔*が46年2月の第5回党大会で朴恩哲とともに中央委員候補に選ばれた。

他方で、朝鮮人の組織づくりはそれより早く、45年10月15～16日に在日本朝鮮人連盟（朝連）*結成大会が開かれた。より広い立場で、全朝鮮人を糾合しようとしたものであった。しかし、時がたつにつれ、朝連に対する日本共産党の指導がおよんできた。金斗鎔は46年3月に出た『前衛』創刊号に「日本における朝鮮人問題」なる論文を発表し、在日朝鮮人の第一の課題は帰国問題ではなく、生活擁護の有利な条件を獲得するための闘争であり、それは「天皇制打倒」という共産党の目標のために闘うことであるとした。

しかし、共産党の朝鮮人指導者もまず中央委員候補宋性徹*が、ついで金斗鎔自身が帰国し、北朝鮮に赴いた。朝連も本国での南北分裂建国の中で、1948年には朝鮮民主主義人民共和国支持の立場を鮮明にした。GHQや吉田政府の政策に抗議し、自分たちの民族教育を守り、自分たちの政治的主張表明の権利を守る面できわめて積極的に活動した。

1949年の時点で朝連は36万人のメンバーを擁していた。金天海は朝連顧問であった。GHQと日本政府は朝連と在日本朝鮮民主青年同盟*を、共産主義運動に対する最初の弾圧対象として、1949年9月8日に解散させた。金天海、韓德銖*ら28人が公職追放となった。日本共産党はこの攻撃に対して積極的な反撃を試みることはできなかった。つづいて、1950年6月6日マッカーサーは日本共産党幹部24名の公職追放を命令した。幹部たちは地下にもぐった。6月15日金天海は境港から北朝鮮へ脱出した。のこった最高指導者の朴恩哲は朝鮮人党員の全国代表者会議をひらき、在日朝鮮統一民主戦線*の結成をめざした。

ここで朝鮮戦争がはじまる。6月28日党の民族対策部の会議が開かれ、祖国防衛中央委員会の結成が決められた。朝連が解散され、共産党が解体状況に陥る中で、朝鮮人党員が中心になって共和国支持、解放戦争支持の線で在日朝鮮人を組織することがはじまったのである。8月27日には民対の全国代表者会議が開かれ、南朝鮮に送る武器弾薬の製造と輸送を中止させることを決定した。11月15日から祖国防衛隊全国委員会は機関紙『新朝鮮』を刊行し始めた。在日朝鮮統一民主戦線（民戦）が46年1月に発足する。

日本共産党は51年2月の第4回全国

協議会で、遊撃隊の組織による軍事方針を決定したが、街頭闘争での火炎瓶の使用や山村工作隊などの活動以上には進まなかった。朝鮮戦争の中で日本は米軍の基地として、北朝鮮爆撃をおこなうB-29の発進基地（嘉手納、横田）となり、兵器と燃料の供給地となった。北朝鮮を支持する在日朝鮮人にとって米国の軍事行動に対抗する積極的行動が迫られていた。しかし、彼らも火炎瓶の投下をともなう大衆的デモンストレーション以上の直接行動はおこなわなかった。これには日本共産党と民族対策部*の方針も作用したであろうが、基地周辺の日本人をまきこむおそれのある闘争はすべきでないという判断が在日朝鮮人大衆の中にあったことがこの結果を導いたと考えられる。朝鮮人の行動への意欲は日本内部の政治闘争に利用されるだけだった。

やがて朝鮮人の中から、韓徳銖を中心に、日本の運動へ吸収されることを嫌って、朝鮮民主主義人民共和国と結びつく志向があらわれ、1955年朝鮮総連が誕生した。これをもって、従来日本共産党に属していた朝鮮人共産主義者たちはみな共産党から姿を消した。

[和田春樹]

日本共産党民族対策部（民対）

戦後初期、日本共産党が在日朝鮮人運動を指導していた時期において、党中央委員会におかれていた在日諸民族問題を担う専門部署。主に在日朝鮮人運動の指導を行う機関として機能。その前身は1945年12月に日本共産党再建大会である第4回大会で設置された朝鮮人部（朝鮮人部）である。朝鮮人部は、1946年2月の第5回党大会で党規約からその名は削除されたが、在日本朝鮮人連盟*（朝連）が1949年9月に解散されるまで在日朝鮮人運動を指導する党内機関としてその存立や活動は維持した。

朝鮮人部の受け皿として、1949年12月上旬頃に結成されたのが民族対策部（日共民対）である。正式に党中央の地下組織の専門部として認められたのは、公職追放・政治活動の禁止指令を受けた日本共産党が臨時中央指導部の構成を発表した1950年6月7日である。その名称が表すように、在日朝鮮人のみを相手にした部署として承認したわけではなかったが、在日中国人団体が民対による指導を拒否し、結局、在日朝鮮人運動を指導する部署として位置づけられることになった。

民対の組織を主導したのは朴恩哲*である。朝鮮人部の主役であった金天海*は朝鮮戦争前夜の1950年6月に北朝鮮へ密航*していた。戦争勃発直後の同28日に、民対は祖国防衛中央委員会を非公式に組織し、北朝鮮への支援運動に乗り出す一方、翌1951年2月には大衆団体である在日朝鮮統一民主戦線*（民戦）の結成を導く。また、日本の講和・安保両条約を受け、日本共産党は同10月に第5回全国協議会を開催し、自由党政府を打倒する手段として「暴力革命」が持ち出された新綱領、いわゆる「51年綱領」を正式に採択したが、その後、民対の主な役割はこの「51年綱領」を民戦や祖防委・隊に浸透・動員することに集中された。

しかし、1954年8月に行われた北朝鮮の「南日声明」を機に在日朝鮮人運動の路線転換*が進み、5月には民戦の解体・総連の結成が行われた。それを受け、日本共産党は7月23日の第6回全国協議会で党指導部の改編と共に、民対部の解散を決定した。実際の解散は第6回全国協議会の2日目の24日から25日にかけて開かれた民対全国会議で行われ、その後、約3000名の朝鮮人党員が一斉に離党し総連に結集した。　　　　　　　　[朴正鎮]

▶658 **日本国籍確認訴訟**　在日コリアン1世、宋斗会*を原告として、1969年に日本国を相手とする日本国籍確認請求訴訟が京都地方裁判所に提起された。1980年に出た同裁判所の判決は、①サンフランシスコ平和条約は朝鮮人の国籍*について明記しておらず、②同条約中の朝鮮の独立承認は朝鮮人の日本国籍喪失に関する規定でもあるとみるべきであるとし、一方、③国籍非強制の原則は国際慣習法として未確立であり、かつ、④同条約中の朝鮮の独立承認は朝鮮における民族国家の形成を予定するものである故、朝鮮人の日本国籍喪失の結果を伴っても同原則に反しない、として原告の請求を棄却した。

その他の在日コリアンによる同種裁判もあるが、いずれも敗訴している。植民地時代に朝鮮人と婚姻*して朝鮮戸籍*に編入された元日本人女性の日本国籍確認訴訟も、1961年、最高裁において敗訴した。　　　　　[李宇海]

▶659 **日本国籍取得特例法案**　永住外国人への地方選挙付与法案が2000年の臨時国会で継続審議になった後、永住外国人への地方選挙権付与に慎重な姿勢を示す一部の議員が、日本国籍の取得要件の緩和策を、永住外国人に地方参政権を与える対案として提案したもの。2001年2月、自民、公明、保守（当時）の与党3党は「国籍*等に関するプロジェクトチーム」の会合を開き、在日コリアンをはじめとする旧植民地出身者とその子孫の特別永住*者が日本国籍を取得する要件の緩和策として、①現行の許可制度を維持しつつ、許可の条件を緩和する、②届け出制に改めるという2案を軸に、議員立法での提案を目指していくことになった。しかしその後、自民党内に「国籍取得特例法ができれば、永住外国人に対する地方参政権付与法案は必要ない」という意見が広まったことから、公明党が反発。「外国人への参政権付与法案が棚上げされては困る」という公明党の反対で、国籍取得特例法の提出は見合わせられることになった。2008年1月、自民党法務部の「国籍問題に関するプロジェクトチーム」は、在日コリアンなどの特別永住者が日本国籍を簡単に得られるようにする「特別永住者国籍取得特例法案」を議員立法で国会に提出する方針を固めたが、国会提出には至らず。法案の中身は、国籍法*の手続きに特例を設け、特別永住者に限って通常1年近くかかる許可手続きを法相への届け出制に変えるというものである。法案をとりまとめた太田誠一衆議院議員（当時）は、「戦後、本人の意

思を聞かれずに韓国・朝鮮籍になった特別永住者に申し訳ないということで、簡単に国籍を取得できるようにするもので、地方参政権の問題は視野に入っていない」と述べている。［朴一］

日本国籍取得論

主として、従来の帰化制度とは異なる、権利としての日本国籍取得制度の実現を提唱する意見の潮流を指す。とりわけ2001年に届出による日本国籍取得法案が浮上したことを契機として、在日コリアンの間で賛否両論の対象となった。従来の日本国籍取得論は、在日コリアンの同化傾向や永住の事実等を論拠としていた。これに対し、2001年法案を契機にして主張され始めた意見では、在日コリアンが日本国家の統治を受けている以上、民主主義の理念からはその統治に意思を反映させる国政参政権が不可欠であるとされる。よってその行使のために日本国籍が必要であるとされるが、現行の帰化制度に対しては否定的である。差別構造の抜本的解消をみないままに、届出制等の簡易な日本国籍取得制度が実現すれば同化が促進されるとの反対論がある一方、賛成論では、差別構造の抜本的解消と民族的権利の確保のためには国政参政権が最も有益であると主張される。　　　　　　　　［李宇海］

日本人教師と朝鮮人教育

日本人教師の在日朝鮮人児童生徒（以下生徒と記す）とのかかわりの戦後史において第一に銘記されるべきなのが、いわゆる公立民族学校の存在である。米国占領軍当局による、一連の在日朝鮮人敵視・抑圧政策の帰結として、1949年に朝鮮人学校が閉鎖に追い込まれたが、公立民族学校はその副産物として歴史に登場することとなった。いずれも複雑な政治過程を経てのことであったが、例えば東京都の場合、都内の15校の朝鮮人学校が東京都の管轄下に移管され、「都立民族学校」という形態をとることになった一方、大阪においては大阪市立西今里中学校（正式には本庄中学校西今里分校）1校のみが「大阪市立」の民族学校という形式のもとに存続することとなった。こうした体制のもと、日本人教師とマスとしての在日朝鮮人生徒とのかかわりが生じた。むろんその発生を待たずともインフォーマルなレベルで、あくまで個人レベルでの教師と生徒とのかかわりは存在したことだろう。しかし、学校内における集団としての在日朝鮮人の承認を前提とした、真の意味での日本人教師と在日朝鮮人生徒とのかかわりと定義するならば、やはりそれは公立民族学校の登場をもって嚆矢と考えねばならない。

この都立民族学校での教員経験をつまびらかにした日本人教師がいた。『朝鮮人学校の日本人教師』（亜紀書房、1974）の著者、梶井陟*である。梶井は1949年4月、中学校の理科の教師として教員人生のスタートをきるが、その年の秋、都立への移管が決定した朝鮮人学校の日本人教員募集の話を職場で聞かされる。「経営上相当な困難が予想されるので、朝鮮人学校への赴任者の給与は三号俸引き上げ」るなどという条件までついていたという。梶井は単に待遇の問題だけでなく

さまざまな思いからこの募集に応募・合格し、翌春から1955年3月の「都立民族学校」廃校、自主学校化にいたるまでの丸5年間、稀有な時間を在日朝鮮人生徒とのかかわりのなかで過ごすこととなる。

一方大阪における唯一の「公立民族学校」であった西今里中学校からも、在日朝鮮人生徒とのかかわりを自らの教員生活最大のテーマと位置づけ、真摯にこの問題に取り組む日本人教師が輩出された。市川正昭、森田長三郎などがその代表格である。また市川らとともに朝鮮教（朝鮮人生徒教育問題協議会）を結成し、大阪市における在日朝鮮人教育の振興に努めたのが市立玉津中学校にいた飯田正であった。公立民族学校教員とは異なる立場に身をおいていた飯田は、公立学校の日本人教師として在日朝鮮人教育にいかに関わることができるかを独自のリアリズム感覚をたよりに探究し、玉津中学校を舞台に大きな足跡を残した。また飯田は市教委入りしてからは、大阪市外教（大阪市外国人教育研究協議会）設立にも大いに尽力した。

こうした先人の努力はやがて、1979年に結成された全朝教*（全国在日朝鮮人教育研究協議会）に結集した教師たちに受け継がれ、集団としての承認を前提とした上での、日本人教師と在日朝鮮人生徒とのかかわりというテーマが、今日も真摯に追究されている。

[倉石一郎]

日本人妻

ここでは帰国事業によって北朝鮮に渡った「日朝複合家族」、そのなかでも特に日本人女性配偶者を指す。1959年12月に帰国事業が始まって以来、北朝鮮に帰国した日本人妻の総数は、1800名強と推定される。1968年の時点で、北朝鮮へ渡った女性の総数4万723名であり、うち朝鮮籍女性は3万6665名、日本籍女性は4054名、中国籍*女性は4名。このことから北朝鮮帰国者女性中、日本人女性が1割程度を占めていることが分かる。帰国事業で北朝鮮に渡った日本人女性以外にも、北朝鮮には「日本人妻」が少数ながら存在する。帰国事業以前の1955年の時点では、戦前から北朝鮮に残留する日本人は200人から300人いるとされている。日本人妻の日本への一時帰国（里帰り）は、帰国事業開始後約40年の間、不可能であったが、1997年11月に初めて第1回の日本人配偶者里帰り事業が実施された。この「里帰り事業」は帰国事業で北朝鮮に渡った日本人女性を対象としていたが、北朝鮮側の選抜した日本人妻グループの中に戦前からの在留邦人である日本人妻が1名、サハリンで朝鮮人と結婚して北朝鮮に移住した女性1名が含まれていた。現在、「里帰り事業」は途絶えており、一部日本人妻の脱北が行われている。

[朴正鎭]

日本人拉致問題

1970年代から1980年代にかけて発生した北朝鮮工作機関による日本人拉致事件。警察庁は1997年5月1日に国会で7件10人の拉致被害者がいると明らかにし、2002年に入って2件3人を追加認定、さらに9月の日朝首脳会談を通じて1件2人が判明、2005年

と2006年にそれぞれ1件1人ずつ認定した。2009年7月現在、日本政府が認めた日本人拉致被害者は12件17人である。これらの17人のうち、13人は拉致の時点が1977年から1978年に集中している。中ソ対立や文化大革命を通して中ソへの不信感を強めた北朝鮮当局が、南に対するゲリラ攻撃などに失敗したため、韓国社会における反政府の機運を高めるべく働きかけを強化しようとして、この時期に拉致事件が引き起こされたと見られている。1980年6月の宮崎県における拉致事件については、後に韓国当局に逮捕された北朝鮮工作員辛光洙が、その日本人になりすまして韓国に入国するための拉致であったと自供している。1980年代、ヨーロッパを旅行中に3人の日本人が誘引拉致された事件では、1970年のよど号ハイジャック事件*実行犯の赤軍派メンバーやその妻たちが関わったと、メンバーの元妻が証言している。

日本人拉致事件は1980年に一度報道されたが注目されず、1985年に辛光洙事件が韓国で摘発された時にも注目されなかった。1987年に大韓航空機爆破事件で逮捕された北朝鮮工作員が、拉致された日本人女性から日本語などの教育を受けたと述べて、拉致事件は政治問題化した。しかし、1988年9月に北海道出身の拉致被害者石岡亨の手紙がポーランド経由で自宅に届いたことから、神戸出身の拉致被害者有本恵子の両親が救出を訴え始めたが、十分に取り上げられなかった。

1991年に始まった日朝交渉で日本政府は拉致問題を提起したが、進展がなかった。1996年に横田めぐみ拉致事件が元北朝鮮工作員安明進の証言で明るみに出て、1997年3月に「北朝鮮による拉致被害者家族連絡会」（家族会）が結成されると、急速に日本での世論が高まり始めた。2002年9月の日朝首脳会談において、金正日国防委員長は日本人拉致を認め謝罪し、5人生存（日本側が知らなかった曾我ひとみを含む）、8人死亡、1人は記録なしと回答した。2回の日朝首脳会談を通じ、5人の拉致被害者と家族が日本に戻った。北朝鮮側の対応が不十分だったことから、日本では「拉致事件解決」を国交正常化の前提とする世論が高められ、事態打開に向けた具体的交渉は進まなくなった。また。核やミサイルをめぐる6者協議の合意についても、日本政府は拉致問題をあげて責任分担を回避してきている。同時に日本社会では、総連をはじめとした在日コリアンに対する圧迫が強められ、在日コリアン総体を危険視する風潮も生み出されている。拉致被害者に対して日本政府は2002年12月、「北朝鮮当局によって拉致された被害者等の支援に関する法律」をもって制度的支援を開始、2006年6月には「拉致問題その他北朝鮮当局による人権侵害問題への対処に関する法律」が公布され拉致問題のキャンペーンが続けられるようになり、9月には政府内に拉致問題対策本部がおかれた。　　　　　　［石坂浩一］

日本反帝同盟

反帝国主義民族独立支持同盟（国際反帝同盟）日本支部、略称日本反帝同盟。「対支非干渉同盟」、戦争反対同盟を継承し、1929年11月7日創立。機関紙

「反帝新聞」。「汎太平洋反帝国主義民族代表者会議」の提唱、「上海反戦大会」支持闘争等、「満州事変」前後の時期に、日本の侵略戦争に反対する運動を、被抑圧民族の闘争と連帯して進めるという課題に苦闘した。「植民地独立支持」を独自の課題に掲げ、朝鮮国内との連携を追求する方針をもった日本反帝同盟に、在日朝鮮人は主体的に加盟した。1932年後半期には「全国同盟員の六割〜七割が在日植民地人の兄弟」と「報告」（日本反帝同盟第2回全国大会）されており、同盟員約850〜1000名中約600名が「在日植民地人」であったと推測される。同盟の基本組織である班から中央部にいたるまで、多くの在日朝鮮人が活動した。全国書記局では池東浣、劉永祜、李潤雨等が活動した。「反帝新聞朝鮮語版」も発刊されたという。

参考文献：井上學『日本反帝同盟史研究』不二出版、2008。　　［井上學］

日本無産者消費組合連盟

1930年代初めに存在した、左派系の消費組合の全国組織。日消連と略される。今日の生協運動の源流である消費組合は日本でも19世紀末にはいくつかの職場や学校で結成されており、1922年にはその連合体として消費組合連盟が作られた。1926年にはこれが関東消費組合連盟となり、さらに同連盟を中心として、1932年に全国組織として日消連が発足した。

在日朝鮮人の間では1920年代末から1930年代前半にかけて地域的な消費組合が作られており、日消連に加盟した組織もあった。また、金台郁（菊田一雄*）が日消連の中央委員・教育出版部長を務めていたこともあり、日消連の機関紙の朝鮮語版を発行するなど、日消連としても朝鮮人に対する働きかけを行った。日消連およびその加盟組織は、その目的から合法性大衆性を持ちつつ、左派系労働運動とも緊密な協力関係を持ったが、1930年代半ば以降は弾圧の強まりのなかで活動を衰微させていった。

参考文献：山本秋『日本生活協同組合運動史』日本評論社、1982。［外村大］

日本労働組合全国協議会

1928年12月に結成された日本共産党系の労働組合の全国組織で、同年4月治安維持法によって解散を余儀なくされた日本労働組合評議会（評議会）の後身。プロフィンテルン*（赤色労働組合インターナショナル）に加盟して、機関紙『労働新聞』を発行した。1929年12月、在日本朝鮮労働総同盟*（朝鮮労総）の全協への解消が決まり、朝鮮労総傘下の各地の労働組合はあいついで解体声明を発表し、全協傘下の土木・建設（自由労働）、化学、繊維、金属、木材、出版など産業別組合に合流した。だが、1929年12月の"解消"当時の朝鮮労総の組合員数は3万3000人余りであったが、1931年末までに全協に再組織された朝鮮人労働者は4500人と激減した。それでも全協運動の最盛期（1932年〜1933年）にあって朝鮮人労働者の占める比率は半数、もしくはそれ以上に達し、産別労組の幹部になった。1932年9月、全協は「君主制の廃止」

を掲げたためあいつぐ弾圧にさらされ1935年頃には事実上壊滅した。

参考文献：朴慶植『在日朝鮮人運動史 8・15解放前』三一書房、1979。高峻石監修・文国柱編著『朝鮮社会運動史事典』社会評論社、1981。

[文京洙]

ニューカマーとオールドカマー

1990年代以降の国内の多国籍化を受け、使われるようになった用語。1990年の改定出入国管理及び難民認定法*の施行に伴って、日系ブラジル人、日系ペルー人等が「定住者」資格で入国することが可能になった。またそれに先立って、中国残留孤児婦人及びその家族に「定住者」資格が認められ、在日外国人社会の多様化は加速した。

日本政府は、移民受入政策をとっておらず、単純労働市場への外国人労働者の門戸開放は拒んできたが、バブル経済期の労働力不足を補う必要性にも直面し、その両方を充足するため南米の日系人受入が始まった。改定出入国管理及び難民認定法は、日系3世までの日本人血統者とその家族に「定住者」資格を認めた。

一方、旧植民地出身者及びその家族と、新しく渡日してきた外国人を区別する必要性も求められた。在日韓国・朝鮮人や台湾人など旧植民地出身者及びその家族をオールドカマーに、そして新しく渡日してきた人々やその家族をニューカマーに分類した。

在日外国人を区分する必要性には、渡日の歴史的な経過や法的処遇、支援策のちがい等があげられる。東海地方や北関東地方などの外国人が集住する自治体の首長らが集まって2001年から始まった「外国人集住都市会議」は、オールドカマー外国人ではなく、ニューカマー外国人の処遇、支援等に限定して話し合っている。総務省が設けた検討会が2006年、政府として初めて多文化共生*の推進について報告書をまとめたが、この冒頭でもオールドカマーである在日韓国・朝鮮人の課題については省いたと記している。

また、オールドカマーとニューカマーの区分を望んだのには、在日韓国・朝鮮人社会側の意向もあった。経済的事情などで渡日した人々とは区別し、在日韓国・朝鮮人は渡日経過が旧植民地支配に起因しているとの特殊な歴史性を重視し、あくまでも戦後補償の一環として処遇するよう求める傾向が強かった。

2007年11月から施行された改定出入国管理及び難民認定法は、すべての入国外国人に入国（再入国）時に指紋押捺と顔写真撮影を義務づけたが、16歳未満か官用訪日に加え特別永住*者に対しては免除した。また、2011年から施行される改定出入国管理及び難民認定法により特別永住者には特別永住者証明書を交付する一方、ニューカマーには「在留カード」を交付して常時携帯を義務づけるなどの区別をつける。在日外国人政策を議論する際、ニューカマーとオールドカマーを区分する日本政府の認識はほぼ固定化しているとも言える。

ただ、在日韓国・朝鮮人などの旧植民地出身者及びその家族の歴史性に配慮することは望ましいが、その他の在

日外国人との差別化は問題だとする指摘の声は強い。特別永住者に対する処遇が、他の在日外国人の処遇改善に役立てられなければならず、基本的人権に格差があってはならないとする指摘だ。

[金光敏]

▶668 入管特別法と入管特例法

入管特別法の正式名は「日本国に居住する大韓民国国民の法的地位及び待遇に関する日本国と大韓民国との間の協定の実施に伴う出入国管理特別法」(1965年、法146)で、日韓法的地位協定に基づく協定永住*の申請、協定永住者の退去強制*の特例などを定めたもの。「大韓民国国民」が申請できることから、在日コリアンのなかに南北分断を持ち込むこととなる。

入管特例法の正式名は「日本国との平和条約に基づき日本の国籍*を離脱した者等の出入国管理に関する特例法」(1991年、法71)で、1991年の日韓外相の「覚書」をうけて制定されたが、在日韓国人に限らず、旧植民地である南北朝鮮及び台湾のいずれの出身者(並びにその子孫)をも一括して「特別永住*者」の地位を認めるとしたものである。なお、入管特例法の制定に伴い入管特別法は廃止された。

[田中宏]

▶669 入居差別

2001年、大阪市が外国籍住民約1190名を対象に行った「生活意識調査」では、入居に際して、韓国・朝鮮籍の31.7%、中国籍の33.2%、その他の国籍*をもつ外国人の38.2%が差別や不愉快な経験をしたことがあると回答している(大阪市人権啓発推進協議会『共生社会の実現をめざして』2003年)。1998年に兵庫県伊丹市が外国籍住民442名を対象に実施したアンケート調査でも、韓国・朝鮮籍の39.3%、中国籍の43.1%、日系ブラジル・ペルー人の44.4%が、入居に際し差別を受けたことがあると回答している(伊丹市『外国人市民アンケート調査』1999年)。こうした自治体の調査データを見ると、ニューカマーが多数を占める中国人や日系ブラジル・ペルー人と同様に、オールドカマーである在日コリアンも、その3~4割が入居差別の被害者であることがわかる。アンケートの回答者には住宅捜しの未経験者も数多く含まれていることから、入居における被差別体験者の数値は実際はさらに高いことが予想される。

ところで、入居差別とはどのような行為を指すのだろうか。外国人が入居差別と感じている家主(不動産業者)の行為とは次のようなものである。①家主から日本国籍は必要と言われて入居できなかった、②アパートの入り口に「外国人お断り」と書かれてあるのを見た、③不動産業者に外国人であることを理由に斡旋してもらえなかった(上掲『共生社会の実現を目指して』)。いずれの行為も、明白な理由もなく、日本国籍をもたない外国人というだけで、入居機会を与えられないことを、外国人は入居差別と感じているようである。

一方、不動産業者が外国人にアパートやマンションを貸そうとしない理由は何か。1993年に埼玉県の大宮北高

校の学生達が大宮市内の不動産業者25店舗に行った調査では、以下のような理由が上位を占めたという。①同じアパートに住む日本人が嫌がる、②一人の外国人に貸すと、次から次とその友人が同じ部屋に住むようになる、③外国人に貸すと部屋を汚される、④外国人は生活習慣が違う、⑤言葉が通じない。こうした理由の多くは、日本語に堪能で、日本の生活習慣を熟知した在日コリアンにはあてはまらないものが多い。おそらく①を除けば、在日コリアンには該当しない理由である。こうして考えてみると、在日コリアンが入居差別を受けるのは、基本的に理由①に見られるように、日本人の外国人、とりわけアジア人に対する潜在的な嫌悪感や偏見に依拠していると考えられる。

こうした入居差別をなくすため、裁判に訴える在日コリアンも少なくない。1989年、国籍を理由にマンションへの入居を拒否された在日韓国人2世の裵健一さんは、家主と仲介業者、さらに彼らを監督する立場にある大阪府を相手どって裁判を起こした。1993年、大阪地裁は国籍を理由にした賃貸住宅への入居拒否を「家主の不法行為」と認め、家主に賠償金26万円を支払うことを命じた。しかし、大阪府の指導責任については法的な根拠がないことを理由に退けられた。判決は自治体の指導責任を認めなかった点で、外国人にとって不満が残るものになったが、「誰に貸すかは家主の自由」というこれまでの日本の不動産業界の考え方に反省を迫るものになった。

一方、在日コリアンをはじめとする外国人への入居差別に歯止めをかけるため、業者への啓発活動や「住宅基本条例」をつくるなど、さまざまな取り組みを行っている自治体もある。川崎市は、外国人への入居差別を禁ずる「川崎市住宅基本条例」を2000年から施行し、外国人で入居に必要な保証人が用意できない人のために、市が民間保証会社を紹介し、損失が出た場合は市が補填するという「入居保証制度」を発足させた。自治体の斬新な取り組みとして注目される。　　　　[朴一]

ニンニク

ニンニクは朝鮮で古くから食され、朝鮮語ではマヌルと呼ばれる。古朝鮮の建国にまつわる『檀君神話』にニンニクとヨモギが出てくるくらい古くから民族の生活に関わってきた。日本ではニンニクを料理に多用する在日コリアンを「ニンニク臭い」と差別用語に用いた時代があった。ニンニクの成分が明らかになってすばらしい健康効果が確認された。生ニンニクのアリシン物質とビタミンB_1が、すりつぶされることにより結合してアリチアミン物質に変わる。これが商品名アリナミンの発見で、京都大学医学部の研究成果である。このニンニク型ビタミンB_1は脚気、筋肉痛、神経痛の治療にすばらしい効果をみせる。日本でのニンニクの間違った風潮はこれを境目になくなり、むしろニンニクが健康に良いとして積極的に利用するようになる。韓国料理や在日コリアンの食生活への関心も高くなり、キムチ*、焼肉*料理の普及へとつながって健康食品としての高い評価を受けている。　　　　[鄭大聲]

ハ 行

破壊活動防止法（破防法）

1952年7月に公布・施行された治安対策の法律。略称は破防法。占領下に反共体制確立のために活用された団体等規正令*を引き継ぎ、講和条約発効後の日本国内の治安維持を目的として制定された。同法は、暴力主義的破壊活動団体について公安審査委員会がデモや集会、機関紙の配布の禁止や解散の措置をとることができるとしたほか、内乱・外患の教唆・扇動に対する重罰などを定めている。破防法施行とともに暴力的破壊活動団体の調査を進めるための機関として公安調査庁が発足した。こうした破防法と公安調査庁の活動については、憲法で定められた言論・集会・結社の自由を奪うものであるとの批判が存在している。

破防法については日本人の左翼団体への弾圧を目的としたものととらえられることが多いが、在日コリアンとの関係も無視することはできない。そもそも破防法の前身である団体等規正令は在日朝鮮人連盟（朝連）等の朝鮮人団体の解散を可能とした法令であった。また破防法の制定は朝鮮戦争下において左派系の在日朝鮮人の反米を掲げた非合法闘争の展開する時期に行われており、その取締りを意識していたことは間違いない。その後、左派系の在日朝鮮人は「内政不干渉」を宣言して朝鮮総連を結成するが、治安当局は引き続き在日朝鮮人が日本の治安を脅かす可能性があると見なしてきた。公安調査庁が一貫して朝鮮総連の動きを監視してきたことはよく知られている。

[外村大]

墓と埋葬

儒教教化政策の影響によって朝鮮では、土葬した後「封墳」とよばれる土まんじゅうをもうける形式がひろく普及した。墓の良し悪しが子孫の運命に影響するという墓地風水の浸透もあいまって、墓は朝鮮人にとって祖先との紐帯を示すきわめて重要な場所となった。

帰国や故郷との往来を前提とした日本での生活のもとでは、死者は故郷に埋葬されることが理想であった。1934年に済州島*と大阪の間に就航していた「第二君が代丸*」に乗船した枡田一二は、船内に棺の安置場所があり、そこに朝鮮式の喪服を着た遺族が同乗していたこと、航海のたびに棺が乗せられていること、を報告している。このように死者を火葬せず故郷に返送するのは今日では珍しいこととなっているが、遺骨を故郷に持ち帰り納骨することは行われている。すぐに故郷に墓を作れなくとも、いずれ持ち帰るべく日本で寺院などに遺骨を預けることも多い。大阪・統国寺の遺骨堂には、1980年代末の時点で700柱を超す遺骨が収められていた。それに並行して、戦後には大阪では高槻市や生駒山・信貴山周辺の霊園を中心として在日コリアンの墓が作られるようになり、さらに大韓佛教曹渓宗に属する高麗寺附属の墓地や、光山金氏による親族墓地などの在日コリアン専用墓地も建設されるようになった。初期の墓には朝鮮と

類似した土まんじゅう式のものもあるが、現在は墓石に文字を刻みその下に納骨する形式が中心である。しかし、その碑銘に「学生」「孺人」などの文言や本貫*を記すなど、儒教式葬送儀礼*・祭祀の影響が見られるものも多い。一方、とくに在日コリアンが長男の場合、故郷に残してきた祖先の墓の管理が問題になることもあり、済州島では在日する親族が資金を提供して土地を買い墓地を作って墓を集中させ、故郷に残った親族が管理するという例もよくみられる。移住者としての在日コリアンは、埋葬と建墓が必要になったとき、死にゆく者も墓を守るものも、故郷への帰還か移住先への定住か、法的・空間的・経済的な制約の中でどのような墓を作るのかの選択を迫られ、さまざまな方法で対処してきたのである。

[高村竜平]

▶673 パクウンチョル
朴恩哲
生没年不詳

社会運動家。平安道出身とされ、植民地期からの活動家で、治安維持法*違反で多摩刑務所に服役した。解放後は、金天海*、金斗鎔*などとともに日本共産党員として活動し、朝連(在日朝鮮人連盟)の結成をリードした。1945年12月に日本共産党内に朝鮮人部(部長・金天海)が設置されると関東地方担当の部員となった。1946年2月の日本共産党第5回大会では中央委員候補に選出され、3月に朝鮮人活動家養成のための「三・一政治学院」が創設されると、同学院の委員長に就任した。1949年9月、朝連が団体等規正令*によって解散した後、事態収拾のために日本共産党は12月、党中央内に民族対策部を設置するが、朴恩哲は部長に就任している。金天海*が公職追放処分を受け北朝鮮に去った(1950年6月)後、在日朝鮮人共産主義者の最高指導者となったのがこの朴恩哲であり、在日本朝鮮民主主義統一戦線の結成(1951年1月)などでも指導的な役割を果たした。1955年の路線転換*による総連の結成を前後する時期に、北朝鮮に帰国したが、その後の消息は定かではない。

参考文献：呉圭祥『ドキュメント在日本朝鮮人連盟1945-1949』岩波書店、2009。金太基『戦後日本政治と在日朝鮮人問題』勁草書房、1997。

[文京洙]

▶674 パクカンジョ
朴康造
1980～

プロサッカー選手。兵庫県尼崎市出身の在日コリアン2世。尼崎朝鮮初中級学校でサッカーを始め、強豪校として知られる滝川第二高校に進学。インターハイ、全日本ユース選手権、全国高校サッカー選手権に出場して活躍する。1998年、Jリーグ京都パープルサンガ入団。2000年、韓国Kリーグの城南一和へ移籍。同年5月、当時の韓国代表チームを指揮していたホ・ジョンム監督の抜擢により、A代表デビュー。エジプト戦で代表初ゴールをあげるなど、韓国代表Aマッチ5試合に出場した。また、韓国五輪代表にも選出される。当時、JリーグからKリーグへの移籍、在日コリアン選手のKリーグ入団、韓国代表入りはいずれも史上初であり、日韓サッカー界の架け橋的プレーヤーとして注目を浴びた。2003年、城南一和での2年間のプレーを終

え、Ｊリーグヴィッセル神戸に移籍。2008年、京都サンガＦ.Ｃ戦で靱帯損傷の大怪我をして選手生命を危ぶまれるが、同年11月の天皇杯で復帰した。

[姜誠]

▶675 パクキョンナム
朴慶南
1950〜

作家・エッセイスト。鳥取県米子生まれの在日コリアン２世。小学校から高校まで新井慶子という通名を名乗ってきたが、立命館大学進学後に民族名*の朴慶南を名乗るようになる。大学卒業後、構成作家を経て、作家活動に入る。全国各地で講演活動を行い、在日コリアンの視点から、人間の尊厳、命の大切さを訴え続けている。1992年、第10回青丘文化賞奨励賞を受賞。『ポッカリ月が出ましたら』(三五館、1992)、『いつか会える』(毎日新聞社、1995)、『命さえ忘れなきゃ』(岩波書店、1997)、『私以上でもなく、私以下でもない私』(岩波書店、2003) など、多数の著書がある。

[朴一]

▶676 パクキョンシク
朴慶植
1922〜1998

歴史家。在日朝鮮人史研究の第一人者。慶尚北道奉化郡生まれ。1929年に両親と大分県へ。1940年に私立習説校卒業、代用教員となるが、進学を志し上京。1941年に法政大学から日大高等師範部に入学しなおし1943年卒業。在学中より東京大空襲後まで国民学校助教。8・15*後、家族は帰国。1945年12月に朝鮮建国促進青年同盟*に入るが1946年6月に朝連へ。同年9月東洋大学文学部史学科に編入学。1949年卒業後には東京朝鮮中学・高校（同年末〜1955年は都立）の歴史教師。1955年以後は歴史研究に専念すべく1957年に朝鮮研究所の専任研究員となるが、1958年には朝鮮学校*専任教員に復帰し、1960年に朝鮮大学に転任。『朝鮮人強制連行の記録』(1965年) では、近現代史から欠落していた在日朝鮮人史の必要性・重要性を多大に印象づけた。1970年に朝大を離れてからは『日本帝国主義の朝鮮支配』(1973年) などの近代史研究に取り組む。1976年に在日朝鮮人運動史研究会*をつくり、在日朝鮮人史研究を本格化。『在日朝鮮人運動史』(1979)、『解放後在日朝鮮人運動史』(1989) を刊行。『在日朝鮮人関係資料集成』、『朝鮮問題資料叢書』に次ぐ資料集作成や、同胞歴史館創設にむけて奔走中だったが、不慮の事故で死去。

[小林知子]

▶677 パククァンヘ
朴廣海
1902〜1982

解放前、解放後を通じて民族解放、祖国統一、人権擁護のために尽力した在日朝鮮人運動活動家。本名：朴琓均、別名：朴光海。

咸鏡南道咸興で生まれ、1919年、私立普通学校に通学時に朝鮮独立を訴える演説に接する。翌年渡日、1922年に金天海*と出会う。その年の春から朝鮮人の就労する労働現場の調査を行う。その後、一時期、帰国、さらに間島を経てロシア極東地方に赴く。1924年に再び日本に渡り、1920年代後半には富山県などで朝鮮人労働運動に参画。1928年頃には新潟にやってきて在日本朝鮮労働総同盟*傘下の新潟県朝鮮労働組合に所属、1930年

には同労組から派遣されて愛知県の三信鉄道争議*の指導にあたった。この争議に関連して弾圧を受けたが、出獄後も引き続き左翼運動を展開。1934年に日本人を含む名古屋合同労組を組織して活動、さらに岐阜県下の朝鮮人親睦会*正和会を利用して、識字教育や民族意識の高揚などを図った。しかし、弾圧を受け1938年から1941年まで再び入獄。

解放後、滋賀県で在日朝鮮人連盟(朝連)の組織確立に従事。朝連解散後、その後継組織である民戦の議長を務めた。さらに朝鮮総連発足後には中央学院長や監査委員などを歴任した。

参考文献:橋沢裕子「新潟県における朝鮮人労働運動」『在日朝鮮人史研究』第17号、1987年9月。「朴広海氏　労働運動について語る」『在日朝鮮人史研究』第19、20、22号、1989～1992。

[外村大]

▶678 はくしんくん
白眞勲
1958～

日本の政治家。民主党所属の参議院議員。東京都新宿区生まれの在日コリアン2世。韓国人の父と日本人の母の間に生まれる。都立北園高校、日本大学生産工学部、同大学院博士前期課程を経て、1985年に朝鮮日報日本支社に入社、営業、広報などの仕事を担当する。1994年、支社長に就任。同時にテレビに出演し、朝鮮半島情勢について積極的にコメントをするようになる。2003年1月、民族名*のまま日本国籍を取得。2004年7月、朝鮮日報を退社し、同年7月の第20回参議院議員選挙比例区に民主党公認候補として出馬、初当選を果たす。2010年に再選。「日韓の掛け橋となる」を公約に政治活動を展開し、日本の国際化、永住外国人への地方参政権付与などのテーマに取り組む。民主党内では拉致問題対策本部幹事、国際局副局長、党日韓議員交流委員会幹事などを務める。

[姜誠]

▶679 パクチュボム
朴柱範
1885～1949

社会運動家。慶尚北道義城郡舎谷面梧上洞生まれ。1927年渡日し最初は芦屋に、その後は武庫郡本庄村(現神戸市東灘区)に居住。1930年代はじめには関西学院神学部出身の金英哲牧師とともに信徒として教会(メソジスト)に携わるとともに、阪神消費組合*の設立にも参与し、1936年には理事に就任。1941年頃には新井組を設立して土木業を営む。同胞の間での信望があつく1937年と1942年に村会議員に当選している。解放後、朝鮮人連盟阪神支部長となり2年後に同兵庫県本部の委員長となるが、委員長在任中の1948年阪神教育闘争*がおこる。病気療養中であったが指導者として逮捕され、軍事法廷で有罪判決を受けた後、刑務所に入れられた。翌1949年11月25日午後8時、病状が悪化して仮出獄となったがその4時間後に死亡した。

[飛田雄一]

▶680 パクチュングム
朴春琴
1891～1973

政治家・親日派。慶尚南道密陽生まれ。1907年頃渡日。1921年、東京で李起東*らと親日団体・相愛会*を結成し副会長となるが、実質的には相愛会*の代表だった。1922年、日鮮企業株式会社常務取締役に就任。1932

年、衆議院議員選挙に東京4区から立候補し当選。1942年まで2期9年間の議員活動において、朝鮮人の満洲移民、朝鮮米の移入制限、朝鮮人の参政権・兵役などの問題を取りあげた。1945年ソウルで大義党を結成。戦後、朝連および大韓民国政府から民族反逆者に指名される。民団中央本部顧問をつとめ、1955年、東京で祖国統一促進協議会を結成した。朴春琴の議会活動を考察した研究として、松田利彦『戦前期の在日朝鮮人と参政権』(明石書店、1995)、小熊英二「『朝鮮生れの日本人』 唯一の朝鮮人衆議院議員・朴春琴」(同『〈日本人〉の境界 沖縄・アイヌ・台湾・朝鮮植民地支配から復帰運動まで』新曜社、1998)などがある。　　　[松田利彦]

▶681 **朴鐘碩** バクチョンソク
1951〜

日立製作所就職差別事件訴訟の原告。1951年、貧困家庭で9人兄姉の末っ子として愛知県で生まれる。県立碧南高校商業科卒。日本名「新井鐘司」と本籍欄に現住所を記入し日立製作所を受験。合格するも、国籍＊を理由に採用を取り消され、1970年12月提訴。「在日」と日本人青年を中心として法廷内外での運動を展開し、国際的にも注目される。横浜地裁裁判は原告の主張を全面的に認め1974年6月完全勝訴。日立に入社しコンピューター技師として働く。利益を最優先し労使一体で労務管理を徹底する経営が自由にものを言えない社風を作ると捉え、非正規・派遣社員の不当解雇、偽装請負、欠陥製品、談合、過労による出社拒否・入院・人身事故などの問題は日立の構造的なものとして企業の社会的責任を主張する。2000年以降、組合選挙に立候補し、組合員の意見を反映した民主的な運営を求め、多くの組合員の共感を得る。1996年に「外国人への差別を許すな・川崎連絡会議」を結成。外国人を「準会員」(市長発言)としながら「共生」を掲げる川崎市の施策を批判し、開かれた社会を求める地域運動に参加している。

参考文献：崔勝久・加藤千香子編著『続『日立闘争』 職場組織のなかで』『日本における多文化共生とは何か 在日の経験から』新曜社、2008。
　　　[崔勝久]

▶682 **白頭学院** はくとうがくいん

大阪市住吉区遠里小野にある韓国系の私立学校法人で、建国幼・小・中・高等学校を擁する。解放直後、神戸・須磨でゴム工場を経営する曺圭訓と戦中に伊丹の商業学校で教員をしていた李慶泰が朝鮮人徴用工約2000人を会員に白頭同志会を結成。同会を母体に1946年4月、現在の地に白頭学院建国工業学校・高等女学校を開設(生徒200人)、翌年建国中学校と改称した。曺と李がそれぞれ初代理事長と校長を務めた。1948年高等学校、1949年小学校を開設。1951年学校法人となり民族学校では初めて学校教育法の一条校＊(私立学校)としての認可を受けた。阪神教育闘争＊には全校で参加したが「不偏不党」の教育を訴え朝鮮人学校閉鎖令＊の適用は免れた。以後民族学校として唯一南北に偏らない自主路線を維持し、南北いずれの国旗も掲げず民団系総連系双方の生徒を受入れていた

が、経営難解消のための支援金受入れを主な理由に1977年韓国系学校に転換した。2005年卒業生の遺品から創立初期の姿を撮影したフィルムが見つかり、2006年創立60周年を記念し『幻のフィルム』として公開された。近年は、語学教育や進路指導に力を入れるほか、中高伝統芸術部、吹奏楽部、女子バレー部などのクラブ活動でも知られる。幼稚園を含めた在校生総数437名、教員数42名（2009年度）。

[鄭雅英]

▶683 パクポ
朴保
1955〜

シンガーソングライター。山梨県生まれ。在日朝鮮人の父と日本人の母を持つ在日2世。1979年、広瀬友剛（ゆうごう）の名でワーナー・パイオニアからメジャーデビュー。1980年に渡韓し、ルーツに目覚め、朴保に改名。「朴保&切狂言」を結成。1983年、単身渡米し、サンフランシスコでロックバンド「オギョッチャ」「サイケデリックサムライ」結成。1992年帰国。「東京ビビンパクラブ」に参加。1995年、「朴保&切狂言」でアルバム『WHO CAN SAVE THE WORLD ?』発表。1996年、「東京ビビンパクラブ」でアルバム発表。1997年、「朴保Band」を結成。2000年、日韓共同・同時発売アルバム『朴保&巖仁浩（オムイノ）／時は流れる』発表。2002年、映画*『夜を賭けて』（金守珍*監督）音楽監督。「いつの日にかきっと」「夜を賭けて」を発表。2004年、「波人」のファーストアルバムを発表。2007年、ドキュメンタリー映画『在日朝鮮人「慰安婦」宋神道*のたたかい「オレの心は負けてない」』（安海龍（アンヘリョン）監督）で「傷痍軍人」が挿入歌に。2009年、デビュー30周年記念アルバム『架橋〜未来へ다리〜／朴保バンド』・音楽ドキュメンタリー映画『Pak-Poe 朴保』（田中幸夫監督）。

[藤井幸之助]

▶684 パクホンヘン
朴憲行
1918〜2008

解放前に弾圧を受けた経験を持つ民族運動指導者、民団幹部。1918年慶尚南道咸安郡餘航面生まれ、2008年没。本名：朴鏞徳。

1925年に渡日。大阪府堺市のガラス工場で働いていた1934年頃、同市内にあった朝鮮人労働組合である泉州一般労働組合の活動家や元新幹会幹部ら民族主義者と知り合い、彼らの経営する夜学、労働学院に通うようになる。そこで朝鮮の歴史などを学び、民族意識を強め、1936年2月、ともに学んでいた青年らとともに愛国青年会を結成、主要都市に連絡員を派遣して同志を獲得するという方針を受けて東京に赴く。しかし、その動きが発覚し同年10月検挙され、その後約2年半にわたり大阪府下の各警察署をたらい回しにされ、拷問を受けた。

解放後は、朝鮮建国青年同盟（建青）、民団の運動に参画し、兵庫県で活動した。1990年にライフヒストリーをまとめた『軌跡 ある在日1世の光と影』（批評社）を上梓、また、ドキュメンタリー映画『在日*』にも出演し、戦後初期の在日朝鮮人運動についての証言を行った。

参考文献：朴憲行『軌跡 ある在日1世の光と影』批評社、1990。[外村大]

▶685
『はだしのゲン』
中沢啓治が、自らの広島での被爆体験をもとに、「二度と戦争と核兵器は許さないぞ」という思いを込めて描いた長編漫画。日本人の被爆体験は「一発の原子爆弾で平和で無辜な市民の暮らしが完全に破壊された」という図式で語られがちだが、中沢は、反戦思想を貫きとおす主人公・中岡元の父親と、「いきなりおとうさんと一緒に日本の兵隊さんにつれてこられた」朝鮮人の朴さんを登場させることで、戦時下の広島で大多数の日本人は侵略戦争を賛美し、朝鮮人を差別し、被爆後も朝鮮人の救護を拒否するなど差別し続けた「広島の加害性」を描き出した。中沢が作品の連載を開始した1973年当時、日本社会は朝鮮人被爆者*の存在を封印していた。毎年開催される原水爆禁止世界大会でも朝鮮人被爆者の問題が取り上げられることはなかった。『はだしのゲン』全10巻が在日朝鮮人の金松伊によって韓国語に翻訳され、2000年に韓国で出版された。

[市場淳子]

▶686 旗田巍 はただたかし
1908〜1994

日本の東洋史家。日本統治下の朝鮮・慶尚南道馬山に生まれる。東京大学文学部東洋史学科で朝鮮史を専攻、1940年に満鉄調査部北支経済調査所調査員となって北京に行き、河北農村の慣行調査にあたる。この時期の研究成果は敗戦後に『中国農村慣行調査』(共著)として出版され、1953年に朝日文化賞を受賞する。1948年に引き揚げ、東京都立大学・専修大学教授などを歴任した。帰国後は朝鮮史研究を再開し、高麗史を中心に実証研究を進める一方、朝鮮侵略・植民地支配を正当化した戦前日本の歴史研究を厳しく批判した。新しい朝鮮史像の確立を目指してつくられた朝鮮史研究会*の創立にも尽力し、1971年から1989年までは会長をつとめた。また小松川事件*で死刑判決を受けた李珍宇*の助命に奔走し、日韓条約*反対運動における植民地支配への責任意識の希薄さを批判するなど、一貫して朝鮮民族の心情に想いを馳せる立場からの論陣を展開した。主著に『朝鮮史』、『元寇』、『日本人の朝鮮観』、『朝鮮中世社会史研究』など。

[藤永壮]

▶687 八月方針
1946年8月の日本共産党第4回拡大執行委員会で採択された、共産党の在日朝鮮人問題に対する方針。一国一党の原則の下に日本で活動する朝鮮人共産主義者が日本共産党の一員としてその方針に従うことを前提として打ち出されている。内容的には日本共産党の中央委員候補となっていた金斗鎔*の考え方を反映して、「朝連はなるべく下部組織の露骨な民族的偏見を抑制し、日本の人民民主主義革命を目指す共同闘争の一環としてその民族的な闘争方向を打出すことが必要」だとされ、地域や職場の細胞(共産党の支部組織)での日本人党員との一体化が求められている。この方針は、朝連が朝鮮人共産主義者によって主導されていたことから、当時の在日朝鮮人運動全体にも大きく影響した。八月方針に示された基本路線は、日本の民主革命への関与を内政干渉として退け、在日朝鮮人を朝鮮民主

主義人民共和国の〝公民〟として位置づけた在日朝鮮人運動の路線転換*（1955年）までつづいた。

[文京洙]

パチンコ疑惑

1989年秋、「週刊文春」の連載キャンペーン記事がきっかけとなって起きた政争。当時、警察庁内部でパチンコプリペイドカードの導入が検討されており、パチンコ業界はこれに反対していた。そこで社会党議員に多額の献金を行い、国会でパチンコ業界が有利になるように質問してもらったというのが、「週刊文春」が報じた疑惑内容。土井たか子委員長のもと、参院で与野党逆転を果たした社会党の勢いを削ごうと、小沢一郎自民党幹事長（当時）が仕掛けたとされる。しかし、社会党への献金は890万円にすぎない一方で、自民党は1億円を超える多額の献金をパチンコ業界から受け取っていたことが明らかになると、疑惑をめぐる与野党の政争は尻すぼみに収束した。ところが、同年11月、自民党の浜田幸一議員が衆院予算委員会でパチンコ業界と在日コリアンを結びつけ、「朝鮮学校*は反日教育を行なっている」と発言したことから、朝鮮学校の生徒がチマ・チョゴリを切られたり、暴言を吐かれるなどの事件が多発した。朝鮮総連の発表によれば、その件数は20日間で48件。

[姜誠]

パチンコ産業

パチンコ、パチスロなど、日本独自の遊技機を利用して遊ぶ日本最大のアミューズメント産業。周辺関連産業としてパチンコ機械製造メーカー、補給機器メーカーなどがあり、総就業人口は40万人を超える。戦前に出玉をタバコやお菓子などと交換できることが評判となり、全国各地にパチンコ店が出現した。終戦後、3万店を数える時期もあったが、1955年の連発機規制でブームは下火となった。しかし、1980年に大量の出玉を得られる三共の「フィーバー機」登場により勢いを取り戻し、1990年代のピーク時には1万8000店、総売上30兆円を記録した。ただ、現在ではカード偽造犯罪や高すぎる射幸心（ギャンブル性）がもたらすパチンコ依存症などが社会的批判を浴び、行政から幾重なる規制を受けた結果、2008年末現在、1万3000店、総売上23兆円に留まっている。また、パチンコ産業は在日コリアンやチャイニーズなど、外国人就業者の多いことで知られ、帰化者を含めるとその比率は7割に達するとされる。就職差別で官公庁や一般企業への就職ができなかった在日外国人が風適法（風俗営業等の規制及び業務の適正化等に関する法律）下にあり、社会的評価の低いパチンコ産業に多数参入したためと考えられている。

[姜誠]

『パッチギ！』

2005年に公開された映画*。1968年の京都を舞台に、日本人の高校生と在日コリアンの少女の恋を中心にして青春群像が描かれる。背景にあるのは当時まだ激しかった民族差別*であり、それが朝鮮学校*と日本学校との抗争という形で表れている。製作総指揮は李鳳宇、監督は井筒和幸、脚本は井筒和

幸、羽原大介。高校生を塩谷瞬、少女を沢尻エリカが演じた。キネマ旬報ベストテン第1位、毎日映画コンクール大賞など映画賞を多数受賞。民族差別問題を真っ向から取り上げたにもかかわらず日本人観客の好評を得てヒットしたのは、民族を超えた恋が甘美に成就するからだろう。2007年の続編『パッチギ！ LOVE & PEACE』で、戦時中の強制連行や強制徴用にまで触れつつ一層鮮烈に問題提起すると、途端に「反日映画」のレッテルが貼られ日本人から拒絶反応が示された。

[寺脇研]

▶691 **林えいだい**
はやし
1933〜

日本人ルポライター。福岡県生まれ。早稲田大学時代、足尾銅山鉱毒事件を追った荒畑寒村の生き方に感銘し記録作家を志す。大学中退後、故郷の香春町に戻り、炭鉱員などを経て、北九州市教育委員会に勤務。公害を問う写真展を開き、フリーのルポライターに。公害、戦争、炭鉱などのルポから、朝鮮人強制連行・強制労働のテーマに傾注し、「消された朝鮮人強制連行の記録」など埋もれた事実を掘り起こす作品を数多く発表。あえて極寒の時期、シベリアに抑留された朝鮮人の取材も。1995年の転居を機に自宅を「ありらん文庫」と名づけ資料を公開している。朝日新聞の連載記事「人・脈・記」(2006年10月19日)では、神主の父が筑豊炭鉱の強制労働から逃走した朝鮮人を自宅に匿い助けたが、1943年に特高警察に摘発され拷問を受けて亡くなったと証言。父の姿が執筆を支える原点にある。平和協同ジャーナリスト基金奨励賞受賞。著書は50冊に上る。

[川瀬俊治]

▶692 **パラムの会**

パラムの会は、少なくとも1990年代後半のある時期に存在した、朝鮮半島に何らかのルーツをもつ比較的若い世代の人々からなるグループ。自分や他者のルーツの語りに耳をかたむけ、その複雑さを複雑なまま受け取ることを自らの課題とした。もともとは「日本籍朝鮮人・ダブル*」について考える人々の集まりとして1995年に活動を開始したが、徐々に「多種多様な人」を惹きつけるようになった。以下、その中心メンバーだった方の言葉だが、「大事にしたいと願っているのは、そこで、一人一人の話を丁寧に聞くということだけである。それだけが保障されれば、それでよいと考えている。会費もなく、会員もいない。自由に出入りし、自由にいなくなることができる。会として何かの組織には属さない。『枠組み』を問う作業は、新たな枠組みを作ることを拒否し、既存の枠組みがどれほど多様性に満ちているかを明らかにすることによって成立すると考えているからである」。こうした方法は「叙述的自己表現」と呼ばれたが、アイデンティティ*の複雑化がさらに進む在日コリアンの現実を踏まえると、極めて先見性に富む提起だったと言わねばならない。

[倉石一郎]

▶693 **貼子**
はりこ

「ツッカケ」と呼ばれているサンダルは、オードリー・ヘップバーンが映画*の中で着用していたヒールの高いサンダルから「ヘップ

サンダル」と呼ばれるようになった。このヘップサンダルの製造業者の多くが大阪・生野区にあった。化学皮革製品であるヘップサンダルの製造過程は裁断、ミシンかけ、貼子（はりこ）に分けられる。なかでも貼子は強力な瞬間接着剤を使用するため、目眩がするほどのシンナーの臭いと下敷きの底を強く引っ張るために腕の力が必要で、誰でもできる仕事ではなかった。工賃は出来高制であり、在日コリアン女性の高収入の仕事であったが、貧しい家庭環境のため彼女らの多くは高等教育を受けることができなかった。高度経済成長期から在日コリアンの生活が豊かになると、女性にとって危険でキツイ仕事である貼子は、手っ取り早く金儲けができる職種として、密航*で大阪にやってきたニューカマーの女性たちによって担われるようになった。

［髙正子］

▶694 はりもといさお
張本勲
1940～

元プロ野球*選手。野球評論家。広島県出身の在日コリアン2世。民族名：張勲（チャンフン）。幼少時の右手火傷、1945年の被爆といったハンディキャップを克服し、大阪・浪華商業高校（現・大阪体育大学浪商高校）卒業後、東映フライヤーズに入団。俊足巧打の野手として1年目からレギュラーに定着、打率0.275、本塁打13本の成績を残し、新人王になる。1970年、当時の歴代最高打率0.383をマークし、首位打者に。以来、通算7度の首位打者に輝く。バットを低く寝かせ、巧みに白球を左右に打ち分けるその打法は「広角打法」と呼ばれ、「安打製造機」の異名を取る。1976年巨人、1980年ロッテへ移籍。1981年、現役引退。生涯成績は安打3085本、本塁打504本、打点1674。1990年、野球殿堂入り。在日コリアンであることを公言し、チマ・チョゴリ*姿の母親をしばしば球場に招いた。韓国野球の育成にも尽力し、1980年にその功により韓国国民勲章を授与される。現在、プロ野球評論家として活動中。総安打数3085は日本プロ野球最多安打記録である。

［姜誠］

▶695 パリロ
8・15

「8・15」は1945年8月15日のことで、日本の敗戦、朝鮮の解放の日である。韓国ではこの解放の日を「光復日（クワンボギル）」という。連合国によって朝鮮の解放を規定したのは、第二次世界大戦中のカイロ宣言とポツダム宣言であった。

1943年には第二次世界大戦の大きな転換の兆しが見えた。2月2日にはスターリングラード攻防戦でドイツ軍が降伏し、9月8日にはイタリアが無条件降伏をして枢軸国の一角が崩れた。

同じ年の11月に、連合国の3首脳（米国のルーズヴェルト、英国のチャーチル、中国の蒋介石）がカイロで会合し、27日にカイロ宣言を発表した。宣言には朝鮮独立に関する次のような内容が明記された。

「前記三大国（米・英・中）ハ朝鮮ノ人民ノ奴隷状態ニ留意シ、ヤガテ朝鮮ヲ自由且独立ノモノタラシムルノ決意ヲ有ス」

さらに1945年に入って、イタリアに続いて日本の唯一の盟邦ドイツも、5月7日に無条件降伏した。日本も

1945年4月1日にアメリカ軍が沖縄本島に上陸し、6月23日には日本軍の組織的抵抗は終わった。6月8日には天皇臨席の最高戦争指導会議で、「本土決戦」の方針を採択した。

1945年7月17日、米（トルーマン）、英（チャーチル、途中からアトリー）、ソ（スターリン）の3首脳が、ベルリン近郊のポツダムで会合し、26日に日本の無条件降伏を要求するポツダム宣言を発表した。3首脳にはソ連の代わりに中国の蒋介石が署名した。ソ連はまだ対日参戦していない。ポツダム宣言で朝鮮独立に関する内容は、次のようになっている。

「カイロ宣言ノ条項ハ履行セラルベク、又日本国ノ主権ハ本州、北海道、九州及四国並ニ、吾等ノ決定スル諸小島ニ局限セラルベシ」

宣言は冒頭で「日本国ニ対シ今次ノ戦争ヲ終結スルノ機会ヲ与フル」ものと前提し、最後に「右以外（無条件降伏）ノ日本国ノ選択ハ迅速且完全ナル壊滅アルノミトス」と、重大な警告を発している。ところが28日に鈴木貫太郎首相は「ただ黙殺するだけである。我々は戦争完遂に飽くまで邁進するのみ」と、いわゆる「黙殺」談話をもって一蹴した。「迅速且完全ナル壊滅」とはなんだったのか。8月15日に無条件降伏を受諾するまでの次の事実が物語っている。

　8月6日　広島に原爆投下
　8月8日　ソ連の対日参戦
　8月9日　長崎に原爆投下

ソ連の対日参戦が今日に至るまで、解放後の朝鮮の政局に重大な影響を与えていることは言うまでもない。

参考文献：姜在彦『朝鮮近代史』平凡社ライブラリー、1998。　　[姜在彦]

▶696
ハンクネット
（北朝鮮人道支援ネットワーク・ジャパン）

三重県伊賀市在住の地方公務員・竹本昇が代表を務めているネットワーク型NGOで、1999年に大阪で発足。人材育成コンサルタント・辛淑玉*、在日韓国人経済学者・李修二らも創立以来の支援者。過去10年間に延べ1000人以上が募金に応じ、17回にわたって乳幼児のための粉ミルクと離乳食をピョンヤン、地方都市、農村に届けている。その間、現地に届けた粉ミルク総量は1万トンを超え、総額1559万円にのぼる。地道に純然たる人道支援を続けている数少ない日本のNGO。時期的にはいち早く「北朝鮮人道支援*の会」を結成した吉田康彦が、現在は「人道支援は焼け石に水。日本政府が"過去の清算*"として小泉首相が約束した経済協力を果たせば北朝鮮の経済的苦難は一気に解消する」として日朝国交正常化早期実現に尽力しているのに対し、竹本昇は「人道支援には効果という尺度では推し量れない意義がある」として、活動の絶対的意義に信をおく。

[吉田康彦]

▶697
半月城通信 はんげつじょう

在日コリアンの歴史研究家である朴柄渉が主宰するインターネットサイト。在日韓国・朝鮮人をめぐる諸問題に関してパソコン通信などネット上で議論していた朴の発言に着目した「ハン・ワールド*」管理人の金明秀が、ハン・ワー

ルド内に発言をまとめるサイトの立ち上げを勧めたことをきっかけに1996年6月から始められた。発言のカテゴリーは古代から現代に至る朝鮮半島、在日社会、日韓日朝関係をめぐる歴史、政治分野から映画*、ドラマに至るまで幅広く、豊富な資料に基づいた丁寧な議論が注目されるようになった。「自由主義史観」の登場した1990年代は従軍慰安婦問題*をテーマにした発言が多かったが、1999年以降に増加する独島（竹島）領有権問題関連の発言は、歴史学的な専門性を強め、著作や論文における拓殖大学教授下條正男との論争は広く知られる。半月城の名は朴の本貫*である月城にちなむ。なおサイト立ち上げ当初の自己紹介によれば「私は一介のエンジニア」としている。

[鄭雅英]

▶698 **韓宗碩** ハンジョンソク
1925〜2008

1980年代指紋押捺拒否運動*における最初の拒否者。1925年慶尚北道生まれ。1937年渡日し大阪商科大学（現大阪市立大学）卒業。朝学同を経て1955年朝鮮奨学会*総務部長兼理事。以後、韓国人留学生のサポートを行う事業を続けた。新婚時代、旅先で台風に遭って足止めされ夫人が外国人登録証切り替え期限に2日遅れたため、新宿区役所は警察に告発、乳飲み子を抱えた夫人は警察で十指指紋や威圧的な取調べを強要された。「子供たちには、こんな経験をさせたくない」という思いから、子供の指紋登録年齢（当時14歳）の近づいた1980年9月10日、新宿区役所外国人登録窓口にて指紋押捺を拒否、これが1980年代指紋押捺拒否運動の端緒になった。新宿区役所は新宿警察に即日告発、1984年8月東京地裁は韓さんに罰金1万円の判決を下すが、翌年の大量切り替えを前にしてすでに多数の押捺拒否者が全国で続出していた。反外登法運動の象徴的存在であった。

[鄭雅英]

▶699 **阪神教育闘争**

1948年4月24日を前後して、大阪府と兵庫県で闘われた在日朝鮮人による民族教育闘争。解放前、朝鮮人の子どもたちは、日本の教育政策によって朝鮮語の読み書きを習う場を奪われていた。そのため、解放後、朝連は日本各地で国語講習所*を開催し、子どもたちに朝鮮語を教えた。1946年から国語講習所は朝鮮人学校に改組されていき、全国に500余校、生徒数は6万余人を数えた。しかし、1947年10月、GHQは日本政府に「在日朝鮮人を日本の教育基本法、学校教育法に従わせるよう」指示した。1948年1月24日、文部省学校教育局長は各都道府県知事に「朝鮮人設立学校の取扱いについて」という通達を出し、「朝鮮人は知事の認可を受けた学校に入学させねばならず、教科書及び教育内容は学校教育法を守らなければならない」として朝鮮人学校の閉鎖を指示した。このため、各地で朝鮮人学校が閉鎖を命じられた。

これらの閉鎖命令に抗議し、大阪では1948年4月23日、府庁前の大手前公園で、朝鮮人学校閉鎖反対・教育自主権擁護のための人民大会が開催され、3万余名が集結したが、武装警官により弾圧され、23名が重傷を負

い、200余名が検挙された。4月26日にも朝鮮人学校閉鎖反対人民大会が開かれ、代表が大阪府知事と交渉を行っていたが、市警は米軍の命令として5分以内に解散することを命じ、放水する一方、会場を包囲した。警官の発砲により金太一*少年が射殺され、検挙者は軍事裁判にかけられた。

兵庫では、4月24日、朝鮮人学校の閉鎖に抗議する在日朝鮮人が兵庫県庁前に結集し、「学校閉鎖命令の撤回」などを知事に要求した。知事および検事正は朝鮮人の要求を認め、次の事項に調印した。(1) 学校閉鎖命令の撤回、(2) 学校明け渡しの延期、(3) 不法拘束者の即時釈放、(4) 今後のことは両者より代表を出して協議する、(5) 本日のことは不問に付する。しかし、その晩、兵庫県軍政部が戦後唯一の「非常事態宣言」を発し、知事が誓約した事項をすべて無効とし、アメリカ軍や日本警察が朝鮮人および日本人の支援者を無差別に検挙した。39人が軍事裁判にかけられ、最高重労働15年の判決が出された。

このように多くの犠牲を生んだ闘争だったが、5月3日、朝鮮人教育対策委員会責任者と文部大臣との間で、「教育基本法と学校教育法に従う」「私立学校の自主性の範囲内で朝鮮人独自の教育を行うことを前提として、私立学校としての認可を申請する」との覚書が交わされ、翌1949年の弾圧までの間、朝鮮人学校は守られた。しかし、1949年10月に再び学校閉鎖が命じられ、全国のほとんどの朝鮮人学校が閉鎖された。

参考文献：金慶海『在日朝鮮人　民族教育の原点』田畑書店、1979。4・24を記録する会『4・24阪神教育闘争』ブレーンセンター、1988。金慶海編『在日朝鮮人民族教育擁護闘争資料集Ⅰ』明石書店、1988。　　　[佐野通夫]

▶700
阪神消費組合　1931年3月兵庫県尼崎市で結成された朝鮮人の左翼的消費組合（生活協同組合）。日本では1920年代半ば以降労働運動の一環として新興消費組合運動が盛んになったが、阪神消費組合はこれに加え、兵庫県朝鮮労働組合の解消とその組合員の日本労働組合全国協議会*（全協）への加入という背景のもとに設立、全協には加わらない朝鮮人を組織化した。中心人物は金敬中で、尼崎市築地に本部を置き、西宮、鳴尾、蘆屋、青木などに支部をつくり、最盛期には450世帯が加入した。日常活動は米、味噌、醬油、明太*、トウガラシ*などを市価より2、3割安く売ることであるが、『阪消ニュース』を発行したり、夜間部を設けて文字の普及活動なども行った。また、1934年の室戸台風による災害、1936年の南朝鮮の水害などに対して積極的な救援活動を行う一方、尼崎の融和団体である内鮮同愛会とは鋭く対立した。官憲資料で1941年まで存在が確認できるが以後は不明。　　　　　　　[堀内稔]

▶701
阪神大震災　1995年1月17日に発生した阪神大震災は、神戸市長田区*に代表される在日コリアンの多住地域である阪神地域に大きな被害をもたらした。震災直後に兵庫県下で警察が確認した認知死者総数

5479人のうち、外国人死者は173人を数えた。その内在日コリアンの死者数は111人、日本人の人口に占める死亡率0.15％に対して在日コリアンの地域内人口に対する死亡率は0.2％と若干高い数字となった。震災後の生死を分けた主因は住宅にあることから、在日コリアンの居住住宅が平均的な住宅よりも安全性において問題があったのではないかと推察される。

また被災直後から救援活動に入った在日韓国青年連合（現：在日コリアン青年連合）の行った避難所を中心とした聞き取り調査記録を見ると、断片的ではあるが、在日コリアン被災者のきびしい現状が垣間見られる。129人の聞き取りのうち家屋の全壊及び全焼は89人にのぼり、「家を何とかしてほしい」「高齢のため、もう仕事ができない」「心身とも疲れた」といった生活上の要望、不安の声とともにコリアンゆえの要望、不安として「韓国に帰りたいけれど、お金がない」「韓国（朝鮮）料理が食べたい」「これから差別感情が大きくなっていくのではと不安になる」「無料電話使用について韓国、朝鮮、中国人への差別発言があった」という生活の不安定な外国人被災者の気持ちを表す回答が寄せられている。発言のなかにある差別への不安は、1923年に起きた関東大震災時の朝鮮人虐殺の記憶が在日コリアンコミュニティに根強く残っていることも影響していた。幸いなことに在日コリアンに対する悪質な差別や排除は組織的に起こされることはなく、避難所となった朝鮮学校＊への日本人被災者の受け入れや民団の地域住民への炊き出し活動といった地域での共生の取り組みが各地で見られた。

一方、居住歴の短い外国人には、「ベトナム人が自転車を盗んでいる」「イラン人が空き巣を働いている」というデマが発生し、被災地域の中にはバットやゴルフクラブで武装した自警団＊も誕生したことをみると、異質な者への「まなざし」はまだ厳しい状況にあることも伺える。

阪神・淡路大震災と在日コリアンの関係について考察する場合、先に書いた震災直後の状況とともに震災が及ぼした震災後の生活、社会状況の変化にも目を向ける必要がある。当時すでに神戸をはじめとする近畿圏は、雇用状況が悪く社会保険の加入事業所割合が調査事業所中34.9％と全国的に非常に悪いところであった。数字でも明らかなように不安定な雇用ゆえ、転職率も高かった。もともと、就労実態が悪いところに起きた地震によってさらに外国人住民の就労実態は悪くなっている。

在日コリアンや在日ベトナム人にとって重要な産業であったケミカルシューズ産業＊では大手中堅メーカーが加入する日本ケミカルシューズ工業組合の事業所数動向を見ると、震災後3年間で2割も減っており、その後の中国などへの製造拠点の移転も加わりさらに厳しい状況が生まれている。新たな産業構造への適応が難しい外国人住民にとって、ケミカルシューズ産業の衰退や建設業の低迷といった雇用状況の悪化は、阪神・淡路大震災直後の目に見えた試練より厳しく生活にのしかかっている。

［金宣吉］

ハンセン病

ハンセン病はかつて「らい（癩）病」と呼ばれ、遺伝病と誤解され、偏見によって忌み嫌われた。しかし、ハンセン病は、感染力が微弱で感染しても発症することの稀な感染症で、現在では完治する病気なのである。にもかかわらず、日本では1907年に法律「癩予防ニ関スル件」が公布され、1930年頃からは警察力まで動員して患者たちを強制的に療養所に隔離した。

敗戦後、日本国憲法下でも隔離政策は継続した。ハンセン病患者や回復者は強制隔離政策と差別・偏見によって、すさまじい人権蹂躙を受け辛酸を嘗めさせられてきた。1996年、ようやく「らい予防法」が廃止され、1998年にはハンセン病国家賠償請求訴訟が提起され、訴訟・運動とも全国的な広がりを見せる中で、2001年、熊本地方裁判所において画期的な原告勝訴の判決が勝ち取られた。原告団には多くの在日コリアンも加わっていた。

在日コリアンのハンセン病患者・回復者の問題を考えるとき、植民地支配を抜きには考えられない。ハンセン病の発症には、衛生や栄養など社会経済状態との関連があるといわれており、朝鮮でも、植民地支配による貧困・窮乏が深刻になるにつれ、患者が急増したといわれる。在日コリアンの場合、強制連行などによって日本の炭坑や河川・ダムでの過酷な労働を強いられたことや、貧困による栄養不足がハンセン病発症の一因と考えられる。1955年〜1970年頃までの統計では、ハンセン病療養所の入所者の約6％を在日朝鮮人が占めていた。日本人に比べ在日コリアンの入所者の比率が非常に高い背景には、植民地支配と強制連行が関連していると考えられる。

日本国内の13の国立療養所のうち在日コリアンのいる10療養所には、互助組織が作られていた。また、1959年に国民年金法が制定された時、同じ入所者でありながら、日本人にだけ年金が支給されるという問題が起こったことをきっかけに、全国組織である在日朝鮮・韓国人ハンセン氏病患者同盟（現・在日韓国・朝鮮人ハンセン病患者同盟）が結成された。組織の目的として、平和的南北統一の願望、療友との親睦、生活権の保障確立、民族的自覚の高揚などを掲げている。年金問題については、同盟の地道な運動の末、福祉年金と同額の外国人特別慰安金を獲得するという成果を収めた。

日本国内で行われた隔離政策は植民地でも実施された。朝鮮では、1916年に小鹿島慈恵医院（1934年小鹿島更生園）が開設され、1935年には「朝鮮癩予防令」が公布された。

［金永子］

韓晳曦 ハンソッキ
1919〜1998

牧師。朝鮮済州島＊に生まれ。1926年に渡日し、1943年には陸軍に召集される。1946年同志社大学神学部卒業後、神戸でケミカル・シューズ業、不動産業を営む一方、朝鮮史・キリスト教史の研究を進め、日本キリスト教会の満州伝道を中心とする海外布教に関する研究で同志社大学神学博士号を取得した。1969年に朝鮮近現代史の専門図書館「青丘文庫＊」を自宅に開設。同文庫は1997年神戸市立中

央図書館に移管され現在にいたっている。著書に、『チゲックン』（日本基督教団出版局1977、共編）、『日本の朝鮮支配と宗教政策』（未來社1988）、『人生は七転八起―私の在日七〇年』（岩波書店1997）、『日本の満州支配と満州伝道会』（日本キリスト教団出版局1999）、訳書にF・A・マッケンジー『朝鮮の自由のための闘い』（太平出版社1972）などがある。

[飛田雄一]

▶704 **パンソリ**　一人の唱者（チャンジャ）が太鼓の伴奏に合わせて歌とせりふ、身振りで物語を語っていく伝統芸能。18世紀末に原型ができた頃には祭りや市の日に村の広場で大道芸の一つとして演じられるものだった。支配層である両班が自宅の庭や座敷に唱者を招くようになり、語りの内容も両班の嗜好に合わせ、漢詩や故事成語などが多く引用されるようになった。一般的には18世紀が形成期、19世紀が全盛期、20世紀が衰退期とされる。19世紀の中頃までは人気の高い演目が12本ほどあったが次第に失われ、20世紀の中頃に申在孝によって脚本化された「春香歌」、「沈清歌」、「興甫歌」、「水宮歌」、「赤壁歌」の五つが古典として今に伝わっている。また、現在は創作作品も盛んに作られている。公演形態としては、一人の唱者が物語を語っていく独唱形態と、登場人物を配役し、ミュージカル仕立てにした唱劇（パンソリオペラ）の形態がある。映画*『西便制（風の丘を越えて）』の大ヒット以来、日本でもパンソリファンは増え続けている。民族楽器*や民族舞踊*とは違って朝鮮語をベースに行うパンソリを在日が学ぶには難しいが、1990年代には在日3世が韓国へ留学し無形文化財技能保有者から直接伝授をうけ、2006年に「水宮歌」の完唱公演を行い、話題を呼んだ。

[安聖民]

▶705 **韓昌祐**（ハンチャンウ）1931〜　起業家・実業家。慶尚南道出身の在日1世。1945年、密航*で渡日、定住した在日1世。日本名：西原昌祐。1953年法政大学卒業後、就職差別にあい就職を断念。兄を頼って京都府峰山町に移住し喫茶店開業。1957年閉店寸前のパチンコ店を兄から譲り受け再建に成功。1967年ボーリング・ブームに便乗し、ニチメン実業等から融資を受けボーリング事業に進出。1975年経営破綻、負債約60億円。自殺を考えるが、日本人債権者の励まし等により再起を決意。自動車社会を見越した大駐車場完備の郊外型パチンコ店出店を推進。1980年代のフィーバー・ブームで成功。負債を返済し再起を果たす。1988年マルハン・コーポレーションに社名変更。2005年業界初の年商1兆円、翌年200店舗達成。在日韓人が発展させたパチンコ産業*のホール最大手となる。韓国無窮花賞受賞、在日韓国人商工会議所会長等を歴任する名士であったが、2002年韓昌祐の民族名*で帰化し、『中央公論』等で「在日は日本国籍を取得すべきだ」と主張。在日韓国人社会、とりわけ民団関係者に衝撃を与えた。

[河明生]

▶706 パンチョッパリ
半日本人

チョッパリとは「豚の足（チョッパル）を持つ者」の意であり日本人に対する蔑称。日本人の履く下駄や足袋から連想されたとされる。パンチョッパリは在日コリアン1世が言語や生活習慣など民族的素養の薄れる2世世代を批判的に指して使われるようになったと考えられるが、文字通りコリアンと日本人を両親に持つ混血者への蔑称として使用することもある。在日1世の詩人姜舜（カンスン）の1948年の作品に「パンチョッパリの歌」があり（磯貝治良・黒古一夫編『〈在日〉文学全集』第17巻、勉誠出版、2006年収録）、そこでは朝鮮人の父と日本人の母を持つ「ぼく」が自分には「純血がない」と悩みながらも、父親の古い傷跡を忘れられない。「ぼくは／ぼくのやり方で／祖国をしっかり抱きしめる」とパンチョッパリからの訣別を謳う。また前川惠司『韓国・朝鮮人』（創樹社、1981）によれば、日本人の子どもがコリアンの子どもを蔑称するときに使う「チョッパン人」という言葉があり、パンチョッパリをひっ繰り返したものと見なしている。なお現代韓国では進歩勢力が韓国人親日保守派への批判的呼称としてパンチョッパリを用いることがある。

[鄭雅英]

▶707 ハンドクス
韓徳銖
1907〜2001

在日朝鮮人の組織運動家・総連中央常任委員会元議長。慶尚北道出身。1927年渡日し、声楽家を目指すが、音楽学校の受験に失敗。1929年日本大学専門部の社会科に入学するが中退し、1931年日本労働組合全国協議会（全協）に加入して労働運動に身を投じた。1934年、熱海線トンネル工事の争議に加わって逮捕され2年間投獄された。

解放後は、早くから関東地方朝鮮人会を結成するなど在日朝鮮人運動の指導者の一人として活動し、朝連の結成に参加した。朝連では神奈川県本部委員長、中央本部総局長などを務めたが、朝連が団体等規正令*によって解散処分を受けた際に他の幹部らとともに公職追放の措置を受けた。朝鮮戦争勃発以後の民戦時代には、日本共産党の影響下にあった主流派（民対派）に対して、北朝鮮との連携を重視する非主流派（民族派）の中心人物として在日朝鮮人運動の路線転換*を主導し、1955年5月の総連結成の立役者となった。

総連結成時には6人からなる議長団の一人であったが、1958年には非主流派（旧民対派）を排除し、単独支配（一人議長）の体制を確立した。同時にそれは、金日成*の「唯一指導体制」に総連組織を組み入れる過程でもあった。この体制の下で1960年代までには民族教育をはじめ、文化、芸術、出版、報道、金融・経済に至る、在留外国人の民族運動としては他に例を見ないような、巨大な組織体系を築いた。1970年を前後する時期には金炳植*事件をめぐる波乱があったが、2001年の死去まで議長職を維持した。1994年7月の金日成死去の際には序列4位の国家葬儀委員として平壌での葬儀に参列している。著書に『主体的海外僑胞運動の思想と実践』（1986、未來社）などがある。

参考文献：呉圭祥『ドキュメント在日本朝鮮人連盟1945-1949』岩波書店、2009。朴斗鎮『朝鮮総連　その虚像と実像』中公新書ラクレ、2008。

[文京洙]

▶708 ハン・ワールド　1995年9月、社会学者（現関西学院大学）の金明秀が立ち上げた、先駆的な在日コリアンについてのビッグウェブサイト。当時、日本のインターネットといえば、まずNTT非公式サイトに接続した時代。彼は海外向けに日本を紹介する同サイトのページに「在日韓国人・朝鮮人への差別はもはや存在しない」と断定的に書かれていたのを見た。日本を（事実上、公式に）代表する巨大なサイトに、国を美化するために歪められた情報が垂れ流されているのを知り、改めて米国との違いに落胆した。そして是が非でも誤った情報を正さなければならないという危機感と使命感をいだいた。それがハン・ワールドを始めようと思ったきっかけである、と述懐している。韓国語、日本語、英語の3カ国語で開設されており、在日韓国・朝鮮人のFAQ、時事問題などのオンライン文書資料室や強制連行資料集などを掲載した文献リスト等からなるAcademic site（Aサイト）と伝統文化やイベント情報等を発信するBroken site（Bサイト）から構成されている。（「在日インターネット　Webサイトの可能性　金明秀氏は語る」）

[裵光雄]

▶709 東九条　東九条地域はJR京都駅の南側に位置し、面積1667km²、人口1万6573人（2005年実施の国勢調査報告）の地域である。人口に占める韓国・朝鮮籍の割合は15.1%であり、京都で最も在日朝鮮人が多く住む地域である。特に、鴨川に近い地域の東側は在日の割合が高く、映画*『パッチギ！*』（2004年井筒和幸監督作品）の舞台となった東松ノ木町は61.9%である。この地域に在日朝鮮人が住むようになったのは1920年代からで、植民地時代祖国を追われた朝鮮人が職を求めこの地に移り住んだ。その後多くの朝鮮人が親戚・知人を頼りに東九条に移り住み、1965年には人口が3万人を超え、うち3割が在日朝鮮人という大きな朝鮮人集落となったが、その後人口流出が続き、現在は当時の約1/2の人口になっている。韓国・朝鮮籍も日本籍への移行により減少傾向にあるが、日本籍者を加えると約3割が在日コリアンという状況は変わらない。1993年から毎年11月に民族の共生・交流のまつり「東九条マダン」が盛大に行われている。

[朴実]

▶710 美術　日本に定住する在日コリアンによる「在日美術」が開花したのは、1945年の解放後になってからである。解放後の在日美術はリアリズムとモダニズムの潮流に大きく分ける事ができる。リアリズムとは民族美術、または民衆美術を意味し、社会主義的写実とも呼ぶ。モダニズムとは現実批判や思想の介入を無くした新しい美術表現で、真理を意味するものではない。

在日の美術研究や史料に、纏まったものが少ない理由の一つには対立と不

信、日本と祖国との政治的な葛藤と不幸なる歴史の影響がある。解放前、日本留学で学び帰国し韓国画壇で活躍した富裕な作家達と、貧しい労働者階級の在日作家達とは明らかな相違がある。

在日美術家は日本アンデパンダン展に1954年より積極的に参加し、戦後日本のリアリズム美術に大きな役割を果たした。解放後の在日美術の団体結成は、民族的同質性と民族主義運動から生まれた社会的要求からであった。

在日朝鮮人美術家協会は1947年に結成された最初の美術団体である。李哲州・金昌徳・白玲・表世鐘・朴燦根らが参加。1953年には在日朝鮮人美術家協会の機関誌『朝鮮美術』が発行され、李寅斗・曺良奎*・全和鳳・許壎・呉林俊*らが加わり1956年第1回展開催。また在日作家は青年美術家協会とリンクし、イデオロギーとは違う社会的問題を表現した作品を発表し、日本美術界に新鮮な影響を与える。

1959年、宋英玉・蔡峻・呉日・李景朝・李讃康なども加わって在日本朝鮮文学芸術家同盟*（略称文芸同）が創立され、総連の組織体に属した。1962年には在日美術家画集を発行し、民族意識の自覚と共に民族主義的特性を理論的に探求、社会主義理念をアピールする。

1961年には総連と民団系（在日韓国白葉同人会美術部・在日コリア美術家協会）の画家達の第2回連立美術展が開催され、郭仁植・呉炳学・庚竜伊（伊丹潤）・金泰伸らが加わる。そして郭仁植や1950年代中盤に来日した李禹煥*らを中心にしたモダニズム系の活動を展開し、李禹煥*は「もの派」の先駆者となる。

1960年代から1970年代には在日同胞社会が南北に分裂し、理念的対立と葛藤による溝が生まれる。多くの在日作家が文芸同を脱退し、個人展や日本画壇の団体展などで独自の活動を開始する。社会や時代の矛盾に対する反省と自覚からである。それは理念を拒否する2世、3世への世代交代を促し、若い在日作家達の台頭が多様な自己表現の場を世界へと広げていく。

1981年に発足した高麗美術会は思想、信条を超越した創作を通し、祖国の自主平和統一を標榜した2、3世の若い美術家らの集まりである。1999年に発足したアルン展*はイデオロギーを超え、民族美術を新たな視点で捉え直す展示を目的とした。金登美・李菊子（三浦利江子）・金愛子・金英淑・姜慶子らなどの女性作家の進出、文承根・金石出・洪性翊・朴一南・李鏞勲・林忠赫・尹煕倉らが多様な活動を展開する。特に李禹煥や文承根・郭徳俊・伊丹潤・孫雅由・金善東・崔広子らが祖国やヨーロッパ、アメリカに活動の場を広げ進出する。自由で独自性な多様性が評価を受ける。

韓国近代美術史学会創立は1993年である。1997年と1998年、そして2009年には国立近代美術館主催の「近代を見る目展」などで、韓国近代美術史を見直す展覧会が開催され、曺良奎*・宋英玉・全和鳳の在日作家の作品が選ばれ、在日美術が韓国現代美術史の中に認められた。大きく在日美術の関心を促す契機を作ったのは河正雄コレクションによる、2000年国際美術展第3回光州ビエンナーレを記念

した「在日の人権展」である。「コリアン・ディアスポラ」美術が韓国内外美術界に示唆を与えている。

20世紀の半世紀、在日の美術の現場が近代美術の母体でありながら祖国や日本の研究者から無関心と疎外を受けてきたのは在日コリアン自体が在日美術に対して無関心、かつ無知であった事も理由になる。在日美術の研究や、韓日美術交流の企画を進める李美那・高晟埈・高満子・白凛ら在日学芸員が育って来ている。

参考文献：『在日朝鮮美術家画集』在日本朝鮮文学芸術家同盟美術部、1962。『在日の人権展カタログ』光州市立美術館、2000。『Bien美庵』Vol.28芸術出版社、2004。『韓流ハンドブック』新書館、2007。　　　　[河正雄]

日立就職差別裁判

1970年、日立製作所の入社試験において氏名の欄に通名を記し、本籍地に現住所を記した在日朝鮮人2世の朴鐘碩*青年（当時19歳）が、「嘘をついた」という理由で採用を取り消された。日立就職差別裁判とは、そのことを不服として日立を相手に提訴し、4年にわたる法廷内外での運動で勝利した闘いである。差別を甘受することなく、民族差別*の根源を撃つ闘いとして、日立という日本を代表する大企業に公然と立ち向かったことで、「在日」の戦後史において新たな地平を切り開いた。判決は日立の民族差別に基づく不当解雇を全面的に認め、「在日」の置かれている歴史的な状況に言及したうえ、日本社会にはびこる民族差別についても初めて公に言及した、画期的なものであった。日立が控訴を断念したことで判決は確定し、それ以降、企業が国籍*を理由にした解雇や差別をすることを禁じる法的根拠となっている。

日立闘争は差別の実態と、「同化」され差別の中で生きる「在日」の現実を問題にした運動であり、当初、既成民族団体や「在日」文化人の間では、朴鐘碩が自己を偽り日本企業に入ろうとしたのは「同化」を推し進めることになり「民族運動」にそぐわないという批判があった（在日大韓基督教会青年会全国協議会の代表委員の「リコール事件」（同協議会1971『燈台』20-21号）、作家李恢成*発言（『エコノミスト』1971年5月号）。日立闘争を担ったのは、朴鐘碩の状況を己自身の経験と重ね合わせてアイデンティティ*を模索する「在日」と、日本人としての加害者性を自覚し始め「在日」の問題提起を受けとめようとする日本人青年が中心となった、「朴君を囲む会」という市民運動であった。日立を糾弾する運動は日本国内だけでなく、アメリカと韓国での不買運動に広がった。韓国では民主化闘争の中で取り上げられ、朴鐘碩の勝利は「民族全体の貴重な教訓」（東亜日報）、「告発精神の勝利」（韓国日報）と報道された（1974年6月20日）。

日立闘争は「在日」の現実を直視し自らの生き方を問う運動であったため、「在日」社会の中で「本国志向」か「定着志向」かという論争を引き起こした（朴一『〈在日〉という生き方』講談社、1999）。その後、金敬得*の弁護士資格を求めた闘い（1997）、「当然の法理*」を理由に管

理職試験受験を拒否する東京都を相手どった鄭香均の裁判闘争（1994年9月提訴）などに引き継がれていき、一般の企業のみならず、地方公務員になる道を拓く契機になった。また川崎においては、保育園を中心とした地域活動として展開されるようになり、「在日外国人教育基本方針」の制定、国籍条項*撤廃や指紋押捺拒否運動、及び川崎市における多文化共生*施設としての「ふれあい館*」の設立につながっている（金侖貞『多文化共生教育とアイデンティティ』明石書店2007）。

日立闘争の経験とその歴史的な意味の再解釈が、今後、開かれた地域社会を作るのにどのように活かされるのか注目される。

参考文献：崔勝久・加藤千香子編著『日本における多文化共生とは何か－在日の経験から』新曜社、2008。朴君を囲む会編『民族差別－日立就職差別糾弾』亜紀書房、1974。「今改めて、日立闘争の私にとって意味を問う」朴君の定年退職を祝う集い、2012年。

[崔勝久]

▶712
ひのき縄

木造船の防水用に使用した檜皮を加工して作られた縄で、木材の集積地・奈良県桜井市在住の在日韓国・朝鮮人の生業の一つとなった。五條市でも同様に在日韓国・朝鮮人が就労した家族総ぐるみの家内工業であった。ひのき肌縄、まきはだ縄、まきはだともいう。1960年代まで生産が盛んだったが、木造船が強化プラスチックに変わり、合成ロープの普及などから年々生産が減少、廃業者が相次ぎ、2006年に最後の1軒が姿を消した。

大正時代に桜井市に製造方法が移入されたが、製造過程で生じる檜皮の粉塵などの作業環境から日本人に敬遠され、1930年代から在日朝鮮人の就労が目立つようになった。それまでの林業の雑行、日雇いの土木工事などに比べ安定した収入が得られた。製造方法は長さ1メートルほどの檜皮を雨水などであく抜きしたあと、蒸し釜で30分ほどほぐし乾燥させて叩く。一夜おいて仕上げた。作業工程は『櫻井町史』（1954）に詳しい。

[川瀬俊治]

▶713
ピビンパプ

ピビンは混ぜる、パプは飯、混ぜご飯のこと。このメニューの由来は二つ。ひとつは大晦日の残りもののおかずを新年に持ち越さないよう食べ切る習慣が、何もかも混ぜ合わせるピビンパプを生み出した（『東国歳時記』1849年）とされ、漢字表現で骨董飯とされている。いまひとつは先祖の祭祀(チェサ)で供え物料理を分け合って食べるとき、ひとつにあわせて混ぜるところからきている。慶尚北道の安東地方には、ピビンパプのことを「虚祭祀(ホチェサ)飯」つまり、うその祭祀パプと呼んでいる。おいしいピビンパプが食べたいので、祭祀でもないのに、祭祀だといってピビンパプをつくったというのである。ピビンパプの価値は飯、魚肉類、ナムル*などがバランス良く組み合わさり、これだけで十分な栄養が摂取できるということにある。匙のスッカラッを使って混ぜ、食べる匙文化料理である。加熱する石焼ピビンパプの歴史は浅い。韓国にプロパンガスが普及し、食器の石鍋

▶714 兵庫県外国人学校協議会

1995年1月当時、兵庫県には兵庫朝鮮学園（13校）をはじめ、民族学校・国際学校が7法人19校存在し、約3600人の児童生徒が在籍していた。しかし1月17日に発生した阪神大震災*によって3校が全壊するなど、すべての外国人学校が甚大な被害を被った。兵庫県は5月に外国人県民復興会議を開き、外国人学校を支援する内容を提言した。外国人学校代表たちは提言をどのように実現するか話し合った結果、7月26日に県内の全外国人学校が参加して「兵庫県外国人学校協議会」を結成した。その後、1校が閉鎖、1校が脱会したが、新設された1校が加入。現在は6法人12校が参加し、会員数（初級部1年生～高級部3年生）は約3300人。協議会では外国人学校の地位向上のための活動を進めている。1998年にはジュネーブの国連本部差別防止・少数者保護小委員会に会長が出席し、大学受験資格の差別待遇問題に対する報告を行った。また外国人学校同士、外国人学校と日本人学校の児童生徒の文化・スポーツ*交流会を盛んに催している。　　　　　［高賛侑］

▶715 辺真一（ピョン ジニル）　1947～

国際ジャーナリスト、朝鮮半島情勢専門誌「コリアレポート」編集長。東京都出身の在日コリアン2世。明治学院大学文学部英文科卒業後、朝鮮総連機関紙『朝鮮新報』、『PEOPLES KOREA』（朝鮮新報の英語版）の記者となる。1980年、独立してフリージャーナリストに。1982年、朝鮮半島専門誌『コリアレポート』を創刊、編集長となる。1986年頃よりテレビ、ラジオなどで朝鮮半島情勢に関する評論を開始、独自の取材源を駆使した情報分析の正確さが評判に。各種メディアのコメンテーターとして活躍する。主なテレビ出演に「サンデーモーニング」（TBS）、「朝まで生テレビ」（テレビ朝日）など。またラジオ短波「アジアニュース」のパーソナリティも長年担当する。海上保安庁政策アドバイザー、沖縄大学客員教授。シドニー五輪などで南北チームが使用した統一旗（白地にブルーの朝鮮半島をあしらったデザイン旗）は、1985年「神戸ユニバーシアード」で南北共同応援団が結成された際、辺の発案によって作製されたものである。　　　　　［姜誠］

▶716 枚方（ひらかた）事件

吹田事件*と連携して、1952年6月24日夜から翌日にかけ、大阪・枚方市内で日本共産党員が火炎瓶などを投げ、旧日本陸軍大阪造兵廠枚方製造所へダイナマイトなどの時限爆弾を仕掛けた事件。枚方市内には、東洋最大の兵器工場、大阪造兵廠の分工場（枚方工廠）と禁野（きんや）火薬庫があり、陸軍の大口径と中口径の砲弾の70％を製造するなど一大軍需地帯であった。アメリカ軍の空襲を免れ、戦後は占領軍への賠償物件に指定され大蔵省が管理していたが、朝鮮戦争で小松製作所に払い下げ兵器製造再開が予定されていた。このため、日本共産党の武装組織・中核自衛隊9人

が組織され、行動隊員4人（うち在日朝鮮人が3人）が枚方製造所に侵入し、砲弾製造用ポンプに時限爆弾2発をしかけた。1発が爆発（表面が腐食）、1発は不発で残った。また小松製作所への払い下げに尽力した地元有力者宅へ火炎瓶を投げ、警察は98人を逮捕し、爆発物取締罰則、放火未遂などの容疑で65人を起訴した。

大阪地裁は、1959年11月19日、被告57人のうち6人を除き有罪、工廠爆破事件で7人に実刑判決を下した。最高裁まで争われたが、刑は確定した。

参考文献：西村秀樹『大阪で闘った朝鮮戦争』岩波書店、2004。［西村秀樹］

▶717 **布施辰治**
1880〜1953

弁護士。宮城県生まれ。明治法律学校（現明治大学）卒業。1902年司法官試補となり、翌1903年に退官。同年、東京弁護士会に弁護士登録。トルストイにおける人道主義、平和主義の思想的影響を受け、植民地下の朝鮮人、台湾人の救援や日本共産党への弾圧事件の弁護を行う。1911年に「朝鮮の独立運動に敬意を評す」との論文を執筆して自身が検事局の取調べを受けたほか、新聞紙法違反、治安維持法*違反に問われ、2度の下獄を経験した。植民地朝鮮関係の事件では、3・1独立運動*関連の在日朝鮮人被告人、義烈団事件の被告人、朝鮮共産党事件の朴憲永ほか101名、及び大逆罪に問われた朴烈*・金子文子*の、各々弁護人を務めた。戦後は、食糧メーデー、三鷹事件、松川事件、血のメーデー事件*、及び吹田事件*における弁護人となった。　　　［李宇海］

▶718 **不逞社**

朴烈*ら無政府主義者によって組織された黒友会が1923年4月に組織した秘密結社。テロの手段によって朝鮮独立を達成しようとした。3・1独立運動*を経た1920年代には、日本にいた朝鮮人の学生や知識人の民族独立運動が高揚し、1921年の11月には堺利彦や大杉栄らの思想的影響の下で朝鮮人社会主義者らによる黒濤会が組織される。だが、この黒濤会は1922年11月、共産主義者と無政府主義者に分裂し、後者が組織したのが黒友会・不逞社であった。主なメンバーは朴烈をはじめ、洪鎮裕、朴興坤、申焔波、徐相一、張祥重などで金子文子*も後に加わった。朴烈と金子文子は爆弾入手などを試みるが、果たせないまま、関東大震災直後の1923年9月に保護検束の名目で官憲によって拘束されて大逆罪の適用をうけ、不逞社も事実上解体した。

参考文献：朴慶植『在日朝鮮人運動史　8・15解放前』三一書房、1979。

［文京洙］

▶719 **不逞鮮人**

日本の朝鮮支配に抵抗する、ないしはより広く日本帝国の秩序を乱す朝鮮人を危険視、敵視したり、あるいは貶めたりして日本人の間で使用された語。厳密な定義があるわけではなく、怪しげで自分たちに危害を加える可能性があると日本人が主観的に判断した朝鮮人を指して用いた場合が多い。

言葉の初出、広まった経緯は不明であるが、治安取締当局のみならず、民間の日本人の間でも戦前には割合一般的に用いられていたことが確認でき

る。とりわけ独立運動が活発に展開されていた時期に日本人の間ではよく用いられた。一般の日本語商業新聞紙上の見出しでこの言葉が頻出する時期を見れば、1920〜1930年代であり、特に1920年代前半に目立つ。これは3・1運動およびその後の独立運動の活性化、在日朝鮮人の急増が背景となっている。また関東大震災時にはデマに基づく報道のなかで「不逞鮮人来襲」等の見出しが踊り、日本人民衆による朝鮮人虐殺の要因を作った。なお、1920年代初頭に日本で活動していたアナキスト系民族運動家の朴烈*は不逞社*という結社をつくり、『太い鮮人』という雑誌*を刊行している。あえて「不逞鮮人」であることを名乗り、日本帝国に対する反抗の意を示したのである。

戦時体制下においては、国内における民族的葛藤を回避する目的で「鮮人」の語に代えて「半島人」の語が奨励され、新聞等でも「不逞鮮人」云々の見出しは見られなくなっていた。しかし朝鮮人をスパイ視して警戒を呼びかけるパンフレットのタイトルにこの語が用いられるなど、「不逞鮮人」という言葉が使われなくなったわけではなかった。さすがに戦後にはこの語の使用はほとんど見られなくなった。しかし近年、朝鮮・韓国に反感を持つ差別的な日本人の間で使用される例がみうけられる。　　　　　　　　[外村大]

不法占拠バラック

国、地方自治体、民間企業、民間人の所有する土地を、「不法」に占拠して建てたとされる仮小屋（バラック）のこと。背景には住居差別による住宅難や戦災・戦後混乱期の住宅難がある。敗戦直後には在日コリアンのほか、日本人の戦災者・引揚者などによる「不法」占拠バラックも多数見られた。バラックが建てられた場所は、河川敷、道路、鉄道用地、港湾、公園、旧軍用地、工場敷地などで、戸数は数戸の場合から数十戸以上の規模に至るまでさまざまであった。「朝鮮人部落*」などと称された集住地区の中には、こうした不法占拠バラックが集落化して形成されたものも少なからず存在する。これらのバラック建築は法的には「不法」占拠とされるが、建築段階では土地の所有者が不明確であったり、建築する側のコリアンに土地所有に関する観念や知識が希薄であったり、当初雇用されていた工場等の敷地内に住み続けたりしたなどのケースが多く、土地所有者と住民の間で土地についての認識・論理に齟齬が生じている場合が少なくない。

これらの地区の大部分は、1950年代から1970年代にかけての戦後復興・都市計画事業の中で行政による立退きが進められたが、その場合、住民による自力移転のほか、行政が用意した代替住宅団地などへの移転も多く見られた。ただし、立退きに際しては土地所有者・行政側と住民側との間の利害関係、移転補償の調整が難航し、行政による強制代執行が行われたケースもある。兵庫県伊丹市の大阪国際空港敷地内に形成されたコリアン集住地区を事例に、「不法」占拠と移転をめぐる住民・行政の論理と実践を分析した研究に金菱清『生きられた法の社会

学』(新曜社)がある。　　　[島村恭則]

▶721 『冬のソナタ』 2002年1〜3月に韓国KBSで放送されたテレビドラマ。原題は『キョウル・ヨンガ(겨울 연가：冬の恋歌)』。監督ユン・ソクホ・主演チェ・ジウ、ペ・ヨンジュン。

　ヒロイン、チョン・ユジンが、学生時代に交通事故で死んだ初恋の人、カン・チュンサンにそっくりなイ・ミニョン(カンと同一人物)に出会い、婚約者との間で心が揺れ動くラブストーリー。ドラマで描かれる純粋な恋は、バックに流れる美しい風景や音楽*とともに、多くの人を魅了した。日本では2003年4〜9月にNHK BS2で放送され、反響が大きかったため2003年末に再放送、さらに2004年4〜8月には地上波のNHK総合でも放送された。主演のペ・ヨンジュンは中高年の女性を中心に「ヨン様ブーム」を巻き起こし、初来日時には羽田空港で約5000人のファンが出迎えた。この『冬のソナタ』をきっかけにドラマや音楽、映画*などを中心とした韓国大衆文化に対する関心は一層高まり、広く「韓流ブーム」へとつながっていった。ドラマロケ地を訪問するツアーなど、2004年度韓国への渡航者は前年比35.5%増の244万3070人。

　ペ・ヨンジュンは国民文化向上と国家発展に寄与した功績が認められ2008年韓国文化勲章を受章した。

[高吉美]

▶722 舞踊 本項目で扱う舞踊とは日本で演じられている民族舞踊についてである。植民地期の日本では崔承喜*と裵亀子*の舞踊家としての活動が有名である。裵亀子*は1920年代後半に舞台などで「アリラン*」や「トラジ」などの新民謡に合わせて民族舞踊を舞い、崔承喜は1930年代後半から朝鮮舞踊をモチーフにした創作舞踊を舞台で披露し、「東洋の舞姫」として絶賛された。

　解放後は、在日本朝鮮人連盟*による朝鮮民謡や楽器演奏、朝鮮舞踊、朝鮮語による演劇*などの公演が文化工作隊によって行われた。文化工作隊は、在日コリアンたちへの啓発や宣伝を目的に同胞が暮らす地域を公演して回った。そこに集った人たちは、植民地期に日本の芸術大学などで声楽を学んだ人なども関わっていた。1955年、在日本朝鮮人総連合会*が結成されると、すぐに在日朝鮮中央芸術団が結成されるが、1959年の帰国運動*が始まると朝鮮民主主義人民共和国(以下北朝鮮)で体系化された崔承喜の朝鮮舞踊が継承されていった。1974年に改名された金剛山歌劇団*でも朝鮮舞踊は継承され、任秋子・李美南などが1984年に北朝鮮から人民俳優の称号を受け、現在でも朝鮮学校*などでは組織的・体系的に朝鮮舞踊が継承されている。最近は朝鮮舞踊を学んだ舞踊家(白香珠)が韓国で活躍するということも見られる。

　一方、朝鮮総連とは違って韓国で舞踊を学び日本へ渡ってきた人たちから民族舞踊を学んだ人たちがいた。1950年代から1960年代に韓国から日本に渡ってきた舞踊家(鄭珉)などが韓国系民族学校や個人教室などで舞踊を教

えた。この時期に民族舞踊を学んだ在日コリアンはより優れた民族舞踊を学ぶために韓国へ行き、舞踊の大家から学んで日本に帰って活躍した。現在では、1962年に制定された重要無形文化財制度の中で伝統舞踊の技能保有者と認められた舞踊家から学び、履修者として認定され活動している人もいる。最近は、韓国で幼いときから舞踊を学んで日本に生活するようになった舞踊家が日本で民族舞踊を教えることが多く見られるようになった。

在日コリアンにとって民族舞踊は、民族のリズムを身体で感じ、自らの思いを身体で表現する手段であり、自身が在日コリアンであるということを確認するものでもある。だから、日本の公立学校に通う子どもたちへの民族教育のなかで民族舞踊は重要な教材である。日本で伝承されている民族舞踊は大きく分類すると韓国で伝承されている舞踊と北朝鮮で伝承されている舞踊という2通りのルートで舞踊が伝承されているが、以前より増して、在日コリアンたちは韓国や北朝鮮へと民族舞踊を学ぶために留学し、帰って来て在日コリアンや日本人たちに舞踊を教えている。　　　　　　　　　　[髙正子]

▶723 **古屋貞雄**
ふるやさだお
1889～1976

弁護士・政治家。山梨県東山梨郡七里村（現在甲州市塩山）生まれ。明治大学法科専門部特科卒業。「小作人の弁護士」となるべく1920年弁護士試験合格。山梨県内小作組合創設に尽力、1924年日本農民組合（日農）関東同盟山梨県連合会創設、理事長。日農中央委員、自由法曹団弁護士として各地農民運動支援。1927年5月「対支非干渉全国同盟」常任委員長に選任、7月台湾農民運動弁護のため台中市に弁護士事務所開設、9月朝鮮共産党事件に労農党特派弁護士として渡朝、在日労総の鄭南局*、李東宰、新幹会東京支会*の姜小泉、権大衡、大衆新聞社の崔益翰が同行した。「公判」中の11月初旬には荷衣島（ハイド）小作争議、所安学校問題への支援、実地調査を行った。日本敗戦後、台湾から帰国、全国引揚者団体連合会結成、社会党左派衆議院議員（3期、1952～1957年）。朝鮮民主主義人民共和国訪問、在日朝鮮人民族教育擁護、朝鮮大学校*創設に尽力。1961年日本朝鮮研究所創設、理事長。

参考文献：『朝鮮研究』153号古屋貞雄追悼特集号。　　　　[井上學]

▶724 **ふれあい館**

ふれあい館は、川崎市の南部にひろがる京浜工業地帯に寄り添うように在日コリアンが多住する川崎区桜本地域にある。館の設立趣旨は「日本人と韓国・朝鮮人を主とする在日外国人が、市民として子供からお年寄りまで相互のふれあいをすすめることを目的としています。ふれあいは互いの歴史・文化等を理解することから始まります。基本的人権尊重の精神に基づき、差別をなくし、共に生きる地域社会を創造していくため、こども文化センターとふれあい館を統合施設として川崎市が設置しました。そして、この地域でさまざまな事業をすすめてきた社会福祉法人『青丘社』が、市より受託して運営しています」となっている。

こうした設置目的をもった公設民営の施設は全国でもはじめてである。開館まで足掛け7年間の行政との接渉が青丘社との間でもたれた後、1988年6月に開館した。在日1世を中心とする高齢者事業や新渡日の外国人の中高生たちの学習支援事業にも取り組んでいる。　　　　　　　　　　　[裴重度]

▶725 **プロフィンテルン**　1921年に結成され、1938年まで存続した、共産主義の路線に基づく労働組合の国際組織のロシア語略称。赤色労働組合インターナショナル。帝国主義戦争、植民地支配反対を明確にしていたが、組合民主主義を軽視し労働組合員に共産党支持を掲げることを求め、革命運動のために労働者を動員するなどの運動方針をとった。このため、その傘下にあった各国の労働組合の活動は、広がりを欠き、いたずらに弾圧を招いたケースが少なくない。

在日朝鮮人との関わりでは、日本人と合同の組織で活動すべきであるとの方針を打ち出した事実がある。すなわち、1928年3～4月に開催されたプロフィンテルン第4回大会およびその後に開かれた日本問題小委員会で、在日朝鮮人労働者を日本の左派系労働組合に組織すべきことが確認されたのである。これを受けて、翌年、プロフィンテルン加盟の日本の労働団体である日本労働組合全国協議会*（全協）の指導部は、在日本朝鮮労働総同盟*（在日労総）の幹部に対して、在日労総の全協への発展的解消を指示した。在日労総内部ではこれに対する反対や時期尚早論も存在したが、同年末、在日労総の全協への合同解消が決定された。
参考文献：朴慶植『在日朝鮮人運動史』三一書房、1979。　　[外村大]

▶726 **プロ野球**　日本のプロ野球で活躍した外国人選手は多い。読売ジャイアンツ黎明期に活躍した日本プロ野球界伝説の名投手・スタルヒン、阪神タイガースを久々の優勝に導いたランディ・バース、近鉄バッファローズの黄金時代を演出したローズなど、記憶に残る外国人選手を数えあげればきりがない。そして何よりもホームラン本数の世界記録を樹立した読売ジャイアンツの王貞治。彼ら外国人選手の活躍があればこそ、日本のプロ野球は発展してきたと言っても過言ではない。

記憶に残る外国人選手の名を日本人に挙げてもらうと、王貞治や郭源治などの台湾人選手を除けば米国や中米出身の選手が多いが、実は日本のプロ野球界に最も多く在籍した外国人は在日コリアンである。彼らの中にはすばらしい記録を打ち立てた偉大な選手も少なくない。しかし、彼らは外国人選手として記憶されることは余りない。なぜなら、彼らの大部分が日本名でプレーしていたからである。また日本国籍を取得し、朝鮮半島出身者という出自を隠してプレーしている者も多い。そのため、彼らが大リーグのように韓国系のプレーヤーとして認識されることはめったにない。

日本のプロ野球に大きな足跡を残した在日コリアンのプロ野球選手として、まず挙げられるのは戦中から戦後にかけて読売ジャイアンツで活躍した

中上英雄(結婚前は藤本英雄を名乗る。本名:李八龍)である。1918年に釜山に生まれた中上は、1924年に渡日。下関商業高校から明治大学に入学し、東京六大学の黄金時代を築き、卒業後はジャイアンツに入団。1955年に引退するまで、200勝87敗、通算シーズン防御率0.73という投手として輝かしい記録を残し、1976年野球殿堂入りを果たした。中上英雄と同時代、ジャイアンツと死闘を演じた阪神タイガースには、金田正泰(本名:金正泰)がいた。金田正泰は、タイガースで藤本富美男とクリーンアップを組み、1946年には首位打者(戦後初)のタイトルを獲得。引退後の1960年にはタイガースの監督に就任している。

中上英雄と金田正泰は在日1世であるが、2世の世代になると、日本のプロ野球の歴史を変える2人のスーパースターが現れる。金田正一(本名:金慶弘)と張本勲*(本名:張勲)である。金田正一は1950年、愛知県の享栄商中退後、国鉄スワローズに入団。1m84cmの長身から投げ下ろす豪速球と、落差のあるカーブを武器に、入団2年目の1951年から1964年まで15年連続20勝という記録を打ち立て、1965年には読売ジャイアンツに移籍。1969年に現役を引退するまでに通算400勝という不滅の大記録を達成した。1973年にロッテの監督に就任、1974年には監督としてロッテを日本一に導いた。

一方、張本勲*は、浪華商高卒業後、1959年に東映フライヤーズに入団。幼少期の事故で右手の小指と薬指が癒着するというハンディを背負いながらも、芸術的とまで言われた広角打法で打率3割超を計16シーズン記録。1970年にはシーズン最高打率3割8分3厘4毛という日本記録を達成している。プロ在籍23年間に首位打者7回、通算3085安打を打ち、後者の記録は今だに日本プロ野球最多安打記録として破られていない(イチロー選手の記録は日本記録と大リーグ記録を合算したもの)。金田正一は1959年に日本国籍を取得したが、張本勲*は現在も韓国籍を維持し、現役引退後は韓国におけるプロ野球育成に尽力し、韓国政府から国民勲章を受けた。

その後も日本のプロ野球界には、ミスター・ロッテの有藤道世(本名:金有世)、金田正一2世と言われた読売ジャイアンツのエース・新浦寿夫(本名:金日融)、広島カープで活躍した福士敬章(本名:張明夫)と達川光男(本名:徐光男)、2000本安打を達成し、引退後はコーチとしてイチローを育てた近鉄の新井宏昌(本名:朴鐘律)など、数多くの在日コリアン3世のスター・プレーヤーが誕生し、日本人ファンを魅了し続けた。なかでも新浦と福士は晩年、韓国のプロ野球でも本名で活躍し、日本のプロ野球の優れた技術を母国に伝えた。彼らがいなければ、韓国のプロ野球も現在ほど強くなっていなかったかもしれない。

現在も、横浜ベイスターズの金城龍彦(本名:金龍彦)や阪神タイガースの桧山進次郎(本名:黄進煥)など、プロ野球界には多くの在日コリアンの新しい世代のスター・プレーヤーが在籍しているが、彼らの多くが日本名を名乗り、出自を隠してプレーしている

ため、民族的にはインビジブルな（見えない）存在になっている。日本のプロ野球も大リーグのように、アジア系の選手が国籍*や出自（ルーツ）を全面に出してプレーできるような、民族差別*の呪縛から解放された檜舞台になってほしいものである。　　　［朴一］

プロレス

朝鮮半島出身の力道山*（民族名：金信洛）が、相撲界を引退し、プロレスに出会ったのは1951年。サンフランシスコ平和条約が調印され、戦後の日本が新しいスタートをきった時期である。その年、駐留米軍を慰問するために、米国からプロレスチームが初めて来日、飛び入りで参加した力道山は、その魅力に取り憑かれ、プロレスへの転向を決意。1952年プロレス修行のために新天地の米国に飛び立った。米国で295勝5敗という輝かしい成績をひっさげ、日本に戻った力道山は、1953年に日本プロレスリング協会を設立。日本でのプロレスの歴史はここから始まった。

空手*チョップで米国人レスラーをなぎ倒す力道山の勇姿は、テレビで実況放送されたことで、たちまち日本中に空前のプロレスブームをつくりだすことになった。なかでも1954年12月に行われた大相撲出身の力道山と柔道王・木村政彦との試合は、「昭和の巌流島対決」と言われ、プロレス人気をさらに盛り上げることになった。

プロレスブームは、力道山の日本プロレス以外にも、多くのプロレス団体を日本に生み出した。1956年2月、力道山と同じく朝鮮半島出身の大同山*（民族名：高太文）が設立した東亜プロレスリング協会もその一つである。同年7月、大阪府立体育館で「東亜プロレスリング協会創立記念プロレス大試合」が開催され、今度は大同山が木村政彦に挑戦。大同山は、力道山の空手チョップのむこうをはって、必殺技肘手チョップで木村と死闘を演じたが、最後は反則負けに終わったという記録が残っている。

木村に勝利した力道山はその後プロレス界のヒーローになり、「日本人の英雄」に祭り上げられていくが、一方で木村に破れた大同山は、その後プロレス界から去り、1961年「帰還事業」に応じてひっそりと北朝鮮に帰国。木村政彦との試合が、その後の2人の人生を決定づけることになった。大同山こと高太文は帰国後、朝鮮柔道協会の委員長に就任し、指導者として柔道選手の育成に尽力し、北朝鮮におけるスポーツの普及・発展に大きな役割を果たすが、力道山もまた1963年に韓国を極秘訪問し、行き詰まった日韓交渉を打開した。北であれ南であれ、2人の在日1世のレスラーが祖国を思う気持ちは強かった。

韓国から帰国後、力道山は不慮の事故でこの世を去るが、彼の思いは弟子の大木金太郎*（金一）とアントニオ猪木に引き継がれた。大木金太郎は、同じ在日コリアンのキム・ドク（タイガー戸口）とタッグを組み、力道山が望んでいた韓国でのプロレス普及活動に力を注いだ。一方、政界進出に野心を持っていた力道山の遺志を継いだアントニオ猪木は、スポーツ平和党を結成し、国会議員に当選。1995年には

リックフレアーなど米国人プロレスラーを引き連れて北朝鮮を訪問し、「平和のための平壤国際スポーツ文化祭典」を開催。スポーツ*を通じた日朝・米朝交流に尽力した。

アントニオ猪木はまた、後継者の育成にも力を入れ、多くの優れたプロレスラーを世に送り出した。なかでも猪木がもっとも可愛がったレスラーが、在日2世の郭光雄(日本名:吉田光雄)と在日3世の前田日明*(民族名:高日明)である。ミュンヘン五輪に韓国代表として出場した郭は、アントニオ猪木にスカウトされ、新日本プロレスに入門。故郷の長州(藩)と尊敬する力道山から長州力*というリングネームをつけ、力道山を彷彿させる必殺技「リキ・ラリアット」で「ハイ・スパート・レスリング」を確立、第2次プロレスブームを演出した。一方、アントニオ猪木の孫弟子にあたる前田日明は、猪木がプロレス界に導入した異種格闘技路線を継承・発展し、プロレスを総合格闘技に発展させた。こうしたプロレス人脈の歴史を概観すると、日本へのプロレスの導入・普及・発展に在日コリアンが大きな役割を果たしたことがわかる。　　[朴一]

文化センター・アリラン

東京都新宿区所在の朝鮮関係資料館。埼玉県川口市に設立されたが、2010年6月に現地に移転。1992年11月、建設会社を経営していた在日朝鮮人2世の朴載日が私財を投じ、朝鮮民族の文化と歴史について広く研究・学習・討論しその環を広げていくこと、梶村秀樹*の業績を顕彰すること、在日朝鮮人2世・3世が民族文化を継承・創造する場とすることなどを目的として開設。1999年からNPO法人。初期には「朝鮮近代地域史料研究会」「民族関係のなかの朝鮮民族研究会」「強制連行問題研究会」などの研究会活動とシンポジウムの開催、コリア語講座や「アリラン*の会」による演奏会、食事会などの文化事業、公開講座を記録した『アリラン文化講座』などの出版事業が行われた。図書室「伯陽書院」には数千点にわたる梶村秀樹*運動史資料、田川孝三が収集した李朝時代の書籍をはじめとして、著名な研究者から寄贈された貴重な書籍が多数所蔵されている。現在もニュースレター『アリラン通信』を年に数回発行し、韓国映画の上演会や親睦会*などの市民向けイベントや若手研究者による研究会を開催しているように、朝鮮を軸として人々が集まり、情報を共有・発信することができる貴重な場であり続けている。　　[山本興正]

ペギルチャンチ

ペギルとは「100日」、チャンチは「宴」を意味し、子どもの誕生から100日目にあたる日に両親が祝いの宴を開いて地域社会に子どもの誕生を知らせるものである。伝統社会では子どもの死亡率が高かったため、子どもが生まれて100日が過ぎると、社会の一員として認められる儀礼としてペギルチャンチが行われていた。親族関係が濃厚な在日コリアンの家庭でも子どもの誕生を祝うペギルチャンチが行われ、親族や家族への生まれた子どものお披露目として規模を縮小させながら

▶730 裵龜子 ペグジャ
1905頃～2003

植民地朝鮮の演芸人。出生年は不明で諸説あるが、1905年前後と推定される。旧韓末に日本の高等密偵をつとめた裵貞子の姪とされる。1910年代に「魔術の女王」と呼ばれた奇術師初代松旭斎天勝が率いる天勝座に入門。1918年、東京と京城で少女タレントとしてデビュー。初代天勝とその夫の興行師野呂辰之助の養女となり、また天勝座の花形の一人となるが、1926年、平壌で天勝座を脱退。2年間の休養を経て1928年、京城で創作舞踊家として演芸活動を再開。1930年に裵龜子歌舞劇団（1935年以降、裵龜子楽劇団）を結成して上方（京都・大阪）を中心に公演を重ね、1930年代後半、同劇団は吉本興業合名会社の専属劇団のひとつとして人気を博した。1935年、京城で東洋劇場を創立。1940年頃、演芸界から引退。1945年以降、日本を経由してアメリカ合衆国カリフォルニア州サンタバーバラに移住。2003年死去。末妹で裵龜子楽劇団の花形であったハルラ・ペ・ハム（Halla Pai Humh 1922～1994）が舞踊*流派の後継者であり、1949年にハワイ州に移住したハルラ・ペ・ハムは、同地における朝鮮舞踊*の第一人者となった。

[宋安鍾]

▶731 別府冷麺

大分県別府市のラーメン店、冷麺*専門店、焼肉*店で提供されている冷麺。2009年から「B級グルメ」による町おこし企画として「別府冷麺」のブランド化が進められている。別府冷麺の歴史は、1946年に満洲から別府出身の日本人妻*とともに別府に来住した金光一（1924年全羅道淳昌郡生まれで少年期に渡満）が同市海門寺ではじめた「アリラン*食堂」で出したものにさかのぼる。金はのちに朝連の専従活動家となって店を手放すが、その際、彼が奉天でキャバレーを経営していたときの従業員で、ともに別府に移住してアリラン食堂の調理をまかされていた日本人松本一五郎が独立し、ラーメン店「大陸」を開店。同店の主要メニューが冷麺となり、さらに松本のもとで修業した日本人が市内でラーメン店や冷麺専門店を開くことで冷麺が普及していった。別府には満洲や朝鮮からの引揚者が多く、冷麺を懐かしがったことも冷麺普及の一因とされる。「大陸」系（日本人系）の冷麺はコシの強い太麺にキャベツのキムチ*がのせられているところに特徴がある。一方、金も1964年に焼肉店を再開し（現在の「春香苑」）、さらに他の朝鮮系焼肉店でも冷麺が供されているが、こちらは朝鮮の伝統的な冷麺に近い形態をとっていることが多い。2010年現在、別府市内では20軒を超える飲食店で冷麺が出されている。

[島村恭則]

▶732 裵東湖 ペドンホ
1915～1989

在日韓国人の民主化・統一運動家。慶尚南道生まれ。民団中央本部の民生局長、事務総長、副団長、議長などを歴任し、民団民主化運動を推進。「韓

国通信」社長。1971年3〜5月の「録音テープ事件*」で金在権公使から圧力を受け、同年6月に韓国中央情報部から反共法違反容疑の出頭要求を受ける。裵東湖がこれを公開的に批判すると、民団は同年7月に裵を除名した。民団中央や韓国大使館は裵東湖支持勢力に「ベトコン派」のレッテルを貼った。1972年8月、7・4南北共同声明*を支持し「民族統一協議会」を結成、首席議長に就任。1972年11月に創刊された『民族時報』が機関紙となる。1973年8月に韓国民主回復統一促進国民会議(韓民統)*結成をリードし、常任顧問に就任。1977年、民主民族統一海外韓国人連合中央執行委員長。1983年9月に韓民統議長、1989年2月に在日韓国民主統一連合(韓統連)*最高顧問を歴任。主著『愛国論』(民族時報社、1986)で「真の愛国」は「人類の理想を自分の祖国に実現すること」と強調。　　[金栄鎬]

▶733 **白南雲** ペク ナム ムン
1894(1897説あり)〜1979

経済学者、独立運動家。号は東岩。全羅南道高敞郡出身で、1915年に水原高等農業学校を卒業。1918年に日本に渡り、東京高等商業学校を経て、1925年に東京商科大学を卒業し、同年に延禧専門学校の教授となる。この時期に日本で『朝鮮社会経済史』(1933)、『朝鮮封建社会経済史(上)』(1937)を刊行した。これらの著書は史的唯物論を朝鮮史に初めて適用したものである。治安維持法*違反で逮捕され、1938年から1940年まで獄中生活を過ごす。解放後は学術院院長、京城大学法学部教授、民族文化研究所所長を務め、政治家としては新民党委員長、勤労人民党副委員長、民戦議長を務めた。1948年に越北し、北朝鮮政府の初代教育相を勤める。1956年から洪命熹の後を受けて第2代科学院院長となり、1961年まで勤める。1967年に最高人民会議議長、1972年に社会科学院副院長となる。研究書として、方基中『韓国近現代思想史研究』(歴史批評社、ソウル、1992)がある。　　　　　[広瀬貞三]

▶734 **白武** ペン ム
1901〜没年不詳

民族活動家。別名は白晩祚。慶尚北道達城郡達西面生まれ。大邱公立普通学校卒業。1920年渡日し、日本医学専門学校で学ぶ。最初は無政府主義者と交遊し、その後1922年11月に北星会*を組織し、同月に東京朝鮮労働同盟会を組織した。第3回メーデーには同友会を代表して演説を行い検束された。1923年8月、北星会朝鮮内巡廻講演先発隊として出発し、各地に演説を試み、翌1924年青年総同盟に朝鮮無産青年会を代表参加。その他第4、第5回メーデーにも参加し、検束されたことがある。

　解放後は在日本朝鮮人連盟*結成などに活躍。12回朝連中央委員会で書記局長となるが、民主主義民族戦線に対して否定的な態度を示し、在日朝鮮人の民族統一論を展開して朝連の活動に対する批判を行うなどして書記長の職を罷免された。その後、白武は民団に所属し、9代副団長、11代事務総長に就いた。

参考文献：『警視庁特別高等課内鮮高等係事務概要(秘)』警視庁、1924。呉圭祥『ドキュメント在日朝鮮人連盟』岩

波書店、2009。　　　　　[朴成河]

法126号

占領下の1951年10月にポツダム政令として制定された「出入国管理令」を、主権回復後も法律として存続できるようにした(さもないと出入国管理令は失効する)。正式名は「ポツダム宣言の受諾に伴い発する命令に関する件に基づく外務省関係諸命令の措置に関する法律」(1952年法126)で、あまりに長いため「法126」と称される。同法4条には、「(出入国管理令は)この法律施行後も法律としての効力を有するものとする」とある。

法126のより大きな目的は、対日平和条約の発効によって日本国籍を失い「外国人」とされる旧植民地出身者に出入国管理令を適用する措置を定めたことである。出入国管理令は1951年10月の制定当時、在日コリアンはまだ「日本国籍」を有するとされ適用されなかった(外国人登録令*には「外国人とみなす」との規定があったが、入管令にこうした規定を入れることをGHQは認めなかった)。

入管令の基本は、外国人を20数種の「在留資格」と、それぞれに付される「在留期間」(最長3年と、永住)を組み合わせることによって外国人を管理するもので、その母法はアメリカの帰化移民法。しかし、平和条約の発効によって、外国人となる約60万の在日コリアンを"一夜にして"どれかの在留資格に振り分けることは不可能なので、必要な暫定措置を盛り込んだ。すなわち、「別に法律で定めるところにより、その者の在留資格及び在留期間が決定されるまでの間、引き続き在留資格を有することなく、本邦に在留することができる」(同法2条6項)と。在日コリアンは「法126該当者」とされ、その子は「法126の子」とされた。ここにある「別の法律」は、40年後の入管特例法(1991)がそれにあたる。
　　　　　　　　　　[田中宏]

法務省人権擁護局

人権啓発にかかわる企画業務を行う法務省の内局の一つ。地域活動に取り組んでいる民間人の中から人権擁護委員(国籍条項*があり、外国人は就任できない)を法務大臣名で委嘱するほか、全国の法務局などで人権侵害の相談窓口を開設している。また、人権侵害の被害救済活動も行っており、取り扱った人権侵害に対する救済件数は、2007年2万1672件、2008年2万1298件。その多くは女性、児童、高齢者、障害者に対する暴行・虐待が占め、調査、人権侵害の認定等を経て勧告、通告、告発などの7項目の措置が取られる。

一方、1993年に国際連合総会決議48/134によって採択された国内人権機関の地位に関する原則(パリ原則)は、政府の中でも独立した位置づけと権限が与えられた人権救済機関の設置を求めている。日本では法務省の外局に人権救済機関を設ける検討がなされたが実現せず、現在、より独立性を高めるために内閣府に設ける案が検討されている。
　　　　　　　　　　[金光敏]

法務府民事局長通達

旧植民地出身者の日本

国籍の変更を定めた重要な通達（1951年4月19日民事甲438）。その骨子は次の通り。

(1)朝鮮人、台湾人は［日本］内地に在住する者も含めてすべて日本国籍を喪失する

(2)もと朝鮮人または台湾人であった者でも、［平和］条約発効前に身分行為［婚姻*、養子縁組など］により内地の戸籍*に入った者は引き続き日本国籍を有する

(3)もと内地人であった者でも、条約発効前の身分行為により、内地戸籍から除かれた者は、日本国籍を喪失する

(4)朝鮮人、台湾人が日本国籍を取得するには、一般の外国人と同様に帰化の手続きによること。その場合、朝鮮人、台湾人は国籍法*にいう「日本国民であった者」及び「日本の国籍を失った者」には該当しない

すなわち、国籍*変更の基準は「戸籍」によっており、朝鮮人であっても日本国籍を有する者がある一方、日本人であっても日本国籍を失う者もある。また、以後「帰化」する場合、「日本国民であった者」にも「日本の国籍を失った者」（いずれも帰化要件が緩和される）には該当しない、という。より高いハードルを超えなければならないのである。

憲法10条には「日本国民たる要件は、法律でこれを定める」とあり、国籍の得喪は国会を通過した「法律」によらねばならない。また、平和条約の発効により日本国籍を喪失したとされるが、同条約には国籍の変更を定めた条文はなく、しかも韓国も北朝鮮も同条約の当事国ではない。西独は、1956年5月、特別立法を制定し、付与したドイツ国籍は消失するが、在独オーストリー人（在日コリアンに相当）は、その意思表示により、ドイツ国籍を回復する権利を有すると定め、国籍選択権を保障した。日本の法実行とはまったく逆というほかない。

参考文献：大沼保昭『在日韓国・朝鮮人の国籍と人権』東信堂、2004。

［田中宏］

▶738 **ボクシング**　日本のボクシング界では戦前から多数のコリアンが活躍した。植民地時代には支配者である日本人とリング上で堂々と殴り合いできるスポーツ*として人気を博した。1926年から全日本アマチュア拳闘選手権大会（現・全日本アマチュアボクシング選手権大会）が開始されると朝鮮人選手は優れた戦績を挙げた。1938年の大会では5階級すべてを朝鮮人が制覇した。戦前最高の強豪といわれた徐廷権は1931年のプロデビュー以来、日本と米国で引き分けをはさむ23連勝を記録し、世界バンタム級6位にランキングされた。玄海男は日本で1936年にバンタム級、1937年にフェザー級の王座につき祖国の国民的英雄となった。2年間の米国遠征でも卓越した実力を示し、マシンガンのような連打は「朝鮮の風車」と呼ばれた。

戦後、最初の公式試合を主催したのは朝連*だった。会場の西宮球場には3000人のファンが集まり、4試合に出場した8人の内6人が朝鮮人だった。日本がボクシングブームに湧いた1960年代にはミドル級王者の金田森男（本名：金貴河）やフェザー級王者

の高山一夫（本名：高一夫）らが活躍。金貴河はその後、北朝鮮に帰国し後進の指導に当たった。

大半の選手は国籍*を隠していたが、民族的出自を明らかにした千里馬啓徳（本名：金啓徳）は1983年に日本ミドル級王者となり5回防衛した。引退後は千里馬神戸ボクシングジムを開設。2005年に長谷川穂積をWBC（世界ボクシング評議会）世界バンタム級王座につかせるなど好選手を育ててきた。2000年には徳山昌守*（本名：洪昌守）がWBC世界スーパー・フライ級タイトルマッチで韓国の曺仁柱を破り、在日朝鮮人であることを公言して初の世界王者となった後、2007年の引退まで計9回の防衛を果たした。

その他、元WBC世界ミニマム級王者の高山勝成、日本スーパー・ウェルター級王者になった後、K-1ファイターに転向した大東旭、OPBF（東洋太平洋ボクシング連盟）王座3階級とABCO（アジアボクシング評議会）2階級を制覇したクレイジー・キムなどもリングにその名を刻んだ。学生のボクシングでは朝鮮高級学校の活躍がめざましい。長年日本の公式試合から排除されていたが、1994年からインターハイに出場できるようになり、多数が1～3位に入賞。国体には2006年から出場し、2008年に少年ミドル級で大阪朝高生が優勝するなど好成績を挙げている。　　　　　　　［高賛侑］

北星会

日本の共産主義運動黎明期における朝鮮人の思想団体で1922年11月に金若水*、金鍾範、安光泉*、李如星、卞熙瑢などによって創設された。前年に組織された朝鮮人社会主義者の黒濤会（1921年11月結成）が共産主義者と無政府主義者に分裂したが、前者が新たに組織したのが北星会で、日本における朝鮮人共産主義団体の嚆矢をなすといえる。朝鮮人プロレタリアートと日本人プロレタリアートとの連帯や日本における全朝鮮人労働者の単一の大組合の創設などを標榜し、機関誌『斥候隊』*（朝鮮語）を発刊した。北星会の中心メンバーのうち金若水、金鍾範らは、1923年4月以降は、活動拠点を朝鮮にまでひろげ、1924年11月には思想団体・北風会*を朝鮮で組織した。一方、安光泉、李如星ら日本残留会員は、労働者など大衆との結びつきの強化を標榜し、1925年1月、北星会を発展的に解消して一月会*を結成した。

参考文献：朴慶植『在日朝鮮人運動史　8・15解放前』三一書房、1979。

［文京洙］

北風会

在日朝鮮人社会主義団体の北星会*の朝鮮内支部として1924年11月京城で結成された団体。北星会は1922年11月に東京で組織された共産主義を標榜する団体。幹部としては卞熙瑢、白武*、金若水*など。北星会は1923年8月には夏休みを利用し、日本人社会主義者の布施辰治*、北原龍雄とともに朝鮮内に社会主義思想宣伝を目的に巡廻講演を行った。朝鮮内における社会主義理念の青年団体や思想団体への影響力を拡大するため、徐廷禧、鄭雲海、金若水などが中心となって1924年11月25日北風会を結成。創立当初、北風会は北星

会*の支部という性格を持っていたが、金若水を中心とした朝鮮内での活動が活発になり、独自な性格を持つようになった。北風会は1925年1月北星会*が解散し、一月会*を組織すると、1925年10月4日東京で「無産階級解放運動線上の前衛」たるべき趣旨のもとに新星会を組織し、一月会と対立した。しかし、朝鮮内における社会主義系列の乱立による統合の動き、当局の弾圧により、1924年4月14日結成された正友会に合流する形で解体。

参考文献：朴慶植編『在日朝鮮人関係資料集成』第1巻、三一書房。1975。김인덕『식민지시대 재일조선인운동연구』국학자료원、1996。　[朴成河]

朴烈 ぼくれつ
1902～1974

1920年代初期から活動し、初代民団団長を務めた民族運動家。慶尚北道聞慶郡麻城面生まれ。本名：朴準植。1919年頃に東京に来て、日本人社会主義者と交遊を持つ。1921年、金若水*とともにアナキズム*系の団体である黒濤会を組織、翌年には『太い鮮人』『現社会』を刊行、不逞社*を組織して活動、またこの年起こった信濃川朝鮮人虐殺事件*ではその調査と当局批判の演説会などを行う。1923年9月3日、関東大震災の混乱の中で警察に保護検束され、天皇・皇太子暗殺を企てた「大逆事件」の犯人とされた。

朴烈自身が天皇制に批判的であり、爆弾入手をもくろんでいたことは事実であったが、具体的な計画があったわけではなく、これは朝鮮人虐殺事件で内外の批判を浴びる立場に置かれた日本の官憲が「不逞鮮人*」の実在を印象づけようとしたでっち上げにほかならなかった。1926年に死刑宣告を受け、その後、無期懲役に減刑されたものの、日本敗戦後の1945年10月まで獄中で過ごした。この間、1926年には共犯者とされた金子文子*が獄中自殺。同じ年には、朴烈と金子文子が二人でソファに座っている写真*が一部に出回り、「大逆罪」の犯人に対する取り扱いが甘いとして国家主義者の批判を呼び起こした事件（「朴烈怪写真事件」）も起こっている。また、1938年には、朝鮮人の進むべき道は日本人になることであるとする文書を明らかにした。

出獄後、1946年、新朝鮮建国同盟の委員長に就任、さらにこれを母体の一つとする在日本朝鮮居留民団が結成されるとその団長となった。1949年5月、帰国したが1950年に起こった朝鮮戦争中に朝鮮民主主義人民共和国側の領域に入る。北朝鮮では南北平和統一委員会の役職に就いていた。

参考文献：布施辰治ほか『運命の勝利者朴烈』世紀書房、1946。　[外村大]

母国墓参訪問団

朝鮮半島の対立の構図の中で故郷訪問の機会を与えられてこなかった朝鮮総連傘下の在日コリアンを対象に、政治的信条を問わずに故郷を訪問し肉親と再会する機会を提供することを目的とする韓国民団の事業である。これに対しては、韓国の思想的優越性と経済成長の結果を広報することを意図して、当時の朴正煕(パクチョンヒ)政権が帰省者に対し全面的な支援を行った。その結果、1975年には1310人にすぎなかった在日韓国人帰省者数は、翌1976年に

は約6倍の7741人に膨れあがり、このうち約6割がその後韓国籍に変更した。

在日朝鮮人の母国訪問が活発になると、危機感を持った総連が妨害工作も行うようになったが、その後も事業は継続されてきた。事業開始から30年を経過した2005年現在では、1世から4世まで5万570人の総連系同胞が母国を訪問した。しかし、現在はこの事業は休止されており、その歴史的使命は終わったとされる。　　　　［尹明憲］

▶743 **母国留学**　日本生まれの在日コリアンを対象とした母国留学生制度は、韓国の場合、民団の要請にこたえる形で1962年から始まった。当時、日本の大学が民族学校卒業生に入学資格を与えない事例が増えていたこと、2世に対する民族教育の必要性が認識されるようになったことが背景にある。韓国文教部はソウル大学内に母国修学生指導研究所を設置し、1962年在日同胞子弟の国費修学生11名を選抜して最初の母国留学生を受け入れた。約1年間の語学中心プログラムで、終了後に本国の大学入試を受験する。また1966年から大学生対象の夏季学校も設置された。その後、韓国政府は日本の私立大学を買収して日本に国立大学を設置する案を検討した時期もあるが、諸般の事情から母国修学制度強化策に落ち着き、1970年には業務を新設の在外国民教育院（1992年国際教育振興院に改称）管轄とした。

1970〜1980年代、軍事政権は政治状況に応じ恣意的に在日留学生を「北韓スパイ」としてたびたび拘束したため留学を躊躇する空気も生まれたが、1980年代後半には年間100名以上が修学生となり、2003年には累計4000名を超えた。また修学制度によらず、私費で直接韓国の大学に長期短期の留学を試みる在日も増加したが、在韓留学生数の詳細は公表されていない。近年では、民族教育を経験できなかった2世が3世の子どもを母国留学に送るケースも増えている。一方、朝鮮民主主義人民共和国は在日コリアンの留学生受け入れ制度を設置していないが、例外的に金日成＊総合大学への留学を認めたこともある。　　　　［鄭雅英］

▶744 **保坂浩明**　社会運動家。平安南道
ほ さかひろあき
1915〜1966　价川邑出身。民族名：
金秉吉（キム ビョン ギル）。1929年、学業優秀のため普通学校校長の特別の計らいで日本人の通学する平壌中学校に入学し、苦学をしながら卒業。1934年4月、旧制第一高等学校に入学し、1938年4月には東京帝国大学に入学。「思想穏健・成績良好」として李王家の奨学金をうけるが、マルクス・レーニン主義の文献を耽読し、同年6月頃から伊藤律や石村海三らとともに日本共産党再建活動を展開。

1940年6月29日検挙され、同年12月12日送局、翌年3月1日治安維持法＊違反として起訴され、1943年控訴審で懲役2年執行猶予5年となり保釈。同年11月に保坂典代と結婚し、保坂家に入籍した。戦後には日本共産党中央委員候補、党東北地方委員会議長を歴任。戦後直後から労働運動の再建に尽力し、京成電鉄の生産管理闘争や平事件＊などの指導にあたったが、1951年9月に公職追放をうけた。

参考文献：保坂典代『保坂浩明　自伝と思想』1985。　　　　　　[金耿昊]

▶745 **ポサル**　菩薩の韓国語読みで、尼僧や篤信的な女性の仏教徒の呼称でもあるが、巫仏習合的な霊能者である女性の占い師を指す尊称として使用される。男性はポプサ（法師）。チョムジェンイ（占い師）とも呼ばれるが、蔑称的な響きがある。ポサルは吉凶禍福を占うだけでなく、在日1世の身近な相談役として、彼らの子供の結婚の仲介なども行ってきた。占いの結果を受けてクッ*を行うムーダン*とは分業、相互補完的な関係にあったが、より多くのクライアントを獲得するために、近年はポサルがムーダンに代わってクッを行ったり、逆にムーダンが占い師としてポサルを兼業するなど、その境界が曖昧になっている。済州島*出身者の多い大阪や東京では、ポサルがクッに済州島の巫歌であるポンプリを取り入れたり、済州島から出稼ぎのシンバン*を招請して協働するなど、減少するシンバンに代わって在日のクライアントの需要に応えている。1980年代以降、韓国での海外旅行の規制緩和を受けてニューカマーのポサルが急増しており、彼らはニューカマー向けの情報誌に広告を掲載するなど、積極的な宗教*活動を行っている。　　　　　　　　　　[金良淑]

▶746 **許宗萬** ホジョンマン　1935〜　朝鮮総連幹部。慶尚南道生まれで1931年生まれとの説もある。現在の東京朝鮮中高級学校卒業後、在日本朝鮮青年同盟*東京都本部委員長（1959年）、総連中央委員会の国際部副局長（1967年）、事務総局副局長（1980年）などを経て1986年9月に中央委員会副議長（財政担当）に就任。この頃から、1980年の労働党大会で正式に後継指名を受け北朝鮮で党運営の主導権を握っていた金正日の信任を受けて総連内で発言力や組織権限をつよめ、1993年には責任副議長に就任したが、李珍珪第一副議長など古参幹部との軋轢も少なくなかったといわれる。1996年には李珍珪第一副議長が死去したのにつづいて2001年には韓徳銖*議長が死去し、徐萬述が議長職を引き継ぐが、金正日の信任の厚い許宗萬が総連の実質的第一人者としての地位を確立しているといわれる。1998年に北朝鮮最高人民会議代議員に選出され、2005年には北朝鮮の努力英雄称号と国旗勲章第一級を授与された。　　　[文京洙]

▶747 **ポッタリチャンサ**　ポッタリ（風呂敷）とチャンサ（商売）が一緒になった言葉で行商を指す。在日朝鮮人の文脈では、日本での小規模の行商と、日本と朝鮮半島の二国間のものに大別される。前者は、植民地時代に朝鮮人が来日し、元手があまりかからない仕事として行商

ポサルの自宅に設置された神壇（東京都）

を始めたケースが少なくなかった。その流れは、現在も細々と続けられている。後者も戦前から始まっているが、最も活発な動きが見られたのは、戦後であった。物資不足を補うため朝鮮戦争後の韓国では、生活必需品をはじめとする製造業の原料までポッタリチャンサに頼っていた時期もあった。その後もしばらく、韓国の経済状況や日本と韓国側の取り締まり体制が強化されるまで、この形態は活況を帯びていた。

　主要なルートは、対馬と釜山、対馬と麗水であった。日本から物品を運び、釜山や麗水から人を運んできた。今日のポッタリチャンサは、主に関釜フェリーを利用、日本から韓国で売るものを運び、韓国から日本に売る物を運んで来る形で続けられている。ポッタリチャンサは、その性質上、常に合法と非合法の間を行き来する。ポッタリチャンサにおける合法と非合法は、国家間の関係や商品への需要の高まりにより正規ルートに乗せられるなどで変化する。　　　　　　　　　[高鮮徽]

▶748
許南麒(ホナムギ)
1918〜1988

詩人。慶尚南道亀浦に生まれる。釜山第二商業学校卒業、治安維持法*違反で収監されてのち21歳のとき渡日。日本大学芸術学部映画科、中央大学法学部卒。アテネフランセにも学ぶ。27歳のとき解放を迎える。在日本朝鮮人連盟*結成、『民主朝鮮』*発刊、在日朝鮮文学者協会結成などに参画。以後、50年間にわたる多彩な著作活動のかたわら在日本朝鮮文学芸術家同盟*委員長、朝鮮総聯*副委員長などを努める。後半生は朝鮮語による詩作を主にしたが、在日詩人の草分け的存在。

　1951年に長編詩『火縄銃のうた』(朝日書房)を刊行、東学農民革命に始まる民族の抵抗史を叙事的に語って、日本語詩の世界を瞠目させた。『巨済島』(理論社)も抵抗的叙事詩。一方、解放後間もなく『朝鮮冬物語』『日本時事詩集』『抒情詩集』なども精力的に発表(1979年『許南麒の詩』同成社に集成)。その民衆抒情としての詩精神も注目される。　　[磯貝治良]

▶749
堀川一知(ほりかわかずとも)
1908〜1986

神戸朝鮮人民族教育闘争「軍事委員会裁判」で「重労働10年」の判決を受けた唯一人の日本人。愛媛県松山市生れ。生家は呉服店。松山高等商業学校在学中共産主義に惹かれ活動。1930年夏検挙を逃れ大阪へ行く。関西で反ファッショ人民戦線運動を行うも、1936年12月5日の全国一斉検挙で逮捕。「終戦のちょっと前に刑期満期」で大阪刑務所出所。敗戦後、1947年4月第1回統一地方選挙で神戸市会議員(共産党)に当選。1948年4月神戸朝鮮人民族教育闘争で「知事と朝連とのパイプ役」として活動、岸田幸雄兵庫県知事に数回面談し「腹をくくれ、占領軍のいいなりでなしに、知事の責任で判断せよ」と申入れる。占領軍の「非常事態宣言」下の4月26日未明に検挙され、6月30日軍事委員会判決で「重労働10年」の判決を受ける。1950年1月21日神戸刑務所から「仮出獄」。堀川一知は「出獄所感」(『解放新聞』347号)で「朝鮮人の民族的連

帯精神と不屈の革命的精神は朝鮮民族の高貴な宝」だと述懐した。享年77歳。

参考文献：井上學「史料紹介　神戸朝鮮人民族教育闘争事件軍事委員会罪状書」『海峡』23号。　　　［井上學］

▶750 『ほるもん文化』　1990年9月に創刊されたムック誌。「ホルモン（牛や豚の内臓）料理」に由来するこの雑誌*名について初代編集長の鄭雅英は創刊号の編集後記で、「その誕生のいきさつや、世間で踏みつけられたかと思うとホイホイ持ち上げられたりするデラシネ的姿が、私たち在日2世・3世にとっては、とても他人ごととは思えない」と述べている。編集委員は、在日2世・3世で構成されており、在日コリアンをとりまくさまざまな問題のうちの一つを特集テーマとして、毎号20編程度の論考・随筆・小説などが掲載されている。

『ほるもん文化』は、日本社会の問題を指摘するだけでなく、女性差別問題・障害者差別問題など、在日コリアン社会内部の問題に関しても、開かれた深い議論を展開しようとした点において、在日1世世代が創刊・発行してきた先行雑誌の視野を、さらに広げて多様化させた。また、女性編集長（第4号以降）の起用も、従来の「在日雑誌」とは一線を画している。2000年9月に第9号（「『在日』が差別する時される時」）を発行して以降、休刊状態となっている。米田鋼路編『抵抗者たち』（講談社）に、同誌出版元の新幹社*代表・高二三へのインタビューが掲載されている。　　　［綛谷智雄］

▶751 ホルモン論争　ホルモンはHormonのドイツ語で内分泌物質を指し、英語でもそのまま用いられている。正確ではないが、ときに「精力」をも指すような使い方がなされる。

焼肉*料理の材料で内臓類はホルモンと呼ばれている。この表現の由来について間違った考え方がまかり通っているので、この項目が設けられたといえる。関西地方では捨てるものを「ほうるもの」とするところから「ほるもん」になったというのである。焼肉料理は戦後に始まり、1950年代に急速に広がる外食産業である。商売をする人たちが、食品のイメージを損なうような名づけをするわけがない。ホルモンという言葉はすでに1941年からあったのだ。大阪難波の洋食屋「北極星」の経営者、北橋茂雄が「ホルモン煮」という商標登録をとっていた。その数年前には当時として珍しいということで雑誌*が「ホルモン料理」特集を組んだくらい内臓のホルモンは人気材料であった。1941年からの日米戦争で巷に材料が出回らなくなり、戦後にようやく材料の内臓が出回る。このときすでにあったホルモンという語が再び注目されるに至ったのだ。

「ほうるもん」説はどこからきたか。奈良県部落解放研究所、のびしょうじが『部落解放』に連載された「食をめぐる部落史、覚書（1）」（1991年7月）で、『差別、その根源を問う』（朝日新聞社、1977年）の対談集の中で、在日朝鮮人詩人の金時鐘*の発言に「いわゆるホルモン料理、これは決して英語じゃなくて……大阪弁である

『ほるもん』が定着した『朝鮮人語』なのですよ」としたのが始まりであると指摘している。この活字になったものが「一人歩き」したわけである。小生は1941年11月に料理研究家に送られた絵はがきに「ホルモン料理」と書かれたのを入手、新聞、TVなどのマスメディアで取り上げた。かくして「ホルモン」、「ほるもん」は話題になり、北橋茂雄の商標登録や当時の写真*など多くの具体的な資料が表に出て改めて注目されるに至った。精力のつく元気の出る食べ物「ホルモン」とつけられたのが正しい。現在でも焼肉*店の多くは大腸などの内臓をホルモンと呼んでいる。　　　　〔鄭大聲〕

▶752 **本貫** ほんがん
宗族の始祖発祥の地を指す。朝鮮人の名前は、本貫・姓・名からなり、姓は一字からなるものが多く、金・李・朴・崔・鄭の5姓で人口の約54％を占める（統計庁2000年）。しかし、同じ姓でも本貫が異なれば始祖が別であることを示す。例えば、金海金氏と光山金氏の場合、本貫が金海と光山で異なる。また、本貫が同じでも派閥が分かれる場合は、同族意識が弱い場合もある。在日朝鮮人が通称名*を用いる場合、本貫を用い「金海（かなうみ）」、「光山（みつやま）」と名乗ることは珍しくない。これは、1940年に実施された創氏改名*に対して、朝鮮人が朝鮮的な氏を採用することによって示した抵抗の姿でもあった。

参考文献：水野直樹『創氏改名』岩波書店、2008。　　　　〔伊地知紀子〕

▶753 **本国政府の教育支援**
韓国政府は1954年から日本の韓国系民族学校に対し支援金（人件費・運営費・施設費等補助）を支出している。当初は東京韓国学園*・京都韓国学園（現・京都国際学園*）の2校が対象で1966年金剛学園*、1976年建国学園への支給も始まった。現行は2007年制定「在外国民の教育支援等に関する法律」に則り、在日4学校総額で年間2〜3億円が支出されている。その他、在外国民向け教科用図書無償配布も行っているが、1961年に始まった韓国からの教員派遣制度は2007年に廃止された。また1963年には日本学校に通っている生徒や成人同胞を対象にした民族教育を目的に韓国文化院*（1977年まで韓国教育文化センター）を設立し、2009年現在日本各地の18都市を拠点に教育・広報活動を行っている。韓国政府による母国修学（留学）生制度も運営されている。

1955年朝鮮民主主義人民共和国の金日成*首相（当時）は在日同胞訪問団に対し民族教育援助費と奨学金を約束したのに従い、共和国政府は1957年赤十字を通じて1億2200万円（英国通貨12万ポンド）を日本に送った。以後、年1〜2回定期的に援助を行い在日同胞社会が経済苦境にあった時代に朝鮮学校*学費の廃止・軽減、苦学大学生への奨学金を実現、朝鮮大学校*の小平キャンパス建設の基礎にもなった。援助総額は2009年4月までに155回、464億1022万3000円に達するとされる。ただし、共和国援助金には、在日同胞が本国に拠出した資金が

環流した部分も多いともいわれる。

[鄭雅英]

本国の参政権

2009年2月5日の韓国国会で公職選挙法等の一部が改正され、在外韓国国民に大統領選挙、国会議員選挙（比例区）の投票権が付与されることになった。在外国民の参政権をめぐっては、1997年に、在日韓国人が「在外国民に参政権を認めないのは違憲である」として行った憲法訴願ををはじめ、損害賠償請求や国家人権委員会への人権救済の申立てなど、継続した問題提起が行われてきた。そして2007年に行われた第2次の憲法訴願で憲法裁判所は、在外国民の国政選挙権及び韓国在住の在外国民の国政と地方選挙権を住民登録をしていないことを理由に認めないのは憲法に合致していないとする判断を下し、立法府に対して法改正を行うことを命じた。今回の選挙法の改正は、こうした憲法裁判所の判断を受けて行われた。

改正内容を見ると、投票することができる対象は、大韓民国国籍を有する19歳以上の人で、外国の永住権*取得者、一時滞留者、選挙期間中の海外滞留予定者となっている。ただし、これらの条件を満たしていたとしても、投票までにはいくつかの手続きを経なければならない。具体的には、選挙日前150日から60日までに、在外公館（領事館等）に直接本人が申請書、旅券等を持参し登録申請を行わなければならず、一方在外公館では「在外選挙人名簿登録申請者名簿」を作成し、韓国の中央選挙管理事務所に送付しなければならない。中央選挙管理事務所ではこの登録申請者名簿に基づいて「在外選挙人名簿」を作成する。

郵送投票は認められていないため、本人が直接在外公館に行かねばならず、在外公館は在外投票所を設置、公告して、選挙日前の14日から9日までの期間中の午前10時から午後5時までに投票を実施することとなる。実際の投票は、2012年の大統領選挙と国会議員総選挙から実施されることになるが、実施にあたっては「公正・公平な選挙」をどのように実現していくかが課題として指摘されている。[郭辰雄]

本国法と在日コリアン

本国法とは、国籍国の法を意味する。もっとも、韓国及び北朝鮮の国籍法*によれば、在日コリアンのほとんどはいずれの国民にも該当し得ること、また、外国人登録の国籍欄の「朝鮮」表示は、「かつて日本の領土であった朝鮮半島から来日した朝鮮人を示す用語であって、何らの国籍*を表示するものではない」（法務省「外国人登録上の国籍欄の『韓国』あるいは『朝鮮』の記載について」）ことから、在日コリアンの場合（特に外国人登録の国籍表示が「朝鮮」となっている場合）、本国が韓国なのか北朝鮮なのかがしばしば問題となる。この点、日本の判例や実務では、旅券や国民・公民登録の有無、渡航歴、本貫*・本籍地、出身学校などのほか、本人の主観（帰属意識）も考慮して判断しているのが実情である。

ところで在日コリアンを含め、外国人への本国法の適用が問題となるの

は、主に結婚や離婚、親子関係、相続・遺言などその身分や家族関係に関する法律（家族法）関係が問題となる場面である。その理由は、人の身分や家族関係に関するルールはその国の歴史や文化の中で形成されるものであるところ、外国人は通常、本国の歴史や文化と深い結びつきを有しているので、本国の家族法を準拠法としてその人の身分や家族関係を律するべきと考えるからである。

ただし、外国人であるからという理由で必ずしも常に当該外国人の本国法が適用されるわけではない。いかなる場合にどの国の法が適用されるのかについては、「法の適用に関する通則法」という法律が定めている。この法律は、婚姻*や離婚、相続など特定の法律関係ごとに適用すべき法律を本国法、行為地法、常居所地法などと指定しており、同法によれば、二重国籍*者や無国籍者の場合、また、日本人と外国人あるいは異なる外国籍者どうしの身分、家族関係が問題となっている場合には、日本法が適用されることも多い。

また、通則法により本国法が準拠法とされる場合であっても、当該外国人の本国法（例えば韓国の「国際私法」、北朝鮮の「対外民事関係法*」など）が、その法律関係につき当該外国の法を適用する旨を規定し、結果的に日本法が適用される場合もある（このような法適用作用を「反致」という）。もっとも、通則法は、婚姻の効力や離婚、親子関係、扶養義務などの準拠法については、「反致」の対象から除外しているので、韓国籍どうし、あるいは朝鮮籍どうしの在日コリアンの身分、家族関係については、原則どおり本国法が適用されることになる。

最後に、在日コリアンへの本国法適用の一例を挙げると、日本では当事者の離婚合意と離婚届の提出のみで協議離婚が成立するが、韓国では協議離婚には家庭裁判所の確認が必要であり、北朝鮮ではそもそも協議離婚制度がなく裁判離婚制度しかないために、韓国籍どうし、あるいは朝鮮籍どうしの在日コリアン夫婦が日本の役所に離婚届を提出しても、本国では離婚の効力が認められず、後に相続が発生した場合や再婚する際にトラブルが生じることがある。

[韓検治]

▶756 **洪思翊** ホンサイク
1989〜1946

日本陸軍軍人として将官級まで上り詰めたことで知られる朝鮮人。本人によれば1889年3月4日生まれであるが、1890年7月生まれという説もある。出生地は京畿道安城郡大徳面蘇山里。15歳の時にソウル所在の大韓帝国の陸軍幼年学校に入学、1909年9月、東京所在の日本帝国陸軍幼年学校予科に留学する。韓国が日本に併合された翌年8月、陸軍幼年学校予科修了、本科に進み、さらに陸軍士官学校、陸軍大学でも学ぶ（陸士第26期、陸大35期）。王族でもない朝鮮人が陸軍大学に入学したケースは彼を除いて皆無であった。朝鮮人であるということから軍隊内でも差別を受けたり警戒の対象となったりしたこともあったようであるが、人事面で特に目立った昇進の遅れはなく、1944年10月には中将となった。アジア太平洋戦争

中、フィリピン俘虜収容所長を務めており、敗戦後軍事裁判でその際の捕虜虐待等の罪を問われ、1946年9月、処刑された。創氏改名*を行わず、抗日民族意識を持ち続けたとする見解もあるが、実際の行動では日本帝国に背くことは終生なかった。
参考文献：山本七平『洪思翊中将の処刑』文藝春秋、1986。長野為義『李朝の武人と桜花』角川書店、1992。

[外村大]

▶757
本名宣言

民族名*を名乗ることによって朝鮮人であることを宣言する実践。在日朝鮮人の多くが通称名*を名乗り日本の公教育を受けている現場で、1960年代から関西の教師らによって取り組まれた。この教育実践が生まれる背景に部落解放運動がある。それまでの差別問題のなかで看過されていた在日朝鮮人の存在にたいして、日本人教師が日本社会の問題として向き合い始めた。この教育実践は、在日朝鮮人が民族名で生活を始める重要な転機をもたらし、日本人にとっても共に学ぶ仲間の歴史や文化を認識する契機となった。

「本名宣言」は教育の現場だけでなく、社会のさまざまな場面で用いられる用語となり、民族名を名乗って就職差別を受けた朴秋子をめぐって、1983年には映画*『いるむ…名前──朴秋子さんの本名宣言』が制作される。しかし、教育現場を始めとするその後の実践活動のなかで本名宣言が民族的アイデンティティ*獲得の通過儀礼として要請される場面がみられ、民族名を名乗ることを躊躇する者にとってはかえって負担となることが指摘されるようになった。近年、民族名の日本語読みを望む人や日本名を名乗る在日朝鮮人など多様な名乗り方が取り上げられるようになったが、自らのルーツを気軽に言える社会を目指す本名宣言の意義はこうした多様な名乗り方を導きだす源にもなったともいえる。

参考文献：小沢有作『在日朝鮮人教育論 歴史篇』亜紀書房、1973。民族教育ネットワーク『イルム－なまえもえるいのち だれもが本名で暮らせる社会を』みずのわ出版、2002。金泰泳『アイデンティティ・ポリティクスを超えて 在日朝鮮人のエスニシティ』世界思想社、1999。倉石一郎『差別と日常の経験社会学 解読する〈私〉の研究誌』生活書院、2007。[伊地知紀子]

▶758
洪栄雄 ホンヨンウン
1957〜2003

大阪市生野区生まれ。在日2世のシンガーソングライター。"フォークの神様"岡林信康の影響を受け、生まれ育った生野区猪飼野*を背景に、民族・差別・家族・恋愛などさまざまなテーマで歌った。3000本安打を達成した張本勲*選手を歌った「走れ！ 背番号10番」、南北統一の祖国を歌った「もしもひとつになったら」、1980年5月の韓国の光州事件*をテーマに歌った「熱い町」、彼の住んだ今里を歌った「ダンボールの町」、冤罪事件の丸正事件*の犯人とされた李得賢(イドクキョン)を歌った「おいらトラックの運転手だったんだ」などがある。ホンヨウンウンバンドを率いて、東京・大阪などのライブハウスで活躍した。2003年、病気で死去。2006年10月にミュージシャン仲

間などが企画して、リバティホール（大阪人権博物館内）で「ホンヨンウン（洪栄雄）追悼コンサート祭祀・三喪」が開かれた。アルバムに『熱い町』(1981、LP)、『雨の朝』(1985、LP)、『一人町の中で』(1988、テープ) がある。死後、ライブビデオ・DVD『HON YONUN 1993 LIVE 〜うたは風みたいさ〜』(2004) が出された。

[藤井幸之助]

マ 行

▶759 **前田日明**
1959〜

格闘家・元プロレスラー。大阪市出身の在日コリアン3世。民族名：高田明(コイルミョン)。北陽高校在学中に少林寺拳法と空手*を習得。1977年、佐山聡 (初代、タイガーマスク) にスカウトされ、新日本プロレスに入門。1982年、武者修行のため渡英。1983年、IWGPトーナメントに参加するため、凱旋帰国。この頃、帰化を申請し、翌1984年に申請が受理され日本国籍を取得。帰化後の日本名には、それまで名乗っていた「前田明」でなく、祖父がつけてくれた「日明（イルミョン）」を使い、「あきら」と読ませる。帰国後は192センチの長身を生かしたスープレックスとフライングニールキックを武器に頭角を現し、瞬く間に人気レスラーに。同年、UWFの旗揚げに参加。関節技を中心とした格闘技色の強い新しいプロレス*の確立を目指すが、佐山聡との路線対立で同団体は解散に追い込まれる。1985年、高田伸彦等と新日本に復帰。1986年、両国国技館でドン・ニールセンとの異種格闘技戦に勝利し、「新格闘王」と呼ばれる。1991年、新格闘技団体「リングス」を旗揚げ。1999年、ロシアの格闘王と呼ばれたアレキサンダー・カレリンとの試合を最後に現役を引退。佐山聡とともにプロレスを総合格闘技に発展させた中心人物の一人。1998年には『週刊プレイボーイ』誌上で在日コリアンであることをカミングアウトし、話題を呼んだ。

[朴一]

▶760 **マダン劇**　マダン劇は1970年代、韓国の民主化運動の中で生み出された演劇*運動である。当時、政府に対する異議申し立てが徹底的に抑圧されたなかにあり、唯一許されていたのが宗教*や芸術分野であった。そこで反政府運動を担っていた知識人や学生たちは巫俗儀礼や仮面劇の形式を用いて、直面する社会的な問題を扱い、閉塞状態を打開しようとした。

このようなマダン劇が、日本で初めて行われたのは1982年「アリラン*峠」であった。この作品は1970年代韓国で盛んであったマダン劇運動のなかで演じられた作品で、台本を得た京都在住の梁民基が企画を持ち込み、高賛侑によって演出されたものである。この公演が実現したのは、梁民基が久保覚と共著で出版した『仮面劇とマダン劇』(晶文社、1981) の出版記念講演会がきっかけであった。この記念講演会に集った在日の青年たちが中心になり、総連の学生組織である在日本朝鮮留学生同盟*と在日韓国学生同盟*の関係

者に呼びかけ、公演が準備された。当時、在日が集住する大阪市生野区の真ん中にある生野区民センターホールで、備え付けの舞台ではなく、大ホールの床の真ん中に円形に陣取られた平場の舞台が作られ、その回りを車座になって観客が座って観るという公演形態がとられた。演じる人と観る人が同一線上で演じられるこのような芝居の方法がマダン劇の特徴である。

この公演をきっかけに大阪では在日コリアンの青年たちによる「マダン劇の会」が結成された。この公演の翌年に開催された「生野民族文化祭*」では、最後のクライマックスにマダン劇が演じられ、演じる人と観る人が一緒に踊るナンジャン（乱場）で終わるのだった。その後、1986年に光州民衆抗争によって韓国を離れていた小説家*黄晳暎が東京で在日コリアンを集めて「統一クッ*」というマダン劇を演出し、東京と大阪で公演した。1988年には、ソウル大学の教授李愛珠が在日コリアンの青年たちと一緒に広島の原水爆禁止世界大会の前夜祭に「ハンパンチュム」という舞踊劇を公演した。

[髙正子]

▶761 **マッコリ** マッは朝鮮語で「粗い」という意味の接頭語で、コリは「コルダ＝濾過する」であるから、マッコリは粗く漉した酒の意。朝鮮では農民が愛飲した酒ということから、農酒とも呼ばれる。日本のどぶろくに似ているが米麹ではなくヌルッと呼ばれる小麦麹を使うから味は異なる。朝鮮人の日本への流入が増え、その集住地域が広がるにともない、故郷での生活習慣も日本に持ち込まれるが、マッコリもその一つ。3～4日の即醸造で容易に造られることから朝鮮人の多く住んでいる地域では需要が高くなる。しかし公的機関の許可が得られるすべはないから、マッコリ造りは密造ということになり酒税法違反で摘発される。1925年頃はまだ「朝鮮人の珍しい犯罪」と新聞報道されたマッコリ摘発であるが、時代が下がるにつれて日常茶飯事化し、大規模な密造摘発が新聞を賑わすようになった。また、戦後間もない時期には、密造酒の摘発が朝鮮人運動の弾圧にも利用された。

[堀内稔]

▶762 **松代大本営** まつしろ 太平洋戦争末期、本土決戦必至とみて天皇と大本営・政府中枢機関を移転するために長野県松代地域に建設した施設。1944年11月より始まった工事に、強制連行されたものも含めて多くの朝鮮人が動員された。象山、舞鶴山、皆神山など20km四方に9カ所の工事を計画し、1945年8月15日までに総延長13km、4万平方㎡が完成していた。舞鶴山地下壕付近の地上部には、天皇御座所、皇后御座所として予定されていた建物も残っている。独立混成第114旅団東部36軍の指導下、鹿島組（現在の鹿島建設）、西松組（現在の西松建設）を主体に強制連行した朝鮮人8000～1万人らによって突貫工事が行われたと伝えられているが、正確な人数、犠牲者数などについては不明である。松代大本営の保存をすすめる会編著『松代大本営と崔小岩　松代大本営を語り続けて逝ったある朝鮮人の証

言』(平和文化、1991) に当時、工事に携わった崔小岩さんの証言が残されている。　　　　　　　　[飛田雄一]

松田優作 1949〜1989

俳優。下関市出身の在日コリアン2世。民族名：金優作(キム ウヂャク)。在日韓国人1世の母親の下で非嫡出子として育てられた。1972年、関東学院大学在学中に文学座研究所の第12期生になる。同期生には高橋洋子、阿川泰子がいた。同年、役者に専念するため、大学を中退。1973年、刑事ドラマ『太陽にほえろ』にジーパン刑事として出演。たちまち甘いマスクと個性的な演技で一躍人気俳優となる。しかし在日韓国人でありながら韓国籍であることを隠し、日本の通称名*でスターを演じ続けることが憂鬱になった松田は、帰化を決意。彼はこのとき、帰化の動機書に「もし僕が在日韓国人であることがわかったら、皆さんが失望する」と書いたと言われている (松田美智子『越境者』新潮社、2008)。1973年12月、帰化申請が受理され、日本国籍を取得。同年、『狼の紋章』(東宝)でスクリーンデビューを飾る。その後、『人間の証明』(角川映画、1977)、『蘇える金狼』(角川映画、1979)、『野獣死すべし』(東映、1980)、『家族ゲーム』(にっかつ、1983)など次々に話題作に出演し、俳優として不動の地位を確立。1988年には、米国映画『ブラックレイン』に出演。俳優として念願のハリウッド・デビューを飾るが、撮影中に癌であることが判明。治療よりも撮影を優先し、映画*は完成したが、翌1989年11月、入院中に帰らぬ人となった。　　　　　　　　[朴一]

マッピョンジ

済州島*の言葉で請婚書(チョンホンソ)のこと。マッピョンジの「マッ(막)」は「マッタ(막다)」の「막(マッ)」で、遮る、ふさぐ、閉じるなどの意味。편지は手紙なので、最後の手紙という意味。マッピョンジの伝達は婚約の成立を意味する。新郎の父親を中心に仲媒人が同行して新婦の父親に手渡す。新婦の父親は許婚のしるしとしてこれを受け取る。マッピョンジとともに、新郎の四柱(四星ともいう)を書いた書簡(四柱単子)も届けられるが、実際には事前に新郎と新婦の四柱(生年・月・日・時)をあわせて宮合(궁합:相性)を確認する。四柱単子は封筒に入れ、萩の枝を割って封筒の中央を挟み、青糸と紅糸で結び目を作らないでしばり、表が紅色、裏が青色の絹の褓(ふろしき)に包んで届ける。このような婚約

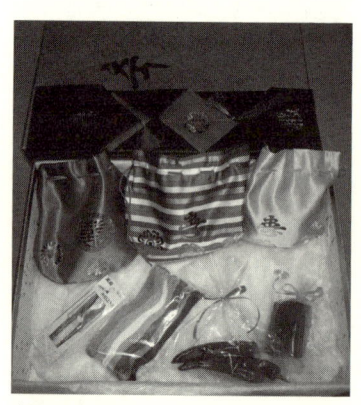

生野区で販売されている「ナプチェ(納采)セット」。箱の中には、真綿が敷かれ、小豆、餅米、胡麻を詰めた3つのチュモニと、ハサミ、7色の糸、唐辛子、炭が入っている。

の手続きを、済州島以外の地域では、ナプチェ（納采：납채）と称するのが一般的である。済州島ではマッピョンジと一緒に結婚式の日取り（연길：涓吉または택일：択日）を書いて送る。この涓吉は婚約成立後に新婦側が決めて伝達するなど、地域によっていくらか差異がある。

「マッピョンジはいつ？」と言うように、手紙そのものより婚約を指している。今日、「マッピョンジ」は新婦の自宅ではなく、ホテルやレストランで、両家の近い親族が集まって行われるケースが多くなった。同胞集住地域では韓国製のマッピョンジと四柱単子書式の既製品が販売されており、伝統的文化を重んじる需要がある一方、マッピョンジと四柱単子の伝達は省略され、婚約書と指輪など記念品の交換と両家の会食といった形の婚約式も広く行われている。

参考文献：竹田旦・任東権訳『韓国の民俗大系　韓国民俗総合調査報告書　第5巻　済州道篇』国書刊行会、1992。　　　　　　　　　　　[梁愛舜]

▶765
まとめ　洋服を縫製する過程のうち、袖つけやボタン留め、裾を纏るなど手作業での仕上げ仕事を指す。植民地期以降、エスニシティとジェンダーという二重のくびきにより在日朝鮮人女性のなかでも、特に渡日1世の多くがこの仕事に従事してきた。縫製工場から各家に請け負う枚数分直接配達する場合と、数軒分まとめて配達された家からさらに別の家に再配達する場合がある。歩合制であるため、請け負った枚数分が儲けとなる。家から出ることなく、一家総出でもできるため、朝鮮語も日本語も十分学ぶ機会を得られなかった在日朝鮮人女性たちにとって、生計を支える重要な仕事の一つであった。　　　　[伊地知紀子]

▶766
丸正事件　1955年に起きた強盗殺人事件。在日韓国人が犯人の一人とされたが冤罪であるとして救援活動が展開された。1955年5月12日、静岡県三島市にある丸正運送店でその経営者の女性が絞殺死体となって発見された。同月末、それ以前より丸正運送店に出入りしていたトラック運転手の李得賢とその助手である鈴木一男が逮捕された。二人はその後、強盗殺人罪で起訴されたが、物的証拠が乏しいことに加え、主犯とされた李得賢は犯行を否認、鈴木も裁判において警察取り調べ段階での「自供」は拷問によるものであると述べた。

しかし、一審で李を無期懲役、鈴木を懲役15年とする判決が出た。二審以降は有力弁護士が弁護に当たるとともに学者・文化人が丸正事件後援会を作って李被告らを支援する動きが広がったが、控訴、上告ともに棄却された。無期懲役の判決を受けて李らは服役したものの、その後も無実を訴えた。鈴木は1974年に満期出獄、李は1977年6月に仮釈放となり、再審請求を行ったが棄却された。そして、1989年には李が、1992年には鈴木も死去している。

この事件については、民族差別*に端を発した冤罪事件であるとする見解もあり、1967年に韓国でも丸正事件後援会が発足している。また、のちに

作家として活躍する李良枝*は1976年、李得賢釈放を求めてハンストを行うなど、丸正事件救援運動に参加していた。

参考文献：『戦後政治裁判史録』第2巻、第一法規、1980。　　［外村大］

▶767 **マルセ太郎**
1933〜2001

パントマイマー、ボードビリアン。民族名：金均澤(キムギュンボン)。在日2世で大阪市生野区出身。大阪府立高津高校卒業後、演劇*を志して上京し新劇の「国文研」研究生となるが、マルセル・マルソーに感化されパントマイムに転じた。芸名もマルソーに由来する。1956年日劇ミュージックホールでパントマイムを演じてデビュー。以後は浅草の演芸場や各地のストリップ劇場、寄席、キャバレーなどで漫談や形態模写（サル、外国語の物まねなど多種多様）を演じながら、長い下積み時代を送る。ネタに行き詰った窮余の策から映画*を一本丸ごと語りつくす舞台を演じたところを永六輔に見出され（永はこの時の感想を「感動、感動、ただ感動」と残している）、1985年渋谷「ジァン・ジァン」で『泥の河』を公演。以後『生きる』『天井桟敷の人々』『無法松の一生』ほかを「スクリーンのない映画館」として演じ、単なる「映画の再現」とは異なる新しい演劇的な芸の領域を確立した。

1990年代にはマルセカンパニーを結成し、癌を抱えながら自ら原作、演出、主演もこなして底辺に生きる人々をテーマとする多くの喜劇を発表した。自伝的な『イカイノ物語』は代表作。「記憶は弱者にあり」を信念に、権力から一番遠いところにいる人々を愛し演じ続けた人だった。著書に『芸人魂』（講談社）ほか。　　［呉光現］

▶768 **万景峰号**(マンギョンボン)

日本の新潟と朝鮮民主主義人民共和国の元山を結ぶ不定期貨客船。船舶は共和国の海運会社「朝鮮大進船舶」が所有。船名は平壌郊外にある山の万景峰から名づけられた。旅客輸送では、総連が窓口となり、在日朝鮮人の祖国訪問（親族訪問等）や親戚への物資の輸送、朝鮮学校*の修学旅行などを取り扱う。そのほか、日本の日朝友好団体や個人がチャーターして共和国を訪問した例もある。1971年5月に初代の万景峰が就役し、同8月に新潟に入港して以来、1975年10月まで在日朝鮮人の帰国船として16回、帰国者の貨物船として12回、貿易船として33回、計61回の運航が行われた。新潟以外にも、名古屋、大阪、神戸に入港した経緯がある。現在の万景峰の正式名は「万景峰92」で、二代目に当たる。1992年に咸鏡北道清津市で進水し、同年6月より現在の任務に就いている。船名の92は進水年を表す。しかし、2006年7月、共和国によるミサイル発射実験を理由に日本政府は半年間の日本入港禁止措置（特定船舶の入港の禁止に関する特別措置法）を出した。また、2006年10月の共和国の地下核実験の成功の発表を受けて、10月14日付けで入港禁止対象を共和国の全ての船舶に拡大し、その後数度に渡る期限延長が行われている。

［朴正鎮］

▶769 三河島（みかわしま）　東京都荒川区のなかの一地区であり、在日コリアンの人口が比較的多いことで知られている。住居表示で用いられる地名としての三河島は1968年までに消滅したが、かつて葛飾郡三河島町、東京市荒川区三河島であった地区、現在の荒川、町屋、西日暮里、東日暮里の一部を指す。近代初頭には都市近郊の農村であったこの地区はその後工業地帯に変貌し就業機会を求めて他地域からさまざまな人々が流入した。朝鮮人の流入も1920年代にはすでに始まっており、1930年代には行政当局からも「朝鮮人集住地区」と見なされるようになった。その後、戦時下の同化政策*や解放後の人口変動の影響を受けながらも、引き続き零細工場などに就労機会を求めた朝鮮人の流入があり、エスニックコミュニティとしての性格が維持された。

韓国文化への注目が高まる近年には、コリアタウン*として一般の雑誌*などでも紹介される機会も増えた。もっとも、1990年代以降にはコリアンに限らずニューカマー外国人人口の増加が目立つ。ただし、これもオールドタイマーである定住コリアンのコミュニティの存在が彼らをうけいれる素地を作ったとする見解がある。なお、三河島への朝鮮人の移動は済州島*出身者が同じムラの者を呼び寄せたケースが多いことが知られており、同郷者の親睦会*の活動は現在でも活発であるとされる。

参考文献：東京都荒川区教育委員会『荒川（旧三河島）の民俗』1999。

［外村大］

▶770 『三たびの海峡』　1995年、神山征二郎監督の映画*。原作は帚木蓬生の『三たびの海峡』（新潮社、吉川英治文学新人賞）。第2次世界大戦の末期に日本の炭鉱で強制労働を強いられた韓国人河時根の人生と日本人女性との恋の悲劇と、戦後50年ぶりの親子の再会と戦前炭鉱で受けた被虐に対する復讐を描いたもので、神山監督の『月光の夏』（1993年）、『ひめゆりの塔』（1995年）とともに戦争3部作の一つでもある。ただ、前述の二つの映画はそれぞれ学徒兵、沖縄戦を描いているが、本映画では植民者の立場を描いたと、神山監督は述べている（『シナリオ』569）。主人公の河時根は回想シーンの1943年と1995年にそれぞれ朝鮮半島から日本へ、戦後は日本から朝鮮半島へと、三たび海峡を越えることとなり、これが映画のタイトルとつながっている。

［梁仁實］

▶771 密航　解放後の朝鮮では、経済的困難や米国とソ連の分割占領による政治的不安が続き、朝鮮半島へ帰還した人が日本へ再渡航する状況になっていた。しかし、「引揚に関する覚書」（1946年3月16日）などに見られるように、GHQの指令は「最高司令官の許可のない限り」、「いったん本国に引揚げた者」の日本へ再渡航を許さなかった。このように新たに引き直された境界を軸に人の移動が統制と管理の下に置かれるようになり、再渡航は「密航」という方法に頼らざるをえなかった。法務省入国管理局が発行する『出入国管理とその実態』（1959）によ

れば、1946年4月から12月まで「不法入国」で捕えられた人の数は1万7733人に上った。とはいえ、生活空間の断絶と家族の離散を余儀なくされた人々にとって、「密航」は合法か非合法かの問題ではなく、唯一の渡日の手段であった。こうした日本への渡航の企てと、それが「不法入国」として扱われることで強制送還される「密航者」と入国管理当局との駆け引きが、玄海灘を挟んで展開されるのである。

日本帝国の崩壊による生活ネットワークの空間的矛盾に対抗して、とくに境界を飛び交う空間の創造を積極的に行ってきたのが済州島*の人々である。戦前から一大済州島人コミュニティが形成されていた大阪は、「密航」の費用や危険などの負担を勘案しても、韓国のいかなる都市部よりも心象的に至近な場所であった。

1960年代までは、在日家族との同居を目的とする「密航」が大半であった。1965年6月に締結された日韓条約*後は、正規入国への期待が広まり、日本からの資金導入やベトナム特需により経済が好転して失業者が減少したことが影響し、「密航」の摘発件数が急減する。しかし済州島では開発の波が実生活の改善にまでは及ばず、「密航者」のほとんどを占める10代後半から20、30代が日本に入国できる方法は閉ざされていた。家族の結合という意味は薄れても、親類を頼った就労目的の「密航」は1980年代まで途絶えることがなかった。

密航船を利用した非合法的な入国のことを指す「密航」は、当初は多数の人々を乗せて上陸する10トン以下の小型木造船によるのが主流であった。ところが日本の海上警備が強化されると、鮮魚運搬船や貨物船に密室を作り、比較的少人数を運ぶケースが増えてくる。日本の事情に疎い「密航者」の場合、その引き渡し方法として、上陸後に連絡を受けた日本の親類が隠れ場所まで迎えに来るか、ブローカーが親類のところまで案内して「密航者」と引き換えに残りの代金を受け取ることもよくあった。密航料については出発前に韓国ウォンでの先払いや日本円での着払い、ないしはその混合型という各種の形態があり、金額もまちまちで一定の相場はなかったというのが入国管理当局の認識であった。

摘発された「密航者」は、初回の場合は大抵裁判で執行猶予が言い渡され、大村収容所*に送られた後に強制送還させられるのが通常のパターンである。しかし「水際」で逮捕されるのはわずかで、強制送還される「不法入国者」の多くは数年から十数年かけて生活を営み、在留特別許可*を期待して「自首」する出頭者や逮捕者であった。

「密航者」は、それが否応なく内在する「不法」というイメージと、また実定法による不可視性によりほとんど顧みられることがなかった。しかし「密航」を東アジアにおける帝国主義と国民国家の暴力にさらされてきた生活者の視点から見れば、そこからは生活意識空間の矛盾に対抗する人々の越境的な実践が浮かび上がってくる。

［玄武岩］

▶772 美濃部亮吉
みのべりょうきち
1904〜1984

経済学者・政治家。東京府生まれ。父は憲法学者の美濃部達吉。東京帝国大学で大内兵衛に師事し、マルクス主義経済学を学んだ後、同大学助手、講師を経て法政大学教授。1937年人民戦線事件で検挙され、法大教授を辞任。戦後、毎日新聞論説委員、内閣統計委員会委員、東京教育大学教授、経済安定本部参与、行政管理庁統計基準部長を経て、1967年東京都知事に当選。社会党を支持基盤とする革新知事として、各地に誕生した革新自治体知事の代表的存在となる。「都民のための都政」を掲げ、老人医療の無料化や公害条例の制定など福祉、環境対策においてリベラルな行政を遂行。また「市民外交」を掲げ、1971年訪朝、金日成*主席と面会を果たす。在日朝鮮人問題にも理解を示し、在日外国人への医療保険適用、朝鮮総連関連施設の固定資産税減免を行ったほか、政府・自民党による「外国人学校法案*」国会提出などの圧力に対し、「イデオロギー抜きの純法律ベース」に基づいて1968年4月朝鮮大学校*を各種学校*として認可した。1979年都知事辞任後、1980年参議院議員。

[山本興正]

▶773 都はるみ
1948〜

歌手・音楽プロデューサー。京都市出身。在日韓国人の父・李正次と日本人の母・北村松代から生まれたダブル*の在日コリアン2世。民族名：李春美。日本名：北村春美。幼少期から浪曲好きの母のスパルタ指導を受け、プロ歌手を目指す。1963年、「第14回コロムビア全国歌謡コンクール」に15歳で優勝。16歳で高校を中退し、日本コロムビアからプロ歌手としてデビュー。たちまち「アンコ椿は恋の花」がヒット。その年のレコード大賞新人賞を受賞し、演歌界のスターになる。その後も「涙の連絡船」をはじめ数々のヒット曲をとばし、1976年には「北の宿から」で日本レコード大賞、1980年には「大阪しぐれ」で日本レコード大賞最優秀歌唱賞を受賞し、日本の歌謡史上初めての日本レコード大賞3冠に輝く。1984年に一時引退（1990年に復帰）するまでNHK紅白歌合戦に20回連続出場。1987年には、音楽プロデューサーとして、韓国のキム・ヨンジャをプロデュースし、歌謡界の日韓交流に貢献。同年、『週刊ポスト』誌上での「田原総一朗の人間発掘インタビュー」では、父親が在日韓国人であることを認めた上で、「『北の宿』からでレコード大賞を頂いた時もね、『日本人じゃないのに、何でやるんだ』みたいな記事もありましたし、母としては、そう言われるのがいやで、何としても日本一の歌手にしようと思ったのじゃないですかね」とこたえ、在日コリアン歌手としての苦悩を告白している。

[朴一]

▶774 宮田節子
みやたせつこ
1935〜

朝鮮史研究家。1935年千葉県生まれ。1958年早稲田大学文学部卒。身近な在日朝鮮人のカムアウトに日本人である痛みを自覚したことから研究テーマを朝鮮史に変える。卒論のテーマに選んだ3・1独立運動*の史料探しをしていた時、旧朝鮮総督府高官から

なる友邦協会の存在を知らされ、丸ノ内の同協会の史料調査に通うようになる。協会理事長の穂積真六郎（1889～1970）の提案で、総督府関係者と宮田、姜徳相*、権寧旭、梶村秀樹*らを加えた「朝鮮近代史料研究会」を1958年5月に発足させ、以来毎週研究会を重ね、300回を超えた。植民地支配と自覚しない総督府関係者と皇民化されたがゆえに民族意識を強める在日朝鮮人の歴史認識の懸隔から、宮田は日本の植民地支配の特徴を「内鮮一体*」論を標榜した皇民化政策*にあると見て、『朝鮮民衆と皇民化政策*』（1985年）にまとめる。先行研究の乏しかった創氏改名*制度に関しても、皇民化政策と徴兵制の観点から明らかにした意義は高く評価されている。

[宋連玉]

▶775 ミョンジョル
名節　ミョンジョルは漢字で名節と書くが、済州島*出身の在日コリアンは方言でメンジルと呼んだりする。また、日本語では祖先祭祀*を表す「法事」という言葉を用い、「正月の法事」「お盆の法事」といった呼び名もある。名節とは、祖先に対して正月には新年の挨拶を、秋夕には今年取れた農作物を祖先へ供物として備え、豊作を祝う豊穣儀礼であった。在日済州島出身者は1960年代までは正月や秋夕だけではなく、5月名節（端午の節句）も行っていたが、1960年代の朴正熙政権下での祭祀の簡素化政策の影響によって済州島でも5月の名節が行われなくなると、在日済州島出身者たちも行わなくなった。在日コリアンの世代交代が進む中で、朝鮮半島での慣習をそのまま継承することが困難になり、徐々に祖先祭祀を行う人たちが少なくなる中で、祖先祭祀の儀礼の一つであるミョンジョルを行う人たちも少なくなり、その規模も縮小化されている。

参考文献：韓国中央研究院『韓国民族文化大百科事典』トンバンメディア（電子辞書）

[髙正子]

▶776 ミョンテ
明太　スケトウダラのことを明太と呼ぶ。朝鮮半島東海岸の北部でとれる寒帯性の回遊魚。咸鏡道明川郡を視察した役人が「太」という魚師がとった魚がおいしかったので「明太」と名づけたという。冬の11月頃から明太は大群をなして押し寄せる。とれすぎた魚を海岸やその近くに放置すると夜は凍結、日中は乾燥、この凍結乾燥の繰り返しで「乾燥明太」ができる。保存のきく乾燥明太が内陸部や南部地方へ商品として流通するのは18世紀ごろから。タンパク質に富み脂質が少ない明太は、乾燥されて保存のきく貴重な動物性食品であった。乾燥明太のことを「北魚」と呼んだのは南部地方であった。干し明太の皮をはぎ、身をちぎる食べ方、味付けして焼く方法など北魚料理文化が発達した。乾燥させる前に内臓と卵をはずし、卵を塩辛にするのが「明卵ジョッ」でこれが「辛子明太子」。日本の辛子明太子のルーツは朝鮮半島で、九州のメーカーが戦中の釜山で生活した経験から戦後日本で商品化したもの。明太魚の呼称は多くあり、凍太、江太、鮮太、乾太、北魚などである。

[鄭大聲]

777 『ミレ(未来)』

韓国・朝鮮関係情報誌として発行された月刊誌。1983年に高賛侑が関西の在日コリアン関連情報を掲載する隔月刊ミニコミ誌『サンボン(相逢)』を創刊。1988年、在日本朝鮮青年同盟*大阪府本部が「21世紀の在日朝鮮人社会を養成するための専門機関」としてKYCCを設立し、『サンボン』を発展させた隔月刊情報誌『ミレ』を創刊。1989年に㈱パン・パブリシティが設立され、1991年から月刊誌となった。一般情報誌と同様、在日関連のイベント、著名人インタビュー、店舗紹介、就職情報など硬軟織り交ぜた多彩な情報を掲載。またデザインを重視した斬新な総合雑誌として好評を得た。特に中国・米国・旧ソ連に住む在外コリアンを取材し、1993年には各国からパネラーを招いて国際シンポジウム「在外朝鮮民族を考える」を開催し注目を集めた。1997年1月、インターネットの普及に合わせて『ミレ』は廃刊となり、コリアをメインにしながら幅広いアジア情報も視野に入れたインターネット・マガジン「Asian Eyes」に変更されたが、同年9月に終了した。

[鄭雅英]

778 『民衆時報』

1930年代半ばに大阪市で刊行されていた朝鮮語新聞。この時期、社会主義運動は弾圧のなかで崩壊状態にあり、同化政策*も強まりを見せていた。そうしたなかで、合法的領域の中で在日朝鮮人の生活の向上や民族文化を維持するための活動が求められていた。この新聞の発刊はその要請に応えたものと見ることができる。1935年5月に発表された、同紙の「発行趣旨及び綱領」では、日本内に居住する朝鮮人民衆の生活真相と世論の報道、生活改善と文化的向上、生活権確立とその擁護伸長を期すことを掲げていたのである。また記事や論説を見れば、民族解放を志向し、読者にそのメッセージを伝えようとしていたこともうかがわれる。

その刊行は左派系朝鮮人活動家が主導し、民族文化を守り生活権を維持するための活動を続けていた朝鮮人、本国の民族紙の支局などの協力のもとに創刊された。創刊当初の主幹には、1920年代末から1930年代初めにかけて左派系の労働運動を展開していた済州島*出身者、在阪朝鮮人の間で多大な影響力を持っていた金文準*が就いている(1936年に病死)。

1935年6月15日に創刊された時点では月2回刊行であったが、のちに旬刊となった。配布部数は約2500部であり、京阪神一帯に支局や販売所が置かれていた。紙面では在日朝鮮人の生活状況、差別問題のほか、朝鮮半島の状況、反ファシズムの動きなどの世界情勢なども伝えている。

しかしこのような活動に対して官憲は朝鮮人の民族意識を刺激するものとして強く警戒した。そして発刊停止などの弾圧を加え、1936年9月には関係者を一斉検挙した。このため、同紙は1936年9月21日付の第27号をもって途絶した。同紙は、その配布に当たっていた在日朝鮮人が保存していた19号分が現存しており、朴慶植*編『朝鮮問題資料叢書』(第5巻、1983)に収められている。また、同紙について

記した著作として金賛汀*『検証・幻の新聞「民衆時報」 ファシズムの台頭と報道の原点』(三五館、2001)がある。なお、同じ時期には東京でも『朝鮮新聞』や『東京朝鮮民報』*などの朝鮮語紙が刊行されていたが、まとまった形では残っていない。こうしたことからも『民衆時報』はこの時期の在日朝鮮人の意識、生活を知る上で重要かつ貴重な資料となっている。

[外村大]

『民主朝鮮』

戦後初期、在日コリアンが刊行した日本語雑誌*。広い範囲の日本人読者を想定し、朝鮮問題や朝鮮文化を取り上げた雑誌としてははじめてのもの。1946年4月に創刊、1950年7月号まで全33号を刊行した。ただし22号は発禁処分を受けている。また1947年5月号は『文化朝鮮』と改題して刊行されているが、次号から『民主朝鮮』に戻されている。

企画・創刊を準備したのは金達寿*と元容徳で、発行人は、趙進勇、韓徳銖*、尹炳玉であり、編集人は、金達寿、尹炳玉が担当した。雑誌刊行の目的は「我等の進むべき道を世界に表明すると同時に、過去三十六年という永い間を以て歪められた朝鮮の歴史、文化、伝統等に対する日本人の認識を正し、これより展開されようとする政治・経済・社会の建設に対する我等の構想をこの小冊子によって、朝鮮人を理解せんとする江湖の諸賢にその資料として提供しようとするもの」(「創刊の辞」)とされている。

誌面は小説や詩などの文芸作品、朝鮮にかかわる政治・経済関係論文、記事、座談会等で構成されており、その執筆者には金達寿や許南麒*、李殷直*、林光澈など左派系の在日コリアン文化人のほか、中野重治ら在日コリアンと親交のあった当時の一級の日本人知識人も含まれる。全号の総ページ数は2667ページに及び、この時期の在日コリアンおよび朝鮮とかかわりをもたんった日本人の文学活動、思想、政治意識などを知る上で重要な資料となっている。

[成恩暎]

民族楽器

解放の日、その喜びを朝鮮の民俗楽器のリズムやオッケチュム(肩を揺らして踊る即興の舞)で表した在日コリアンにとって民族楽器は、生活の中での喜怒哀楽や望郷の思い、苦しい生活を慰めるものであった。在日コリアンが集う場である野遊会や結婚式などでは、チャンゴ*(長鼓)の伴奏に合わせて民謡が歌われ、その歌にあわせて興にのって踊るという風景はよく見られる光景であった。この時、無くてはならないのが民謡の伴奏を受け持つチャンゴであり、解放直後から使用されていたブリキでつくったチャンゴは、大阪の人権博物館に展示されている。

1955年に結成された在日本朝鮮中央芸術団が、チャンゴやカヤグム*(伽耶琴)のような伝統的な民族楽器の演奏から、改良された民族楽器の演奏へと変化するのは1960年代であった。北朝鮮では1950年代後半から、本来狭い空間で演奏されていた民族楽器をより広い舞台で演奏するために、音量や音域を広げるための改良が

試みられた。1964年、改良された民族楽器は初めて東京朝鮮第一初級学校に送られてきた。その後、朝鮮学校*や総連傘下の芸術団では改良された民族楽器の演奏が一般的になる。

半面、総連に所属していない人たちには、韓国で民族楽器を学んだ奏者たちによって民族楽器の伝承がなされた。チャンゴは民族舞踊*と一緒に早くから教えられたが、カヤグムは、東京では韓国で学んで日本に定住していた池成子が、大阪では1980年代に呉千恵が韓国でカヤグムを学んで帰り、在日コリアンに教えた。ここで特記すべきは、韓国系の民族学校でチャンゴに出会い、高校大学を韓国の芸術学校に進み、韓国でも日本でも民族楽器演奏者として評価され活動している在日コリアン（関栄治）がいるということだ。

チャンゴやカヤグムといった単独の民族楽器の演奏ではなく、グループ演奏が日本で広がったのは、金徳洙をリーダとするサムルノリ*グループが1982年に日本公演を行ったことによる。農作業の合間や厄払いの儀礼に、農民たちが使用していた4つの民族楽器の演奏を舞台化した華麗なる演奏技術や彼らのパフォーマンスは、在日コリアンだけでなく日本人にもファンを広げていった。民族楽器に魅了された在日コリアンや日本人たちが、直接韓国へ行きサムルノリを学び、日本で教室を開きながら公演活動を行っているグループはいくつもある。

民族楽器は、在日コリアンが民族のリズムを身体化させる教材として日本の公立学校における民族学級*で教えられているが、子どもだけでなく、民族文化に接する機会がなかったオモニたちのためにも、サムルノリ教室が開かれている。

[髙正子]

▶781
民族学級　公立学校に在籍する韓国・朝鮮人児童生徒の民族教育の機会として設けられた課外学級。民族クラブ、母国語学級、母国語教室等とも呼ばれ、在日コリアンの子どもたちを主な対象として取り組まれ、朝鮮半島の言葉や文化、歴史などについて学ぶ。学校ごとに独自の愛称をつけて呼ぶ場合もある。民族学級は、朝鮮人学校強制閉鎖反対闘争（阪神教育闘争*）後の1948年5月に文部省代表者と朝鮮人代表者間で交わされた「覚書」を受け、各自治体首長と朝鮮人代表者間の合意事項が根拠となり設けられた。当初は特別学級や朝鮮語学級と呼ばれていた。

最もたくさんの民族学級が開設された大阪府においては、1948年6月4日に赤間文三府知事と朝鮮人代表者間で覚書が交わされ、府内33校の公立小中学校に朝鮮語学級が開設され、36名の朝鮮語学級教員が採用された。ほかにも京都府、兵庫県、滋賀県、愛知県、福岡県、山口県などにも設けられており、全国の77小中学校にあった。民族学級の定義については明確でない。大阪府教育委員会は府内の衛星都市に対し、韓国・朝鮮文化について学ぶ課外活動という設問で調査を行っている。この場合、日本人児童生徒も参加できる異文化理解や国際交流を目的とする活動も含まれ、民族講師*などの指導者がおらず、教員が指導してい

公立学校における民族学級の制度保障を専門的に担った民族教育促進協議会*（2003年に解散）は、韓国・朝鮮人児童生徒を対象に民族的アイデンティティ*を育むことを目的とし、韓国・朝鮮人当事者の民族講師が指導にあたる活動を総称して民族学級として捉えていた。最も多くの民族学級を設置している大阪市教育委員会では、1992年に開始した市独自施策に基づく活動を民族クラブ、1948年の「覚書」を根拠に大阪府教育委員会が措置している常勤職民族講師勤務校の活動を民族学級と呼び区分していた。

　現在、民族学級が取り組まれている地域は、大阪市、東大阪市、守口市、堺市、泉大津市、池田市等の大阪府内の自治体をはじめ、京都府京都市の3小学校でも取り組まれている。また、福岡県北九州市、愛知県岡崎市には1948年当時の合意に基づく民族講師が異文化理解や国際交流を目的とする課外活動を指導している。1980年代初頭までは兵庫県篠山町、三木市、高砂市においても民族学級は存続していた。

　一方、民族学級の支援制度は確立していない。大阪府教育委員会が措置する11人の常勤職民族講師以外は、基礎自治体（市町村）の小規模事業予算で営まれている。最も早くに制度化が進んだ大阪市でも、「国際理解教育推進事業」（2009年制度改編）に基づき15名の民族講師を非常勤嘱託職員として雇用しているが、手取り12万円余りという低給与であることや、民族講師一人当たり5校前後を掛け持ちし、各地を指導に回らなければならない点など、学校現場で求められている民族講師の実態と、それに制度が追いついていないというアンバランスが目立つ。

　外国出身の子どもの継承語や継承文化支援のための多角的な教育支援のあり方として、すでに大阪で試みられている民族学級の取り組みが他地域の参考にもなっている。　　　　　[金光敏]

民族学級のハギハッキョ（夏期学校）

　公立学校に在籍する在日コリアンの子どもたちを対象に取り組まれ、「ハギハッキョ」「サマースクール」「夏のつどい」等々の名称で取り組まれている。早い地域は、1970年代から始まり、市域の公立小中学校に在籍するコリアン（日本国籍やダブル*、クォーター*の子どもも含む）を対象に開催される。プログラムとしては、民族文化体験や韓国・朝鮮料理実習、朝鮮半島の伝統遊びなどがあり、民族講師*や在日団体から派遣された青年、またはハギハッキョに過去参加したことのある卒業生たちがリーダーとなって子どもたちとのグループ活動や、プログラム指導などにあたる。民族学級*など学校内での民族教育の機会がないコリアンの子どもたちにとっては、重要な民族教育の機会であり、保護者などの参加も得て、保護者自身が他の同胞の保護者とつながって交流する機会としても重要な役割を果たしている。　　　　　[金光敏]

▶783 民族学校の制服

朝鮮学校*、韓国学校、また2008年に開校したコリア国際学園のいずれも、デザインの違いはあるが基本的に現在の制服は一般的なブレザースタイルだ。1945年の解放直後～1950年代にルーツを持つ朝鮮・韓国学校では当初、私服や当時の日本および本国で一般的だった学生服・セーラー服が多かったが、日本社会のトレンドに従い1980～1990年代頃からブレザーに切り替わったようだ。しかしこの間、本国にもない独自の文化として異彩を放っていたのが朝鮮学校の女子制服である。1955年の総連結成、1957年から始まった北朝鮮による教育援助費の送金、1959年からの実施に前後した北朝鮮への帰国運動*によって、総連系在日コリアンの間ではある種の祖国志向的なナショナリズムが高まった。それは単なる伝統回帰ではなく新たな創造、再解釈としての民族文化志向を招き、女性たちの間で民族衣装（チマ・チョゴリ*）着用が広まった。

とくに朝鮮学校の女子生徒の間からは、1920～1930年代の植民地朝鮮のインテリ女性たちが生み出したモノトーンのチマ・チョゴリを身に着けて登校する者が現れ、この流行が制度化される形でほぼ1963年から朝鮮学校中・高級部女子の統一的な制服となった。以来、女子のチマ・チョゴリ制服は朝鮮学校の象徴となってきたが、大韓航空機事件に端を発する北朝鮮のイメージ悪化を背景に、1980年代後半から1990年代に頻発した「チマ・チョゴリ引き裂き事件*」への対策として、1999年からブレザーの第二制服が導入された。原則として通学時は選択制だが、着用する生徒は少ない。朝鮮学校の女子チマ・チョゴリ制服については、韓東賢『チマ・チョゴリ制服の民族誌（エスノグラフィ）――その誕生と朝鮮学校の女性たち』（双風舎、2006年）に詳しい。　　［韓東賢］

▶784 民族教育促進協議会（民促協）

1984年12月2日「在日韓国・朝鮮人児童・生徒に民族教育の保障を求めるシンポジウム」が大阪で開催され、その実行委員会が土台になって思想信条や立場を乗り越え「すべての同胞に民族教育を!」というスローガンの下に民族教育促進協議会（以下「民促協」という）が結成された。

民促協は結成当初より、次の6つの要求を教育行政に訴えた。
①民族教育を基本的人権として認める。②民族学校に一条校*の資格を与える。③日本の学校に在籍する同胞の子どもたちに「民族」に接する機会を与える。④外国人教育方針策定と具体化をすすめる。⑤同胞教員の採用をすすめる。⑥日本の教育制度の中に民族教育を盛り込む。

具体的な運動としては、4・24阪神教育闘争*の後に、当時の大阪府知事と民族側との間で結ばれた「覚書」によって設置された民族学級*の教員たちの退職に伴う後任講師の補充と、ボランティア状態の民族学級民族講師*の身分保障の2つが大きな柱であった。

4・24阪神教育闘争記念集会や大阪

府・市教育委員会との交渉を毎年続け、多くの成果を勝ち取ってきた。例えば、「覚書」民族講師の後任措置、民族学級の設置、民族講師の身分保障、各地域の外国人教育指針（方針）策定等、大阪の公立学校における多文化多民族共生教育のひな型的実践の礎を築いたといえる。また、大阪の各地域の民族講師会・同胞保護者会や同胞教職員連絡会などを組織し、在日のネットワークづくりと民族教育運動のうねりを巻き起こした。

2003年7月に、組織のスリム化と敏速性を期して発展的解消をした。その後、より広範囲な在日の問題を扱う「コリアNGOセンター*」と、民促協結成母体であった「民族教育をすすめる会」として現在もそれぞれに活動している。民促協運動に関する資料としては、「民促協10年史」「4・24阪神教育闘争の記念誌」「民促協ニュース縮刷版」などがある。　　　　　［金相文］

▶785
民族虚無主義　北朝鮮や総連で自民族への自負や愛情を示さない考え方や態度・思想について批判的なニュアンスで用いられる言葉。北朝鮮で発行された『現代朝鮮語辞典』では「民族的矜持と自負心を失い、自民族が歴史的に成し遂げた高貴で価値あるすべてのものをみな悪くみすぼらしい、と見下す反動的な思想や態度」とされている。1960年代に深刻化した中ソ対立のはざまで自主性や主体性が強調された北朝鮮で、「教条主義」「事大主義」「修正主義」などと並べてたびたび非難された。「朝鮮民族第一主義精神を高く発揚させよう」(1989.12.28)と題した金正日の演説では次のような一節で用いられている。「帝国主義者は現在もブルジョア人種論を他民族にたいする支配を正当化する道具とし、植民地従属諸国と第三世界諸国人民のあいだで民族虚無主義と事大屈従思想、外部勢力依存思想を伝播し、かれらの民族的独立と自主的発展の道を阻む策動に利用しています」。
参考文献：『金正日選集』第9巻、平壌外国文出版社、1997。　［文京洙］

▶786
民族金融機関　解放後の在日コリアン商工業者は零細企業が圧倒的で、さらに日本の金融機関から融資を受けることは困難であった。このような在日コリアン企業家の事業を支援する民族金融機関が1950年代から、朝鮮系・韓国系に分かれて設立されていった（朝鮮系金融機関については「朝銀*」の項目を参照）。

在日韓国系信用組合をみると大阪では、1953年大阪商銀*設立に続き、1955年に信用組合大阪興銀が設立され、翌年に李煕健が理事長となった。1993年大阪興銀は、神戸商銀、滋賀商銀、奈良商銀、和歌山商銀と合併し信用組合関西興銀*が発足した。1995年には関西興銀は岐阜商銀を救済合併し、関西圏と岐阜県にまたがる在日韓国系で最大の信用組合となった。しかしバブル崩壊の影響から関西興銀でも不良債権が拡大し経営が悪化し、1998年大阪商銀の破綻に続き、2000年に関西興銀も破綻、2001年には京都商銀も破綻に追い込まれた。壊滅的な状態となった関西の在日韓国系信用組合の受け皿金融機関をどう構想するかに

ついて2つの動きが現れた。まず、2001年5月に大阪商銀は京都シティ信用組合へ事業譲渡され、京都シティ信用組合は近畿産業信用組合*へと名称を変更した。近畿産業信用組合はその後、関西興銀、京都商銀の受け皿金融機関となる意向を表明していた。他方で、民団中央本部と駐日韓国大使館の主導で、関西興銀、東京商銀、京都商銀、福岡商銀の受け皿として新銀行を設立する準備が進められた。

2001年7月、韓昌祐*マルハン会長が発起人代表となった発起人会で、設立を目指す銀行名が「ドラゴン銀行*」と決まり、出資金の確保などの準備が進められた。破綻した在日韓国系信用組合の複数の譲渡先について審査した金融当局は、2001年12月、関西興銀と京都商銀の事業譲渡交渉先として近畿産業信用組合を選定した。こうしてドラゴン銀行は設立に至らず、2002年に近畿産業信用組合は、京都商銀、関西興銀の事業譲渡を受け、2006年には長崎商銀とも合併し、在日韓国系金融機関で最大の信用組合となっている。

1966年、仙台市に本店を置く信用組合宮城商銀が設立された。同信組は1999年に破綻した北海商銀信用組合の事業譲渡を受け、名称を信用組合北東商銀に改めた。2002年4月には東京商銀信用組合の事業譲渡を受け、「あすか信用組合」に名称変更した。同年7月に青森商銀、秋田商銀、岩手商銀、福島商銀と合併したあすか信用組合は東北・北海道・東京都・埼玉県の在日韓国系金融機関を統合した信用組合となった。また、2007年に横浜商銀は北陸商銀と対等合併し、中央商銀信用組合と名称を変更し、神奈川・静岡・茨城・千葉・福井・富山・石川の各県に店舗を置いている。1976年に設立された長野商銀信用組合は2001年に栃木商銀・群馬商銀と合併し、あすなろ信用組合と名称変更し、2002年には新潟商銀信用組合の事業譲渡を受け、長野、群馬、栃木、新潟に支店をもつ信用組合となった。

1954年に設立した信用組合愛知商銀は、2002年に信用組合三重商銀の事業譲渡を受け8店舗の営業を行っている。1961年に設立した信用組合広島商銀は1999年に山口商銀、島根商銀の事業譲渡を受け、2001年には高知商銀の事業譲渡を受け中国4県と四国4県の営業地区に15店舗をもつ信用組合となった。

1956年に設立された熊本商銀信用組合は2002年に九州幸銀信用組合と名称を変更し、同年に福岡商銀、大分商銀の事業譲渡を受け、2005年には佐賀商銀と合併した。2008年には本店を熊本市から福岡市に移転し、九州4県に8店舗をもつ信用組合となっている。さらに1962年に設立した信用組合岡山商銀も含め、2009年3月末現在で8つの在日韓国系信用組合に再編されている。1990年に39あった在日韓国系金融機関は以上のように大きく再編されている。

[髙龍秀]

民族講師 日本の公立学校に設置されている民族学級*講師の省略語。民族学級の名称が使われ始めた以降に定着した。それ以前は、朝鮮語学級講師、特設学級講師などと呼

ばれていた。民族学級で朝鮮語、朝鮮文化、歴史などを指導する。一方、制度的には他の名称が使われていることも多い。「国際理解教育推進事業」に基づき市内公立小中学校に民族クラブを設置している大阪市の場合、制度上は「国際理解教育コーディネーター」と位置づけているほか、東大阪市の場合も「母国語学級講師」と呼んでいる。ただし、総称としての「民族講師」がより広く認知されている。大阪市では、民族講師たちが自主的な研修研究活動を推進するため、1992年から大阪市民族講師会を運営し、教育委員会との連携のもと、民族講師の資質向上、ハギハッキョ(夏期学校)などの地域行事の準備、独自教材の開発などに取り組んでいる。東大阪市にも同様の民族講師会がある。　　　〔金光敏〕

▶788
民族差別　民族の違いを理由とする差別。在日コリアンに対する差別が、国内における民族差別の代表的な例と言える。在日コリアン差別には主に2種類ある。一つは、国籍*を理由とする法律的な差別である。サンフランシスコ講和条約*の発効によって旧植民地出身者とその家族は日本国籍を一方的に剥奪され、日本国籍者にのみ認められる諸権利の一切を喪失してしまった。日本在留の外国人は旧植民地出身者が圧倒的多数を占めていたことから、日本政府は在日コリアンと在日台湾人を標的に法律による差別を行うことで、朝鮮人や台湾人が国内在留するのを抑制しようとした。

在日コリアン差別のもう一つは、大衆社会にはびこるものである。戦前、戸籍*制度を分けることによる差別は存在したが、朝鮮人及び台湾人も日本国籍を有していたため、国籍上の差別は不可能であった。しかし、「不逞鮮人*」などの差別語の日常化、防犯を呼びかけるポスターに朝鮮人を危険視する絵柄の挿入、治安管理を目的に携帯が義務づけられた協和会*手帳など官民あげての差別扇動が行われた。

日本による朝鮮半島、台湾への統治終焉後、旧植民地出身者からの反撃の恐怖感から、在日コリアンや在日台湾人を「第三国人*」などと呼び危険視する風潮が生まれた。解放後に始まった朝鮮人学校への弾圧もそうした見方が背景にある。

日本国憲法の権利保障に関する記述の多くは、「国民」を主語としていたために、日本国籍を有しない在日コリアンや在日台湾人はその対象から除外されるというのが日本政府の解釈であった。一方、徴税に関する記述は、主語が「居住者」であり納税の義務は外国人にも平等に課せられた。

在日コリアン社会の民族差別に対する撤廃闘争が活発化していくのは1970年代からだった。1970年に日立就職差別裁判*、1977年に司法研修所の入所要件からの国籍条項*撤廃の闘い、1980年に外国人登録の指紋押捺拒否の闘いが始まった。そのほか、郵便外務員や地方公務員の任用要件からの国籍要件撤廃の取り組み、入居差別*反対の取り組みなどが進められ、日本人市民との連帯の上で成果を収めてきた。また、「内外人平等*」を掲げる「難民条約」を日本政府が1981年に批准、主な社会保障政策における

差別がようやく改められることになった。しかし法制度、社会生活においていまなおさまざまな民族差別が残されている。

[金光敏]

▶789 『民族統一新聞』（民統新）

1968～1978年に発刊され、主として韓国における前衛地下政党「統一革命党」に連帯する組織である統一革命党在日韓国人連帯委員会の機関紙的な役割を担った新聞。1950年代後半、李承晩政権の反共政策に反発する韓国の一部人士がその活動の場を日本に移し、在日の左翼系人士と共に『朝鮮新聞』*（1959年1月1日創刊）を立ち上げる。その後『統一朝鮮新聞』*（1959年11月20日）に改題し韓国政府批判を展開する。『統一朝鮮新聞』は、韓国民族自主統一同盟日本本部（韓民自統）の代行機関紙であったが、韓民自統が民団への加入を具体化させるや、それに反対する人士を中心に1968年3月11日『民族統一新聞』を創刊し分裂する。したがって『民族統一新聞』の発刊は、『統一朝鮮新聞』を主導してきた李栄根*たちによる、それまでの革新的論調から韓国政府サイドへの転換に対する反発がその直接の契機となった。当時、左翼思潮の影響を受けた在日の青年学生たちの一部が『民族統一新聞』を発刊した運動の潮流に参加した。

[林茂澤]

▶790 『民族日報』事件

『民族日報』は1961年2月13日に創刊され、中立化統一などの論調を掲げた革新的新聞。社長は在日コリアンで1960年4月革命後に帰国した趙鏞寿。1961年5・16クーデターの4日後に軍部は同紙第92号を最後に廃刊させ、趙社長ら数名を国家保安法や特殊犯罪処罰特別法への違反の理由で逮捕した。同年12月21日、趙は32歳の若さで死刑を執行された。軍部政権下の代表的な言論弾圧、捏造事件のひとつ。2006年11月、真実・和解のための過去事整理委員会は、同事件が、米国から左翼経歴を疑われた朴正煕らが、自らの反共的姿勢をアピールするために捏造した可能性が高いと判断、民族日報や趙が北朝鮮を称賛した事実はなく、趙と特定の社会団体との関係は公訴内容とは大きく異なり、罪名も法律の遡及的適用であったとして、再審を勧告した。2008年1月16日、ソウル地裁は事件から47年ぶりに無罪の再審判決を下し、続いて同年5月22日には趙社長の遺族8人に刑事補償決定を下した。

[金栄鎬]

▶791 民族文化祭

1980年以降から行われた在日コリアンの特記すべき活動の一つが、民族文化祭という文化活動である。戦前から引き続き行われてきた日本社会の同化の強要や戦後の本国との断絶状況は、在日コリアンに民族をあからさまにして生活することを許さなかった。このような差別の実態が、在日コリアンをして「祖国志向型ナショナリズム」へと駆り立てていった。

しかし、戦後生まれの2世たちが主流を占める1970年代から1980年代にかけて、それまでの「祖国志向型ナショナリズム」運動とは異なる方向が模

索されていった。その端緒は1970年の朴鐘碩*日立就職差別裁判*（1974年に勝訴）であり、その後の金敬得*の司法研修所（韓国籍のままでの）入所（1977年）、児童手当の支給や市営住宅の入居資格など、差別撤廃運動がそれである。一連の運動は、戦後強められた民族差別*に対して日本の教育を受けて育った在日2世が、自らの存在を明らかにするものであり、日本の国民国家の枠組みの周縁に追いやられていた彼・彼女たちが、日本社会の一成員としての自らの存在を主張し始めたといえる。このような状況は、既存の民族団体が本国志向的な理念対立に終始し、在日同胞の生活や要求に対する的確な活動を行えていなかったことに加え、以前のような民族団体への求心力が失われて行ったことを示している。

こうした時期に求められたのは、在日コリアンにとって呪縛となっていた心の中の38度線を乗り越えて、自分たちの課題に対して手を携えて向き合うことであった。まさに、そのような要求に応えるように行われたのが、大阪におけるマダン劇*公演であり、同時期に準備されていた「生野民族文化祭*」（1983年から2002年まで）であった。「生野民族文化祭」は政治的理念や組織にとらわれることなく、在日コリアンの一人一人が個人として参加し、毎年実行委員会を結成して祭りを運営する形式で、政治的な葛藤を乗り越えようとした。同時に、日本の公的機関で民族祭りを開催することで、日本社会にあって「見えない存在」であった在日コリアンの存在を示し、在日コリアン2世・3世たちに希薄になりがちな民族的アイデンティティ*を獲得する「場」を提供する役割を果たした。それは政治的理念を表明する「場」ではなく、初めて手にした民族楽器*を打ち鳴らし、生野の街を練り歩く子どもや青年たち、初めて学んだ民族舞踊*を華麗に舞う女性たち、自らの思いをマダン劇に託した在日コリアンたち、歌自慢の老若男女による民謡や歌謡曲が流れ、それに合わせてオッケチュム（即興の舞）が踊られるといった光景が見られる一日であった。

このような動きは徐々に広がり、1985年には大阪で「ワンコリアフェスティバル*」が開催された。以後、福岡では「三・一文化祭」（1989）、箕面では「みのおセッパラム」（1992～2001）、神戸の在日コリアン集住地域である長田区*では「長田マダン」（1990～2005）が、芦屋では「ふれあい芦屋マダン」（1991）、京都では「東九条*マダン」（1992）、伊丹では「伊丹マダン」（1995）と民族祭りが広がり開催されるようになった。現在、続けられている民族祭りは、1985年以降の日本社会の国際化の流れの中で、多文化共生*を目指し、行政も巻き込んだ祭りが主である。そこでは日本人と在日コリアンが運営に参加している。民族祭りは当初求められた「民族の和解」という意義づけから、日本社会での「多民族共生」を求める祭りへと様相を変化させながら継続している。

参考文献：外村大『在日朝鮮人社会の歴史学的研究』緑蔭書房、2004。

［髙正子］

▶792 民族名　在日朝鮮人の民族名とは、自らのルーツが朝鮮半島にあることを示すものである。在日朝鮮人の名前には、本名・通称名*（通名）が存在してきた。このうち、いかなる名前をもって本名あるいは通称名とするかは、植民地期以降時代の波を受けてきた。在日朝鮮人の名前が複数存在する理由には、植民地支配以降現在にいたるまで、朝鮮人の名前をめぐる統制と差異化の装置が、日本社会のいたるところで張り巡らされてきたためである。

　植民地支配期には、1940年に実施された「創氏改名*」によって日本人風の氏名を強制された。当時は、朝鮮人が本来名乗っていた朝鮮名ではなく、日本名が「本名」として処理された。解放後、在日朝鮮人は生活上のあらゆる差別を避けるべく、解放前の日本名や新たに採用した日本人風の氏名を通称名として使用せざるを得なかった。こうした状況について、日本政府は「便宜を図るため」として外国人登録証での通称名の記載を認めるという本末転倒な措置をとってきた。例えば銀行の口座名や学校で使用する名前が日本人風の氏名による通称名であれば、朝鮮人であることがわからない。差別を避けるために親が子供を日本人風の氏名で通わせるケースが多いなかで、1970年代日本の学校教員が「本名を呼び名乗る運動」を大阪で始め、朝鮮人が自らの存在を隠さずに生きることを提唱した。

　他にも、名前によって自らのルーツが朝鮮半島にあることを示す動きとして、1985年に結成された「民族名をとりもどす会」による民族名裁判*があった。これは、帰化する際に名前を日本人風の氏名にするよう指導された人々や日本国籍を有する日韓ダブル*の人が、戸籍*上の氏名を日本人風の氏名から朝鮮の姓名に変更することを求めるものであった。つまり、裁判前は通称名であった朝鮮の姓名が、勝訴後は本名として公式に扱われることになった。

　こうした運動とは別に、日常生活のなかで自分なりの名乗り方をする人々も出てきた。本名を名乗るといえば朝鮮名を朝鮮語読みと考えがちであるが、例えば、「金明子＝きむあきこ」と名乗る場合がある。「明子」という名前は、朝鮮語で「ミョンジャ」と発音するが、子供の頃に「あきこ」と呼ばれてきたことに愛着があることから上記のように名乗るのである。また、日本国籍を有するダブルの人が、戸籍上の本名である日本名とは別に通称名として朝鮮人の親の姓を名乗ったり、日本の氏と朝鮮の姓を併用する場合もある。親も子供に名をつけるときに、日本語と朝鮮語双方の発音が似ている名前を選択することもある。このように、在日朝鮮人の民族名は、異質な存在をあるがままに容認しようとしない日本社会のなかで、自らのルーツを示すものとして多様な形態をとりながら受け継がれている。

参考文献：水野直樹『創氏改名』岩波書店、2008。伊地知紀子『在日朝鮮人の名前』明石書店、1994。［伊地知紀子］

▶793 民族名裁判　日本の国籍*取得には出生による「届出制

度*」と、法務大臣が許可をする「帰化制度」がある。1985年まで日本の国籍法*は父系主義で、子どもの国籍は父親の国籍によって決められていた。そのため外国籍父親と日本籍母親の間に生まれた子どもには、不利な外国籍を免れるために母親の「非嫡出子」として出生届されることも多かった。一方、「帰化制度」では、1986年まで行政指導で「帰化後の氏名」欄に「日本的氏名」が強制されていた。このようにして朝鮮民族にルーツを持つ日本籍者のほとんどが「日本的氏名」の使用を余儀なくされた。1980年代頃から、彼らの中から民族名*を名乗り、自らを「日本籍朝鮮人」と主張する者たちが現れ始めた。しかし、彼らの民族的ルーツとアイデンティティ*を最も阻害するものは戸籍*に記載されている「日本的氏名」であった。

このような状況を打開するため、1983年4月、川崎市の尹照子は、横浜家裁川崎支部に日本名から尹への「申立」を行ったが、翌年2月却下された。1984年京都の朴実も同様の「申立」を京都家裁で行ったが却下され、1985年大阪の鄭良二も同様の「申立」を大阪家裁で行ったが却下された。鄭良二は大阪高裁へ即時抗告したが、これも同年10月棄却された。各家裁の裁判官は、申立却下の主な理由を「申立人の民族感情」であると決めつけ、これは「氏変更の止むを得ない事由に該当しない」とした。1985年12月、大阪において鄭良二や朴実らが呼びかけ人となって「民族名をとりもどす会」を結成し、全国的な運動として展開する。1987年1月朴実が再度京都家裁に「申立」を行い、同年6月、「日本籍朝鮮人」として全国で初めて「民族名裁判」に勝利する。その後、同年10月鄭良二、1989年4月尹照子も裁判に勝利し、日本籍者の民族名使用は判例として認められるようになった。　　　　　　　　　　[朴実]

▶794
『民団新聞』　在日本大韓民国民団*の機関紙で創刊は1946年3月10日。当時の朝鮮建国促進青年同盟*（建青）が発行した『朝鮮新聞』*から『新朝鮮新聞』(1946.8.30創刊〜1947.2)を経て、民団中央機関紙『民団新聞』(1947.2.21創刊〜1949.6)となり、『民主新聞』(1949.6.4創刊〜1962.1)、『韓国新聞』(1962.1.24創刊〜1996.4)と改称され、今日の『民団新聞』(1996.5.1〜)に至っている。

旧民団新聞創刊の辞では「如何なる主義主張にも固執する事なく民生問題、文化向上、国際親善の実を挙げるべく邁進して行く積りである」と書かれているが、本国の政治状況、民団中央執行部の意向に従わざるを得ないという制約があり、かつては「本国独裁政権への追従」を批判された時期もある。

現民団新聞の名称は公募で決められ、編集も名称変更時に民団中央の宣伝局から新聞社スタッフに移譲された。また、それまで民団各支部に一括して送付されていたのが、各家庭へ戸別に送られるようになった。現在は大衆的な紙面作りに力を注いでおり、在日コリアン社会の様子や出来事、本国のニュースを中心に政治・経済・社会・文化・芸能など幅広いジャンルをカバーした多様な記事が載せられてい

る。最高発行部数は10万部。［徐正根］

▶795 **民団と総連の「和解」** 2006年5月17日に民団の河丙鈺団長と総連の徐萬述*議長がトップ会談で、6·15南北共同宣言を支持し、民団・総連の長く続いた反目と対立を和解と和合に転換させるという共同声明を発表した。また、民族統一大祝典への参加、民族教育と文化振興の共同努力、両団体の窓口設置なども合意された。しかし、民団では同年6月1日の中央執行委員会で6·15大会参加を承認せず、6月24日の臨時中央委員会で共同声明の撤回を求めるなど紛糾した末、7月6日に河団長が白紙撤回を表明した。河団長は8月22日に辞任、2007年6月15日に民団中央は河団長を除名した。紛糾と混乱の争点には、脱北者支援問題、参政権獲得運動*、1970年代の民団分裂の歴史の評価問題などがあった。特に、日韓の保守的論客の北朝鮮叩きや、韓国の軍事政権時代の事件捏造などを理由に、総連や韓統連などによる「瓦解工作」「組織浸透謀略」だとする感情的な反発が民団内外に起きた。　［金栄鎬］

▶796 **民闘連（民族差別と闘う連絡協議会）** 朴鐘碩*の日立就職差別を糾す運動にかかわった人々によって1974年に結成された協議会。発足時の代表は李仁夏*と佐藤勝巳*、事務局長は裵重度。民闘連*には、①在日韓国・朝鮮人の生活現実を踏まえて民族差別*と闘う実践をする、②在日韓国・朝鮮人の民族差別と闘う各地の実践を強化するために交流の場を保障する、③在日韓国・朝鮮人と日本人が共闘していくことという「三原則」があり、会員、会費などはなく、年に一度自主的な地域活動の実践を持ち寄る全国交流集会を開催した。1975年に第1回全国交流集会が開催された。主な活動地域は、東京、神奈川、愛知、大阪、兵庫、岡山、広島、福岡などであった。在日のメンバーは2世世代が中心であった。反差別・権利獲得運動を課題とし、地域活動を基盤としつつアイデンティティ*の確立をめざすものであった。1970年代には公営住宅*、児童手当等を要求する運動を展開する。1980年代の指紋押捺撤廃、戦後補償を求める運動にも積極的な役割をはたした。その後も、定住外国人*の地方参政権、公務員の国籍条項*撤廃などを要求する運動で先導的な役割を果たす。1988年には「在日旧植民地出身者に関する戦後補償および人権保障法案」を発表し、その実現のための運動を展開した。1990年神戸大会における大沼保昭*の問題提起を契機として、民団・総連と異なる在日の第3の民族運動団体をつくろうというグループと日本人と在日との共闘を追求しようというグループの間に意見の相違が生まれた。その後も民闘連の流れをくむいくつかのグループが個々に活動を継続している。編著に『在日韓国・朝鮮人の補償・人権法』（1989、新幹社*）がある。　［飛田雄一］

▶797 **ムーダン（巫堂）** 歌舞賽神によってクッ*（巫俗儀礼）を司祭し、神霊に直接交渉して

祈願する宗教的職能者。巫女。出身地域により万神（マンシン）（中部地方）、タンゴル（湖南地方）、シンバン*（済州島*）などと呼ばれ、その職能には、クッの司祭、呪医、予言・占い、神託、霊媒などがある。彼らは在日コリアンの集住地やその郊外に居住し、同郷の在日1世の女性たちを中心に、他郷出身者や日本人のクライアントも含めた多様な人々の宗教的需要に応えてきた。

在日のムーダンやポサル*は、山岳地域で祈禱を行う過程で日本の修験道や韓国仏教を取り込み、「朝鮮寺*」と総称される巫仏習合的な宗教*施設を創り出した。在日コリアンが最も多い大阪市郊外の生駒山一帯には、1984年時点で63カ所もの朝鮮寺があったことが、宗教社会学の会によって確認されている。三尊仏などを安置した本堂の他に、滝行場や巫祭場を備えたこれらの宗教施設は、都市における騒音問題や巫俗信仰を迷信視する家族の反対から逃れ、誰にも邪魔されずにクッを行うために、在日ムーダンとクライアントが創り上げた儀礼の場であり、そこで行われる仏会などの定期的な集まりによって、ムーダンとクライアントの檀家的関係が深められてきた。

在日1世の女性たちにとって、ムーダンはクッの司祭者であるだけでなく、母語で語り合える相談相手であり、女性として異郷の地で同じ苦難を経験してきた理解者でもある。ムーダンは1世の女性たちのネットワークの中にいるため、看板を出さなくともどこにいるのか把握されており、必要な時にはすぐに紹介してもらうことができる。

ムーダンには、神の召命を意味する巫病を経て成巫し、激しい跳舞によって神がかりの状態となってコンス（神託）を行う降神巫と、技能の習得を通して代々巫業を受け継ぐ世襲巫がいる。世襲巫は在日コリアンの主な出身地である朝鮮半島南部に多く見られるが、日本語を母語とする在日2世への世襲は困難で、在日ムーダンの減少する穴をニューカマーのポサル*が埋めている。しかし、2世の中にも巫業を継承する者がおり、その場合は日本語による占いを中心に行うポサルとなる傾向がある。朝鮮寺については、宗教社会学の会『生駒の神々』（創元社、1985）に詳しい。　　　　［金良淑］

ムーダン（韓国）

むくげの会（東京）　1965年、日韓条約*締結後に発足した在日朝鮮人女性の半生を聞き書きし、記録する日本人女性の会。毎月、ハガキの『むくげ通信』を発行し、日本社会に朝鮮問題を発信した。在日朝鮮人社会の中でも特にその声が届きにくい「ごく普通」の女たち、もの言わぬままに在日朝鮮人を支えてきている女性たちの、渡航の過程や生活

の日常茶飯事を聞き書き、記録する活動を続けた。金嬉老事件*の時には人質になった人たちに手紙を送るなどの活動をしている。6年間にわたる聞き書きは『身世打鈴(シンセタリョン)』(東都書房、1972)として出版された。その時の会員は久保文、菅間きみ子、平林久枝、中島昌子、内海愛子*、関口明子の6人。同書を刊行後も聞き書きは続けられたが、会としての活動は停止。平林は聞き書きを続け小冊子『身世打鈴』を刊行し、『百萬人の身世打鈴(シンセタリョン)』(東方出版、1999)の編集に参加するなど活動を続けている。　　　　　　［内海愛子］

▶799 『無産者』　1929年5月、『藝術運動』の続刊として無産者社(所在地は東京)から発行された朝鮮文月刊誌。編集者・発行人は李炳璨。発行の中心となったのは朝鮮人共産主義者の高景欽*・金三奎*・金斗鎔*・李北満ら。創刊号は500部。プロレタリア藝術の立場から、「朝鮮被圧迫民族の精神的糧食を供給」し、労働運動との連帯を志向した。例えば、中心人物の一人であった金斗鎔は「政治的視覚から見る芸術闘争―運動困難に対する意見―」(第3巻第1号掲載)で、芸術運動を政治闘争の一部分と位置づけている。このような理論の展開や労働運動を鼓舞する評論だけではなく、小説・戯曲・詩・童話などの文学作品も積極的に掲載した。中野重治が、日本プロレタリアートと朝鮮プロレタリアートの連帯を歌いあげた「雨の降る品川駅」は、朝鮮語に翻訳されて本誌第3巻1号に掲載されたのは有名である。1931年8月、高景欽・金三奎らが検挙され無産者社は解散。

参考文献：朴慶植編、朝鮮問題資料叢書『第5巻　在日朝鮮人運動関係機関誌(解放前)』アジア問題研究所刊。『無産者』第3巻第1号および同第2号(上記朝鮮問題資料叢書『第5巻　在日朝鮮人運動関係機関誌(解放前)』に収録)。　　　　　　　［森類臣］

▶800 **無産者診療所**　1920年代末から1930年代にかけて、社会主義運動のなかで生まれた、労働者ら勤労大衆が低料金で安心して医療サービスを受けることのできる診療所のことで、在日朝鮮人も関わりをもったものがいくつかある。

　なかでも、1931年に大阪市北区吉山町に設立された大阪朝鮮無産者診療所の存在は、注目すべきものであった。在日朝鮮人人口が急増していたにもかかわらず朝鮮語で診療を受けられる機関がほとんどなかったなかで、医師・看護師も朝鮮人であり、朝鮮語の医療サービスを提供していたのである。なお、医師は後に韓国の結核協会会長などを務める鄭求忠であり、看護師の一人は当時の大阪の在日朝鮮人運動に大きな影響力を持っていた金文準*の娘であったとされる。また、同診療所の設立と運営は、労働運動、消費組合運動や朝鮮人児童の教育などの活動にあったっていた幅広い朝鮮人の協力によって行われた。しかし、同診療所は警察当局の弾圧とそれに伴う左右のイデオロギー対立の顕在化のなかで翌年には活動を停止することとなった。

参考文献：外村大「大阪朝鮮無産者診

療所の闘い」『在日朝鮮人史研究』第20号、1990年10月。　　　　　[外村大]

村山談話

1995年8月15日、当時の村山富市首相が発表した「戦後50周年の終戦記念日にあたって」と題する談話の通称。日本の過去の植民地支配・侵略の責任を認め、反省と謝罪の意を表明したもので、歴史認識に関する日本政府の公式見解と位置づけられている。1994年6月に発足した自社さ政権（自民党・社会党・新党さきがけの3党連立政権）では社会党委員長であった村山が首相に就任したが、3党の政策協定には、戦後50年を契機に過去の戦争を反省し平和への決意を表明する方針が盛り込まれていた。

これに基づき、村山内閣は戦後50年の国会決議や記念行事を計画したものの、国会決議はその文案に自民党右派などが反発し、1995年6月の衆議院本会議では半数近い251名が欠席するなか採択されるという惨憺たる結果となった。そこで村山首相は、歴代首相が繰り返してきたアジア諸国への反省・謝罪の意を首相談話という形式で集大成しようとし、閣議は満場一致でこの談話を承認した。村山談話は「植民地支配と侵略によって……とりわけアジア諸国に対して多大の損害と苦痛を与え」たとの認識から、「疑うべくもないこの歴史の事実」に対し「痛切な反省の意」と「心からのお詫びの気持ち」を表明した。また「独善的なナショナリズムを排し……国際協調を促進」すると同時に、「唯一の被爆国としての体験を踏まえて、核兵器の究極の廃絶を目指」すとも述べている。以後、日本の歴代内閣はこの談話を踏襲し、とくに小渕恵三首相は1998年の金大中大統領との日韓共同宣言、江沢民国家主席との日中共同宣言で続けて村山談話を引用するなど、事実上の政府の公式見解を示すものとして定着した。しかし日本の右派・保守派の一部には、日本は侵略国家ではないという立場から、村山談話の見直し、撤回を要求する声もある。　　　　　[藤永壮]

村山知義 むらやまともよし
1901〜1977

プロレタリア文化運動の指導者・演出家・作家。東京神田生まれ。1921年に渡欧し新たな芸術の勃興に触れる。翌年帰国、芸術活動を展開、前衛芸術家として注目される。その後、プロレタリア演劇運動と関係を持つようになり、1920年代後半から1930年代にかけてたびたび弾圧を受けつつも指導的役割を果たす。

この間、1928年には熱海のトンネル工事に就労していた朝鮮人労働者がよく利用する料理店で朝鮮民謡を聞き魅了される。その後、彼が委員長を務めていた日本プロレタリア劇場同盟（プロット）内の朝鮮人左翼文化人との交流を持ち、日本で行われていた朝鮮人の文化活動にも接した。プロレタリア演劇運動の展開が困難となった1930年代半ばには新劇のさまざまな劇団を大同団結させて新協劇団を発足させる。新協劇団は日本人が主体となったものであったが、1938年には朝鮮人の協力を得つつ「春香伝」を上演した。

1940年に検挙されたのち、表だった活動ができなくなっていたが、1945

年3月に朝鮮総督府の外郭団体に招かれて演劇指導のためにソウルに赴き、そこで敗戦を迎える。敗戦前後にはオペラ「春香伝」のテキストを執筆していたとされる。同年12月に帰国、以後、演劇*、小説、美術*などの分野で多面的に活動した。なお、1947年に発表した小説集『明姫』には解放前の在日朝鮮人集住地を舞台にした作品が収められている。

参考文献：村山知義『演劇的自叙伝』第1〜4巻、1970〜1977。林浩治『戦後非日文学論』新幹社、1997。

[外村大]

文世光事件（ムン セ グァン）　1974年8月15日、ソウルの国立劇場で開催された光復節記念式典において、朴正熙大統領が狙撃されるという事件が起こった。大統領は難を免れたが、銃弾の一発が陸英修大統領夫人の頭部を貫通。大統領夫人は帰らぬ人となった。韓国の特捜部は、式典に参加していた在日韓国人2世の文世光（当時22歳）を狙撃犯として逮捕。起訴された文世光は同年10月19日、ソウル地裁で死刑判決を下され、同年12月20日に死刑が執行された。

2005年5月、韓国政府はこれまでマル秘扱いだった韓国法務省の「文世光事件」に関する資料を公開した。しかし、組織の関与を主張する韓国特捜部と、文世光の単独犯行説を主張する日本の警察では、捜査結果に数多くの相違点が見られるなど、事件には不可解な部分が少なくない。また、文世光が拳銃を隠したまま税関を無事に通り抜け、厳重な警戒体制下の記念式典会場にノーチェックで入場できたのはなぜか。文世光の銃から放たれた弾道と大統領夫人の頭部への銃弾の入射角が一致しなかったのはなぜか。事件の真相は多くの謎につつまれたままである。

文世光事件を考察した論稿に、朴一「文世光事件とは何だったのか」『環特集：「日韓関係」再考』23号（藤原書店、2005年）、金栄鎬「金大中事件と文世光事件」同『日韓関係と韓国の対日行動』（彩流社、2008年）などがある。

[朴一]

メーデー事件　サンフランシスコ講和条約*で日本が主権を回復した直後（4日後）の1952年5月1日、第23回中央メーデーで警察官がデモ隊を襲い、死者2人負傷者2300余人が出た。「血のメーデー」とも言われ、三大騒擾事件の一つ。1232人が逮捕され検察側は261人を騒擾罪で起訴した。皇居前広場の使用を占領軍の指示で日本政府は禁止したが、講和条約発効下で東京地裁がこの措置を違法とし、政府は控訴し禁止に固執した。騒擾事件の裁判で、検察側は「日本共産党員らを中心とする中部第一群と朝鮮人を主力とする南部群が暴徒化し、皇居前広場を占拠しようとした」と主張、弁護側は「デモは皇居前広場の使用禁止処分に対する正当な抗議行動で共同意思はなかった」と反論した。一審の東京地裁は一部有罪とし、二審東京高裁は全員無罪（一部公務執行妨害などで有罪）、騒擾罪不成立の逆転判決を下し、検察は上告を断念し、20年7カ月ぶりに無罪が確定した（1972年12月5日）。

[西村秀樹]

▶805 **モーニング** 朝食を自宅ではなく近所の喫茶店のモーニングセットでとる習慣のこと。中京圏から京阪神、中・四国の都市部、とりわけ下町地域に広く見られるが、これらの地域にコリアンの居住が多いことから、当該地域在住コリアンの間に特徴的な生活文化の一つともなっている。モーニングの起こりは、高度経済成長期に日本各地の喫茶店がコーヒーにトーストを付けるサービスを開始したことに求められるが、上記の地域ではサラリーマン層への浸透とは別に、女性や子どもを含めた家族、近隣の生活習慣としてこれが受容された。生活習慣としてのモーニングは、家内工業、内職、商店経営などが忙しく朝食をつくる暇がないために行われる場合が多いが、近隣コミュニケーションの上でも重要な場となっている。とくに、大阪市生野区や神戸市長田区*などのコリアン集住地区でのモーニングは、コリアン間での就労情報やお見合い情報の交換の場や、渡日1世世代の高齢者同士が朝鮮語による会話を行える数少ない場となっている。　　　　［島村恭則］

▶806 **モランボン** 1972年在日1世朝鮮人の全鎮植（チョンジンシク）が創業した企業。本社東京都府中市。全は少年時代、同級生から「ニンニク臭い」と蔑まれた差別体験に基づき「ニンニクは朝鮮人が食べるもの」という日本人の固定観念払拭を決意し、朝鮮料理の普及による朝鮮文化の地位向上を目指し同社を起業。社名は朝鮮平壌の美しい山モランボン（牡丹峰）に由来。親会社の社名は日本の国花桜に由来。全によれば「さくらグループの中には日本と朝鮮の二つの国が共存している」。1979年朝鮮伝統の調味料ヤンニョムジャン（薬念醬）の非加熱処理、保存料・化学調味料無添加の焼肉*たれジャンを開発。米倉斉加年起用のCMが好評を博し、同社の存在を全国に知らしめた。朝鮮料理のレトルト食品化に成功し、朝鮮食品市場形成に大きな役割を果たしたパイオニアといえる。1986年北朝鮮政府と在日朝鮮人商工人との合弁事業合意に基づき海外事業部を創設し北朝鮮に合弁工場を建設。北朝鮮産の紳士服やピアノ等を日本市場に流通させたが、北朝鮮政府の契約不履行等により撤退し同国との関係を清算。全在世中は右翼の妨害にも屈せず「朝鮮料理・朝鮮の味」等「朝鮮」を強調していたが、拉致事件発覚後は控えるようになり、2004年の韓国市場進出を契機に「韓の食菜」等に改めた。　　　　［河明生］

▶807 **盛岡冷麺** 岩手県盛岡市の名産品として知られている冷麺*のこと。朝鮮半島の冷麺が、そば粉を用いた細麺をトンチミ主体のスープに浮かべたものであるのに対して、盛岡の冷麺は、牛・鶏の骨でとったスープと小麦粉・重曹を使用した黄白色の太麺が特色である。1954年、朝鮮・咸興出身の青木輝人（楊龍哲。1914年生まれ。1962年日本国籍取得）が自らの経営する盛岡市内の朝鮮料理店「食道園」において「平壌冷麺」の名で店に出したものが盛岡での冷麺の初源とされる。青木は青年期に留学目的で渡日し東京で暮らしていたが、1943年

に盛岡へ疎開。解放後、いったん東京にもどり数寄屋橋の焼肉*店「食道園」等で働くが再び盛岡へ移住し「食道園」を開店。麺に工夫を加えて次第に現在のような麺が形成された。青木の店の成功後、盛岡市内の他の在日コリアンも冷麺店を開店するようになり、市民への普及とともに1980年代以降「盛岡冷麵」の名称が発生した。現在、盛岡市内には30を超える冷麵・焼肉店があり、また観光土産としての商品化もさかんに行われている。青木をはじめとする盛岡在住コリアンへの聞き書きによって盛岡の冷麵事情を詳述した著作に小西正人『盛岡冷麵物語』(リエゾンパブリッシング)がある。

[島村恭則]

▶808 **森田芳夫** もりたよしお
1910〜1992

朝鮮史研究者。京城帝国大学法文学部卒業(史学科朝鮮史学専攻)。緑旗研究所所長、国民総力朝鮮連盟事務局専務参事、清和女塾講師・主事(緑旗連盟経営)等に就く。敗戦後も南朝鮮に滞在し「京城日本人世話会」に勤務。1946年に福岡に引揚げ、(財)在外同胞援護会副参事、引揚援護庁勤務を経て、1950年から外務省調査員、法務省入国局引揚課事務官、1958年から外務省アジア局北東アジア課事務官。1972年より在大韓民国日本国大使館参事官に就き、1975年帰国後定年退職。その後、韓国の誠信女子大学校教授、九州大学講師等を歴任。

森田はその職務上、在日朝鮮人に関する官庁資料を縦横に駆使し、統計数字に関してはその長短を踏まえたものとして定評がある。森田の収集した資料および蔵書は九州大学文学部朝鮮史学研究室に寄贈され、現在森田芳夫文庫となっている。代表的な著作として、敗戦後の空白を余儀なくされている在日朝鮮人問題について、当時の政府各機関の資料・統計をもとに多面的に考察した『在日朝鮮人処遇の推移と現状』(『法務研究報告書』第43集3号1955)、他に『朝鮮終戦の記録』(巌南堂書店、1964)、『朝鮮終戦の記録(資料編1〜3巻)』(法務研修所、1979〜1980)などがある。その後、金英達*が森田の論文を編集した『数字が語る在日韓国・朝鮮人の歴史』(明石書店、1996)を公刊。

森田は歴史研究とは別に言語研究者でもあった。『韓国における国語・国史教育』(原書房、1987)などを公刊。韓国語研究に向かった理由について、森田は解放後「独立を祝う人びとの心の側に立って歴史を見ようとしたことがあったのか」と反省し、「日本民族が隣邦の民族の生活と心を理解するための朝鮮語の勉強である」と述懐している。

参考文献:舘野晢『韓国・朝鮮と向き合った36人の日本人』明石書店、2002。

[伊地知紀子]

ヤ 行

▶809 **八尾トッカビ子ども会**

大阪府八尾市の在日密集地域で1974年に創設された在

日コリアン対象の子ども会。高校時代に地域の部落解放運動の影響を受けた在日青年たちが始めた交流会が、地域の在日の子どもの生活や勉強をサポートする活動を開始し「トッカビ子ども会」と名づけた。トッカビは、朝鮮の伝説に登場するユーモラスな悪鬼。徐正禹が代表をつとめた。子ども会活動では、民族的内容も取り入れて子どもたちに朝鮮人として生きる自覚を促す一方、そうした教育活動の延長として、差別的な国籍条項*の撤廃を求める行政交渉やさまざまな差別事件の解決にも取り組むようになった。また民族差別と闘う連絡協議会（民闘連*）の主要構成メンバーにもなった。1980年代以降、八尾市の国際理解教育施策の一端を担うようになり、現在ではベトナムや中国にルーツを持つ子どもにも対象を広げ、多文化共生*社会創造をめざした活動を行っている。2002年NPO法人の資格を獲得し、特定非営利活動法人「トッカビ」と改称した。

[鄭雅英]

焼肉

牛、豚などの畜肉類を直火で焼く方法のこと。日本にこの料理法が普及、定着したのは戦後のことで、在日コリアンの生活の中からである。日本の料理法には牛肉などを直火で焼く方法はなかった。戦前からの食文化*のちがいの結果である。

朝鮮半島は三国時代に仏教国家であったため動物の殺生は禁止され肉食はできなかった。日本も奈良時代から仏教の戒律で同様であった。高麗時代の14世紀、モンゴルの支配の影響で肉食が一部で復活。さらに15世紀の朝鮮朝の「崇儒排仏」政策で仏教が排され儒教文化になる。肉食は自由となり、高級な食べ物へと変わる。儒教の礼俗による冠婚葬祭などの食には魚肉類は欠かせないものとなった。動物のあらゆる部位を効果的に利用する知恵が重ねられ、この畜肉の料理文化を身につけていた人たちが日本に来たわけである。

一方、日本は奈良時代の7世紀半ばから明治の初めまで仏教国家として肉食禁止の戒律が守られ、西洋文明を導入した明治初期からようやく肉食が奨励された。牛の正肉の部位を利用するすきやき法はそれ以降の料理であり、焼肉料理はなかった。

朝鮮時代に発達した焼肉料理は牛肉をうすく切り、味付けをして台所で焼き上げ、皿に盛ったものを配膳してからいただき、「ノビアニ」と呼ばれた。牛肉の最高料理で宮廷メニューにもみられた。ノビアニはつくる人と食べる人は別である。一方焼きながら食べる方法に利用されたのが内臓類で、農村などの庶民生活にみられた。この方法が広まるのは20世紀になってからのことである。

解放後、韓国社会の不安定、朝鮮戦争時の混乱などの生活の変化の中でノビアニ法と共に直火で自分が肉を焼く方法が多くなる。これが「プルコギ」と呼ばれ広まる。この言葉はすでに朝鮮時代にもノビアニを指す語としてはあったが、一般化していなかった。1945年刊の辞書類にノビアニはあってもプルコギはない。20世紀後半に広まった名称とみてよい。直火で自分が焼く肉料理法は在日コリアンの生活

から戦後の日本社会に広まり始める。1955年を境目に焼肉店は外食産業として急成長をみせる。1965年以降は焼肉のタレの商品化も始まり、焼肉は日本の家庭料理へと発展する。さらに焼肉の煙を処理する無煙ロースターの開発は焼肉料理を一気に高級料理へと押し上げ、多くの愛好層を形成するに至る。

全国に「焼肉」を売る店はひところは2万店を超えたが、現在は2万を切っている。オーナーは在日コリアン（帰化者を含め）が圧倒的に多い。年商1兆2000億円規模の外食産業（2008年）となっている。　　　　　[鄭大聲]

▶811
ヤクザ　源流は博徒（ばくと）と香具師（やし）・的屋（てきや）。伝統的アウトロー集団だが、義兄弟・親子の誓い、襲名披露、葬式等の宗教*的儀式による裏社会的秩序を重んじる。江戸時代の寺社奉行の管轄地を香具師が庭場とし、町奉行の管轄地を博徒が縄張りとした。香具師は寺社が支配した門前町・参道・境内における祭り・市・縁日の露天商や大道芸人等を収入源とし利益を寺社に上納。渡来神・神農黄帝を守護神・職神とし、その嚆矢が漢薬・韓薬の行商であったため渡来人*の生業であったとする説がある。

江戸時代には「非人」身分におかれたが、皮革産業等を生業とする同じ被差別民の「穢多」（えた）に対する差別の根拠に「朝鮮人先祖説」があり、渡来人に対する伝統的差別意識と被差別民の生業との因果関係解明の研究蓄積が望まれる。博徒の収入源は賭博。香具師も賭博を好んだ。1884年明治政府は、博徒・香具師の賭博犯に対し警察官の判断に基づく証拠無しの非現行犯逮捕を認め、厳罰化・上訴禁止を定めた賭博犯処分規則を制定。「○○一家」と名乗っていた博徒系は表向きは土建業を装って「○○組」、香具師系は商業を装って「○○会」を名乗ることで本法の適用を逃れようとした。花札賭博の際、八と九の札を引けば合計17=7となり札止めが常識だが、射幸心が高く投機を好む者は、おいちょ（8）になる一の札やかぶ（9）になる二の札を狙い3枚目の札をひくが、最悪の札・三を引き合計20=0（ぶた）で負け。引いた札の順番八・九・三は「使いものにならない、役に立たない」と嫌悪され、それが一般社会から嫌悪された人間＝ヤクザの語源になった。

博徒も香具師も生態が似ており総称してヤクザと呼称された。日本資本主義の発展に伴う鉄道、道路、港等のインフラ整備等で日雇低賃金労働力需要が急増。博徒系は日雇人夫の派遣を通じたピンハネが収入源となる。被差別部落やスラム等の下層住民が労働供給源であったが、1910年の韓国併合により新たな供給源が現れた。被差別部落やスラムに流入・定住し、先住貧困層の生業を模倣した朝鮮人である。犯罪の基礎的条件は貧困と差別にある。当初、朝鮮人は低賃金労働者に過ぎなかったが、ヤクザが仕切る日雇労働市場において接点が生じ、一部とはいえヤクザの構成員・準構成員となる者が現れた。また業務上、接点を持たざるを得ない零細土建業者も登場。朝鮮人日雇労働者を束ねる朝鮮人親方はその典型といえる。

1945年の敗戦後の混乱期、日本全国で新興ヤクザ勢力が台頭し覇権をかけた闘争が激化。同時に香具師系が支配した闇市が大都市部に群生。その対抗勢力として登場したのが、初期のGHQ指令により解放民族とみなされた朝鮮人と台湾人等であった。内務省・警察は、朝鮮人等に対して無力化したため「毒をもって毒を制す」の例え通りヤクザを利用。「第三国人*の横暴阻止」等を大義名分とし、ヤクザを発憤させて対抗勢力に仕立て上げ両者を対決させた。戦後、急速に勢力をのばした新興ヤクザが、例外なく闇市等での対朝鮮人武闘伝を持つのは偶然ではない。この混乱期にのしあがり、著名な組長となった「在日ヤクザ」もいる。

戦後、ヤクザ勢力は右翼勢力と共に反共産主義を大義名分としながら保守政権との癒着を開始。日本と韓国を反共の防波堤と位置づけた米国の思惑にそうように「在日ヤクザ」が日本の保守勢力と韓国の反共勢力とを結ぶ窓口となった。ロビイスト活動を展開する者も登場。1963年警察はヤクザを暴力団と定義。しかし、ヤクザ自身は暴力団の呼称を忌避し自ら暴力団と名乗ることはない。

[河明生]

▶812 山田昭次
1930〜

日本史研究者。立教大学文学部卒業、東京教育大学文学部大学院文学研究科修士課程修了。1959年に立教大学文学部助手、1962年に立教大学一般教育部専任講師、1965年助教授、1977年教授、1995年退職、名誉教授となる。1960年代の日韓会談が進む中、明治期の自由民権運動家ら日本人の朝鮮認識について研究を開始。関東大震災における日本人の朝鮮人虐殺についての調査研究とともに、金子文子*の思想と生涯について研究を深めた。同時に朝鮮人強制連行調査にも携わり、強制連行の実態やそれに関わる日本の社会経済構造についての研究を行い、朝鮮人戦時動員についての理論化に努め、戦時動員を矮小化する見解に対抗する論陣を張った。また、東京教育大を卒業した徐勝が1970年に韓国で拘束されると救援運動に関わり、徐兄弟の釈放まで活動した。著書に『金子文子』(1999、影書房)、『関東大震災時の朝鮮人虐殺』(創史社、2003)、『朝鮮人戦時労働動員』(共著、2005、岩波書店)など。

[石坂浩一]

▶813 山辺健太郎
1905〜1977

戦前の非転向共産主義者・歴史研究者。東京生まれ。書店店員として働く中で社会主義文献に接し、1920年代には労働運動に参与、さらに共産党系の青年運動などにもかかわる。1929年の4・16弾圧で検挙、入獄する。出獄後、引き続き左翼運動を展開、1941年に治安維持法*で検挙、投獄される。刑期終了後も非転向を貫き、予防拘禁所に移る。1945年10月10日に出所し、日本共産党の活動に従事、共産党書記局員、『前衛』発行人。これとともに歴史研究にも目を向け、論稿を発表するようになった。1958年以降は著述、研究活動に専念、その研究は日本の社会主義運動史のほか近現代の日朝関係、日本の朝

鮮植民地支配の実態の解明を中心としていた。著書に『日韓併合小史』や『日本統治下の朝鮮』(岩波新書)などがある。

朝鮮に関心を向けさせた契機には、予防拘禁所における金天海*との出会いがあったことを本人が語っている。また、朝鮮史研究会*にも発会時から参画し、朴慶植*や姜徳相*、宮田節子*、梶村秀樹*ら、戦後の朝鮮史・在日朝鮮人史の研究を開拓する後進研究者と関わりを持った。

参考文献：遠山茂樹ほか『山辺健太郎・回想と遺文』みすず書房、1980。山辺健太郎『社会主義運動半生記』岩波書店、1976。　　　[外村大]

▶814 やまむらまさあき
山村政明
1946〜1970
帰化をした在日の苦悩と日本社会との戦いの中で焼身自殺した在日2世。山口県生まれ。民族名*は梁政明(ヤンヂョンミョン)。9歳の時、家族ごと日本国籍取得。宇部工高卒業後、苦学しながら予備校に通い1967年早稲田大学第一文学部に入学したが、経済的理由で退学を余儀なくされ、翌1968年夜間の第二文学部に再入学した。大学入学後、大学闘争に参加し、当時学内自治会を支配していた新左翼系党派に反発してノンセクトの学部有志連合を目指すも失敗し、党派から登校妨害を受けた。また大学時代、日朝関係史や民族問題に関心を深め朝鮮人として生きることを強く願ったにもかかわらず、在日同胞学生サークルからは帰化を理由に拒絶されたことが手記に書き残されている。1970年10月、早稲田大学近くの穴八幡神社で焼身自殺を遂げる。「抗議嘆願書」と記された遺書には党派への批判とともに、自己の国籍*と民族に関する苦悩が記されていた。自死に至る山村の葛藤・苦悩は、在日社会に衝撃を与えた。山村政明遺稿集『いのち燃えつきるとも』(大和書房、1971)が刊行されている。

[鄭雅英]

▶815 **ヤミ市**
政府による経済統制下、公定価格・配給制度の枠外での商取引が行われた市場。第二次大戦直後に全国各地に数多く発生した。終戦前後の極度の物資窮乏状況が背景にある。店の形式は、当初は露店であったが、やがてバラック(仮小屋)や長屋形式のものへと変化した。ヤミ市で商売をする者には、日本人引揚者や復員兵、戦災被災者などとともに、在日コリアンや在日華僑も多かった。ヤミ市の多民族性は、各地のヤミ市が「国際親善マーケット」(東京・上野)、「国際マーケット」(神戸・三宮、東京・新橋)、「国際市場」(大阪・鶴橋、熊本・河原町)などと名づけられていたことにもうかがえる。

ヤミ市で扱われた品物は、農村部などから持込まれた食料品をはじめ、衣類、酒、薬品その他あらゆる生活必需品であり、その中には旧日本軍の隠匿物資や進駐軍からの横流し品、台湾・香港方面からの密輸品なども含まれていた。また飲食屋台も多く、ホルモン焼き、密造酒(ドブロク、焼酎)、餃子、ラーメンなどは定番メニューであった。

1949年以後、経済統制の解除が進みヤミ市は消滅するが、引き続き一般の市場、商店街、問屋街などとして存

続したケースも多く、さらにその後の再開発事業等による変貌を経た上で現存しているものもしばしば見られる。ヤミ市の実態を詳述した文献として、東京については猪野健治編『東京闇市興亡史』（双葉社）、松平誠『ヤミ市幻のガイドブック』（筑摩書房）、大阪については大阪・焼跡闇市を記録する会編『大阪・焼跡闇市』（夏の書房）、藤田綾子『大阪「鶴橋」物語』（現代書館）がある。　　　　　［島村恭則］

▶816 ヤルタ会談・ポツダム会談と在日コリアン

1943年12月のカイロ宣言は日本支配下の朝鮮民族が「奴隷状態」にあると規定し、朝鮮の「自由と独立」を約束した。1945年2月のヤルタ会談では、朝鮮独立後の信託統治*問題が秘密裏に議論された。1945年7月のポツダム宣言では、「カイロ宣言の条項は、履行せらるべく、又日本の主権は、本州、北海道、九州及び四国並びに吾等の決定する諸小島に極限せらるべし」とした。つまり、カイロ宣言からヤルタ会談そしてポツダム宣言に至るまでの連合国の対朝鮮政策は、日本の植民地支配から朝鮮を解放することには同意したものの、朝鮮の将来については明確な方向が定まっていなかった。

こうした決定を反映してアメリカ政府が作った対在日コリアン占領政策が、SWNCC205/1（1945年11月15日）：在日難民（Displaced Persons in Japan）であり、その結論の部分は統合参謀本部の指令（JCS1550 1945年12月7日）としてマッカーサー司令官に送られた。　　　　　　［金太基］

▶817 梁石日 ヤンソギル 1936〜

小説家・詩人・作家。大阪市東成区出身。高校卒業後、詩人の金時鐘*と知り合い、詩集同人誌『ヂンダレ』*に参加し、詩作活動に励む。26歳のとき印刷会社を興すが、莫大な借金を抱え倒産。29歳のとき大阪から逃れ、各地を転々とする放浪生活に入る。34歳のとき、東京でタクシー運転手となるが、交通事故に巻き込まれて乗客が死亡。これをきっかけにタクシー業界から引退。タクシー運転手をしていた頃に書いた『狂躁曲』（後に『タクシー狂躁曲』に改題）が評判となり、作家の道に入る。1993年、崔洋一*監督の手で『狂躁曲』が映画化され（『映画名は『月はどっちに出ている』*）、梁石日作品が改めて注目されるようになる。1998年にはミリオンセラー小説『血と骨』で山本周五郎賞を受賞し、直木賞候補にもなる。梁石日作品の多くは作者本人の体験を題材にしたものが多いが、その作品に登場する人物の多くは在日コリアンであり、異郷の地で差別にさらされながらも、逞しくかつしたたかに生きてきた在日1世・2世の人間模様が、エネルギッシュに描かれている。主な作品に、『タクシードライバー日誌』（1984年）、『族譜の果て』（1988年）、『夜を賭けて』（1994年）、『死は炎のごとく』（2001年）、『闇の子供たち』（2002年）、『ニューヨーク地下共和国』（2006年）、『シネマ・シネマ・シネマ』（2006年）などがある。　　　　［朴一］

▶818 梁泰昊 ヤンテホ
1946〜1998

市民運動家。大阪生まれの在日2世。関西大学文学部卒業。民族差別と闘う連絡協議会（民闘連*）のリーダーの一人。著書『釜山（プサン）港に帰れない 「国際化」の中の在日朝鮮・韓国人』（第三書館、1984）が、在日の実態から立論する「在日派」の論考として話題になった。1980年代に『季刊三千里』*誌上で姜尚中*と論争がなされ「共存・共生・共感」（45号、1986）などの論考を発表した。自身も指紋押捺を拒否し、裁判での陳述が、『サラム宣言 指紋押捺拒否裁判意見陳述』（神戸学生青年センター*出版部、1987）として出版されている。著書に、『在日韓国・朝鮮人読本 リラックスした関係を求めて プロブレムQ&A』（緑風出版、1996）、訳書に『ソウル火の海 長編小説』（魯樹みん、光文社、1994）などがある。1998年7月、クローン病により死亡した。

[飛田雄一]

▶819 梁永厚 ヤンヨンフ
1930〜

教育者・歴史研究者。済州島*生まれ。4歳のとき渡日する。大阪の小・中学校（旧制）を経て、1951年旧制関西大学専門部を卒業する。その後、大阪の朝鮮初級・中級・高級学校の教員・校長を務める。1969年より朝鮮総連大阪府本部、中央本部に勤務ののち、1975年より1984年まで兵庫県立尼崎工業高校の朝鮮語講座を担当した。

自身の体験に基づき在日朝鮮人の民族教育について、「大阪における4・24教育闘争覚え書き」（『在日朝鮮人史研究（1）(2)』6.7号、1980.6、1980.12）、「4・24教育闘争－大阪」（『在日朝鮮人の民族教育』、1982.3）、「解放後、民族教育の形成」（『季刊三千里』*48号、1986.10）などを発表している。研究領域は広く朝鮮の歴史、民俗、在日朝鮮人史等の論文も発表している。著書に『戦後・大阪の朝鮮人運動』（1994.8、未來社）などがある。大阪女子大学、関西大学、近畿大学等で朝鮮語・人権論等の非常勤講師を務めている。

[飛田雄一]

▶820 郵便外務職の国籍条項

1983年9月1日、大阪府八尾市で暮らす在日コリアン高校生の李昌宰、孫秀吉氏の二人が郵便外務職（郵便配達業務）の受験願書を提出する。願書を受けつけた大阪中央郵便局庶務課は、二人が韓国籍であることを理由に受験願書を受理せず、郵便配達業務は「公権力の行使にあたる」と拒否の正当性を主張する。その後二人が学んだ八尾市のトッカビ子ども会や同胞親睦会が中心となって「李君・孫君を囲む会」が結成され、郵便外務職の国籍条項撤廃を求める活動が開始された。当事者・支援団体の粘り強い運動により、郵政省は国籍条項を外国人一般の問題としてではなく在日コリアンに対する民族差別*の観点から捉えること、外務職に限定した形での採用が可能かどうか実務的な検討に入ることを表明した。その後、郵政省人事課が李昌宰、孫秀吉両氏の住む在日コリアン集住地域の生活実態調査を行い、劣悪な在日コリアンの就労状況も理解するなどの経緯を辿り、1984年5月24日、郵便外務職の国籍*条項*は撤廃

された。　　　　　　　　［金宣吉］

▶821 柳美里 ユミリ
1968～

小説家・作家。神奈川県生まれの在日2世。1984年高校を1年で中退し、東由多加主宰の劇団東京キッドブラザーズ入所。1987年、青春五月党結成。1993年「魚の祭」で第37回岸田国士賞を受賞する。24歳という若さだった。翌年、処女小説「石に泳ぐ魚」を『新潮』9月号に発表するが、モデルとされる友人に出版差し止め・損害賠償を要求され裁判になった。1996年『フルハウス』(文藝春秋)で泉鏡花賞、野間文芸新人賞を、1997年『家族シネマ』(講談社)で芥川賞を受賞し小説家*としての知名度を飛躍させた。

これらは不遇な自己を描く身勢打鈴的な文学だったが、『ゴールドラッシュ』(新潮社、1999年)などの作品では社会の不遇を抱え込むようになった。1999年末から『週刊ポスト』に連載された『命』(小学館)は、自身未婚の母として身重の体でありながら、癌で闘病する、師でありかつての愛人であった東由多加の世話をしていく過程を現在進行形で連載して社会に強烈なアピールをした。2002～2004年にかけて、日韓同時新聞連載した『8月の果て』(新潮社、2004年)は自らのルーツと祖父の生きた時代を描いた力作であり、柳美里文学に時空枠の広がりをもたらした。　　［林浩治］

▶822 尹槿 ユングン
生没年不詳

社会運動家。在日本朝鮮人連盟*(朝連)の委員長。咸鏡南道永興郡生まれ。渡日以前に京城府の槿花女学校と槿花幼稚園でながく教員生活を送ったのち、1930年代初めに東京にやってきて地理学、歴史学を学んだ。1930年代には東京朝鮮YMCA*(基督教青年会)の総幹事などを務め、同会の会館の修理や文化活動の興隆に力を注いだ。また1938年ころには、東京神田において「京城食堂」を経営していたとされる。

解放後、在日コリアンの民族団体として発足した朝連の委員長となる。解放前からの民族運動指導者はほかにも多数いるなかで彼が選ばれた経緯は不明。また朝連の主導権はその後共産主義者が握ることとなり、左派系の団体と見られることとなるが、クリスチャンである尹槿は継続して委員長を務め、在日コリアンの生活権の擁護や政治的弾圧に対する反対、抗議の活動などにおいて組織の代表者としての役割を果たした。　　　　　　［外村大］

▶823 尹健次 ユンコンチャ
1944～

京都出身の在日朝鮮人二世、思想家・詩人。京都大学卒業後、東京大学大学院で思想史、近代日朝関係史を専攻して神奈川大学教授となる。『異質との共存』(岩波書店、1987年)をはじめ、『孤絶の歴史意識』(岩波書店、1990年)、『民族幻想の蹉跌』(岩波書店、1994年)、『日本国民論』(筑摩書房、1997年)など主に1990年代に発表された一連の著作では、天皇制を中核とする近代日本のイデオロギーやナショナリズムを在日朝鮮人の立場から鋭く批判した。『現代韓国の思想』(岩波書店、2000年)、『ソウルで考えたこと』(平凡社、2003年)など2000年代

に発表された著作や論文では、民主化以降の韓国の思想状況にも積極的に介入し、『思想体験の交錯　日本・韓国・在日　1945年以降』(岩波書店、2008年)では、近代日本の「根源的な思想的課題」が「天皇制と朝鮮」を問うことである一方、「韓国(朝鮮)における最大の思想的課題が分断の克服、南北統一国家の樹立」にあるという観点から、日本・韓国・在日朝鮮人にまたがる複雑な戦後思想史を鳥瞰した。2009年には最初の詩集『冬の森』(影書房)を上梓している。

[文京洙]

▶824 **尹東柱**
ユンドンジュ
1917～1945

詩人。尹東柱一家は祖父の代に中国に移住し、彼自身は吉林省龍井に生まれた。地元の中学を卒業後、ソウルの延禧専門学校、現在の延世大学を卒業。さらに日本に渡り、立教大学、同志社大学で学ぶ。同志社在学中、治安維持法*で逮捕され、解放直前の1945年2月、福岡刑務所の獄中で、28歳の若さで死んだ。

東柱(トンジュ)は筆名を童舟(トンジュ)といい、童謡童詩人として、出発した。平和なよき時代に出会ったならば、心やさしい童謡詩人として生涯を送ることができたかもしれない。しかし、彼は民族の危機に遭遇したために、童謡童詩の世界に留まっていられなかった。

尹東柱は朝鮮民族がもっとも困難を極めた1920年代後半から1940年代前半にかけ、峻厳な民族的抵抗精神と、キリスト教的人間愛にあふれる抒情詩124篇を残した。彼の詩はその生涯と同じように、清麗で、おだやかな魂を持ちながら、同時に民族の運命をになっていた。「韓国併合」で国を奪われ、民族のことばも文化も窒息させられていく中で、彼は「序詩」にあるように「死ぬ日まで空を仰ぎ、一点の恥なきことを」と、ひたむきな思いに生きたのだった。尹東柱は活動家でもなく、まして革命家でもなく、一詩人にすぎなかったが、「すべて死に行くものを愛」して、「私に与えられた道を歩み行かねば」という召命感のもとに、自らの生きる道と、民族の進み行く道を重ね合わせて模索した。

尹東柱が韓国で国民詩人とされ、北朝鮮でも中国でも高く評価されているのは「日帝末暗黒期」と呼ばれる時代にあって、20世紀初頭以来の朝鮮近代文学史を、解放後(1945)につなげる役割をはたしたからである。1995年、「序詩」の刻まれた尹東柱詩碑が同志社校友会コリアクラブにより同志社大学構内に設立された。

彼の代表作の一つ「序詩」の全文を紹介する。

死ぬ日まで空を仰ぎ／一点の恥なきことを、／葉あいに起こる風にも／わたしは心痛んだ。／星を歌う心持て／すべての死にゆくものを愛さねば／そしてわたしに与えられた道を／歩みゆかねば／こよいも星が風に吹かれる。

[大村益夫]

▶825 **『ユンボギの日記
―あの空にも
悲しみが』**

大韓民国の地方都市大邱の小学4年生の李潤福(イ・ユンボク)(1951-1990)が1963年6月から1964年1月までつづった日記。塚本勲訳、1965年、太平

出版社刊。貧しい家に育ったユンボギ少年がガム売りをしながら、周りの大人たちに支えられて、逞しく育っていく様子が描かれている。原文は慶尚道方言で書かれているが、翻訳は標準語で行われている。戦後日本における日本人による朝鮮語翻訳作品として、最初のベストセラーとなった。1990年に100刷を超えた。それ以後の生活や38歳で亡くなるまでの遺稿は『ユンボギが逝って』(白帝社、1993)に収録されている。ほかに韓丘庸訳・安武真理／絵『ユンボギの詩あの空にこの便りを』(海風社、1988)・金容権訳・李熺宰／絵・『あの空にも悲しみがユンボギ少年の手記』上・下(小峰書店、1992)・塚本勲訳『あの空にも悲しみが。完訳「ユンボギの日記」』(評言社、2006)などがある。　[藤井幸之助]

▶826 ユンボンギル
尹奉吉
1908〜1932

植民地時代の独立運動家。号は梅軒。忠清南道禮山生まれ。郷里で漢学を修め、農民の啓蒙活動にあたったのち、独立運動への参加を志し1930年満洲に亡命、1931年上海の大韓民国臨時政府(臨政)に参加する。1932年、臨政主席・金九が率いる韓国独立党の傘下団体で、破壊工作を担当する韓人愛国団に入る。同年の第1次上海事変により日本軍が占領中であった上海では、4月29日に虹口公園で日本軍民による天長節祝賀式が挙行された。尹奉吉はこの式典で爆弾を投じ、参列していた白川義則上海派遣軍司令官、川端貞次上海居留民団長らは死亡、重光葵駐華公使は片足切断の重傷を負った。現場で逮捕された尹奉吉は上海派遣軍の軍法会議で死刑の宣告を受けたのち、最終帰還部隊となった陸軍第9師団の駐屯地・金沢に移送、12月に銃殺刑に処された。遺体は金沢市野田山の陸軍墓地通路に暗葬されたが、解放後の1946年に在日朝鮮人によって発見、発掘され、ソウルの国立孝昌墓地公園に移葬された。1992年には遺骨発掘者らにより、金沢の暗葬地跡に慰霊碑が建てられた。　[藤永壮]

▶827 よしおかますお
吉岡増雄
1921〜1994

在野の在日朝鮮人問題研究家。戦後、独学で在日朝鮮人問題に関する研究を進め、1970年代半ばから月刊誌『統一評論』*に在日朝鮮人問題に関する多くの論稿を発表。なかでも同誌に掲載された「日本人による在日朝鮮人問題の研究動向(上)(下)」(『統一評論』1975年10月、11月号)は、在日朝鮮人問題に取り組んでいた当時の研究者にとって格好のガイドブックとなった。1970年代の後半から大阪で「在日朝鮮人問題研究会(後に在日外国人問題研究会)」を主宰し、在日コリアンの生活保障・社会保障問題に関する研究を精力的に行い、その研究成果を『在日朝鮮人と社会保障』『在日朝鮮の生活と人権』『在日朝鮮人と住民権運動』(すべて社会評論社)など6冊の本として刊行し、1970〜1990年代の在日コリアンの権益擁護運動に大きな影響を与えた。吉岡増雄の代表的な著作を集めた論文集として『在日外国人と社会保障』(社会評論社、1995年)が刊行されている。　[朴一]

▶828 よしのさくぞう
吉野作造
1878〜1933

政治学者・東京帝国大学教授。大正デモクラシーのバックボーンとなった民主主義を唱える一方、日本の朝鮮統治政策を批判し民族運動に一定の理解を示した。1904年に東京帝国大学を卒業。1909年に東京帝国大学助教授に就任。その後、3年半のヨーロッパ留学を経て1914年に教授となった。この頃より、雑誌*『中央公論』などへの論考発表を通じて国内の政治の民主的改革を説き、注目を集めた。

1919年に2・8独立運動、3・1独立運動がおこると、朝鮮人の行動を単なる暴動視することを戒め、武断統治、同化主義に基づく植民地統治を改めることを主張した。3・1独立運動を受けて当局の統治政策の変更=文化政治が始まった後も、朝鮮に関心を寄せ、しばしば統治のあり方についての論考を発表した。また、1923年9月に発生した関東大震災下の朝鮮人虐殺に対しては、朝鮮人とともにその調査を行った。このほか、朝鮮人留学生との交遊をもち、個人的な援助を続けたことも知られている。このような吉野の朝鮮との関わりをめぐっては、朝鮮独立を主張していないことなどから、根本的な植民地批判ではないとの見解も一部がある。しかし、朝鮮人との交遊を通じて植民地支配の実情に目を向け、厳しい取締りのなかで日本の政策のあり方を批判し続けた実践は同時代の日本人知識人には見られないものであり、高く評価する声も多い。

[外村大]

▶829 よしやじゅん
吉屋潤
1927〜1995

日韓両国で活躍した作曲家・ミュージシャン。平安北道寧辺生まれ、1995年、東京で病没。本名：崔致禛。

学生時代より音楽*に親しみ、米軍占領下の南朝鮮で米軍基地を回って演奏活動を行う。1950年、米軍勤務の兄の助けを借りて日本に密入国、吉屋潤と名乗って日本での音楽活動を開始。最初、流行歌手田端義夫の伴奏楽団でサキソフォンを演奏していたが、2年後に独立、吉屋潤とザ・クルーキャッツを率いて人気を博す。正規の日本の在留資格も持つようになったが、やがて主に生活の拠点を韓国において作曲家としての活動を中心とするようになる。「1990年」「離別」「ソウル賛歌」など日韓両国で親しまれている曲を作った。この間、韓国の人気歌手、パティ・キムと結婚したが、その後離婚。

1988年にはソウル・オリンピックの音楽総監督を務めたが、この年、経営していた事業が失敗、財産を整理して東京に戻る。1990年、ワンコリアフェスティバル*の5周年を記念した曲「ハナの想い」の作曲を担当。ワンコリアフェスティバルには自らステージでサックスを演奏するなど、積極的にかかわった。

参考文献：丸山一昭『離別(イビョル) 吉屋潤―日韓のはざまを駆け抜けた男』はまの出版、1995。　　[外村大]

▶830
よど号ハイジャック事件

1970年3月31日に共産主義者同盟赤軍派（田宮高麿をリーダーとする

431

9名)が起こした日本航空機に対するハイジャック事件。犯人グループは羽田空港発板付空港(現在の福岡空港)行きのよど号を富士山上空で北朝鮮への渡航を要求してハイジャックした。「よど号」とは日本航空351便(ボーイング727型)の愛称で、7名の乗員、132名の乗客が搭乗していた。途中福岡に到着し、人質となった乗客のうち23名を解放した後、朝鮮半島に向かった。しかし、北朝鮮に直行せず、金浦空港をピョンヤン空港とする韓国側の偽装管制誘導に従って着陸して、膠着状態が続いた。そして、4日目に当時の山村新治郎運輸政務次官が身代わり人質となり乗客は解放された後、4月4日夜に北朝鮮のピョンヤンに到着し、北朝鮮側は機体と乗員の返還を行って、犯人グループの亡命を受け入れた。

田宮高麿をはじめとするハイジャック犯は、事件当時北朝鮮で軍事訓練を受けた後に、日本に戻って革命活動をすることを目指していたが、その後北朝鮮に渡航した日本人女性と結婚して「日本人革命村」と呼ばれる隔離された地区で生活基盤を構えることになった。彼らメンバーと妻たちはヨーロッパで活動して日本人拉致事件にも関与したとされている。彼ら9名のうちで田宮高麿他2名は北朝鮮国内ですでに死亡し、2名は日本で服役し(田中義三は2007年に病死)、4名が北朝鮮に在住する。彼らの妻と子供は2001年以降帰国するようになり、妻たちは旅券法違反の罪で逮捕された。なお、2008年に日朝間の外交交渉が順調に進みかけた時に、拉致事件再調査の実施とともに、よど号ハイジャック事件犯人の引き渡しの早期実現で合意がなされたが、決着しないまま今に至っている。

ハイジャック事件と拉致事件との関連については、高沢皓司『宿命 「よど号」亡命者たちの秘密工作』(新潮文庫、2000)が詳しい。　　[尹明憲]

▶831 **熱誠者** ヨルソンジャ　社会主義建設や組織活動に熱心に参加し力を尽くす者を意味する。

早い時期の用例としては、朝鮮労働党の公式の創建日とされる、1945年10月10日～13日に開催された「朝鮮共産党西北五道党責任者および熱誠者大会」がある。会議や集会の参加者が、「中央委員」「常任委員」「責任者」「幹部」など役職に限定されない大衆集会などに「熱誠者大会」の名称が付される傾向にある。韓国の出版社と共同編纂された小学館の『朝鮮語辞典』には、「熱誠」「熱誠的」などの項目はあるが「熱誠者」はなく、北朝鮮や総連傘下の在日同胞社会でのみ用いられる独特の用語法といえる。

[文京洙]

▶832 **龍王宮** ヨワングン　JR大阪環状線桜ノ宮駅の高架下、毛馬桜之宮公園内の大川(旧淀川)べりにあるクッタン(巫祭場)。クッ*のための貸し祭場として、主に関西方面に居住する在日コリアン、中でも済州島*出身者に利用されてきた。

この位置にクッタンが建てられたのは、済州島出身者の集住地からの交通の便が良く、海の神である龍王に供物

バラックの貸し部屋が並ぶ龍王宮

を捧げる龍王祭に必要な海に代わる大きな川があるためである。

龍王は済州島の方言で「ヨワン」と読む。大正期から川べりで祈禱が行われ始め、戦後になってバラックの建物が建てられたという。各部屋では個別のクッの他に、済州島の各村の聖所である本郷堂(ポニャンダン)の神に供物を捧げて家族の無事を祈る「本郷メギ」が、在日1世の故郷の堂クッ(タン)(村落祭)と同じ祭日に行われてきた。龍王宮は、在日1世が異郷において自らの信仰を実践するために築き上げた儀礼の場であり、彼らにとって故郷の本郷堂と同じ意味を持っている。2010年8月に解体・撤去された。

龍王宮については、こりあんコミュニティ研究会「龍王宮」の記憶を記録するプロジェクト 藤井幸之助・本岡拓哉編『「龍王宮」の記憶を記録するために-済州島出身女性たちの祈りの場』(2011年)、金良淑「済州島出身在日1世女性による巫俗信仰の実践」『韓国朝鮮の文化と社会』第4号(風響社、2005年)、元秀一の小説「龍王宮」(『猪飼野物語』草風館、1987年収録)などがある。　　　　[金良淑]

ラ 行

李禹煥(リ ウファン)
1936〜

画家・彫刻家・多摩美術大学教授。慶尚南道生まれ。1956年、ソウル大学校美術大学中退後、渡日。1961年、日本大学文理学部哲学科卒業。1967年、初個展開催。1969年、第5回国際青年美術家展で日本文化フォーラム賞受賞。1970年、東京国立近代美術館の「現代美術の一断面」展に出品。1971年、パリビエンナーレに参加。1977年、第13回現代日本美術展で東京国立近代美術館賞を受賞。1979年、箱根「彫刻の森美術館」の第1回ヘンリー・ムーア大賞展で優秀賞受賞。1980年にバーゼルの「20世紀彫刻展」、1982年にベルリン・ナショナル・ギャラリーの「素材と芸術展」にそれぞれ招待出品。1988年にミラノで、1997年にパリで個展を開催。2000年に上海ビエンナーレにてユネスコ賞、2001年に世界文化賞絵画部門賞、2006年に第47回毎日芸術賞を受賞。世界各地で個展を開催し、世界で最も注目される現代アートの巨匠の一人。著書に評論集『出会いを求めて』(美術出版社)がある。　[朴一]

力道山(りきどうざん)
1924〜1963

力士・プロレスラー・実業家。咸境南道出身の在日コリアン1世。民族名:金信洛(キムシルラク)。日本名:百田光浩(シルム)。1940年、朝鮮相撲を見物していた日本の大相撲関係者にスカウトされ、17歳のとき渡日。1941年の番付で、序の口

▶835

『京城日報』1940年5月19日付より

に「朝鮮出身、力道山光浩、本名・金信洛」でデビュー。しかし1943年、朝鮮人力士では人気がでないという親方の助言で、番付表の紹介文は「長崎出身、力道山光浩、本名・金村光浩」に書きかえられる。その後、序の口、序二段、三段目を1場所ずつの3段飛びでクリアーし、幕下も4場所で通過。初土俵からわずか10場所目に関取というスピード出世を遂げ、1946年には入幕、1948年には新小結、1949年夏場所には関脇に昇進。たちまち相撲界のスターになる。しかし1950年、親方との確執から突然相撲界から引退。同年、相撲界への復帰を画策するスポンサーの勧めで日本国籍を取得するが、大相撲への復帰はかなわず、プロレスラーに転向。1952年、プロレス*修行のため渡米。米国での成績は295勝5敗。翌1953年、日本に帰国し、日本プロレス協会を設立。始まったばかりのテレビ中継で、空手*チョップを武器に米国人レスラーを次々に破り、一躍日本人のヒーローになった。

また、都内の一等地に総合スポーツ*施設「リキパレス」や最高級マンションを次々に建設、経営者としての手腕も発揮した。1963年には行き詰まった日韓交渉を打開するため、祖国・韓国を20年ぶりに訪問。韓国の人々から「母国の英雄」として熱烈な歓迎をうけた。しかし同年12月、赤坂のナイトクラブで暴漢に襲われ、39歳の若さで非業の死を遂げた。在日コリアンとしての力道山の葛藤に迫った論稿に、李淳駉『もう一人の力道山』（小学館文庫）朴一「2つの祖国：力道山の伝説」（『在日という生き方』講談社メチエ）などがある。　　[朴一]

▶835
陸軍特別志願兵令

1938年2月に朝鮮陸軍特別志願兵令（勅令95号）が公布され徴集が開始された。これは1937年7月の日中戦争の本格化に伴い、南次郎朝鮮総督の積極的な推進で実現した。1938年4月から生徒を募集し、6月から京城帝国大学内の仮校舎で訓練が始まった。初年度募集は400人とされ、朝鮮内の部隊に分散配置された。訓練所は1939年3月に京城府近郊の蘆海面に設置され、1942年に生徒増加に伴い平壌に第二志願兵訓練所が設置された。訓練所では日本語、皇民教育、軍事訓練などがきびしく実施された。募集人員は年々増加し、最終年度になった1943年には5330人が入所した。総数は1万6830人（実入隊数）に達した。

志願者数は各道に割り当てられ、各道は志願者数を争い1943年には6倍以

上の競争率になったと宣伝された。配属部隊は当初は朝鮮内であったが1940年には関東軍に1942年には「北支軍」、1943年には日本国内を含む全軍に分散配置された。実質的には配属された部隊の転出でニューギニアなど全戦線に送られた。在日朝鮮人にも志願兵として応募することが求められ、協和会*を通じて募集された。1942年4月からは大阪府で受験できることとなり、470名が合格した。1943年には東京と福岡でも受験できて応募させられた。彼等は朝鮮の志願兵訓練所に送られ、卒業と同時に部隊に配属された。志願兵訓練所出身者からも多くの犠牲者が出た。

訓練所第1回卒業生で1939年3月に中国で死亡した李仁錫は靖国神社に祀られ、美談として大きく宣伝された。以降、ビルマで爆弾を抱いて敵陣に突入した事例などが宣伝された。犠牲者数比率は徴兵者より高かったとも考えられる。また、志願兵制度は朝鮮人徴兵実施の前提として大きな役割を果たした。

なお、海軍への志願兵制度の導入は陸軍の場合より大幅に遅れた。海軍内の反対などがあったためと考えられる。政府は徴兵発表後の1943年7月10日から海軍特別志願兵の募集を開始、10月から朝鮮鎮海警備府で第1期海軍特別志願兵訓練が実施された。在日朝鮮人の場合は志願者は和歌山県田辺海兵団に在日朝鮮人と台湾人が集められ、訓練の後に海軍兵として主に日本国内を中心に配属された。在日朝鮮人志願兵については樋口雄一『皇軍兵士にされた朝鮮人』（社会評論社、1991）、朝鮮における朝鮮人徴兵と陸軍特別志願兵の出身階層については樋口雄一『戦時下朝鮮の民衆と徴兵』（総和社、2001）がある。　　［樋口雄一］

▶836　りくにひで
李国秀
1957〜

サッカー指導者。神奈川県横浜市生まれの在日コリアン2世。東京韓国学園*在学中に読売サッカークラブ（現東京ヴェルディ）に入団。1976年、自分のプレーが日本、韓国いずれのサッカースタイルとも合わないとして香港に渡り、現地のキャロライナフットボールクラブに所属、プレーを続ける。帰国後、1981年に横浜トライスターサッカークラブ（現横浜フリューゲルス）で選手兼助監督。1987年、指導者としての手腕を買われ、桐蔭学園高校サッカー部監督に迎えられる。1999年、ヴェルディ川崎総監督に就任。J総監督の肩書きはリーグ指導者に必要なS級ライセンスを保有していない李を実質的な監督として起用するため、球団側が編み出した窮余の策だった。ヴェルディでは自らが育てた林健太郎、米山篤志といった桐蔭学園高出身の選手を重用し、第79回天皇杯全日本サッカー選手権4位など、好成績を収めた。その後、清水商業高校、鹿児島実業高校の臨時コーチなどを歴任、2003年に㈱エル・スポルトを設立し、エルジェイ・サッカーパーク厚木を開設し、後進育成に務めている。2001年読売新聞解説委員。著書には『ヴェルディ総監督730日の戦い』（三才ブックス）など。　　　　　　［姜誠］

▶837
李承晩ライン

韓国政府が1952年1月に設置を宣言した海洋主権線。第1次日韓会談が開催される直前の1月18日に発表された「隣接海洋に対する主権宣言」によって設定された。当時日本では李承晩大統領の主導によるものと考えられたことから「李ライン」、韓国では主権線設置の目的が「水産資源と漁業の保護」「韓日両国の平和維持」にあるとされたことから「平和線」と呼ばれた。

1952年4月のサンフランシスコ講和条約*発効時に、GHQが1946年に設置した「日本人の捕魚及び捕鯨漁業に関して承認された区域」(俗称「マッカーサーライン」)が廃棄される状況を踏まえて、韓国商工部水産局と外務部政務局が海洋主権線の設置を推進した。商工部水産局が資源保護及び韓国漁業の再建を目的とする「漁業管轄水域案」を作成し、この案に外務部政務局が「独島」(竹島)を付け加え、最終的に景武台(大統領官邸)が裁可した。これにより韓国政府は、沿岸から最長200海里にある水産物および地下鉱物資源を保護・開発利用する権利を主張し、国防上の海洋防御、「独島」をめぐる領土紛糾の終息宣言をもめざした。

さらに韓国政府は、1953年9月に「水産業法」、12月には「漁業資源保護法」を制定し、海洋主権線内に入った日本漁船を拿捕、釜山収容所に抑留した。韓国の国会と新聞・雑誌*はその政策を支持したのに対して、日本では反韓感情が強まった。日本政府は日韓会談で「李承晩ライン」の撤廃を主張したが、韓国側が交渉の切り札として使ったため解決が長引いた。1965年6月、韓国沿岸12カイリを専管水域とすることなどを定めた日韓漁業協定が締結されて「李ライン」は事実上撤廃され、日本側はかわりに漁業協力資金を提供した。その後は韓国の漁業が発展し、1999年には、日本周辺における韓国漁船の操業を規制する新たな漁業協定が締結された。　[太田修]

▶838
李実根
リシルグン
1929〜

在日朝鮮人被爆者*運動の創始者。山口県生まれ。

1945年8月7日、闇米を売りに行った神戸から山口への帰路、原爆投下翌日の広島市内を通過して入市被爆する。1948年に東京の「朝鮮中央政治学院」を卒業後、山口で反戦平和活動を開始する。朝鮮戦争が勃発した1950年に、アメリカの朝鮮侵攻や朝鮮人連盟潰しを批判するビラを配布して検挙され、逃亡生活を続けた後、1952年から1959年まで山口、広島の刑務所に投獄される。出獄後、広島朝鮮総連本部の活動に従事し、祖国帰還運動で多くの被爆者が北朝鮮に帰国した事実を目撃する。その後、「広島県朝鮮人被爆者協議会」「在日本朝鮮人被爆者連絡協議会*」を結成し、会長として日本内外で反核平和運動を展開。北朝鮮在住被爆者の組織化と救援にも尽力し、1995年には「反核・平和のための朝鮮原爆被爆者協会」の結成を導くとともに、日米両政府に対する補償要請活動を続ける。自叙伝『プライド・共生への道』(汐文社、2006)がある。　[市場淳子]

▶839 **李進煕** リ ジン ヒ
1929〜

歴史学者・和光大学名誉教授。専門は考古学・日朝関係史。1929年、慶尚南道金海郡生まれ。1948年に渡日し朝鮮学校*教員ののち明治大学で考古学を専攻。1955年東京朝鮮高校、1961年朝鮮大学の教員に。1962年『朝鮮歴史年表』(未来社)、1963年『関東大震災における朝鮮人虐殺の真相と実態』(朝鮮大学校*)を朴慶植*とまとめる。1966年『朝鮮文化と日本』(朝鮮青年社)を刊行するが、総連が廃刊処分。1971年朝鮮大学を去る。1969年に創刊された季刊雑誌『日本のなかの朝鮮文化』の編集に金達寿*と共に参加。1972年『広開土王陵碑の研究』(吉川弘文館)を刊行し、それまで同碑文を根拠に「古代における朝鮮支配」「任那日本府」を定説としてきた日本の歴史学界に一石を投じ、碑文の共同調査と再検証を提起する。1975年創刊の『季刊三千里』*、1989年創刊の『季刊青丘』*の編集長のかたわら、『好太王碑の謎』『好太王碑と任那日本府』『広開土王陵碑と七枝刀』『日本文化と朝鮮』『江戸時代の朝鮮通信使』などを精力的にまとめ、古代から近代に至る日朝関係史を新たな角度から照らし出す作業を続けている。

[佐藤信行]

▶840 **リチャード・H・ミッチェル**
生没年不詳

歴史学者。現セントミズーリルイス大学歴史学部教授。ウィスコンシン大学で博士課程まで卒えたのち、ニューヨーク州立大学、ニューパルツ州立大学、ネブラスカ大学、ロチェスター大学で教鞭をとった後、現在に至る。研究テーマは「日本の明治以降の出版検閲制度の歴史的研究」。1967年に公刊された"The Korean Mirority in Japan"(University of California Press)は、在日朝鮮人を「日本帝国主義膨張の『遺産』」という視点から捉え、内務省文書も利用しながら、1910年以前の日朝関係から日韓条約*までをコンパクトにまとめた歴史書である。1981年『在日朝鮮人の歴史』(金容権訳)として翻訳出版された。他の著作に『戦前日本の思想統制』(1980、奥平康弘・江橋崇訳)など。

[伊地知紀子]

▶841 **旅行証明書**

朝鮮人の移動を管理するため朝鮮総督府が発給した書類。1919年、3・1独立運動が朝鮮全土で高揚し海外の独立運動勢力との連絡が活発となろうとしていたことに対応し、同年4月、朝鮮総督府は朝鮮外に旅行しようとする者に対して警察の発給する旅行証明書を所持し朝鮮の最終出発地でこれを官憲に提示することを義務づけた。これ以降、就労目的で渡日しようとする朝鮮人も旅行証明書を所持しなければならなくなった。

その後、1922年12月、旅行証明書制度はいったん廃止されたが、1923年9月の関東大震災とその直後の朝鮮人虐殺事件を受けて、再び制度が復活した。しかし、これを利用して渡日を厳しくチェックすることに対しては朝鮮人の批判も強く、1924年6月からは旅行証明書制度は撤廃された。だが、翌年以降には釜山港で警官が就職先不

確実な者等をチェックし渡日を阻止させる体制がとられるようになる。したがって、旅行証明書*制度は3・1独立運動を受けた応急的なものであったものの、その後の本格的な朝鮮人渡航管理の先駆けということができる。

参考文献：山脇啓造『近代日本と外国人労働者：1890年代後半と1920年代前半における中国人・朝鮮人労働者問題』明石書店、1994。　　　［外村大］

▶842 **李麗仙**（り れいせん）
1942～

女優。民族名：李初子（イ チョジャ）。日本名：大鶴初子。東京出身の在日韓国人3世。都立広尾高校を経て、舞台芸術学院在学中に唐十郎と遭遇。1963年、唐が設立した「劇団状況劇場」の旗揚げ公演「恭しき娼婦」に出演。1967年に唐十郎と結婚。星山初子の名で舞台デビューするが、やがて「李麗仙」の芸名で舞台に立つようになり、「腰巻お仙」「吸血姫」「二都物語」「ベンガルの虎」「風の又三郎」「蛇姫様」など、唐の主要な作品で一貫してヒロインを演じ続けた。1975年に日本国籍を取得。1976年、「下町ホフマン」などの演技で紀伊國屋演劇賞を受賞。1988年に唐と離婚。その後も舞台女優として存在感を示す一方、映画*・テレビ出演など、多方面で活躍している。『任侠外伝：玄界灘』（1976）、『潤の街』（1989）、『夜を賭けて』（2003）など、在日をテーマにした映画作品にも数多く出演している。　　　［朴一］

▶843 **冷麺**

焼肉*店、韓国料理店で冷麺は定番メニューである。盛岡冷麺がよく知られている。これこそ在日コリアンの生活から日本に根を下ろした食文化*である。1938年に24歳で咸興から渡日した「食道園」店主の青木輝人（民族名：楊龍哲）が盛岡で焼肉と共に冷麺を食べてもらうことに力を注いだ。いま盛岡冷麺とされるもののつくり方は本場の伝統的な麺とは同じではない。本格的な麺の材料はそば粉とデンプン質（緑豆粉、イモデンプン、トウモロコシデンプン等）で麺の色は黒っぽい。青木は小麦粉を主体として歯ごたえのある麺をつくり色は黒くないのが特徴であった。いまはそば粉を使う黒っぽい盛岡冷麺と呼ばれるものもみられる。

細長い麺をつくる方法は大きく分類すると3つある。小麦粉を練って手でひき伸ばす「拉麺（ラーメン）」、平たく伸ばして包丁で切る「手打ち麺」（包丁麺）、いまひとつが型枠にはめこんで「押し出す方法」である。朝鮮半島には手でひく拉麺はなく、包丁麺と押し出し麺があり、日本には拉麺（ソーメン）と包丁麺があった。押し出し法でつくられるのが冷麺である。そば粉とデンプン質の粉で練ったものは弾力がない。これを木製の型枠に詰めて押し出す。下には熱湯の釜が待ち受ける。弾力のない麺が糊状になり弾力性が出る。これを冷水にさらすと麺にコシが出て固い麺となる。スープとして冬沈（トンチミ）と呼ばれる水キムチ*を利用した。これが本場の手づくり冷麺で、冬の寒いシーズンに温突（オンドル）の部屋でさわやかさを味わう食べ物だった。つまり冷麺は冬の食べ物だったわけである。

盛岡でつくられた麺は小麦粉を主体とし、押し抜くのも機械であったの

で、麺そのものは、盛岡特有のものとなった。これを広く売り出したのは邊龍雄（ぴょんぴょん舎）で、この冷麺が人気となり、いまや「ぴょんぴょん舎盛岡冷麺」は商標登録されるに至った。コリアン民族の食文化が日本の地で地域名産にまでなったことを後世にまでも伝えたいものだ。　　　［鄭大聲］

▶844 麗羅 （れいら） 1924〜2001

推理小説家。本名は鄭埈汶（チョンジュンムン）。慶尚南道咸陽郡生まれ。渡日は昭和初期とされるが、詳細は不明。1943年日本陸軍に特別志願兵として入隊し、敗戦後、一時北朝鮮へ送られる。1947年再来日して米軍府中基地に勤務。朝鮮戦争時は国連軍に従軍。その後、不動産業などを営む。在日作家としては珍しくミステリーの領域で活躍した。1973年に「ルバング島の幽霊」で第4回サンデー毎日新人賞（推理部門）を受賞しデビュー。『死者の柩を揺り動かすな』（集英社、1977）、『倒産回路』（集英社、1978）などで人気作家となった。日本推理作家協会の理事として韓国推理作家協会との交流にも尽力。この他、戦時下の在日朝鮮人青年を主人公とする自伝的色彩の濃い『山河哀号』（集英社、1979）や『わが屍に石を積め』（集英社、1980）、『桜子は帰ってきたか』（文藝春秋、1983、第1回サントリーミステリー大賞読者賞）、『英霊の身代金』（文藝春秋、1986）、『玄界灘殺人行』（トクマ・ノベルス、1986）など著書多数。　　　［金貞愛］

▶845 録音テープ事件

1960年の四月革命と翌年勃発した軍事クーデターに対する評価をめぐって、民団は、軍事政権を全面的に支持する民団中央派と、これに批判的な民団有志懇談会（有志懇）をはじめとする民団民主勢力派に二分された。1971年、民団中央大会（団長選挙）を前に開かれた中央委員会に金在権公使（当時、韓国中央情報部幹部）が来賓として参加した。祝辞のなかで、民主勢力派の兪候補の参謀格の人物が東京帝国ホテルで総連の最高幹部と会い、大韓民国を転覆するための陰謀を画策しているという対話を録音したテープがあると公言した。大使館と民団中央側は、某人物とは有志懇リーダーの裵東湖*であるとし、兪候補を支持しないよう露骨な選挙干渉を行った。結果、兪候補は落選し、大使館側が推す李禧元が中央団長に当選した。当初テープは大使館が保管しており選挙後に公開するとされていたが、結局公開されなかった。

その後、事態の収拾を図るために民団中央は民団の自主化、民主化闘争に参加していた民団東京本部、神奈川本部に「直轄処分」をくだし、在日韓国青年同盟*（韓青同）、在日韓国学生同盟*（韓学同）の傘下団体認定を取り消し、民主派の幹部や活動家を権利停止・除名処分にした。

後にこの事件は中央情報部が民団民主化勢力を排除し、中央派支持勢力で固めるための捏造だったことが明らかになった。朴正熙政権（本国政府）が在日同胞社会（民団）に分裂をもたらした代表的な事例である。（裵東湖事件とも呼ばれる）　　　［金友子］

路線転換 日本共産党(共産党)の指導による民戦時代の運動路線から、在日朝鮮人を朝鮮民主主義人民共和国の「海外公民*」とする立場を鮮明にした総連の運動路線への転換。民戦第19回中央委員会(1955年3月)の韓徳銖*演説「在日朝鮮人運動の転換について」に由来する言葉。

在日朝鮮人の社会運動に対する共産党の指導は、1930年代初めに日本での朝鮮人独自の運動組織が全協(日本労働組合全国協議会*)や共産党に解消・統合されたことに遡る。これ以降、朝鮮人のマルキストは全協や共産党の一員として抗日闘争や労働運動を闘った。このいわゆる「一国一党」原則は解放後も維持され、朝連の結成と活動も、朝鮮人共産党員の影響下で進展した。朝連解散以後、朝鮮戦争のさなかで組織された祖防委や民戦も共産党中央に設置された民族対策部(民対)の指導に従った。だが、在日朝鮮人を日本の「少数民族」とする民対の路線に対して北朝鮮との連携や指導を標榜する民族派の不満がたびたび吹き出した。そうした民族派の中心人物が韓徳銖であり、韓は朝鮮労働党との連携の下に在日朝鮮人を「共和国の海外公民」とする方向を粘り強く推進した。

当初、民族派は民戦内では少数派であった。だが、朝鮮戦争が停戦(1953年7月)し、中国革命(1949年10月)に端を発する東アジア革命の機運も退潮すると、一転して、主権尊重や内政不干渉を原則とする平和共存が時代の潮流となる。そういうなかで、在日朝鮮人を「共和国の海外公民」とする南日外相の声明(1954年8月)に呼応する動きが民戦内で高揚した。1955年3月には、上記の韓徳銖演説があり、このときには激しい反発にあうが、5月には韓らの路線転換の主張が大勢となって、民対幹部の自己批判、民戦の発展的解消、そして25～26両日にかけての総連結成大会へと至る。この路線転換を通じて、総連・民団という2つの民族団体がそれぞれ本国政府の指導や意向を背景に対峙するという、解放後の在日朝鮮人社会の基本的な枠組みが確定した。　　　　　　　[文京洙]

ワ 行

ワカメスープ ミョッ(ワカメ)を材料とするスープ。民族の伝統的な「子育てスープ」にほかならない。古くから妊産婦の食事に欠かせないものとされ、誕生日やめでたいときにも必ず準備されるメニューだった。昨今は食生活事情が変わったので、昔ほどではないが、いまでも「子育て」に効果のあるスープであることは同じである。母乳には赤ちゃんが成育するのに必要なすべての栄養成分が含まれねばならない。ワカメには骨作りに必要な無機質のカルシウム、リン、ナトリウムがたっぷりある。特にカルシウムは海草類中でトップの量で、これを産婦が毎食のようにスープでとることは母乳づくりに合理的で、健康な赤ちゃんが育つことになる。ワカメスープをいただくことは産婦の「義務」であった。すばらしい生活文

化といえよう。生活に密着したワカメスープは慶事などのメニューに欠かせず、高級スープであった。在日が焼肉*店などの一品メニューにワカメスープを取り上げた理由はそこにある。　　　　　　　　　　　　［鄭大聲］

▶848 『忘れられた皇軍』　戦後、白衣の傷痍軍人が電車内で募金に回る姿が見られたが、そのほとんどが元朝鮮人軍人、軍属であった。大島渚*監督がテレビドキュメンタリーとして制作、1963年8月16日に日本テレビ「ノンフィクション劇場」の一作品として放映された。早坂暁協力、牛山純一制作。アジア・太平洋戦争で徴兵、徴用された朝鮮人、台湾人は、戦後、援護法、恩給法の対象から除外された。作品は両眼を失明し、右手義手の元朝鮮人兵士が電車内で募金を募る姿から始まる。登場するのは12人。「苛酷な戦後18年を生き永らえてきた元日本軍韓国人。忘れられた皇軍の行進」とのナレーションは作品を端的に語る。補償を求めて首相官邸、外務省、韓国駐日代表部を訪れるが、いずれも拒絶される。1日の行動を追う案は早坂が出し、大島は4台のカメラで撮影した。新たなドキュメント手法でも注目された。大島の著『日本の夜と霧　増補版』（現代思想社、1966）に詳しい。　　［川瀬俊治］

▶849 和田春樹
わだはるき
1938〜　現代朝鮮、ロシア・ソ連史研究者。東京大学文学部卒業。1960年に東京大学社会科学研究所助手、その後講師、助教授を経て1985年教授、1998年退職、名誉教授となる。1974年に日韓連帯連絡会議*発足とともに事務局長、以降日韓連帯運動に関わる。1980年代に北朝鮮研究に着手するとともに、日本社会の朝鮮植民地支配に対する反省、国会決議推進の運動に、日朝国交正常化を視野に入れて取り組む。また、1990年代以降、「東北アジア共同の家」構想を提起し、日本と周辺国との新しい和解の枠組みを構想した。1995年からは「女性のためのアジア平和国民基金（アジア女性基金*）」理事。2000年から「日朝国交促進国民協会」事務局長、2008年には「日朝国交正常化連絡会」顧問。著書に『日韓連帯の思想と行動』（1977、共編、現代評論社）、『北の友へ南の友へ』（1987、御茶ノ水書房）、『北朝鮮　遊撃体国家の現在』（1998、岩波書店）、『朝鮮戦争全史』（2002、岩波書店）など。　　　［石坂浩一］

▶850 割当募集　戦時期に朝鮮で行われた朝鮮人労働力動員政策の一つ。「官斡旋*」「徴用」など他の方式と区別する上で単に「募集」と言う場合もある。「昭和14年度労務動員実施計画」（1939年7月閣議決定）の中で、日本の不足労働力の供給源の一つとして「移入朝鮮人労働者」が設定されたのを受けて、朝鮮でも一般労働者に対する計画的労働力動員と統制が本格化するなか、主に鉱工業・土木建築業などの軍需産業にかかわる事業主の朝鮮内労働者募集を許可制としたこの「割当募集」が開始された。その基本的な方法は、厚生省から雇用認可を受けた事業主が、朝鮮総督府から募集許

可を得て、募集地域および人数の割当を受け、その割当に基づき担当者を派遣して現地で募集を行い、集団渡航させるというもので、「募集」と言うものの、すべての過程で厚生省および朝鮮総督府の統制を受けていた。

[庵逧由香]

ワンコリアフェスティバル

1985年8月に解放40周年を記念して始まった「『8・15』40民族・未来・創造フェスティバル」が前身。1990年に現在の名称になり、2009年で25回を迎えた。委員長は最初から現在まで鄭甲寿。「在日同胞こそがまずハナ(하나=ひとつ)になってワンコリアのシンボルになり、祖国南北、海外同胞間のパイプ役としてワンコリアの実現に貢献すること」を目指して開かれている。在日コリアン・韓国・北朝鮮などからゲストを招き、音楽祭の形で運営されている。1994年からは東京でも開かれ、1998年にはニューヨーク、2004年には韓国・議政府などでも開かれた。現在は毎年10月最終日曜日に大阪市中央区の大阪城公園「太陽の広場」を会場に開催され、ステージイベントと展示・飲食・参加イベントからなっている。フィナーレでの鄭甲寿委員長の「ハナ」コールは名物となっている。事務局はコリアNGOセンター*内に置かれている。25周年を機に、財団法人ワンコリアフェスティバルの設立を呼びかけている。

[藤井幸之助]

事項索引

*太字は立項番号

【英数】

11・22救援会 **421**
15円50銭 152, **423**
1899年勅令第352号 **039**, 462
2・8独立宣言と3・1独立運動 **654**, 717, 718, 774
7・4南北共同声明と在日 **638**
8・15 676, **695**
91年問題 217, **363**
FMサラン **086**
GHQ／SCAP **402**
『GO』 078, **259**
JR定期券割引率差別問題 **404**
Jリーガー **405**, 440
KMJ（Korean MinorityinJapan） **248**
NHK語学講座問題 **085**

【かな】

アイデンティティ **001**, 005, 014, 034, 048, 071, 143, 219, 240, 259, 268, 310, 332, 342, 355, 430, 436, 473, 495, 504, 531, 598, 692, 711, 757, 781, 791, 793, 796
アジア女性基金（女性のためのアジア平和国民基金） **009**, 125, 849
アジア映画社 **007**
アナキズム 006, **012**, 050, 294, 516, 530, 741
アパッチ **013**
アファーマティブ・アクション **014**
アマダイ **016**
アリラン **019**, 556, 722, 728, 731, 760
アルン展 **020**, 710
『イオ』 **031**, 390, 413
イルクン **067**
ウトロ裁判 **075**
ウリマル **077**, 076, 345
『ウリ生活』 **076**, 390
『エイジアン・ブルー（浮島丸サコン）』 078, **081**
オモニハッキョ **105**
カクテギ **119**
カムンチャンチ **133**
カヤグム（伽耶琴） **134**, 358, 780
キムチ **197**
『キューポラのある街』 078, **218**
クォーター **240**, 388, 782
クズヤ **243**
クッ **244**, 422, 445, 568, 745, 760, 797, 832
ケミカルシューズ産業 **254**, 636, 701
コミンテルン 215, **303**, 434, 547
コリアNGOセンター **306**, 325, 332, 784, 851
コリアこどもキャンペーン **307**
コリアタウン 032, **308**, 420, 507, 523, 540, 559, 630, 769
コリアンサロン「めあり」 **309**
コリアンジャパニーズ **310**
コリアン・マイノリティ研究会 **311**
サッカー・ワールドカップ日韓共催 **389**
サハリン在留朝鮮人 **392**
サムルノリ **393**, 107, 780
サンフランシスコ講和条約 **398**, 448, 452, 455
サンボク（喪服） **399**
『シアレヒム』の会 **401**
シネカノン **415**, 596
シン・ジェボム **405**
シンバン（神房） **422**, 445, 512, 568, 745, 797
スポーツ 031, 107, 212, 355, 359, 373, **450**, 536, 599, 607, 617, 714, 727, 738, 834
タチソ（陸軍高槻地下倉庫） **496**
タットナリ **498**
ダブル 240, 342, **503**, 594, 692, 773, 782, 792
チヂミ **520**
チマ・チョゴリ 399, 420, 465, **521**, 507, 522, 544, 694, 783
チマ・チョゴリ切り裂き事件 **522**, 783
チャリ **523**
チャンギ（将棋） **525**
チャンゴ（チャング） 134, **526**, 780
チャンジャ **527**
チャンポンマル **531**
ヂンダレ **592**
595
テコンドー 135, **599**
トウガラシ 119, 197, 431, **611**, 700
トックッ **625**
ドラゴン銀行 235, **628**, 786
トルチャンチ 507, **630**
トンサンレ **631**
ナムル **641**, 713
『にあんちゃん』 078, **643**
ニューカマーとオールドカマー **667**
ニンニク 197, **670**
『はだしのゲン』 **685**
パチンコ疑惑 544, **688**
パチンコ産業 335, 635, **689**, 705
『パッチギ！』 **690**
パラムの会 **692**
ハン・ワールド **697**, 708
ハンク・ネット（北朝鮮人道支援ネットワーク・ジャパン） **696**
ハンセン病 131, 289, 420, **702**
パンソリ 107, 267, **704**
ひのき縄 **712**
ビビンバブ 431, **713**
ふれあい館 276, 711, **724**
プロフィンテルン 210, 382, 666, **725**
プロレス 091, 100, 359, 537, **726**, 759, 834
プロ野球 130, 355, 358, 438, 450, 482, 694, **726**
ペギルチャンチ 507, **729**
ボクシング 373, 450, 490, 536, 621, **738**
ポサル 422, 568, **745**, 797
ポッタリチャンサ **747**

443

『ほるもん文化』390, 436, **750**
ホルモン論争 **751**
マダン劇 038, **760**, 791
マッコリ **761**
マッピョンジ **764**
まとめ **765**
『ミレ（未来）』390, **777**
ムーダン（巫堂）244, 256, 745, **797**
むくげの会（東京）216, 364, 447, 493, **798**
メーデー事件 717, **804**
モーニング **805**
モランボン 197, 338, 589, 599, **806**
ヤクザ 494, 544, **811**
ヤミ市 **815**
ヤルタ会談・ポツダム会談と在日コリアン **816**
『ユンボギの日記―あの空にも悲しみが』**825**
よど号ハイジャック事件 562, 663, **830**
ワカメスープ **847**
ワンコリアフェスティバル 019, 151, 306, 325, 332, 791, 829, **851**

【一画】

一月会 022, **046**, 269, 303, 394, 489, 547, 739, 740
一条校 **048**, 118, 224, 313, 404, 405, 440, 450, 451, 536, 545, 612, 682, 784
一斉糾弾闘争 **054**
一時帰鮮証明書 **047**, 626

【二画】

二重国籍 646, **755**
八月方針 **687**
八尾トッカビ子ども会 **809**
九月書房 **242**
十条事件 **424**
丁讃宇 **586**
入管特別法と入管特例法 **668**
入居差別 162, 371, 669, **788**

【三画】

『三たびの海峡』**770**, 078
下関事件 **417**
丸正事件 466, 758, **766**

久保田発言 **245**, 452
三河島 168, 304, 308, 512, **769**
三月会 046, **394**
三国人発言 040, **395**
三信鉄道争議 **396**, 677
子どもの権利条約 291, **298**
小松川事件 049, **302**, 078, 686
小説家 178, 183, 195, 239, **430**, 530, 760, 821
小樽高商事件 **103**
上福岡三中事件 132, **362**
川崎市外国人市民代表者会議 **136**
大同消費組合 304, 478, **491**
大阪ハナ・マトゥリ **095**
大阪市立東洋陶磁美術館 **093**
大村収容所 006, **099**, 170, 439, 571
大阪商銀 **092**, 235, 323, 786
大阪朝鮮労働同盟会 **094**, 045, 060, 382, 478
大学入学資格 109, **486**
大学同窓会 318, **485**
大須事件 **097**, 471, 563
『大衆新聞』046, 375, **489**, 561
土地調査事業 **623**
万景峰号 174, **768**

【四画】

『月刊朝鮮資料』**252**, 572
『月はどっちに出ている』078, 384, 415, **596**, 817
丹波マンガン記念館 **509**
元山ゼネスト **068**
戸籍 082, 114, 120, 161, 241, **295**, 459, 464, 469, 495, 622, 627, 634, 658, 737, 788, 792, 793
公立学校の教員問題 **273**
公立学校教員採用試験合格取り消し事件 **272**
公立夜間中学 **275**
公立朝鮮人学校 **274**, 553
公営住宅 075, **260**, 363, 632, 796
壬辰倭乱の被虜人 **064**
中外旅行社 **532**
内なる国際化 **070**, 476

内外人平等 217, 277, 284, 285, **632**, 642, 646, 788
内鮮一体 195, 207, 464, **633**, 774
内鮮結婚 503, **634**
日韓条約 066, 073, 179, 223, 350, 363, 398, 459, 610, 642, **648**, 686, 771, 798, 840
日韓連帯連絡会議 650, **849**
日韓親善協会 **649**
日議連 **647**
日朝平壌宣言 651, **653**
日朝国民会議 **652**
日朝協会 003, **651**
日本人妻 170, 634, 637, **662**, 731
日本人拉致問題 **663**
日本人教師と朝鮮人教育 **661**
日本反帝同盟 **664**
日本共産党の在日朝鮮人政策 **656**
日本共産党民族対策部（民対）372, 448, 471, 528, 563, 639, 656, **657**
日本労働組合全国協議会 052, 158, 205, 210, 382, 395, 577, **666**, 700, 725, 846
日本育英会奨学金 **655**
日本国籍確認訴訟 **658**
日本国籍取得特例法案 **659**
日本国籍取得論 **660**
日本無産者消費組合連盟 168, **665**
日立就職差別裁判 391, 638, **711**, 788, 791
不法占拠バラック **720**
不逞社 012, **718**, 719, 741
不逞鮮人 103, 128, 152, 410, 613, 719, 741, **788**
文化センター・アリラン **728**
文世光事件 189, 203, 403, **803**

【五画】

『広辞苑』差別用語事件 **262**
『斥候隊』**457**
『冬のソナタ』160, **721**
北朝鮮政府の在日コリアン政策 **173**
永住権 **082**, 316, 319, 363,

653, 754
外国人学校・民族教育を支える全国連絡会 110
外国人学校法案 109, 217, 772
外国人教員採用問題 111
外国人登録原票と開示問題 112
外国人登録証明書 113, 618
外国人登録法 113, **114**, 115, 217, 344, 361, 362, 363, 418, 427, 433, 563, 618, 652
外国人登録令 006, 113, 114, **115**, 286, 380, 427, 563, 735
旧暦と新暦 219
司法修習生任用問題 416
四天王寺ワッソ 412
四方朝鮮文庫 407
写真 031, 096, 113, 158, 167, 229, 334, **420**, 465, 477, 546, 640, 741, 751
出入国管理及び難民認定法（入管法）082, 114, 217, 385, **427**, 667
申京煥事件 439
生活保護 327, **451**
生野民族文化祭 **038**, 412, 760, 791
生駒トンネル 039
白頭学院 048, **682**
半日本人 140, **706**
半月城通信 697
平事件 **492**, 744
母国留学 421, **743**
母国墓参訪問問題 742
北星会 012, 022, 046, 060, 213, 303, 457, 489, 734, **739**, 740
北風会 739, **740**
北朝鮮への送金問題 174
北朝鮮人道支援 **172**, 332, 696
本名宣言 355, **757**
本国の参政権 754
本国法と在日コリアン **755**
本国政府の教育支援 753
本貫 464, 576, 672, 697, **752**, 755
『民主朝鮮』 011, 196, 342, 390, 430, 529, 748, **779**
民団と総連の和解 333, **795**

『民団新聞』 794
民族文化祭 038, 412, 760, **791**
『民族日報』事件 790
民族名 042, 161, 168, 310, 405, **792**, 793, 814
民族名裁判 792, **793**
民族学級 220, 354, 525, 526, 576, 780, **781**, 782, 784, 787
民族学級のハギハッキョ（夏期学校） **782**
民族学校の制服 783
民族金融機関 235, 502, 535, **786**
民族差別 027, 053, 076, 107, 127, 132, 138, 158, 236, 276, 339, 341, 344, 449, 500, 575, 610, 690, 711, 726, 766, **788**, 791, 796, 820
民族教育促進協議会（民促協） 206, 781, **784**
民族虚無主義 164, **785**
『民族統一新聞』（民統新） 606, **789**
民族楽器 038, 131, 704, **780**, 791
民族講師 354, 356, 781, 782, 784, **787**
『民衆時報』 212, 528, 613, **778**
民闘連（民族差別と闘う連絡協議会） 027, 206, 339, 391, 493, **796**, 809, 818

【六画】

各種学校 048, **118**, 126, 261, 373, 404, 405, 440, 450, 486, 536, 543, 545, 565, 612, 772
共和国国旗掲揚事件 230
共和病院 231
血統主義 **253**, 288
光州事件 146, 202, 203, **263**, 330, 758
再入国許可 082, 316, **383**, 418
在日コリアン人権協会 339
在日コリアンの文学 342
在日コリアンと言語 340
在日コリアンの職業 341
在日コリアン企業の韓国投資 337
在日コリアン企業の北朝鮮投資 338
在日コリアン弁護士協会 343
「在日」を描いたドキュメンタリー **355**
在日大韓基督教会 344
在日本大韓体育会 359
在日本大韓婦人会 360
在日本大韓民国学生会 361
在日本大韓民国青年会 362
在日本大韓民国民団（民団） 322, 361, 362, **363**, 397, 794
在日本朝鮮民主女性同盟（女盟） 023, 351, 369, 375, **379**
在日本朝鮮基督教会 087, **364**
在日本朝鮮社会科学者協会（社協） **365**, 368
在日本朝鮮蹴球団 366
在日本朝鮮商工連合会 370
在日本朝鮮人医学協会（医協） 367
在日本朝鮮人科学技術協会（科協） 368
在日本朝鮮人教育会 369
在日本朝鮮人人権協会 371
在日本朝鮮人総連合会（総連） 023, 342, **372**, 373, 722
在日本朝鮮人体育連合会（体連） 373
在日本朝鮮人被爆者連絡協議会（朝被協） **374**, 838
在日本朝鮮人連盟（朝連） 023, 158, 211, 241, **375**, 426, 444, 492, 508, 574, 656, 657, 722, 734, 738, 748, 822
在日本朝鮮青年同盟（朝青） 010, 369, **376**, 378, 746, 777
在日本朝鮮文学芸術家同盟（文芸同） 088, 089, **377**, 413, 467, 709, 710, 748
在日本朝鮮民主愛国青年同盟（民愛青） 378
在日本朝鮮民主青年同盟（民青） 375, 376, 378, **380**, 656

445

在日本朝鮮留学生同盟(留学同) **381**, 760
在日本朝鮮労働総同盟 022, 030, 060, 068, 158, 200, 205, 207, 210, **382**, 394, 434, 478, 547, 577, 590, 666, 677, 725
在日本韓国YMCA **358**
在日本韓国人教育者大会 **356**
在日本韓国人連合会 **357**
在日同胞21世紀委員会 **353**
在日保護者の会 **354**
在日起業人・起業家 **335**
『在日朝鮮人に関する綜合調査研究』**349**
『在日朝鮮人史研究』036, 346, **348**, 677
在日朝鮮統一民主戦線(民戦) 011, **351**, 375, 549, 563, 656, 657
在日朝鮮演劇団 088, **345**
在日朝鮮人の人権を守る会 142, **350**
在日朝鮮人運動史研究会 216, **346**, 348, 453, 676
在日朝鮮人帰還協定 **347**
在日朝鮮文化団体連合会 **352**
在日義勇兵 **336**
在日韓人歴史資料館 153, **334**, 353
在日韓国奨学会 **321**
在日韓国・朝鮮人大学教員懇談会(教員懇) 206, 297, **331**, 476
在日韓国学生同盟(韓学同) 043, 157, **320**, 325, 638, 760, 845
在日韓国商工会議所 **322**
在日韓国人「政治犯」を支援する会全国会議 **326**
在日韓国人の法的地位及び待遇に関する協定 **327**
在日韓国人信用組合協会(韓信協) **323**
在日韓国人政治犯 073, **324**, 325, 326, 332, 421, 468, 470, 606, 652
在日韓国人政治犯を救援する家族・僑胞の会 **325**
在日韓国人本国投資協会 **328**

在日韓国人問題研究所(RAIK) **329**
在日韓国青年同盟(韓青同) **330**, 333, 362, 390, 638, 845
在日韓国民主人権協議会(民権協) 306, 325, **332**
在日韓国民主統一連合(韓統連) 121, **333**
在外同胞財団 **315**
在外同胞法 **316**
在外国民登録証 **314**
在東京朝鮮無産青年同盟 **317**
在東京朝鮮留学生学友会 046, **318**, 515
在特会 **319**
在留特別許可 **385**, 771
自虐史観 **409**
自警団 152, **410**, 423, 460, 701
成和クラブ **454**
西宮・甲陽園地下壕 **645**
全朝教(全国在日朝鮮人教育研究協議会) **461**, 661
多奈川事件 **501**
多文化共生 090, 105, 225, 254, 306, 353, 493, **504**, 540, 616, 667, 711, 791, 809
団体等規正令 375, 380, 417, 426, 492, **508**, 543, 563, 671, 673, 707
仲媒婚 **534**
当然の法理 159, 169, 273, 287, 297, **615**, 710
同化政策 050, 143, 175, **610**, 769, 778
同胞生活法律センター **616**
米よこせ騒動 **304**
名節 465, 473, **775**

【七画】

『亜細亜公論』**008**, 208, 390
『忘れられた皇軍』078, 096, 355, **848**
近江渡来人倶楽部 **090**
近畿産業信用組合 002, 092, **235**, 323, 786
君が代丸 **176**, 512, 575, 672
阪神大震災 086, 102, 254, 267, **701**, 714
阪神消費組合 304, 679, **700**

阪神教育闘争 201, 417, 528, 543, 553, 679, 682, **699**, 781, 784
児童文学 342, **413**, 430
吹田事件 097, **448**, 471, 563, 716, 717
宋神道 023, 355, **479**, 683
村山談話 221, 409, **801**
対外民事関係法 **484**, 755
兵庫県外国人学校協議会 **714**
別府冷麺 **731**
李承晩ライン 078, **837**
冷麺 431, 731, 807, 843

【八画】

『季刊Sai(サイ)』**162**, 390, 588
『季刊ちゃんそり』**166**
『季刊まだん』**166**, 167
『季刊三千里』**164**, 165, 196, 390, 818, 819, 839
『季刊在日文芸民濤』**163**, 309
『季刊青丘』**165**, 390, 839
国連・自由権規約委員会の総括所見 **291**
河野談話 221, **264**, 409
『学之光』**122**, 318, 390
学友書房 **123**
学林図書室 **124**, 311
学徒特別志願兵 **120**
学習組 **117**, 209, 372
官斡旋 **138**, 222, 555, 850
岸和田紡績争議 **171**
京都コリアン生活センター「エルファ」**225**
京都西陣織 **227**
京都国際学園 **224**
京都朝鮮留学生学友会 **226**
協定永住 082, 217, **223**, 289, 314, 327, 439, 619, 668
協和会 113, 175, **229**, 268, 295, 441, 456, 463, 620, 633, 788, 835
金大中事件 **203**
金大中救援運動 **202**
金芝河救援運動 **187**
金剛山歌劇団 246, 514, **722**
金剛学園 048, **313**, 753
金嬉老事件 049, **236**, 257, 519, 798
空手 100, **135**, 373, 450, 579,

599, 727, 759, 834
国公立大学外国人教授任用運動 297
国民健康保険と在日コリアン 289
国民徴用令 138, 222, **290**
国家総動員法 290, **296**
国際人権規約 **284**, 285, 288, 291, 451, 506, 632, 642
国際法 285
国際高麗学会 283
国際結婚 240, **282**, 310, 312, 503
国語講習所 **281**, 543, 699
国籍 001, 049, 076, 078, 082, 105, 111, 112, 113, 159, 166, 180, 211, 228, 253, 260, 282, **286**, 287, 288, 289, 295, 316, 327, 331, 343, 355, 359, 363, 371, 383, 398, 406, 416, 428, 459, 476, 484, 503, 540, 563, 581, 583, 601, 610, 616, 618, 624, 646, 653, 658, 659, 668, 669, 681, 711, 726, 737, 738, 755, 788, 793, 814, 820
国籍条項 051, 111, 125, 159, 248, 277, **287**, 321, 339, 341, 363, 374, 406, 425, 451, 461, 469, 558, 583, 601, 632, 642, 655, 711, 736, 788, 796, 809, 820
国籍法 108, 161, 173, 253, 282, **288**, 312, 610, 634, 646, 659, 737, 755, 793
参政権獲得運動 380, **397**
枝川事件 083
治安維持法 006, 030, 073, 212, 215, 293, 344, 411, 481, **510**, 547, 577, 579, 600, 620, 673, 717, 733, 744, 748, 813, 824
宗教 001, 014, 202, 352, **422**, 504, 745, 760, 797, 811
松代大本営 496, **762**
青丘文庫 **453**, 703
長田区 086, 254, 265, **636**, 701, 791, 805
定住外国人 297, 331, 397, 451, 476, 500, **597**, 615, 796
東九条 225, 308, **709**, 791

東亜通航組合 176, 293, 294, 511, **603**
東亜連盟 100, 226, 294, **604**
『東亜新聞』**602**
『東京朝鮮民報』 210, **613**, 778
東京韓国学園 261, **612**, 753, 836
東海商事 609
『東洋経済日報』**617**
法126号 563, **735**
法務府民事局長通達 082, 398, **737**
法務省人権擁護局 736
枚方事件 563, **716**
明太 527, 700, **776**
明仁天皇「ゆかり」発言 004

【九画】

指紋押捺拒否予定者会議 418, **419**
映画 007, 015, 019, 057, 069, **078**, 081, 088, 100, 146, 151, 160, 166, 181, 190, 218, 228, 235, 236, 302, 352, 355, 415, 432, 437, 447, 467, 556, 569, 596, 607, 683, 690, 693, 697, 704, 709, 721, 757, 763, 767, 770, 842
映画『在日』 080
映画監督 078, **079**, 096, 355
音楽 086, 104, **107**, 134, 160, 237, 345, 352, 393, 483, 541, 721, 829
海女 **015**, 032, 212, 355, 512
海外公民 **108**, 351, 372, 846
計画輸送／計画送還 099, **249**
故郷の家 276, **278**
皇民化政策 **268**, 506, 610, 633, 634, 774
思想犯保護観察法 411
指紋押捺拒否運動 113, 127, 276, 391, **418**, 433, 436, 493, 698
首相官邸デモ事件 426
食文化 032, **431**, 589, 810, 843
信託統治 **443**, 513, 549, 816
信愛塾 433
信濃川朝鮮人虐殺事件 094, 382, **414**, 741

神戸学生青年センター **267**, 818
神戸朝日病院 265
神社参拝 229, 268, **441**, 633
祖先祭祀 219, **473**, 775
祖国防衛委員会（祖防委）351, **471**, 563
『祖国統一新報』**470**
相愛会 012, 036, **463**, 680
退去強制 **487**
単一民族国家 **506**
南日外相声明 **639**
美術 **710**, 578, 802
姜富中戦後補償裁判 155

【十画】

『砧を打つ女』175, 342
帰化行政 **161**
帰国運動 010, **170**, 177, 347, 363, 376, 722, 783
高校無償化と朝鮮学校 **261**
高槻むくげの会 **493**
高齢者介護 **276**
高齢者無年金問題 **277**
高麗共産青年会日本部 **269**, 547
高麗神社 **301**, 633
高麗美術館 **271**
高麗書林 **300**
高麗博物館 **270**
徐兄弟事件 **468**
通称名 464, 482, **594**, 752, 757, 763, 792
特別永住 082, **619**, 659, 667, 668
特別高等警察（特高）229, 456, **620**
破壊活動防止法（破防法）097, 448, 508, **671**
桧山進次郎 450, 726
浮島丸事件 **069**, 249, 466
旅行証明書 626, 832, **841**

【十一画】

郵便外務職の国籍条項 248, **820**
強制連行と在日コリアン 222
教育基本法と民族教育 **220**
教科書問題 **221**
現代コリア研究所 258, 391
現代語学塾 **257**, 538
婚姻 082, 240, 282, **312**, 385,

454, 503, 576, 634, 653, 658, 737, 755
済州共済会 **511**
済州島 015, 016, 032, 070, 133, 149, 150, 176, 185, 194, 204, 211, 212, 279, 293, 294, 340, 390, 422, 445, 473, 481, 490, 507, 511, **512**, 513, 515, 523, 524, 540, 575, 577, 587, 603, 672, 723, 745, 764, 769, 771, 775, 778, 797, 819, 832
済州島四・三事件 032, 355, 436, 512, **513**
産米増殖計画 **400**
盛岡冷麺 **807**
族譜 **576**
第三国人 147, 395, **488**, 788, 811
猪飼野 **032**, 194, 204, 355, 420, 498, 512, 523, 540, 587, 758
猪飼野朝鮮図書資料室 **033**
都立朝鮮人学校教職員組合 126, **629**
都庁管理職昇進裁判 **624**
密航 015, 032, 293, 449, 513, 578, 657, 693, 705, **771**
陸軍特別志願兵令 **835**

【十二画】

過去の清算 **125**, 172, 696
割当募集 **850**
期限を付さない常勤講師 **169**, 272, 273
就職差別撤廃運動 **425**
焼肉 088, 119, 308, 335, 341, 431, 540, 559, 589, 670, 731, 751, 806, 807, **810**, 843, 847
焼酎絞り **429**
創氏改名 037, 268, 295, **464**, 497, 506, 594, 620, 634, 752, 756, 774, 792
葬送儀礼 **465**, 672
朝高生インターハイ出場 **536**
朝銀 341, 372, 502, **535**, 786
『朝鮮の子』 355, **569**
朝鮮プロレタリア芸術同盟東京支部 205, **570**
朝鮮人学校閉鎖令 313, **553**, 682
朝鮮人特攻隊員 **556**
朝鮮人被爆者 142, 355, 374, **558**, 685, 838
朝鮮人移住対策の件 229, **552**
朝鮮人強制連行真相調査団 **554**
朝鮮人部落 053, **559**, 578, 720
朝鮮人集団移入労務者等の緊急措置の件 **555**
朝鮮人BC級戦犯 074, 466, **557**
朝鮮大学校 088, 123, 198, 365, 369, 415, 486, 543, **565**, 589, 723, 753, 772, 839
『朝聯中央時報』 **574**
朝鮮史研究会 407, **550**, 686, 813
朝鮮市場 032, 308, 399, 420, **540**
朝鮮民衆党 **571**
朝鮮寺 422, **568**, 797
朝鮮共産党日本総局 046, 269, 434, 510, **547**
朝鮮赤十字会(朝赤) 347, **562**
朝鮮対外文化連絡協会(対文協) **564**, 651
朝鮮芸術座 088, 205, **548**
朝鮮学会 **542**
朝鮮学校 038, 048, 110, 118, 123, 131, 201, 220, 259, 261, **543**
朝鮮学校に対する公的補助問題 **545**
朝鮮学校生暴行事件 **544**
『朝鮮画報』 **546**
朝鮮建国促進青年同盟(建青) 100, 330, 363, 444, **549**, 676, 794
朝鮮通信使 064, 076, 150, 309, 437, **566**
朝鮮通信社 **567**
朝鮮問題研究所 209, 252, **572**
朝鮮戦争と在日コリアン **563**
朝鮮飴売り **539**
朝鮮奨学会 029, 120, **551**, 575, 698
『朝鮮新報』 116, 164, 413, **561**
『朝鮮新聞』 030, 066, 157, 183, 200, 303, 481, 549, **560**, 606, 607, 778, 789
朝鮮楽劇団 483, **541**
朝鮮YMCA 281, 358, 515, **573**, 822
椎名メモ **403**
貼子 587, **693**
渡航証明書 295, **622**
渡日制限／渡日管理 **626**
渡来人 004, 032, 090, 412, 506, **627**, 633, 811
登録原票記載事項証明書 **618**, 646
『統一日報』 066, 606, **607**
統一協会 **605**
『統一評論』 059, 390, **608**, 827
『統一朝鮮新聞』 066, 157, 606, 607, 789
『無産者』 205, 279, 390, **799**
無産者診療所 **800**

【十三画】

『解放新聞』 023, **116**, 205, 375, 561
塩見訴訟 **406**, 277
義務教育 **179**, 275, 610
嫌韓流 160, **255**
『新しい世代』 **010**, 059, 302, 413
『新しい朝鮮』 **011**
新朝鮮建設同盟(建同) 034, 363, 443, **444**, 579
新幹会東京支会 068, 279, **434**, 570, 723
新幹社 153, 170, 176, 180, 311, 420, **436**, 575, 584, 750, 796
新韓銀行 058, **435**
摂津紡績 **458**
戦傷病者戦没者遺族等援護法 125, 295, **459**, 469, 563
電々公社就職差別事件 **601**
墓と埋葬 **672**
路線転換 108, 177, 242, 351, 372, 378, 381, 471, 561, 569, 639, 657, 673, 687, 707, 846

【十四画】

維新民団 **043**

演劇 026, 079, **088**, 181, 330, 345, 460, 548, 580, 722, 760, 767, 802
歌舞団 **131**, 377
管理職昇進問題 159
関西興銀（大阪興銀）058, 092, **147**, 235, 628, 786
関東大震災と朝鮮人虐殺 **152**, 270, 573
関釜連絡船 **156**, 176
僑胞 143, 146, **233**, 236, 325
雑誌 010, 025, 031, 049, 076, 120, 123, 164, 166, 167, 195, 197, 210, 213, 248, 258, 302, 334, **390**, 391, 414, 436, 453, 517, 522, 546, 559, 608, 719, 750, 751, 769, 779, 828, 837
障害者無年金問題 **428**
総連映画製作所 467

【十五画】

慰安婦問題 **023**, 221, 409, 697
劇団態変 251
請求権 125, 189, 245, 398, **452**, 648
誕生儀礼 507
駐日韓国大使館・総領事館 533
熱誠者 209, 831
舞踊 065, 131, 267, 345, 358, 514, 704, **722**, 730, 780, 791
権友会東京支会 239

頼母子 502
衡平社と水平社 266
録音テープ事件 146, **845**
親睦会 226, 318, 390, 446, 485, 677, 728, 769, 820
錦繡文庫 247

【十六画】

龍王宮 832

【十七画】

韓日民族問題学会 154, 346
韓民自統・韓民自青 157
韓国人原爆犠牲者慰霊碑 **028**, 142
『韓国からの通信』141
韓国文化院 134, **144**, 356, 753
韓国民主回復統一促進国民会議（韓民統）121, **146**, 184
「韓国併合」条約 145
韓国政府の在日コリアン政策 143
韓流と在日コリアン 160

【十八画】

難民条約批准と在日コリアン 642

【十九画】

識字教室「麦豆教室」408

人名索引

【英数】

L.L.ヤング **087**, 364

【かな】

アン・サリー 107
アン・ヨンハク 405
アントニオ猪木 091, 537, 727
エドワード・ワグナー **084**
キム・ドク 727
クリスタル・ケイ 107
ケイコ・リー 107, **250**
ジョニー大倉 096, 107, **432**
シン・ジェボム 405
ソニン 107, **474**
タイガー戸口 727
チョン・テセ 405
つかこうへい **088**, 342, 430, **595**
ペ・ヨンジュン 721
マルセ太郎 **767**
リ・ハンジェ 405
リチャード・ミッチェル 840

リャン・ヨンギ 405

【二画】

力道山 091, 450, 537, 727, **834**

【三画】

小田実 **102**, 187, 202
川西杏 137
久我山明 107, 483
久保田貫一郎 245
山下英愛 023
山村政明 814
山田昭次 152, **812**
山辺健太郎 813
小沢有作 101
小畑実 **104**, 107
小林勝 299
千田是也 460
千里馬啓徳 738
大山倍達 **100**, 135, 450, 604
大川常吉 152
大木金太郎 091, 727
大同山又道 490

大沼保昭 **098**, 386, 796
大島渚 078, **096**, 302, 355, 384, 432, 848

【四画】

井筒和幸 078, 690, 709
元秀一 342, 430, 832
今井正 078
今村昌平 078, 079, 218, 643
今里哲 **062**
中山秀次 106
中上英雄 726
中島健吉 635
内山一雄 071
内海愛子 **074**, 262, 798 774
文世光 189, 203, 403, 803
尹奉吉 826
尹東柱 185, **824**
尹学準 164, 342
尹勇吉 247
尹健次 **823**
尹致浩 278
尹基 278

449

尹隆道 096
尹紫遠 342, 430
尹照子 793
尹槿 **822**
尹鶴子 278

【五画】

永田絃次郎 104, 107, **637**
玉の海 **505**
玄海男 738
玄月 **256**, 342, 430
古屋貞雄 258, **723**
申在範 **440**
石山豊 **041**
石成基 **469**, 583
石原慎太郎 **040**, 395
田内千鶴子 278
田月仙 107, **581**
田中宏 **500**
田中章 **499**
白玉光 421
白武 012, **734**, 739
白南雲 **733**
白竜 107
白眞勲 **678**
布施辰治 083, 103, **717**, 740
辺真一 **715**
立原正秋 342, 430, **497**

【六画】

安本末子 643
安光泉 **022**, 046, 269, 489, 547, 739
安宇植 **021**, 342
安英学 450
伊原剛志 **637**
伊集院静 **042**, 342, 430
伊藤斗福 **055**
宇都宮徳馬 **073**, 202
吉田光雄 537, 727
吉岡増雄 **827**
吉屋潤 107, **829**
吉野作造 152, **828**
寺尾五郎 401, **600**
成膳任 474
全鎮植 338, 559, 806
竹田青嗣 166, 342, **495**
朴在一 349
朴寿南 355
朴実 793
朴保 107, **683**
朴春琴 045, 463, **680**
朴柱範 **679**

朴烈 012, 128, 363, 444, 549, 591, 717, 718, 719, **741**
朴恩哲 656, 657, **673**
朴康造 450, **674**
朴雲煥 096, 432
朴壽南 049, 302
朴慶南 152, **675**
朴廣海 **677**
朴慶植 147, 158, 164, 222, 267, 346, 348, **676**, 778, 813, 839
朴憲行 **684**
朴鍾碩 425
朴鐘律 726
朴鐘碩 681, 711, 791, 796
有藤道世 726

【七画】

角田房子 070
呉永石 **106**
呉圭祥 031, 352, 673, 707, 734
呉林俊 **089**, 342, 710
呉徳洙 080, 096, 166, 355
佐藤信行 329
佐藤勝巳 074, 796, **391**
坂中英徳 386
坂中論文 **386**
阪本栄一 **387**, 533
辛格浩 341, **438**
辛淑玉 **442**, 696
辛基秀 408, **437**
宋斗会 **466**, 658
宋性徹 **481**, 512, 656
宋章福 094, 382, **478**
村山知義 637, **802**
村山富市 801
町井久之 604
李人稙 **026**
李八龍 726
李仁夏 **027**, 796
李升基 **044**
李正子 **053**, 342
李丞玉 163, 167
李光洙 **037**, 120, 654.
李初子 842
李良枝 **065**, 342, 430, 512, 766
李忠成 450
李国秀 **836**
李朋彦 420
李奉昌 **061**
李実根 374, **838**

李明博 **063**, 143
李承晩ライン 078, **837**
李相日 079
李恢成 035, **059**, 163, 175, 234, 342, 430, 495, 587, 711
李珍宇 **049**, 078, 302, 686
李春美 773
李政美 107
李栄根 **066**, 157, 606, 789
李春植 **050**
李禹煥 710, **833**
李哲 164, 421
李起昇 **035**, 342, 430
李起東 **036**, 463, 680
李殷直 **029**, 195, 342, 430, 779
李清源 **052**
李進熙 150, 164, **839**
李康勲 **034**, 351, 411, 510, 549
李雲洙 **030**, 200, 481, 560
李善洪 **045**, 050, 094
李敬宰 493
李節子 **051**
李漢宰 450
李鳳宇 415, 596, 690
李慶泰 682
李煕健 **058**, 147
李憲 **060**, 317, 382
李學仁 079
李鍋 **028**
李麗仙 842

【八画】

河丙鈺 795
金一 091, 727
金一勉 342
金子文子 **128**, 717, 718, 741, 812
金三奎 034, **182**, 548, 799
金久美子 181
金太一 **201**, 553, 699
金日成 073, 102, 117, 170, **177**, 198, 209, 246, 342, 372, 375, 381, 546, 581, 582, 599, 707, 743, 753, 772
金天海 **200**, 656
金文準 210, **212**, 293, 512, 577, 778, 800
金斗融 726
金斗鎔 116, **205**, 375, 382,

481, 548, 560, 570, 577, 656, 673, 687, 799
金田正一 450, 726
金田正泰 726
金永吉 107, 637
金史良 021, 029, **183**, 430, 548
金本知憲 450
金正泰 726
金本萬有 211
金石範 164, **194**, 342, 386, 430, 495, 512, 513
金守良 265
金守珍 078, 079, 088, **190**, 683
金両基 167, **214**
金秀吉 079, 163
金佑宣 079
金村義明 **130**, 450
金均淨 767
金若水 012, 094, **213**, 457, 739, 740, 741
金明秀 697, 708
金雨英 **178**, 226
金昌国 **237**
金英姫 023
金英達 **216**, 286, 462, 808
金明植 122, 644
金東勲 **206**
金祉燮 **186**
金明観 166
金城一紀 **129**, 259, 310, 342, 430
金重明 342, 430
金胤奎 497
金信洛 727, 834
金俊淵 **188**
金炳植 **209**, 372, 606, 638, 707
金城龍彦 450, 726
金浩永 **210**, 613
金泰生 **204**, 342, 430
金哲彦 **238**
金素雲 **192**
金峰雄 088, 595
金真須美 342
金哲顕 422
金時鐘 **185**, 342, 512, 587, 592, 751, 817
金啓徳 738
金富子 023
金萬有 **211**, 512, 574
金達寿 150, 164, 195, **196**, 267, 342, 390, 430, 529, 779, 839
金満里 251
金敬得 **180**, 353, 416, 711, 791
金蒼生 163, 342, 430, 512
金義明 130
金聖珉 **195**
金義泰 450
金載華 **184**, 146
金漢卿 **207**, 547
金聖響 107, **191**
金賛汀 **198**
金熙明 **208**
金慶海 512, 699
金慶南 166
金龍彦 726
金龍済 **215**
金錫源 **193**
金鍾成 450
金優作 763
金学鉉 342
金鍾泌 **189**, 203
金鐵佑 **199**
金鶴泳 035, **234**, 342, 430, 495
宗秋月 163, 166, 342, 430, **587**
松田優作 **763**
松江哲明 079, 355
青木定雄 **002**, 235, 628
青地晨 **003**, 202, 650
長州力 359, 450, **537**, 727
長璋吉 257, **538**
東郷茂徳 **614**
牧博 107
林えいだい **691**
和田アキ子 107
和田春樹 **003**, 650, **849**

【九画】

洪昌守 738
洪思翊 **756**
洪栄雄 107, **758**
洪賢基 549
秋山成勲 **005**, 359, 450
秋成勲 005
重光武雄 438
俊植 324, 326, 468
前田日明 450, 727, **759**
南昇龍 **640**
美濃部亮吉 **772**
保坂浩明 **744**

柳美里 256, 342, 430, **821**
兪奉植 002, 235, 341, 628
兪順奉 231
姜外秀 494
姜在彦 **150**, 164, 196, 453, 512, 654
姜尚中 **148**, 818
姜尚暉 **149**
姜信子 **228**, 342
姜修次 495
姜舜 342, 706
姜富中戦後補償裁判 **155**
姜琪東 **140**, 163
姜徳相 152, **153**, 270, 654, 774, 813
姜魏堂 **139**, 342, 430
禹長春 **072**

【十画】

浦山桐郎 078, 218
宮田節子 268, **774**, 813
高二三 436, 750
高山登久太郎 **494**
高山勝成 738
高太文 727
高日明 727, 759
高史明 **292**, 342, 430
高英姫 **305**, 490
高峻石 **293**, 547
高景欽 **279**, 799
高順欽 050, 176, **294**, 516
高権三 **280**
徐甲虎 104
徐廷権 738
徐京植 342, 468
徐勝 324, 468, 812
徐萬述 372, **475**, 795
徐龍達 297, 321, 331, **476**
徐鎮文 **472**
孫正義 **482**
孫牧人 107, **483**, 541
孫振斗 **480**
孫基禎 188, **477**, 585, 640
桧山進次郎 450, 726

【十一画】

黄進煥 726
郭光雄 537, 727
郭東儀 **121**, 330, 333
郭貴勲 558
梶井陟 **126**, 274, 629, 661
梶村秀樹 **127**, 538, 723, 728, 774, 813

菊田一雄 **168**, 665
許永中 **232**
許宗萬 372, 475, **746**
許南麒 342, 546, **748**, 779
康永喆 104, 107
康有鴻 **158**
康宗憲 421
康珍化 **151**
深沢夏衣 342, 430
張斗植 195, 342, 430, **529**
張本勲 355, 359, 450, **694**, 726, 758
張応善 **524**
張明夫 726
張赫宙 430, **530**
張勲 726, 694
張錠寿 **528**
陳昌鉉 **593**
都はるみ 107, **773**
堀川一知 **749**
野口遵 551
梁石日 013, 190, 342, 384, 430, 512, 592, 596, **817**
梁永厚 512, **819**
梁民基 163, 760
梁圭史 450
梁英姫 355
梁政明 814
梁泰昊 **818**
梁澄子 023
崔八鏞 654
崔永宜 100, 604
崔承万 **515**
崔昌華 **519**
崔承喜 **514**, 045, 722
崔洋一 078, 079, 096, **384**, 596, 817
崔南善 **517**
崔華國 **518**
崔善愛 519
崔善鳴 045, 294, **516**

曹圭訓 682
曹良奎 **578**, 710
曹基亨 **575**
曹智鉉 420
曹寧柱 100, 135, 226, **579**, 604

【十二画】

森田芳夫 808
森本稀哲 450
朝野温知 **006**
塚本勲 033, 825
飯尾憲士 **024**, 342, 430, 556
飯沼二郎 **025**

【十三画】

塩見日出 277, 406
新井宏昌 726
新井英一 **017**, 081, 107
新井将敬 **018**
新井貴浩 450
新屋英子 **447**
新浦壽夫 450, 726
福士敬章 450, 726
鈴木一 **449**

【十四画】

稲富進 **056**
関屋貞三郎 **456**, 229
関貴星 **455**
旗田巍 049, 302, **686**
徳山昌守（洪昌守）450, **621**, 738
樋口雄一 229, 270, 620, 835
趙大勲 107
趙忠来 042
趙根在 420
趙博 107
趙夢九 **577**
趙鏞寿 324, 790
裵東湖 146, **732**, 845

裵昭 420
裵亀子 722, **730**

【十五画】

権逸 034,**241**, 184, 330
鄭早苗 162, 248, **588**
鄭大均 166, 591, **598**
鄭大聲 **589**
鄭正夫 505
鄭良二 793
鄭承博 342, 430, **584**
鄭東弼 635
鄭建永 604
鄭南局 723, **590**
鄭埈汝 844
鄭商根 **583**
鄭貴文 342, 430
鄭然圭 591, 598
鄭敬謨 401, **582**
鄭聖東 **585**
鄭義信 088, **580**, 596
錦野旦 107, **644**

【十七画】

韓丘庸 342, 413, 430, 825
韓昌祐 628, **705**, 786
韓宗碩 418, **698**
韓晳曦 **703**
韓徳銖 177, 209, 351, 372, 375, 475, 563, 572, 639, 656, **707**, 746, 779, 846

【十八画】

藤島宇内 600

【十九画】

麗羅 342, 430, **844**

【二十四画】

鷺沢萠 342, **388**, 430

編者・執筆者一覧

【編集委員代表】
朴一（パク イル）
1956年生。大阪市立大学教授。国際高麗学会日本支部会長。朝鮮半島地域研究。『在日という生き方』（講談社メチエ）、『在日コリアンってなんでんねん』（講談社＋α新書）

【編集委員】

伊地知紀子（いぢち のりこ）
1966年生。大阪市立大学准教授。国際高麗学会日本支部理事。社会人間学。朝鮮地域研究。『在日朝鮮人の名前』（明石書店）、『生活世界の創造と実践―韓国・済州島の生活誌から』（御茶の水書房）

高賛侑（コウ チャニュウ）
1947年生。ノンフィクション作家。国際高麗学会日本支部理事。在日・在外コリアン及び在日外国人問題を中心に取材。『アメリカ・コリアタウン』（社会評論社）、『ルポ 在日外国人』（集英社新書）

高龍秀（コウ ヨンス）
1960年生。甲南大学教授。国際高麗学会日本支部副会長。韓国経済研究。『韓国の経済システム』、『韓国の企業・金融改革』（以上、東洋経済新報社）

高正子（コォ チョンジャ）
1953年生。神戸大学他非常勤講師。国際高麗学会日本支部理事。文化人類学。「『食』に集う街―大阪コリアンタウンの生成と変遷―」（『食からの異文化理解』時潮社、河合利光編著）、「クェンガリからキャンドルへ―〈示威文化〉から見た韓国社会のいま」（『ろうそくデモを越えて―韓国社会はどこへ行くのか』東方出版）

田中宏（たなか ひろし）
1937年生。一橋大学名誉教授。（社）自由人権協会代表理事。日本アジア関係史。在日外国人問題。『在日外国人 新版』（岩波新書）、『戦後60年を考える』（創史社）

鄭雅英（チョン アヨン）
1958年生。立命館大学教授。国際高麗学会日本支部理事。中国朝鮮族に関する研究。『中国朝鮮族の民族関係』（アジア政経学会）

外村大（とのむら まさる）
1966年生。東京大学教養学部准教授。日本近現代史。『在日朝鮮人社会の歴史学的研究』（緑蔭書房）

飛田雄一（ひだ ゆういち）
1950年生。神戸学生青年センター館長。朝鮮農民運動史、在日朝鮮人史。『日帝下の朝鮮農民運動』（未来社）、『朝鮮人・中国人強制連行・強制労働資料集』（神戸学生青年センター出版部）

裵光雄（ペ クワンウン）
1964年生。大阪教育大学准教授。国際高麗学会日本支部事務局長。韓国経済・貿易に関する研究。『変貌する韓国経済』（世界思想社、共著）、『アジアNIES』（世界思想社、共著）

文京洙（ムン ギョンス）
1950年生。立命館大学教授。国際高麗学会日本支部理事。政治学・朝鮮現代史。『在日朝鮮人問題の起源』（クレイン）、『済州島四・三事件：島（タムナ）のくにの死と再生の物語』（平凡社）

尹明憲（ユン ミョンホン）
1954年生。北九州市立大学教授。韓国経済・技術革新に関する研究。『論集朝鮮近現代史』（共著）、『韓国経済の発展パラダイムの転換』（以上、明石書店）

【執筆者】

庵逧由香	金光敏	宋勝哉	林浩治
安聖民	金尚均	宋恵媛	韓丘庸
飯田剛史	金相文	宋連玉	韓檢治
李月順	金貞愛	高村竜平	韓東賢
李宇海	金宣吉	高柳俊男	樋口雄一
石坂浩一	金早雪	田附和久	玄武岩
李洙任	金太基	崔埈寿	広瀬貞三
磯貝治良	金泰明	崔勝久	福井譲
市場淳子	金東勲	蔡徳七	藤井幸之助
稲富進	金美子	曺智鉉	藤永壮
井上學	金美善	趙靖芳	古野喜政
林茂澤	金良淑	鄭早苗	裴重度
内海愛子	金容權	全成坤	裴昭
太田修	金栄鎬	鄭大聲	布袋敏博
大村益夫	倉石一郎	塚崎昌之	堀内稔
呉光現	黒田貴史	寺脇研	松田利彦
呉徳洙	高吉美	仲尾宏	水野直樹
小野容照	高鮮徽	永野慎一郎	村上尚子
郭辰雄	小林知子	仲原良二	森類臣
綛谷智雄	佐藤信行	中村一成	山根俊郎
川瀬俊治	佐野通夫	西村秀樹	山本興正
河明生	島村恭則	丹羽雅雄	梁仁實
姜在彦	愼英弘	朴実	梁愛舜
姜誠	杉原達	朴成河	梁京姫
姜徳相	徐正根	朴昌明	吉澤文寿
金永子	宋安鍾	朴正鎮	吉田康彦
金友子	成恩暎	朴容福	羅京洙
金耿昊	宋君哲	河正雄	和田春樹

在日コリアン辞典

2010年11月30日 初版第1刷発行
2012年 2月10日 初版第2刷発行

編　者　　国際高麗学会日本支部
　　　　　『在日コリアン辞典』編集委員会
　　　　　　　　　（代表・朴一）

発行者　　石　井　昭　男
発行所　　株式会社　明石書店
　　〒101-0021 東京都千代田区外神田 6-9-5
　　　　　電　話　03 (5818) 1171
　　　　　Ｆ Ａ Ｘ　03 (5818) 1174
　　　　　振　替　00100-7-24505
　　　　　http://www.akashi.co.jp

装幀　　　　　　　　　　　青山鮎
組版　　　　　　　有限会社閏月社
印刷・製本　　モリモト印刷株式会社

（定価はカバーに表示してあります）　　　ISBN978-4-7503-3300-7

JCOPY 〈(社)出版者著作権管理機構　委託出版物〉
本書の無断複写は著作権法上での例外を除き禁じられています。複写される場合は、そのつど事前に、(社)出版者著作権管理機構（電話 03-3513-6969、FAX 03-3513-6979、e-mail: info@jcopy.or.jp）の許諾を得てください。

歴史教科書 在日コリアンの歴史
在日本大韓民国民団 中央民族教育委員会企画
『歴史教科書在日コリアンの歴史』作成委員会編
●1,300円

写真で見る在日コリアンの100年
在日韓人歴史資料館図録
在日韓人歴史資料館編著
●2,800円

新版 在日コリアンのアイデンティティと法的地位
明石ライブラリー 85　金敬得
●3,000円

帝国日本の再編と二つの「在日」 戦前、戦後における在日朝鮮人と沖縄人
金廣烈、朴晋雨、尹明淑、任城模、許光茂著
朴誠鎮監訳　金耿昊、高賢来、山本興正訳
●5,800円

近代日本の植民地統治における国籍と戸籍
満洲・朝鮮・台湾　遠藤正敬
●6,800円

日韓歴史共通教材 日韓交流の歴史 先史から現代まで
歴史教育研究会（日本）・歴史教科書研究会（韓国）編
●2,800円

若者に伝えたい韓国の歴史 共同の歴史認識に向けて
李元淳、鄭在貞、徐毅植著　君島和彦、國分麻里、手塚崇訳
●1,800円

まんが クラスメイトは外国人 多文化共生20の物語
「外国につながる子どもたちの物語」編集委員会編
みなみななみ まんが
●1,200円

韓国の歴史を知るための66章
エリア・スタディーズ 65　金両基編著
●2,000円

韓国がわかる60の風景
神田外語大学多文化共生シリーズ2　林史樹
●1,600円

韓国現代史60年
徐仲錫著　文京洙訳　民主化運動記念事業会企画
●2,400円

韓国近現代史 1905年から現代まで
世界歴史叢書　池明観
●3,500円

新版 韓国文化史
池明観
●7,000円

叙情と愛国 韓国からみた近代日本の詩歌
1945年前後まで　池明観
●2,500円

東アジアの歴史 その構築
ラインハルト・ツェルナー著
小倉欣一・李成市監修　植原久美子訳
●2,800円

韓国歴史用語辞典
イ・ウンソク、ファン・ビョンソク著　三橋広夫、三橋尚子訳
●3,500円

〈価格は本体価格です〉